鹤壁年鉴

HE BI YEAR BOOK

2014

鹤 壁 市 人 民 政 府 主 办
鹤壁市地方史志办公室编

中州古籍出版社

2014 数字鹤壁

总面积	2182平方公里
总人口	1611700人
男性人口	838900人
女性人口	772800人
人口自然增长率	5.61‰
县（市）区	5个
乡、镇、办事处	43个
村委会	882个
居委会（社区）	150个
平均气温	14.1℃
年降水量	348.5毫米～485.5毫米
4A级景区	3处
国内旅行社	12家
星级宾馆	14家
医院、卫生院	57个
普通高等学校	2所
中等职业技术教育学校	9所
公共图书馆	4个
博物馆	3个
国家级非物质文化遗产名录	3个
国内生产总值	6221200万元
第一产业增加值	610400万元
第二产业增加值	4462600万元
第三产业增加值	1148200万元
规模以上工业增加值	3903200万元
粮食种植面积	16.95万公顷
农业机械总动力	235.05万千瓦
粮食总产量	1177400吨
油料总产量	30900吨
蔬菜总产量	538100吨
肉类总产量	256100吨
禽蛋总产量	155800吨
固定资产投资	5120100万元
全部工业增加值	4136900万元
重工业增加值	2611400万元
原煤	600万吨
水泥	507万吨
电子元件	1268765万只
发电量	1066881万千瓦小时
十种有色金属	30000吨
国内外旅游	1197万人次
国内旅游总收入	456000万元
货物运输量	7520万吨
旅客运输量	8026万人
固定电话用户	23.34万户
移动电话用户	132.54万户
社会消费品零售总额	14298000万元
进出口总额	26419万美元
全社会建筑业增加值	325700万元
金融机构年末存款余额	4260000万元
城乡居民存款余额	2646700万元
运动员在国内外体育比赛获金银铜牌	30枚
城镇居民人均可支配收入	21228元
参加城镇基本养老保险人数	18.08万人

领导视察

2013年10月31日，省委书记郭庚茂（前排左二）在鹤壁开发区科技创业服务中心调研

2013年11月20日，省长谢伏瞻（右三）在淇县阳光社区调研

2013年7月25日，济南军区司令员赵宗岐（右二）在鹤壁军分区调研

2013年6月6日，省政协主席叶冬松（前右三）在鹤壁调研

2013年8月5日，省军区司令员卢长健（左三）在淇滨区人武部调研

2013年4月24日，省委常委、常务副省长李克（前左二），省委常委、宣传部部长赵素萍（前右二），副省长张广智（前右三）在鹤壁观摩汽车产业园

2013 年 7 月 30 日，省委常委、政法委书记刘满仓（右二）在淇滨区法治文化主题公园考察

2013 年 7 月 11 日，省委常委、组织部部长夏杰（前排右一）在盘石头水库检查指导防汛工作

2013 年 9 月 2 日，全国人大常委会委员、全国人大农业与农村委员会副主任、民盟中央副主席龙庄伟（前排左二），省委常委、统战部部长史济春（前排右二），省人大常委会副主任、民盟河南省委主委储亚平（前排右一）在淇水湾商务区考察

2013 年 7 月 18 日，全国政协常委、民建中央副主席周汉民（右二）在河南帮太食品有限公司考察

2013年11月1日，农业部党组副书记、副部长余欣荣（左三）在中国（鹤壁）农业硅谷产业园调研

2013年11月28日，中央维稳办主任、公安部常务副部长杨焕宁（前排左二）在山城区春雷派出所汤河警务室调研

2013年3月28日，国务院南水北调办副主任于幼军（前排左三）在南水北调中线工程鹤壁段2标段夏庄公路桥作业面考察

2013年8月16日，副省长徐济超（前排右四）在中鹤集团调研

2013 年 10 月 29 日，副省长王艳玲（右三）在市工商局专业分局综合市场工商所服务大厅调研

2013 年 5 月 22 日，省政协副主席靳绥东（中）在鹤壁调研新型城镇化和新农村建设工作

2013 年 9 月 5 日，省政协副主席、民革河南省委主委李英杰（前排右二）在浚县王庄镇中心小学调研

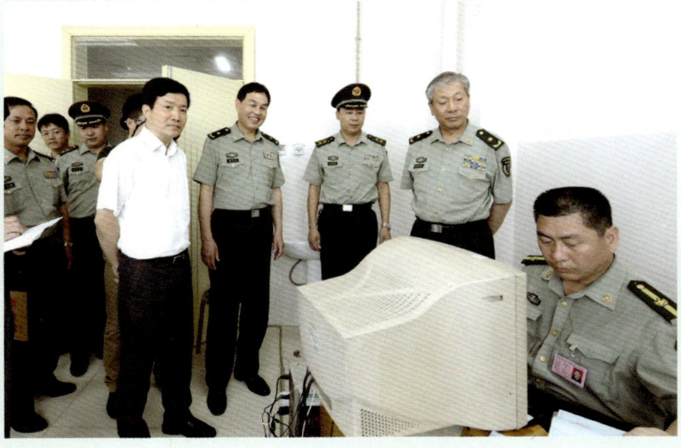

2013 年 8 月 7 日，济南军区副司令员陈照海（右二）在浚县征兵体检站调研

2013 年 7 月 20 日，市委书记魏小东（前排左二）在淇县高村镇高村村淇水关遗址调研

2013 年 5 月 18 日 ~ 月 20 日，市长范修芳（中）参加第八届中博会

2013年5月3日，市委副书记蔡永礼（左一）在山城区调研

2013年5月22日，市人大主任李连庆（右三）到市农科院参加科技教育日活动

2013年5月9日，市政协主席张俊成（前右三）视察南水北调中线工程鹤壁段建设情况

2013年3月28日，市委常委、市纪委书记许兆儒（前右二）在市工商局调研廉政文化建设

2013年10月28日，市委常委、常务副市长桂玉强（中）在山城区检查煤矿安全工作

2013年7月10日，市委常委、秘书长钱伟（右一）在市委群众信访工作部现场接待群众

2013年10月13日，市委常委、政法委书记徐合民（右二）在市中级法院调研

2013年7月11日，市委常委、组织部部长费银普（前右一）在山城区调研

2013年9月13日，市委常委、宣传部部长李军（中）到浚县调研古城墙保护情况

2013年7月12日，市委常委、副市长刘新勇（中）在同力发电公司调研

2013年7月6日，市委常委、统战部部长于燕（右二）在开发区调研

2013年8月9日，市委常委、军分区政委王旭（右一）在列车上与参军的新兵亲切交谈

两会专题

2014年2月24日~27日，鹤壁市十届人大一次会议召开

2014年2月23日~27日，中国人民政治协商会议鹤壁市第十届委员会第一次会议召开

2014年2月27日，市委书记魏小东在市人大十届一次会议上讲话

2014年2月25日，市长范修芳在市人大十届一次会议上作《政府工作报告》

2014年2月27日，市委书记魏小东（左二）、市人大主任桂玉强（左一）、市长范修芳（右二）、市政协主席张俊成（右一）在市人大十届一次会议上合影

2014年2月27日，新当选的市十届人大常委会领导班子合影

2014年2月27日，新当选的市政府领导班子在市十届人大一次会议上合影

2014年2月27日，新当选的市政协第十届委员会领导班子合影

在鹤召开的国家、

2013年2月22日，第四届中国春节文化高层论坛在鹤举行

2013年10月21日，黄淮海和长江中下游粮食增产模式攻关会议在鹤召开

2013年10月25日，全国重点陶瓷产区政协工作联谊会第二次会议在鹤召开

2013年5月31日~6月2日，四国（美国、黑山、立陶宛和中国）男子篮球对抗赛在鹤举行

2013年7月，民建中央基层建设座谈会在鹤召开

省级会议

2013年7月30日，法治河南座谈会在鹤壁召开

2013年8月20日，中原糖酒食品交易会在鹤举行

2013年7月21日，全省农机推广现场会在鹤召开

2013年2月10日，河南省小额贷款现场会在鹤召开

2013年7月15日，海峡两岸鬼谷发展高层论坛在鹤举办

2013年3月7日，河南省“三八”妇女维权周暨送法下乡活动启动仪式在鹤举行

2013年市委、市政府

1.老城区集中供热工程累计投资3.2亿元，铺设供热主管网8.5公里，实现供热覆盖面积约110万平方米

2.全市24个项目17258套住房开工，开工率100%

3.农村公路建设完成143.1公里

4.全市法律援助覆盖87.7万人

5.投资5865万元，解决13.26万农村居民和在校师生安全饮水问题

承诺办好的民生工程

6.全市新增城镇就业4.4万人

7.全市完成造林绿化48.7万亩，城市水源地水质达标率保持100%

8.新农合和城镇居民医疗保险财政补助标准由每人每年240元提高到280元

9.“欢乐鹤壁”广场文化艺术节演出114场

10.农村校舍安全工程实施项目30个

鹤壁名片

▲国家级创业服务示范基地

▲国家级智慧城市试点

▲全国首批中美低碳生态试点城市

▲全国农业综合标准化示范市

▲全国首批农业农村信息化示范基地

▲全国首批循环经济示范市

▲河南省精细化管理先进城市

▲河南省物联网技术应用示范建设试点市

▲河南省双拥模范城市

省长谢伏瞻（右二）到鹤壁开发区考察循环经济工作

鹤壁智慧城市项目签约仪式

举办智慧农业信息峰会

法国客商在开发区考察循环经济产业

建设新型煤化工产业座谈会

全国农业综合标准化示范市创建工作考核会

成立军人军属法律维权中心

气象卫星农业遥感应用试验基地揭牌仪式

鹤壁市地方史志办公室

省地方史志办公室主任霍宪章（右三）莅鹤检查工作

副市长高雅玲（右二）调研地方志工作

2013年，鹤壁市地方史志办公室围绕市委市政府中心工作，积极开展各项志鉴编写工作，取得了明显成效。5月18日，组织举办“鹤壁市修志工作三十年成果展”，纪念国务院《地方志工作条例》颁布实施七周年和《河南省地方志工作规定》实施两周年，展示全市三十年编修、整理的市志、县（区）志、乡镇志、村志等各类志书56部，市县年鉴81卷，其它地情书39部。5月，市委、市政府以鹤文〔2013〕42号文件调整成立以市长范修芳为主任委员、市五大班子领导为副主任委员的新的地方史志编纂委员会。12月上旬，《鹤壁年鉴》（2013）正式印刷出版。该卷共计110万字，1200余个条目。设特载、要闻要事、大事记、市情概览、人物等32个类目，配发彩色、黑白照片及图表320余幅（帧）。全年编印《鹤壁大事月报》9期，约12万字，刊发各类信息近1100条。出版《鹤壁图鉴2013》，记述全市各个方面发展状况及成就，共计6万余字，图片800多张。 9月，鹤壁地情网开通。对已出版的两部《鹤壁市志》、1992至2012卷《鹤壁年鉴》、《鹤壁大事记述》全部进行数据化，字数共2600多万字。《淇河志》完成评审稿，该书共分16章，约120万字，随文插图300余幅，是一部记述淇河及淇河流域自然、文化、经济与社会的专志。全年向市直部门和外地投资商提供史志书籍资料30多套（卷）。市史志办被市政府评为2013年度完成责任目标单位，被省地方志评为2013年度全省用志工作先进单位。

市史志办主任高武峰（右二）到商丘市史志办考察交流

鹤壁市修志工作30年成果展座谈会

机关党员干部赴红旗渠参观学习

出版的《鹤壁图鉴》2013卷

编 辑 说 明

一、《鹤壁年鉴》是由鹤壁市人民政府主办、鹤壁市地方史志办公室组织编纂的大型地方综合性资料工具书，其宗旨是以马克思主义、毛泽东思想、邓小平理论、“三个代表”重要思想和科学发展观为指导，全面、客观、准确地记述鹤壁市政治、经济、文化、社会基本情况。为全面建成小康社会服务，为人们了解、研究和建设鹤壁提供信息资料，也为续修地方志积累史料。

二、《鹤壁年鉴》创刊于1993年，每年出版1卷，逐年排列。本卷为2014卷次，为第22卷，第21本，（其中1994卷、1995卷为合订本），记述时限为2013年1月1日至12月31日。个别条目作适当下延。

三、本卷采用分类编辑法，设类目、分目和条目3个层次，少数分目下设子目。类目、分目标题使用不同的字体、字号，类目标明于页眉；条目为主要信息载体和基本撰稿形式，其标题用黑体【】表示。为查阅方便，主体内容后设索引。

四、《鹤壁年鉴》2014年卷主要反映2013年度鹤壁各项事业的发展状况，即设：特载、要闻·要事、大事记、市情概览、人物、中国共产党鹤壁市委员会、纪检·监察、鹤壁市人民代表大会、鹤壁市人民政府、政协鹤壁市委员会、民主党派·社会团体、军事、法制、综合经济管理、财政·税务、金融·保险、农业、工业、建设与环保、交通·信息产业、内外贸易、大中型企业、教育、科学、文化、卫生·体育、旅游与淇河开发、鹤壁经济技术开发区、县区概况、政策法规选编、附录、索引等32个类目。类目下一般按行业性质兼顾现行管理体制设置分目，分目下设条目。除文字内容外，还安排有彩色、黑白照片和图表等，使其图文并茂，相得益彰。

五、2014卷稿件，由市直各单位、各县（区）和鹤煤（集团）公司等大中企业及驻鹤单位提供，并经供稿单位领导审阅。所用统计数据，均经各供稿单位审核。因统计口径、计算方法不同等原因，个别数据可能在不同稿件中不尽一致，使用时请注意出处。统计资料由市统计局提供。

六、《鹤壁年鉴》的组稿、编辑和出版发行工作，得到了全市各级领导的重视及各有关部门的支持、协助，特别是各位撰稿人的勤奋工作，在此表示诚挚的谢意。卷中错讹之处，敬请指正。

本卷年鉴供稿单位及撰稿人名单

市委办公室　吕园园
市委组织部　郭　艳
市委宣传部　卢家杰
市文明办　梁宪民
市委统一战线工作部　贾　敏
市委政研室　张艳艳
市直工委　白相杰
市委老干部局　岳刚慧
市委党校（行政学院）　张希中
市委党史研究室　冯志瑜
市委台湾工作办公室　苏文慧
市档案局　冯秀莲
市保密局　韩　震
市纪律检查委员会（市监察局）　侯海峰
市人大　李少杰
市政府办公室　胡志鹏
机构编制委员会办公室　方起俊
行政服务中心　王化恩
市人口和计划生育委员会　张俊明　杨艳峰
市人力资源和社会保障局　张福淇
市民政局　李　欣
市外事侨务办公室　王凤琴
市民族宗教局　张红新
盘石头水库建管局（市移民办公室）　张淑泼
市地方史志办公室　卢合全
市信访局　崔　威
无线电管理局　朱晓辉
市直机关事务管理局　魏晓彬
市政协　蔄振宇
民革鹤壁市委员会　冯锡文
民盟鹤壁市委员会　冯雁阁
民主建国会鹤壁市直属支部　李　云
农工民主党鹤壁市委员会　李露露
九三学社鹤壁市委员会　王献民
市工商业联合会　王中利
市总工会　刘志新　毕江涛
共青团鹤壁市委　田　昕
市妇女联合会　王香宇
市文联　张　璐
市侨联　周伯鲁
市科学技术协会　张春梅
市社会科学界联合会　路佳坤
市残疾人联合会　杜　蕾
鹤壁军分区　张成杰
武警鹤壁市支队　敬志敏　索鹏武
武警鹤壁市消防支队　齐志刚
市人民防空办公室　刘文龙
市政法委　臧利杰　李永超
市公安局　毋晓林
市人民检察院　李艳芳
市中级人民法院　刘　静
市司法局　郭　峰
市发展和改革委员会　宋冰勇　杨丽娟　刘晓宁　张国平
市国土资源管理局　介长春　宋树黎
市工商行政管理局　董会举
市统计局　王亚磊　王雪红
市审计局　孙亚楠
市质量技术监督局　胡永奇
市安全生产监督管理局　刘勤升　李昕功
市食品药品监督管理局　丁　磊
市市场管理中心　孙小海
市财政局　苏文武　付金华
鹤壁市国家税务局　王青岩
鹤壁市地方税务局　贾朝晖
人行鹤壁中心支行　邓　阳
鹤壁银监分局　白　静
农业发展银行鹤壁市分行　李　军
农业银行鹤壁市分行　李垚男
中国建设银行股份有限公司鹤壁分行　季　伟
中国银行股份有限公司鹤壁分行　张克忠
中国工商银行股份有限公司鹤壁分行　柴亚南
中国邮政储蓄银行鹤壁市分行　王丽萍

鹤壁银行　赵　乾
河南省农村信用社联合社鹤壁市办公室　卢学伟
中国人寿鹤壁分公司　杨　超
中保财险鹤壁市分公司　孙炳志
民生证券鹤壁服务部　陈淑霞
中原证券鹤壁服务部　介积武
市农业局　李保安
市林业局　马淑芳
市水利局　秦光萍　毕晶爽
市畜牧局　雷　岩
市农业机械管理局　宋长山
国营浚县农场　李玉文
市工业和信息化局　黄进东
鹤煤（集团）公司　侯秀云
鹤壁供电公司　于秉艺
鹤壁万和发电有限责任公司　王　磊
鹤壁同力发电有限责任公司　李新峰
鹤壁丰鹤发电有限责任公司　王守军
河南天海电器（集团）公司　金松涛
河南朝歌集团　于德伦
河南大用实业有限公司　张相生
河南永达食业（集团）有限公司
鹤壁市柳江（集团）公司　李玉和
鹤壁市建设集团有限公司　王　芳
鹤壁宝马集团公司　郭鹏程
维恩克（鹤壁）镁基材料有限公司
鹤壁博大电子集团有限公司　陈财旺
鹤壁市四季青集团有限公司　王　明
鹤壁市华韵新型建材开发有限责任公司
鹤壁天汽模汽车模具有限公司
鹤壁天淇汽车模具有限公司
鹤壁天伦燃气有限公司　赵志玲
市城乡规划管理局　牛登奎　李立法
市住房和城乡建设局　赵　敏　武海艳　姬军民
市环境保护局　王玉伟
市房产管理局　孙爱兵
鹤壁火车站　王福明
鹤壁北站　王红兵　张　娥
鹤煤（集团）公司铁运处　郭军利　秦备战
市交通运输局　王　楠
市公路管理局　逯　亮
鹤壁市邮政管理局　王　宁
中国联合网络通信有限公司鹤壁市分公司　刘增强
中国移动通信集团河南有限公司鹤壁分公司　马　宁
中国电信集团北方电信有限公司鹤壁市分公司　车　坦
市商务局　周永利
市粮食局　李树森
省第二直属粮库　曹仲玉
市供销合作社　王建武
市物资集团　魏光军
市烟草专卖局　游兴文
市盐业管理局　吴　阵　王丽莎
中石化股份鹤壁石油分公司　张瑞平
市教育局　董民全
鹤壁职业技术学院　高忠波
市科学技术局　张　岐　张福林　王　娟
市地震局　张福林
市气象局　李　雯
市农业科学院　姚金花
市文物管理局　王欣欣
市文化广播电视新闻出版局　王欣欣
市新华书店　窦靖华
鹤壁日报社　叶晓伟
市广播电影电视局　卢俊玲
市卫生局　刘小军
市爱国卫生委员会　冯金环
市体育局　梁希俊　孙艳
市旅游局　王怀青
淇河开发办　牛克锋
鹤壁新区　琚　涛　王卫华　宋美枋
河南鹤壁经济开发区　朱瑞涵
浚县县志办公室　朱光临
淇县县志办公室　高建霞
淇滨区史志办　张玉霞
山城区政府办　郭鹏程
鹤山区政府办　李建明
注：以书中顺序排名

《鹤壁年鉴》编务人员

主　　　审　范修芳

副　主　审　高雅玲

主　　　编　高武峰

副　主　编　韩玉峰　苏玉华

执行副主编　马庆海

编辑及工作人员　马庆海　徐　罡　赵建设

卢合全　李跃进　方小予

刘　芳　王彦科

特邀编辑　王　瑄　刘　伟

特邀摄影　袁国强　李国庆　赵永强

目录 CONTENTS

特　　载

要闻·要事

大　事　记

市情概览

人 物

中国共产党鹤壁市委员会

纪检·监察

鹤壁市人民代表大会

鹤壁市人民政府

政协鹤壁市委员会

民主党派·群众团体

军　　事

法　　制

综合经济管理

财政・税务

金融・保险

农　　业

工　　业

大中型企业

建设与环保

交通·信息产业

内外贸易

教　　育

科　　学

文　　化

卫生·体育

旅游与淇河开发

鹤壁经济技术开发区

县区概况

政策法规选编

附　　录

特　　载

加快打造两个构建升级版 努力建设生态之城活力之城幸福之城

——在市委八届五次全体（扩大）会议上的讲话

（2013年12月30日）

中共鹤壁市委书记　**魏小东**

各位委员，同志们：

市委八届五次全体（扩大）会议的主要任务是，深入学习贯彻党的十八大和十八届二中、三中全会以及中央经济工作会议、中央城镇化工作会议、省委九届六次全会、省委经济工作会议精神，总结今年工作，安排明年及今后一个时期的工作，动员全市上下凝神聚力、实干争先，提升鹤壁整体发展水平，在新起点上创造新业绩。

今年以来，我们认真落实党的十八大和十八届二中、三中全会精神以及省委、省政府决策部署，围绕在中原经济区建设中先行先试走在前面的战略定位，坚持“持续创新、提升发展”工作总基调，继续加快构建新型产业基础和新型城市骨架，各方面工作取得新成效，主要经济指标平稳增长，发展后劲不断增强，人民生活持续改善，社会大局和谐稳定。一年来，我们一张蓝图绘到底，一以贯之谋提升，适时提出打造两个构建升级版、建设生态之城活力之城幸福之城，极大鼓舞了士气。我们注重站位全局、务实作为，紧抓全省加快实施粮食生产核心区、中原经济区、郑州航空港经济综合实验区等国家战略规划的机遇，相继出台10多个专项行动方案，主动对接、加快融入。我们强化转方式调结构，强化项目建设、招商引资和产业集聚区建设，煤化一体化、鹤淇电厂、富士康科技园、荣兴科技产业园、华塑高分子新材料产业园、华漫文化旅游城、升龙广场、红星美凯龙和东方银座城市综合体等一批重大项目加快推进，产业规模壮大、结构优化、亮点纷呈，城镇建设加快、功能增强、品位提升。我们大胆改革创新，在全省率先简政放权，探索出台农业转移人口市民化“1+10”政策体系，创新项目建设、招商引资、企业帮扶工作机制，深度推进财税、医疗、文化等各领域改革，激发了活力动力。我们狠抓生态建设，被确定为国家可持续发展实验区、全国首批中美低碳生态试点城市，获批创建循环经济示范市，人居环境进一步优化。我们高度重视民生改善，城乡居民收入预计保持两位数增长，民生工程进展顺利，社会事业全面发展，平安鹤壁建设深入推进。我们强化干部队伍建设，通过搭建平台、完善政策积极引进高层次人才，按照公平公道和人岗相适理念把合适的干部用到合适的岗位上，人才保障更加有力。我们切实加强民主法制建设，人大重大事项决定、监督、选举任免等职能依法有效履行，政协政治协商、民主监督、参政议政作用进一步发挥，各民主党派、工商联、无党派、人民团体作出积极贡献，法制宣传教育富有成效。我们认真做好宣传思想工作，强化对意识形态的领导，把握正确舆论导向，凝聚了正能量。我们全面加强党的建设，认真组织学习贯彻党的十八大、十八届三中全会和习近平总书记系列重要讲话精神，全面落实八项规定，搞好基层组织建设，狠抓反腐倡廉建设，风清气正好环境进一步巩固。

这些成绩，是在经济形势错综复杂、利益矛盾交织叠加、区域竞争更加激烈的情况下取得的，得益于省委省政府的正确领导，得益于各级领导班子的务实重干，得益于全市干部群众的团结拼搏。在此，我代表市委，对全市各级党组织和广大党员干部、群众表示衷心的感谢！

根据省委九届六次全会、省委经济工作会议和市委常委会议精神，我讲几点意见：

一、切实增强政治责任感，把思想和行动统一到党的十八届三中全会精神上来

十八届三中全会在新的历史起点上对全面深化改革作出战略部署，对于实现"两个一百年"奋斗目标和中国梦具有里程碑意义。全会通过的《中共中央关于全面深化改革若干重大问题的决定》，是向全党全国发出的深化改革开放新的宣言书，是具有划时代意义的纲领性文件。习近平总书记的重要讲话，升华了我们党对全面深化改革的认识，为贯彻全会精神、全面深化改革提供了有力思想武器和行动指南。当前，全市上下正在兴起学习贯彻热潮，形成了好的导向、氛围和精神状态。各级各部门要按照市委通知要求，继续把学习贯彻全会精神作为首要政治任务，深刻把握全面深化改革的指导思想、总目标、路线图、主要任务和重大举措，学以致用、学用相长，推进中央和省委改革部署在鹤壁得到全面正确落实。

中央召开的经济工作会议，深入贯彻十八届三中全会精神，分析当前国内外经济形势，提出了2014年经济工作的总体要求和主要任务。中央召开的城镇化工作会议，科学分析城镇化发展形势，明确指导思想、主要目标、基本原则、重点任务。省委九届六次全会以城镇化为主题形成决议，并审议通过《科学推进新型城镇化的指导意见》，明确了总体部署和基本要求。省委经济工作会议总结了今年经济工作，部署了明年的经济工作，特别是提出要调中求进、变中取胜、转中促好、改中激活，努力保持更好较快发展。这些会议意义重大，影响深远。各级各部门一定要认真学习、吃透精神，切实把思想和行动统一到中央和省委会议精神上来，努力使鹤壁沿着科学发展轨道阔步前进。

二、准确把握面临形势和所处阶段，在新的起点上把鹤壁发展推向新高度

贯彻中央、省委会议精神，做好鹤壁的事情，必须正确认识和把握外部环境和基本市情。从宏观形势看，我们仍处于可以大有作为的重要战略机遇期但也面临不容乐观的内外环境。就机遇来讲，经济全球化、国内市场一体化的趋势没有变，世界经济缓慢复苏、我国经济长期向好的趋势没有变，世界产业调整布局、我国沿海地区产业加速向中西部转移的趋势没有变；我省正在加快实施三大国家战略规划，特别是围绕郑州航空港经济综合实验区建设出台许多支持政策，为我们全面融入、借力借势提供了机遇和空间。就挑战来讲，世界经济复苏存在较大变数，我国经济运行存在下行压力；改革进入深水区和攻坚期，社会处在转型期和矛盾凸显期，多种风险、二律背反现象较多呈现；区域竞争日益激烈，各地你追我赶劲头愈发强劲。机遇千载难逢、挑战依然严峻，我们一定要在抢抓机遇和应对挑战中实现新发展。从自身情况看，我市发展已经站上一个新起点、进入一个新阶段。经济总量迈上600亿元台阶，公共财政预算收入近40亿元，特别是正在推进的事业取得重大阶段性成效，已到了必须升级突破的关键期。我市一些指标在全省领先但优势不明显，个别指标排名偏后，经济总量占全省的份额偏小、贡献仍然不够；产业转型升级取得成效但任重道远，三次产业发展不协调，结构不优、层次不高、链条不完整的问题尚未根本解决；城市骨架已经拉开但还未形成体系，基础设施、公共服务设施相对薄弱，城乡一体化示范区建设任务艰巨，老城区、县城功能不够完善，乡镇总体发展较慢；生态环境正在成为特色品牌但压力依然较大，水、大气环境容量趋紧，公众对环境质量的认识和要求越来越高；民生逐步改善但仍有许多"欠账"，城镇居民人均可支配收入低于全省、全国平均水平，公共服务体系不够健全，稳定形势不容乐观；干部作风总体过硬但也存在不少问题，少数干部精神懈怠、形式主义严重，个别干部甚至贪污腐化，等等。站在新起点、面对新形势，我们要用更宽视野和战略思维进一步科学把握全局、谋划全局、部署全局。

要抓牢总统领，以改革总揽全局。这是中央和省委的要求，是我们克难攻坚的法宝。必须凝聚改革共识，汇聚起理解改革、支持改革、参与改革的强大洪流；真正把改革开放作为加快发展的关键一招，贯穿各个领域各个环节，向改革要活力、要红利，以改革促发展、促民生。要把握总方向，努力建设生态之城活力之城幸福之城。这是鹤壁最具特色、最需主打的品牌。生态之城，就是天蓝、地绿、水清，整个城市森林环抱、水系环绕、花木掩映，让居民望得见山、看得见水、留得住绿、呼吸得到新鲜空气。活力之城，就是产兴、城兴、机制新，产业高度发达，城市高效运转，群众精神饱满，机制健全完善，一切创造社会财富的源泉充分涌流。幸福之城，就是宜居、宜业、宜游，全市人民学有所教、劳有所得、病有所医、老有所养、住有所居，公平正义处处彰显，安全感自豪感不断增强。这一总方向符合中国特色社会主义"五位一体"总布局和打造"四个河南"的要求，切合鹤壁实际，必须为之不懈努力。

要明确总目标，力争在全省率先全面建成小康社会。

核心是提前实现生产总值和城乡居民人均收入比2012年翻一番，这是今后五年的主要奋斗目标。为此，必须工作先行，各个方面都要奋进争先，基础好、有优势的重点工作要做精品成特色创品牌。必须转型先行，进一步突出转方式调结构，产业、城乡、区域结构调整和节能减排走在全省前列。必须改革先行，敢为人先，积极改、率先改，创造经验、提供示范。

要突出总任务，加快打造两个构建升级版。目的是在两个构建基础上进一步提升，推动信息化和工业化、城镇化、农业现代化深度融合、相互协调，实现“四化”同步。这要求我们：必须更加注重产业升级和结构调整，推动现代农业进一步做精做优、再创品牌，传统主导产业进一步改造升级、连线成面，新兴先导产业进一步做大做强、形成支柱，现代服务业进一步加快培育、提速发展，实现三次产业高水平协调发展。必须更加注重产城融合和城乡一体，进一步形成功能清晰、特色鲜明、布局合理的城市体系，形成以工促农、以城带乡、工农互惠、城乡一体的新型工农城乡关系。必须更加注重稳定增长和提质增效，坚持用正确的方法做正确的事，有所为有所不为；牢抓发展第一要务，注重从量的扩张向质与量同步提升转变、从重投入向重产出转变，实现有质量有效益的较快增长。必须更加注重比较优势和彰显特色，坚持做最具优势的事，按照竞争力最强、成长性最好、关联度最高的标准上项目、做产业，按照特色化、生态化、集约化、精细化、人文化的方向建城市、增魅力。

上述总统领、总方向、总目标、总任务，有机构成了全市工作的总体部署，一定要认真学习领会，统筹把握落实。明年是全面贯彻落实十八届三中全会精神、全面深化改革的开局之年，是实施“十二五”规划的关键一年，是为全面建成小康社会奠定坚实基础的重要一年。做好各项工作的总体要求是，深入学习贯彻党的十八大和十八届二中、三中全会以及中央经济工作会议、中央城镇化工作会议、省委九届六次全会、省委经济工作会议精神，牢牢抓住我省实施三大国家战略规划机遇，紧紧围绕总统领、总方向、总目标、总任务，以提升求进为总基调，加快转方式调结构，加快打造两个构建升级版，加快提高经济发展质量和效益，推动生态之城活力之城幸福之城建设迈出新步伐。

明年经济社会发展的主要目标是：地区生产总值增长10%以上，全社会固定资产投资增长22%，城镇新增就业3万人以上，居民消费价格涨幅控制在3.5%以内。这些目标是经过科学研判、反复权衡确定的，符合省委要求，符合鹤壁实际，必须确保全面完成。

三、持续抓好事关全局和长远发展的重点工作，全面推进生态之城活力之城幸福之城建设

（一）加快产业升级和结构调整，着力提升产业综合实力和核心竞争力。我们的产业已到了唯有转型升级才能持续发展的关键阶段。必须适应市场又引领市场、依托资源又跳出资源、立足传统又高于传统，推动产业规模由小到大、链条由短到长、层次由低到高、集群由少到多、结构由工业独大向三次产业协调发展转变，实现规模与质量、效益同步跃升，打造功能完善、结构合理、相互配套的现代产业体系。

牢牢抓好工业经济这个重要支撑和现代服务业这个新的增长点。以链条延伸、精深加工为重点改造提升三个传统主导产业，以技术引领、高端突破为重点做大做强两个先导产业，以发挥优势、广域辐射为重点加快发展休闲旅游、新型物流两个现代服务业新业态，形成产业梯次发展新格局。煤电化材一体化产业，走基地化、大型化、清洁化、高效化路子，以市场为导向、低碳为理念，抓好煤化一体化及相关项目、宝山循环经济产业集聚区及有关园区建设，大力发展煤基多联产，打造重要的现代煤化工基地。食品产业，走餐桌食品现代化、特色食品品牌化、生产过程安全化路子，通过加快系列营养快餐项目建设、构筑相关平台、举办食品博览会、创树品牌等措施，打造绿色食品加工基地。汽车及零部件产业，走专业化、前沿化路子，加快改装车项目建设，积极发展汽车模具，瞄准清洁能源汽车等前沿领域谋划推进一批新项目，打造改装车和汽模生产基地。电子信息产业，重点发展通讯电子、汽车电子电器，统筹推进光电子、军工电子，加快推进富士康科技园、荣兴科技产业园、农业硅谷产业园等项目，打造特色电子信息产业基地。金属镁精深加工产业，抢抓发展机遇，组建镁业投资发展集团、设立投资基金，重点发展高品质镁合金和镁合金终端产品，打造“中国镁谷”。休闲旅游业，依托深厚文化底蕴和产业特色，发展历史文化、农耕文化、工业文化等文化休闲游；依托淇河打造系列城市风貌、郊野公园、观光农业，发展生态休闲游；发挥康复、护理、生态等优势引进国际领先的体检中心、康复中心，发展健康休闲游，打造一流的休闲之都。新型物流业，依托区位交通优势，建设电商物流基地和平台，发展电商、商贸、冷链、煤炭、保税、危化品等专业物流，构建立足鹤壁、服务中原、辐射全国的新型物流体系。同时，坚持“四集一转”，全面提升产业集聚区建设发展水平，加快形成一批规模大、竞争力强、成长性好、关联度高的超百亿、超千亿元产业集群。以支持重组、提升共赢为重点培育大型企业集团，积极发展“专、精、特、新”中小企业。加快推进商务中心区、特色商业区等服务业集聚区建设。积极发展生产性和生活性服务业。大力发展非公有制经济。加快提升农业现代化水平。坚持走在全国前列目标不动摇，突出重点，再创优势。着力抓好高产创建和高标准粮田建设，实施好42个小麦和39个玉米高产创建万亩示范片，持续引领高产水平。着力打造一批特色农业产业化集群，加快构建新型农业经营体系，发展农业产业化龙头企业、农民专业合作社和多种形式的土地规模经营，提高农民组织化程度。着力建设一批集生产、观光、休闲、旅游和生态多功能于一体的都市农业园，打造新型都市农业业态。加快畜牧业转型升级和农业农村信息平台、农业综合标准体系、基础设施等建设。

着力强化创新支撑。落实科技创新三年计划，实施重大科技专项，尽快突破一批关键核心技术。强化企业主体地位，开发更有竞争力的产品和服务。抓好国家可持续发展实验区、国家农业科技园区等平台建设，推进中科院半导体所河南研究院、国家镁工程中心鹤壁研发中心、镁合金创新工程中心、航盛和海能达企业研发中心等项目建设，组建技术创新联盟，促进创新要素集聚。加强知识产权工作。完善目标导向、成果转化、人才发展、激励考核等机制。以改革精神强化土地、资金等各类要素保障。规范强化城乡一体化示范区工作职能。利用高铁增强城市活力。

（二）科学推进新型城镇化，着力提升城镇化质量。城镇化是现代化的必由之路，是建设生态之城活力之城幸福之城的客观要求。要按照中央和省委决策部署，以人为本、质量为重、彰显特色、“四化”同步、改革创新、科学有序，探索走出一条具有鹤壁特色的新型城镇化道路。

要围绕“一个核心”，坚持以人为核心推进城镇化，实现人的充分就业，就业岗位持续增加、公平配置，居民收入不断提高；服务均等，让农业转移人口享有与城市居民一样的公共服务，城乡之间、不同群体之间公平与效率相统一；舒心舒适，城市功能不断完善，生态环境不断优化，人们享受着更文明更便利更自在更健康的生活；平安和谐，人人之间诚信友爱，法治观念深入人心，社会环境安定有序。要走好“五条路径”，就是科学规划、产城融合、城乡一体、智能集约、生态宜居。要把科学规划作为推进新型城镇化的首要前提，着力在前瞻性、科学性、权威性和操作性上下功夫，突出鹤壁特色，优化布局形态，修订完善城市总体规划及专项规划；按照产业、新农村、土地、公共服务和生态环境“五规合一”的要求，编制实施新农村规划，形成科学完备的城乡规划体系。

要把产城融合作为推进新型城镇化的重要支撑，坚持以产兴城、依城促产，全域统筹、打破区划，形成生产空间集约高效、生活空间宜居适度、生态空间山清水秀的互动发展格局。要坚持“一核双星多支点”城镇化格局，以淇滨区城区和淇水湾商务休闲区为核心，打造都市功能区，加快建成一批大型城市综合体，培育一批金融服务、商务商业、总部经济、新型物流、休闲旅游、文博会展等特色业态；加快鹤淇一体化进程，搞好中心城区与城市组团间基础设施和公共服务体系对接，强化对更广区域的辐射带动。要构建“五带一区”产业格局，即依托宝山循环经济产业集聚区和老区陶瓷、鹤山产业园打造资源型产业带，依托开发区、鹤淇产业

集聚区打造先进制造业产业带，依托浚县产业集聚区和粮食精深加工园区打造食品家居产业带，以淇河为主轴上下延伸打造休闲旅游产业带，以钜桥为中心打造新型物流产业带，以浚县为主体打造现代农业示范区。要构建“三廊三带三区”生态格局，即西部太行山区、南水北调两侧、高铁高速两侧等绿色廊道，淇河、浚鹤快速通道、淇县西部美丽乡村等生态带，盘石头水库、湿地公园、淇水湾等生态涵养区。启动编制全市主体功能区规划，按功能区分类建立健全绩效考核评价体系和干部考核办法。要把城乡一体作为推进新型城镇化的重要内容，核心是在体制机制上大胆探索，落实完善“1+10”政策体系，农业转移人口自愿、分类、有序市民化，推动城镇基本公共服务向常住人口全覆盖；探索赋予农民更多财产权利，推进城乡要素平等交换和公共资源均衡配置，让农业转移人口“进得来”、“落得住”、“转得出”，让广大农民平等参与现代化进程、共同分享现代化成果。按照生产发展、生活富裕、乡风文明、村容整洁、管理民主的要求分类推进新农村建设。要把智能集约作为推进新型城镇化的应有之义，提高城市建设管理水平，加强信息化在城镇化中的应用，加快智慧鹤壁建设，注重集约规划、集约建设和集约管理，守住耕地红线，提高城镇建设用地效率。按照统一规划、适度超前、配套衔接的原则，完善城市交通体系，确保畅通。建立多元、可持续资金保障机制。

要把生态宜居作为推进新型城镇化的基本要求，让城市融入大自然，把绿水青山留给居民。要注重延续城市历史文脉，发展有历史记忆、鹤壁特色、民俗风貌的美丽城镇，把城市打造成人文魅力空间。要根据国家、省有关精神，抓紧制定完善我市科学推进新型城镇化的意见和长远规划、行动计划。要遵循规律、因势利导，找准方向、积极稳妥，使城镇化成为一个顺势而为、水到渠成的发展过程。

（三）加快推进生态鹤壁建设，着力提升环境质量。生态环境是生产力，是重大民生，也是长远大计。必须本着对历史、对人民高度负责的态度，始终坚守生态和环保底线，做好绿色发展、循环发展、低碳发展文章，让鹤壁真正成为“一个来了就不想走的城市”。抓好绿色发展，增青山、增绿地、增碧水。坚持治标与治本相结合，持续加大淇河生态保护建设力度，加快推进淇河生态区等项目建设和淇河保护立法，提高生态层次和水平。持续建设覆盖全域的林业生态体系，搞好城市绿化，成功创建国家森林城市。抓好循环发展，吃干、榨净、再利用。以获批创建国家循环经济示范市为契机，完善循环经济产业、基础设施、服务支撑体系，推进园区循环化改造、循环经济产业基地和项目建设，发展节能环保产业，注重研发关键技术、制订标准和完善机制，推动循环经济由产业层面向全社会层面拓展、由提供产品向提供技术标准服务转变，为全国作出示范。抓好低碳发展，减排放、减消耗、减浪费。严格节能减排，把好项目环保准入关，坚决淘汰落后产能，推行清洁生产，抓好污水垃圾处理和污染防治。强化环境容量控制和资源节约集约利用。倡导绿色、文明消费。探索建立生态补偿、生态环境损害责任终身追究等机制。抓好中美低碳生态试点城市建设。

（四）以保障和改善民生为重点加强社会建设，着力提升人民群众幸福感。坚持民生优先，继续按照守住底线、突出重点、完善制度、引导舆论的思路，解决好人民群众最关心最直接最现实的利益问题，努力为社会提供多样化服务，让发展成果更多更公平惠及全市人民。着力提升公共服务水平。坚持把就业摆到突出位置，健全促进就业创业体制机制，加强和改进就业技能培训，努力实现更高质量就业。深化教育领域综合改革，构建学生健康成长全面发展教育体系，积极推进中小学生示范性综合实践基地等

规划建设，大力发展职业教育，办好人民满意教育。

提升健康服务水平，深化医药卫生体制改革，抓好国家卫生城市、“三甲”医院创建等工作。整合统一群众服务热线。加强文化建设，建立健全现代公共文化服务体系和现代文化市场体系，抓好大运河申遗、浚县古城保护与旅游发展、中国（鹤壁）民俗文化节提升等工作。推进人口和计划生育、体育、妇女儿童、老龄和残疾人事业发展。完善覆盖城乡的社会保障体系。抓好保障性住房建设，探索推行廉租房、公租房“两房合一”管理模式。探索建立更公平可持续的社会保障制度。完善社会救助体系，关注困难群众、弱势群体，大力发展社会福利和慈善事业，做好优抚安置工作。坚持每年为群众办一批雪中送炭的实事好事。解决好群众反映强烈的热点问题。加强和创新社会治理。着眼治理能力现代化，推进平安鹤壁建设，最大限度增加和谐因素，努力做到系统治理、依法治理、综合治理、源头治理协调推进。完善社会稳定风险评估机制，健全有效预防和化解社会矛盾的机制办法。抓好安全生产，用最严谨的标准、最严格的监管、最严厉的处罚、最严肃的问责确保群众“舌尖上的安全”。推动社区治理数字化智能化网格化。激发社会组织活力。

四、始终保持良好精神状态，着力强化工作保障实现确定的目标任务，必须重点抓好以下几方面的保障措施

第一，进一步提振精神。精神状态决定履职状态、发展状态。好状态，首先要有底气充盈的自信心。鹤壁历史文化底蕴深厚，这些年确定的工作思路、举措、成效省委省政府充分肯定，描绘的美好蓝图符合群众愿望，城市虽小但抱负不小、作为不小，一定要看到自身长处、优势，以高度自信做好工作。要有实干争先的进取心。事业是干成的，不是吹成的。干出来的干部，群众才信得过。一定要实干，多流汗、肯奉献，尽心做事、用心成事。要牢固树立“干不到一流就是失职，争不到先进就是落后”的观念，比学赶超。要有勇于担当的责任心。在其位、谋其政、尽其责、成其事。对发展中的大事难事、触及利益矛盾的事、有风险的事，一定要敢抓敢管。要有锐意改革的精气神。当前，很多容易改的问题已经解决，留下来的都是硬骨头。要牢固树立改革意识，做改革的当事人、不做旁观者，做改革的马前卒、不做钉子户，做改革的行动派、不做幻想家，以改革攻坚克难。

第二，进一步扩大开放招商。要持续解放思想、放开眼界，以最强的决心、最大的力度抓出成效。要高水平谋划。谋划水平决定项目水平。组建高水平项目策划团队，分产业聘请一流专家，畅通与企业及时互动对接渠道，找准我市重点产业的关键节点，谋定而后动，增强工作的目的性、针对性。要高实效招商。进一步统筹整合资源力量，研究完善区域招商、专业化招商、一盘棋招商的工作机制，专项信息收集、专题研究评估、专业对接谈判、专人跟踪落实，让招商更具方向性、实效性。要高质量考核。科学设置招商引资考核办法、评价体系、激励机制，不仅看谈了多少项目、落地了多少项目，更要看形成了多少投资、实现了多少利税，还要看项目的影响力、集中度、成长性、关联性等，真正以考核促工作。

第三，进一步转变政府职能。这是服务群众和企业、打造环境品牌的必然要求。当前，国家和省都在积极推进这项工作，我市开展的“改作风、转职能、优环境”活动取得良好效果，下一步要继续推进和深化，处理好政府和市场的关系，加大简政放权力度，能取消、下放、调整的坚决取消、下放、调整，对保留的要全部公开目录、优化流程、规范行为、提高效率，同时完善强化服务企业长效机制，大力建设服务型政府，打造全省审批事项最少、效率最高、服务最优的发展环境。

第四，进一步树立正确用人导向。用好一个人，激活一大片。“好干部”五条标准为我们指明了方向。各级党委要牢固树立正确用人导向，在坚持德才兼备、以德为先的基础上，更多地向招商引资、项目建设一线倾斜，对想招商、会招商、招成商，抓项目有本事、建项目有成效的干部，优先使用、重点使用；更多地向服务群众、维护稳定一线倾斜，对尽心尽力为群众做事，敢于面对矛盾、及时有效解决群众诉求的干部，优先使用、重点使用；更多地向敢于改革创新的干部倾斜，对动真碰硬、不怕得罪人，勇于突破条条框框、承担风险责任的干部，优先使用、重点使用；更多地向基层干部倾斜，对长期在工作一线特别是条件差、困难多的地方任劳任怨的干部，优先使用、重点使用；更多地向默默无闻、埋头苦干的干部倾斜，对工作在幕后、服务在幕后，不张扬、有贡献的干部，优先使用、重点使用，不让老实人吃亏。一个目的，就是要让想干事、肯干事的有舞台，能干事、干成事的有位置，不干事、乱搞事的没市场，形成人人干事、个个争先的好局面。

五、坚持党要管党、从严治党，以改革创新精神全面推进党的建设新的伟大工程

改革发展任务越繁重，越要加强和改善党的领导。要牢牢把握加强党的执政能力建设、先进性和纯洁性建设主线，全面推进党的思想、组织、作风、反腐倡廉、制度建设，打造学习型、服务型、创新型党组织，努力把我市党的建设科学化水平提到一个新高度。

（一）认真开展党的群众路线教育实践活动，进一步密切党与人民群众的血肉联系。开展好教育实践活动是保持党的先进性纯洁性、巩固党的执政基础和执政地位、解决群众反映强烈突出问题的必然要求。各级各部门务必以高度的政治自觉、思想自觉和行动自觉，开展好这项活动。要积极准备，充分借鉴第一批教育实践活动的经验做法，及早谋划整体布局、推进方式和载体创新，避免走过场、形式化。要认真查摆，全方位征求意见，触及灵魂、触动实质查问题。要解决问题，坚持开门搞活动，防止“体内循环”；聚焦问题解决、立行立改，确保群众满意。要搞好宣传，将正面宣传与曝光警示相结合，营造浓厚舆论氛围。要建章立制，及时总结好经验好做法，形成抓作风建设、联系服务群众的长效机制。

（二）加强思想建设，提高广大党员干部政策理论水平。要抓好理论武装，组织深入学习马克思主义、毛泽东思想、中国特色社会主义理论体系，切实增强党员干部走中国特色社会主义道路的自觉性和坚定性。抓好党性教育，引导党员干部牢固树立正确的世界观、权力观、事业观，坚定政治立场。抓好道德建设，教育引导党员干部坚守共产党人精神追求，模范践行社会主义荣辱观。把意识形态工作纳入重要议事日程，牢牢掌握意识形态工作的领导权、管理权、话语权，始终坚持团结稳定鼓劲、正面宣传为主，始终掌控舆论阵地，创造良好舆论环境。

（三）加强领导班子和干部队伍建设，提高领导水平和执政能力。坚持按干部选拔任用条例办事，以公道正派为核心，破除论资排辈观念，树立人岗相适理念，不唯GDP选人、不唯票数选人、不唯分数选人，做到选贤任能、知人善任。探索构建有效管用的选人用人机制，坚持形式服从内容、过程服从结果，坚持于法周延、于事简便。优化领导班子结构，择优选配年轻干部，合理使用各年龄段干部，认真做好女干部、少数民族干部、党外干部配备工作，注重从基层一线培养选拔干部，有效推进干部交流，增强班子活力。发展党内民主，坚持民主集中制，坚持集体领导、民主集中、个别酝酿、会议决定的议事规则，做到科学决策。完善考核评价机制，根据省里有关办法和我市实际，及时制定或细化考核办法，确保考核公平公正、发挥作用。加强和改进干部教育培训，突出管用、实用，提高培训针对性、实效性。更加重视人才工作，发挥我市作为中组部在河南唯一人才工作联系点优势，坚持引资、引智相结合，大力实施“百千万人才工程”，充分利用好高端人才联合会平台，完善人才引进政策、激励机制，搭建更多人才发挥作用的载体，着力构筑人才聚集、人才辈出、人尽其才的人才高地，为经济社会发展提供有力人才支撑。

（四）加强基层组织建设，夯实党的执政基础。增强服务意识，坚持把服务作为根本价值取向，把工作重心转到服务发展、服务民生、服务群众、服务党员上来，抓好基层服务型党组织和城乡基层群众性自治组织的党群共建。扩大覆盖面，让党的组织和工作延伸到经济社会发展各领域，做到凡有群众的地方，都有党组织的服务，实现有形覆盖和有效覆盖相统一。加强队伍建设，通过选派“第一书记”、“大学生村干部”转任社区工作者等方法选优配强基层党组织特别是带头人队伍，按照总量控制、提高质量、发挥作用的总要求加强和改进党员队伍建设。加大保障力度，统筹城乡党建资源，改善基层工作条件，使基层党组织更有实力和动力为群众搞好服务。

（五）加强反腐倡廉建设，做到干部清正、政府清廉、政治清明。反对腐败，是党一贯坚持的鲜明政治立场，是人民关注的重大政治问题。要坚持中国特色反腐倡廉道路，经常抓、长期抓，进一步强化权力运行制约和监督体系，建设廉洁政治。要坚持教育从实，早教育、早提醒，灵活运用多种方式和载体，做到入情入理、入脑入心，对干部尽到应尽的教育、警示责任，防止小问题变成大问题，小错误变成大错误。要坚持制度从细，牛栏关不住猫，深入分析研究腐败现象滋生的体制机制原因，加强体制机制创新和制度保障，努力覆盖各环节各领域，不留死角与漏洞，用制度管权管事管人，把权力关进制度的笼子。要坚持监督从紧，把监督重点从八小时内延伸到八小时外，从党政机关延伸到乡村站所，从党内监督扩展到人大监督、政协监督、行政监督、法律监督、群众监督、舆论监督、网络监督、社会监督等的有机结合，从领导干部特别是主要领导干部扩展到所有负责人财物管理使用的关键岗位，逐步形成全方位、全时空的监督网络，切实增强监督实效。要坚持惩处从严，保持惩治腐败的高压态势，“老虎”、“苍蝇”一起打，既坚决查处大案要案，又严肃查处损害群众利益的各类案件，以反腐倡廉的实际行动取信于民。认真学习贯彻中央《建立健全惩治和预防腐败体系2013－2017年工作规划》，根据省里安排研究制定我市工作规划。

（六）建立健全党内制度体系，推进党的建设制度化、规范化、程序化。加强党内法规制度建设，是社会主义政治文明建设和全面建设小康社会的重要内容。中央已相继制定出台中国共产党党内法规制定条例、党内法规和规范性文件备案规定、党内法规制定工作五年规划纲要等一系列重要文件。一定要高度重视，认真研究，切实抓紧抓好党内制度的建设、完善、宣传、执行等工作，为党的建设提供更科学的制度保障。

切实加强民主法制建设。坚持人民主体地位，坚持人民代表大会制度、中国共产党领导的多党合作和政治协商制度，支持人大开展监督、政府充分履责、政协协商民主，更加注重健全民主制度、丰富民主形式。发展基层民主。建设法治鹤壁。支持法院、检察院依法开展工作。充分调动各民主党派、工商联和各人民团体的积极性，巩固和发展最广泛的爱国统一战线。坚持党管武装，推进军民融合深度发展。

同志们，鹤壁的改革发展正处在爬坡过坎、转型升级的关键时期，任务艰巨，使命神圣。让我们在以习近平同志为总书记的党中央坚强领导下，高举中国特色社会主义伟大旗帜，以邓小平理论、“三个代表”重要思想、科学发展观为指导，以改革精神和实干作风全力提升各项工作，加快打造两个构建升级版，努力建设生态之城活力之城幸福之城，为中原崛起河南振兴富民强省作出新贡献！

政府工作报告

——在鹤壁市十届人大一次会议上

(2014年2月25日)

鹤壁市人民政府市长　**范修芳**

各位代表：

现在，我代表市人民政府，向大会报告工作，请予审议，并请各位政协委员和其他列席人员提出意见。

一、过去五年工作回顾

2013年，我市认真贯彻落实党的十八大和十八届二中、三中全会精神及省委、省政府的决策部署，按照市委八届四次全会和市九届人大八次会议的要求，紧抓全省实施粮食生产核心区、中原经济区、郑州航空港经济综合实验区等国家战略规划的机遇，加快构建新型产业基础和新型城市骨架，落实完善一系列政策措施，积极实施10多个专项行动方案，重点打好项目建设、招商引资、企业帮扶三大攻坚战，强化组织领导和要素保障，持续创新，提升发展，经济社会保持良好发展态势。全年地区生产总值同比增长12.5%，规模以上工业增加值增长16%，公共财政预算收入增长21.4%，全社会固定资产投资增长23%，城镇居民人均可支配收入、农民人均纯收入分别增长10.1%和13%，均保持全省先进水平。

2013年各项目标的实现，标志着市九届人大确定的任务顺利完成。五年来，面对外部金融危机冲击、自身产业矛盾凸显等错综复杂的经济形势，全市上下团结奋进、开拓创新、务实重干、克难攻坚，各项工作取得明显成效，2013年地区生产总值达到622亿元、公共财政预算收入39.6亿元、城镇居民人均可支配收入21228元、农民人均纯收入10608元，分别是2008年的1.8倍、2.5倍、1.7倍和1.9倍，全社会固定资产投资五年累计完成1870亿元、是上个五年的3.2倍。总体上看，我市经济社会发展站在了新的起点、进入了新的阶段。五年来，我们主要抓了以下工作：

（一）稳态势、保增长，经济健康较快发展。坚持把稳态势、保增长放在经济社会发展的突出位置，既坚定信心、统筹协调、保持定力，又主动出击、综合施策、精准发力，及时解决经济运行中的突出矛盾和问题，主要经济指标年度增速保持两位数增长，质量效益得到同步提高。着力抓好经济运行，突出长短结合、标本兼治，完善调节协调机制，优化煤电油气运保障，出台促进工业经济平稳较快增长、工业企业做大做强等措施，实施集中精力战危机、重点打好攻坚战等活动，经济保持平稳健康较快发展。着力激发市场活力，突出市场主体地位，落实税费优惠政策，减轻中小微企业负担，扶持企业做大做强，2013年市场主体户数和注册资本分别是2008年的1.2倍和3.9倍，社会消费品零售总额是2008年的2.1倍。着力深化企业服务，突出健全企业服务长效机制，积极搭建银企对接、用工对接、产销对接等平台，支持企业管理、技术和产品创新，企业发展持续向好，2013年规模以上工业企业增加值、利润分别是2008年的2.1倍和2.9倍。

（二）转方式、调结构，两个构建步伐加快。坚持把经济结构战略性调整作为加快转变发展方式的主攻方向，不断优化产业结构和城乡结构。加快构建新型产业基础。突出做强工业，巩固提升煤电化材一体化、汽车及零部件、食品3个特色主导产业，培育壮大金属镁精深加工、电子信息2个新兴先导产业，2013年主导先导产业增加值占规模以上工业增加值的76.2%。继续做优农业，加强农业综合生产能力建设，新建高标准粮田34.4万亩，现代农业产业化集群和新型农业经营主体快速发展，连创25项全国粮食高产纪录，粮食总产实现“十连增”、夏粮实现“十一连增”。努力做大服务业，扎实推进服务业载体和项目建设，文化旅游、商贸物流等提速发展，2013年旅游接待人次、综合收入分别是2008年的2倍和2.2倍，第三产业增加值比2008年增长55.1%。加快构建新型城市骨架。突出"一核双星多支点"单元组合型城市建设，推进城乡一体发展，城镇化率达到53.6%、居全省第3位，城镇绿化覆盖率达到40.2%，被确定为国家智慧城市试点市。130平方公里的城乡一体化示范区获批建设，商务中心区10座标志性建筑基本建成、签约入驻面积超过50%，淇水湾商务休闲区建设全面展开；老城区统筹发展取得重大突破，改造竣工面积350万平方米，解决4.4万户居民住房问题，部分实现集中供暖；县城和重点镇建设有序推进；新型社区建成17个、安置3.7万人。

（三）重招商、上项目，发展后劲明显增强。坚持把三位一体推进项目建设、开放招商和产业集聚区建设作为经济社会发展的重点工作，充分发挥拉动支撑作用。突出项目建设主抓手，围绕工业、农业、服务业、社会事业发展和城乡基础设施建设等，共实施重点项目980个，投产379个，完成投资1361亿元，煤化一体化、鹤淇电厂等事关全局的重大项目取得实质性进展。突出开放招商主渠道，围绕主导先导产业，集中资源引龙头、带集群、成产业，共引进超亿元项目643个，实际利用外商直接投资17.3亿美元，引进省外资金653亿元，富士康、航盛、新中源、地恩地、聆海等一批知名企业入驻我市，海关、出入境检验检疫局等口岸平台获批并顺利建设。突出产业集聚区主载体，科学规划建设4个省级产业集聚区和3个市级特色产业园区，目前建成区面积53.2平方公里，累计建设项目830个，一批特色优势产业集群初步形成；鹤壁国家经济技术开发区和以鹤淇产业集聚区为基础的省高新技术产业开发区成功获批，2013年集聚区和园区固定资产投资、规模以上工业企业主营业务收入分别占全市的63.7%、60.1%，已经成为重要的经济增长极。

（四）抓改革、促创新，动力活力更加强劲。坚持把改革创新作为应对危机、促进转型、推动科学发展的根本动力，持续积聚发展强大能量。全面促进深化改革，加快转变政府职能、深化机构改革，市级行政审批事项较2008年精简82.5%，精简率居全省前列；扎实推进医药卫生体制改革，市第一、第二人民医院合并重组完成，县级公立医院综合改革顺利实施，在全省率先实现基本药物制度县乡村全覆盖、药品价格下降30%左右；整合成立市文化广电新闻出版局和广播电视台，组建了市豫剧牛派艺术研究院，完成国有文艺院团改革；顺利推进财税、金融、教育、事业单位、户籍制度、城市执法管理体制等改革；完成了煤炭企业兼并重组。全面推动科技创新，累计实施重大科技项目106项，新建省级以上企业研发中心37家、院士工作站2家，获省部级以上科技进步奖11项、其中浚单20项目荣获国家科技进步一等奖，获批创建国家可持续发展实验区、全国质量强市示范市、国家农业科技园区等；2013年科技进步贡献率达到51%、比2008年提高4个百分点，科技综合实力跃居全省第6位。全面破解要素制约，通过对外开拓、对内挖潜，资金、土地、劳动力等要素保障能力明显提升，五年累计融资突破600亿元，落实建设用地7万余亩，完成各类培训超过22万人次，引进了一批急需的高层次高技能人才，其中争取省派科技副职和博士服务团成员数量连续5年居全省第一，较好保障了发展需求。

（五）创优势、打品牌，整体形象显著提升。坚持把发挥传统优势、提升比较优势、打造竞争优势作为提升实力和形象的有效举措，努力做精品成特色创品牌。巩固提升现代农业品牌，粮食高产创建、农业标准化和信息化走在全国前列，被确定为全国整建制推进粮食高产创建试点市、全国农业综合标准化示范市、全国整体推进型农业农村信息化示范基地。持续提升循环经济品牌，强化节能降耗，大力推广建筑节能、可再生能源应用，加强污染防治和污染减排，获批创建全国循环经济示范市，被确定为全国建筑节能示范市、国家可再生能源建筑应用示范市。重点提升生态环境品牌，扎实推进以淇河为龙头的生态城市和覆盖全域的林业生态体系建设，淇河保护立法工作取得实质性进展，森林覆盖率提高到31.7%、高出全省8.7个百分点，主要环境指标处于全省先进水平，被确定为全国首批中美低碳生态试点市和省水生态文明建设试点市。强化提升区位交通优势，累计新建改建公路1547公里，公路总里程达到4460公里，公路密度比全省平均水平高55个百分点；石武高铁鹤壁东站、安新高速鹤壁段拓宽工程建成投用，鹤辉高速、晋豫鲁铁路通道顺利推进，形成七纵五横干线公路和十字形高速公路网络，实现从乡到县区、从县区到市半小时交通圈。

（六）惠民生、促和谐，人民生活水平不断提高。坚持把保障和改善民生作为出发点和落脚点，力争让人民群众得到更多实惠。五年来累计民生支出262亿元、占财政支出的74.9%，通过市长热线、市长信箱等途径答复解决群众和企业反映诉求超过3.2万件次，一批批重点民生工程如期完成。加强和提升就业和社会保障。新增城镇就业22.4万人，下岗失业人员再就业8.7万人，农村富余劳动力就近就地转移就业率超过40%，被确定为国家创建创业型城市。覆盖城乡的社会保障和救助体系进一步完善，居民健康档案、新农合参合率等工作走在全省、全国前列，企业退休人员养老金、城镇居民医保补助、城乡低保、农村五保等标准不断提高。建设保障性住房11.4万套，竣工或基本建成3.7万套。加强和改善农村生产生活条件。盘石头水库完成移民搬迁1.4万余人、三期移民工作有序推进，完成76个贫困村整村扶贫开发和1.8万户农村危房改造，解决37.6万农村居民及在校师生饮水安全问题，行政村班车通达率100%，2个项目纳入国家或省美丽乡村建设试点。加强和促进社会事业发展。学前教育入学率、义务教育巩固率均居全省前列，普通高招成绩连年提高；职业教育园区建设顺利推进，鹤壁职业技术学院新校区一期投用，新增鹤壁汽车工程职业学院、能源化工职业学院2所专科院校，被评为省职业教育攻坚工作先进市。覆盖城乡的公共文化服务体系初步建立，市艺术中心等一批项目建成投用，成功举办6届民俗文化节；文化产业增加值年均增长15%。城乡医疗和公共卫生服务体系更加完善，爱国卫生、慢性病防治和重大传染病防控等工作扎实开展；低生育水平持续稳定，国家免费孕前优生健康检查实现全覆盖，被列入全国创建幸福家庭活动试点市、全省人口均衡型社会综合配套改革示范市。全民健身活动深入开展，市体育馆建成投用，每年举办沿淇河自行车赛等品牌赛事，竞技体育再创佳绩。老龄、妇女儿童、残疾人和慈善等事业全面发展。加强和创新社会治理。公众安全感、执法满意度居全省前列，被评为全国社会管理综合治理优秀市、法治城市创建工作先进市和全省平安建设先进市、信访工作先进市、安全生产责任目标考核优秀市，社会大局和谐稳定。

五年来，我们加强民主法制和精神文明建设，自觉接受人大法律和工作监督、政协民主监督和社会各界监督，办理人大代表建议和政协提案1378件；强化法制宣传和依法治理工作，荣获全国法制宣传教育和依法治理先进市；深入开展文明创建活动，公众道德水平和城乡文明程度进一步提升。加强政府自身建设，行政效能和公务员素质不断提高，依法行政和勤政廉政建设取得新成效。加强国防教育和国防后备力量建设，军民融合式发展取得新进展，军政军民团结不断加强，驻鹤解放军、武警部队和民兵预备役为地方发展作出重要贡献。外事、侨务、对台、民族宗教、统计、史志、档案、气象、地震等工作取得新成绩。南水北调中线工程主体基本完工。对口支援哈密三年任务如期完成。

各位代表！过去的五年是我市发展史上很不平凡的五年，经济社会发展取得的成效前所未有，城乡面貌发生的变化前所未有，改革创新推进的力度前所未有，人民群众得到的实惠前所未有，一些工作进入全省全国先进行列、保持较高水平。成绩来之不易，这是省委省政府和市委正确领导的结果，是市人大、市政协大力支持的结果，是各级各部门狠抓落实的结果，是全市人民拼搏奉献的结果。在此，我代表市人民政府，向工作在各条战线上的工人、农民、知识分子、干部、解放军指战员、武警官兵、公安民警致以崇高的敬意，向关心支持我市现代化建设的各界朋友表示诚挚的感谢！

在肯定成绩的同时，我们也清醒认识到，当前我市经济社会发展还存在一些突出困难和问题，政府自身建设还存在一些差距和不足：一是经济总量不大，产业结构不优、层次不高、链条不完整的问题没有根本改变，服务业发展相对滞后，支撑带动强的大项目好项目不多，要素约束依然突出，经济转型发展任务艰巨；二是城镇化质量不高，城市骨架已经拉开但尚未形成体系，基础设施、公共服务设施相对薄弱，尤其是老城区和县城功能不完善，城乡一体发展任务艰巨；三是民生“欠账”较多，公共服务体系不够健全，一些方面仍存在薄弱环节，持续提升人民群众幸福指数任务艰巨；四是政府职能转变还不到位，自身建设有待加强，一些工作人员能力素质还不适应新形势新任务要求，还存在作风不实、服务不优、效能不高、为政不廉等问题，提高干部队伍素质和能力水平任务艰巨。对此，我们一定高度重视，认真解决。

二、今后五年目标任务

党的十八大、十八届三中全会确立了全面建成小康社会和全面深化改革的宏伟目标，省委、省政府勾画了中原崛起河南振兴富民强省的美好蓝图。当前，我市已进入工业化和城镇化加速发展期，正处于克难攻坚、可以大有作为的战略机遇期，既面临十分难得的有利条件，也面临不容乐观的内外环境，我们必须肩负起改革、发展、稳定的责任，进一步坚定信心、抢抓机遇、开拓进取、务实求效，以改革开放的主动赢得发展上的主动，以发展的成果实现富民的目标，奋力夺取全面建成小康社会的新胜利。

今后五年政府工作的总体要求是：全面贯彻落实省委、省政府和市委的决策部署，抓住省实施三大国家战略规划机遇，以改革为总统领，以建设生态之城活力之城幸福之城为总方向，以在全省率先全面建成小康社会为总目标，以加快打造两个构建升级版为总任务，着力转方式调结构、稳增长增后劲、创优势强支撑、惠民生促和谐，凝神聚力，实干争先，提升求进，转型发展，不断提高发展质量和效益，提升整体发展水平，促进经济更好较快发展，促进社会大局和谐稳定。

到2018年，我们将努力实现以下主要目标任务：

综合实力显著增强。力争主要经济指标年均增速保持全省先进水平，地区生产总值年均增长10%以上、总量超过1000亿元，公共财政预算收入超过80亿元、比2013年翻一番，实现经济发展规模、质量和效益同步提高，成为在全省有地位、有实力、有特色、有影响的地区性中心城市。

经济结构显著优化。“五带一区”产业格局和“一核双星多支点”城镇化格局更加优化，第三产业增加值占生产总值比重超过25%，高新技术产业增加值占工业增加值比重超过30%，科技进步贡献率达到58%；城镇化率达到60%左右，城镇化质量持续提升，以淇滨区商务中心区、淇水湾商务休闲区为核心的都市功能区综合承载和辐射带动能力明显增强，产兴城兴机制新的活力之城基本建成。

生态环境显著改善。努力实现生态改善与产业发展同步，森林覆盖率超过35%；循环经济继续走在全国前列，成为循环经济标准、技术、服务输出市和资源型城市创建循环型城市的典范；圆满完成单位生产总值能耗、主要污染物排放量等约束性目标，天蓝地绿水清的生态之城形象彰显。

生活水平显著提高。努力实现居民收入增长和经济发展同步、劳动报酬增长和劳动生产率提高同步，城乡居民人均收入达到全省先进水平；基本公共服务水平和均等化程度全面提高，法治政府、法治社会建设取得积极进展，群众精神文化生活更加丰富，宜居宜业宜游的幸福之城更具魅力。

实现上述目标，我们需要把握好以下几项原则：一是坚持一张蓝图绘到底，按照既定的思路目标举措，持之以恒抓落实，一以贯之谋提升。二是坚持改革开放创新，把改革开放创新贯穿于经济社会发展各个领域各个环节，增强改革推动、开放带动、创新驱动能力。三是坚持提高质量效益，把经济增长建立在提质增效可持续发展的基础上，坚持在发展中转型、在转型中发展，注重向质与量同步提升、要素投入与产出更趋合理转变。四是坚持执政为民，把发展经济与改善民生紧密结合起来，让人民群众更多享受改革发展成果。五是坚持务实重干，以实干作风提升各项工作，努力开创改革发展稳定新局面。

我们坚信，有省委、省政府和市委的正确领导，有市人大、市政协和社会各界的大力支持，有全市广大干部群众的团结拼搏，在全省率先全面建成小康社会的奋斗目标一定能够如期实现！

三、2014 年重点工作

今年是全面贯彻落实十八届三中全会精神、全面深化改革的开局之年，是实施“十二五”规划的关键一年，是为全面建成小康社会奠定坚实基础的重要一年。做好今年的工作，必须按照市委八届五次全会和经济工作会议的总体部署，坚持“一个主题、两条主线、三个重点、四个着力”的要求，加快转方式调结构，加快打造两个构建升级版，加快提高经济发展质量和效益，加快建设生态之城活力之城幸福之城。

今年经济社会发展主要目标是：在提高质量和效益的基础上，生产总值增长 10% 以上，规模以上工业增加值增长 13% 以上，公共财政预算收入增长 12% 以上，全社会固定资产投资增长 22%，社会消费品零售总额增长 14% 左右，城镇居民人均可支配收入、农民人均纯收入均增长 10% 以上，城镇新增就业 3 万人以上，人口自然增长率控制在 6.5‰以内，居民消费价格涨幅控制在 3.5% 以内，节能减排完成省下达任务。

今年重点做好以下几个方面的工作：

（一）抓住关键，持续推进三项重点工作。优化投资结构和方式，提高项目履约开工率、资金到位率、竣工投产率，增强项目拉动、开放带动、载体支撑能力。持续抓好重点项目。集中力量抓好总投资 2000 多亿元的 270 个重点项目，力争新开工 170 个、竣工 55 个，完成投资 430 亿元。全力抓好 60 个重点督导项目，力争煤化一体化项目核准开工，富士康科技园一期建成投产，鹤淇电厂完成投资 20 亿元。做好项目谋划储备工作，力争新谋划超 10 亿元项目 100 个以上。强化扩大开放招商。统筹优化招商力量和资源，注重区域招商和产业招商相结合，大力引进行业龙头、知名品牌、延链补链强链和高科技含量、高成长型项目，严控引进高耗能、高污染、产能过剩的项目，强化落地项目的跟踪服务。打造镁博会、电子信息产业合作洽谈会、食品博览会等特色招商品牌。抓好 120 个超 5 亿元的招商项目，引进省外资金、实际利用境外资金、对外贸易出口分别增长 15%、10% 和 10%。积极完善载体平台。加快培育煤化工、食品 2 个超千亿元和汽车零部件、电子信息、金属镁、纺织服装 4 个超百亿元特色优势产业集群，促进产业集聚区提质发展，在全省位次明显提升。壮大县域经济，打造发展平台，建成投用海关、出入境检验检疫局，积极申报保税监管中心，做好国家级金属镁出口基地等申报建设工作。完善科技、孵化、检验检测、信息服务等平台建设，提高产业发展支撑能力。

（二）突出调整，全力加快产业优化升级。更加注重产业升级和结构调整，在引进龙头、完善配套、扩大规模、提升层次方面下功夫求突破，促进三次产业高水平协调发展。提升做大现代工业。着力抓好总投资 1000 多亿元的 133 个工业项目，推动传统主导产业改造升级、连线成面，新兴先导产业做大做强、形成支柱。煤电化材一体化产业，重点发展精细化工，推动产业链向高端延伸，力争开工建设煤制烯烃和石林 1 号矿等项目，建成聚四氢呋喃、丁二酸酐等项目，努力打造重要的现代煤化工基地和新型陶瓷等特色建材产业集群；食品产业，大力发展高中档面制品和速冻调理、快餐休闲食品，推动向多品种、高品质发展，加快推进 50 万吨中式营养快餐、6 万吨烘焙食品加工等项目，努力打造绿色食品加工基地；汽车及零部件产业，规模化发展改装车、汽车模具、汽车线束，积极推进 5 万辆专用车、中空成型制造等项目，努力打造龙头支撑有力、产业配套齐全的整体优势，打造改装车和汽模生产基地；电子信息产业，重点发展通讯电子、汽车电子电器，统筹推进光电子、军工电子，加快荣兴科技产业园、合基电讯高新产业园等项目建设，努力打造特色电子信息产业基地；金属镁精深加工产业，重点发展高品质镁合金、镁合金终端产品，加快推进创世电机、明远轻合金等项目，推进国家镁工程中心鹤壁研发中心、镁合金创新工程中心建设，组建河南镁业集团和镁产业技术发展研究院，推动金属镁精深加工与汽车及零部件、电子信息产业融合发展，努力打造“中国镁谷”。同时，扎实推进华塑高分子材料、聆海家居、新亚服装等龙头项目，积极发展高分子材料、现代家居、服饰服装等高成长型制造业。加快发展现代服务业。把服务业作为转方式调结构的战略重点，坚持差异化、特色化发展，扎实做好省服务业综合改革试点工作，依托市商务中心区、特色商业区等载体，加快总投资近 600 亿元的 49 个重点服务业项目建设，壮大传统服务业、培育新兴服务业，带动第三产业发展提速、比重提高、水平提升。大力推进休闲旅游业，按照“一区两带四个板块”的总体布局，抓好浚县古城保护与旅游发展、淇河生态区、华漫文化旅游城等一批投资超 25 亿元项目建设，推动云梦山和古灵山一体创建 5A 级景区，积极发展文化体验、生态休闲、康体养生等新兴业态，组建旅游发展集团，力求景区建设、服务质量、宣传效果、带动能力有大的提升，努力打造全域式国家级生态文化旅游示范区和全省一流、国内知名的旅游目的地。培育壮大新型物流业，依托宏昌物流、新大陆等重点龙头企业，加快推进各类物流园区和物流网络建设，加快建设豫北煤炭物流储备加工基地和钜桥商贸物流园区，提升煤炭、陶瓷等物流的网络化信息化水平。积极发展电子商务，支持农业硅谷、店连店等搭建电子商务公共服务平台，鼓励大型商贸企业和中小微企业开设网上商城和网店。做精做优现代农业。坚持走在全国前列目标不动摇，深入推进农业结构调整，提升现代农业发展水平。围绕粮食高产创建，实施好国家新增千亿斤粮食生产能力规划工程、中低产田改造、农田水利等基础设施建设，抓好42个小麦、39个玉米高产创建万亩示范片和30万亩高标准粮田示范工程，新建高标准粮田16万亩。壮大现代农业产业化集群，实施好国家农业综合开发现代农业园区等建设，加快发展循环、生态、观光、都市农业，抓好“菜篮子”工程建设；培育龙头企业、专业合作社和家庭农场等，规范有序推进土地流转。提升农业信息和科技水平，抓好农业农村信息化示范基地、农业气象科技专项和国家级农业气象试验站等建设；推进永优浚单玉米种业育繁推一体化发展，打造种业大市。创建全国农业社会化服务综合标准化示范市，提升标准化建设服务水平。加快规模养殖场集约化标准化改造建设，提高畜牧业生态水平和综合效益。

（三）注重特色，科学推进新型城镇化。坚持以人为核心，科学规划、产城融合、城乡一体、智能集约、生态宜居，积极稳妥推进新型城镇化，增强与产业发展的相向性、相依性和相容性，全面提升规划建设管理和城乡一体化水平，探索具有鹤壁特色的新型城镇化道路，城镇化率提高2个百分点。加快新型城镇建设。突出中心城区发展，加快都市功能区建设，高水平推进商务中心区、淇水湾商务休闲区、高铁广场片区和开发区电子新城建设，提升辐射带动能力。落实好老城区统筹发展政策措施，以鹤山综合改革实验区等十项建设任务为抓手，提升产业发展、基础设施公共服务设施、生态建设水平，新开工棚户区改造135万平方米，新增集中供热覆盖面积140万平方米。引导县城扩容提质，协调推进旧城改造提升和新城规划发展，推进浚县与中心城区的连接融合和鹤淇一体化，提升集聚产业和人口的能力。稳妥和谐推进美丽乡村试点、重点镇、新型社区和新农村建设。推进城乡一体发展。按照全域鹤壁和城乡统筹的理念，完善城市总体规划、城乡一体化规划和各类专项规划。大胆探索城乡一体化发展体制机制，加快基础设施向农村延伸、公共服务向农村覆盖、现代文明向农村辐射，推进城乡要素平等交换和公共资源均衡配置；落实完善“1+10”政策体系，确保农业转移人口进得来、落得住、转得出。强化综合交通体系建设，抓好晋豫鲁铁路通道、鹤辉高速、鹤浚快速通道、东大线改造等总投资88亿元的12个重点道路交通项目建设，新建农村公路80公里，继续提升公交服务水平；谋划推进与周边城市的城际铁路和交通连接，实现优势互补、融合发展。提高城市功能品位。加快建成区提升，着力解决物业管理、车辆停放、垃圾处理、农贸市场等问题，抓好19个续建和7个新开工城中村的改造工作，提高城市绿化、净化、亮化水平和水电气暖服务保障能力。统筹资源建设智慧鹤壁，同步规划建设城市信息基础设施与市政公用设施、公共服务设施，加快电子政务建设，提升民生和社会领域信息化应用水平，推动“四化”融合发展。注重传承城市历史文脉，融入现代元素，做好城市文化建设，打造精品建筑、精品道路、精品社区。

（四）着力提升，积极打造生态环保品牌。始终坚守生态和环保底线，统筹推进生态产业发展、生态环境保护和生态文化建设，加快绿色发展循环发展低碳发展，推动生态文明和美丽鹤壁建设。提升生态建设水平。加快以“三廊三带三区”为骨架、覆盖全域的林业生态体系建设，完成造林绿化20万亩，力争成功创建国家森林城市。积极推进淇河保护立法工作，抓好淇河湿地区和风貌带、淇河流域环境治理及生态保护项目，扎实推进盘石头水库工程验收、移民收尾和生态保护工作，确保南水北调鹤壁段具备通水条件，提升水生态文明试点市水平。启动国家和省级园林城市创建工作。做好矿山地质环境治理。促进循环经济发展。围绕建设国家循环经济示范市，改造提升循环型产业集聚区和园区，力争20个循环经济续建项目11个竣工投产，确保15个循环经济项目开工建设。提升循环经济层次和标准化水平，争取更多标准上升为国家或行业标准，继续走在全国前列。提高节能减排实效。做好国家节能减排财政政策综合示范市创建和中美低碳生态试点市工作，建设一批低碳生态社区和绿色建筑，加快推进13个节能项目建设，强化重点耗能企业节能管理。高标准实施蓝天工程、碧水工程和乡村清洁工程，抓好城市大气污染监测治理和机动车环保管理、河流清洁和饮用水源保护、土壤保护和农村环境综合整治，优化环境容量，提高环境质量，建设清洁家园、清洁水源、清洁田园。做好总量减排、污染防治、环评准入、环境执法等，倡导绿色消费理念和生活方式，引导公众参与生态文明建设，保持主要环境指标在全省的先进水平。

（五）深化改革，不断增强发展内生动力。坚持从最有条件、最能见效的领域入手，从群众最期盼的领域、制约经济社会发展最突出的问题改起，看准一件做一件，成熟一项推一项，确保取得实实在在的成效。大力推进改革。以经济体制改革为重点，统筹推进其他领域改革。完成市县政府机构改革任务，稳妥推进事业单位、道路运输管理体制、行政执法体制和工商登记制度改革。扎实推进财税体制改革，优化市县区财政体制；深化政府和部门预决算公开，改进年度预算管理方式，逐步建立跨年度预算平衡机制；清理整合专项转移支付项目，统筹高效使用专项资金；加强政府债务管理，提升投融资平台公司投融资能力、资产管理和风险防范能力；加大向社会购买公共服务力度。深化医药卫生体制改革，抓好公立医院改革发展，健全基层卫生服务体系，大力发展特色民营专科医疗机构，提高公共卫生和基本医疗服务水平。积极推进文化体制机制改革，引导和鼓励社会力量参与公共文化服务和文化产业发展。创新完善产业发展、项目建设、开放招商、行政服务管理等体制机制、方式方法。统筹推进农村、资源性产品价格、土地管理、金融、科技、教育等改革。加强科技创新。扎实推进国家可持续发展实验区、高新技术开发区和农业科技园区建设，深入推进科技创新三年计划和国家粮食丰产科技工程，加强与高等院校、科研院所的合作。依托产业链部署创新链，集中力量支持一批科技创新团队，新建一批产业技术创新战略联盟，实施一批重大科技专项，突破一批关键核心技术和共性技术，新建创新型试点企业和市级以上工程技术研究中心各10家，力争高新技术产业增加值增长15%左右、占工业增加值的28%以上，增强科技创新支撑引领能力。扎实开展全国质量强市示范市创建工作，大力实施商标战略，加强知识产权运用和保护，推进质量提升和品牌建设。深化企业服务。把引进外来企业和壮大现有企业更好地结合起来，建设市企业服务发展中心，设立服务企业的“项目池、技术池、资金池”，健全企业服务长效机制。全面落实鼓励支持引导民营经济发展的政策措施，健全民营企业发展激励机制，积极扶持龙头企业和高成长型企业，大力发展“专精特新”中小企业，促进企业做大做强。做好要素保障。完善金融服务体系，充分利用多层次资本市场、多种金融产品，推进市城投债二期发行和企业上市工作；加快推进农商行挂牌、鹤壁银行改革重组、村镇银行组建和域外股份制银行引进工作；加快发展民生金融，积极开展“助保贷”业务，支持设立创业投资基金和产业投资基金，破解中小微企业、“三农”、小额担保等贷款难题；加强行业监管，有效防范区域性金融风险，维护良好金融生态环境。实施最严格的耕地保护制度和节约集约用地制度，做好低效用地再开发、闲置土地治理等工作，提高建设项目的投资强度、建设进度、综合效益；加快农村集体建设用地和宅基地确权登记颁证工作，推进人地挂钩试点，完善土地供应政策，确保综合可用土地不少于1.7万亩。围绕扩充总量、优化结构，大力实施全民技能振兴工程，重视农民工职业培训和素质提高，推动职业教育特色化、品牌化发展；抓好各类人才队伍建设，推进紧缺人才引进、高层次人才柔性引进、大学生回归等计划，持续提高对人才的吸引力，保障经济社会发展需求。

（六）改善民生，切实提高群众生活水平。注重发展经济和改善民生良性循环，加快民生领域基础设施、综合保障体系建设，实施好省市重点民生工程，倾情尽力为人民群众谋利益。增加城乡居民收入。深化收入分配制度改革，推动企业工资集体协商，适时调整最低工资标准，提高农民经营性收入和在土地增值收益中的分配比例，增加城乡居民财产性收入，提高消费能力。完成8个贫困村整村扶贫开发。推动更高质量就业。完善多渠道增加就业政策措施和就业创业公共服务体系，扩大农村劳动力就近就地就业，统筹做好高校毕业生、农村转移劳动力、下岗失业人员就业工作，加大困难就业群体就业帮扶力度，完成各类职业技能培训3万人次以上，农村劳动力转移就业2万人，动态消除零就业家庭；维护劳动者合法权益，构建和谐劳动关系。办好人民满意的教育。完善基本公共教育基础设施和服务体系，优化调整中小学校布局，扩容整合优质教育资源，推进教育资源向农村倾斜，提升城乡教育教学质量。开工建设示范性综合实践基地和两所中小学校，实施8所市区中小学和8所农村义务教育薄弱学校改扩建，加快农村中小学校标准化建设，推进义务教育均衡公平发展。继续实施职业教育攻坚，做好鹤壁能源化工职业学院和汽车工程职业学院招生办学工作，基本建成鹤壁职业技术学院新校区二期，推进特色院校和品牌示范院校建设。启动二期学前教育三年行动计划。抓好民办和特殊教育发展。做好困难家庭学生资助工作。促进文化发展繁荣。大力培育社会主义核心价值体系，强化公民道德教育，深化文明创建活动和诚信建设，培育形成良好社会风尚。加强公共文化设施建设，完善公共文化服务体系，办好民俗文化节等特色文化活动和文化惠民工程，做好文化遗产保护，提升文化服务质量效果，丰富群众文化生活，发扬光大牛派艺术等文化品牌。加快文化改革发展试验区和产业园区建设，举办常态化的文博会展、文化体育等活动，推动文化产业规模化、专业化、特色化发展。加强网络文化建设管理，持续“扫黄打非”，抵制低俗现象。提高健康服务水平。整合优化资源配置，提升公共医疗机构服务水平，建成市人民医院主病房楼、市中医院病房楼，推进“三甲”医院创建工作，支持市中医院、京立医院等与市外医疗机构合作，持续提高办医水平；加快城市社区卫生服务中心建设；积极开展国家卫生城市创建工作。认真落实计划生育政策，提高优生优育水平，促进人口长期均衡发展，深入推进建设全国幸福家庭活动试点市等工作。大力开展全民健身活动，加快市全民健身活动中心等城乡体育设施建设。解决6.3万农村居民和在校师生安全饮水问题。拓宽住房保障渠道。抓好保障性安居工程建设，新开工15542套、基本建成16010套，积极推进廉租房、公租房并轨运行，健全保障房建设、分配、管理、运营机制，逐步解决城镇住房困难家庭、新就业无房职工的住房困难，多渠道解决城镇外来务工人员住房困难；促进房地产业持续健康发展，满足居民多层次住房需求；完成农村危房改造3000户。增强社会保障能力。继续扩大社会保障覆盖范围，企业退休人员基本养老金提高10%，研究城镇职工基本养老保险与城乡居民养老保险衔接办法，探索城镇职工医保与居民医保、新农合的衔接，人均基本公共卫生服务经费标准提高到35元，城镇居民医保和新农合人均财政补助标准提高到320元。健全社会救助制度，落实好社会救助和保障标准与物价上涨联动挂钩机制，保障困难弱势特殊群体基本生活。完善社会养老服务体系，大力发展养老服务业，推进乡镇敬老院改造、老年公寓等建设。积极发展社会福利和慈善事业。做好优抚安置工作。大力发展残疾人、妇女儿童、红十字等事业，开工建设市综合活动中心。关爱留守儿童、留守妇女和留守老人。做好应急避难避险场所、烈士陵园、殡仪馆等建设。加强和创新社会治理。扎实推进平安鹤壁、法治鹤壁建设，重视各类社会组织和基层基础建设，加强和改进信访工作，有效排查化解社会矛盾，强化应急管理体系建设。抓好重点行业重点领域安全隐患排查治理，高度重视安全生产、食品药品安全，坚决遏制重特大事故发生。强化社会管理综合治理，依法打击违法犯罪活动，让社会充满活力、和谐有序。

加强国防教育和后备力量建设，支持驻鹤解放军、武警部队、民兵预备役和人民防空建设，深入开展双拥共建，大力发展军民结合产业，促进军民融合深度发展。支持工会、共青团、妇联、工商联等人民团体发挥桥梁纽带作用。做好外事、侨务、对台、民族宗教、统计、史志、档案、地震等工作。做好第三次经济普查、第八届村委会换届选举工作。

四、加强政府自身建设

认真开展党的群众路线教育实践活动，深化“改作风转职能优环境”活动，以群众和企业满意为标准提升服务质量，以群众和社会需求为导向配置服务产品，持续提高工作水平和服务能力，加快建设为民务实清廉政府。

加快转变政府职能。大力简政放权，加强行政审批事中事后监管，切实做到“放”“管”结合，对保留的行政审批事项优化规范流程、全面提高效率；整合社会投诉资源，统筹发挥市行政服务中心、12345行政服务热线等作用，提高行政服务效率和水平。切实转变职能，强化政府公共服务、市场监管、社会管理、环境保护等职责，加快向创造良好发展环境、提供优质公共服务、维护社会公平正义转变。提升能力素质，加强学习型机关建设，提高政府系统工作人员的战略思维、创新思维、底线思维能力。严控机构编制，确保财政供养人员只减不增，推动机构编制资源向重点领域、部门和岗位倾斜，建设服务型政府。

深入推进依法行政。坚持用法治思维和方式调节经济运行、管理社会事务，严格依照法定权限和程序行使权力、履行职责，深入推行服务型执法，做到规范公正文明执法。坚决执行人大及其常委会的决议决定，支持政协参政议政，自觉接受人大法律和工作监督、政协民主监督，认真办理人大代表建议和政协提案，广泛听取民主党派、工商联、无党派人士和人民团体的意见。提高决策水平，完善重大决策合法性审查和风险评估机制，确保决策民主、程序正当、结果公开。深化政务公开，对涉及群众利益的事做到公开透明、公正公平，保障群众知情权、参与权、监督权。加强行政监察和审计监督，接受社会和舆论监督，让权力在阳光下运行，建设法治型政府。

切实改进工作作风。健全改进工作作风、密切联系群众的长效机制，持续解决“四风”问题，使优良作风成为政府工作人员的自觉行动。坚持人民至上，从让人民群众满意的事情做起，从人民群众不满意的问题改起，做到对群众深恶痛绝的事零容忍、对群众急需急盼的事零懈怠。坚持务实重干，始终保持良好精神状态，增强自信心、进取心、责任心，做到讲实话、办实事、出实绩，提升政府执行力和公信力；持续抓好工作落实、改进文风会风、完善服务方式，进一步提高工作效能，尤其是对争取到的国家、省试点示范工作和市里制定的规划计划方案等，自觉围绕目标要求、务求实际效果、注重创新提升、助推全市发展。坚持廉洁从政，按照教育从实、制度从细、监督从紧、惩处从严的要求，落实完善厉行节约反对浪费各项规定，严控一般性支出，确保“三公”经费只减不增，在政府过紧日子中让人民过上好日子；强化纠风和专项治理，坚决查处损害群众利益行为，坚决查处腐败案件和腐败分子，以反腐倡廉实效保障发展、取信于民，建设廉洁型政府。

各位代表！新起点开创了新征程，新阶段肩负着新使命。让我们继续解放思想、改革创新，提升求进、奋发有为，努力迈出建设生态之城活力之城幸福之城新步伐，奋力夺取在全省率先全面建成小康社会的新胜利，为中原崛起河南振兴富民强省作出新的更大贡献！

新区美景　　董辉　摄

要闻·要事

要闻

·国家、部、省级领导莅鹤·

【张大卫、龚立群莅鹤慰问】 2月1日，省人大常委会副主任张大卫、省政协副主席龚立群带领省总工会、省人社厅、省民政厅等部门负责同志，到鹤壁市走访慰问农民工、困难家庭、敬老院、困难企业等，送去党和政府的关怀，送上新春佳节的祝福。市领导丁巍、魏小东、钱伟等参加慰问。省领导先后到天宏钢结构公司、山城区河南泛华电器有限责任公司、淇县北阳镇敬老院、淇县北阳镇北阳村困难群众李平妞家里慰问。

【于幼军莅鹤考察】 3月28日，国务院南水北调办公室副主任于幼军一行在省长助理何东成的陪同下，莅鹤考察南水北调中线工程鹤壁段项目推进情况。市长魏小东、省南水北调办公室副主任李颖、市委副书记蔡永礼、副市长刘文彪陪同考察。于幼军深入南水北调中线工程鹤壁段2标段夏庄公路桥作业面现场，认真听取相关部门工程建设汇报，实地检测工程质量，并就如何加快工程建设、确保工程质量和安全生产等工作与建管、施工、监理人员深入交谈。

【李克莅鹤】 4月24日，省委常委、常务副省长李克率领省重点项目暨产业集聚区建设观摩团莅鹤观摩指导。省委常委、宣传部部长赵素萍，副省长张广智、李亚、王艳玲以及各省辖市分管产业集聚区或重点项目的副市长、省直有关部门负责同志参加观摩活动。市领导蔡永礼、钱伟、李军、刘新勇、高雅玲、刘文彪、周连根等陪同观摩。观摩团先后到鹤淇产业集聚区富士康鹤壁科技园项目建设工地、华晨汽车年产20万辆载货车项目总装车间、河南宇风汽车有限公司正在建设中的年改装5万辆专用汽车项目处，了解项目规模、建设进度。并到朝阳社区、淇县城北污水处理工程进行调研。

【史济春莅鹤考察】 5月15日，省委常委、统战部部长史济春莅鹤考察经济社会发展情况。市委书记魏小东，省委统战部副部长、省工商联党组书记杨京伟，市委常委、市委秘书长钱伟，市委常委、统战部部长于燕陪同考察。史济春先后考察了开发区科创中心、河南仕佳光电子科技有限公司、鹤壁航盛电子工业园，浚县产业集聚区、石林陶瓷产业园区和鹤淇产业集聚区的重点项目建设进展情况，并到浚县王庄镇中鹤花苑社区考察新型农村社区建设，对鹤壁市工作给予肯定。

【刘满仓莅鹤考察】 5月20日，省委常委、政法委书记刘满仓在省委政法委常务副书记李承先陪同下，深入鹤壁市基层政法单位、乡镇、农村、社区，考察综治、平安建设、依法治市等工作，并召开座谈会。市委书记魏小东参加座谈会。省综治办副主任张锦印，省司法厅副厅长黄庚倜，市委常委、政法委书记徐合民，副市长周连根陪同考察。刘满仓先后到淇滨区九州路办事处、大赉店法庭、大赉店司法所，浚县公安局卫溪派出所、卫溪街道办事处水峪新村等处实地考察。

【靳绥东莅鹤调研】 5月22日～23日，省政协副主席、党组副书记靳绥东率领省政协专题调研组一行莅鹤，就新型城镇化和新农村建设工作进行调研。市领导魏小东、蔡永礼、张俊成、钱伟、史全新、刘文彪、冯用全等陪同或参加座谈会。调研组先后到浚县产业集聚区、中鹤集团、中鹤花苑社区、河南宇风汽车有限公司年改装5万辆专用汽车项目、朝阳社区等处进行实地考察，详细询问企业容纳劳动力、社区规划、新型社区的污水处理以及垃圾处理等问题。座谈会上，调研组听取鹤壁市关于新型城镇建设以及基础设施功能服务等方面的汇报，对鹤壁市新型城镇化和新农村建设工作给予充分肯定。

【储亚平莅鹤调研】 5月23日～24日，省人大常委会副主任储亚平率领省人大常委会新型城镇化调研组莅鹤调研。先后到淇滨区保障性住房项目、淇滨区湘江社区、市商务中心区、淇水湾商务区、富士康鹤壁科技园项目、大用集团年产50万吨中式营养快餐项目等处进行实地考察并召开座谈会听取市政府及相关部门负责同志汇报。市领导魏小东、范修芳、蔡永礼、李连庆、钱伟、部圳东、史全新等参加座谈会或陪同考察。

【叶冬松莅鹤调研】 6月6日，省政协主席叶冬松带领省政协调研组莅鹤调研城镇化推进情况，并在淇县召开座谈会。省政协秘书长郭俊民、省政协办公厅副主任王克俊、省政协办公厅研究室副主任张丛乐参加调研，市领导魏小东、范修芳、蔡永礼、张俊成、钱伟、史全新、刘文彪、冯用全、常六、杜国庆等参加调研或座谈会。叶冬松先后到中鹤新城一期、航盛（鹤壁）汽车电子工业园、河南仕佳光子科技公司、宇风5万辆专用汽车项目和富士康鹤壁科技园一期项目建设工地等处实地察看社区建设、配套设施和企业生产建设等情况。

【高体健莅鹤考察】 6月27日，省政协副主席、省人口计生委主任高体健莅鹤考察人口计生工作。市委书记魏小东参加座谈。省人口计生委党组成员、省计生协会副会长兼秘书长刘延军，市委常委、市委秘书长钱伟，副市长朱言志，市政协副主席王合水等陪同考察或参加座谈。高体健首先到淇县裕丰果业幸福家庭活动帮扶示范基地，了解其经营运行模式、辐射带动计生家庭数量和效果等。在淇滨区九州路办事处湘江社区，高体健考察社区人口和家庭公共服务中心、计生室、康馨园等处，并查看该办事处DSN阳光家园服务系统，详细了解该办事处在推进“五型家庭”过程中的做法。

【夏杰莅鹤检查指导工作】 7月11日，省委常委、组织部部长夏杰带领省供销合作总社副主任王国锁、省移民办常务副主任蒋立、省委组织部副厅级组织员兼办公室主任胡战坤等到鹤壁市检查指导防汛工作。市长范修芳、副市长刘文彪等陪同检查。夏杰先后到盘石头水库、浚大线淇河桥，详细了解水库的防洪、蓄水、移民搬迁和高村橡胶坝蓄水等情况。

【周汉民莅鹤考察】 7月18日～19日，全国政协常委、民建中央副主席周汉民一行莅鹤考察，并就民建鹤壁市委基层组织建设提出要求。市委书记魏小东，市委副书记蔡永礼，市政协主席张俊成，省委统战部副部长、省侨联党组书记赵太安，民建河南省委副主委张晓林，民建河南省委秘书长王家柱，市委常委、市委秘书长钱伟，市委常委、统战部部长于燕，市政协副主席、民建鹤壁市委主委王辉等先后参加考察。周汉民先后到鹤壁国家经济技术开发区科技创业服务中心、仕佳光电子产业园、航盛（鹤壁）汽车电子产业园、河南帮太食品有限公司、市商务中心区、浚县云溪桥和古城墙等处实地考察。

【陈照海莅鹤调研】 8月7日，济南军区副司令员陈照海莅鹤调研征兵工作。省军区政委周和平、副司令员杨宏杰，市委书记魏小东，鹤壁军分区司令员黑占俊、政委王旭，副市长周连根等陪同。

【徐济超莅鹤调研】 8月16日，副省长徐济超莅鹤就科技和质监工作进行调研。省政府副秘书长万旭、省科技厅厅长贾跃、省质监局局长李智民、省质监局副局长姜慧忠等随同调研。市领导魏小东、范修芳、钱伟、高雅玲参加。徐济超先后到鹤壁国家农业科技园、中鹤集团、鹤壁国家经济技术开发区科创中心、河南仕佳光子科技有限公司、航盛（鹤壁）汽车电子工业园、国家镁及镁合金质量监督检验中心、鹤壁农业硅谷产业园、市农科院、市商务中心区等处进行调研。

【龙庄伟莅鹤考察】 9月2日～3日，全国人大常委会委员、全国人大农业与农村委员会副主任、民盟中央副主席龙庄伟莅鹤考察。省委常委、统战部部长史济春，省人大常委会副主任、民盟河南省委主委储亚平和市领导魏小东、蔡永礼、李连庆、钱伟、于燕、高雅玲参加考察。龙庄伟一行先后到到淇水湾商务区、鹤壁国家经济技术开发区科技创业服务中心、航盛（鹤壁）汽车电子工业园、市农科院等处实地考察。

【李英杰莅鹤调研】 9月5日，省政协副主席、民革河南省委主委李英杰莅鹤调研“同心共建，企地共赢”活动开展情况，省政协港澳台侨和外事委员会副主任邹文珠随同考察。市委书记魏小东，市政协主席张俊成，市委常委、统战部部长于燕，市人大常委会副主任、民革鹤壁市委主委郭文涛等陪同。李英杰先后到浚县王庄镇中心小学，王庄镇镇直幼儿园等处实地调研，详细询问了解学校、幼儿园办学情况。

【王艳玲莅鹤调研】 10月29日，副省长王艳玲莅鹤调研商标战略实施、产业集聚区发展和工商行政管理等工作。省政府办公厅副主任王梦飞，省工商局局长周春艳，副局长杨文生、雷生云，市长范修芳、副市长朱言志等陪同调研。

【郭庚茂莅鹤调研】 10月31日，省委书记、省人大常委会主任郭庚茂莅鹤，深入企业车间、项目建设工地，就工农业发展、城市建设、开放招商等情况进行调研。省委常委、省委秘书长刘春良及省直有关部门负责人参加调研。市委书记魏小东，市长范修芳，市委常委、市委秘书长钱伟等陪同调研。郭庚茂先后到鹤壁国家经济技术开发区科技创业服务中心、河南宇风汽车有限公司年产5万辆专用汽车项目工地、富士康鹤壁科技园生产车间、中国（鹤壁）农业硅谷产业园、新区综合商务中心区、航盛（鹤壁）电子工业园、海能达（鹤壁）军工电子产业基地项目工地等处实地调研。他指出，这些年鹤壁市委把握规律性，形成的工作思路、重点、抓法是对头的，干部群众精神状态很好，对各方面的工作、领导班子建设、干部队伍建设省委是肯定的，希望继续努力，巩固和发展这种良好局面。

【余欣荣莅鹤调研】 11月1日，农业部党组副书记、副部长余欣荣莅鹤调研现代农业发展和城市建设情况。副省长张广智，农业部种子管理局局长张延秋，农业部种植业司巡视员曾衍德，市委书记魏小东，市长范修芳，省农业厅厅长朱孟洲、副厅长魏蒙关，市委常委、常务副市长桂玉强，市委常委、副市长刘新勇，副市长刘文彪等陪同调研。余欣荣先后到中国（鹤壁）农业硅谷产业园、浚县30万亩高标准粮田示范区、市商务中心区等处实地调研。

【靳克文莅鹤调研】 11月7日，省政协副主席靳克文带领部分民族宗教界省政协委员组成的调研组莅鹤调研民族宗教工作，市政协主席张俊成、副市长高雅玲等陪同。靳克文先后到浚县浮丘山、大伾山等处道教、佛教等活动场所进行实地调研，详细了解鹤壁市民族宗教工作的基层基础建设等情况，并听取有关工作人员对我市民族宗教工作情况的汇报，充分肯定鹤壁市经济社会发展特别是民族宗教工作取得的成绩。

【谢伏瞻莅鹤调研】 11月20日，省长谢伏瞻莅鹤调研，并主持召开鹤壁、开封、安阳、新乡、濮阳五市座谈会，了解当年各市目标进展情况和明年工作打算，征求对全省明年经济工作的意见建议。省政府秘书长郭洪昌，开封、安阳、新乡、濮阳四市市长和省发改委、财政厅、国土资源厅、环保厅、农业厅、商务厅、统计局、工信厅以及省政府研究室等部门主要负责同志参加调研座谈，市委书记魏小东、市长范修芳、市政协主席张俊成等市领导参加。谢伏瞻先后到天海集团、海能达鹤壁军工电子产业基地、河南宇风汽车有限公司年产5万辆专用汽车项目和富士康鹤壁科技园项目建设工地、淇县阳光社区、市职教园区的中国（鹤壁）农业硅谷产业园等处实地调研。谢伏瞻强调，要认真谋划明年的发展思路。做好统筹稳增长、调结构、促改革、惠民生，围绕四个“三”持续发力，进一步提高经济发展的质量和效益，努力实现更高水平、更好质量的发展。

【张大卫莅鹤】 11月27日，省人大常委会副主任张大卫莅鹤出席第五届中国镁应用新产品新技术博览会开幕式，省长助理安惠元参加，市委书记魏小东致欢迎辞，市长范修芳主持开幕式。中国科学院院士曹春晓，中国有色金属工业协会副会长赵家生，工信部运行监测协调局副局长侯国俊，中国军民两用技术项目处主任安孟长，北京大学经济学院副院长曹和平，国家镁合金材料工程技术研究中心主任潘复生，德国GKSS镁合金研究中心首席科学家黄原定，中国有色金属工业协会镁业分会会长徐晋湘，省工业和信息化厅副厅长聂春山，日本镁协秘书长小原久以及市领导李连庆、张俊成、桂玉强等出席开幕式。

【杨焕宁莅鹤调研】 11月28日，中央维稳办主任、公安部常务副部长杨焕宁莅鹤调研社会稳定风险评估工作。副省长李亚，省长助理、省公安厅厅长王小洪、中央维稳办副主任夏诚华参加调研。魏小东、钱伟、徐合民、周连根、曲海滨、阎兴振等或陪同考察或参加座谈会。杨焕宁先后到山城区旧城改造展览馆、汤河花园小区、春雷派出所汤河警务室和淇滨区市会展中心广场进行调研，对鹤壁市社会稳定风险评估工作给予充分肯定。

要　　事

·在鹤召开的全国、省级各类会议·

【河南省首批1000张“中国居民健康卡”在鹤举行启用仪式】 1月6日，河南省首批1000张“中国居民健康卡”启用仪式在鹤壁市淇县西岗镇卫生院举行，市政府朱言志副市长和省卫生厅统计信息中心王永峰主任参加启动仪式。该卡是国家卫生信息化“3521工程”框架提出的基于电子健康档案、电子病历和三级信息平台，实现医疗卫生服务跨系统、跨机构、跨地域互联互通和信息共享所必须依赖的个人信息基础载体，是计算机可识别的CPU卡。

【第四届中国春节文化高层论坛在鹤举行】 2月22日～23日，第四届中国春节文化高层论坛暨《中国春节集成》文化丛书编纂工作启动仪式在鹤举行，市政协主席张俊成，市委常委、宣传部部长李军，副市长高雅玲出席启动仪式。中国社科院文学研究所所长、博士生导师、研究员陆建德，中国民协分党组成员、副秘书长吕军，中国社科院文学所民俗文化中心理事长、研究员祁连休，省社科联副主席孟繁华，中国民协副主席、省文联副主席、省民协主席夏挽群，省社科院副院长谷建全，国际亚细亚民俗学会中方副会长兼秘书长邹明华等多位专家、学者参加会议。

【河南新闻奖电视新闻评选会在鹤举行】 3月18日～22日，河南新闻奖电视新闻评选会在鹤壁市举行，全省共选送电视新闻类作品108件，鹤壁市选送电视新闻作品7件，有6件获奖，其中一等奖2件，二等奖1件，三等奖3件，排名河南电视台、郑州电视台之后，位居全省第三。

【《河南省淇河饮用水源保护条例（草案）》立法论证会在鹤召开】 6月13日～14日，《河南省淇河饮用水源保护条例（草案）》立法论证会在我市召开，省人大常委会法工委主任郭永清、副主任王新民，市委副书记、市长范修芳，市委副书记蔡永礼，市人大常委会主任李连庆、副主任聂玺，副市长刘文彪等出席会议或参加有关活动。省水利厅、省环保厅以及新乡、安阳、鹤壁有关方面负责同志参加会议。《河南省淇河饮用水源保护条例草案）》制定工作是省人大常委会列入2013年立法计划的一项重要工作。

【法治河南建设座谈会在鹤召开】 7月30日，法治河南建设座谈会在鹤壁市召开。会议的主要任务是学习贯彻党的十八大精神和习近平总书记关于依法治国的重要讲话精神，以及省委关于法治建设的重要部署，总结交流法治河南建设经验，安排部署当前和今后一个时期法治河南建设工作。省委常委、政法委书记刘满仓出席会议并讲话。省委政法委常务副书记李承先主持会议。市委书记魏小东出席会议并致辞。省司法厅厅长王文海出席会议。副市长周连根、市中级人民法院院长曲海滨、市人民检察院检察长阎兴振等列席会议。会上，市委常委、政法委书记徐合民以《“三驾马车”引领、建设法治鹤壁》为题介绍鹤壁市经验。

【河南省共青团豫北片区会在鹤召开】 7月11日，河南省共青团学习宣传贯彻团的十七大精神豫北片区会在鹤召开。会议的主要内容是学习贯彻团的十七大精神，并就做好新形势下共青团工作作出安排部署。团省委副书记、党组副书记李若鹏，团省委副书记王艺出席会议。鹤壁、安阳、新乡、濮阳等4个省辖市各级共青团负责人出席会议。座谈会上，与会各省辖市共青团负责人分别汇报学习宣传贯彻团的十七大精神的举措，交流各自的工作，并围绕推进共青团工作科学发展，解决形式主义、官僚主义、享乐主义和奢靡之风等“四风”问题提出意见和建议。

【鬼谷文化发展与世界和平高层论坛在鹤召开】 7月26日，由中国先秦史学会鬼谷子研究分会、台湾鬼谷子学术研究会和鹤壁鬼谷子文化研究会共同举办的鬼谷文化发展与世界和平高层论坛在鹤壁市淇县云梦山召开。来自清华大学、中国人民大学、西北大学、陕西师范大学、青海师范大学、天津师范大学、台湾政治大学、南华大学、台湾大学等高校和山东孙子研究会、未来亚洲研究会等学术团体的专家学者共200余人参加论坛。会上，中国先秦史学会鬼谷子研究分会会长房立中、中国人民大学教授彭刚、西北大学教授刘宝才、青海师范大学教授张广志等分别以《战国风云与未来世界——对流行的银雀山简本〈孙膑兵法〉的质疑》、《和平与经济发展》、《用鬼谷子沟通艺术铺实两岸和平发展之路》、《鬼谷子政治观、战争观浅议》为题进行发言。

【河南能源化工集团鹤煤公司精细化工项目建设座谈会在鹤召开】 9月29日，河南能源化工集团鹤煤公司精细化工项目建设座谈会在鹤召开。河南能源化工集团有限公司董事长、党委书记陈祥恩，市委书记魏小东出席会议并讲话，市长范修芳主持会议。河南能源化工集团鹤煤公司董事长、党委书记马正兰，市领导桂玉强、钱伟、李德武，市政府顾问赵合庄等出席。年产10万吨1，4-丁二醇项目是河南能源化工集团重点谋划和投资建设的河南省“双千”工程、重点项目。

【中国农业技术推广协会高新技术专业委员会年会暨第二届农业高新技术产业发展研讨会在鹤举行】 10月17日，中国农业技术推广协会高新技术专业委员会年会暨第二届农业高新技术产业发展研讨会在鹤举行，中国农业技术推广协会会长、农业部原常务副部长尹成杰，市长范修芳，科技部农村技术开发中心副主任、中国农业技术推广协会高新技术专业委员会理事长蒋丹平，省科技厅副厅长张代民，副市长高雅玲，科技部农村技术开发中心副主任陈良玉等出席会议。中国农业技术推广协会高新技术专业委员会年会暨第二届农业高新技术产业发展研讨会的主题是创新与农业高新技术产业化。会议围绕农业高新技术发展现状与趋势、农业高新技术协同创新模式、农业信息化与商业模式创新、农业高新技术产业发展与金融支持等议题展开研讨。

【第十届中国农业信息化高层研讨会暨智慧农业峰会在鹤举行】 10月18日，第十届中国农业信息化高层研讨会暨智慧农业峰会在鹤举行。全国政协委员、农业部原副部长高鸿宾出席会议并讲话，中国工程院院士、国际欧亚科学院院士汪懋华，中央政策研究室农村局局长冯海发，市委书记魏小东，省农业厅厅长朱孟洲，中国信息协会副会长兼秘书长何翠芹等出席会议。全国500名专家学者、企业界人士参加会议，会议以“新时期、新技术、新思维、新方法”为主题，围绕农业信息化发展进行研讨。中国农业信息化高层研讨会是国内农业信息化领域的大型研讨会议，自2001年起已连续举办九届，是中国农业信息化领域一个颇具影响力的会议。

【第二届中原糖酒食品交易会在鹤举行】 11月9日~11日，由河南省酒业协会、市商务局主办的第二届中原糖酒食品交易会在市会展中心举行。市委常委、副市长刘新勇，市政协副主席张洪波出席开幕式。本次展会以“携手合作、共谋发展”为主题，以加强中原经济区各省名优产品的经贸配合为宗旨，充分利用会展这一现代化、高效率的商务交流平台，促进行业间的发展及对话交流。参会客商达368家，分别来自河南、山东、河北、贵州、四川、安徽、江苏等地。展出面积共计1.5万平方米，展品主要由酒类、食品、饮料、名优土特产等四大类产品组成。参会的各种酒类、小食品、肉制品、休闲食品、糖果及各种饮料等新产品以及我市的特色产品受到参观者的青睐。此次糖酒食品交易会参会人员达3万多人，商品成交总额近1亿元。

【第五届中国镁应用新产品新技术博览会在鹤开幕】 11月27日，第五届中国镁应用新产品新技术博览会在鹤壁市会展中心开幕。省人大常委会副主任张大卫出席并宣布第五届中国镁应用新产品新技术博览会开幕，省长助理安惠元致辞，市委书记魏小东致欢迎辞，市长范修芳主持开幕式。中国科学院院士曹春晓，中国有色金属工业协会副会长赵家生，工信部运行监测协调局副局长侯国俊，中国军民两用技术项目处主任安孟长，北京大学经济学院副院长曹和平，国家镁合金材料工程技术研究中心主任潘复生，德国GKSS镁合金研究中心首席科学家黄原定，中国有色金属工业协会镁业分会会长徐晋湘，省工业和信息化厅副厅长聂春山，日本镁协秘书长小原久以及市领导李连庆、张俊成、桂玉强、钱伟、刘新勇、郜圳东、史全新、冯用全出席开幕式。会上还进行了10个项目的签约。中国北车集团、富士康科技集团、中国兵器集团、中船重工集团、通用汽车等企业负责人，中国科学院、重庆大学、北京大学、上海交通大学等科研院所的负责同志，中国镁协、香港铸造业总会、河南省有色金属行业协会等协会负责人，国内镁铝精深加工、汽车、电子信息及装备制造企业负责人等参加博览会。

【省委宣讲团党的十八届三中全会精神报告会在鹤举行】 12月3日，省委宣讲团党的十八届三中全会精神报告会在鹤举行。省委宣讲团第五组组长、省综治办副主任孙建国作宣讲报告。市委书记魏小东主持报告会并讲话。范修芳、李连庆、张俊成、许兆儒、钱伟、李军、刘新勇、王旭等市四大班子领导，以及其他副市级领导干部出席报告会。报告会上，孙建国紧紧围绕学习贯彻党的十八届三中全会精神，对全面深化改革的重大意义、指导思想、总体目标、基本原则，中央确立的各项改革任务和重大举措，切实加强和改善党对全面深化改革的领导等作了全面准确的阐述，并就省委贯彻十八届三中全会精神，加快打造“四个河南”、推进“两项建设”的决策部署进行了讲解。

·重大举措·

【鹤壁新区建设】 鹤壁新区于2012年8月9日经省政府批复，规划空间范围东至乡道016，南至淇县县城南边界和省道305濮淇线，西至南水北调中线工程，北至国道342日风线，规划面积约130平方公里，主要涉及淇县高村镇、桥盟街道办事处、朝歌街道办事处、卫都街道办事处和西岗镇，以及淇滨区钜桥镇、浚县卫贤镇的部分区域。鹤壁新区是城乡统筹、“三化”协调科学发展的示范区，是第一、二、三次产业复合和经济、居住、生态功能复合的综合性区域；在空间布局上，规划了鹤淇产业集聚区、行政商住功能区、淇河生态休闲区、现代农业示范区等功能区。其发展目标为：发展速度高于全市平均水平、达到全省先进水平，三年初见成效，五年大见成效。到2015年发展框架基本形成，基础设施和公共服务设施基本完善，城乡一体化发展格局基本确立，成为全市经济增长、人口集聚、功能提升的主导区域；到2017年基本建成全市“三化”协调发展的先导区、新型城市骨架的核心区和新型产业基础的增长极，成为全市人口集中、产业集聚、土地集约的样板区域和全省统筹协调发展的示范区。鹤壁新区发展定位为“三区一基地”：即市域城乡一体化先行区、现代生态宜居区、对外开放示范区、金属镁精深加工和汽车零部件产业基地。

淇水湾商务休闲区位于鹤壁市城市综合功能服务区（市商务中心区）南端，是鹤壁新区建设的核心区、起步区和中心区。该区域北至淇滨区南海路，东临京广高铁及京港澳高速公路，西、南依淇河，规划面积约10平方公里，其中水域及生态用地面积约5.5平方公里，城市建设用地面积约4.5平方公里，规划居住人口约10万人。淇水湾商务休闲区城市设计由北京中天建中工程设计有限公司编制，突出“生态宜居、商务休闲、宜业宜游”的设计理念，以淇河及天赉渠水系为构架，以淇水广场建设为主体，以生态宜居区建设为基础，打造水景交融、宜业宜游、繁荣现代的城市景观，形成“二龙戏珠、龙腾鹤舞”的城市空间结构，充分展现鹤壁浓郁的地方特色和浓厚的历史文化。淇水湾商务休闲区未来将发展成为鹤壁核心城的隆起区、增长极，成为最具区域影响力的商务休闲区、生态宜居区和智慧城市示范区。2013年，淇水湾商务休闲区被国家住建部评为“中美低碳合作示范区”。

富士康（鹤壁）科技园规划用地300公顷，其中，工业区规划用地200公顷，分A、B、C、D、E、F六个园区，生活区规划用地100公顷。园区由鹤壁市城市建设投资有限公司和富士康科技集团共同建设，项目于2012年8月22日签订合作协议，9月26日举行项目动土奠基仪式。富士康（鹤壁）科技园项目一期总投资13.6亿元，共建设压铸、机加、喷涂、研磨、涂装、电镀8栋标准化厂房，机电附房4栋，配套生产库房、建筑物10栋。

华晨汽车工业园位于鹤淇大道中段，总规划用地100公顷。其中，华晨汽车鹤壁基地占地50公顷，总投资2.5亿元，厂房及基础设施建设投资1.1亿元，设备投资约1.4亿元，建筑总面积9万多平方米，2010年9月开工建设，2012年6月竣工，具备从焊装—涂装—总装—检测联动的生产条件。新区结合国家产业政策，把握投资市场动态，依托华晨汽车工业园筛选市场前景好、产业链条长、带动作用大、符合产业发展政策、具有投资吸引力的好项目、大项目开展招商。一是加强与华晨汽车的合作，尽快与华晨汽车公司对接，制定项目推进方案。二是瞄准重点地区和企业，开展华晨汽车对外合作专题招商，寻求新的战略合作伙伴。三是谋划汽车零部件产业招商引资项目。

2013年，鹤壁新区坚持以规划为引领，始终将规划编制作为重中之重的工作加以推进。新区空间战略发展规划、总体规划、淇水湾商务休闲区城市设计和控制性详细规划等主要

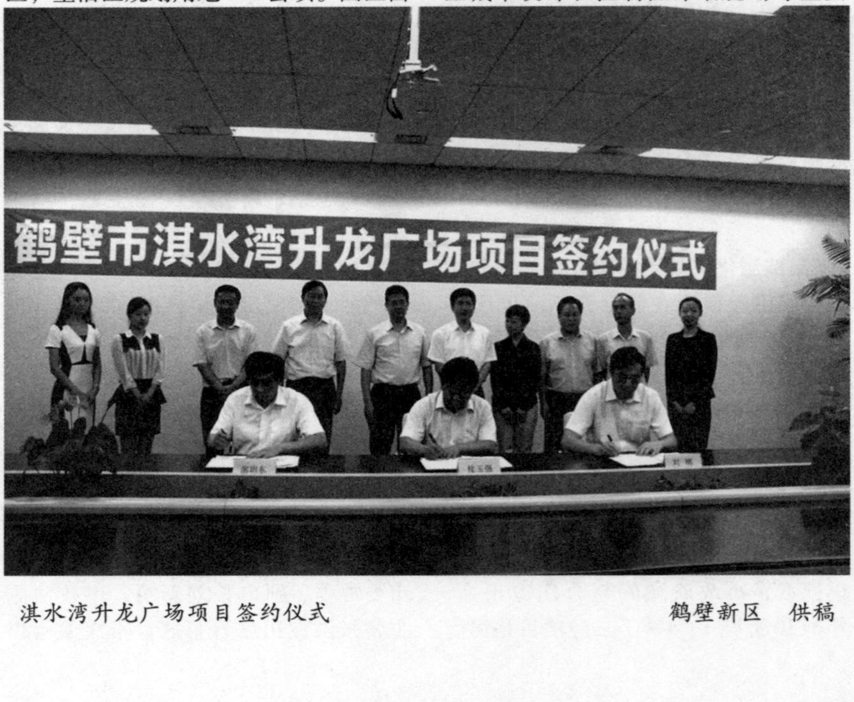

淇水湾升龙广场项目签约仪式　　鹤壁新区　供稿

规划全部编制完成，已经市规委会研究通过，新区总体规划待市人大常委会研究批复后实施。万分之一、千分之一地形图绘制完成，新区地理信息系统基本建立。绿色生态城区、鹿台遗址文化公园以及新区交通、水系、都市生态农业、供排水、污水处理等专项规划编制工作全面启动。升龙广场、聆海企业总部暨产品展示中心、建业壹号城邦等重点项目的修建性详细规划基本确定。新区具备了实施规划管理和推进建设的基础。为进一步统筹新区发展，推进基础设施共建、公共设施共享，鹤壁新区积极加快规划管理，草拟《鹤壁新区城乡规划建设管理暂行办法》。该办法对有关县区、市直有关部门和新区的管理范围、管理职责、管理权限进行了明确，提出了实施新区规划统一管理的具体意见。截至2013年12月底，已充分征求有关县区和市直部门意见，并经过多次研究和修改，拟提交新区规划建设领导小组研究确定后下发执行。

基础设施建设鹤壁新区在淇水湾商务休闲区实施路网建设、泰山路淇河桥、淇河综合治理、淇河生态风貌带建设“四大工程”。总投资20.7亿元，2013年计划完成投资5亿元，实际完成7.68亿元，占年度计划的153.6%，超额完成目标任务。

路网建设工程，总投资4.7亿元，其中，道路一期包括淇水大道、淇水关大道等4条道路9.5公里，主车道已于7月建成通车，正在进行附属工程建设和绿化栽植；道路二期包括天山路、鹤淇西路等6条道路12公里，已于10月28日开工。两期道路建成后，淇水湾商务休闲区主次干道全部建设完毕，路网系统基本形成。泰山路淇河桥工程，投资8000万元，桥宽36米、长330米，两岸引桥长544米，两端连接道路宽50米，正在进行引桥工程建设和承重台浇筑。淇河综合治理工程，总投资6.4亿元，包括河道疏浚工程、橡胶坝建设工程、防渗治漏工程。淇河疏浚工程已于1月竣工；橡胶坝一期工程鹤淇橡胶坝建设于2013年6月开工，截至2013年12月底，管理房已完成模板支设，消力池正在基础开挖；防渗治漏一期工程正在进行河床清基及生态岛开挖，年内河底防渗主体基本完工。淇河生态风貌带建设工程，总投资8.8亿元，绿化面积约407公顷，主要包括生态绿化、休闲小品、自行车及人行步道等建设内容。4月，一期工程全部完成，共栽植乔灌木2.3万株，竹子230万箭，生态效果初步显现；二期工程主要包括道路主干道绿化、岸线设计、微地形处理、红飘带道路建设、人行步道及其绿化等建设内容，截至年底，主干道绿化工作已基本完成，岸线设计和红飘带道路建设拟采用BT模式引进有实力的大型企业开展。

重点项目建设 2013年新区在建重点项目3个，总投资63.85亿元，计划完成投资14.35亿元，实际完成18.02亿元，占年度计划的125.6%，超额完成目标任务。

富士康（鹤壁）科技园项目一期A区，总投资13.6亿元，占地33公顷，于2012年12月15日开工建设，已完成土建工程投资7.9亿元，8栋钢构主厂房和4栋附房全部建成，创造项目建设快、质量高的“鹤壁速度”。富士康科技集团加快设备搬迁速度，手机、电脑镁合金外壳以及照相机精密配件等生产线已于11月27日正式投产，现有工人1140名。为富士康（鹤壁）科技园配套的公租房项目已开工建设，总投资12亿元，占地27公顷，规划建筑面积40万平方米，设计有职工公寓、食堂、商店等各类公共服务设施，建成后可安置3～4万名产业工人入住。唐庄中心社区项目，总投资10.5亿元，用地26公顷，建筑面积42.48万平方米，安置居民1593户。截至年底，征地拆迁、平面图设计、文物勘探、地质勘探等工作已经完成，节前完成基槽开挖。升龙广场项目，于8月21日签订合作协议，总投资40亿元，用地54公顷，建筑面积100万平方米，建设内容包括核心商务广场、两栋180米标志性建筑及住宅等。截至年底，核心商务广场规划设计已经确定，高档住宅项目已经开工建设，围墙已圈建，正在进行基槽开挖。

招商引资工作围绕富士康（鹤壁）科技园和淇水湾商务休闲区开展招商，采取走出去、引进来的方式，赴广州、深圳、北京等地进行宣传推介，坐地招商，与大型企业对接，上海升龙集团、聆海集团、建业集团、中铁投资公司、国电投资集团、美国艾克塞斯商务飞机维修公司等多家国内、国际知名企业分别到新区考察，新区与上海升龙集团、聆海集团、建业集团达成合作协议，与江苏安泰动力机械有限公司签订了投资框架协议，与美国艾克塞斯商务飞机维修公司签订备忘录。截至年底，已签约项目4个，总投资87亿元，分别是：总投资40亿元的升龙广场项目、总投资12亿元的聆海企业总部暨产品展示中心项目、总投资15亿元的建业壹号城邦项目和总投资20亿元的年产10万吨镁合金挤压型材项目。其中，升龙广场项目从8月12日进行接触洽谈，到8月21日签订合作协议，仅仅用了10天时间。同时，积极沟通对接，加快项目储备，洽谈项目3个，分别是：总投资30亿元的文化风情街项目、总投资20亿元的商业步行街项目和总投资10亿元的“闽风苑”项目。积极跟踪康复养老中心、富士康模具和平板电脑外壳生产线以及轻金属研发中心、鹿台遗址文化公园、中高压电气设备生产项目、深圳中鹏光电LED灯、浙江盾安集团金属镁研发中心等项目，力争2014年富士康（鹤壁）科技园一期A区项目全部摆满，文化风情街、商业步行街、“闽风苑”、鹿台遗址文化公园、康复养老中心等项目签约落地。

【农业农村工作】 2013年，在市委、市政府的正确领导下，市委农办坚持以科学发展观为指导，深入学习贯彻党的十八大和十八届三中全会精神，紧紧围绕市委、市政府“1123”总体部署，按照“持续创新、提升发展”的工作总基调，认真履行职责，积极稳妥推进新型社区建设，有序推进农业转移人口市民化，统筹抓好农业农村工作，充分发挥参谋助手作用，较好地完成全年工作任务。荣获2013年度全省党委农办系统新农村建设工作先进单位、全省党委农办系统三农宣传工作先进单位称号。

市委召开农村工作会议　　　　市委农办　供稿

一、抓重点，讲实效，积极稳妥推进新型社区建设。一是年初向市主要领导汇报新型社区建设工作思路，市委常委会把新型社区建设作为2013年研究的第一个专题，全面听取情况汇报，并对全市新型社区建设做出安排部署。二是组织召开了各县区委农办（社区办）主任座谈会，总结交流2012年新型社区建设主要成效、存在问题、意见建议和2013年工作思路，探讨进一步加快推进新型社区建设的做法与措施。三是召集市直有关部门，召开新型社区建设政策研究座谈会，探讨需要出台的财政、国土、房管、信贷、社会管理等支持新型社区建设的有关政策，进一步发挥政策引领作用。四是加强督导服务。坚持每周至少两天深入县区督导新型社区建设，特别是督导12个重点社区，协调解决有关问题，加快建设进度。在2月底，将新型社区建设与市重点项目建设进行同观摩、同评比，通过观摩评比进一步督导推进。实行每位市级党员领导干部联系一个新型社区制度，进一步加强协调服务。五是先后接待或参与接待湖北、河北、江苏以及省人大、省政协、省委统战部、省委党校等10余批次考察组到鹤考察新型城镇化和新型社区建设，进行经验交流，宣传鹤壁。按照因地制宜、分类推进的原则，重点推进城中村、城郊村、产业集聚区和重点镇周边等城镇规划区内的社区建设。全市已累计建成新型社区17个，安置3.7万人，节约土地378公顷；在建社区46个，涉及236个村9.4万户36.4万人，规划占地1867公顷，建成后可节约土地4733公顷，计划总投资262.1亿元，已累计完成投资90.25亿元，实现搬迁入住农户5499户，腾退土地362公顷。其中，新开工楼房828栋，新增建筑面积192.3万㎡，新竣工楼房（主体）386栋，新入住群众3733户，腾退土地320公顷。10个社区达到或部分达到入住条件，新开工10个社区，实现土地集约节约利用，提高了群众生活质量。

二、重创新，求先行，有序推进农业转移人口市民化。一是深入开展调研，在全省率先出台《关于进一步促进农业转移人口市民化的意见》，并协调市公安局等10个部门制定支持服务农业转移人口市民化有关政策措施，对农业转移人口关心关注的户籍办理、子女就学、城市低保、就业扶持、社会保障、生育政策、住房保障、既有农村土地权益保障等具体操作事项进行详细安排和说明，形成与市委、市政府《关于进一步促进农业转移人口市民化的意见》相配套的“1+10”政策体系，为全市推进农业转移人口市民化工作提供政策支撑。二是发挥好全市农业转移人口市民化领导小组办公室的牵头汇总作用，定期对有关部门的农业转移人口市民化政策执行情况进行督导。三是加大宣传引导。在鹤壁日报开设有序推进农业转移人口市民化专栏，登载部门领导访谈、县区领导访谈和新市民访谈，大力宣传农业转移人口市民化的重要意义及推进农业转移人口市民化的具体措施和创新性举措；利用电视台、广播电台制作专访节目，大力宣传农业转移人口转户落户城镇享有的权益，解答群众关心的热点问题；印制《鹤壁市农业转移人口市民化宣传手册》，进一步扩大了宣传效应。9月1日起，新匹配的人口信息管理系统顺利实施，新登记户口统一规范为“鹤壁市居民户口”，总体进展良好。9月~12月，共办理转户落户5138人，农业转移人口各项政策落实正在积极稳步推进。

三、搭台子，促服务，发展壮大农民专业合作组织。一是发挥全市农民专业合作社领导小组办公室职责，积极筹备成立全市农民专业合作社联合会，为全市农民专业合作社发展提供相应的服务。合作社联合会章程初稿已制定，正在多方面征求意见，并正在与市民政局积极协调登记注册事宜。二是积极配合市质监局申报国家农业社会化服务标准化试点市，以此为契机，构建全市农民专业合作社社会化服务标准化体系，创新服务模式、提升服务标准，为农业生产经营提供低成本、便利化、全方位的服务。申报资料已上报国家标准化委员会。三是大力培育农民专业合作社发展，鼓励引导农民专业合作社参与土地流转，提升规模化、集约化水平，促进农业增效、农民增收。新发展农民专业合作社122家，全市农民专业合作社达到903家，有市级以上示范社98家，其中国家级示范社1家、省级14家，同时带动全市土地流转面积34万亩，占总耕地面积的23.57%。

四、善协调，强督查，统筹抓好农业农村工作。一是组织召开市委农村工作会议。按照市委工作安排，农办在1月初组织人员深入学习研究中央和省委农村工作会议精神及有关文件要求，历时2个月的筹备，于2月27日，市委农村工作会议召开，对全市2013年的农业农村工作进行全面安排部署。并印发《关于加快发展现代农业进一步增强农村发展活力的实施意见》和《关于市委农村工作会议重点工作责任分解的通知》文件，进一步明确全年的三农工作重点和有关单位的职责分工，确保工作取得实效。二是协调市农行、鹤壁银行、市农信社分别出台《鹤壁分行新型农村社区居民住房抵押贷款操作方案（试行）》、《新型农村社区村民住房按揭贷款操作流程》等政策文件，从金融方面加大力度支持新型社区建设；协调组织、民政部门起草并出台了《关于加强新型社区组织管理体系建设的意见》；协调国土、房管部门起草的《鹤壁市新型社区建设节余建设用地指标流转及农村集体收益管理办法（试行）》、《鹤壁市新型社区建设有关土地和房屋产权的若干意见》等政策文件正在修改完善。这些政策的出台，将为全市社区建设提供有力的政策支撑。三是加强督查抓落实。研究制定《市委5号文件督查考评工作方案》，成立三农工作督查组，对各县区、47个市直部门贯彻落实市委、市政府《关于加快发展现代农业，进一步增强农村发展活力的实施意见》（鹤发〔2013〕5号）文件情况开展督查，定期召开工作例会，听取工作汇报，确定督查重点，通过电话督查、现场查看等方式推动工作落实；每月编印《三农工作督查专报》，通报工作成效、整改措施等情况。加强对市委、市政府确定的9个农业重点项目的督导，按照确定的工作时间节点，深入项目现场督导建设进度，突出协调解决项目推进过程中存在的主要问题，督促相关单位加快推进项目建设，9个项目8月~12月累计完成投资11.45亿元，完成年度计划的100.6%，总体进展顺利。四是积极组织申报“2013年度河南十大三农新闻人物”，经过多层推荐、初评、群众投票、终评等阶段，鹤壁市聚喜来农机专业合作社理事长唐全合最终入选，全市仅此1人入选。

五、搞调研，提建议，当好参谋助手。一是围绕加快城镇化进程，提升城镇化质量，对加快农业转移人口市民化工作进行了深入调研与思考。通过认真学习研究上级有关精神和外地市经验做法，召开座谈会，测算转移成本，撰写《关于进一步加快农业转移人口市民化的调研与建议》，提出了全市农业转移人口市民化发展目标，并进行可行性分析，提出工作建议。二是面对新型城镇化加快发展的战略机遇，未来鹤壁市应该走什么样的新型城镇化道路，进行深入研究，撰写《鹤壁市加快新型城镇化发展研究报告》，对全市新型城镇化发展经验做法进行全面回顾总结，分析存在的问题，提出全市加快推进新型城镇化的路径及措施建议，为市委、市政府下步制定新型城镇化发展规划提供参考。三是围绕城镇规划区外的传统农区如何实现基础设施和基本公共服务有效延伸，共享城镇化发展成果，开展新型城镇化推进下的新农村建设调研，以及加强农村宅基地管理和空心村治理调研，将为全市下步制定新农村建设有关政策提供参考。四是为进一步推进全市城乡一体化发展，组织人员赴江浙地区的苏州市、温州市、嘉兴平湖市就城乡发展一体化、农村产权制度改革和美丽乡村建设进行考察学习，撰写《关于江浙三市城乡统筹发展情况的考察报告》，提出对策建议，为全市深化提升城乡发展一体化，加快城乡统筹配套改革积累了经验。结合考察情况，研究起草《关于开展美丽乡村建设的实施意见》、《关于深入推进城乡发展一体化的若干意见》，为全市深化提升城乡发展一体化，着力打造新农村建设升级版，在中原经济区建设中先行先试走在前面提供指导。

六、重学习，转作风，切实加强班子建设和机关建设。一是争创学习型机关。把学习作为提升机关干部整体素质的重要途径抓紧抓好。制定《中共鹤壁市委农村工作办公室领导班子和领导干部分专题集体学习的安排意见》，坚持每周四集中学习与自学相结合，认真学习党的十八大和十八届三中全会精神、中央1号文件等有关政策文件和习近平总书记一系列重要讲话精神；认真参加党的十八大精神集中专题培训；坚持自我发展与学习外地经验相结合，6月和9月，分别到信阳、新乡、苏州、嘉兴、温州等全国农村改革试验区考察学习关于农村综合改革、美丽乡村建设、城乡发展一体化等方面的经验做法，借智发展，为我所用。二是切实加强领导班子建设。组织召开民主生活会，积极开展批评与自我批评，增进班子团结。在工作中坚持不懈地完善领导班子重大事项集体决策制度，健全班子议事规则和决策程序，能严格按照党的民主集中制原则办事，重大事项、重点工作决策实行集体讨论研究，不搞“一言堂”。坚持集体领导与个人分工负责相结合，保持了分工明确、团结协作、积极向上的良好风气，集体决定的事情，班子成员按照职责分工主动抓落实，班子的战斗力、公信力和工作执行力得到进一步提高。三是加强队伍建设。从市直单位调入4名同志，遴选2名省选调生，引进1名博士研究生，队伍不断壮大。同时，选拔任用3名科级干部，在干部选拔工作中，严格执行《党政干部选拔任用工作条例》，注重实绩和德才相结合，将踏实能干、廉洁奉公的同志选用到重要岗位上加强锻炼。严格选拔程序，坚持公开、平等、竞争、择优原则，认真进行资格审查、民主推荐、考察、研究讨论、公示等，整个过程透明性强，便于组织监督和广大干部群众监督，树立良好的选人用人导向。四是加强机关党建。组建机关支部委员会，理顺党组织关系；开展“学党章、找差距、作表率”活动，进一步提高全体党员的宗旨意识和责任意识，积极培养1名党员发展对象。

（刘新峰）

·鹤壁亮点·

【鹤壁市获“河南省精细化管理先进城市”称号】 1月10日，鹤壁市被授予“河南省精细化管理先进城市”称号。

【鹤壁市成为首批国家智慧城市试点】 1月29日，由住建部组织召开的国家智慧城市试点创建工作会议在北京召开，会议公布首批国家智慧城市试点名单。鹤壁市成为全国90个首批国家智慧城市试点市之一。

【鹤壁市国家级创业服务示范基地获批】 1月31日，鹤壁市申请的全民技能振兴工程建设项目——市国家级创业服务示范基地被省财政厅、省人社厅、省教育厅三部门联合审批通过。

【鹤壁市上榜省安全生产责任目标考核优秀市】 2月4日，在《河南省人民政府关于表彰新乡市政府等14家单位的通报》中，鹤壁市被省政府授予“2012年度全省安全生产责任目标考核优秀市”荣誉称号。

【程相文当选二〇一二年度“中国农村新闻杰出人物”】 2月18日，2012年度“中国农村新闻人物”推选结果揭晓，著名玉米育种专家、市农科院院长程相文当选为中国农村新闻人物”中的年度杰出人物。

【鹤壁市被表彰为“对外开放工作先进省辖市”】 2月25日，鹤壁市被表彰为“对外开放工作先进省辖市”、“招商引资项目落实年活动先进省辖市”、“2012年度对外贸易工作先进单位”。

【河南仕佳光子科技有限公司一项目列入国家863计划】 2月26日，国家科技部颁发项目立项证书，将鹤壁经济技术开发区河南佳仕光子科技有限公司“宽带网络用硅基PLC型AWG与VOA集成芯片关键技术研究与开发项目”列入国家863计划。该项目为全省首个电子信息类国家863计划项目。

【鹤壁市5家农机合作社被评为全国示范社】 2月，农业部下发《关于公布全国农机合作社示范社的通知》，鹤壁市聚喜来农机专业合作社、淇县利民农机专业合作社、浚县连才农机专业合作社、浚县鹤飞农机专业合作社、市辉煌农机专业合作社5家被评为全国示范社。

【鹤壁市3人荣获河南省首届民间文艺金鼎奖】 3月5日，河南省首届民间文艺金鼎奖颁奖仪式在郑州举行，市委宣传部副部长刘炳强撰写的文章《药王孙思邈与五岩山》荣获民间文艺学术著作金鼎奖；鹤壁百灵陶艺文化有限公司董事长张卫国烧制的鹤壁窑黑釉剔花观音瓶《富贵吉祥》、浚县民间工艺师康号彬创作的泥塑《古戏楼》荣获民间工艺美术作品金鼎奖；河南省民间文艺金鼎奖是经中共河南省委宣传部批准，由河南省文学艺术界联合会和河南省民间艺术家协会联合主办的全省民间文艺最高奖。

【鹤壁市在公众法治环境满意度调查中连续两年全省第一】 3月8日，鹤壁市在2012年全省公众法治环境满意度调查中，总得分连续两年保持全省第一。

【浚县黎阳仓遗址入选河南省2012年度五大考古新发现】 3月12日，“2012年度河南省五大考古新发现”评选结果揭晓，隋唐大运河考古河南段——永济渠浚县黎阳仓遗址考古发现入选。

【鹤壁市3个项目获批创建省级农业标准化示范区】 4月2日，在全省下达的2013年度省级农业标准化示范区项目中，鹤壁市3个项目获批创建。分别是浚县王庄镇政府承担的“高标准良田建设”项目、浚县盛达中草药种植专业合作社承担的“中草药种植”项目、鹤壁市裕丰牧业有限责任公司承担的“仔猪养殖”项目。

【鹤壁市6件电视新闻作品荣获“河南省新闻奖”】 4月7日，“河南省新闻奖”电视新闻类奖项评选揭晓，鹤壁市市推荐参评的7件电视新闻作品中6件获奖，获奖数量、等次仅次于河南电视台、郑州电视台，位居全省第三名。其中，《我市再创全国夏玉米三项高产记录》、《隋唐国仓黎阳仓露真容，中原历史地位再添佐证》获一等奖，《“石头”造纸在鹤壁梦想成真》获二等奖，另有3件作品获三等奖。由河南省委、省政府批准设立的“河南省新闻奖”是全省最高新闻奖项。

【鹤壁市列入全国老工业基地调整改造规划】 4月8日，国务院正式批复国家发展改革委会同科技部、工业和信息化部、财政部编制的《全国老工业基地调整改造规划（2013-2022年）》，鹤壁市被纳入规划范。

【鹤壁市四项创新成果荣获河南省青少年科技创新大赛一等奖】 4月13日~14日，第28届全国青少年科技创新大赛河南省选拔赛暨“创新·智慧”奖颁奖典礼在少林寺禅悟学院举行。鹤壁市推荐上报的压电路灯、简便智能生活废水再利用装置、行星的排列位置规律与小行星带——第五行星的猜想、新一代镂空花盆等4个项目荣获河南省青少年科技创新大赛一等奖。

【鹤壁市3项目列入国家火炬计划】 4月19日，鹤壁宝发能源科技有限公司承担的“甲醇尾气综合利用技术示范及产业化”、鹤壁海昌专用设备有限公司承担的“全自动下线压接机”、鹤壁佳多科工贸有限责任公司承担的“佳多频振式杀虫灯产业化示范与应用”等3个项目列入国家火炬计划项目。

【鹤壁市公安局获省“平安杯”竞赛六连冠】 4月23日，市公安局被授予“全省公安机关‘平安杯’竞赛活动先进省辖市公安局”荣誉称号，并受到表彰。这是市公安局第六次获此殊荣，也是全省唯一夺得“平安杯”竞赛活动六连冠的省辖市公安局。

【鹤壁市被授予全省档案管理一级单位称号】 4月，经河南省档案管理评审组综合评审，鹤壁市审计局被授予全省档案目标管理最佳系统、省一级先进单位。

【鹤壁市被科技部批准为“国家可持续发展实验区”】 4月，鹤壁市被科技部批准为“国家可持续发展实验区”，成为全省首个建立国家可持续发展实验区的地级市。

【张珂获“全国五一巾帼标兵”称号】
5月3日，中华全国总工会表彰一批

为国家经济建设和社会发展做出突出贡献的先进女职工集体和个人。鹤壁市淇河家政有限公司总经理张珂获“全国五一巾帼标兵”荣誉称号。

【淇县籍武警战士吕俊峰被批准为革命烈士】 5月，武警湖北总队党委批准吕俊峰为革命烈士，追认其为中共党员。5月4日，在湖北省武警总队宜昌支队五中队服役的淇县籍战士吕俊峰在长阳土家族自治县的清江隔河岩水电站2号哨所执勤。11时10分许，有人在江边钓鱼时意外落水。吕俊峰迅速赶到落水点，奋不顾身地跳入江中，靠自己的水性将正在水中挣扎的落水者向岸边拖拽，在岸上人们的协助下将落水者成功救起，年仅19岁的吕俊峰却因体力耗尽沉入水中，经抢救无效吕俊峰光荣牺牲。

【鹤壁市7处不可移动文物被确定为全国重点文物保护单位】 5月7日，由国务院核定的第七批全国重点文物保护单位名单公布，鹤壁市共有7处不可移动文物入选，荣获“国保”单位称号。包括淇滨区大赉店遗址（古遗址类），浚县古城墙及文治阁、浚县碧霞宫、淇滨区玄天洞石塔（古建筑类），淇县宋庄东周贵族墓地（古墓葬类），淇县田迈造像（石刻类），浚县大运河。

【鹤壁市成为河南唯一物联网技术应用示范建设试点市】 5月17日，鹤壁市物联网技术应用建设作为河南唯一试点市通过国家评审。

【鹤壁市成为首批中美低碳生态试点城市】 5月27日，鹤壁市成为首批中美低碳生态试点城市，此次全国共有6个城市入选。按照住建部中美低碳生态试点城市申报要求，鹤壁市将鹤壁新区核心区（淇水湾片区）作为申报主体，完成申报工作。淇水湾片区位于鹤壁新区南北发展轴上，东起泰山路，西、南临淇河，北临南海路。规划总用地面积约10平方公里，其中建设用地面积4.45平方公里，淇河生态风貌带面积5.54平方公里。

【邢二朋荣获“河南省见义勇为好青年”称号】 6月17日，团省委、省青联作出决定，授予邢二朋为“河南省见义勇为好青年”荣誉称号。5月18日下午，邢二朋在黄河开封段沙滩上游玩时，听到有人喊“救命”，就往河里看去，看到有3个人正在水里挣扎，邢二朋赶忙跳下水，把三名落水者救上岸。

【鹤壁市被认定为全国首批农业农村信息化示范基地】 6月18日，全国农业信息化工作会议在江苏省宜兴市召开。会上，鹤壁市被认定为“全国首批农业农村信息化示范基地”，为河南省唯一整体推进型农业农村信息化示范基地。

【鹤壁市被认定为全国农业农村信息化示范基地】 7月16日，全国农业农村信息化示范基地揭牌仪式在中国鹤壁农业硅谷产业园举行，鹤壁市被认定为全国首批、全省唯一的整体推进型农业农村信息化示范基地。

【鹤壁市运动员参加北京国际武交会夺得13枚金牌】 7月16日~20日，鹤壁市运动员参加2013第三届“全球功夫网杯”北京国际武术文化交流大会暨国际功夫交流大会陈式太极拳、杨式太极拳、形意拳、昆仑掌、徒手对练和器械等6个项目，共夺得13枚金牌和3枚银牌。本届大会由中国武术协会、北京市体育局作为支持单位，北京武术院、北京市体育竞赛管理中心作为指导单位，全球功夫网、全球创业网共同主办。共有来自美国、英国、俄罗斯等60多个国家、国内31个省市自治区及港澳台地区的近200支代表队6000余名运动员参赛。

【鹤壁市连续四届被命名为“省级双拥模范城”】 7月30日，在全省双拥模范城（县）命名暨双拥模范单位和个人表彰大会上，鹤壁市连续四届被命名为“省级双拥模范城”。

【淇县被评为全省先进科普示范县】 7月，省科协、省财政厅联合下发《关于表彰2013年河南省“三创一带”活动先进单位和个人的决定》，淇县被表彰为全省先进科普示范县。

【浚县西杨屯村被评为国家级一村一品示范村镇】 7月，农业部公布第三批全国一村一品示范村镇名单，鹤壁市浚县伾山街道办事处西杨屯村榜上有名。西杨屯村是国家非物质文化遗产“泥咕咕”的产地，素有“泥玩具之乡”、“泥塑第一村”之称。

【《鹤壁概览》获第六届省社科普及优秀作品评选最高荣誉奖】 8月，第六届省社会科学普及优秀作品获奖名单揭晓，鹤壁市6件作品获奖。其中由市委书记魏小东任主编、市委宣传部组织编写的《鹤壁概览》获得最高荣誉奖。《鹤壁概览》在搜集大量文字、图片、实物、影像等珍贵资料的基础上，详细介绍了鹤壁的市情风貌、历史文化、辉煌成就和未来愿景，是社会各界了解鹤壁过去、现在和未来的一个窗口。

【淇水湾商务区申报为中美低碳生态示范区】 8月，淇水湾商务区申报为中美低碳生态示范区。

【鹤壁市成为全国农业综合标准化示范市】 9月12日，由国家标准委、国家标准委农业食品标准部专家组成的考核验收组，对鹤壁市创建全国农业综合标准化示范市工作进行考核验收。一致通过鹤壁市创建为全国农业综合标准化示范市。

【程相文获全国道德模范提名奖】 9月26日，在第四届全国道德模范授奖仪式上，鹤壁市农科院院长、育种专家程相文获得“全国道德模范提名奖”。

【吕俊峰、邢二朋荣登“中国好人榜”】 10月，淇县籍已故武警战士吕俊峰和浚县浚州街道办事处的邢二朋荣登9月“中国好人榜”。

【浚县被评为全国产粮大县】 12月24日，浚县被农业部评为全国产粮大县。

【**鹤壁市获批创建全国首批循环经济示范市**】 12月31日，国家发改委公布全国首批循环经济示范城市（县）创建地区名单，鹤壁市被确定为全国首批创建循环经济示范市。

·招商引资·

【**概况**】 一批重大招商项目取得突破。一是与中国石化河南能源合作的总投资340亿元的煤化一体化项目拿到国家“路条”，围绕“建公司、抓核准、促开工”的要求，有序推进前期工作。二是与中科院合作的光分路器芯片项目技术填补国内空白，成为全省首个列入国家863计划的电子信息类项目，已进入量产阶段。三是总投资50亿元的富士康鹤壁科技园项目一期部分投产。四是投资50亿元的2×600兆瓦鹤淇电厂、海能达鹤壁军工电子产业园等一批重大项目加快建设。五是总投资60亿元的华漫文化旅游城、总投资55亿元的淇水湾升龙广场复合区、总投资50亿元的淇河生态区、总投资50亿元的辽宁华塑集团（鹤壁）高分子材料产业园、总投资35亿元的红星美凯龙集团鹤壁高铁城市生活广场综合体、总投资35亿元的豫北煤炭物流储备加工基地、总投资30亿元的荣兴鹤壁科技产业园、总投资22.5亿元的闽台食品工业园等一批重大项目正式签约落地。2013年，全市新落地亿元以上项目198个，投资总额936亿元，其中10亿元以上项目24个，投资总额382.67亿元。全市新签约亿元以上项目188个，投资总额1310.58亿元。其中10亿元以上项目39个，投资总额820.4亿元；5亿～10亿元项目60个，投资总额337.75亿元。

鹤壁市闽商投资合作项目签约仪式　　市商务局　供稿

【**专题招商**】 4月中旬以来，围绕省委、省政府打造全球最大的智能终端（手机）产业基地和全国重要的电子信息产业基地的战略部署，由1名副市长带队，组织专职队伍赴深圳等地区坐地招商，电子信息产业招商取得突破。总投资30亿元的荣兴（鹤壁）科技产业园、总投资11亿元的快意电梯中原基地、总投资5亿元的鼎华科技公司智能手机等项目签约落地，总投资10亿元的东莞沃凯德公司、深圳希尔克公司智能手机项目达成合作意向，广东好帮手集团、索菱实业公司等8家企业达成投资汽车电子项目意向。

7月30日，成立由3名市委常委和2名副市长任组长的4个专题招商组和1个综合督导组，各专题招商组分别以京津、长三角、珠三角、福建为招商区域，围绕主导先导产业和优势产业，深入开展专题招商活动。专题招商工作实行日总结、周例会、月通报制度，每周向市主要领导报送工作开展情况。市委每月召开常委会议听取专题招商汇报，研究部署专题招商工作。市委、市政府主要领导亲自洽谈推进重大招商项目，专题招商活动成效显著。8月以来，专题招商组拜访企业1050家，与中国电子科技集团、北京三聚环保新材料公司、中洲国际控股集团公司、华强集团、北京店连店科技股份有限公司等1000多家重点企业，洽谈对接一批电子信息、煤化工、商贸物流、电子商务等产业项目，北京三聚环保公司煤焦油综合利用示范项目、荣兴（鹤壁）科技产业园项目、辽宁华塑（鹤壁）高分子新材料产业园、河南小樱桃集团华漫文化旅游城项目等项目成功签约，深圳慧江集团、厦门宝晖集团、大润发集团等290多家企业来鹤实地考察，洽谈推进合作项目。专题招商工作开展以来，全市新签约亿元以上项目116个，总投资843亿元，其中超10亿元项目25个，总投资529.4亿元；新落地亿元以上项目95个，总投资528.6亿元，其中超10亿元项目14个，总投资245亿元。

（周永利）

大事记

1 月

1 日　淇县以鹤淇产业集聚区为基础创建的省级高新技术产业开发区成功批复，定名为鹤壁高新技术产业开发区，实行现行的省级高新技术产业开发区政策。

同日　鹤壁日报社评出 2012 年鹤壁市十大新闻：1. 卢展工参加省十一届人大五次会议鹤壁代表团审议时殷切期望鹤壁市在中原经济区建设中先行先试走在前面。2. 程相文及其团队完成的浚单 20 选育及配套技术研究与应用项目荣获国家科技进步一等奖。3. 中国石化河南煤化鹤壁煤化一体化项目列入国家规划并取得新进展。4. PLC 光分路器芯片在鹤壁市试产成功，填补国内空白。5. 鹤壁市夏粮总产达 60.58 万吨，实现十连增，连续八年创历史新高。6. 富士康鹤壁科技园项目奠基。7. 鹤壁经济技术开发区创办 20 周年，鹤壁新区隆重奠基。8. 全国整建制推进粮食高产创建试点市玉米高产纪录、全国 10 万亩连片夏玉米高产纪录在我市诞生。9. 鹤壁海关和鹤壁出入境检验检疫局成功获批。10.《鹤壁市创建国家循环经济示范市发展规划》评审会在京举行，鹤壁市为全国首批《规划》通过评审的城市。

4 日　市长魏小东主持召开市政府常务会议。

6 日　市委书记丁巍、市长魏小东到鹤壁新区进行考察。

同日　全省首批 1000 张“中国居民健康卡”启用仪式在淇县西岗镇卫生院举行。

7 日　市委书记丁巍轻车简从，深入鹤山区姬家山乡西顶村、黄庙沟村，看望慰问贫困群众，详细了解群众生产生活、就医就学、生活保障、社会治安等情况，对如何提高贫困群众生活水平，妥善解决群众生产生活中遇到的实际困难和问题提出明确要求。

8 日　市九届人大常委会第三十三次会议举行。

同日　鹤壁市盐政执法人员在淇滨区某地查获湖北七二八盐厂生产的“白鹅”牌大包装高级精制盐 28 吨，依法扣押无证运输盐产品解放牌货车一辆。

同日　鹤壁银兴国际影城开业。

9 日　全市质量工作暨创建全国质量强市示范城市动员召开。

10 日　市委、市政府印发《贯彻落实改进工作作风密切联系群众有关规定的实施细则》。

11 日　鹤壁市对部分学校布局作出调整，调整学校涉及鹤壁高中校本部、鹤壁高中老区分校、市培红高中和市兰苑中学。按照规划，市兰苑中学将重新选址建设，新址确定为淇滨区二支渠以南、农垦花园以北、衡山路以东、牟山小学以西，占地面积 70 亩，建筑面积 1.7 万平方米，总投资 4200 万元，设计规模为 48 个教学班；鹤壁高中老区分校将整体搬迁至现兰苑中学所在地，与新区校本部合并在一起；更名为鹤壁一中的市培红高中，将整体搬迁至现鹤壁高中老区分校所在地。

12 日　中国人民政治协商会议鹤壁市第九届委员会第六次会议召开。

13 日　由市图书馆主办，鹤壁晨曦教育中心、小荷作文分校承办的鹤壁市第一届“晨曦教育杯”小荷万字写书大赛颁奖大会及讲座举行。

13 日～14 日　鹤壁市第九届人民代表大会第八次会议召开。

16 日　全市信访稳定工作会议召开。

同日　全市“树廉洁家风，建廉洁家庭”家庭助廉座谈会召开。

17 日　全市迎新春劳模座谈会召开。

同日　由市组织部、市妇联、市扶贫办、市邮局联合举办的鹤壁市“春节送温暖，真情进万家”特困妇女儿童救助活动暨母亲邮包公益项目启动仪式举行。

17 日～18 日　在全省农业综合开发工作会议上，浚县被省农业综合开发领导小组授予“2013 年度全省农业综合开发先进县”称号。

19 日　中凯国际商业街盛大开街。

23 日　鹤壁法律大讲堂在鹤壁职业技术学院学术报告厅和市人民会堂举行刑法专题讲座，中国刑法研究会副秘书长、北京师范大学刑事法律科学研究院副教授、法学博士黄晓亮讲解法律知识。

24 日　省委书记、省人大常委会主任卢展工到省十二届人大一次会议鹤壁代表团，亲切看望代表，并与代表们一起审议省人大常委会工作报告。

26 日　鹤壁市举办首届网络春晚。该晚会由鹤壁网主办，通过《鹤壁日报》、《淇河晨报》、《鹤壁手机报》等媒体面向全社会广泛征集节目，并将优秀节目的视频挂在网络上，以投票的方式选出大家心目中的优秀节目。最终将得票数高的节目在首届网络春晚上呈献给广大网友和现场观众。

28日 由市政府主办、市地方史志办公室组织编撰的大型地方综合性资料工具书《鹤壁年鉴》2012卷正式出版发行。

31日 全市各界人士迎春座谈会举行。

是月 市委办公室、市政府办公室印发《关于明确2013年市十项重点民生工程及责任单位的通知》，从十个方面对重点民生工程进行安排部署。

2 月

1日 省人大常委会副主任张大卫、省政协副主席龚立群带领省总工会、省人社厅、省民政厅等部门负责同志，莅鹤走访慰问农民工、困难家庭、敬老院、困难企业等。

同日 “帮太”杯学习宣传党的十八大知识竞赛抽奖仪式举行。

2日 市委书记丁巍、市长魏小东等市四大班子领导亲切看望慰问老干部，并与他们座谈。

3日 鹤壁军分区党委召开二届五次全体（扩大）会议。

5日 全市组织工作会议召开。

同日 2013年鹤壁市春节联欢会在市艺术中心歌剧院举行。

7日 淇滨区海棠巷、楝树巷、中凯国际北侧小巷实行机动车单向通行交通管理措施。海棠巷、楝树巷实行单行。

16日 市文化广播电视新闻出版局春节文化活动领导小组决定，应近期雾霾天气持续，不易燃放烟花爆竹，鹤壁市及各县区都将不再举办元宵节焰火晚会。

19日 《鹤壁市住宅专项维修资金管理暂行办法》出台。

20日 中国共产党鹤壁市第八届纪律检查委员会第三次全体会议召开，市委书记丁巍出席会议并讲话。

21日 由中国民间文艺家协会、河南省文联主办的第五届中国（鹤壁）民俗文化节在市艺术中心开幕。全国政协常委、中国文联副主席赵化勇，省文联党组书记吴长忠出席。市委书记丁巍宣布开幕，市长魏小东致辞，市委副书记蔡永礼、市人大常委会主任李连庆参加，市政协主席张俊成主持开幕式。

22日～23日 第四届中国春节文化高层论坛暨《中国春节集成》文化丛书编纂工作启动仪式举行。

23日 市委印发《关于加强机关党建工作的实施意见》。

26日～27日 市委书记丁巍、市长魏小东率队到两县三区和鹤壁国家经济技术开发区、鹤壁新区、宝山循环经济产业集聚区，对重点项目建设情况进行观摩，并召开全市重点项目建设开放招商会。

27日 市委农村工作会议召开。

28日 全市创建国家森林城市暨春季造林绿化工作现场会召开。

是月 由浚县县委党史研究室历时8年完成的《阳光下的罪恶——侵华日军浚县暴行实录》出版。

是月 淇滨区至浚县42台燃气公交车上线运营，全部用于淇滨区至浚县客运线路。

3 月

1日 全市政法信访稳定工作会议召开。

同日 河南省“三八”妇女维权周暨送法下乡活动启动仪式在淇县朝歌街道办事处朝歌遗址公园广场举行。

同日 鹤壁市人才交流中心举行人才招聘会。

6日～7日 中国石化长城能源化工有限公司、河南煤化领导到鹤壁市考察煤化一体化项目。

7日 市九届优秀人大代表暨代表建议办理工作先进单位、先进个人表彰大会召开，对全市九届人大成立以来的45名优秀人大代表和代表建议办理工作的10个先进单位、15名先进个人进行表彰。

同日 鹤煤集团撤销鹤煤集团第二职工医院、鹤壁中古友好眼科医院，原资产、人员并入鹤煤集团总医院。

8日～12日 市委书记丁巍率领市党政考察团到山东省枣庄市，江苏省淮安市、扬州市、苏州市、宿迁市考察。

10日 鹤壁航盛电子工业园经过半年左右的设备调试和试生产，两条生产线实现量产。

13日 市纪委监察局印发《开展贯彻落实中央、省委、市委改进工作作风、密切联系群众有关规定情况监督检查实施方案》。

14日 市党外知识分子联谊会举行第一次理事会议。

同日 市举行农资打假专项治理行动暨放心农资下乡进村宣传周活动启动仪式。

15日 由市工商局、市消费者协会和鹤壁日报社联合主办的2013年鹤壁市3·15晚会在市人民会堂举行。

18日～22日 2013年度河南新闻奖电视新闻评选会在鹤壁市举行。

21日 市委书记丁巍主持召开全市党外人士务虚座谈会，就深入学习贯彻党的十八大精神，市委、市政府整体部署正在做的工作以及城市建设、产业发展、民生改善、生态文明建设、社会管理等各方面工作征求民主党派、工商联、无党派人士意见建议。

26日 市委书记丁巍深入浚县部分企业和城区，就产业发展和城市建设进行调研。

28日 国务院南水北调办公室副主任于幼军一行在省长助理何东成的陪同下，到鹤壁市考察南水北调中线工程鹤壁段项目推进情况。

29日 智慧鹤壁指挥中心启用。

同日 由鹤壁鬼谷子文化研究会和台湾鬼谷子学术研究会共同举办的2013海峡两岸鬼谷子文化交流会在淇县云梦山召开。

30日 国家镁及镁合金产品质量监督检验中心通过中国合格评定国家认可委员会“三合一”现场评审。

是月 经过省知识产权局、科技厅、发展改革委等八部门联合评审，淇县荣获省第六批知识产权优势区域称号。

是月 《鹤壁国家经济技术开发区20年鉴》公开发行。

4　月

2日　市政协主席张俊成带领部分市政协委员深入浚县、淇县，就“以新型城镇化为引领，加快构建城镇体系”情况进行调研。

同日　鹤壁市“先看病后付费”医疗服务模式在市传染病医院启动。

3日　市委出台《关于加强机关党建工作的实施意见》。

8日　全市重点工作推进会召开。

9日~10日　全市各级文化行政部门及文化市场综合执法机关开展文化市场“闪电1号”集中行动。

11日　全市公安机关综合表彰暨开展纪律作风整顿打防侵财犯罪工作会议召开。

12日~14日　2013中国·鹤壁春季车展在市艺术中心广场举行。

14日　鹤壁气象卫星农业遥感应用试验基地揭牌仪式举行。

15日　市委召开副市级以上领导干部会议，传达省委关于鹤壁市委、市政府主要领导调整的决定：魏小东同志任中共鹤壁市委书记，范修芳同志任中共鹤壁市委委员、常委、副书记。

同日　鹤壁市首个风电项目——浚县火龙岗风力发电项目已全面开工。

16日　在全省国土资源信访稳定工作会上，鹤壁市被评为全省2012年度信访稳定工作先进单位和国土资源信访突出问题排查化解工作先进单位。

18日　鹤壁市民生工程项目——万名残疾人帮扶工程”矫形器适配项目启动仪式在市残联举行。

同日　全市师德建设教育动员会召开。

19日　省政府参事调研组到鹤调研经济社会发展情况。

20日~21日　市九届人大九次会议举行。经大会无记名投票选举，范修芳当选鹤壁市人民政府市长。

23日　鹤壁市对浚县县城及周边10个村实施“村改居”，撤销村建制，成立10个社区居民委员会：桥西社区、西街社区、顺河社区、菜园社区、南街社区、南关社区、南关外社区、杨庄社区、西王桥社区、东长村社区。

24日　省委常委、常务副省长李克率领省重点项目暨产业集聚区建设观摩团到鹤壁市观摩指导。

25日　在全省重点项目暨产业集聚区建设工作会议上，浚县产业集聚区被省政府表彰为“2012年度河南省十快产业集聚区”。

26日　鹤壁市隆重表彰4年来为全市经济社会发展做出突出贡献的劳动模范和先进工作者。

27日　市委书记魏小东主持召开市委常委扩大会议，传达学习贯彻全省重点项目暨产业集聚区建设工作会议精神，研究部署下一步工作。

28日　市妇联联合市文明办、市直工委、市总工会、团市委在会展中心广场举行鹤壁市“庆五一、爱淇河、护淇河”志愿服务活动。

是月　鹤壁市被科技部批准为“国家可持续发展实验区”。

是月　市委出台《鹤壁市人才引进优惠政策》。

是月　由市青年联合会、市鬼谷子文化研究会、香港亚洲商学院中原教研中心、河南瑞贝特集团等单位联合举办的鹤壁市首届鬼谷子文化创新与青年企业家提升发展专题论坛开讲。

5　月

6日　市委书记魏小东，市长范修芳到鹤壁新区考察规划设计和重点项目建设情况。

7日　市长范修芳到位于鹤壁国家经济技术开发区的天海集团、华中星科技电子、海能达电子、佳多科工贸、天淇汽车模具、方圆馨宇塑业、仕佳通信科技、沃德新世纪能源等企业调研

同日　鹤壁市召开经济运行通报会。

10日　市政府第六次全体（扩大）会议召开。

同日　市妇联、鹤壁日报社联合举办市第三届“感动鹤壁十佳母亲、优秀母亲”表彰会，11位“十佳母亲”、20位“优秀母亲”受到表彰。

11日　2013中国·鹤壁第二届沿淇河自行车赛在市会展中心广场开赛。副市长、大赛组委会主任高雅玲出席开幕式并为获奖选手颁奖。

13日~16日　市委书记魏小东，市长范修芳等赴深圳、东莞、惠州、广州等地考察推进招商项目。

15日　省委常委、统战部部长史济春到鹤壁市考察经济社会发展。

16日　鹤壁市第23次“全国助残日”集中活动暨万名残疾人帮扶工程”项目启动仪式在新世纪广场举行。

16日~17日　由鹤壁宣传网、鹤壁网联合举办的我眼中的美丽鹤壁·第二届鹤壁网友“看鹤城”大型采风活动在新世纪广场启动。

18日　市地方史志办公室在淇滨区新世纪广场举办“鹤壁市地方志修志工作30年成果展”。副市长高雅玲出席。

18日~19日　“淇河酒业”杯豫北四市男子篮球邀请赛举行。濮阳市代表队勇夺冠军，安阳市代表队位居亚军，鹤壁市代表队和新乡市代表队并列第三。

20日　省委常委、政法委书记刘满仓莅鹤考察综治、平安建设、依法治市等工作

同日　市委宣传部下发《关于开展向吕俊峰同志学习活动的通知》。

21日　市委政协工作座谈会召开。市委书记魏小东作重要讲话，市长范修芳主持会议。

同日　市人大常委会主任李连庆率市人大常委会机关全体干部职工到市农科院参加科技教育日活动。

同日　由市人力资源和社会保障局、市教育局、市总工会、市工商联联合举办的“鹤壁市2013年民营企业招聘周”活动在市人才市场启动。

同日　由市委宣传部、市文明办、团市委、市妇联和淇县县委宣传部共同组织的吕俊峰同志先进事迹报告会在淇县举行。

22日~23日　省政协副主席、党组副书记靳绥东率领省政协专题调研组一行，到鹤壁市就新型城镇化和新农村建设工作进行调研。

23日~24日　省人大常委会副主任储亚平率领省人大常委会新型城镇

化调研组到鹤壁市调研。

28日　鹤壁淇河生态区项目投资建设协议签约仪式举行。

是月　鹤壁市实现国家免费孕前优生健康检查项目全覆盖。

是月　由山城区故县村自发组织编纂的《故县村志》印刷出版。

6　月

1日　鹤壁市庆“六一”万名农村留守儿童圆梦大型公益活动在市体育馆举行。

1日～2日　鹤壁市“我的中国梦”第七届中小学生合唱节举行。

5日　市人大常委会主任李连庆带领部分常委会组成人员对老城区改造和建设推进工作情况进行调研。

同日　全市安全创建工作现场会召开。

6日　省政协主席叶冬松带领省政协调研组到鹤壁市调研城镇化推进情况。

7日　市委、市政府召开全市科技创新大会。

同日　河南（鹤壁）知识产权维权援助中心成立。

8日　鹤淇电厂2×660兆瓦超超临界火电项目主机合同签约仪式在郑州举行。

9日　市委书记魏小东、市长范修芳会见红星美凯龙家居集团股份有限公司董事长车建新、执行总裁蒋小忠一行。

12日　经省验收组抽检复核，鹤壁市2013年整市建制推进小麦高产创建42个万亩以上示范片平均亩产583.8公斤，超额完成农业部产量目标，为全省乃至全国整建制推进小麦高产创建树立样板。

13日～14日　《河南省淇河饮用水源保护条例（草案）》立法论证会在鹤壁市召开。

14日　市委书记、鹤壁军分区党委第一书记魏小东到鹤壁军分区、武警鹤壁市支队、武警鹤壁市消防支队调研指导工作。

15日　大运河浚县段申遗遗产档案与检测中心挂牌成立。

17日　团省委、省青联作出决定，授予邢二朋为“河南省见义勇为好青年”荣誉称号，追授吕俊峰为“河南省见义勇为青年英雄”荣誉称号。

同日　鹤壁市“十星级文明户”创评活动工作会召开。

18日　鹤壁市被认定为“全国首批农业农村信息化示范基地”，为全省唯一整体推进型农业农村信息化示范基地。

19日　省辖市反腐倡廉制度建设年工作推进会在鹤壁市召开。

20日　市委书记魏小东主持召开市委常委扩大会议，传达学习中央党的群众路线教育实践活动工作会议精神和省委书记郭庚茂、省长谢伏瞻讲话精神。

24日　市长范修芳到河南煤化鹤煤集团九矿、中泰矿业、三矿调研。

25日　市直机关庆祝建党92周年座谈会召开。

26日　全市第三次加快老区发展工作会议在山城区召开。

27日　鹤壁法律大讲堂行政法和行政诉讼法专场举行。

同日　省政协副主席、省人口计生委主任高体健莅鹤考察人口计生工作。

同日　由市委宣传部、市文明办、市文广新局联合主办的鹤壁市第六届“欢乐中原——欢乐鹤壁”广场文化艺术节开幕式暨首场演出在新世纪广场举行。

28日　第八次全市环境保护大会举行。

29日～30日　首届中原经济区羽毛球公开赛在鹤壁市举办。

7　月

2日　市委书记魏小东到浚县就干线公路建设、高标准粮田示范区、古城保护和大运河申遗、城北新区规划建设、项目建设等进行实地调研并主持召开座谈会。

3日　鹤壁市2013年第二季度“十件好人好事”表彰会召开。

同日　2013鹤壁大学生暑期“三下乡”暨淇河保护志愿服务活动启动。

5日　2013年“鹤壁环保世纪行”宣传活动启动仪式举行。

7日　济南军区副司令员陈照海到鹤壁市调研征兵工作。

8日　鹤壁500千伏输变电项目得到省发改委核准。

9日　全市解决信访稳定突出问题工作会议举行。

10日　市委书记魏小东，市长范修芳会见晋能有限公司董事长、党委书记刘建中。

11日　省委常委、组织部部长夏杰到鹤壁市检查指导防汛工作。

同日　河南共青团学习宣传贯彻团的十七大精神豫北片区会在鹤壁市召开。

同日　市政府与晋能有限公司在山城区就建设豫北煤炭物流储备加工基地项目签订框架协议。

15日　鹤壁市人民政府、黄河科技学院合作办学签约仪式举行。

17日～18日　由13名驻豫全国人大代表组成的专题调研组莅鹤调研生态环境综合整治情况。

18日～19日　全国政协常委、民建中央副主席周汉民莅鹤考察。

20日　市委书记魏小东到大赉店遗址、淇水关遗址、鹿台遗址等历史文化遗存地进行调研。

23日　鹤壁市军人军属法律维权中心揭牌。

24日　全市经济运行工作会议召开。

同日　中国银监会正式批准组建鹤壁农商银行。

25日　市纪委全体委员（扩大）会议举行。

27日　市长范修芳先后到市水利局、浚县检查指导防汛工作。

30日　法治河南建设座谈会在鹤壁市召开。

31日　“同心·助推上峪发展”结对帮扶活动在淇滨区上峪乡卓坡村举行。

同日　鹤壁市召开双拥工作表彰会议。

同日　全市重点项目督导和专题招商工作会议召开。

8 月

1日 快速通道北延二期工程建成通车。

2日 由北京盛世汉龙文化传媒有限公司与鹤壁凯乐影视有限公司共同投资在鹤壁市拍摄的戏曲电影《麻风女》在市文化中心电影城举行首映式。

3日 由市文明办主办，市工商局承办的我市道德讲堂启动仪式举行。

6日 市长范修芳先后到淇水湾商务区、泰山路淇河桥项目工地和富士康鹤壁科技园等处进行调研。

8日 鹤壁市召开高层次人才座谈会

13日 市委书记魏小东主持召开全市推进文化旅游产业发展座谈会。

同日 省人大书画研究院鹤壁分院、市人大书画院成立大会暨揭牌仪式在市人民会堂举行。

20日 全市工会系统2013年“金秋助学”活动启动仪式举行。

同日 全市统一战线“中国梦·中原情·同心颂”书法绘画展开幕式在市文化中心举行，副市长高雅玲出席开幕式并宣布展览开幕。

21日 鹤壁市淇水湾商务区广场项目签约仪式在上海举行。

22日 市人大常委会主任李连庆带领由市人大部分常委会组成人员和市人大代表组成的视察组对南水北调中线工程鹤壁段配套工程进行视察。

23日 全市民营经济工作会议召开。市长范修芳出席会议并讲话。

同日 市委中心组举行集中学习(扩大)专题报告会，邀请国务院参事、中国科学院科技政策研究所顾问、中国科学院可持续发展战略组组长兼首席科学家牛文元教授作《中国新型城市化战略》专题报告。市领导魏小东、范修芳等参加学习。

27日~31日 2013年全国软式垒球嘉年华活动暨全国软式垒球锦标赛在鹤壁市举行。

28日 鹤壁市“2013年希望工程圆梦行动”助学金发放仪式举行。

29日 市委书记魏小东，市长范修芳分别到浚县卫溪街道办事处西长村、淇县北阳镇看望看望慰问复员老战士和伤残军人。

30日 由鹤壁日报社、淇河文化研究会主办的淇水悠悠——大型淇河诗歌朗诵会在淇滨区淇河欢乐沙滩举行。

是月 市委、市政府出台《关于进一步促进农业转移人口市民化的意见》。

9 月

2日~3日 全国人大常委会委员、全国人大农业与农村委员会副主任、民盟中央副主席龙庄伟到鹤考察。

3日 民盟河南省委与鹤壁市人民政府“盟鹤合作”签约仪式在淇滨区举行。

4日~6日 省人大常委会执法检查组就《中华人民共和国气象法》的贯彻执行情况到鹤壁市检查。

5日 省政协副主席、民革河南省委主委李英杰莅鹤调研“同心共建，企地共赢”活动开展情况。

同日 市长范修芳深入建筑工地、车站、煤矿、企业调研安全生产工作。

6日 河南省肿瘤医院托管鹤壁京立肿瘤医院合作签字暨河南省肿瘤医院鹤壁分院揭牌仪式举行。

9日 市委书记魏小东，市长范修芳分别到部分退休教师家中和学校看望慰问教师员工。

10日 全市庆祝教师节会议召开。

11日 市委书记魏小东到宝山循环经济产业集聚区调研项目推进情况。

同日 鹤壁市召开第二届应急管理专家组全体会议

同日 市政府与中原证券股份有限公司签订综合金融服务战略合作协议。

12日 国家开发银行河南省分行行长王卫军到鹤壁市调研。

13日 中华志愿者协会秘书长宋志强一行到淇滨区黎阳路街道办事处福源社区检查志愿者关爱社区建设敬老助残示范项目”落实和进展情况。

14日 市长范修芳应邀到北京参加中央电视台《对话》栏目。

15日 由全国妇联主办、中国妇女发展基金会承办、中国邮政集团公司特别支持的“母亲邮包”现场发放仪式在浚县科达学校举行。

17日 鹤壁日报社官方微信上线。

18日 中国妇女发展基金会“爱在家庭”公益项目启动仪式暨婚姻家庭与亲子教育大型公益讲座在淇滨区举行。

22日 全市“三秋”生产暨高标准粮田建设工作会议召开。

23日 市长范修芳到淇滨区和浚县调研“三秋”工作。

24日 省深化医疗卫生体制改革领导小组办公室专职副主任张若石带领省政府新型农村社区建设情况调研组到鹤壁市调研新型农村社区建设工作。

25日 市政协主席张俊成到鹤壁新区视察。

25日~28日 市委常委、常务副市长桂玉强率团参加第十届中国国际中小企业博览会。

28日 市“文明旅游与德同行”签字仪式在淇滨小学举行。

29日 河南能源化工集团鹤煤公司精细化工项目建设座谈会在鹤壁市召开。

30日 全市文化旅游产业发展提升动员会召开。

10 月

5日 市第六届“欢乐中原—欢乐鹤壁”广场文化艺术节在淇滨区新世纪广场闭幕。

6日~8日 2013豫北地区秋季大型车展在鹤壁市艺术中心举行。

6日~12日 央视科教频道《地理中国》摄制组专程来到鹤山区五岩山风景区、东齐地质公园等景点，拍摄纪录片《蟒洞神石》。

10日 鹤壁市秋季人才交流大会在市人才市场举行。

11日 市委书记魏小东会见前来鹤壁市考察的河南小樱桃动漫集团董

事长张国晓一行。

12日 由国家标准委副主任于欣丽、国家标准委农业食品标准部主任国焕新等组成的考核验收组，对鹤壁市创建全国农业综合标准化示范市工作进行考核验收。一致认为：鹤壁市创建全国农业综合标准化示范市工作圆满完成各项目标任务，顺利通过目标考核。

13日 鹤壁市在新区新世纪广场举行2013年鹤壁市小学生“少年科普杯”鼓号队展演活动，纪念中国少年先锋队建队64周年。

16日 市委召开全市宣传思想工作会议。

16日~17日 国家食品药品监管总局农业部联合调研组在国家食品药品监管总局食监二司司长张靖带领下对鹤壁市食用农产品安全监管情况进行调研。

17日 省人大常委会副主任李文慧、省人大常委会法工委主任郭永清、省人大常委会法工委副主任曹新博带领省人大常委会调研组一行莅鹤就《河南省人大常委会2014年至2018年地方立法规划（草案）》征求意见。

同日 中国农业技术推广协会高新技术专业委员会年会暨第二届农业高新技术产业发展研讨会在鹤举行。

同日 世界遗产委员会国际古迹遗址专家姜東辰莅鹤考察评估大运河浚县段申报世界文化遗产项目。

18日 由市淇水关文化研究会组织编著的《淇水关传奇》出版发行。

同日 第十届中国农业信息化高层研讨会暨智慧农业峰会在鹤举行。

同日 鹤壁市荣获河南省教育系统家庭教育工作先进市，淇县、淇滨区荣获河南省教育系统家庭教育工作示范县区。

同日 鹤壁市第28届菊展在会展中心广场开幕。

19日 中国（鹤壁）农业硅谷产业园一期工程完工，硅谷产业园开园暨联合实验室启动仪式举行。

20日 2013“全民健身、舞动中原”中国·鹤壁体育舞蹈邀请赛在市体育馆举行，副市长高雅玲出席并为获奖选手颁奖。

21日 鹤壁市首架农林植保直升机试飞成功。

22日 鹤壁市启用QQ视频接访和电话接访。

23日 鹤壁市召开“改作风、转职能、优环境”活动动员大会。

24日 鹤壁经济广播电台官方微信正式上线。

25日 国家农业综合开发办公室检查组到鹤壁市检查农业综合开发工作。

同日 中国梦·青春汇鹤壁“星青年”颁奖典礼举行，12名优秀青年现场接受表彰。

26日 新建兰苑中学项目教学楼工程举行开工仪式。

同日 在第四届全国道德模范授奖仪式上，市农科院院长、育种专家程相文获得“全国道德模范提名奖”。

28日 鹤壁淇河流域环境治理及生态保护利用亚行贷款项目启动会议在鹤壁迎宾馆举行。

29日 副省长王艳玲莅鹤调研商标战略实施、产业集聚区发展和工商行政管理等工作。

31日 省委书记、省人大常委会主任郭庚茂莅鹤，就工农业发展、城市建设、开放招商等情况进行深入调研。

是月 鹤壁市第一座智能变电站——110千伏思德智能变电站调试完成。

是月 淇县籍已故武警战士吕俊峰和浚县浚州街道办事处的邢二朋荣登“中国好人榜”。

是月 市纪委、市委组织部联合印发《鹤壁市领导干部任职前廉政法规知识测试实施办法（试行）》。

是月 金山产业集聚区入选省第一批专业示范产业集聚区，被认定为河南省环境友好型示范集聚区。

11 月

1日 市委召开市委常委扩大会议，传达学习省委书记郭庚茂在鹤壁市调研时重要指示精神，研究贯彻落实意见。

同日 农业部党组副书记、副部长余欣荣莅鹤调研现代农业发展和城市建设情况。

同日 鹤壁市闽商投资合作项目签约仪式举行。

4日 全省统一战线重点工作调研组到鹤壁市调研。

6日 全市冬春农田水利基本建设现场会在浚县召开。

同日 全市城市精细化管理暨保障性安居工程观摩推介会召开。

7日 省政协副主席靳克文带领部分民族宗教界省政协委员组成的调研组到鹤壁市调研民族宗教工作。

同日 全市服务业发展工作会议召开。

12日 鹤壁新区总体规划评审会议举行。

同日 市委书记魏小东深入淇滨区、山城区调研生态文明建设工作。

同日 市政府与中信银行股份有限公司郑州分行签订战略合作协议。

13日 市长范修芳调研城市基础设施建设运行情况。

14日 市人大常委会主任李连庆带领部分常委会组成人员及市人大代表，就宝山循环经济产业集聚区以及中国石化河南能化鹤壁煤化一体化项目推进情况进行视察。

同日 全国政协常委、省政协副主席、省人口计生委主任高体健到鹤壁市调研幸福家庭创建活动开展情况。

16日 全市领导干部会议召开。

18日 鹤壁市召开创建国家森林城市暨今冬明春造林绿化攻坚动员大会。

20日 省长谢伏瞻莅鹤调研，并主持召开鹤壁、开封、安阳、新乡、濮阳五市座谈会

21日 市政协主席张俊成带队到浚县视察古城保护建设工作。

24日 市委书记魏小东到鹤壁农业硅谷产业园调研。

25日 市长范修芳先后到省肿瘤医院鹤壁分院、淇滨区湘江社区、市中医院新院，淇县人民医院、桥盟卫生院、庙口镇东场村卫生室、高村镇计生服务大厅和淇滨区裕隆购物中心美食广场调研。

27日 第五届中国镁应用新产品

新技术博览会在市会展中心开幕。

28日　中央维稳办主任、公安部常务副部长杨焕宁到鹤壁市调研社会稳定风险评估工作。

同日　中国镁应用新技术发布会和中国镁产业创新研讨会在鹤举行。

29日~30日　市委书记魏小东、市长范修芳率队深入县区，对32个重点项目进行现场观摩，并召开全市重点项目观摩点评会议。

12　月

2日　鹤壁市被列为河南省智慧城市建设试点市。

3日　省委宣讲团党的十八届三中全会精神报告会在鹤壁市举行。

同日　华漫文化旅游城项目签约仪式在鹤壁市举行。

4日　南水北调中线工程鹤壁段建设和盘石头水库移民工作领导小组会议召开。市长范修芳出席会议并讲话。

同日　全市志愿服务工作暨表彰会举行。

5日　市委书记魏小东主持召开谋划工作务虚会。

8日　市政府与北京大学经济学院、北京夏唐资本投资中心就鹤壁市金属镁产业发展签订战略合作框架协议。

10日　市政协主席张俊成带领部分政协委员，深入中国（鹤壁）农业硅谷产业园等地考察现代农业发展。

13日~15日　首届鹤壁市文化产业博览会召开。

16日　全省公安机关“人民在我心中”先进典型事迹巡回报告会（鹤壁）专场举行。

17日　市纪委下发通知，要求双节期间各级各部门、广大党员干部严格执行“八条禁令”。

同日　市委书记魏小东会见省公安厅“人民在我心中”先进典型事迹巡回报告团全体成员。

18日　市社科联与淇河文化研究会联合举行《悦读鹤壁》丛书座谈会暨首发式。

21日　鹤壁市“泥猴张”艺术研究会成立大会暨揭牌仪式举行

26日　全省推进救助申请家庭经济状况核对工作现场会在鹤壁市召开。

同日　鹤淇电厂2×66万千瓦机组工程主厂房浇筑混凝土暨1号锅炉钢架吊装仪式在淇县举行。

同日　鹤壁新区管理委员会与建业住宅集团（中国）有限公司就建设淇水湾商务休闲区项目签约。

30日　中国共产党鹤壁市第八届委员会第五次全体（扩大）会议举行。

同日　市委经济工作会议召开。

31日　市委书记魏小东看望慰问财税、金融系统干部职工，为他们送去新年的祝福

同日　中国科学院在河南省建设的首家分支机构——中国科学院半导体研究所河南研究院正式落户鹤壁市。

淇河风光

市 情 概 览

基本情况

【位置面积】 鹤壁市位于河南省北部，太行山东麓与华北平原交界处。地理座标为北纬35°26′00″~36°02′54″，东经113°05′23″~114°45′12″。东、西、北与安阳市接壤，南与新乡市相邻。总面积2182平方公里，约占河南省面积的1.3%。

【地质地貌】 地质。鹤壁地域属华北地层区，西部山区属山西分区太行小区、东部平原属华北平原分区豫北小区。区内广泛出露寒武系、奥陶系及第四系地层，太古界、中元古界、古炭二迭系、第三系地层只零星出露。太古界分布于西南部北窑、卧羊湾一带，面积20平方公里，总厚度1476米，是区内最古老地层，岩性为片麻岩、片岩。震旦系分布于西南部油城、云梦山一带，最厚处145米、岩性为石英状砂岩。寒武系主要分布于西部盘石头、黄洞、云梦山一带，东部屯子、白寺有零星出露，岩性为灰岩、白云岩夹页岩等，总厚度562米。奥陶系分布于西部山区的中、北部，是域内出露最广泛的地层，下部岩性为白云岩，中上部为灰岩、角砾状灰岩、泥质白云岩，局部夹钙质页岩，总厚度710米。石炭系分布于西部山区梨林头至大峪一带，岩性为零星出露的页岩、砂岩，夹灰岩透镜体、煤线及薄煤层，总厚度160米。二迭系未见出露，为主要煤系地层，岩性主要为砂岩、页岩、煤，总厚度1300米。上第三系分布于北中部的丘陵地带，岩性为砂岩、泥灰岩、砂砾岩等，厚度30米~400米；下第三系分布于中部、东部，厚度400米~700米。第四系分布于西部山区以东，是域内分布最广的地层，淇河两侧分布有钙质胶结的砾石层，厚度6米左右。山前及东部丘陵有黄红色砾石黄土，厚度3米~15米；河流、山谷、山坡有冲积层、洪积层、坡积层，厚度1米~5米。鹤壁地域大地构造处于华北坳陷西部和太行山隆起的东南边缘，以断裂为主，褶皱不发育。有东西向、南北向、北东向和北北东向四组断裂构造：东西向断裂在大河涧以南，以压性为主，断面倾角70°以上；南北向断裂分布于西北部，多为压性，倾角60°~85°；北东向断裂分布在淇河以南，以压性为主兼压扭性，倾角70°~75°；北北东向断裂分布较广，总体走向15°~25°，倾角77°左右，为压性或压扭性。域内岩浆岩主要分布在西部山区，不太发育。元古代侵入岩有伟晶岩、角闪闪长岩、角闪钠长岩、细晶岩、辉绿岩；燕山期为中性侵入岩；喜山期为基性岩、超基性喷出岩和侵入岩。

地貌。燕山运动使太行山隆起，到中生代末期，已基本形成现代地貌轮廓。第三纪的喜马拉雅运动，使西部太行山继续隆起，东部华北平原沉降，在太行山和华北平原之间发生大的断裂构造，山脉和断裂控制着该区地貌，低山、丘陵、平原、泊洼构成本区地貌骨架。地貌自西向东倾斜，西部山区受自然切割剥蚀，构造带以断裂带为主。山地为太行山东麓青羊口——九矿断裂带，最高点为三脑峰，海拔1019米，山区面积331平方公里，约占全市总面积的15.2%。丘陵为太行山东麓山地与东部平原过渡带，丘陵面积646平方公里，约占全市总面积的29.6%。平原包括淇河平原、卫河平原和黄河故道平原，平原面积1153平方公里，约占全市总面积的52.8%。其中：淇河平原平均坡降1/7000左右，海拔80米~95米；卫河平原平均坡降1/5000左右，海拔70米~90米；黄河故道平原坡降1/4000~1/6000左右，最低海拔53.1米。平原区地势平坦，土层深厚，水源充沛。泊洼地为淇县良相泊滞洪区及河渠水域地带，面积约52平方公里，占全市总面积的2.4%。

（市史志办）

【矿产资源】 鹤壁市已知主要矿产资源有30种。其中已探明的有煤、水泥粘土、水泥灰岩、玄武岩、白云岩、化工灰岩、山西式铁矿、熔剂灰岩、高岭土、花岗石、脉石英等12种；有开发前景的除煤炭外，尚有瓦斯、硫铁矿、装饰石材、淡水灰岩、火山凝灰岩、石膏等7种；其他矿产有铸造砂、铜、铅、宝石、金刚石、麦饭石、重晶石等。

鹤壁是中国重点煤炭基地之一，累积探明储量12.65亿吨，保有储量8.49亿吨，属低硫、低灰、高发热量的优质动力用煤，平均厚度6.5米，最厚达12.26米。矿井瓦斯吨煤含量为14.55立方米，全市瓦斯总储量为620

亿立方米，其中可采量为88.67亿立方米。

非金属矿在鹤壁分布较多，除煤炭外已开发利用的主要三种为：水泥灰岩，探明储量5.13亿吨，保有储量4.94亿吨，矿床水文地质条件简单，易开采，质量好；水泥粘土，储量1.81亿吨；白云岩，储量3.16亿吨，氧化镁含量平均20%以上，是冶炼金属镁的主要原料。

（市国土资源局）

【气候】 鹤壁地处中纬度地区，属暖温带半湿润季风气候，四季分明。夏冬季节长，春秋季节短。春季温暖多风，夏季炎热多雨，秋季湿润高爽，冬季寒冷少雪。2013年，鹤壁市气候特点是：淇县年平均气温较历年同期偏高1.0℃；浚县年平均气温较历年同期偏高0.1℃。年极端最高气温38.7℃（浚县），年极端最低气温-14.2℃（鹤壁）。淇县年总降水量为485.5毫米，较常年偏少131.0毫米。浚县年总降水量为348.5mm，较常年偏少251.2mm。全市年总日照时数较常年同期相比属于正常。

鹤壁市12月平均气温0.6到2.1℃，较常年比淇县偏高0.9℃，浚县偏低0.4℃；12月降水量0.0~0.2毫米，较常年比异常偏少。日照时数142.8~155.3小时，较历年均值偏多14.9~16.7小时，属于正常。

全市先后出现低温、干旱、初霜冻、雷雨大风、暴雨、高温等灾害性天气。年内雾霾天气较多，对交通运输、空气质量和人体健康有一定不利影响。从农业生产角度看，虽然冬、春、夏、秋均出现旱情，但较好的水利灌溉条件，未给农业生产带来较大影响。全年气温正常、降水正常、日照正常，虽然降水时空分布不均，但由于水利和生产条件的改善，对粮、棉、经济作物等无大影响，使得鹤壁持续农业丰收的年景。

（李　雯）

【水文水资源】 鹤壁市年降水量均在400毫米~700毫米之间，总降水量14.32亿立方米，属河南省比较干旱的地区，且年内年际降水分配不匀，常是春旱秋涝。境内河流约30条，属海河水系。主要有过境的淇河、卫河、共产主义渠、洹河，源于境内的较大河流有汤河、羑河、永通河、思德河等。

鹤壁地下水资源多年年平均值为2.87亿立方米。其中，山区为0.8亿立方米，丘陵区为0.66亿立方米，平原区为1.41亿立方米。地下水资源可采量，山区为0.6亿立方米、丘陵区为0.5亿立方米，平原区为1.06亿立方米。矿泉水储量丰富，在淇滨区张庄、凉水井、上峪等地多处发现低钠含偏硅酸锶型优质矿泉水，已少量开发，并列入市重点开发项目。

地表径流靠天然降水补给，平均径流量为2.84亿立方米。

（市水利局）

【土地资源】 鹤壁市境域土地面积2182平方公里。土地类型既有山地、丘陵、岗地，也有平原、洼地；既有荒草地、沙地、裸岩地，也有连片的城镇居民及工矿区用地。按地貌划分：山地331平方公里，以裸岩为主，坡度较大，土层极薄，保水保肥性能差，水土流失严重；丘陵及岗地646平方公里，地势起伏不大，土层厚薄差异较大，土地干旱缺水，以坡状或梯状旱地为主；平原地1153平方公里，以第四系黄土覆盖为主，地势平坦，坡度一般小于3度，海拔高度在130米以下，除东部部分沙地外，一般土层深厚，排灌条件好；洼地52平方公里，地势低洼，秋雨季因排水不畅易形成内涝或滞洪区。

全市土壤类型有8个土类，16个亚类，23个土属，86个土种。其中褐土和潮土分布最广，面积较大；水稻土面积不足0.17平方公里，并有逐渐退化为褐土的趋势，主要分布在淇县城关稻庄；盐碱土面积不足0.12平方公里，主要分布在淇县、浚县平原及局部洼地。

从土地资源利用现状看，有耕地1047.5平方公里，占全市土地资源总面积的47.51%，其中一等耕地主要分布在平原地带，二等耕地则集中在丘陵、岗坡及山区。全市土地垦殖系数达55.7%，尚未利用土地面积占全市土地资源总面积的20.8%，但其中尚能利用的十分有限。

（市史志办）

【植物动物资源】 植物资源。全市有高等植物114科、300多属、800余种，其中栽培植物200多种。植物以禾本科、蔷薇科、玄参科、杨柳科、豆科、菊科、莎草科居多。植被类型属阔叶落叶林和针叶混交林等。全市林木覆盖率15.54%。

在栽培作物中，有农作物18科、120种。其中主要粮食作物有小麦、玉米、小米、薯类、豆类、高粱等20多种；主要蔬菜作物有白菜、豆角、萝卜、茄子、菠菜、黄瓜、冬瓜、南瓜等；主要瓜果类有苹果、桃、西瓜、甜瓜等。

木本植物有乔木400余种、灌木40余种。主要用材林树种有杨、柳、桐、槐、榆、侧柏、油松、枫树、合欢、黄楝、橡树等，活立木蓄积量约60.63万立方米，成材林木主要是四旁植树和农林间作。经济林多分布在低山、丘陵及沙土地带，近年来在平原地区开始成园种植，并具备一定规模，主要品种有大枣、苹果、柿子、梨、杏、桃、山楂、核桃、花椒、葡萄、板栗等。栽培灌木主要有供编织用的白腊条、荆条、紫穗槐等，野生灌木有酸枣、黄荆等30余种。

药用植物分野生和人工种植两部分，共70余科、160余种。主要中药材有冬凌草、荆芥、连翘、远志、柴胡、柏子仁、茜草、葛根、沙参等和名贵药材山萸肉、路党参等。

观赏植物主要指人工养植的花卉苗木。共有75科、400余种。鹤壁地域是南花北移、北花南迁的驯化地带，其品种特色兼有南北之长，主要品种有月季、菊花、桂花、文竹、玉兰、兰松、雪松、龙柏等。城镇居民种植较为普遍，郊区、两县农民也有专养。鹤山区鹤壁集乡蜀村、龙宫村种植花卉历史悠久。

草场牧草均为零星小块，主要分布在低山区和平原的“十边”地带、海拔500米以上的中山区，属灌丛草场。主要牧草有白草、马唐、狗尾草、蒿草、苜蓿、茅草、莎草等。

菌类植物分布范围极广，品种以蘑菇、平菇、木耳居多，在背阳潮湿处生长有苔藓。前者是人工养殖的优质食品，后者为野生，有益于水土保持。在自然界中还生长有大量微生物，对人畜有利有害。

动物资源。常见的有4门12纲39目85科200多种。其中脊椎动物（鱼类、爬行类、两栖类、鸟类、哺乳类等）有5纲20目32科。野生动物中，兽类主要有野兔、狐狸、獾、鼠、黄鼬、刺猬等；鸟类有50多种，主要有喜鹊、灰喜鹊、燕、猫头鹰、啄木鸟、黄鹂、大鹦鹉、野鸭、大斑鸠、鸽子、画眉、白鹭、翠鸟、石鸡等，90年代，出现国家一级动物大鸨和灰鹤；水生动物主要有蛙、蟾、鲫、鲤、鲇、鳜、乌、草、鲢、葛牙、青鱼、黄鳝、白鳝、泥鳅等，此外还有螃蟹、青虾、白虾、鳖、蚂蟥、螺、蚌等。昆虫种类繁多，常见的有11目45科，害虫天敌有9目44科168种。

饲养动物有30多种，其中家畜类主要有牛、驴、马、骡、猪、羊、兔、貂、狗、猫，家禽类主要有鸡、鸭、鹅、鸽、鹌鹑等。近年来，桑蚕、蜜蜂等传统养殖有较快发展；瘦肉型猪、肉用鸡、蛋用鸡、肉兔的饲养居河南省前列；人均畜牧业产值、肉蛋产量连续19年名列全省第一，成为河南省畜牧业生产、加工和产品创汇基地之一。

（市林业局、市史志办）

【市树市花市徽】 1983年7月14日，鹤壁市第三届人民代表大会常务委员会第十九次会议决定，国槐为鹤壁市市树，迎春花为鹤壁市市花。2000年12月29日鹤壁市第七届人民代表大会常务委员会第十五次会议又决定，将上方是展翅的仙鹤，下方为河水、水浪，底部标明“中国鹤壁”的图案定为鹤壁市市徽。

（市史志办）

【历史沿革】 鹤壁市是中华民族古代文明的主要发祥地之一。大约在7000多年前，先民们已在淇河一带繁衍生息，淇县花窝村发现有新石器时代早期的原始聚落遗址和遗物。夏朝，鹤壁地域分属冀、兖、豫三州。商朝，帝辛（纣王）建都朝歌（今淇县），属畿内地，成为殷商后期政治、经济、文化中心。西周初，属“三监”之地。春秋时，属卫、晋。战国时，先后属赵、魏，公元前510年，设中牟邑，赵国在此建都，历时39年。西汉初年，设黎阳县（今浚县）、朝歌县（今淇县）、荡阴县（鹤壁属之）。隋、唐、宋、元，鹤壁地域建置多有变化，黎阳曾为郡、军、府、州治所，朝歌曾为州、郡治所。明初置浚县、淇县、汤阴县（鹤壁属之），分属大名府、卫辉府、彰德府。清代，鹤壁属卫辉府。民国时期，鹤壁地域属河南省河北道，后改属河南省第三督察专员公署。中华人民共和国成立后，国家把鹤壁煤田作为建设重点，于1957年3月26日，经国务院批准，建立鹤壁市。析汤阴县以西的12个乡、安阳县一个乡为辖区，市委、市人委机关驻鹤壁集；同年12月迁至中山。1957年6月27日，河南省人民委员会决定，鹤壁市由省直接领导。1958年经国务院批准委托新乡专署领导；1959年1月，市委、市人委机关迁至大胡红旗街；1960年10月14日，经国务院批准将汤阴县划归鹤壁市领导；1961年12月，国务院批准鹤壁市划归安阳专署代管，汤阴县改归安阳专署管辖。同年设山城区、鹤山区；1966年设郊区。1974年1月，河南省委决定，鹤壁市改为省辖市。1986年实行市带县体制，浚县、淇县划归鹤壁市管辖，至此鹤壁市辖浚县、淇县及郊区、山城区、鹤山区。1992年12月，经省政府批准，建立鹤壁市淇滨经济开发区。1999年，市委、市政府由山城区整体搬迁至开发区。2002年6月，郊区更名为淇滨区。至2013年底，全市辖两县三区，总面积2182平方公里，总人口160万人。

鹤壁文化发达，人才辈出。殷商灭亡后，箕子不愿臣周，率殷臣旧部5000余人东渡朝鲜，建立箕子王朝，成为有文字记载以来中国第一次大规模人口外迁。公元前658年，生于朝歌的中国第一位爱国女诗人许穆夫人，闻北狄侵卫，从许国（许昌）求齐救卫，作诗《载驰》记之，传为佳话。战国时，王禅（鬼谷子）隐居云梦山，创办了中国古代第一所军校，培养出苏秦、张仪、孙膑、庞涓等政治家、军事家，并著《鬼谷子》传世。卫（浚县）人端木赐（字子贡）善于辞令和经商，“家累千金”，资助孔子周游列国。孔子与弟子曾在淇门（今属浚县）讲学。《诗经》中直接咏及淇水的有6首（《风·淇奥》、《风·氓》、《风·竹竿》、《风·桑中》、《风·泉水》、《风·有狐》）。“瞻彼淇奥，绿竹猗猗”、“淇水悠悠，桧楫松舟”、“淇水荡荡，渐车帷裳”、“竹竿，以钓于淇”等成为脍炙人口的诗句。卫（淇县）人商鞅实行变法，废除井田，成为一代政治家。唐代著名诗人王梵志、文学家谢偃以及被人尊为窑神的孙仲和分别为浚县、鹤壁人。唐代著名诗人骆宾王、王维、沈佺期、陈子昂、高适以及著名文学家柳宗元等曾到朝歌、黎阳游览赋诗。唐代著名医药家孙思邈曾隐居鹤壁五岩山采药行医，潜心研究医药学，著《千金翼方》、《千金要方》，为中华医药之典。明初著名小说家、戏剧家罗贯中，隐居许家沟村（今属鹤壁市淇滨区金山办事处），完成《三国志通俗演义》和《水浒全传》的创作。

鹤壁煤炭开发历史较早，东汉灵帝建宁二年（公元169年），始采煤炭。晋太康年间鹤壁煤炭的开发利用已有比较详细记载。唐代鹤壁采煤日渐发展，到宋代采煤规模和技术在全国乃至世界属领先地位，已形成建井、巷道布置、采煤方法以及通风、照明、排水等一套比较科学的采煤技术。鹤壁手工业烧瓷始于唐，到北宋年间发展到鼎盛时期，现留存古瓷窑遗址20

多处，出土瓷器品种多，工艺精湛，其中有属磁州窑系的白地黑花、白釉刻花及剔花器，也有钧窑系青蓝釉和带紫斑器。

（市史志办）

【文物】 鹤壁地域历史悠久，文物名胜古迹荟萃。浚县为国家级历史文化名城，淇县为河南省历史文化名城。2013年，全市有各级文物保护单位165处，其中国家重点文物保护单位4处（10项）、省级文物保护单位22处、市县级文物保护单位134处。

（牛合兵）

【旅游资源】 鹤壁名胜古迹众多，人文资源厚重，自然风光独特优美，旅游资源丰富，2003年被国家旅游局授予中国优秀旅游城市称号。有重点风景名胜区（点）8个，其中大伾山、云梦山、古灵山为4A级，天然太极图、金山寺为3A级，三兴康乐村为2A级，另有浮丘山、五岩山两个风景名胜点。拥有国内旅行社12家。星级宾馆12家。

浚县大伾山和浮丘山，两山对峙，平地突起，气势宏伟，松柏郁郁，文物古迹20余处。大伾山东麓，有北魏大伾山寺（今天宁寺）和大佛楼（高七丈，内坐依崖凿就的高大石佛，人称“八丈佛爷七丈楼”）。两山上还有吕祖祠、张仙洞、太极宫、禹王庙、天齐庙、碧霞宫、千佛寺等，以及摩崖题记、碑刻300余块。

淇县云梦山，山势险峻，环境优美，丛峦叠嶂，云雾缭绕，山泉喷涌，历来是旅游胜地。战国时期，王禅（自号鬼谷子）隐居此山聚徒讲学，创办了中国历史上第一所军校。张仪、苏秦、孙膑、庞涓、毛遂等在这里拜师学艺而成名。存有水帘洞、孙膑洞、南天门、映瑞门、映瑞池、云濛仙泉等古迹景点十余处。

鹤壁市西郊五岩山（也叫苏门山），有五谷五峰，悬岩峭壁，挺拔奇秀。南有五岩寺，北有栖霞观，山下有葆光观。五岩寺绝壁有东魏石窟一处，凿就大小佛龛41孔、造像154尊、护法狮48只、发愿文造像题记12则，为省级文物保护单位。有“孙真人洞”，为唐代名医、后世尊为药王孙思邈采药炼丹旧址。还有孙登隐居处等。

悠悠淇河，自太行山深谷奔泻而出，清澈透底，两岸千峰竞秀，万壑峥嵘，有“北国漓江”之称。沿河主要景观有鸡冠雄姿、玄天洞石塔，青岩绝石窟（千佛洞）、白龙庙瀑布、天然太极图、许家沟罗贯中晚年隐居处等。鹤壁特产淇河鲫鱼和缠丝鸭蛋被历代皇宫列为贡品，享誉海内外。

此外，鹤壁还有仰韶文化、龙山文化遗址，殷都朝歌、摘心台、纣王墓、妲己坟以及卫国墓地、战国冶铁遗址、唐宋时期古瓷窑遗址、宋代采煤遗址等。

（市史志办）

【行政区划】 鹤壁市辖两县、三个区和一个经济开发区，16个镇、6个乡、21个街道办事处（其中4个街道办事处尚未经省政府批准），882个行政村，1262个自然村，150个社区居民委员会。

浚县辖：善堂、屯子、卫贤、新镇、小河、王庄6个镇，白寺1个乡，浚州、黎阳、伾山、卫溪4个街道办事处。下属456个行政村，583个自然村，11个社区居民委员会。

淇县辖：高村、北阳、庙口、西岗4个镇，黄洞1个乡，朝歌、桥盟、卫都、灵山4个街道办事处，下属177个行政村，361个自然村，4个社区居民委员会。

淇滨区辖：大赉店、钜桥2个镇，大河涧、上峪2个乡，金山、九州、黎阳、长江4个办事处（长江路街道办尚未经省政府批准），下属116个行政村，129个自然村，35个社区居民委员会。

山城区辖：石林1个镇，长风中路、红旗街、山城路、汤河街、鹿楼、宝山、大湖7个街道办事处，下属63个行政村，83个自然村，44个社区居民委员会。

鹤山区辖：鹤壁集1个镇，姬家山1个乡，中山路，中山北路，新华街、鹤山街、九矿广场5个街道办事处，下属59个行政村，95个自然村，28个社区居民委员会。

鹤壁经济开发区：辖城北、金山、东杨3个工业园区，渤海路、海河路、东杨路3个街道办事处（3个办事处都尚未经省政府批准），下属11个行政村，11个自然村，12个社区居民委员会。

（张　林）

【人口】 根据市统计局2013年1%人口变动情况抽样调查测算，年末全市总人口161.17万人，常住人口160.90万人。全年出生人口1.76万人，出生率10.93‰；全年死亡人口0.86万人，死亡率5.32‰；全年净增人口0.9万人，自然增长率为5.61‰。男性人口为829700人，占51.5%；女性人口为784000人，占48.5%。

（市统计局）

【民族】 2013年，全市共有30个民族，其中主要有回族、满族、蒙古族、苗族、朝鲜族、藏族等，少数民族共3121余人，占全市总人口的0.21%。在少数民族人口中，回族1481人，其中淇县朝歌镇南关村集居590人，有回族小学一所；浚县城关镇北街村为少数民族散居村，有少数民族人口338人。其余少数民族群众分散居住在城镇和乡村。

（市民族宗教局）

【侨务】 鹤壁市有归侨41户、50人，侨眷、港澳眷属381户、4010人。归侨、侨眷中有中级以上专业技术职称者151人。有侨资企业5家，侨属企业3家。居住在海外的华侨、华人和港澳同胞450余户、3200余人，分布在29个国家和地区，其中政治有影响、经济有实力、学术上有造诣、社会有地位的80余人，大部分居住在美洲、欧洲、澳洲、亚洲。

（周伯鲁）

【宗教】 鹤壁市有基督教、天主教、佛教、道教、伊斯兰教五种宗教。2013

年底，全市有宗教场所123处、信教群众73690人、爱国宗教组织16个。

（郭　忠）

国民经济和社会发展

【概况】 2013年，在市委市政府的正确领导下，全市上下认真贯彻落实党的十八大和十八届二中、三中全会精神，抢抓机遇，加快构建新型产业基础和新型城市骨架，落实完善政策措施，重点做好项目建设、招商引资、企业帮扶等工作，持续创新，提升发展，经济社会保持平稳快速发展。初步核算，全年全市生产总值622.12亿元，比上年增长12.5%。其中，第一产业增加值61.04亿元，增长4.0%；第二产业增加值446.26亿元，增长14.7%；第三产业增加值114.82亿元，增长8.0%。三次产业结构为9.8∶71.7∶18.5，二、三产业比重比上年提高0.8个百分点。全年全市居民消费价格总水平比上年上涨3.0%。其中，食品类价格上涨4.3%。商品零售价格总水平上涨1.8%。农业生产资料价格总水平下降1.2%。全年全市城镇新增就业人员4.3万人；下岗失业人员实现再就业1.5万人，其中“4050”人员0.67万人；年末城镇登记失业率3.9%。

【农业】 全年全市粮食种植面积254.19万亩，比上年增长0.1%。其中，小麦种植面积131.35万亩，增长0.2%；玉米种植面积117.01万亩，增长0.7%；棉花种植面积0.78万亩，增长1.6%；油料种植面积15.4万亩，下降0.9%；蔬菜种植面积16.09万亩，增长1.3%。全年全市粮食总产量117.74万吨，比上年增长1.2%；粮食亩产量463公斤，比上年增长1.1%；油料产量3.09万吨，下降39.8%；蔬菜产量53.81万吨，增长1.9%。肉类总产量25.61万吨，增长2.1%；禽蛋产量15.58万吨，增长0.5%。截至年末全市农业机械总动力235.05万千瓦，增长1.5%；农用拖拉机8.37万台（126.47万千瓦），下降1.4%（1.6%）；农用运输车4.11万辆，增长0.3%；当年营造林面积30.1万亩，其中人工造林21.4万亩，退耕还林面积4.9万亩。全年农村用电量23041万千瓦小时，增长0.4%；化肥使用量（折纯）8.02万吨，增长3.8%。

【工业和建筑业】 全年全市全部工业增加值413.69亿元，比上年增长14.6%。其中，规模以上工业增加值390.32亿元，增长16.0%。在规模以上工业中，轻工业129.16亿元，增长16.2%，重工业261.14亿元，增长15.9%，轻、重工业比例为33.1∶66.9。产品销售率97.7%，比上年降低0.3个百分点。规模以上工业36个大类中，增加值居前10位的行业为：农副食品加工业70.31亿元，增长11.9%；煤炭开采和洗选业60.37亿元，增长17.2%；非金属矿物制品业56.86亿元，增长24.9%；专用设备制造业21.56亿元，下降0.2%；化学原料及化学制品制造业17.52亿元，增长32.7%；食品制造业16.88亿元，增长24.1%；橡胶和塑料制品业15.90亿元，下降0.7%；有色金属冶炼及压延加工业15.15亿元，增长23.5%；汽车制造业14.34亿元，增长13.3%；金属制品业12.64亿元，增长25.5%。五大主导产业完成增加值297.58亿元，增长17.7%。其中，煤电化材完成增加值165.34亿元，增长18.4%；食品加工完成增加值94.34亿元，增长15.4%；汽车零部件完成增加值14.34亿元，增长13.3%；金属镁精深加工完成增加值15.15亿元，增长23.5%；电子信息完成增加值8.41亿元，增长26.2%。主要工业产品产量中，原煤产量增长3.9%，发电量下降1.7%，畜肉制品产量比上年增长13.4倍，电子元件增长6.4%，水泥增长8.4%。全年全市规模以上工业主营业务收入1547.67亿元，比上年增长15.7%；实现利润85.64亿元，增长32.2%；税金总额39.42亿元，增长7.5%。分行业看，利润总额居前10位的行业为：农副食品加工业22.97亿元，增长12.6%；非金属矿物制品业19.08亿元，增长23.6%；化学原料和化学制品制造业5.24亿元，增长20.7%；食品制造业5.13亿元，增长19.0%；金属制品业5.08亿元，增长17.9%；电力、热力生产和供应业4.51亿元，增长1.1倍；橡胶和塑料制品业3.04亿元，增长7.3%；纺织业1.86亿元，增长1.1倍；计算机、通信和其他电子设备制造业1.86亿元，增长34.3%；汽车制造业1.84亿元，下降22.5%。工业企业亏损面3.6%，增长1.4个百分点；亏损企业亏损额1.60亿元，下降81.5%。应收帐款净额60.98亿元，增长18.0%；年末产成品存货22.27亿元，增长14.0%。全年全市建筑业增加值32.57亿元，比上年增长16.1%。全市具有资质等级的建筑企业83家，实现总产值49.33亿元，增长17.4%。施工房屋面积412.79万平方米，增长8.1%；竣工房屋面积208.46万平方米，增长23.2%。

【固定资产投资】 全年全市全社会完成固定资产投资523.42亿元，比上年增长22.6%。其中，固定资产投资512.01亿元，增长23.2%；农户投资11.41亿元，增长0.8%。全年施工项目549个，增长6.4%，其中：新开工项目313个，亿元及以上在建项目293个，亿元及以上项目投资额366.72亿元，增长25.1%。在固定资产投资中，国有及国有控股单位投资101.41亿元，下降16.8%；民间投资410.60亿元，增长39.7%。第一产业投资29.41亿元，增长105%；第二产业投资278.19亿元，增长37.4%；第三产业投资204.40亿元，增长2.8%。全年全市房地产开发投资50.56亿元，比上年增长34.5%。其中住宅投资41.06亿元，增长59.4%。房屋施工面积638.82万平方米，增长19.9%，其中住宅535.87万平方米，增长22.6%。房屋竣工面积177.09万平方米，增长96.5%，其中住宅150.13万平方米，增长98.6%。商品房销售面积149.01万平方米，增长47.4%，其中住宅133.88万平方米，增长39.8%。商品房销售额43.47亿元，增长40.7%。

【国内贸易】 全年全市批发和零售业增加值26.59亿元，比上年增长8.4%；住宿和餐饮业增加值11.41亿元，增长3.7%。全年全市社会消费品零售总额142.98亿元，比上年增长13.9%，扣除价格因素，实际增长11.9%。分城乡看，城镇社会消费品零售额135.32亿元，增长14.0%，其中，城区社会消费品零售额96.35亿元，增长14.1%；乡村社会消费品零售额7.66亿元，增长13.2%。分行业看，批发零售贸易业零售额118.30亿元，增长14.7%；住宿和餐饮业零售额24.68亿元，增长10.4%在限额以上批发和零售业商品销售中：煤炭196.88万吨，增长35.6%；杂粮104.50万吨，增长33.9%；柴油10.03万吨，增长15.1%；汽油6.43万吨，增长19.4%；彩色电视机16827台，下降23.0%；汽车11884辆，增长18.8%。食用油2263吨，增长22.3%；化学肥料2098吨，增长175%；白面（小麦面）2004吨，增长21.5%；大米1675吨，增长14.4%；猪和猪肉1205吨，增长64.6%。

【对外经济】 全年全市进出口总额26419万美元，比上年增长41.1%。其中，出口总额23181万美元，增长40.9%；进口总额3238万美元，增长42.5%。在出口总额中，一般贸易21807万美元，增长39.9%；加工贸易1374万美元，增长59.7%。在出口产品中，机电产品出口15049万美元，增长48.6%；高新技术产品出口792万美元，增长1.7倍。

主要出口产品出口额：电线和电缆6589万美元，增长51%；服装及衣着附件1418万美元，增长23.8%；农产品1161万美元，增长4.4%；未锻轧镁834万美元，增长32%；变压器639万美元，增长17.4倍；塑料制品408万美元，增长1.2倍；人发制品337万美元，增长1.7倍；旅行用品及箱包227万美元，增长15.1%；钢材218万美元，增长7.9倍；玻璃制品198万美元，增长4.2倍。

全年新批外商投资企业21家；合同利用外商直接投资51975万美元，比上年下降0.1%；实际利用外商直接投资55783万美元，增长26.8%。引进省外资金204.5亿元，增长25.4%。

全年对外承包工程、劳务合作合同金额2065万美元，比上年增长5.9倍；营业额258万美元，增长22.9%。

【交通、邮电和旅游】 全年全市交通运输、仓储及邮政业实现增加值10.50亿元，比上年增长5.1%；信息传输、计算机服务和软件业实现增加值5.47亿元，增长6.6%。全年全市公路货运量7520万吨，比上年增长13%；货物周转量184.67亿吨公里，增长13.2%。旅客运输量8026万人，增长8.8%；旅客周转量18.77亿人公里，增长8.7%。

全年全市完成邮电业务总量11.30亿元，比上年增长8.2%。其中，邮政业务总量0.57亿元，增长23.9%；电信业务总量10.73亿元，增长7.4%。年末局用电话交换机总容量16.29万门；本地固定电话用户23.34万户，下降3.3%，其中本年新增0.08万户。年末移动电话用户132.54万户，增长4.3%，其中本年新增48.14万户。电话普及率为96.72部/百人，增长2.5%。年末计算机互联网络用户24.98万户，增长6.3%，其中本年新增3.56万户。

截至2013年底，全市获得经营许可证的A级旅游景区（点）8家，其中4A级3家；拥有组团社和国内旅行社12家；星级宾馆14家。全年来鹤旅游人数1197万人次，比上年增长16.7%，其中接待外国及港澳台旅游者7790人次，增长4.2%；接待国内旅游者1196万人次，增长16.8%。实现旅游总收入45.60亿元，增长22.6%；旅游外汇收入243.23万美元，增长6.2%。

【金融和保险业】 全年全市金融业增加值10.90亿元，比上年增长15.4%。年末金融机构人民币各项存款余额426.00亿元，比上年增长16.2%。其中，单位存款余额158.93亿元，增长13.6%；个人存款余额264.67亿元，增长20.0%。金融机构人民币各项贷款余额389.57亿元，增长15.8%。其中，短期贷款余额217.99亿元，增长17.1%；中长期贷款余额159.76亿元，增长14.5%。

全年全市保险公司保费收入10.42亿元，比上年增长8.3%。其中，财产险保费收入4.82亿元，增长16.9%；人寿保费收入5.66亿元，增长1.5%。全年赔款及给付支出3.44亿元，增长45.6%。其中，财产险赔付1.57亿元，增长28.6%；人寿险赔付1.87亿元，增长87.9%。

【教育和科学技术】 拥有普通高等学校2所，专任教师700人，招生3660人，在校生10701人，毕业生3462人。成人高校招生197人，在校生753人，毕业生280人。中等职业技术教育学校9所，专任教师884人，招生10297人，在校生26897人，毕业生9135人。普通高中13所，专任教师1304人，招生10543人，在校生28907人，毕业生9128人。初中学校71所，专任教师4813人，招生26256人，在校生72843人，毕业生25569人，初中阶段适龄人口入学率99.97%。普通小学365所，专任教师7662人，招生20777人，在校生152586人，毕业生31283人，小学阶段适龄人口入学率达到100%。特殊教育学校1所，招生21人，在校生198人。幼儿园在园幼儿61584人。

省级创新型试点企业7家。申请专利665件，授权专利445件；签订技术合同3份，成交金额383万元。

【文化、卫生和体育】 年末共有艺术表演团体2个，文化馆6个，公共图书馆4个，博物馆3个，综合档案馆6个，入选国家级非物质文化遗产名录3个，已开放各类档案32282卷。广播电台1座，中短波广播发射台和转播台1座，广播人口综合覆盖率100%。电视台1座。教育台1座。有线电视用户51万户，电视人口覆盖率100%。

年末共有卫生机构1489个，其中医院、卫生院57个。卫生机构病床床位7367张，其中医院、卫生院7084张。卫生技术人员7406人，其中执业医师和执业助理医师3105人，注册护士2793人。疾病预防控制中心（防疫站）6个，卫生技术人员134人。妇幼保健院（所、站）5个，卫生技术人员170人。农村乡（镇）卫生院25个，床位1282张，卫生技术人员1027人。

全年运动员在国内外各项比赛中，共获得金银铜牌30块，其中全国冠军12个。

【人口、人民生活和社会保障】 年末全市总人口161.17万人，常住人口160.90万人。全年出生人口1.76万人，出生率10.93‰；全年死亡人口0.86万人，死亡率5.32‰；全年净增人口0.9万人，自然增长率为5.61‰，城镇化率达到52.8%。全年全市城镇居民人均可支配收入21228元，比上年增长10.1%，扣除价格因素，实际增长6.9%；城镇居民人均消费支出13668元，增长13.0%，实际增长9.7%，城镇居民家庭恩格尔系数为28.3%，比上年下降2.4个百分点。农村居民人均纯收入10608元，比上年增长13.0%，扣除价格因素，实际增长10.0%；农村居民人均生活消费支出7312元，增长13.5%，实际增长10.5%。农村居民家庭恩格尔系数为31.9%，比上年下降0.7个百分点。

全年城镇人均住宅建筑面积39.2平方米，比上年增长7.2%；农村竣工住宅面积49.0万平方米，增长0.8%，农村人均住房面积42.3平方米，增长1.5%。

年末参加城镇基本养老保险参保人数18.08万人，参加城镇居民基本医疗保险24.3万人，城镇职工医疗保险14.9万人。全年享受最低生活保障的城镇居民和农村居民分别达到5.16万人和5.41万人，发放城镇居民最低生活保障金15434万元，发放农村居民最低生活保障金7273万元。接受城乡医疗救助7.19万人次，发放城乡医疗救助资金757万元。

年末各类福利院床位数2505张，收养2166人。城镇建立各种社区服务设施120个，其中社区服务中心13个。全年销售福利彩票10900万元，募集社会福利资金777万元。

注：1. 本公报为初步统计数。

2. 地区生产总值、各产业增加值绝对数按现行价格计算，增长速度按可比价格计算。

精神文明建设

【讲文明树新风活动】 一是深入开展道德模范人物评选活动。认真贯彻落实党的十八大精神，按照中央、省文明办要求，在全市深入开展全国、省和市道德模范推荐评选活动，培育社会主义核心价值观，扎实推进市民文明素质和社会文明程度。通过层层推荐筛选，广大群众投票，程相文荣获第四届全国道德模范提名奖、韩海江获得第四届河南省道德模范提名奖，董恩科等10名同志被评为鹤壁市道德模范，吕俊峰、邢二鹏被命名为鹤壁市道德模范；二是坚持开展“季评十件好事”活动。评出前三季度“十件好人好事”共30件，在《鹤壁文明网》、《鹤壁日报》上进行刊载，广泛宣传道德模范的先进事迹；三是在城乡社区和文明单位普遍开办“道德讲堂”活动，用身边的人教育身边的人，用身边的事影响身边的人，培育良好道德风尚。利用道德讲堂、座谈会、报告会等形式，在各级文明单位、社区村镇中开展学习各级道德模范先进事迹的活动。举办道德讲堂528场次，受众47000人次；其中市总课堂举办8次，受众1200人。四承办“河南好人中原行”走进鹤壁访谈活动。6月27日，在暑假来临之际，为提高学生、家长、教师的安全防范意识，承办“河南好人中原行”走进鹤壁访谈活动，入选中国好人榜的韩海江及其他人与300名中学学生和部分群众，探讨如何防溺水、懂得自救和科学施救的话题。五是开展“餐桌文明人人行”活动。组织开展“餐桌文明知识进万家”、“餐桌文明知识竞赛”、“餐桌文明征文比赛”等一系列活动，营造浓厚活动氛围。六是实施“文明旅游行动”。9月28日，举行“文明旅游与德同行”活动启动仪式，向市民和旅游行业从业人员发出文明旅游倡议，引导人们不乱扔垃圾，不破坏环境，近千名与会志愿者在“文明旅游与德同行”横幅上签名。七是开展公益广告宣传活动。明确责任单位和各类媒体刊登、播出公益广告的具体任务量。截至10月底，报纸刊登公益广告32版，鹤壁电视台累计播出公益广告32415分钟，市人民广播电台累计播放公益广告21120分钟。三大通讯运营商发送公益广告短信293万人次。建筑围挡户外公益广告133200平方，公交车上张贴宣传标语260条，出租车上张贴320条，车站张贴22条，设置宣传牌16块。

【学雷锋志愿服务活动】 一是建立健全志愿服务组织。市文明办建立志愿服务总队，各县区分别成立志愿服务大队，进一步完善志愿者注册、志愿服务登记、志愿者服务相关制度等，确保全市的志愿服务工作规范化、制度化、长期化。二是深入开展学雷锋志愿服务实践活动。组织志愿者以城市社区、农村行政村为依托，为空巢老人提供应急救助、健康保健、文体活动、法律援助等志愿服务；组织志愿者绿化荒山、关爱自然、“保护淇河”。3月5日，组织市直50余家省级文明单位在新世纪广场开展“学雷锋树新风”志愿服务活动，展出学雷锋精神宣传板面80余块，设置便民服务台30余个，义务为群众提供理发、家电维修、医疗健康咨询、法律咨询等20多种服务。各县区也分别组织200余支志愿者服务队伍近3000名志愿者，在城区繁华路段设立志愿服务站或宣传点，积极开展便民服务。三是创建“文明使者志愿服务站”。按照省文明办“六有一落实”的要求，在全市公共场所、窗口单位和社区建设24个“文明使者志愿者服务站”，普及“学习雷锋、奉献他人、提升自己”的志愿服务理念，加强志愿服务阵地建设，促使志愿服务活动常态化发展。四是做好对生活困难道德模范和身边好人的帮扶工作，树立好人好报的价值导向。白宏仁是2013年鹤壁市第二季度“十件好人好事”的获得者之一。他患白血病住院，因医疗费缺口较大，无力承担。市文明办动员全市文明单位开展救助帮扶活动，送去6万元慰问金，并组织志愿者开展帮助收秋等帮扶活动。

【精神文明创建活动】 一是制定市级文明单位考评和管理办法，文明社区评选管理办法、文明服务示范窗口评选管理办法和文明村镇评选管理办法，努力做到创建工作规范化、制度化，提高创建质量。二是开展文明城市创建工作。组织收集文明城市创建资料36卷，安排部署实地检查项目107项，8月底参加全省文明城市创建工作测评，得到省测评组好评。三是强化文明单位创建。按照省文明办《关于做好在届省级文明单位年度复查和2013年度省级文明单位考评工作的通知》精神组织人员对111个在届省级文明单位进行年度复查。此后，日常检查指导的基础上，依据《河南省文明单位测评体系》，对申报2013年度省级文明单位的46个单位逐一进行现场考评。四是深化农村精神文明创建活动。命名表彰46个市级文明村镇。以新型农村社区、乡镇所在地、交通干线和景区周边村镇为重点，在全市农村开展“十星级文明户”创评活动。制定“十星级文明户”标准，召开“十星级文明户”创评活动工作会和推进会，按照“多帮一”的原则，组织120多个省级以上文明单位与30个创评活动重点村开展结对帮扶，帮助进行“十星级文明户”创评。截至10月底，各县区共产生星级文明户创建示范村20个。

一、2013年度省级文明单位名单(30个)

鹤壁市人民代表大会常委员会办公室

中国共产党鹤壁市委统一战线工作部

中共鹤壁市委党校

鹤壁市机构编制委员会办公室

河南省鹤壁市国家税务局

鹤壁市教育局

鹤壁市住房和城乡建设局

鹤壁市商务局（鹤壁市外商投资服务局）

鹤壁市人口和计划生育委员会

鹤壁市气象局

鹤壁市行政服务中心

鹤壁市监狱

鹤壁市公安局九州派出所

鹤壁市疾病预防控制中心

鹤壁市农村公路管理处

鹤壁市淇滨小学

中国联合网络通信有限公司鹤壁市分公司

鹤壁市第一中学

鹤壁同力发电有限责任公司

浚县国家税务局

浚县质量技术监督局

浚县工商行政管理局

浚县黎阳街道办事处

浚县卫溪街道办事处

浚县公路管理局

中国邮政储蓄银行股份有限公司浚县支行

浚县黎阳建设管理办公室

中共淇县县委办公室

河南淇县地方税务局

淇县财政局

二、2013年度省级文明村镇、先进村镇名单

省级文明村镇（3个）

淇滨区大赉店镇

淇县庙口镇

山城区鹿楼乡故县村

省级文明村镇创建先进村镇（3个）

浚县王庄镇

浚县新镇镇

鹤山区鹤壁集乡王荒村

三、2013年度市级文明单位名单(66个)

浚县（19个）

中共浚县县委办公室

浚县人民政府办公室

浚县卫生局

浚县善堂中心卫生院

浚县公安局交通警察大队

浚县公安局黎阳派出所

浚县财政局屯子镇财政所

浚县财政局新镇镇财政所

浚县财政局卫贤镇财政所

浚县财政局善堂镇财政所

浚县供电有限责任公司城区供电分局

浚县供电有限责任公司卫贤供电所

浚县供电有限责任公司新镇供电所

浚县供电有限责任公司城北变电站

河南省浚县新华书店有限公司

浚县工商行政管理局白寺工商所

浚县育新学校

浚县实验小学

水利部海委漳卫南运河刘庄闸管理所

淇县（17个）

淇县住房和城乡建设局

淇县公安局

河南高速公路发展有限责任公司鹤壁服务区

河南省淇县新华书店有限公司

淇县公路管理局

淇县残疾人联合会

淇县人口和计划生育委员会

淇县人民医院

淇县工商行政管理局高村工商所

淇县财政局高村财政所

淇县公安局高村派出所

淇县公安局桥盟派出所

淇县公安局卫都派出所

淇县公安局北阳派出所

淇县交通路政管理所

淇县职业中等专业学校

中国邮政储蓄银行股份有限公司淇县支行

淇滨区（13个）

鹤壁市安全生产监督管理局

鹤壁市人民防空办公室

鹤壁日报社

鹤壁市节约用水办公室

鹤壁市人民医院
鹤壁市医疗废弃物处置中心
鹤壁市公安局监所管理支队看守所
鹤壁市淇滨区庞村明德小学
鹤壁市实验学校
鹤壁市淇滨区大赉店镇申屯中心校
鹤壁市超限运输管理处
鹤壁市淇滨污水处理有限责任公司
鹤壁市博物馆
山城区（7个）
鹤壁市公安局红旗分局
鹤壁市山城区环境卫生管理处
鹤壁市第十八中学
鹤壁市第七中学
鹤壁市山城区第八小学
鹤壁市山城区第一小学
鹤壁市深水山城污水处理有限公司
鹤山区（7个）
鹤壁市鹤山区卫生局
鹤壁市鹤山区司法局
鹤壁市鹤山区公安消防大队
鹤壁市鹤山区北辰小学
鹤壁市鹤山区中山中学
鹤壁市鹤山区中山小学
河南邦太食品有限公司
鹤煤集团（3个）
鹤壁煤业（集团）有限责任公司第五煤矿
鹤壁煤电股份有限公司第六煤矿
鹤壁鹤煤宾馆有限责任公司

【未成年人思想道德建设】 一是开展"认星争优、做美德少年"活动。按照省文明办等部门要求，在全市中小学生中广泛开展"认星争优、做美德少年"活动，增强道德意识，养成文明习惯，争做有道德的人。3月27日，在市淇滨小学举行全市"认星争优、做美德少年"活动启动仪式。同时，广泛开展美德少年评选活动，从各县区、市直学校推荐的24名候选人中评选出4名同学推荐为省美德少年候选人，山城中学王子颖荣获第五届河南省美德少年称号。二是广泛开展形式多样的主题教育活动。在全市各中小学继续开展"做一个有道德的人"、"我们的节日"、"学习雷锋、做美德少年"、"网上祭英烈"网上签名寄语活动、优秀童谣征集评选传唱等活动，抒发广大小学生热爱祖国热爱人民的美好心声，引导他们"学雷锋、心向党、爱劳动、有礼貌"，增强爱党爱国爱家乡的深厚感情，培养良好的道德情操。各县区、市直学校积极行动，把开展主题教育活动与日常德育工作有效结合起来，深入推进未成年人思想道德建设。三是加强"乡村学校少年宫"建设。积极争取中央、省文明办等部门支持，做好利用中央专项彩票公益金支持"乡村学校少年宫"项目的实施；积极争取省级未成年人心理健康辅导示范点项目落地。全市有12所乡村少年宫获得中央、省专项彩票资金项目资助，合计金额340万元。

"弘扬雷锋精神·构建和谐鹤壁"集中宣传主题活动现场咨询会　肖春雷　摄

【网络文明传播和志愿者服务活动】 为扩大精神文明建设工作在互联网上的影响力，推动精神文明创建活动深入开展，一是及时更新《鹤壁文明网》内容，设计文明播报等11个专题栏目，结合建设文明鹤壁的总体要求，围绕打造生态之城活力之城幸福之城，积极做好相关宣传报道工作，用图文、视频形式展示全市精神文明建设新成效。目前共播发各类信息763条，上挂视频10个。二是建立博客队伍，利用微博形式传递正能量，加大信息上传力度和数量。淇滨区文明办积极自编自创《新学习雷锋歌》，志愿者们及时将歌曲上传到微博中，进行广泛宣传。三是组建市网络文明传播志愿支队，建立7个网络文明传播志愿者大队，负责各县区网络文明志愿传播工作。196名网络文明传播志愿者，围绕热点话题和重点工作，通过讨论、互动交流等形式，开展网络文明传播新风活动。在新浪、腾讯等网站开通官方博客28个，粉丝24236个，微博发贴18704个。

（梁宪民）

人民生活

【城镇居民生活】 （一）城镇居民收入持续增长：1.2013年全市城镇居民收入概况。城镇居民人均可支配收入为21227.85元，比上年人均增加1944元，名义增长10.1%；扣除物价因素，人均收入实际增长6.9%。收入名义增幅比上年低1.7个百分点，实际增幅比上年低2.3个百分点。2. 与省均水平对比情况。全市城镇居民人均可支配收入比省均水平低1170.18元，收入水平在全省18个地市中排第11位；名义收入增幅比全省高0.5个百分点，实际收入增幅比全省高0.3个百分点，收入名义增幅在全省18个地市中排第8位。3. 从收入构成看，财产收入、经营净收入、转移性收入增长较快，工资性收入增势平缓。城镇居民人均工资性收入13876.92元，比上年增长2.5%；人均经营性净收入2926.28元，比上年增长26.3%；人均财产性收入1037元，比上年增长185.8%；人均转移性收入4828.74元，比上年增长25.4%。（二）城镇居民消费稳步增长呈现新特点：1. 全市城镇居民消费概况。收入是消费的基础，从2005年起，随着收入的持续大幅增长，城镇居民消费增幅也开始大幅增长，城镇居民生活水平、生活质量都得到明显改善。全市城镇居民消费稳步增长，人均消费支出达到13668.01元，比上年增长13%。2. 食品支出略有增长，恩格尔系数有所下降。食品支出比去年略有增长，食品消费支出为3868.73元，比上年增长4.1%，恩格尔系数为0.28，比上年下降2.4个百分点。3. 八大类消费支出六升两降。八大类消费支出中居住类、医疗保健类、交通通讯类和其他商品服务类消费增幅最高，人均分别支出1324.17元、1320.55元、2410.03元和604.03元，分别比上年增长21.5%、13.3%、94.7%和42.4%，其中以交通通讯类增长最快；食品支出和家庭设备服务略有增长，人均分别支出3868.73元和1087.34元，分别比上年增长4.1%和4.3%；另外衣着支出和教育文化娱乐支出减少，人均分别支出1444.51元和1608.66元，分别比上年下降8%和12.8%。（三）社会保障和购建房支出增长：1. 社会保障支出大幅提升。人均社会保障支出为1373.11元，比上年增长103.2%。其中养老基金增长较快，人均为586.3元，比上年增长165.5%；由于工资增加和缴费率提高，人均住房公积金为565.6元，比上年增长84.9%；医疗基金169.79元，比上年增长36.4%；失业基金43.31，比上年增长98.7%。2. 城镇居民购建房支出连续两年回升。受国家房地产市场严厉调控政策的影响，在连续多年大幅增长之后，2013年人均购建房支出为1203元比上年增长279.8%，房产市场迅速回温。

【农村居民生活】 （一）农村居民纯收入持续增加。2013年鹤壁市农民人均纯收入突破万元大关，达到10608.4元，比上年增加1220.37元，增长13.0%。农民人均纯收入高出全省平均水平2133.1元，高出全国平均水平1712.4元。收入增幅比全省平均水平高0.4个百分点，比全国平均水平高0.6个百分点。如扣除价格因素，实际增长10%。从农民收入构成看，农民收入增长的主要特点是工资性收入和转移性收入增长较快。1、工资性收入持续快速增长。农村劳动力外出务工是农民增收主要途径，鹤壁市农民人均工资性收入5074.4元，比上年增加2155.84元，增长73.9%，占全年农民人均纯收入比重达47.8%。2、转移性收入大幅增长。农民人均转移性纯收入401.73元，比上年增长85.8%，占全年农民人均纯收入比重为6.4%。转移性收入大幅增长，促进农民增收。（二）农民人均纯收入水平高于全省在豫北地区属于较高水平。农民人均纯收入水平为10608.4元，比全省平均高2133元，在全省18个省辖市中居第五位，在豫北城市中属于较高水平，分别比濮阳、新乡、安阳高出2705元、880元、939元，但是与豫北农民收入最高的济源市相比，低1350元，与焦作比，低758元。（三）农村居民生活水平持续提高。随着收入的增加，农民购买力进一步增强，农民人均生活消费支出大幅增长，消费水平进一步提高，生活质量明显改善。2013年，鹤壁农村居民人均生活消费支出7311.6元，比上年增加871元，增长13.5%。八大类消费中呈六升二降的格局，其中，医疗保健、交通通讯、其他商品及服务、文化教育娱乐用品及服务、食品是农民消费热点。1、食品支出快速增长。鹤壁市农村居民人均食品消费支出2643.6元，比上年增长26.1%，增长速度在生活消费支出八大项中排第五位。增长较快的开支项目首先为薯类、谷物、豆类、肉、禽、蛋、奶及制品，分别增长1.5倍、81%、48%、43.4%%；其次为茶叶饮料、烟酒类，分别增长37.4%、33.4%；农民食品消费呈现多样化的消费格局，反映出农民生活消费以粗细合理搭配，营养结构均衡，消费结构比较优化的良好态势。2、衣着消费时尚多样化。随着农民生活水平提高，农民对衣着消费越来越讲究，向成衣化、时装化方向发展，用于衣着方面的支出明显增多。农民人均衣着支出644.3元，比上年增长22.7%。农村市场日益繁荣，可供选择的服饰品种、规格、类型更加齐全，农民的衣着消费更趋时尚多样化。3、交通和通讯支出增速较快。随着社会经济较快发展，农村居民活动区域不断扩大，生活方式随之改变，对交通和通讯的依赖程度日益加深，尤其是劳务经济的大力发展，人员流动更加便捷，交通通讯支出增幅在全部消费支出八大项中位居第二，所占的比重逐步上升。鹤壁农民人均交通和通讯支出471.9元，比上年增长46%，比重从上年的7.9%提高到10.1%，提高2.2个百分点。在购买交通和通讯工具上，自行车、电动车、摩托车、固定电话、移动手机的购买量和金额全部增长，从金额上看分别增长44.2%、4.7%、2.5倍、2倍、65%。4、文化教育娱乐用品及服务支出明显增长。鹤壁市农村居民人均文化教育娱乐用品及服务消费支出为641.4元，比上年增长36.2%，增速在全部消费支出八大项中位居第三。其中教育服务消费支出人均487元，增长1.3倍，用于子女上学的开支仍然是农民文教娱乐支出的最主要部分，托儿费人均44.5元，比上年增长3.5倍；小学初中交纳各种教育费用人均245.8元，增长67.9%。农民用于成人培训费人均134.2元，增长4.9倍。5、医疗保健支出增长明显。鹤壁农民人均医疗保健支出656.2元，比上年增长35%，随着鹤壁农民生活条件的提高和居民健康意识的增强，以及农村合作医疗的大力推广，农民除了正常看病之外，健康检查体检的意愿明显高于往年，有病治病无病防病的消费理念正由城市向农村延伸，农民用于医疗保健的消费支出快速增加。

（王雪红　王亚磊）

组织机构及领导成员

（截止2013年12月31日）

中国共产党鹤壁市委员会
中国共产党鹤壁市第八届委员会

书　记　丁　巍（4月免）
　　　　魏小东（4月任）
副书记　魏小东（4月免）
　　　　范修芳（4月任）
　　　　蔡永礼（9月免）
常　委　丁　巍（4月免）
　　　　魏小东
　　　　范修芳（4月任）
　　　　蔡永礼（9月免）
　　　　许兆儒
　　　　桂玉强
　　　　钱　伟
　　　　徐合民
　　　　费银普
　　　　肖群章（5月免）
　　　　李　军
　　　　刘新勇
　　　　于　燕（女）
　　　　王　旭（5月任）
秘书长　钱　伟
副秘书长　常玉轩
　　　　樊举格（10月任）
　　　　张国富
　　　　牛安濮
　　　　尚　欣
　　　　王永军

中共鹤壁市委工作部门及所属机构

中共鹤壁市委办公室
主　任　常玉轩
副主任　于磊君
　　　　李双兵
　　　　齐铁林

中共鹤壁市委督查室
主　任　王宁远

中共鹤壁市委政策研究室
主　任　张国富
副主任　韩玉生
　　　　戴志胜

中共鹤壁市委保密委员会办公室
鹤壁市国家保密局
主　任（局长）宋茂兴

中共鹤壁市委机要局
局　长　徐合军
副局长　曹　伟（8月任）

中共鹤壁市委组织部
部　长　费银普
副部长　杨新军
　　　　陈　科（10月任）
　　　　胡红军
　　　　郭中印
　　　　党建森（10月任）

鹤壁市人才和知识分子工作领导小组办公室
主　任　党建森
副主任　王海霞（女）

中共鹤壁市委党员教育干部管理信息中心
主　任　李廷文

中共鹤壁市委组织部干部监督室（干部举报中心）
主　任　董金涛（10月免）

中共鹤壁市委宣传部
部　长　李　军
副部长　刘炳强
　　　　刘砚娟（女）
　　　　李怀新（10月任）

鹤壁市文化体制改革和文化产业发展领导小组办公室
主　任　叶成民

鹤壁市精神文明建设指导委员会办公室
主　任　李怀新
副主任　王付生
　　　　肖春雷（10月任）

鹤壁市对外宣传办公室
鹤壁市人民政府新闻办公室
主　任　范海涛

中共鹤壁市委统战部
部　长　于　燕
副部长　刘正勇
　　　　莫红霞（女，正县级）
　　　　牛海民

中共鹤壁市委台湾工作办公室
鹤壁市人民政府台湾事务办公室
主　任　郎志坚
副主任　谷　莹（女）

中共鹤壁市委政法委员会
书　记　徐合民
副书记　魏秋堂（5月免）
　　　　李传平
　　　　李克民
　　　　王　印（8月任）
　　　　刘　智（10月免）
政治部主任　宋存兴（8月免）
　　　　刘可民（8月任）

鹤壁市法学会
党组书记、会长　（空缺）
副会长　李传平
秘书长　郝卫民

鹤壁市社会治安综合治理委员会办公室
主任　李传平
副主任　刘建忠

中共鹤壁市委维护社会稳定工作领导小组办公室
主任　李克民
副主任　林大军

中共鹤壁市政法纪律检查工作委员会
书　记　魏秋堂（5月免）

中共鹤壁市委防范和处理邪教问题领导小组办公室
鹤壁市人民政府防范和处理邪教问题办公室
主　任（空缺）
副主任　董贵银

中共鹤壁市委市直机关工作委员会
书　记　胡国权（12月免）
副书记　李合新（主持工作）

刘世琛
纪工委书记　王保国

鹤壁市机构编制委员会办公室
主　任　曹林淇（5月任）
　　　　赵阜生（5月免）
副主任　郭志全（8月免）
　　　　牛志红（10月任）

鹤壁市农村工作办公室
主　任　郭志鹏
副主任　姬新保
　　　　孙志杰

中共鹤壁市委老干部局
局　长　（空缺）
副局长　单永星
　　　　刘　英（女）

鹤壁市经贸部门老干部服务办公室
主　任　（空缺）

鹤壁市工商业联合会（总商会）
党组书记　莫红霞（女）
主　　席　张洪波
副 主 席　贾保庆

中共鹤壁市委　鹤壁市人民政府信访局
党组书记、局长　牛安濮
副 局 长　耿秀梅（女）
　　　　　任振彬
　　　　　王宪才（10月免）
　　　　　耿心爱（女10月任）
纪检组长　牛俊梅
督察专员　杨志山

中共鹤壁市委群众工作部
部　　长　牛安濮
副 部 长　耿秀梅（女）
　　　　　任振彬
　　　　　王宪才（10月免）
　　　　　耿心爱（女10月任）
督察专员　杨志山

鹤壁市档案局（馆）
党组书记、局（馆）长　刘高鹏
副局（馆）长　张洪祥
　　　　　　　郝子奇
纪检组长　李文晋

中共鹤壁市委党史研究室
主　任　付合林
副主任　郭树红

中共鹤壁市委党校（鹤壁行政学院）
校（院）长　蔡永礼（9月免）
常务副校（院）长　陈传光
党委书记副校（院）长　尚　欣
副校（院）长　李东升
　　　　　　　武凤华（女）
纪委副书记监察室主任　司丰选
教务部主任　王保国
党史党建教研部主任　魏佩周
人事老干处处长　陈利华
法学教研部主任　司朝阳
图书馆馆长　原付林
公务员培训班主任　郑俊英（女）

鹤壁日报社
党委书记、社长　姚菊泉（女）
党委副书记、总编辑　张　凯
副总编辑　魏永银
　　　　　部　勇
纪委书记　张　江

鹤壁市新华书店
党总支书记、经理　张振军
副　　经　　理　王　洋
　　　　　　　　张文庆
　　　　　　　　窦靖华（女）
　　　　　　　　魏广华

中国共产党鹤壁市纪律检查委员会
书　　记　许兆儒
副 书 记　叶建民
　　　　　梁文超
　　　　　张自然
常　　委　许兆儒
　　　　　叶建民
　　　　　梁文超
　　　　　张自然
　　　　　桑新建
　　　　　艾振军
　　　　　郭凯英（女）
　　　　　王洪民
　　　　　王关明（10月任）

中共鹤壁市纪律检查委员会工作部门

办公室
主　任　朱国旺（8月任）

监察综合室（监察局办公室）
主　任　王崇民（8月免）
　　　　赫保强（10月任）

调研法规室
主　任　王国宇（8月任）

宣传教育室
主　任　郭凯英（女）

执法监察室
主　任　陆　军

纪检监察宣教基地
主　任　冯跃洲

第一纪检监察室（案件管理室）
主　任　（空缺）

第二纪检监察室
主　任　侯明森

第三纪检监察室
主　任　杜　纲

案件审理室
主　任　白玉冰

信访室（市人民政府举报中心）
主　任　宋彩琴（女）

干部管理室
主　任　张国军

领导干部廉洁自律办公室
主　任　李志军

效能监察室
主　任　王崇民（8月任10月免）

市政府纠正部门和行业不正之风办公室
主　任　（空缺）

农村基层党风廉政建设室
主　任　张铁山（8月免）

鹤壁市第九届人民代表大会常务委员会

主任、党组书记　李连庆
副主任、党组副书记　韩玉山
部圳东
副　　主　　任　郭文涛
聂　玺
邢　涛
李玉家
吴　华
秘　　书　　长　郝忠建
副　秘　书　长　底兴魁
郭正方

市九届人大常委会内设机构

办公室
主　任　底兴魁
副主任　李少杰
王大葆（8月免）

信访室
主　任　王旭东（8月免）
黄朝锋（8月任）

调查研究室
主　任　郭正方

法制工作委员会
主　任　杜远辉
副主任　黄朝锋（8月免）
王旭东（8月任）

财政经济工作委员会
主　任　赵玉堂
副主任　（空缺）

选举任免代表联络工作委员会
主　任　许　欣
副主任　杨广生

农村工作委员会
主　任　胡山泉（8月免）
赵德新（8月任）
副主任　毋永山（正县级）

教育科学文化卫生工作委员会
主　任　王清春（8月退休）
侯慧生（8月任）
副主任　黄振峰

城乡建设环境保护工作委员会
主　任　（空缺）
副主任　岳相斌（正县级）
崔丽华（女）

民族宗教侨务工作委员会
主　任　申海庆（9月退休）
副主任　裴林柱（8月任）

鹤壁市人民政府
市长、党组书记　魏小东（4月免）
范修芳（4月任）
常务副市长、党组副书记　桂玉强
副　市　长　刘新勇
史全新
高雅玲（女）
李德武（下派挂职）
张　然
朱言志
刘文彪
周连根
秘　书　长　许新房
副秘书长　梁彦儒（5月免）
郭保国（10月免）
姜福良
郭长兵
张山灿
肖树楷
张　波
郝志军
秦志军

鹤壁市应急管理办公室（市人民政府值班室）
副主任　李忠生

鹤壁市政府电子政务办公室
主　任　李忠生

鹤壁市食品委员会办公室
主　任　张山灿（8月任）
副主任　张　鹤
苏丽萍（女）

鹤壁市数字信息中心
主　任　苏文庆

鹤壁市发展和改革委员会
党组书记、主任　肖海水
副　主　任　赵家喻（5月免）
黄　勇（8月免）
徐有增
潘向东
姚　智
孔祥彦（挂职锻炼）
万学锋（8月任）
纪检组长　韩丽萍（女）

市政府重点项目建设领导小组办公室（重点项目稽查特派员办公室）
主　任　赵家喻（5月免）
万学锋（10月任）

鹤壁市人民政府工作部门及所属机构

鹤壁市人民政府办公室
主　任　许新房
副主任　裴文顺
宋拥军
马　莉
王海军

鹤壁市政府工农关系协调办公室
主　任　穆忠文

鹤壁市政府法制办公室
主　任　郭长兵（8月任）
副主任　李辉显（8月免）
关　越（5月任）

鹤壁市政府督查室
主　任　唐保峰

鹤壁市政府金融服务办公室
副主任　（空缺）

鹤壁市循环经济发展办公室
主　任　郝志军
副主任　王　晶(女，10月免，博士服务团)

鹤壁市物价检查所
党支部书记　寿好现
党支部副书记、所长　郭富德

鹤壁市盐业管理局
鹤壁市盐业公司
党委书记、局长(经理)　侯艳红(女，8月任,正县级)
副局长(副经理)　孙振峰(8月任)

鹤壁市宝山循环经济产业集聚区
工委书记　韩玉山
工委副书记、管委主任　李德武

工委副书记、管委副主任
李　杰
李书新(8月任正县级)
工委委员、纪工委书记
刘　成（8月免）
张燕玲（女，8月任）
工委委员、管委副主任
李　伟（8月免）
王斋民
李玉川（8月任）
马红光（8月任）
工委委员、管委委员、综合处处长
张燕玲(女,8月免)
王志国(8月任)
发展计划处处长　刘岩军
招商处处长　王文清(10月任)
主任助理　李玉川(8月免)
王志国(8月免)
工委委员、总工程师　王小强（5月任）

鹤壁新区工委

书　　记　部圳东
副 书 记　李民生
李嵩峰
工委委员　李海章（10月免）
杨太文
张连才（10月免）
郑　辉
梁彦儒（5月免）
蒋宗军
孙　静(女,10月任)
综合局局长　李嵩峰
国土和规划建设局局长　杨太文
招商引资促进局局长　孙　静（女）
社会事务管理局局长　蒋宗军

鹤壁新区管理委员会（筹备组）

主　任　李嵩峰（10月任）
副主任　杨太文（10月任）
孙　静（女10月任）
蒙惠玲(女，10月任博士服务团)
综合办公室主任
琚　涛（8月任）
组织人力资源社会保障局局长
李春壮（10月任）
发展改革规划局局长
岳保臣（10月任）

国土建设环保局局长
王国琦（10月任）
财政局局长
郭晨光（女，10月任）

鹤壁市工业和信息化局

党委书记、局长　王　勇(5月免)
梁彦儒(5月任)
副 局 长　吕孝成(12月免)
延双鹤
马明君
李军显(10月免,博士服务团)
张新霞(女,10月任)
纪委书记　张俊华
总经济师　郭　艳(女)

鹤壁市农业局
市扶贫开发办公室

党组书记、局长　金志广
副 局 长　胡全贵
秦学田
秦东升
赵德新(8月免)
纪检组长　明连营
总农艺师　朱志清

鹤壁市农产品质量安全监测检验中心

主　任　胡全贵

鹤壁市农业技术推广中心

主　任　郭太忠

鹤壁市安全生产监督管理局

党组书记、局长　袁　远
副 局 长　焦凤兰(女)
刘勤升
栗进锋(8月任)
纪检组长　李庆伟(10月任)

鹤壁市教育局

党委书记、局长　王朝庄
党委副书记　王　荔(女)
纪委书记　牛万斌
副 局 长　王　荔(女)
张振华
张彦成
霍　军
裴中喜

鹤壁市招生办公室

主　任　李志强

鹤壁市科学技术局

党组书记、局长　马治国
副 局 长　和运宏
张海波
王　鹏(10月免)
张建华(8月任)
张　娜(女,10月任博士服务团)
纪检组长　赵鹤玉(5月免)
张志平(女,8月任)

鹤壁市知识产权局

局　长　王兴红

鹤壁市地震局

局　长　冯新堂

鹤壁市民族宗教局

党组书记、局长　杨培林
副 局 长　赵建民
王朝圣

鹤壁市公安局

党委书记、局长　周连根
督察长　周连根(8月任)
党委副书记、常务副局长　王　峰
副局长　张文燕(8月免)
郝　军
画宏图(10月任)
张建明
赵玉峰
卫万锋
（纪委）监察部主任(书记)
石露宝
政治部主任　画宏图(10月免)
常现顺(10月任)

鹤壁市公安局交通巡逻警察支队

支队长　卫万锋(10月免)
李树良(10月任)
政　委　王辉国

鹤壁市国家安全局

局　长　刘　智

鹤壁市公安局监所管理支队

支队长　石国锋

鹤壁市公安局治安和出入境管理支队

支队长　常现顺（10月免）
　　　　画宏图（10月任）
政　委　管慧敏（女）

鹤壁市公安局警令部

主　任　张新海（10月免）
政　委　卢晓冬（女）

鹤壁市公安局犯罪侦查支队

支队长　王　宏
政　委　王延琪（10月免）

鹤壁市公安局网络安全和技术侦察支队

支队长　姚慧昭
政　委　王云波

鹤壁市公安局警务保障部

主　任　崔　杰

鹤壁市公安局国内安全保卫和反恐怖支队

支队长　黄红梅（女10月免）
政　委　李伟尧

鹤壁市公安局特殊警务支队

支队长　张建军（10月免）
　　　　吕连海（10月任）
政　委　冯鹤霞（女）

鹤壁市监察局

局　长　叶建民
副局长　艾振军
　　　　王关明

鹤壁市民政局

党组书记、局长　刘德坤（女）
副 局 长　郭德义
　　　　王海芸
　　　　张文庆
纪检组长　程　晋（10月任）

鹤壁市司法局

党组书记、局长　王永秋
副　局　长　王　印（8月免）
　　　　余　涛
　　　　王存喜
　　　　宋存兴（8月任）

纪 检 组 长　王东学
政治部主任　吕全友（5月免）
　　　　宋存兴（8月任）

鹤壁市监狱

监狱长　栗进峰（8月免）
　　　　陈文田（8月任）
政　委　王志伟

鹤壁市劳教所（市强制隔离戒毒所）

所　长　陈文田（8月免）
　　　　刘　成（8月任）
政　委　黎玉普（8月任）

鹤壁市财政局
鹤壁市国有资产管理局

党组书记、局长　杜国庆
副 局 长　董撵群
　　　　张少敏（女）
　　　　刘家斌
　　　　李　洁（女）
　　　　赵　倩（女，挂职锻炼）
　　　　王　颖（女，2月任，挂职锻炼）
纪检组长　齐文同
总会计师　董文闯

鹤壁市财政监督检查局

局　长　廖艳红（女）

鹤壁市农业综合开发办公室

主　任　耿　波（女）

鹤壁市非税收入管理局

局　长　逯永红（女）

鹤壁市住房公积金管理中心

主　任　张少敏（女）
副主任　李肖芳（女）
　　　　朱红霞（女）

鹤壁市住房公积金管理中心鹤煤分中心

主　任　牛军庆

鹤壁市国库支付中心

主　任　（空缺）

鹤壁市国有资产管理运营中心（鹤壁市经济建设投资集团有限公司）

党委书记、董事长　吴红英（女）
主任总经理　王照生
副主任（副经理）　郭延福
　　　　高军东（挂职锻炼）
　　　　周阳敏（10月任博士服务团）
总会计师　汤启斌（8月免）

鹤壁市市管企业监事会

主　席　汤启斌（8月任）
　　　　刘　军（8月任）

鹤壁市事业单位登记管理局

局　长　赵阜生（5月免）
　　　　郭志全（8月任）
副局长　蔡铭雷

鹤壁市人力资源和社会保障局

党组书记　王心亮（5月免）
　　　　胡红军（8月任）
党组副书记　尤国甫（8月免）
局　长　尤国甫（8月免）
　　　　胡红军（8月任）
副 局 长　安荣林（5月免）
　　　　郭福堂（10月免）
　　　　董春根
　　　　刘继民（10月任）
　　　　王宪才（10月任）
　　　　邢文涛（10月任）
纪检组长　裴林柱（10月免）
　　　　王崇民（10月任）

鹤壁市公务员管理局

局　长　王心亮（5月免）
　　　　赵秀宇（10月任）

鹤壁市自主择业军队转业干部管理服务中心

主　任　李继林

鹤壁市社会保险事业管理局

局　长　刘继民

鹤壁市机电信息工程学校

党委书记　（空缺）
校长、党委副书记　乔建华

鹤壁市住房和城乡建设局

党组书记、局长　李嵩峰(10月免)
赵成先(10月任)
副局长　彭树勇(5月免)
郑全智
程昌林
王志武
李丹军
周　凯(挂职锻炼)
副书记、纪检组长　杨太文(10月免)
纪检组长　董金涛(10月任)
总工程师　朱先杰

鹤壁市政府投资项目代建中心

主　任　李嵩峰(10月免)
赵成先(10月任)
副主任　杨太文(10月免)

鹤壁市城投公司

董事长总经理　杨太文
副总经理　刘尚海
何朝阳
总会计师　李春玲(女)

鹤壁市政府拆迁办公室

主　任　彭树勇(5月免)

鹤壁市城乡规划管理局

党组书记、局长　闫恩杰
副局长　王国琦(10月免)
李松涛
纪检组长　王顺章
总规划师　耿明杰

鹤壁市交通运输局

党委书记、局长　苗瑞然
副局长　杜长明
薄迎辉
邓光侠
雷本友
张建伟(博士服务团)

鹤壁市交通路政管理处

处　长　高　华

鹤壁市农村公路管理处

处　长　曹南辉

鹤壁市公路管理局

党委书记、局长　薄迎辉
党委副书记纪委书记　赵国清
副局长　郝红卫
孙小青
总工程师　巫洪涛

鹤壁市环境保护局

党组书记、局长　王永青
副局长　刘宏麒
范小波
张文刚(10月任)
纪检组长　陈　军
总工程师　赵胜利

环境监察支队

支队长　付爱萍(女10月任)

环境监控中心(环境信息中心)

主　任　洪　波(10月任)

鹤壁市水利局

党组书记、局长　常永智
副书记　王金朝
副局长　肖用海
徐占斌
纪检组长　朱　成
总工程师　赵春魁

鹤壁市南水北调中线工程建设领导小组办公室(鹤壁市南水北调中线工程建设管理局鹤壁市南水北调中线工程移民办公室)

主任、局长　王金朝
副主任、副局长　张志峰(5月免)
郑　涛(8月任)

鹤壁市淇河生态保护建设办公室

主　任　张　波
副主任　李献忠

鹤壁市淇河生态区规划建设办公室

副主任　李红生(10月免)

鹤壁市林业局

党组书记、局长　毋永山(10月免)
郭保国(10月任)
副局长　王学德
曹荣举
徐军亮(博士服务团)
纪检组长　吴玉福

鹤壁市森林公安局

局　长　鄢运生
政　委　李　峰

鹤壁市商务局
鹤壁市外商投资服务局

党组书记、局长　蔺其军
副局长　李长辰
李　召(5月免)
栗帅岭(10月免)
孙　静(女,10月免)
吴登贺
刘东风(10月任)
王　晶(女,10月任博士服务团)
总经济师　刘东风(10月免)
缑志敏(10月任)

鹤壁市对外开放办公室

主　任　孙　静(女)
副主任　周卫东(10月任)

鹤壁市文化广电新闻出版局

党组书记　靳廷学
副书记、局长　陈高潮
副书记　王金春(5月任)
副局长　苏　辉(10月免)
杨剑卫
王中文
陈艳江
杜永庆(8月任)
纪检组长　牛宏斌
总工程师　孙贤明

鹤壁市豫剧牛派艺术研究院

院　长　金不换

鹤壁市文化市场综合执法支队

队　长　杨剑卫(8月免)
李艳敏(女,8月任)

鹤壁市文物管理局

局　长　张长海

鹤壁市广播电视台

台长、党委书记　王金春(5月任)
总编辑　付尚国(5月任)
副台长　杨长青(5月任)
赵天炉(5月任)

鹤壁市卫生局

党委书记、局长　陈元方
党委副书记、副局长　王玉峰
副 局 长　周长海
　　　　　牛元福
纪委书记　（空缺）

鹤壁市爱国卫生运动委员会办公室

主　任　张红霞

鹤壁市第一人民医院

党 委 书 记　杨明辉
院　　　长　侯瑞芳
副院长副书记　李惟国
副 院 长　张　涛
　　　　　郭文涛
　　　　　李运清（4月退休）
　　　　　刘　鹏（博士服务团）
　　　　　姚志喜
　　　　　付美琴
　　　　　杨东斌（10月任博士服务团）
　　　　　李　明（10月任博士服务团）
纪委书记　赵富昌
工会主席　李云富

鹤壁市中医院

鹤壁市康复医院

党支部副书记、院长　牛胜利

鹤壁市妇幼保健院

院长、党支部副书记　秦法军
副院长　张香敏（女，10月任，博士服务团）

鹤壁市疾病预防控制中心

党总支书记、主任　董胜华（8月免）

鹤壁市传染病医院

院　长　赵明志

鹤壁市审计局

党组书记、局长　王志贤
副 局 长　张保成（5月免）
　　　　　李路平
　　　　　曹崇华
　　　　　高国防（10月任）
纪检组长　张华民（8月任）

总审计师　高国防（10月免）
　　　　　吴　超（10月任）

鹤壁市经济责任审计局

局　长　（空缺）

鹤壁市人口和计划生育委员会

党组书记、主任　张艾芳（女）
副 主 任　侯际刚
　　　　　刘金海（5月免）
　　　　　冯玉虹（女）
　　　　　张俊明
纪检组长　王建平（8月任）

鹤壁市体育局

党组书记、局长　路照峰
副 局 长　杨生炜
　　　　　李福英（女）
纪检组长　李玉荣

鹤壁市粮食局

党委书记、局长　贺国增
副 局 长　贾廷福（8月免）
　　　　　李喜生
　　　　　吕有信（8月任）
纪委书记　李国林

鹤壁市粮食局淇滨分局

局　长　邢继红

鹤壁市统计局

党组书记、局长　薛保春
副 局 长　杨伟民
　　　　　万太金
纪检组长　张献方

鹤壁市城市社会经济调查队

队　长　郝永军

鹤壁市农村社会经济调查队

队　长　秦福霞

鹤壁市外事侨务办公室

主　任　贾金旺（5月免）
　　　　赵家喻（5月任）
副主任　王建华

鹤壁市旅游局

党组书记、局长　张　涛
副局长　巩为民

谷慧勇
赵成福（10月任，博士服务团）

鹤壁职业技术学院

党委书记　张艾青（女）
院长、党委副书记　谷朝众
党委副书记　苏　众
副 院 长　赵　勇
　　　　　蔡太生
纪委书记　甄其云
院长助理　杨用成
　　　　　谷　岩
工会主席　吴名英（女）
行政办公室主任　申保国
保卫处（武装部、信访室）处长（部长、主任）　马立军
党委办公室主任（《鹤壁职教》编辑部）主任　杨长春
科研外事处（学院编辑部）处长（主任）　晋佳路（女，10月任）
组织部部长　王在尚
纪委（监察审计处）副书记（处长）　李　玮（女）
团委书记、电子工程学院党支部书记　谷海红
学生处处长　张吉生
招生就业处处长（就业指导中心）处长（主任）　李银魁
人事处处长　李晓鹤（女）
后勤保障处处长　赵贵生
财务处处长　常庆彬
教务处处长　王爱红（女）
图书网络信息中心思想政治教研部主任　查广云
公共基础教研部主任　林　海
公共体育教研部主任　李　坤

人文教育学院

院　　长　罗丽丽（女）
党支部书记　成锐航（女）

化工与材料工程学院

院长、党支部书记　杜宗才

医学院

院长、党支部书记　李炳宪（5月免）

护理学院
党支部书记　苏丽秋(女)
院　　长　李希科

建筑设计与工程学院
党支部书记　董　渊

食品工程学院
院　　长　王显伦(10月免)
党支部书记　刘卫国

机电工程学院(机电中等专业学校)
院长(校长)、党总支书记　张凌云(女)

电子信息工程学院
院长　王福新

继续教育学院
院长(职业技能鉴定中心)院长(主任)　王合生

经济管理学院
院长　周位彬

建筑设计与工程学院
院　　长　刘和平

鹤壁市民办公助职业教育管理中心
党委书记　程贵生
主　　任　李　敏
副 主 任　牛陆风
　　　　　齐建民

鹤壁市汽车工程职业学院
院　　长　李　敏
副 院 长　程贵生
　　　　　牛陆风
　　　　　齐建民
　　　　　赵平堂
　　　　　刘　哲
　　　　　侯守明

鹤壁经济开发区
工委书记　樊举格(10月免)
　　　　　张连才(10月任)
工委副书记　王本祥
纪工委书记　袁金虎
工委委员　张连才(10月任)
　　　　　樊举格(10月免)
　　　　　王英群
　　　　　李长根
　　　　　袁金虎
　　　　　王雪红(女)
　　　　　刘文耀
　　　　　郭根云(女,8月任)
　　　　　施锦华(正县级,5月免)
　　　　　史瑞丰(正县级,12月免)
　　　　　宋紫旭
　　　　　肖荣军(挂职锻炼)
　　　　　李军显(10月任)
管委主任　樊举格(10月免)
　　　　　张连才(10月任)
管委副主任　李长根
　　　　　王雪红(女)
　　　　　施锦华(正县级,5月免)
　　　　　刘文耀
　　　　　肖荣军(挂职锻炼)
　　　　　宋紫旭
　　　　　郭根云(女,8月任)
　　　　　李军显(10月任)
管委委员　张连才(10月任)
　　　　　樊举格(10月免)
　　　　　王英群
　　　　　李长根
　　　　　王雪红(女)
　　　　　施锦华(正县级,5月免)
　　　　　刘文耀
　　　　　史瑞丰(正县级,12月免)
　　　　　肖荣军(挂职锻炼)
　　　　　李军显(10月任)
　　　　　郭根云(女,8月任)
总经济师　王英群
主任助理　张建华(8月免)
　　　　　王国宇(8月免,挂职锻炼)

开发区工委、管委办公室
主　　任　魏增华

开发区社会事业局
局　　长　熊俊良

开发区财政局
局　　长　王　冰(8月免)
　　　　　郭根云(女,8月任)

开发区经济发展局
局　　长　郭　伟

金山产业聚集区
副主任　张世勋(10月任,博士服务团)

鹤壁市人民防空办公室
党组书记、主任　石　虹
副主任　赵建波
　　　　杨怀庆
纪检组长

鹤壁市畜牧局
局　　长　姚中有
党组书记　王仲勋
副 局 长　吴树文
　　　　　孙善忠
　　　　　徐耀辉(博士服务团)
纪检组长　李向阳

河南省畜产品质量监测检验中心鹤壁分中心
主　　任　孙善忠

鹤壁市动物卫生监督所(市畜牧兽医执法大队)
所长(支队长)　陆华强

鹤壁市农业机械管理局
党组书记　王继生
局　　长　孟庆平
副 局 长　常英杰
　　　　　贾庭福(8月任)
纪检组长　刘爱明

鹤壁市农业科学研究院
党委书记　郭民华(女)
院长、党委副书记　程相文
副 院 长　莫海江
　　　　　付志远(博士服务团)

鹤壁市机关事务管理局
鹤壁市接待办公室
党组书记、局长(主任)　方在敏
副局长　赵福东
　　　　张　旭

国营浚县农场
党委书记　胡九州(5月免)
张存福(5月任)
场长、党委副书记　胡轩州
党委副书记　李　旐(10月任)
副场长　韩怀春(8月免)
李明顺(6月免)
李德顺(10月任)
付　英(女,10月任)
纪委书记　李　旐
工会主席　李英才(6月免)

鹤壁市地方史志办公室
主　任　高武峰
副主任　韩玉峰

鹤壁市物资集团
党委书记、总裁　李序彬
副总裁　赵旺林
纪委书记　苏朝晖(8月任)

鹤壁市供销社
党委书记、主任　李子强
副主任　陈洪文
琚山林
纪委书记　丁云阁

鹤壁市盘石头水库建设管理局
党组书记、局长　赵秀民
副局长　原国平
唐水才(5月免)
赵　峰
纪检组长　苏朝晖(8月免)
张铁山(8月任)
总工程师　朱心武(8月任)

鹤壁市移民工作领导小组办公室
主　任　赵秀民
副主任　唐水才(5月免)
赵　峰

鹤壁市房产管理中心
党组书记　赵成先(10月任)
主　任　赵成先(10月免)
李小莉(女,10月任)
副主任　郝永平
张红娣(女)
纪检组长　吴志勇
总工程师　窦贵信

鹤壁市市场发展中心
主　任　(空缺)
副主任　李福成

鹤壁市行政服务中心
主　任　窦付明
副主任　许海军

鹤壁市政府驻京联络处
主　任　姜福良

鹤壁银行
党委书记、董事长　于建国
行　长　刘克俭
监事长　姬保富
副行长　董江峰(12月免)
张红军
工会主席　马守正

中国人民政治协商会议鹤壁市第九届委员会
党组书记主席　张俊成
党组副书记、副主席　冯用全
副主席　常　六(女,10月辞职)
董捧群
张洪波
王　辉
王合水
孙庭瑞
杜国庆
秘书长　苏　哲
副秘书长　宗彦堂

市政协委员会工作部门
办公室
主　任　(空缺)
副主任　王保清　王红军

提案委员会
主　任　原日成(8月免)
副主任　张尚本

经济委员会
主　任　周志萍(女,12月免)
副主任　臧建军

教科文卫体委员会
主　任　刘希旺
副主任　刘芸芸(女)

社会和法制委员会
主　任　莫章锁(10月免)
副主任　(空缺)

港澳台侨和民族宗教委员会
主　任　闫庄成
副主任　(空缺)

学习和文史资料委员会
主　任　王华东(8月免)
副主任　桑　涛

调查研究室
主　任　宗彦堂
副主任　(空缺)

中国人民解放军鹤壁军分区
第一政委　魏小东
司令员　黑占俊
政　委　肖群章(4月免)
王　旭(4月任)
副司令员　于　涵
陈同有(4月任)
参谋长　鲁先诚
政治部主任　高东明
后勤部部长　赵　立(3月免)
兰金锋(3月任)

鹤壁市中级人民法院
党组书记、院长　曲海滨
党组副书记、副院长　侯慧生(8月免)
唐建福(8月任)
副院长　王凤海
贾立新(8月任,正县级)
袁希利(8月任)
张合庆(8月任)
纪检组组长　冯仲军(8月任,正县级)
政治部主任　贾立新(8月免)
王贺曦(8月任)
执行局局长　王光亮(8月免)
张合庆(8月任)
政　委　朱金龙

鹤壁市人民检察院
党组书记、检察长　阎兴振

党组副书记、副检察长 王风翔
田保增(5月免)
副检察长 张保臣
王进文(5月免)
赵合保(8月免)
张春凯(8月任)
许怀林(8月任)
苗 雨(8月任)
政治部主任 (空缺)
纪检组组长 陈美安(8月任,正县级)
反贪局局长 张春凯
反贪局政委 黎玉普(8月免)
刘 波(8月任)
反渎职侵权局局长 葛立新
政 委 李敬心

中国人民武装警察部队鹤壁市支队

第一政委 周连根
支队长 朱锦春
政 委 吴宝然
副支队长 陈新生
参谋长 王巍涛
政治处主任 敬志敏
后勤处处长 彭家峰

中国人民武装警察部队鹤壁市消防支队

支队长 贾成福
政 委 杜庆常
副支队长 黄国华
张述强
参谋长 宋学峰
政治处主任 杨国强
后勤处处长 吕铭砖
防火处处长 柴玉才

民主党派

中国国民党革命委员会鹤壁市委员会

主 委 郭文涛
副主委 宋忠民

中国民主同盟鹤壁市委员会

主 委 姚中有
副主委 高雅玲(女)
冯雁阁(女)

中国民主建国会鹤壁市委员会

主 委 王 辉
副主委 张黎明

中国农工民主党鹤壁市委员会

主 委 王合水
副主委 王 博
冯 奇

九三学社鹤壁市委员会

主 委 董撵群
副主委 李廷林
王献民

群众团体

鹤壁市总工会

主 席 李玉家
党组书记、副主席 王明立
副主席 魏永生
吴耀秋
纪检组长 张中成

中国共产主义青年团鹤壁市委员会

党组书记、书记 杨 靖
副书记 吴峰光
李秀琴

鹤壁市妇女联合会

党组书记、主席 李香芳(女)
副主席 徐毅军(女)
王 静(女)

鹤壁市科学技术协会

党组书记、主席 李山城
副主席 常军亮
李 伟(8月任)

鹤壁市文学艺术界联合会

党组书记 陈燕铭
主 席 李建东
副主席 李思平
孙晓岗(10月任博士服务团)

鹤壁市残疾人联合会

党组书记理事长 张海军(5月任)
副理事长 陈卫红(女)

鹤壁市社会科学界联合会

主 席 刘砚娟
副主席 王殿明

鹤壁市归国华侨联合会

主 席 邢玉华
副主席 周伯鲁(8月任)

县区机构

浚县

中共浚县县委

书 记 李彦军
副书记 郑 辉
王 军(8月任)
曹林淇(5月免)
常 委 李彦军
郑 辉
曹林淇(5月免)
王 军
王相铎
刘 青(女)
岳朝亚
万学锋(8月免)
傅 勇(5月免)
刘文合
赵 倩(女,挂职锻炼)
依斯坎坦·莫合买提(5月任,挂职锻炼)
刘德忠(5月任)
黄 勇(8月任)
王福生(8月任)

浚县人大常委会

主任党组书记 张东奎
副主任 杨自娟(女)
穆延辉
马献海
缑九生

浚县人民政府

县 长 郑 辉
副县长 王 军
黄 勇(8月任)
祁 征
王有卿
李 雷
苗红艳(女)
王显伦(10月任)
岳朝亚(6月免)
赵 倩(女,挂职锻炼)
依斯坎坦·莫合买提(5月任,挂职锻炼)

政协浚县委员会

主　席　李德文

副主席　李江书

牛青萍(女)

琚龙军

中共浚县纪律检查委员会

书　记　王相铎

副书记　郑凤才

浚县总工会

主　席　王光明

浚县人民武装部

部　长　傅小苗

政　委　傅　勇(5月免)

刘德忠(5月任)

浚县法院

院　长　王贺曦

浚县检察院

检察长　冯天平

浚县公安局

局　长　王福生(10月免)

华晓东(10月任)

浚县产业聚集区

主　任　郑　辉

副主任　李　雷(8月免)

李江书(8月免)

主任助理　张华民(8月免)

郑　涛(8月免)

淇县

中共淇县县委

书　记　李民生

副书记　李海章(10月免)

王海涛

常　委　李民生

李海章(10月免)

王海涛

秦滨清

于永波

闫　浩

马晨阳(女)

徐习海

宣振喜

张一勤(挂职锻炼)

张相超(8月任)

郝东法(10月任)

闫　辉(6月任,8月免)

吕有信(8月免)

淇县人大常委会

主　任　杨士新

副主任　郑传枪　刘怀喜

杨秀海　孙中军

刘宏业

淇县人民政府

县　长　李海章(10月免)

王海涛(10月任)

副县长　秦滨清

郑志学(女)

张一勤(省下派挂职)

郝东法(10月免)

侯振旗

王　涛(挂职锻炼)

李辉显(8月任)

辛守勇(10月任)

政协淇县委员会

主　席　杨宝良

副主席　燕昭安

王东安

赵振江

中共淇县纪律检查委员会

书　记　马晨阳(女)

副书记　王年全

中共淇县县委群众工作部

部　长　王德明

淇县总工会

主　席　张相超(8月免)

淇县人民武装部

部　长　臧惠春

政　委　于永波

淇县法院

院　长　袁希利(8月免)

梅剑桥(8月任)

淇县检察院

检察长　王朝晖

淇县公安局

局　长　张建明(11月免)

王　军(11月任)

鹤淇产业聚集区工作委员会

书　记　李民生

主　任　蒋宗军

副主任　徐习海

王加华(10月任,博士服务团)

主任助理　张志平(女,8月免)

李艳敏(女,8月免)

王建平(8月免)

淇滨区

中共淇滨区委

书　记　陈海燕

副书记　张连才(10月免)

李　杰(10月任)

魏志更

常　委　陈海燕

张连才(10月免)

李　杰

魏志更

孙金良

张存福(5月免)

吕民民(女)

马海澎

雷利锋

李红生

高海娟(女)

王　军(挂职锻炼)

耿宏丽(女,5月任挂职锻炼)

张书喜(8月任)

淇滨区人大常委会

党组书记、主任　韦泽淇

副主任　李绍民

陈东学

常文君

宋忠民

刘翠凤(女)

淇滨区人民政府

区　长　张连才(10月免)

李　杰(10月任)

副区长　马海澎(10月任)

李红生(8月任)

王　军(挂职锻炼)

耿宏丽(女,挂职锻炼)
张书喜(8月免)
赵丽洁(女)
常文君
陈学军
杨　龙(博士服务团)
王　颖(女,2月免,挂职锻炼)
熊发禄(8月任)

政协淇滨区委员会
主　席　付国庆
副主席　张祖军　裴道峰
孙全勇
宋新健(女)

中共淇滨区纪律检查委员会
书　记　孙金良
副书记　侯怀洲

淇滨区总工会
主　席　王国平

淇滨区城市管理局
局　长　熊发禄(10月免)
王海新(10月任)

淇滨区人民武装部
部　长　刘　勇
政　委　雷利锋

淇滨区法院
院　长　唐建福(8月免)
薄报亮(8月任)

淇滨区检察院
检察长　刘可民(8月免)
张　军(8月任)

九州派出所(九州分局)
所长(局长)　郭全民(10月免)
柴建波(10月任)
政　委　吕连海(10月免)
赵　立(10月任)

金山派出所(金山分局)
所(局长)　杨明安
政　委　王　敏(女)

长江派出所(长江分局)
所长(局长)　韩兴西
政　委　王可军

山城区

中共山城区委
书　记　胡润身
副书记　徐　伟
白树民(8月任)
常　委　胡润身
徐　伟
白树民
陈传伟(8月任)
王庆彬
张海军(5月免)
石建勋
陈跃民
林建军
王德才
琚　涛(8月免)
璩风英(女)
闫　辉(8月任)
杨建强(8月任)

山城区人大常委会
主　任　张进波
副主任　付玉林
王合水
牛玉波

山城区人民政府
区　长　徐　伟
副区长　白树民(8月免)
王庆彬(8月任)
闫　辉(8月任)
李小莉(女,10月免)
琚　涛(8月免)
陈传伟(8月免)
张建宇
杨建强(8月免)
孔祥彦(挂职锻炼)
苗矿军(10月任)

政协山城区委员会
主　席　李广平
副主席　李玉和
邓雅萍(女)
张文运
刘永震

中共山城区纪律检查委员会
书　记　王庆彬(8月免)
陈传伟(8月任)

中共山城区委群众工作部
部　长　何新星

山城区总工会
主　席　邓雅萍(兼)

山城区人民武装部
部　长　万开太(3月免)
李震海(3月任)
政　委　林建军

山城区法院
院　长　张合庆(8月免)
吕文涛(8月任)

山城区检察院
检察长　苗　雨(女,8月免)
张新江(8月任)

春雷派出所(春雷分局)
所长(局长)　柴建波(10月免)
王延琪(10月任)
政　委　王永飞

红旗派出所(红旗分局)
所长(局长)　李树良(10月免)
张建军(10月任)
政　委　张落实

鹤山区

中共鹤山区委
书　记　陈　科(10月免)
李海章(10月任)
副书记　李习和
牛全瑞
常　委　陈　科(10月免)
李海章(10月任)
李习和
牛全瑞
田正煊
王　强
郭根云(女,8月免)
刘增军
张尚东
许文平
游国庆

刘志贤
王兆生
殷常旺(5月任,挂职锻炼)
申富勇(5月任,8月免,挂职锻炼)

鹤山区人大常委会
主　任　孙素霞(女)
副主任　胡万新
　　　　张建国
　　　　王忠安
　　　　王　辉

鹤山区人民政府
区　长　李习和
副区长　王　强
　　　　胡　军(博士服务团)
　　　　申富勇(8月免,科技副区长)
　　　　梅建桥(8月免)
　　　　李水泉
　　　　殷常旺(挂职锻炼)
　　　　张育文
　　　　杨风枝(女)
　　　　王大葆(8月任)

政协鹤山区委员会
主　席　孟建军
副主席　肖九林
　　　　刘宏伟
　　　　索三吉
　　　　秦新娥(女)

中共鹤山区纪律检查委员会
书　记　田正煊
副书记　李桂林

鹤山区群工部
部　长　马晓旭(8月任)

鹤山区总工会
主　席　马泉林

鹤山区人民武装部
部　长　李国俊
政　委　王兆生

鹤山区法院
院　长　李晓晔(女)

鹤山区检察院
检察长　方国民(8月免)
　　　　王丽红(8月任)

鹤山区公安分局
局　长　张宇军

驻鹤省属直管单位

鹤壁市工商行政管理局
党组书记、局长　李景让
副局长　赵洪波
　　　　赵云峰
　　　　史海全
纪检组长　晁玉琪

鹤壁市质量技术监督局
党组书记、局长　宋建立
副局长　焦黎君
　　　　李世民
　　　　黄　华
纪检组长　华兆祥

鹤壁市质量技术监督局稽查大队
大队长　牛子社

鹤壁市质量技术监督检验测试中心
主　任　吴晶敏

鹤壁市食品药品监督管理局
鹤壁市政府食品安全监督管理办公室
党组书记、局长　陈连东
副局长　赵国才
　　　　宁月杰
　　　　李晓琴(女)
纪检组长　臧梅艳
药品稽查大队队长　陈怀礼

鹤壁市烟草专卖局(烟草分公司)
党组书记、局长(经理)　乔　勇
副局长(副经理)　王孝亭
　　　　赵月英
副局长、纪检组长　苏志军

鹤壁市国土资源局
党组书记、局长　段东宏
副局长　王全德
　　　　张社明
　　　　唐有才
　　　　岳　岩
　　　　王保星
纪检组长　骆少云
总规划师　李　园

鹤壁市国土资源局经济技术开发区分局
局　长　岳　岩(兼)

鹤壁市国家税务局
党组书记、局长　李运鹤
副局长　关少可
　　　　牛福林
　　　　白建义
纪检组长　吕利斌
总经济师　于启山
总会计师　王旭辉

鹤壁市地方税务局
党组书记、局长　李淑杰(女)
纪检组长　韦　鑫
副局长　王保成
　　　　韩培军
　　　　孙卫国
总经济师　范晓晖
总会计师　李建强
市地税局稽查局局长　苏　飞

鹤壁市无线电管理局
主　任　张贵宝

中国人民银行鹤壁中心支行
党委书记、行长　钮　明
纪委书记　申伟新
副行长　马小平
　　　　闫晓峰
工会主任　陈晓梅

中国银行监督管理委员会鹤壁监管分局
党委书记、局长　沈幸福
副局长　牛俊青
纪委书记　张明园

中国农业发展银行鹤壁市分行
党委书记、行长　王　军
副行长　胡启华
　　　　和修军
　　　　刘金波

中国农业银行鹤壁市分行

党委书记、行长　曹　红
副　行　长　于银平
林现书
雒海龙

中国工商银行股份有限公司鹤壁市分行

党委书记、行长　丁　杰
副　行　长　王文庆
牛增欣
纪　委　书　记　任相州

中国建设银行股份有限公司鹤壁分行

党委书记、行长　朱自伟
副　行　长　张保平
张克良
纪委书记工会主任　董建民
风险主管　吕　斌(女)

中国银行股份有限公司鹤壁分行

党委书记、行长　宋志伟
副行长　李建政
王爱萍(女)
纪检书记　潘春雷

河南省农村信用社联合社鹤壁市办公室

党组书记、主任　褚家茂

中国人民财产保险股份有限公司鹤壁市分公司

总　经　理　陈　良
副总经理纪检书记　刘献军
副总经理工会主席　程　伟

中国人寿鹤壁市分公司

党委书记、总经理　陈志刚
副　总　经　理　牛合印
李永宏
高　峰

中国人寿财产保险股份有限公司鹤壁市中心支公司

党委书记总经理　李振江
副总经理　裴晋豫

中国太平洋财产保险股份有限公司河南分公司鹤壁中心支公司

总经理　苏平峰

河南天伦燃气集团有限公司

总　经　理　郭　奇
副总经理　张利军

河南煤化鹤壁煤业(集团)有限责任公司

董事长、党委书记　马正兰
副董事长、党委副书记、总经理
董正亮
副董事长、党委副书记　许平凡
党委副书记、纪委书记　王洪洋
副　总　经　理　武振兴
田小鹏
李天福
杨　恒
丛子月
总　会　计　师　张汇臣
徐　伟
安监局局长　刘德民
工　会　主　席　李宗庆

河南省电力公司鹤壁供电公司

总　经　理　李　伟
党委书记　宋习凌
副总经理　郭志红
潘　龙
侯　锐
纪委书记　申保平
工会主席　胡黎明
总工程师　段玉峰
总会计师　赵新甫

鹤壁同力发电有限责任公司

董　事　长　赵书盈
总　经　理　周朝阳
副总经理　张　勇
总会计师　张俊香

鹤壁丰鹤发电有限责任公司

总　经　理　张晋铭
党委书记　刘润海
副总经理　王力贺
永　冰
总会计师　朱永光
总工程师　刘中显

河南省同力水泥有限公司

总　经　理　才世杰
党委书记　郝建军
总会计师　孙育新
总工程师　张广峰

河南省豫鹤同力水泥有限公司

总　经　理　常山林
党委书记　孙　钢
总会计师　李同矿

郑州铁路局汤鹤支线公司(鹤壁北站)

总经理(站长)　王红兵
党　委　书　记　赵增生
副经理(副站长)　王计国
纪　委　书　记　牛国柱
工　会　主　席　牛民文

郑州铁路分局鹤壁车站

党支部书记　云天成
站　　长　李京广
副　站　长　张玉民
王福明

河南省鹤壁市邮政管理局

局　长　慕红勋
副局长　李玉红

河南省鹤壁市邮政局

党委书记、局长　谢卫星
副　局　长　赵玉玲

中国邮政储蓄银行鹤壁市分行

行　长　张全江
副行长　李红梅
许拥军
蒋进超

国家统计局鹤壁调查队

队　长　李振永
副队长　琚志勤(女)
袁　芳(女)

中国联合网络通信有限公司鹤壁市分公司

党委书记、总经理　陈　涛
副　总　经　理　陈秀杰
周东洋
李晓军

副总经理、工会主席　王　珂
副总经理、纪检书记　郭志伟

河南移动通讯有限公司鹤壁分公司
党委书记、总经理　田锋卿
副　总　经　理　闫晓红
　　　　　　　　高延军
　　　　　　　　吉喜胜

中国电信集团北方电信有限公司鹤壁市分公司
党委书记　付俊超
总 经 理　姜建伟
副总经理　杨　丽(女)
　　　　　李佳伟

河南有线电视网络集团有限公司鹤壁分公司
总 经 理　高　翔
副总经理　冯　剑
　　　　　杜东方

中石化鹤壁石油分公司
党委书记　李　峰
总 经 理　李　燕
副总经理　薛双法

鹤壁市气象局
局　　长　张睿光
副 局 长　郭魁英
　　　　　孟丽丽
纪检组长　王国斌

中原证券股份有限公司鹤壁营业部
总 经 理　周　震
副总经理　卢　斌

民生证券有限公司鹤壁营业部
总经理　蒋伯东

注：1. 组织机构及领导成员载录的范围涵盖鹤壁市直机构、县区、驻鹤省属直管单位及其在职的副县级以上领导成员。

2. 驻鹤省属直管单位名单由各驻鹤单位提供。

（市史志办）

淇河公园

人　物

市党政军领导

中共鹤壁市委员会

市委书记　魏小东　男，1961年5月出生，汉族，福建漳州人，大学学历，经济学学士，1983年5月加入中国共产党，1983年8月参加工作。1979年9月～1983年8月厦门大学计划统计系计划统计专业学生。1983年8月～1987年1月劳动人事部编制局干部。1987年1月～1990年9月劳动人事部编制局、人事部地编司干部。1990年9月～1994年8月任人事部地编司副处长。1994年8月～2000年5月任中央编办三司三处处长。2000年5月～2002年3月任中央编办一司副司长。2002年3月～2004年12月任中央编办综合司副司长。2004年12月～2007年6月任中央编办综合司司长（其间：2005年7月～2006年8月挂职任郑州市委副书记）。2007年6月～2010年1月任中央编办二司司长（其间：2009年3月～2009年7月参加中央党校中青年干部培训一班学习）。2010年1月～2010年10月任中央编办四司司长。2010年10月～2011年9月任河南省洛阳市委副书记（正市厅级）。2011年9月～2013年4月任中共鹤壁市委副书记、鹤壁市人民政府市长。2013年4月任中共鹤壁市委书记。

市委副书记、市长　范修芳　男，1959年7月出生，汉族，河南虞城人，研究生学历，1985年6月加入中国共产党，1981年3月参加工作。1979年2月～1981年3月在郑州建筑工程学校学习。1981年3月～1982年9月任河南省建委综合处干部。1982年9月～1984年7月在天津大学工业管理工程系基本建设管理工程专业学习。1984年7月～1986年7月任河南省计委、计经委施工处干部。1986年7月～1989年4月任河南省计经委施工处副科级秘书、重点建设处主任科员。1989年4月～1990年10月任河南省土地管理局建设用地处副处长。1990年10月～1995年5月任河南省土地管理局建设用地处处长。1995年5月～2000年5月任河南省土地管理局副局长、党组成员（其间：1996年9月～1999年2月在中共河南省委党校在职研究生班行政管理专业学习。1998年9月～1998年11月在中共河南省委党校第17期地厅级干部进修班学习）。2000年5月～2001年6月任河南省国土资源厅副厅长、党组成员。2001年6月～2006年12月任中共濮阳市委常委、副市长。2006年12月～2007年3月任濮阳市政协主席候选人。2007年3月～2010年9月任濮阳市政协主席、党组书记（其间：2009年5月～2009年8月参加北京大学、美国哥伦比亚大学、英国政治经济学院、法国政治学院联办的“全球公共政策与管理研讨班”学习）。2010年10月～2013年4月任河南省旅游局局长、党组书记。2013年4月任中共鹤壁市委副书记，市人民政府市长、党组书记。

市委副书记　蔡永礼　男，汉族，1958年5月出生，河南省夏邑县人，工学硕士，1985年4月加入中国共产党。1978年4月～1980年4月在河南省永城师范学习。1980年4月～1981年3月在河南省永城师范任教。1981年3月～1986年9月任商丘地区教育局科员（其间：1984年7月～1986年7月在河南广播电视大学党政干部专修科脱产学习）。1986年9月～1992年9月任中共商丘地委宣传部副科级秘书、干部科科长。1992年9月～1996年9月任中共宁陵县委常委、宣传部部长（其间：1992年1月～1993年12月在天津大学工程管理专业研究生班学习并毕业，次年9月获工学硕士学位）。1996年9月～1998年2月任中共宁陵县委常委、县纪委书记。1998年2月～2000年4月任中共宁陵县委副书记。2000年4月～2001年1月任商丘市统计局局长、党组书记。2001年1月～2004年11月任河南省统计局副局长、党组成员。2004 年 11 月～2006 年 12 月任驻马店市政府副市长。2006 年 12 月～2008 年 10 月任中共鹤壁市委常委、市委宣传部部长。2008 年 10 月～2011 年 9 月任中共鹤壁市委常委、市委组织部部长。2011 年 9 月～2012 年 4 月任中共鹤壁市委副书记。2012 年 4 月至今任中共鹤壁市委副书记、市委党校校长。

市委常委、市纪委书记

许兆儒　男，汉族，1959 年 11 月出生，河南省南阳市人，省委党校研究生学历。1980 年 1 月参加工作，1985 年 6 月加入中国共产党。1999 年 7 月～2002 年 4 月任河南省纪委监察厅《纪检与监察》杂志社副总编辑。2002 年 4 月～2004 年 5 月任河南省纪委监察厅《纪检与监察》杂志社总编辑。2003 年 4 月～2004 年 5 月在河南省孟州市西虢镇驻村帮扶工作队工作。2003 年 8 月～2004 年 5 月负责筹备组建河南省委巡视机构。2004 年 5 月～2007 年 5 月任河南省委巡视工作办公室主任（正处）。2007 年 5 月～2009 年 6 月任河南省委巡视工作办公室副主任（正处）。2009 年 6 月～2011 年 8 月任河南省委巡视工作办公室副主任（副厅）。2011 年 8 月至今任中共鹤壁市委常委、市纪委书记。

市委常委、常务副市长

桂玉强　男，汉族，1956 年 5 月出生，河南省唐河县人，1977 年 9 月参加工作，1982 年 11 月加入中国共产党，大学学历。1977 年 9 月～1978 年 11 月为唐河县上屯乡学校教师。1978 年 11 月～1983 年 9 月为洛阳市科教办文教部干部。1983 年 9 月～1985 年 7 月在中共河南省委党校学习。1985 年 7 月～1993 年 8 月任中共洛阳市委宣传部副科长、科长、办公室主任。1993 年 8 月～1994 年 9 月任中共偃师市委常委、组织部部长。1994 年 9 月～1996 年 8 月任中共偃师市委副书记、组织部部长。1996 年 8 月～1999 年 4 月任中共偃师市委副书记、市长（其间：1996 年 8 月～1998 年 12 月在中央党校函授学院学习经济管理专业）。1999 年 4 月～2003 年 8 月任中共偃师市委书记（其间：2001 年 2 月～6 月参加中共河南省委党校第 28 期中青班学习）。2003 年 8 月～2006 年 12 月任中共鹤壁市委常委、秘书长、办公室主任。2006 年 12 月～2008 年 10 月任中共鹤壁市委常委、组织部部长。2008 年 10 月至今任中共鹤壁市委常委、常务副市长。

市委常委、市委秘书长　钱　伟　男，汉族，1958 年 1 月出生，河南省唐河县人，1985 年 9 月加入中国共产党，研究生学历，教授。1974 年 4 月～1976 年 10 月为河南省唐

河县上屯乡下屯村下乡知青。1976 年 10 月～1979 年 9 月在河南医学院医疗系学习。1979 年 9 月～1983 年 9 月任河南省新乡医学院生理学助教。1983 年 9 月～1986 年 7 月在河南医科大学医学系生理专业学习并获硕士学位。1986 年 7 月～1992 年 2 月任河南省计划生育科学研究技术指导所助理研究员。1992 年 2 月～1997 年 1 月任河南省计划生育科学研究技术指导所副研究员、副所长。1997 年 1 月～2001 年 4 月任河南省计划生育干部学院副院长、党委委员（其间：1997 年 9 月～1999 年 9 月在河南省柘城县挂职锻炼，任县委副书记）。2001 年 4 月～2003 年 11 月任河南省计划生育委员会副主任、党组成员。2003 年 11 月～2004 年 2 月任河南省人口和计划生育委员会副主任、党组成员。2004 年 2 月～2006 年 12 月任中共鹤壁市委常委、市委宣传部部长。2006 年 12 月～2012 年 7 月任中共鹤壁市委常委、市委秘书长、市委办公室主任。2012 年 7 月至今任中共鹤壁市委常委、市委秘书长。

市委常委、市委政法委书记

徐合民　男，汉族，1962 年 7 月出生，河南省叶县人，1983 年 1 月加入中国共产党，研究生学历。1981 年 9 月～1983 年 8 月在漯河师范学校学习。1983 年 8 月～1989 年 12 月先后任叶县一中教师、团委书记，县纪委干事、科长、常委，县监察局副局长（其间：1984 年 7 月～1987 年 6 月在河南大学政治专业函授班学习）。1989 年 12 月～1994 年 5 月先后任平顶山市纪委检查员、一室副主任、市政府办公室秘书。1994 年 5 月～1996 年 12 月任平顶山市政府办公室副主任、市委办公室副主任（其间：1994 年 9 月～1996 年 12 月在中央党校经济管理专业本科函授班学习）。1996 年 12 月～1999 年 3 月任中共郏县县委副书记、县长。1999 年 3 月～2003 年 8 月任中共郏县县委书记（其间：1999 年 9 月～2002 年 6 月在中共河南省委党校经济管理专业在职研究生班学习）。2003 年 8 月～2008 年 10 月任鹤壁市人民政府副市长、党组成员。2008 年 10 月～2011 年 8 月任中共鹤壁市委常委、市人民政府副市长。2011 年 8 月～9 月任中共鹤壁市委常委、市委政法委书记，兼任副市长。2011 年 9 月至今任中共鹤壁市委常委、市委政法委书记。

市委常委、组织部部长　费银普　男，汉族，1962 年 11 月出生，河南省巩义市人，研究生学历，1991 年 12 月加入中国共产党。1980 年 7 月～1982 年 7 月在河南省商业学校财会专业学习。1982 年 7 月～1984 年 7 月任河南省商业学校办公室秘书（其间：1983 年 8 月开始为期三年的河南省电大省直分校商业会计专业在职学习）。1984 年 7 月～

1989年1月任河南省广播电视厅办公室财务科干部；1989年1月～1993年9月任河南省广播电视厅办公室财务科副科长（其间：1993年7月开始为期三年的青海师范大学汉语言文学专业函授本科学习）；1993年9月～1996年3月任河南省广播电视厅办公室财务科科长；1996年3月～2000年2月任河南省广播电视厅办公室副主任；2000年2月～8月任河南省广播电视厅办公室调研员。2000年8月～2004年1月任河南省广播电视厅办公室主任（其间：2001年3月～6月在中共河南省委党校中青年干部培训班学习，2001年9月开始为期三年的中共河南省委党校行政管理专业研究生班学习，2003年3月～2004月12月在中南财经政法大学工商管理专业学习，获工商管理硕士学位）。2004年1月～2008年10月任河南省广播电影电视局副局长、党组成员。2008年10月～2011年9月任中共鹤壁市委常委、市委宣传部部长。2011年9月至今任中共鹤壁市委常委、市委组织部部长。

市委常委、鹤壁军分区政治委员　肖群章　男，1960年12月出生，河南省鲁山人，汉族，1978年12月入伍，1981年5月入党，研究生学历，大校军衔。历任战士、学员、主任、干事、指导员、保卫股长、教导员、军分区干事、科长、人武部政委、军分区后勤部部长、政治部主任，2010年10月任鹤壁军分区政治委员。2011年9月～2013年4月任中共鹤壁市委常委。

市委常委、宣传部部长　李　军　男，汉族，1961年11月出生，山东省曹县人，1982年11月加入中国共产党，研究生学历，管理学博士。1978年9月～1979年12月在中共河南省委机要干训班学习；1979年12月～1980年11月任中共河南省委办公厅第三秘书处机要员；1980年11月～1987年8月任河南省人民政府办公厅秘书处干部（其间：1985年9月～1987年8月在中共河南省委党校学习）；1987年8月～1991年8月任河南省人民政府办公厅秘书处文书科副科长；1991年8月～1996年11月任河南省人民政府办公厅一处主任科员；1996年11月～1998年12月任河南省人民政府办公厅副处级秘书（其间：1997年9月开始在大连理工大学人文社会科学学院管理科学与工程专业研究生班为期二年的学习）；1998年12月～2000年11月任河南省人民政府办公厅五处副处长（其间：2000年9月参加中共河南省委党校处级干部培训班为期二年的学习）；2000年11月～2001年2月任河南省人民政府办公厅金融联络办公室副主任；2001年2月～2004年7月任河南省交通厅人事劳动处处长；2004年7月～2006年5月任河南省交通厅办公室主任；2006年5月～12月任河南省交通厅副巡视员。2006年12月～2011年9月任鹤壁市人民政府副市长。2011年9月至今任中共鹤壁市委常委、市委宣传部部长。

市委常委、副市长　刘新勇　男，汉族，1963年4月出生，河南省襄城县人，1985年12月加入中国共产党，研究生学历，经济学博士。1982年10月～1992年9月在部队服役（其间：1984年9月～1987年7月在武警专科学校内卫专业学习）。1992年9月～1995年12月为河南省计划经济委员会投资处副主任科员；1995年12月～1998年2月任省计委投资处主任科员；1998年2月～2000年8月任省计委市场流通处副处级秘书；2000年8月～2002年3月任省发展计划委员会市场流通处助理调研员。2002年3月～5月任河南省机械设备成套局局长助理。2002年5月～2003年8月任鹤壁市政府副秘书长；2003年8月～2004年4月任鹤壁市政府副秘书长、招商办主任（其间：2003年9月～2005年12月在中南财经政法大学高级管理人员工商管理硕士班学习）；2004年4月～2006年12月任鹤壁市政府党组成员、市长助理，市发展和改革委员会主任、党组书记；2006年12月～2011年9月任鹤壁市人民政府副市长。2011年9月至今任中共鹤壁市委常委、市人民政府副市长。

市委常委、统战部部长　于　燕　女，汉族，1970年8月出生，重庆荣昌人，1996年3月加入中国共产党，大学学历，公共管理硕士学位。1987年9月～1991年7月在曲阜师范大学物理系物理教育专业学习。1991年7月～1996年11月任山东省兖州市第六中学物理教师，教导处副主任。1996年11月～2001年12月任山东省兖州团市委副书记（其间：1997年9月～1999年7月在山东师范大学世界经济专业硕士研究生班学习）。2001年12月～2008年10月任山东省济宁市科学技术协会副主席、党组成员（其间：2002年3月～2005年3月在中国农业大学公共管理专业学习，获公共管理硕士学位）。2008年10月～2011年8月任河南省政府发展研究中心（省农村发展研究中心）副主任、党委委员。

2011年8月任中共鹤壁市委常委、统战部部长。

市委常委、鹤壁军分区政治委员　王　旭　男，1963年4月出生，河南南阳人，汉族，1981年10月入伍，1985年6月入党，研究生学历，大校军衔。历任战士，学员，干事，某预备役步兵师干事，某省军区干事、秘书、副处长、处长，某军分区政治部主任、副政治委员；2013年5月任中共鹤壁市委常委、鹤壁军分区政治委员。

（市委组织部）

鹤壁市第九届人民代表大会常务委员会

主任　李连庆　男，1952年1月出生，汉族，河南省辉县市人，大学学历，1972年4月加入中国共产党。1972年6月～1973年7月在辉县北云门乡工作。1973年7月～1979年4月在新乡团地委工作。1979年4月～1981年9月任新乡团地委组织部副部长、部长。1981年9月～1982年6月任新乡团地委副书记。1982年6月～1985年7月任新乡团地委书记（其间：1983年9月～1985年7月在中共河南省委党校文史科学习）。1985年7月～1986年9月任中共孟县县委副书记。1986年9月～1987年4月任中共孟县县委副书记、代县长。1987年4月～1992年8月任中共孟县县委副书记、县长（其间：1989年9月～1991年7月在中共河南省委党校政治管理专业夜大函授本科班学习）。1992年8月～1994年4月任中共焦作市委政法委副书记。1994年4月～1997年7月任河南省焦作市人事局局长、党组书记。1997年7月～1998年12月任中共焦作市委组织部副部长，市人事局局长、党组书记。1998年12月～2003年11月任河南省安阳市副市长。2003年11月～12月任中共安阳市委常委、秘书长，安阳市副市长。2003年12月～2008年10月任中共安阳市委常委、秘书长。2008年10月～2011年9月任中共鹤壁市委副书记、市委党校校长。2011年9月至今任鹤壁市第九届人大常委会主任、党组书记。

副主任　韩玉山　男，汉族，1953年4月出生，河南省长垣县人，中共党员，研究生学历。1970年12月～1986年12月在乌鲁木齐军区工建227团服役（其间：1976年7月～1979年7月在天津运输技术学院学习）。1987年1月～1992年10月任中共鹤壁市委办公室干事、副科长、科长（其间：1989年9月～1992年7月在中共鹤壁市委党校政治管理大专班和电大法律专业大专班学习）。1992年11月～1993年4月任鹤壁市监察局副局长、党组成员；1993年4月～1996年11月任鹤壁市纪委常委、监察局副局长；1996年11月～1999年3月任鹤壁市纪委副书记、监察局副局长；1999年3月～2001年6月任鹤壁市纪委副书记、监察局局长（其间：1999年9月开始为期三年的中共河南省委党校经济管理专业在职研究生班学习）；2001年6月～2003年11月任中共鹤壁市山城区委书记（其间：2002年1月～7月在中共中央党校学习）。2003年11月～2004年4月任鹤壁市第七届人大常委会党组副书记、中共鹤壁市山城区委书记。2004年4月～2009年3月任鹤壁市第八届人大常委会副主任、党组副书记。2009年3月至今任鹤壁市第九届人大常委会副主任、党组副书记。

副主任　部圳东　男，汉族，1960年2月出生，河南省内黄县人，大学学历，1984年12月加入中国共产党。1981年12月～1983年5月在安阳第二师范学校任教。1983年5月～1984年7月任浚县工商局干部。1984年7月～1986年11月任浚县总工会副主席。1986年11月～1990年5月任浚县新镇乡党委书记。1990年5月～1992年12月任鹤壁市总工会副主席。1992年12月～1999年6月任山城区副区长。1999年6月～2000年9月任鹤壁市盐业管理局党委书记、局长。2000年9月～2002年2月任鹤壁市计生委党组书记、主任。2002年2月～2007年4月任中共鹤壁市鹤山区委书记；2007年4月～2009年3月任中共鹤山区委书记（副厅级）。2009年3月～2012年3月任鹤壁市人民政府市长助理（副厅级）。2012年3月任鹤壁市第九届人大常委会副主任、党组副书记。

副主任　郭文涛　男，汉族，1961年11月出生，河南省辉县市人，研究生学历，医学硕士，副主任医师。1979年9月～1982年7月在焦作卫生学校大专班学习。1982年7月～1992年9月为鹤壁市第二人民医院、第一人民医院内科医师。1992年9月～1995年7月为河南医科大学心血管内科专业硕士研究生。1995 年 7 月 ~1999 年 9 月为解放军第三七一医院主治医师。1999 年 9 月 ~2001 年 10 月任鹤壁市第一人民医院心血管内科主任（1999 年 11 月晋升为副主任医师）。2001 年 10 月 ~2003 年 12 月任民革鹤壁市委主委、鹤壁市第一人民医院心血管内科主任。2003 年 12 月 ~2004 年 4 月任民革鹤壁市委主委。2004 年 4 月 ~2009 年 3 月任政协鹤壁市第八届委员会副主席、民革鹤壁市委主委、鹤壁市第一人民医院副院长。2009 年 3 月至今任鹤壁市第九届人大常委会副主任、民革鹤壁市委主委、鹤壁市第一人民医院副院长。

副主任　聂　玺　男，1955 年 9 月出生，汉族，河南省长垣人，1975 年 4 月加入中国共产党，1972 年 12 月参加工作，大学学历。1972 年 12 月 ~1979 年 4 月在部队服役。1979 年 4 月 ~1982 年 7 月在安阳师范专科学校中文专业学习。1982 年 7 月 ~1987 年 12 月任河南省长垣县五中教师，县教育局干部，县委组织部干部组组长、秘书。1987 年 12 月 ~1990 年 2 月任河南省长垣县恼里乡党委书记。1990 年 2 月 ~1994 年 11 月任中共辉县县委常委、县委组织部部长。1994 年 11 月 ~2000 年 10 月任中共辉县县委副书记。2000 年 10 月 ~2001 年 3 月任中共浚县县委副书记、代县长。2001 年 3 月 ~2003 年 9 月任中共浚县县委副书记、县长。2003 年 9 月 ~2009 年 3 月任中共浚县县委书记（其间：2002 年 9 月 ~2004 年 7 月在河南大学法学院法学专业研究生班学习，2005 年 8 月 ~2007 年 12 月在中共中央党校经济管理专业学习）。2009 年 3 月至今任鹤壁市第九届人大常委会副主任。

副主任　邢　涛　男，1964 年 5 月出生，汉族，河南省泌阳县人，1984 年 6 月加入中国共产党，1983 年 7 月参加工作，研究生学历。1980 年 9 月 ~1983 年 7 月在百泉农专畜牧兽医专业学习。1983 年 7 月 ~1986 年 9 月任百泉农专党委办公室、组织部科员。1986 年 9 月 ~1988 年 7 月在中共河南省委党校科学社会主义理论专业学习。1988 年 7 月 ~1990 年 9 月任中共河南职业技术师范学院党委组织部副主任科员、主任科员。1990 年 9 月 ~2001 年 2 月任中共河南省委组织部组织处、组织一处、干部调配处主任干事、助理调研员、副处长（其间：2000 年 2 月 ~5 月在中共河南省委党校第二期市地直单位主要领导干部进修班学习，任党支部副书记）。2001 年 2 月 ~2004 年 4 月任鹤壁市委组织部副部长、市委知识分子工作办公室主任；2004 年 4 月 ~2008 年 6 月任鹤壁市委组织部常务副部长（其间：2004 年 9 月 ~12 月在河南省委党校第 35 期中青年干部培训班学习；2006 年 1 月 ~2007 年 4 月任浚县新镇镇长屯村驻村工作队队长；2006 年 6 月 ~2008 年 6 月在河南大学哲学与公共管理学院公共管理专业学习，获公共管理硕士学位）；2008 年 6 月 ~11 月任中共鹤壁市委组织部常务副部长、老干部局局长；2008 年 11 月 ~2009 年 3 月任中共鹤壁市委组织部常务副部长。2009 年 3 月至今任鹤壁市第九届人大常委会副主任。

副主任　李玉家　男，1955 年 11 月出生，汉族，河南省淇县人，1983 年 6 月加入中国共产党，1974 年 8 月参加工作，大学学历。1974 年 8 月 ~1976 年 10 月任淇县黄洞学校民办教师；1976 年 10 月 ~1978 年 3 月任淇县“五·七”干校学员、教师。1978 年 3 月 ~1982 年 1 月在河南师范大学中文系中国语言文学专业学习。1982 年 1 月 ~1990 年 5 月任淇县西岗乡副乡长、党委副书记、书记。1990 年 5 月 ~1992 年 11 月任中共淇县县委组织部副部长、县直机关工委书记。1992 年 11 月 ~1998 年 8 月任中共鹤壁市郊区区委常委、区委组织部部长，区委副书记。1998 年 8 月 ~2001 年 10 月任鹤壁市人民政府副秘书长；2001 年 10 月 ~2002 年 1 月任鹤壁市人民政府副秘书长、办公室副主任、移民办主任；2002 年 1 月 ~2004 年 4 月任鹤壁市人民政府副秘书长、办公室副主任（正县）；2004 年 4 月 ~2009 年 3 月任鹤壁市人民政府党组成员、秘书长、办公室主任；2009 年 3 月至今任鹤壁市第九届人大常委会副主任。2010 年 6 月至今兼任鹤壁市总工会主席。

副主任　吴　华　女，汉族，1953 年 6 月出生，河南省滑县人，大学学历，1973 年 11 月加入中国共产党。1968 年 12 月 ~1971 年 4 月在林县合涧公社万羊坡大队插队。1971 年 4 月 ~1973 年 7 月为安阳市 7011 厂工人，地区军管委、公安局打字员。1973 年 7 月 ~1984 年 12 月任安阳地区中院书记员（1984 年 4 月转干）。1984 年 12 月 ~1987 年 12 月任濮阳市中级人民法院刑事审判第一庭副庭长（其间：1985 年 9 月开始在全国法院干部业余法律大学为期三年的学习）；1987 年 12 月 ~1994 年 5 月任濮阳市中级人民法院刑事审判第一庭庭长、审判委员会委员（其间：1988 年 10 月任副县级审判员，1991 年 5 月 ~1993 年 5 月挂职锻炼任濮阳市区法院副院长）；1994 年 5 月 ~1999 年 3 月任濮阳市中级人民法院副院长、党委委员（正县级）；1999 年 3 月 ~2002 年 11 月任濮阳市中级人民法院副院长、党委副书记（其间：1999 年 3 月 ~7 月参加中共河南省委党校第 24 期中青干部培训班学习，1999年8月~2001年12月参加中央党校函授学院法律专业学习）。2002年11月~2012年3月任鹤壁市中级人民法院党组书记、院长。2012年3月任鹤壁市第九届人大常委会副主任、党组成员。

（市人大常委会办公室）

鹤壁市人民政府

市长　范修芳　（详见人物·中共鹤壁市委员会）

常务副市长　桂玉强　（详见人物·中共鹤壁市委员会）

市委常委、副市长　刘新勇　（详见人物·中共鹤壁市委员会）

副市长　史全新　男，汉族，1966年8月出生，河南省武陟县人，1987年9月加入中国共产党，研究生学历。1982年9月~1985年8月在河南省汲县师范学校学习。1985年8月~1987年6月在河南省武陟县北郭乡政府工作；1987年6月~1990年7月任武陟县北郭乡团委书记（其间：1987年9月~1989年7月在郑州教育学院学习）；1990年7月~1995年4月任武陟县委办公室干事、副主任；1995年4月~7月任武陟县谢旗营乡党委副书记、乡长；1995年7月~1999年10月任武陟县詹店镇党委书记（其间：1996年12月~1998年11月在中国社会科学院研究生院工业经济系学习）。1999年10月~2001年3月任焦作市马村区副区长。2001年3月~2002年2月任中共孟州市委副书记、副市长。2002年2月~2004年4月任中共孟州市委副书记、市长（其间：2003年3月~6月在中共河南省委党校县委书记县长进修班学习；2003年9月~2006年6月在中共河南省委党校经济管理专业在职研究生班学习）。2004年4月~2006年5月任中共孟州市委书记（其间：2005年9月~2006年1月在中共河南省委党校第三十七期中青年干部培训班学习）。2006年5月~2007年3月任中共沁阳市委书记；2007年3月~2008年10月任中共沁阳市委书记、市人大常委会主任。2008年10月至今任鹤壁市人民政府副市长。

副市长　高雅玲　女，汉族，1962年9月出生，河南省清丰县人，大学学历，医学学士、教授，民盟盟员。1980年9月~1982年9月在安阳地区卫校学习。1982年9月~1998年6月鹤壁卫校干部（其间：1985年3月~1986年3月在洛阳医专全国药理中高师班学习；1991年7月~1994年6月在河南大学音乐系学习；1994年12月加入民盟；1996年7月~1999年6月在新乡医学院学习，获医学学士学位；1997年6月在河南省教育学院思想政治教育专业学习）；1998年6月~2001年4月为鹤壁中专教师。2001年4月~2003年9月任鹤壁职业技术学院药理学高级讲师（其间：2001年9月~2003年7月在河南师范大学经济管理学研究生班学习）。2003年9月~2004年4月任鹤壁市山城区政协副主席、鹤壁职业技术学院药理学副教授（其间：2003年9月~2004年7月在山西医科大学药理学研究生班学习）。2004年4月~2009年3月任鹤壁市政协副主席、民盟鹤壁市委副主委、山城区政协副主席、鹤壁职业技术学院药理学教授。2009年3月至今任鹤壁市人民政府副市长、民盟鹤壁市委副主委。

副市长　李德武　男，汉族，1961年5月出生，湖北咸宁市人，1982年8月参加工作。研究生学历，管理学硕士、教授级高级经济师。1978年9月~1982年8月在武汉化工学院无机化工专业学习。1982年8月~1988年1月在洞庭氮肥厂合成车间工作。1988年1月~1989年1月任洞庭氮肥厂技改办工程师。1989年1月~3月任巴陵石化公司洞庭氮肥厂合成车间副主任。1989年3月~1991年11月任巴陵石化公司洞庭氮肥厂合成车间主任（正科）。1991年11月~1992年12月任巴陵石化公司洞庭氮肥厂合成车间主任（副处）。1992年12月~1995年5月任巴陵石化公司洞庭氮肥厂生产处副处长、处长。1995年5月~2001年2月任巴陵石化公司洞庭氮肥厂副厂长、厂长（其间：1996年1月~1997年12月在湖南大学管理科学与工程研究生课程班学习）。2001年2月~2003年3月任中石化巴陵分公司经理助理、尿素产品部经理、党委书记、煤代油工程项目经理部副经理（其间：2000年9月~2002年12月在湖南大学管理科学与工程专业在职学习）。2003年3月~2008年1月任中石化巴陵分公司副经理，巴陵石油化工有限责任公司党委委员、董事。2008年1月~12月任中石化集团资产经营管理有限公司巴陵石化分公司副经理，中石化巴陵分公司副经理、党委委员。2008年12月~2009年6月任中石化集团资产经营管理有限公司巴陵石化分公司副总经理，中石化巴陵分公司副总经理、党委委员。2009年6月至今任鹤壁市人民政府副市长。

副市长　张　然　男，1968年3月出生，汉族，河北省肃宁县人，中共党员，1987年5月参加工作，研究生学历。1983年9月~1987年8月在北京电力护士学校护士专业学习。1987年8月~1993年1月任北京电力医院干部、

团校干部（其间：1989 年 9 月～1992 年 9 月在北京中医学院医疗系大专班在职学习）。1993 年 1 月～1993 年 3 月任华北电力局团委常委、组织委员。1993 年 3 月～1994 年 9 月任华北电力局团委常委、局机关团委书记。1994 年 9 月～1995 年 12 月任中组部办公厅信访处干部。1995 年 12 月～1997 年 8 月任中组部办公厅信访处正科级干部（其间：1993 年 7 月～1996 年 9 月在北京市委党校宏观经济管理专业研究生班在职学习）。1997 年 8 月～1998 年 4 月任中组部办公厅信访处副处级调研员。1998 年 4 月～2000 年 8 月任中组部机关精神文明办公室副主任（副处级）。2000 年 8 月～2002 年 10 月任中组部机关党委（人事局）办公室（保卫处）副处长。2002 年 10 月～2003 年 5 月任中组部机关办公厅保卫处正处级调研员兼副处长。2003 年 6 月～2009 年 12 月任中组部机关党委（人事局）群工处（工会办）处长（主任）。2009 年 12 月～2010 年 12 月任中组部机关党委（人事局）副巡视员、群工处（工会办）处长（主任）。2010 年 12 月～2011 年 4 月任中组部机关党委（人事局）副巡视员。2011 年 4 月至今任鹤壁市人民政府副市长。

副市长　朱言志　男，汉族，1960 年 11 月出生，河南襄城人。1984 年 7 月参加工作，1983 年 12 月加入中国共产党，大学学历。1980 年 9 月～1984 年 7 月为新乡师范学院政教专业学生。1984 年 7 月～1985 年 5 月为鹤壁市郊区鹿楼乡干部。1985 年 5 月～1999 年 4 月任中共鹤壁市委办公室秘书、科长，市委办公室副主任。1999 年 4 月～2003 年 9 月任中共鹤壁市委副秘书长、市委办公室主任。2003 年 9 月～2008 年 10 月任中共淇县县委副书记、县长。2008 年 11 月～2011 年 9 月任中共淇县县委书记。2011 年 9 月至今任鹤壁市人民政府副市长。

副市长　刘文彪　男，1963 年 10 月生，汉族，河南浚县人，省委党校研究生学历，1987 年 8 月加入中国共产党，1982 年 7 月参加工作。1980 年 9 月～1982 年 7 月为滑县师范学校普师专业学生。1982 年 7 月～1985 年 7 月任浚县屯子乡中心学校教师、教导处主任。1985 年 7 月～1987 年 4 月任浚县屯子乡团委书记、乡政府办主任。1987 年 4 月～1990 年 12 月任浚县屯子乡副乡长。1990 年 12 月～1995 年 6 月任浚县白寺乡党委副书记、乡长。1995 年 6 月～1998 年 2 月任浚县屯子乡党委书记（其间：1994 年 9 月～1996 年 12 月河南省委党校经济管理专业本科班学习）。1998 年 2 月～2003 年 9 月任中共淇县县委常委、组织部部长（其间：1998 年 9 月～2001 年 7 月河南省委党校经济管理专业在职研究生班学习；2001 年 7 月省委组织部第十一期赴新加坡涉外经济培训班学习）。2003 年 9 月～2004 年 4 月任中共鹤壁市淇滨区区委副书记、区纪委书记。2004 年 4 月～2006 年 10 月任中共鹤壁市委组织部副部长。2006 年 10 月～2008 年 12 月任中共鹤壁市委组织部副部长、人才办主任。2008 年 12 月～2009 年 3 月任中共鹤壁市鹤山区区委副书记、区长。2009 年 3 月～2009 年 4 月任中共鹤壁市鹤山区区委书记、区长。2009 年 4 月～2011 年 9 月任中共鹤壁市鹤山区区委书记。2011 年 9 月至今任鹤壁市人民政府副市长。

副市长　周连根　男，汉族，1965 年 11 月出生，河南淅川人，1987 年 6 月加入中国共产党，1987 年 7 月参加工作，大学学历，法学硕士。1983 年 9 月～1987 年 7 月为郑州大学政治系政治学专业学生；1987 年 7 月～1991 年 12 月任郑州大学组织部科员（其间 1987 年 8 月～1988 年 7 月在商城县扶贫锻炼）。1991 年 12 月～1992 年 3 月任郑州大学组织部副主任科员；1992 年 3 月～1998 年 3 月任河南省公安厅政治部组织教育处副主任科员、主任科员、科长；1998 年 3 月～2001 年 3 月任河南省公安厅政治部组织教育处副处长；2001 年 3 月～2001 年 11 月任商丘市公安局副局长（1998 年 9 月～2001 年 6 月在郑州大学刑法学专业学习，获法学硕士学位）。2001 年 11 月～2003 年 3 月任商丘市公安局副局长、调研员（其间：2002 年 3 月～2002 年 7 月在河南省委党校第 3 期青年干部培训班学习）。2003 年 3 月～2004 年 7 月任河南省公安厅组教处调研员（其间：2003 年 6 月～2003 年 12 月在河南省第 3 期领导干部赴美国培训班学习）。2004 年 7 月～2007 年 9 月任河南省公安厅政治部人事处处长；2007 年 9 月～2012 年 8 月任河南省公安厅治安管理总队政委（副厅级）；2012 年 8 月任鹤壁市人民政府副市长、市公安局党委书记、局长。

（市委组织部）

政协鹤壁市第九届委员会

主席　张俊成　男，汉族，1953 年 9 月出生，河南省新野县人。研究生学历，1971 年加入中国共产党，1972 年 5 月参加工作。1972 年 5 月～1980 年 9 月任新野县城郊公社、赵岗公社、县委组织部干事，龙潭公社党委副书记。1980 年 9 月～1987 年 9 月任中共南阳地委办公室秘书（其

间：1984年9月～1986年7月在中共河南省委党校党政干部大专班党政专业脱产学习）。1987年9月～1995年5月任中共淅川县委常委、办公室主任，县委副书记、县长、县委书记。1995年5月～1997年2月任南阳市政府秘书长、副市长、党组成员（其间：1996年9月～1997年1月在省委党校第19期中青班学习）。1997年2月～2000年5月任新疆阿克苏地委副书记、行署副专员，南阳市政府副市长、党组成员。2000年5月～2006年12月任中共鹤壁市委副书记、市委党校校长（其间：2000年1月～2001年12月在中国人民大学财政金融学院财政学专业研究生课程研修结业）。2006年12月～2009年3月任鹤壁市市长级干部、市政协党组书记。2009年3月至今任政协鹤壁市第九届委员会主席、党组书记。

副主席　冯用全　男，汉族，1958年1月出生，河南省林州市人，中共党员，大学学历，经济学学士。1978年9月～1982年7月在郑州大学经济系学习。1982年7月～1984年2月任鹤壁市商业局人事科科员。1984年2月～1988年10月任中共鹤壁市委政研室干事、财经科科长；1988年10月～1996年4月任中共鹤壁市委政研室副主任。1996年5月～1998年8月任鹤壁市机械电子局局长、党委书记。1998年8月～1999年3月任鹤壁市体改委主任、党组书记。1999年3月～2001年9月任鹤壁市经贸委主任、党组书记。2001年9月～2003年9月任中共淇县县委书记。2003年9月～2004年4月任中共鹤壁市委副秘书长、办公室副主任（正县级）。2004年4月～2009年3月任政协鹤壁市第八届委员会副主席。2009年3月至今任政协鹤壁市九届委员会副主席、党组副书记。

副主席　常　六　女，汉族，1952年3月出生，河南省遂平县人，中共党员，大学学历。1971年2月～1974年12月在遂平县槐树乡学校任教。1974年12月～1993年1月在鹤壁市农机厂、活塞环厂、内衣厂工作，历任车间主任、副厂长、厂长、书记。1993年1月～1994年10月为鹤壁市“转机办”干部（其间：1991年9月～1994年9月在中共省委党校经济管理函授大专班学习）。1994年10月～2000年1月任鹤壁市轻纺总会副会长、党委委员（其间：1994年9月～1996年12月在河南省委党校经济管理函授本科班学习）；2000年1月～2001年10月任鹤壁市轻纺总会会长、党委书记。2001年10月～2004年4月任鹤壁市经贸委主任、党委书记。2004年4月～2009年3月任政协鹤壁市第八届委员会副主席。2009年3月～2013年4月任政协鹤壁市九届委员会副主席、党组成员。

副主席　董撑群　男，汉族，1966年6月出生，河南省鹤壁市人，研究生学历。1983年9月～1985年7月在焦作财会学校学习。1985年8月～1990年5月任鹤壁市通用机械厂会计。1990年5月～1994年7月任鹤壁市财政局总预算会计（1993年12月完成河南财经学院财政大专学业）；1994年8月～1998年3月任鹤壁市财政局预算科副科长（1997年8月～1999年12月在中央党校函授学院经济管理专业本科班学习）；1998年3月～2000年1月任鹤壁市财政局预算科科长（其间于1999年4月加入九三学社）；2000年1月～2001年1月任鹤壁市财政局副局长。2001年1月～2004年4月任九三学社鹤壁市委主委、鹤壁市财政局副局长（其间的2001年9月开始为期近三年的省委党校在职研究生班学习经济管理专业）。2004年4月～2009年3月任政协鹤壁市第八届委员会副主席、九三学社鹤壁市委主委、市财政局副局长。2009年3月至今任政协鹤壁市第九届委员会副主席、九三学社鹤壁市委主委、市财政局副局长。

副主席　张洪波　男，汉族，1962年11月出生，河南省安阳县人，大学学历，高级农艺师，民盟盟员。1983年6月～1983年9月在浚县种子公司工作。1983年9月～1986年7月在百泉农业专科学校植物保护专业学习。1986年7月～1987年6月为浚县种子公司干部。1987年6月～1989年4月任浚县种子管理站站长（其间：1988年12月开始在河南职业技术师范学院为期二年的学习）。1989年4月～12月任浚县农牧局办公室副主任。1989年12月～1996年6月任浚县种子公司经理。1996年6月～2004年4月任浚县人民政府副县长（其间：2000年8月～2002年12月在中央党校函授学院学习法律专业）。2004年4月～2009年3月任政协鹤壁市八届委员会副主席、市工商业联合会会长。2009年3月至今任政协鹤壁市九届委员会副主席、市工商业联合会主席。

副主席　王　辉　男，1966年4月出生，汉族，河南省延津县人，市民建会员，1988年7月参加工作，大专学

历。1986年9月～1988年7月为河南师范大学体育专业学生。1988年7月～1996年4月任鹤壁市第十八中学教师。1996年4月～1998年4月任鹤壁市人事局人才交流中心科员；1998年4月～2001年4月任鹤壁市人事局工资科副主任科员；2001年4月～12月任鹤壁市人事局工资科主任科员（其间：1999年7月开始为期二年的河南师范大学经济学院科技哲学与管理专业研究生班学习）；2001年12月～2002年5月任鹤壁市人事局培训教育科科长（其间：2001年3月～2002年4月任鹤壁市鹤山区姬家山乡石门村驻村工作队队长）。2002年5月～2004年4月任鹤壁市体育局副局长。2004年4月～2007年2月任鹤壁市鹤山区人民政府副区长。2007年2月～2008年10月任鹤壁市鹤山区人民政府副区长，鹤山区政协副主席。2008年10月～2009年3月任民建鹤壁市委主委，鹤壁市鹤山区人民政府副区长，鹤山区政协副主席。2009年3月任政协鹤壁市第九届委员会副主席、民建鹤壁市委主委，鹤壁市鹤山区人民政府副区长，鹤山区政协副主席。

副主席　王合水　男，1957年12月出生，汉族，河北省吴桥人，市农工党党员，1973年10月参加工作，大学学历。1973年10月～1975年10月为下乡知青。1975年10月～1980年10月为鹤壁市第三中学职工。1980年10月～1991年12月任鹤壁教育学院职工、保卫科副科长（其间：1989年9月～1991年7月在鹤壁教育学院政治教育专业学习）。1991年12月～1994年2月任鹤壁市土地局监察大队科员、队长。1994年2月～1998年2月任鹤壁市外贸局办公室主任。1998年2月～2003年12月任鹤壁市山城区人民政府副区长（其间：2002年12月在河南教育学院政治教育专业学习）。2003年12月～2006年5月任农工党鹤壁市委主委，鹤壁市山城区人民政府副区长。2006年5月～2007年2月任农工党鹤壁市委主委，鹤壁市山城区政协副主席。2007年2月～2009年3月任农工党鹤壁市委主委、鹤壁市山城区人大常委会副主任。2009年3月任政协鹤壁市第九届委员会副主席、农工党鹤壁市委主委、鹤壁市山城区人大常委会副主任。

副主席　孙庭瑞　男，1956年10月出生，汉族，河南濮阳人，1983年12月加入中国共产党，1973年6月参加工作，大学学历。1973年6月～1976年12月为濮阳县文留乡中学民办教师；1977年1月～1978年8月在濮阳县二中师

范班学习。1978年9月～1981年7月在安阳农业学校大专班园林专业学习。1981年7月～1983年12月在鹤壁市农林局工作；1983年12月～1988年12月任鹤壁市委办公室办事员、秘书，催办查办科科长；1988年12月～1994年10月任鹤壁市财委副主任、党组成员、党组副书记（其间：1990年2月～1990年7月在河南省委党校中青年干部培训班学习）；1994年10月～1995年5月任鹤壁市财委主任、党组书记。1995年5月～1996年12月任浚县县委副书记、县长；1996年12月～1997年12月任浚县县委书记、县长；1997年12月～1999年3月任浚县县委书记（其间：1995年9月～1998年7月在南京理工大学管理工程专业学习）。1999年3月～2001年10月任鹤壁市政府秘书长；2001年10月～2004年2月任鹤壁市政府秘书长、办公室主任。2004年2月～2004年3月任河南省机械设备成套局（省招标局）党组成员；2004年3月～2011年12月任河南省机械设备成套局（省招标局）副局长、党组成员。2011年12月至今政协河南省鹤壁市委员会副主席、党组成员。

副主席　杜国庆　男，1962年8月出生，汉族，河南安阳人，1990年1月加入中国共产党，1982年8月参加工作，大学学历。1980年9月～1982年8月为焦作财会学校财政专业学生。1982年8月～1990年1月任鹤壁市财政局工业科科员（其间：1988年10月～1990年1月挂职鹤壁市化工一厂财务科副科长）。1990年1月～1993年4月任鹤壁市财政局财源建设办公室副科级协理员；1993年4月～1993年10月任鹤壁市财政局工业科副科长；1993年10月～1994年11月任鹤壁市会计师事务所副所长（其间：1994年6月自考在河南财经学院财政专业大专学习）；1994年11月～1998年4月任鹤壁市财政局工业科副科长；1998年4月～1999年8月任鹤壁市财政局农业科科长；1999年8月～2003年9月任鹤壁市财政局副局长、党组成员（其间：1998年9月～2000年12月在中央党校经济管理专业学习）；2003年9月～2004年4月任鹤壁浚县县委常委、副县长。2004年4月～2005年1月任鹤壁市财政局局长、党组书记；2005年1月～2009年6月任鹤壁市财政局局长、党组书记、国资局局长；2009年6月～2012年7月任鹤壁市财政局局长、党组书记、国资局局长，经济建设投资集团有限公司（国有资产管理运营中心）董事长、党委书记；2012年7月～2012年8月任鹤壁市财政局局长、党组书记、国资局局长。2012年8月任政协鹤壁市委员会副主席、党组成员，市财

政局局长、党组书记、国资局局长。

（市政协）

鹤壁军分区

司令员　黑占俊　男，1962年3月出生，河南鲁山人，汉族，1980年11月入伍，1984年4月入党，大学学历，大校军衔。历任战士、学员、排长、副连长、连长，某部助理员、科长、部长，某人武部部长，某军分区参谋长；2012年10月任鹤壁军分区司令员。

政治委员　肖群章　（详见人物·中共鹤壁市委员会）

政治委员　王　旭　（详见人物·中共鹤壁市委员会）

副司令员　于　涵　男，1963年1月出生，河南汤阴人，汉族，1980年8月入伍，1983年4月入党，本科学历，大校军衔。历任学员，排长、助工，参谋、处长，副所长、所长、工程师；2009年12月至今任鹤壁军分区副司令员。

副司令员　陈同有　男，1964年11月出生，河南汤阴人，汉族，1982年6月入伍，1986年6月入党，研究生学历，大校军衔。历任学员，某人武部管理员、办公室副主任、办公室主任、后勤科科长，某军分区供应科科长，某人武部部长、政委，某军分区后勤部长，某军分区参谋长；2013年4月任鹤壁军分区副司令员。

参谋长　鲁先诚　男，1963年2月出生，安徽霍邱人，汉族，1978年12月入伍，1982年6月入党，研究生学历，大校军衔。历任战士、班长、排长，政治指导员、干事、集团军参谋，师司令部科长、旅副参谋长、副旅长；2006年2月至今任鹤壁军分区参谋长。

政治部主任　高东明　男，1964年10月出生，河南项城人，汉族，1984年9月入伍，1987年5月入党，研究生学历，大校军衔。历任学员，某团排长、副连长、连长、指导员、股长、后勤处长，某师后勤处长、财务科长、团政委；2012年4月至今任鹤壁军分区政治部主任。

后勤部部长　赵　立　男，1967年1月出生，河南浚县人，汉族，1984年11月入伍，1989年3月入党，本科学历，上校军衔。历任战士、学员、排长、连长，某人武部助理员、副科长、科长、副部长。某人武部部长、政委；2012年3月～2013年3月任鹤壁军分区后勤部部长。

后勤部部长　兰金锋　男，1972年5月出生，河南叶县人，汉族，1990年12月入伍，1992年10月入党，大学学历，上校军衔。历任战士，学员，某高炮旅站长、副指导员、参谋，某防空旅参谋、战勤科长、后勤部副部长、部长、保障部长，某人武部部长，2013年3月任鹤壁军分区后勤部部长。

其他副市级领导干部

市中级人民法院院长　曲海滨　男，1963年8月出生，汉族，河南林州人，中共党员。研究生学历，法律硕士学位，1980年9月～1983年7月安阳师范专科学校中文系学生；1983年7月～1988年7月为安阳师范专科学校政史系教师；1988年7月～1989年9月任安阳市中级人民法院科员；1989年9月～1992年11月任安阳市中级人民法院助理审判员；1992年11月～1994年10月任安阳市中级人民法院审判员；1994年10月～1995年10月任安阳市中级人民法院副科级审判员（其间：1993年9月～1995年7月在河南大学成人高等教育法律专业学习）；1995年10月～1997年7月任安阳市铁西区人民法院副院长、党组成员（副科级）；1997年7月～2001年3月任安阳市铁西区人民法院副院长、党组副

书记（正科级）；2001 年 3 月 ~2005 年 4 月任安阳市中级人民法院副院长、党组成员（其间：2001 年 7 月 ~2003 年 12 月在中南财经政法大学法律硕士教育中心研究生学习，获法律硕士学位）；2005 年 4 月 ~2012 年 4 月任安阳市中级人民法院副院长、党组副书记（正县级）（其间：2010 年 9 月 ~2010 年 12 月在省委党校第 42 期中青班学习）；2012 年 4 月 ~2012 年 8 月任鹤壁市中级人民法院党组书记、副院长、代院长、审判委员委员、审判员。2012 年 8 月任鹤壁市中级人民法院院长、党组书记。

市人民检察院检察长　阎兴振　男，汉族，1964 年 11 月出生，河南省邓州市人，中共党员，大学学历，高级检察官。1981 年 9 月 ~1985 年 7 月在西南政法学院法律系学习。1985 年 7 月 ~1986 年 9 月在河南省人民检察院工作；1986 年 9 月 ~1989 年 4 月任河南省人民检察院书记员；1989 年 4 月 ~1997 年 5 月任河南省人民检察院助理检察员；1997 年 5 月 ~9 月任河南省人民检察院办公室副主任；1997 年 9 月 ~2001 年 10 月任河南省人民检察院办公室副主任、检察员；2001 年 10 月 ~12 月任河南省人民检察院办公室副主任、正处级检察员；2001 年 12 月 ~2003 年 5 月任河南省人民检察院办公室副主任、检察长秘书（正处长级）、检察员；2003 年 5 月 ~2004 年 10 月任河南省人民检察院办公室副主任（正处长级）、检察员；2004 年 10 月 ~2006 年 12 月任河南省人民检察院办公室代主任（正处长级）、检察员；2006 年 12 月 ~2009 年 3 月任河南省人民检察院办公室主任、检察员。2009 年 3 月至今任鹤壁市人民检察院党组书记、检察长。

（市检察院）

鹤壁职业技术学院党委书记　张艾青　女，汉族，1962 年 9 月出生，河南孟州人，1986 年 6 月加入中国共产党，1984 年 7 月参加工作，1984 年 7 月毕业于河南师范大学政教系，在职研究生学历，文学学士。1984 年 7 月至 1985 年 3 月任鹤壁市郊区大河涧乡团委书记。1985 年 3 月至 1992 年 11 月先后任共青团鹤壁市委学校部、宣传部干事、学校部部长、宣传部部长。1992 年 11 月至 1998 年 3 月任共青团鹤壁市委副书记、党组成员。1998 年 3 月至 2000 年 10 月任鹤壁市郊区政府副区长（其间：1996 年 9 月 ~1999 年 2 月在河南省委党校行政管理专业在职研究生班学习）。2000 年 10 月 ~2002 年 5 月任中共浚县县委副书记。2002 年 5 月 ~2004 年 5 月任鹤壁市审计局局长、党组书记。2004 年 5 月 ~2005 年 12 月任中共鹤壁市纪委副书记、监察局局长。2005 年 12 月 ~2010 年 9 月中共鹤壁市纪委副书记、监察局局长、市政府党组成员。2010 年 9 月至今任鹤壁职业技术学院党委书记。

鹤壁职业技术学院院长　谷朝众　男，汉族，1958 年出生，1974 年参加工作，中共党员，研究生学历，河南师范大学硕士生导师。1974 ~1976 年在耿寺农场下乡，任农场团支部书记；1976 年 2 月 ~1988 年 12 月在部队服役，任陆军某部后勤部排长、参谋、战勤科科长；1989 年 1 月 ~1999 年 2 月先后任鹤壁市政府办公室秘书科科长、办公室副主任、市政府副秘书长（其间：1991 年 9 月 ~1993 年 7 月在河南大学财经管理专业研究生班学习）；1999 年 3 月 ~2002 年 4 月任鹤壁市科委（科技局）党组书记、主任（局长）；2002 年 5 月 ~2010 年 9 月任鹤壁市教育局党委书记、局长；2010 年 10 月至今任鹤壁职业技术学院院长。

市委党校常务副校长　陈传光　男，汉族，1953 年 6 月出生，河南省鹤壁市人，大学本科，中共党员。1969 年 8 月 ~1978 年 11 月任鹤壁市陶瓷厂工会干事。1978 年 11 月 ~1988 年 12 月先后任鹤壁团市委青干部副部长，市委办公室、市政府办公室秘书，市体改委企业科长（其间：1983 年 9 月 ~1986 年 7 月参加郑州大学汉语言专业学习）。1988 年 12 月 ~1994 年 3 月先后任市体改委、市政府发展研究中心副主任、党组成员、党组副书记；1994 年 3 月 ~1998 年 8 月任市体改委、市政府发展研究中心主任、党组书记。1998 年 8 月 ~2001 年 9 月任中共淇县县委副书记、县长。2001 年 9 月 ~2001 年 10 月任市计划委党组书记。2001 年 10 月 ~2004 年 4 月任市发展计划委主任、党组书记。2004 年 4 月 ~2007 年 3 月任中共市委组织部副部长、市委党校党委书记、市委党校（行政学院）常务副校（院）长。2007 年 3 月至今任中共市委党校常务副校长（行政学院副院长，副厅级）、党委书记。

（市委党校）

市公安局副局长　王　峰　男，汉族，1962 年 10 月出生，河南省南召县人，大学学历，1979 年 4 月加入中国共产党。1978 年 1 月 ~1982 年 3 月在中国人民解放军 54203 部队服役，任战士、班长。1982 年 3 月 ~1984 年 9 月在南阳县四中学习。1984 年 9 月 ~1988 年 6 月在郑州大学法律系学习。1988 年

6月~1990年8月任河南公安高等专科学校教员。1990年8月~1992年6月任河南省公安厅法制室科员；1992年6月~1994年6月任河南省公安厅法制室副主任科员；1994年6月~1996年5月任河南省公安厅法制室主任科员；1996年5月~1998年12月任河南省公安厅办公室副主任。1998年12月~2002年1月任鹤壁市公安局政委（正县级）、党委副书记。2002年1月至今任鹤壁市公安局副局长（副厅级）、党委副书记。

（市公安局）

鹤壁市人民政府党组成员　全大宏　男，汉族，1955年8月出生，山东省寿张县人，大专学历，1973年5月参加工作，1985年12月加入中国共产党。1973年5月~1975年12月在鹤壁矿务局内黄林场下乡；1975年12月~1978年9月在鹤壁市重型机器厂工作；1978年9月~1981年8月在鹤壁师范大专班学习；1981年8月~1984年9月在鹤壁市第四中学工作；1984年9月~1986年11月在鹤壁市“五四三”办公室工作；1986年11月~1994年9月任中共鹤壁市委宣传部办公室副主任、主任；1994年9月~1998年2月任中共鹤壁市郊区区委常委、宣传部长；1998年2月~1999年6月任中共鹤壁市郊区区委常委、常务副区长；1999年6月~2001年5月任中共鹤壁市郊区区委副书记兼区政府常务副区长、区委政法委书记；2001年5月~8月任中共鹤壁市郊区区委副书记、代区长；2001年9月~2009年6月任中共鹤壁市淇滨区委副书记、区长（2002年6月郊区更名为淇滨区）；2009年6月~2012年1月任中共鹤壁市淇滨区区委副书记、区长（副厅级）；2012年1月任鹤壁市人民政府党组成员。

英模人物

全国荣誉称号获得者

全国五一劳动奖章获得者　李宗庆　男，汉族，1964年5月出生，河南省滑县人，中共党员，本科学历，1982年8月参加工作，鹤壁煤业集团有限责任公司工会主席，高级经济师。他带领鹤煤集团工会一班人，以“打造一流工作品牌、创建一流企业工会”为目标，大力实施建功立业工程、群众安全工程、依法维权工程、帮扶送温暖工程、群众文化工程和素质提升工程，创造性的提出常规工作抓规范、重点工作抓创新、难点工作抓突破，工会工作水平和服务企业、服务职工的能力得到显著的提升。开展“有困难找工会”活动，全公司各级工会组织和广大工会干部积极行动，努力为职工解决实际困难，得到全国能源化学工会和河南省总工会领导的高度评价。群众性经济技术创新方面，围绕煤炭企业经济效益下滑，广泛开展以“创新增效、节约降耗”群众性劳动竞赛、职工技能大赛、“五小”成果等活动，为提升企业经济效益发挥了积极作用；群众安全工作方面，建立完善各项制度，推行职工代表上岗巡视，不断巩固和深化“安康杯”竞赛活动，全年鹤煤集团实现安全生产零死亡，推动鹤煤集团安全和平安建设；在民主管理方面，制定《鹤煤集团企业民主管理规定实施办法》，坚持开展“三最”问卷调查活动，畅通职工民主诉求渠道，民主管理工作花开遍地，有效的维护职工的合法权益和根本利益；在帮扶送温暖方面，制定鹤煤集团困难职工帮扶管理办法，成立帮扶中心，建立自上而下的困难职工帮扶救助体系，并坚持开展重大节日、金秋助学和临时困难救助等多种形式的帮扶活动，积极构建和谐稳定矿区；在职工文体方面，连续举办职工文化艺术节，并成立鹤煤集团职工文化艺术体育联合会，开展丰富多彩的文化活动，繁荣矿区文化，推出河南电视台《梨园春》三连冠和年终总决赛冠军周雷达。2012年，鹤煤集团被授予河南省“安康杯”竞赛优胜企业称号，鹤煤工会获全国煤炭系统技协先进单位、全国煤矿体协全民健身先进单位；2010年其本人被授予“河南省五一劳动奖章”；2011年荣获“全国能源化学系统优秀工会工作者”称号。2013年5月被中华全国总工会授予“全国五一劳动奖章”。

全国维护妇女儿童权益先进个人　郭艳海　男，38岁，汉族，中共党员，大学学历，现任鹤壁市公安局刑警支队五大队副大队长。在公安部督办、涉及全国14个省的“2011.02.21”特大贩卖婴儿案的侦破中，郭艳海肩负信息分析集散的主要工作任务，并作为各涉案省市的联络枢纽。他发扬艰苦卓绝的工作作风，为专案的侦破作出突出贡献。5个月不分昼夜工作，汇集数10万条信息，集成各种图表20多种300多份，制作相关文档200余份30余万字，贩婴网络逐步清晰刻画成形，大量涉案嫌疑人身份被圈定。7月19日，全国列控的涉案手机号码已达到248个，并监控多次贩婴过程，初步确定有115名涉案嫌疑人有抓捕条件。7月20日零时，公安部统一指挥，14个涉案省区2600余名民警联合作战、同步收网，已成功解救被拐儿童104名，抓获犯罪嫌疑人395名，彻底摧毁这一横跨14省区、特大拐卖儿童犯罪团伙网络，取得会战的重大胜利。2013年3月，被全国妇联、全国维护妇女儿童权益暨平安家庭创建协调组评为2011~

2012 年度全国维护妇女儿童权益先进个人。

（市公安局）

中国百名优秀气象信息员奖

张丽霞　女，中共党员，大学学历，2005 年通过全省统一的“大学生村官”招考，成为一名服务基层的工作者，在水峪新村从事党政办日常工作，同时兼任本村气象信息员工作。自担任气象信息员以来，认真履行信息员职责，扎实做好气象信息的发布和农业信息的收集、上报工作，充分发挥信息员在为农服务需求反馈、气象灾害资料收集、气象设备维护及气象科普知识宣传中的作用。平时，她每天都会在村委会门前的小黑板上写下气象信息、农事建议等。闲暇时，她总爱在村子里转转，将气象局印发的气象科普图书和宣传彩页分发给村民。并利用自己学习的气象知识，向村民讲解气象常识，宣传气象法律法规，向大家传授雷电、冰雹等气象灾害防御方法，做好气象知识的讲解员、宣传员，提高群众气象防灾减灾的意识和能力。遇到难解的问题或村里发生了灾情，她都积极与气象部门联系，寻求气象专家的帮助，做好村民与气象专家上传下达的良好沟通桥梁。2013 年 12 月，被中国气象局授予“百名优秀气象信息员奖”。

（李　雯）

河南省荣誉称号获得者

河南省见义勇为青年英雄

吕俊峰　男，汉族，1994 年 8 月出生，鹤壁市淇县人，2011 年 12 月入伍，上等兵警衔，生前系湖北省武警总队宜昌支队五中队战士，2013 年“五四”青年节当日，正在清江隔河岩水力发电厂二号哨三号门外侧执勤的吕俊峰，接到电厂综合部求救：附近居民余济斌、陶梅夫妇二人在三号门外 100 米处的江边钓鱼时，余济斌意外落水。接到求救后，吕俊峰丢下手中的工具，一路奔向现场，只见余济斌正在水中挣扎，吕俊峰当即脱掉上衣跳入水中，游向余济斌，抓住他的手臂向岸边拖拽。岸上，群众一起援手，将落水者拉上岸。而此时，吕俊峰却因体力耗尽沉入水中，献出了年轻的生命，牺牲时未满 19 岁。5 月 5 日，共青团宜昌市委、宜昌市青年联合会作出决定，追授吕俊峰“宜昌青年五四奖章”，武警湖北总队党委为吕俊峰烈士追记一等功，批准他为革命烈士，总队党委追认他为中共党员。共青团湖北省委追授吕俊峰同志“湖北青年五四奖章”。5 月 13 日，共青团鹤壁市委、鹤壁市青年联合会追授吕俊峰同志为“鹤壁市杰出青年”称号。6 月 17 日，共青团河南省委、河南省青年联合会追授吕俊峰为“河南省见义勇为青年英雄”荣誉称号。

河南省见义勇为好青年

邢二朋　男，汉族，1991 年 3 月出生，共青团员，鹤壁市浚县人，黄河水利职业技术学院学生。2013 年 5 月 18 日下午，邢二朋和朋友骑车到开封黄河柳园口段游玩，有四名大学生和一个小男孩也在河边玩耍。突然，一名小男孩不慎滑入水中，两位不会游泳的女大学生本能地跳入水中救人，很快被河水吞噬。听到“救命”的呼喊声，邢二朋甩掉身上的背包和手机，跳入河中，他先游到小男孩身边，用胳膊夹住小男孩的腰部，邢二朋奋力挣脱漩涡的吸引，游到岸边，将小男孩推了上去。邢二朋再次跳入水中，向一名女大学生游去。因为落水的时间较长，这名女学生已经没有了挣扎的意识，他奋力托着这名女学生的腰部推出水面，托举着向岸边游去，女学生顺利获救。已经精疲力竭的邢二朋第三次跳入水中，用尽最后力气将第三名落水者成功救出。看到 3 名落水者安然无恙，邢二朋悄悄离开了现场。回到学校，邢二朋没有把救人的事跟任何人说起。5 月 24 日，获救家长带领媒体记者来到黄河水院，寻找并当面答谢救命恩人邢二朋。6 月 5 日，学校授予邢二朋“见义勇为道德模范”荣誉称号，并奖给他 1 万块钱。邢二朋当即将这笔钱全部捐出。邢二朋的事迹受到中国青年报，河南日报，大河报，新华社，中央电视台，河南卫视等多家媒体专访。6 月 17 日，共青团河南省委、河南省青年联合会授予邢二朋为“河南省见义勇为好青年”荣誉称号。

河南省五一劳动奖章获得者

宋忠兰　男，汉族，1982 年 12 月出生，河南省南乐人，中共党员，高中文化程度，2000 年 7 月参加工作，鹤煤八矿采三队采煤班生产班长。近年来，他以煤为业，以矿为家，十年如一日，奋斗在采煤一线。在日常工作中不但勤奋好学，还力求学以致用。不断丰富做好本职岗位工作的知识，自觉养成学以致用、用有所成的表率，着眼于解决安全生产中出现的新情况、新问题。2012 年，中央采区 30022 中工作面连续 8 个多月出现多处石包，其断层面之广、石包坚硬度之硬、开采难度之大是近年来较少见的。并且，煤岩结合煤质松软，易松动、垮落，给采煤工作带来极大困难。他凭着自己过硬的专业知识和技术，要求所在班组工人采石包时，必须提前上网串梁护顶，还提出密布炮眼放小炮的方案，在确保安全、质量稳定的前提下，加快工作面的推进力度，为区队顺利实现安全生产的持续稳定打下坚实的基础。他在日常安全生产工作中以质量为基础，安全为保障，提高工时效率为目标，勤奋好学，吃苦耐劳，兢兢业业，真抓实干。狠抓班组管理、安全生产、质量达标，争先锋、做表率，打造出一只具有攻坚力、向心力和战斗力的高素质班组，在平凡的岗位上做出了不平凡的业绩。2009、2010年度连续两年被河南煤化集团评为“优秀班组长”；2011年被评为鹤壁市“五一劳动奖章”。2013年5月被授予“河南省五一劳动奖章”。

河南省五一劳动奖章获得者

褚家茂　男，汉族，1958年9月出生，河南郸城人，中共党员，硕士研究生学历，1974年参加工作，河南省农村信用社联合社鹤壁市办公室党组书记、主任。他参加工作30多年来，脚踏实地、勤勉尽责，任劳任怨、锐意进取，为支持“三农”和地方经济发展做出突出贡献。2011年调任鹤壁市农信办主任后，褚家茂结合鹤壁市农村信用社工作实际，制订“改变淇县、发展浚县、提升两区”的总体工作方针，提出“打开思维、打开空间、打开市场”和围绕政府、企业、产业、项目、社区开展工作的总体思路，指导全市农信社坚持以业务经营为中心，当年各项存款净增21.4亿元，排名全省农村信社第二位，余额突破100亿元，存款增量和增幅均创历史新高。持续优化信贷结构，加大信贷投放，新增各项贷款19.8亿元，贷款余额达到89.6亿元，引进域外资金9.3亿元，3项指标均居全市银行业金融机构首位；全年累计上缴利税4590万元；完成浚县、淇县、山城区三家县级联社达标升级工作任务，扎实推进淇滨区和山城区农信联社合并组建农村商业银行工作，为全市经济社会发展做出贡献，受到市政府表彰嘉奖。2013年5月被授予“河南省五一劳动奖章”。

河南省五一劳动奖章获得者

李林海　男，汉族，1962年1月出生，河南淇县人，大专学历，1978年参加工作，淇县永昌牧业发展有限公司董事长。1988年，李林海在淇县高村镇创办新兴养殖场，1991年创办淇县永昌牧业有限公司，永昌公司于2002年竞购原淇县淀粉糖厂破产资产改制注册为公司，现名为河南飞天农业开发股份有限公司，将原有2万吨淀粉规模技改扩建为现在的年加工36万吨玉米，年产淀粉8万吨、5万吨结晶糖生产线和年产5万吨麦芽糖、5万吨麦芽糖精项目；2005年永昌公司竞购原淇县热电厂破产资产，改制注册为淇县天瑞生物质能热电有限公司，并技改建设1×12MW生物质能热电工程，2008年注册成立汇祥担保投资公司，2010年又创建河南布丽斯服装有限公司和淇县永昌房地产开发有限公司，企业规模进一步发展壮大。他创办的永昌公司先后接纳下岗失业人员和安排社会剩余劳动力就业近2000人，每年上交税收1000余万元，还有力地带动本县及周边地区交通、运输、建筑、包装、电力、金融、餐饮、住宿、旅游等多个产业发展，每年为这些行业创造效益达1亿元以上。2012年仅永昌集团控股企业飞天农业开发股份公司资产达6.2亿元、收入7.2亿元，上缴税收4000余万元。公司先后被授予农业产业化国家级龙头企业、国家财政参政重点企业、全国淀粉糖行业20强企业、全国农业产品加工示范企业、河南省高新技术企业等荣誉称号。他提出的“龙头企业+基地+农户”和“龙头企业+合作社+农户”经营方式，与当地及周边地区6万个农户建立长期的购销关系，每年为农户增收共计3600万元，户均增收600万元。2011年3月被鹤壁市委统战部、工商联授予“鹤壁市年度经济人物”荣誉称号。2013年5月被授予“河南省五一劳动奖章”。

河南省五一劳动奖章获得者

吕文涛　男，汉族，1971年3月出生，河南淇县人，中共党员，大学学历，1991年7月参加工作，鹤壁市中级人民法院立案庭庭长。他针对庭内人多事杂的特点，把全庭分为6个工作组，在细化任务分工、明确办理职责的基础上，主要开展以下工作：一是在立案审查工作中，始终强化窗口形象建设。通过创建青年文明号岗位，向社会树立鹤壁法院的良好形象。通过向当事人提供法律指导和援助，减缓诉讼费用30余万元，二是畅通信访渠道，确立开门接访，重在处访的工作思路。形成以基层为主战场，中院为坚实防线，合力预防和化解信访问题，努力减少进京赴省访的工作格局，连续两年涉诉信访指标考核在全省法院名列前茅。三是对不服一二审生效判决的当事人做好释法析理和服判息诉工作。缓和情绪激动当事人对抗社会的心理，促使他们把精力投入于生活和生产中。对存在瑕疵的各类案件不护短，坚持建议进入审判监督程序予以纠正，维护公平正义。四是通过对罚款复议、管辖异议、驳回起诉等案件的审理，规范法院内部的审判秩序，维护了法律权威。立案庭负责的预防和化解群体性突发事件在全省法院考核中位居第一。2012年被市总工会授予“五一劳动奖章”；2013年5月被授予“河南省五一劳动奖章”。

河南省五一劳动奖章获得者

王建军　男，汉族，1970年7月出生，河南浚县人，高中学历，1988年11月参加工作，鹤壁煤电股份有限公司第三煤矿机电班长。在工作中，王建军勤勤恳恳，并深入学习设备性能、设备维护保养等多方面的知识，为自己在设备管理、设备维修方面有了长足的发展。作为机电大班班长，肩上担子的重量是可想而知，但王建军担任机电班长十多年来，却从没有说过一句苦、叫过一声累。他下井对施工的地点，每一台机电设备都严格检查，严格按照质量标准对本班的机电设备进行验收检查。他知道机电设备是安全生产的前提，只有抓好机电设备的正常运行才能确保安全生产的可能性。他始终坚持“安全第一、质量为本”的宗旨。他心里总是装着井下的各部机电设备和设备运转情况，有“病”的设备他关心，“亚健康”的设备他也关心；就像电影一样不停的在他脑子里过。他不但对所辖管的机电设备了如指掌，也对每台设备的习性全摸透了，设备一有故障，他一听一看就能找到“症结”，处理起来得心应手。“于不疑处质疑，于无事时找事”这是他长期遵循的思维方式和工作风格。他发明的“液压便携式刮板现场整形器”、“转动式风水管路盘管器”等，不仅节约了材料消耗，而且降低了人工成本，提高了工效，促进了生产。2012年获得“河南煤化集团首席员工”称号，同年获得“河南省技术能手”称号。2013年5月被授予“河南省五一劳动奖章”。

河南省五一劳动奖章获得者

史斌斌　男，汉族，1989年1月出生，河南温县人，中专学历，2009年5月参加工作，鹤壁煤电股份有限公司救护大队职工。他于2009年9月调入鹤煤救护大队以来，在学习训练上严以律己，积极学习新知识新装备，在工作生活中令行禁止，尊重领导，团结同志，工作兢兢业业。他虽然入队时间短，工作时间不长，但是工作成绩较突出，尤其是在2012年第七届河南省矿山技术大比武中取得综合体质第一名，理论第一名，集体第一名的好成绩。在2012年3月在接到大队抽调大比武集训队的任务后，他在训练中严格要求自己，理论上由于自身文化水平不高，他就每天早晨4点起床背诵竞赛比赛理论考题，不会的先记下，把内容全部记在心里后，再把自己不会的计算及其他名词请教他人。在仪器操作训练中，比赛规则为时间最短且竞赛中无错误者为优胜者，他在熟悉操作顺序及要点后，把操作时间提前。长时间的训练，经常有磕磕碰碰，10个手指有6根手指有伤口，但是他还是继续练习。尤其在体质方面，挑战自我身体极限，在业余时间偷偷练。在此次大比武中，他拼尽所能，在体质项目中取得第一名的好成绩。2013年5月被授予“河南省五一劳动奖章”。

河南省五一劳动奖章获得者　苗国敏　男，汉族，1963年4月出生，河南省内乡人，中共党员，本科学历，1983年8月参加工作，鹤壁煤电股份有限公司电石厂总工程师，副厂长。他提出并采用倒逼机制，组织实施“三查四定”工程收尾工作，强力推进项目通过试车验收，具备试生产条件。他主持开展岗位作业奉献评估、同行业事故案例分析，反复研究制定出45个岗位的“十个严禁”操作

作业规范，确保安全生产零事故。他提出在两台电石炉中间加装“防爆防护墙”保护装置，在每一台炉的循环水分配置前设置安全防护墙，制作安全移动小车对电石炉内运行情况进行观察，使检修、操作人员处于有效地保护之下，这两项技术创新极大地确保设备和人身安全，并获得两项国家实用新型专利。他提出并组织实施的循环水带压运行的措施，开创电石行业循环水密封使用的先河。此项电石行业首创的技术，节约设备4台，价值52万元，每年节约电费346万元，实现年综合经济效益高达1146.5万元。他组织开展石灰窑运行攻关QC小组活动。对石灰窑生产运行参数，操作方法进行综合调整，使石灰生过烧率由35%降到15%，实现每吨电石节电150度以上，年节电达1642.5万度，节约电费900余万元。他先后荣获“优秀党员”、“安全优秀员工”等称号。2013年5月被授予“河南省五一劳动奖章”。

河南省五一劳动奖章获得者

李　莉　女，汉族，1983年5月出生，河南省鹤壁人，中共党员，本科学历，2004年8月参加工作，鹤壁市湘江小学教师。执教以来，她刻苦学习理论和文化知识，潜心研究教材教法，围绕课改理念，深刻领会课标内涵，准确把握、认真钻研教材，制定科学、合理的教学目标。有机结合各种教学方法，注重培养学生的主动精神、独立精神和协作精神，培养学生的思维能力、创造能力、动手能力、她还对学校的特色素质教育课程“泥猴张艺术”进行细致的研究，在研究的基础上对自己的课进行教学反思，不断总结经验，为教育科研积淀基础，为课题研究提供实践素材。并参与主持市级规划课题《泥塑课程对调节儿童心理所起到的作用》的研究。2011年，她撰写的《利用本地资源打造特色泥塑课程》获得鹤壁市美术教育教学论文评比一等奖。论文《民间文化艺术在泥塑课程中的应用研究》被评为河南省中小学教师优秀教育教学研究成果一等奖。2012年8月，在全省教育系统“小学信息技术与学科整合教学”美术学科项目竞赛中，参赛的作品《学捏泥动物—猴子》获得特等奖。2013年5月被授予“河南省五一劳动奖章”。

河南省五一劳动奖章获得者　冯永庆　男，汉族，1978年2月出生，河北省吴桥人，中共党员，大专学历，1995年12月参加工作，鹤壁煤电股份有限公司救护大队技术员。为能使鹤煤救护大队实现与国际矿山救援技术接轨，进一步提升矿山救援技术竞赛与矿山救护队质量标准化水平，他积极参与制定《前勤中队考核办法》、《中队安全措施》、《创新方案》等有关制度。同时，严格按照考核办法

和训练计划、安全措施，进行监督训练，月末认真组织月度考核，真正达到边学习边提高的目的。他先后掌握惰气发生装置、多种气体检测仪、热成像仪等仪器装备的操作使用。曾多次在矿井火灾、爆炸、冒顶、突出、透水等事故中，利用相应的技术装备和同事一起进行灾区侦查和抢救人员工作。在矿井安全技术工作中按章操作，确保煤矿安全生产。积极参加技术革新，对大队引进的红外热成像仪、自动苏生机、PSS-BG4正压氧气呼吸器等技术装备进行佩戴、试验，使PSS-BG4正压氧气呼吸器尽快投入战备值班。2013年5月被授予“河南省五一劳动奖章”。

河南省五一劳动奖章获得者

许廷军 男，汉族，1976年3月出生，河南浚县人，大专学历，1993年9月参加工作，鹤壁煤电股份有限公司救护大队高级技师。他多次带领救护队员深入现场救灾，沉着冷静，迎难而上，发挥不怕苦、不怕累、不怕牺牲的敬业精神，曾多次受到大队领导赞扬。自参加工作以来，参加处理煤矿事故达60余起。特别是在禹州透水事故、他带领小队爬行淌水到灾区救出一名遇险人员，搜索并运出5名遇难人员，带领小队多次完成灾区侦查、监护矿工工作，为缩短救灾进度，保护国家财产损失赢得宝贵时间。2009年，在河南省矿山救援技术竞赛中获得全省集体第一名及个人席位操作一等奖；2010年，在全国第八届矿山救援技术竞赛中，担任参赛队小队长，荣获全国团体第七名和个人呼吸器操作三等奖；2012年，在河南省矿山救援技术竞赛中获得全省团体第一名、个人呼吸器操作单项第一名、业务理论第三名及个人全能第三名；2004年~2012年，连续荣获公司先进工作者。2013年5月被授予“河南省五一劳动奖章”。

河南省五一劳动奖章获得者

刘青云 女，汉族，1980年5月出生，河北省满城人，中共党员，研究生学历，2002年9月参加工作，鹤壁市鹤壁高中教师。她自参加工作以来，虚心学习，认真教研，在数学教学工作中逐渐形成自己的一套教学风格和教育理念，教学能力突出。在日常教育教学中锐意教学改革，积极参加各类培训充实自己。参与全国“诱思探究教学法”的课题实验，被评为“全国科研先进个人”；个人撰写的十数篇论文和教学设计分别在国家、省市级比赛中获得一、二等奖，其中论文《创建新型数学课程提升学生教学品质》获教育部高中数学课标教材实验优秀论文评选二等奖，论文《插上信息技术的翅膀——浅谈数学教学与信息技术整合》获河南省教育成果评比二等奖，作为班主任，她在教学过程中重视对学生进行爱国教育、感恩教育、励志教育和社会责任意识教育，重视学生成人、成才、成功的全面培养，得到师生的一致好评。2012年被评为“河南省骨干教师”，同时被评为“河南省名师”、“鹤壁市骨干教师”。2013年5月被授予“河南省五一劳动奖章”。

河南省五一劳动奖章获得者

李钢锁 男，汉族，1969年7月出生，河南省濮阳人，高中学历，1994年7月参加工作，河南煤化鹤煤八矿采煤一队掘进班班长，他十年如一日，奋斗在掘进一线。在班前会察看每一名员工的思想情绪，看有没有思想情绪不稳定或喝酒下井的员工，从中排查出安全薄弱人员，做到心中有数，在工作中仔细分析职工的谈话和发出的牢骚，发现职工情绪异常或有不安全行为，主动上前耐心询问。2012年，实行群监工作隐患买卖制以来，共上岗签到348次，汇报隐患152条，其中重大隐患9条，制止“三违”3次。一天夜班，他经过3004中巷，发现浆皮开裂严重，这事他不汇报也行，不在他管辖范围。但是他想，作为群监员，发现隐患不汇报，这不和医生见死不救一样吗？他急忙向一体化工作室汇报，工作室及时安排人员进行敲帮问顶，确保了行人安全。在3002中巷，有人过皮带时不走过人桥，他及时进行制止批评。2012年被鹤煤八矿评为“安全优秀员工”。2013年5月被授予“河南省五一劳动奖章”。

河南省五一劳动奖章获得者

付国强 男，汉族，1962年11月出生，河南浚县人，中共党员，大专学历，1979年12月参加工作，鹤壁市浚县供电有限责任公司总经理。他认真贯彻落实上级各项决策部署，紧紧围绕县委、县政府和省市公司的中心工作，固本求新，务实履责，各项工作取得显著成绩。2012年，购电量累计完成7.16亿千瓦时，同比增长13%。售电量完成6.68亿千瓦时，同比增长13%。销售收入实现3.51亿元，同比增长18.05%，利润182.03万元，完成省市公司下达指标。资产负债率74.33%，完成省市公司下达指标（74.85%）。综合线损率完成8.36%，供电可靠率完成99.87%，电压合格率完成98.17%。电费回收率100%。安全生产保持长周期稳定，突破安全生产6300天。2012年，公开厂务各方面内容50多份。形式创新方面，利用局域网等宣传工具，及时收集意见和建议，职工代表对集体合同条款和劳动合同履行情况满意率均保持在95%以上。2013年5月被授予“河南省五一劳动奖章”。

河南省五一劳动奖章获得者

原登光　男，汉族，1962年1月出生，河南省鹤壁人，中共党员，本科学历，1982年9月参加工作，河南省豫鹤同力水泥有限公司副总经理。在激烈的市场竞争中，他带领豫鹤同力水泥有限公司员工认真实践科学发展观。一面坚持深化改革，一面大力加强内部管理，培育富有现代企业意识、市场经济观念和团结、进取、积极向上的文化意识，有力地促进了企业改革发展以及生产经营工作。在管理创新方面，提出“三比两降”节能减排工作的意见，将节能降耗和污染减排目标分解到每个部门，部门主任为第一负责人，签订节能减排工作责任书，制定节能减排奖惩制度。按照上级要求，实现节能降耗和污染减排动态监测和信息联网。在技术进步方面，利用年底大修施工，改造设备提高熟料产量200t/d，解决红河现象，提高二次风温50度。节约能耗0.5kg/吨熟料，年节约850吨标煤，折合金额68万元。响应国家各项节能减排政策，定时停产节能降耗，全年累计停产70天，并监督公司各部门实行低碳办公。2010年被鹤壁市总工会授予五一劳动奖章。2013年5月被授予“河南省五一劳动奖章”。

河南省五一劳动奖章获得者

薄迎辉　男，汉族，1962年9月出生，河南淇县人，中共党员，研究生学历，1981年7月参加工作，鹤壁市公路管理局局长。他带领全市公路干部职工，团结奋进，迎难而上，务实创新，全市交通公路事业取得又好又快发展。以建设项目为主抓手，服务全市经济发展大局。2011～2013年公路建设项目共计14个，完成建设投资4亿多元。其中：完成5个项目，即快速通道北延一期的附属设施工程、鹤淇大道二期拓宽工程、国道107线城区段慢车道大修工程、浚南线淇河桥加固改造工程、东马村至小寨沟段新建工程；正在建设4个公路项目，即葛嘴线中段改建工程、快速通道北延二期新建工程、国道107线鹤壁境公路改造工程、省道219永定线改建工程。筹备建设5个公路项目：S222大海线浚滑县至上曹段改建工程、S215东上线鹤壁境段改建工程、S305浚南线永定线平交路口至京港澳高速公路立交段改建工程、S305浚南线淇县高村至夺丰水库哑口段大修工程、S222大海线浚县段大修工程。2013年5月被授予“河南省五一劳动奖章”。

附：鹤壁市劳动模范和先进工作者名单（111人）

白艳春　浚县地税局
贾自新　河南省益民面业有限公司
陈豪杰　浚县黎源电工有限公司
张晓静　（女）浚县白寺第一初级中学
耿志涛　浚县白寺乡卫生院
赵太明　浚县水利局
李清杰　浚县新镇镇人民政府
靳建安　浚县卫溪街道办事处
孙清河　浚县小河镇后同山村
靳利现　浚县新镇镇长屯村
张鸿波　浚县卫溪街道办事处西长村
赵守军　浚县黎阳街道办事处前寺庄村
郑志国　浚县王庄镇元过村
刘文献　淇县财政局
陈广飞　河南誉美肾病医院
刘秋勋　淇县北阳镇第一初级中学
张巨河　淇县公路管理局
马士菊　（女）淇县信访局
常　亮　淇县供电有限责任公司
张永胜　淇县桥盟街道办事处
冯忠玉　淇县水利局
闫振庭　淇县高村镇高村村
温兴棒　鹤壁市天盛食品有限公司
张相生　河南大用实业有限公司
蔡金海　淇滨区园林局
张鹏淇　滨区市政管理处
崔海淇　滨区环卫处
唐全合　鹤壁市聚喜来农机专业合作社
常会民　淇滨区大赉店镇姬屯村
崔海清　（女）淇滨区黎阳路办事处怡乐园社区
李化民　淇滨区地税局
陈国旺　淇滨区林业局
郭全印　淇滨区农业局
宋素英　（女）山城区环卫处
汪保德　河南德亿电器有限公司
袁效辉　（女）山城区国税局
牛小方　山城区第八小学
陈玉权　山城区鹿楼乡陈家湾村
邓建政　鹤壁市市政管理处
苗有全　山城区石林镇西石林村
梁明瑞　山城区地税局
郭建鹤　山城区国税局
钱　健　河南省富得陶瓷有限公司
王亚东　鹤山区地税局
马建锁　鹤山区鹤壁集镇卫生院
杨胜莲　（女）鹤山区中山中学
王志国　鹤山区鹤壁集镇王荒社区
王自军　鹤山区鹤壁集镇王马庄村

张永升　鹤壁地恩地新材料科技有限公司
直建彬　开发区城北工业园区管理办公室
马少纯　河南沃德新世纪能源股份有限公司
钟　飞　河南仕佳光子科技有限公司
王玉合　河南大华电力设备制造有限公司
郭新涛　宝山循环经济产业集聚区管委会
李春壮　鹤壁新区规划建设领导小组办公室
刘中显　鹤壁丰鹤发电有限责任公司
刘　峰　鹤壁同力发电有限责任公司
杨希民　河南省同力水泥有限公司
李家飞　河南省豫鹤同力水泥有限公司
闫燕霞　（女）河南天海电器有限公司
裴景垚　鹤壁煤电股份有限公司第三煤矿
郭继建　鹤壁煤电股份有限公司第三煤矿
董本霖　鹤壁煤电股份有限公司第六煤矿
牛书民　鹤壁煤电股份有限公司第八煤矿
王启军　鹤壁煤电股份有限公司第十煤矿
王凤胞　鹤煤集团第二煤矿
王志强　鹤煤集团第五煤矿
袁文杰　鹤煤集团寺湾井煤矿
宋光雨　鹤壁中泰矿业有限责任公司
酒　燕　（女）鹤壁国龙物流有限公司
王　铮　（女）移动鹤壁分公司
陈　涛　联通鹤壁分公司
褚家茂　市农信办
雷风华　（女）建行鹤壁分行
王彦玲　（女）中行鹤壁分行
郝建刚　鹤壁供电公司
王玉峰　鹤壁市蔡庄垃圾处理有限责任公司
李军生　市第一中学
李俊峰　（女）市湘江小学
李　易　市群众艺术馆
袁庆彩　（女）市人民医院
刘鹤丽　（女）市妇幼保健院
李长付　市劳动教养管理所
张　慧　（女）市公安局九州派出所
高代军　市工商局淇滨分局
李　冀　鹤壁市锅炉压力容器检验所
陈　瑾　（女）市地税局稽查局
洪　波　市环保局环境监测站
李　勇　市农产品质量安全监测检验中心
刘彦勋　市委办公室
刘　军　市政府办公室
王文飞　市委政法委
程　勇　市委群众信访工作部（信访局）
李艳芳　（女）市人民检察院
高　华　市发改委
索青春　市财政局
元俊林　市交通运输局
牛超政　市教育局
司会源　市安监局
介长春　市国土资源局
邢文涛　市人力资源和社会保障局
李雪峰　市人口计生委
闫建华　市商务局
李洪宾　市水利局
郭朝蓝　市林业局
杨尚玉　鹤壁职业技术学院
宋春霞　（女）市房产管理中心
韩　楠　（女）市畜牧局
徐日升　市行政服务中心
邓少华　（女）鹤壁日报社
张守林　市农科院

（市总工会）

逝世人物

享受市级待遇干部

常来福　男，汉族，河南省林州人，1922 年 6 月出生，1944 年 5 月参加革命工作，1945 年 3 月加入中国共产党，1984 年离休，享受地专级待遇。2013 年去世，享年 91 岁。常来福曾任鹤壁市炼焦厂党委副书记；市交通局党委副书记；市红旗煤矿革委会主任；市交通局副局长、局长、党委书记。

李克俊　男，汉族，山西阳城人，1927 年 11 月出生，1945 年 4 月参加革命工作，1948 年 7 月加入中国共产党，1985 年离休，享受副厅级待遇。2013 年去世，享年 86 岁。李克俊历任山西省太岳区交通站长、鲁南县四县区副区长，河南省委党校科长、党支部书记，鹤壁市委科长、市委党校党委委员、市机械厂党委书记、市委党校副校长、矿山机械厂革委会主任、市干校党委副书记、市委党校副书记、副校长、市委宣传部副部长兼市委党校副书记、副校长、市委统战部副部长、市侨办民委主任。

（岳刚慧）

中国共产党鹤壁市委员会

综　　述

【市委农村工作会议召开】 2月27日，市委农村工作会议召开。市委书记丁巍作重要讲话，安排部署下一步工作。市委副书记蔡永礼主持会议，市领导李玉家、刘文彪、常六等出席。丁巍要求，贯彻落实中央一号文件和中央、省委农村工作会议精神，做好2013年全市“三农”工作，一要站位全局。要从全市经济发展大局看待和谋划农业农村工作，紧紧围绕鹤壁市在中原经济区建设中先行先试走在前面的战略定位，围绕“持续创新、提升发展”的工作总基调，努力在粮食生产和现代农业发展方面求创新、求突破、求先行。二要立足市情。把粮食生产的着力点放在主攻单产、改善品质、提高效益上，不断提升粮食高产创建水平；发挥鹤壁市农业“质”的明显优势，在农业标准化、农业信息化以及农业科技、农业气象等长项上，采取更加有力措施，努力实现新突破。三要城乡统筹。做好三农”工作要与探索“两不三新”三化协调科学发展路子结合起来，以新型城镇化为引领，完善提升新型农村社区规划，创建社区建设新模式，扎实推进全市新型农村社区建设，并积极研究建立有利于农村人口转移的户籍、土地、财税等体制机制，有序推进农业转移人口市民化。四要探索创新。在精品农业发展、农业社会化服务体系完善、新型农业经营体系构建三个方面加大探索创新力度，推进全市现代农业发展再上新台阶。市委副书记、市长魏小东强调，要进一步明确农业发展方向，着力提高农民收入，坚持城乡发展一体化，创新完善农业生产经营体制机制，不断增强农业农村发展的动力和活力，改善农业生产条件，提高农民生活水平。

【湖北省党政考察团到鹤考察】 3月7日，湖北省委副书记张昌尔、副省长郭有明率湖北省党政考察团到鹤壁市淇滨区、浚县王庄镇浚县产业集聚区、浚县古城等地考察城市建设情况及依托龙头企业和产业推进“三化”协调科学发展。省委常委、省纪委书记尹晋华等陪同，市领导丁巍、蔡永礼、钱伟、史全新等一同考察。

【省政府参事调研组到鹤调研】 4月19日，省政府参事调研组到鹤调研经济社会发展情况。市委书记魏小东，市委副书记范修芳，市委常委、市委秘书长钱伟陪同。省政府参事调研组先后到宝山循环经济产业集聚区、鹤壁国家经济技术开发区、鹤淇产业集聚区、河南宇风汽车有限公司年改装5万辆专用汽车项目、富士康鹤壁科技园项目和市商务中心区等处考察。

【市委常委扩大会议召开】 6月26日，市委召开常委扩大会议，传达贯彻落实省委副书记、省长谢伏瞻莅鹤考察时的重要讲话精神。市委书记魏小东主持会议并讲话。市委副书记、市长范修芳传达省长谢伏瞻重要讲话精神。魏小东强调要认真学习领会省长谢伏瞻重要讲话精神，狠抓工作落实，突出抓好经济运行，坚定不移地推进产业转型，加快推进新型城镇化。魏小东强调，省长谢伏瞻莅鹤考察指导工作，对鹤壁市方方面面的工作都是一个极大的促进，对进一步研究明晰今后发展方向、安排部署下半年整体工作具有非常重要的指导意义。各县区、各部门要以学习贯彻谢伏瞻省长重要讲话精神为契机，下真功夫、拿硬措施抓好工作谋划和落实，确保全年目标任务顺利完成。

【全市领导干部会议召开】 11月16日，全市领导干部会议召开。会议传达学习贯彻党的十八届三中全会、省委常委（扩大）会议和全省领导干部会议精神，对鹤壁市学习贯彻落实工作进行安排部署。市委书记魏小东主持会议并作重要讲话。市长范修芳出席会议。魏小东指出党的十八届三中全会是在全面建成小康社会和全面深化改革开放的决定性阶段，召开的一次十分重要的会议。学习好、宣传好、贯彻好十八届三中全会和省里的会议精神，切实把全市上下的思想和行动统一到中央、省委的决策部署上来，是全市当前和今后一个时期的首要政治任务。一要抓好学习宣传。坚持原原本本学、把握精髓学、广泛深入学、领导带头学，把学习贯彻党的十八届三中全会精神不断引向深入。二要抓好统筹调研。要围绕两个构建的升级版、进一步转方式调结构、进一步提升开放招商和项目建设实效、科学推进新型城镇化、进一步加快现代农业发展、进一步加快生态之城建设、进一步保障和改善民生开展调研，通过深入调查研究，找出“解扣”的关键环节和着力点，破解制约改革发展的瓶颈和难题，不断激发发展活力。三要抓好督促落实。中央和省委都将成立全面深化改革领导小组，鹤壁市也要成立相应的领导小组，抓好总体规划、统筹协调、整体推进、督促落实等工作。各县区、各部门要按照各自职能切实负起责任。魏小东强调，一定要认真学习贯彻党的十八届三中全会精神，迅速掀起热潮，进一步凝聚共识、明晰方向、锐意改革、抢抓机遇，坚定不移地落实中央和省委改革决策部署，加快打造“两个构建”升级版，努力建设生态之城活力之城幸福之城，在中原经济区建设中先行先试走在前面，为中原崛起、河南振兴、富民强省做出新的更大贡献。

市委经济工作会议　　李国庆　摄

【市委常委扩大会议召开】　11月21日，市委召开市委常委扩大会议，传达学习省长谢伏瞻莅鹤调研的重要讲话精神，研究贯彻落实意见。市委书记魏小东主持会议并讲话。市委副书记、市长范修芳传达了省长谢伏瞻重要讲话精神。张俊成、许兆儒、桂玉强、钱伟、费银普、刘新勇、王旭等市领导出席会议。魏小东指出贯彻落实谢省长重要讲话精神，关键是要以改革创新的精神科学谋划2014年工作。一要结合学习来谋划。要结合学习贯彻党的十八大和十八届三中全会精神、习近平总书记系列重要讲话精神、党的群众路线教育实践活动有关文件精神、省委常委扩大会议和全省领导干部会议精神来谋划，结合学习省里正在实施的三大国家层面战略规划、打造“四个河南”和推进“两项建设”的部署等重点工作来谋划，结合学习全市领导干部会议精神尤其是8个方面的重点调研课题、市委关于认真学习贯彻党的十八届三中全会精神的通知精神来谋划。重点是通过学习切实把握党的十八届三中全会推动全面改革的实质性要求，真正在谋划2014年各项工作时做到发展、转型、惠民。二要把握主线来谋划。转方式、调结构是党的十八届三中全会的重点内容，也仍是鹤壁市2014年工作的主线。各县区、各部门在谋划2014年工作上要牢牢把握住这条主线。三要抓住机遇来谋划。在贯彻落实党的十八届三中全会精神的大背景下，要抓住中央推动新型城镇化、省里全面实施国家粮食生产核心区、中原经济区、郑州航空港经济综合实验区三个国家层面规划，将出台更多政策的机遇，抓住沿海产业继续向内地转移的机遇和中原地区市场广阔、劳动力资源丰富等突出优势来谋划，抓住岁末年初中央、省里各部门做规划、定盘子的机遇，加紧对接和沟通，力争更多项目进入国家和省盘子。四要具体务实来谋划。各县区、各部门在谋划2014年工作时，要大力发扬具体务实精神，结合全市重点工作、结合实际和市场导向，讲求质量和效益，科学确定2014年实实在在要做的事情。特别是要对全年项目建设情况进行盘点，统筹考虑2014年竣工投产、续建、新开工及后续项目的衔接问题，保持项目储备一批、开工一批、投产一批梯次发展的格局。

会议研究讨论《中共鹤壁市委关于认真学习宣传贯彻党的十八届三中全会精神的通知（讨论稿）》，要求按要求抓紧修改完善后下发，迅速在全市掀起学习宣传贯彻党的十八届三中全会精神的热潮。

【全市重点项目观摩点评会议召开】11月29日~30日，市委书记魏小东、市长范修芳率队深入县区，对32个重点项目进行现场观摩，并召开全市重点项目观摩点评会议。魏小东主持会议并作重要讲话。范修芳对全市重点项目建设情况进行点评，对下一步工作作出安排部署。魏小东要求，各级各部门一定要把思想和行动统一到十八届三中全会精神上来，统一到市委、市政府的决策部署上来，以改革精神和实干作风抓紧抓牢发展这个第一要务，加快打造“两个构建”升级版，努力建设生态之城活力之城幸福之城，为加快中原崛起河南振兴富民强省做出新的贡献。魏小东还对2013年12月份的重点工作作出安排。范修芳对全市重点项目建设情况进行点评，并就下一步工作安排作出要求。

【市委八届五次全会召开】　12月30日上午，中国共产党鹤壁市第八届委员会第五次全体（扩大）会议在市人民会堂举行。市委书记魏小东作重要讲话。市委常委许兆儒、桂玉强、钱伟、徐合民、费银普、李军、刘新勇、于燕、王旭出席会议并在主席台就座。会议深入学习贯彻党的十八大和十八届二中、三中全会以及中央经济工作会议、中央城镇化工作会议、省委九届六次全会、省委经济工作会议精神，讨论《市委常委会2013年工作情况报告》，审议通过《中共鹤壁市委关于加快打造两个构建升级版，努力建设生态之城活力之城幸福之城的决议》和《中共鹤壁市委关于科学推进新型城镇化的意见》。魏小东就如何做好2014年及之后一个时期的工作强调五点意见。一、切实增强政治责任感，把思想和行动统一到党的十八届三中全会

市委书记魏小东（前右二）、市长范修芳（前右三）在鹤壁新区调研

鹤壁新区　供稿

精神上来。二、准确把握面临形势和所处阶段，在新的起点上把鹤壁发展推向新高度。三、持续抓好事关全局和长远发展的重点工作，全面推进生态之城活力之城幸福之城建设。四、始终保持良好精神状态，着力强化工作保障。五、坚持党要管党、从严治党，以改革创新精神全面推进党的建设新的伟大工程。魏小东强调，全市各级党组织和共产党员要在以习近平同志为总书记的党中央坚强领导下，高举中国特色社会主义伟大旗帜，以邓小平理论、“三个代表”重要思想、科学发展观为指导，以改革精神和实干作风全力提升各项工作，加快打造两个构建升级版，努力建设生态之城活力之城幸福之城，为中原崛起河南振兴富民强省做出新贡献！

【市委经济工作会议召开】　12 月 30 日下午，市委经济工作会议在市人民会堂召开。会议传达贯彻省委经济工作会议精神，总结 2013 年全市经济工作，分析面临形势，对 2014 年经济工作进行安排部署。市委书记魏小东讲话。市领导李连庆、张俊成、许兆儒、桂玉强、钱伟、徐合民、费银普、李军、刘新勇、于燕、王旭出席会议并在主席台就座。魏小东强调五点意见，一是努力保持经济平稳增长。二是努力促进工作提升。三是努力增强新型城镇化的科学性。四是努力推进改革全面深化。五是努力以改革创新精神推进党的建设。魏小东强调，市委一定会牢牢树立正确用人导向，坚持一切从工作需要出发，按照公平公道和人岗相适理念，真正把讲实话、办实事、求实效、出实绩的干部选拔出来，把合适的干部用到合适的岗位上，选好干部、配好班子、建好队伍。市人大、市政府、市政协换届工作已经启动，这是鹤壁市政治生活中的一件大事。要高度重视，把思想统一到省委的决策部署上来，严肃换届纪律，精心组织好各项工作，正确对待进退留转，真正使这次换届成为风清气正、凝聚力量、促进发展的换届。受市委、市政府委托，市委常委、常务副市长桂玉强总结 2013 年以来鹤壁市经济工作，分析当前形势，安排 2014 年经济工作。

（吕园园）

组　　织

【党的群众路线教育实践活动】　鹤壁市是第二批党的群众路线教育实践活动单位。2013 年下半年，作为活动的组织者，市委组织部在第一批教育实践活动开始后，不等不靠，及早谋划，提前部署。一是组建领导小组办公室。下设综合组、督办组、联络组、宣传组、市委常委活动组、省委督导组联络组，地点在智慧鹤壁五楼。办公设施来自各单位淘汰的旧桌椅、旧沙发，节省了大量经费。二是起草相关文件讲话。对动员讲话多次讨论、几易其稿。起草《鹤壁市党的群众路线教育实践活动实施方案》，草拟实施方案辅导提纲、督导方案、宣传方案等一系列文字材料。三是深入调查研究，摸清“四风”在鹤壁的具体表现。抽派 4 个调研组，明察暗访 63 个市直单位、18 个省驻鹤单位、67 个县区直单位和服务窗口单位、44 个乡镇（街道办）、3 个旅游景区及多家宾馆饭店、休闲娱乐场所、学校等，累计召开座谈会 30 多次，发放调查问卷 1637 份，走访谈话 1224 人，最终梳理出“四风”在本市的 15 种具体表现，有效增强活动针对性。四是谋划在先，分层分类建立直接联系服务群众工作机制。出台《关于深化和完善党员干部直接联系服务群众工作机制的意见》，在市级党员领导干部中实行“五个一”联系基层基础工作制度；在市直和县区直机关实行“一联四包”服务基层制度；在乡镇（街道）实行“三下三进”工作机制；分别在农村、城市社区开展红旗争创活动、实施“党员中心户”制度。

【干部工作】　一是树立良好用人导向。从全市发展大局和干部队伍实际出发，按照市委“破除论资排辈观念，坚持人岗相适理念”的要求，紧紧围绕习近平总书记好干部 20 字标准选干部、配班子，先后提请市委调整市管干部 9 批 222 人，干部队伍结构不断优化；加强对各级领导班子日常了解和分析研判，深化部门联动整合干部监督信息机制，提升选人用人准确度。二是抓好干部教育培训。围绕学习贯彻党的十八大精神，分级分批培训市管干部 8000 多人次、科级以下干部 26000 多人次。围绕学习贯彻党的十八届三中全会精神和习近平总书记系列讲话精神，采取辅导报告、专题研讨等方式，培训党员干部 4200 多人次。探索实施“三个三分之一”教学法

(集中授课、专题调研、专题研讨各占约三分之一时间)，开展异地互换培训，增强了培训的吸引力和效果。2013年6月，《学习时报》刊发鹤壁市“三个三分之一”教学法经验做法。三是严格干部监督管理。完善来信、来访、电话、网络“四位一体”举报平台，加大举报案件直接查处和典型案例通报力度。抓好领导干部“双审”工作，会同市审计局对市民政局等9个单位主要领导开展离任或任中经济责任审计。做好市管干部档案数字化工作，积极推进公务员管理信息系统数据库建设，提高干部管理的科学化、信息化水平。四是积极培养年轻干部。在全市开展选派年轻干部上挂下派工作，先后选派32名市直单位正科级领导干部到发展任务重的乡镇（街道）挂职服务，选调26名县区科级或科级后备干部到市商务局、发改委和信访局等市直单位上挂锻炼，为年轻干部全面成长提供平台。新招录20名省选调生，通过公开遴选的方式招录选拔13名省选调生到6个市直单位工作，对在基层工作的选调生实行全员轮岗锻炼制度。

市委常委、组织部部长费银普（左一）在山城利民社工服务站调研

市委组织部　供稿

【人才工作】　一是完善人才政策体系。会同有关部门出台《鹤壁市人才引进优惠政策》《鹤壁市杰出人才市长奖评选奖励办法（试行）》《鹤壁市引进科技创新创业领军人才实施办法》等6个文件。二是积极扩大人才规模。指导有关部门通过专场招聘、公开选拔、市校合作等办法，先后引进各类紧缺人才7000余名，引进各类高层次专业人才179名，其中争取省派科技副职和博士服务团成员17人，数量位居全省第一。《河南日报》头版对鹤壁市引才引智工作进行宣传报道。积极推动本市与中国科学院合作，采取企业提供场所、中科院提供事业编制和户口进京指标、政府解决部分运行费用的形式，在本市建设中国科学院半导体研究所河南研究院，使企业、院所和政府的资源优化整合，实现三方利益最大化，也为本市开辟了引进人才的新模式。中央组织部人才局调研组到鹤壁市调研人才工作时，对鹤壁市围绕发展用人才、依靠人才促发展的做法给予充分肯定。三是优化人才发展环境。着眼于打造高端人才集聚平台，建立全省首个高端人才联合会，先后组织开展2次重要活动，市委市政府主要领导全程参加，通过讨论碰撞，理出39条有份量的建议，不少已转化为市委市政府决策部署，市领导给予很高评价。为进一步营造爱才、重才、用才的良好氛围，在县级领导干部中高规格开展“科学人才观”征文活动，并进行大张旗鼓的宣传表彰。

市委常委、组织部部长费银普（右三）在浚县调研　　市委组织部　供稿

【基层组织建设】　一是着力提高党员发展管理水平。围绕提高党员发展质量，以淇滨区被确定为中组部发展党员工作联系点为契机，深入推广“四制三全程”工作法，建立健全党员发展质量管理体系；以解决村委成员入党难为重点，对87个村委无党员村进行深入调研，出台《关于认真做好在村组干部中发展党员工作的意见》，并坚持一村一策，逐个化解，重点督导，跟踪问效，已有11个村委会无党员村确定发展对象；针对城市社区党员难以管理及作用得不到发挥的问题，出台《中共鹤壁市委组织部关于加强城

市社区党员队伍管理的意见》，推广山城区党员中心户制度的做法和经验，进一步加强城市社区党员管理工作；为进一步激励全市广大老党员、老干部、老专家、老战士、老劳模奉献余热，继续开展重阳节“金鹤奖”评选活动，对20位老党员老同志予以表彰。同时，积极做好党员教育“三上”“五进”工作（上电视、上互联网、上手机，进机关、进社区、进学校、进企业、进流动党员聚集地），党员教育水平进一步提升。二是着力加强基层带头人队伍建设。围绕选派（Appoint）、管理（Administrate）、提升（Advance）、评价（Appraise）、激励（Arouse）五个方面，探索建立基层党组织书记队伍建设“5A”工作机制。全市农村党组织书记共内选经济、管理、科技能人486人，外引49人，回请67人，下派73人，青年后备干部达到2567人；共调整不合格村党组织书记38人，诫勉谈话31人，整顿后进村党组织61个；农村党组织书记创业率达到70%以上，创办致富带富项目518个，带动农村劳动力就业9.8万人；426名农村党组织书记当选为县以上党代表、人大代表和政协委员。推进“大学生村官”创业富民，为有创业项目的“大学生村官”提供信贷政策咨询、项目论证、市场分析等专门服务，全市708名“大学生村官”中，有创业项目的人员423名，占59.7%，共创造就业岗位1.4万个，带动1万多户群众走上致富路。在2013年4月召开的全省“大学生村官”工作会议上，鹤壁市作经验交流。同时，分层分批对全市所有村“两委”干部轮训一遍，先后选派109名机关干部到农村和社区任党组织第一书记，基层带头人队伍建设得到加强。三是着力提升基层党组织服务水平。以建设基层服务型党组织为统领，在非公企业实施“双有”建设项目，全市58%的非公企业推行党组织成员与管理层交叉任职制度，65%的党组织书记进入企业管理层，企业支持党建经费达到200多万元，高标准建设活动场所150多个。在农村深化“三带三争”活动，全市农村“两委”干部创业人数达到了3056人。在城市社区持续开展“星级争创”活动，共组建网格党组织225个，楼栋党小组356个，设立党员中心户818个，召开党建联席会160次，为基层办实事359件。

【自身建设】 一是加强党性教育。开展“学党章、找差距、作表率”主题活动，通过到焦裕禄纪念馆学习参观、组织党性讨论、开展庆“七·一”党的理论知识竞赛、召开组织生活会等形式，教育引导组工干部强化党性观念，恪守公道正派。二是改工作作风。制定出台《改进工作作风密切联系群众具体规定》，从16个方面深化“三联一帮”下基层活动，选派13名组工干部到乡镇（街道）挂职服务；强调开短会、讲短话、发短文；健全公务活动接待、大额资金使用、公务用车、机关文印等审批制度，严格公务接待、工作餐标准，坚持勤俭办一切事情。三是提高工作能力。采用个人自学、座谈研讨、视频讲座等形式，组织党的十八大和十八届三中全会精神专题学习。开办“组工干部大讲堂”，部机关干部作《如何审查干部人事档案》《领导需要什么样的调研报告》等专题业务讲座9次，观看中央国家机关《金融危机之启思》等视频讲座11次；选调2名干部参加党校培训，对10名拟调入人员进行严格全面的入部教育培训。四是严格监督管理。加强纪律教育，引导组工干部严格按党的政策办事、按组织原则办事、按规章制度办事。起草《组织工作网络舆情监控处理办法（试行）》，成立网络宣传工作领导小组及日常工作机构，明确领导小组成员、工作人员的职责任务，紧绷政治弦、责任弦。

（郭　艳）

宣　传

【概况】 2013年，全市宣传思想文化工作以邓小平理论、“三个代表”重要思想和科学发展观为指导，深入学习贯彻党的十八大精神，加强社会主义核心价值体系建设，把握主基调，唱响主旋律，为鹤壁市在中原经济区建设中先行先试走在前面提供强大的精神动力和文化支撑。一是制定《2013年度县处级以上党委（党组）中心组分专题集体学习的安排意见》，明确十八大学习专题，认真抓好理论学习。二是围绕贯彻落实党的十八大和省、市委全会精神，拟定重点课题，积极开展“以实干作风开启圆梦之旅”征文、十八大知识竞赛和大型调研活动，并取得良好成效。三是以科级以上领导干部和基层党员为重点，以宣讲报告会、专题培训班为主要形式，开展党的十八大精神学习轮训，受众10余万人次。四是利用“鹤壁大讲堂”、“社科知识大篷车进基层”等平台，积极开展党的十八大和习近平系列重要讲话精神宣传普及活动。已举行“进基层”、“大讲堂”150余场次，受众近10万人次。

【新闻宣传】 一是切实做好新闻宣传。坚持“团结稳定鼓劲，正面宣传为主”。结合实际宣传，认真做好吕俊峰、邢二朋见义勇为英雄事迹和程相文典型事迹等宣传报道；突出重点宣传，指导市属新闻媒体继续办好“项目建设进行时”、“项目建设看发展”等专栏，刊发相关稿件1800余篇（条）。精心做好全市“两会”、第十届中国农业信息化高层研讨会、全国小麦主产区防病虫促春管保丰收现场会、全省重点项目观摩点评等重要会议和重大活动宣传报道。二是进一步加强网络宣传管理。组建监控队伍，构建监控网络，建立24小时舆情监控、日报和通报制度，完善负面舆情应急机制，实施重大舆情重点监控，有效防范网络舆情事件发生。三是对外宣传工作亮点频出。认真做好粮食高产创建和吕俊峰、邢二朋等亮点工作和英模人物的对外宣传，新华社、人民日报、中央电视台等主流媒体和知名网站刊发相关稿件2000余篇（条）。热情接待中央电视台来本市对“春运”和“大秋收”进行现场直播；第五届民俗文化节期间，中央媒体向全国介绍鹤壁市文化节盛况。积极邀请中央电视台摄制组来鹤壁市拍摄纪录片《会唱歌的神陶》、《蟒洞神石》、《神井奇谭》。其中，《会唱歌的神陶》已于7月30日和11月3日相继在央视高清频道和10套播出。制定《鹤壁市舆情管理和突发事件新闻报道应急处置方案》，加强舆情管理和突发事件新闻报道应急处置。

市委常委、宣传部部长李军（前排左三）到鹤壁日报社调研 市委宣传部 供稿

【思想道德建设】 一是组织开展“学习雷锋、奉献爱心”、争当“代理家长”关爱留守儿童等活动，将学雷锋活动量化为具体项目，推进学雷锋活动常态化。二是积极开展学习道德模范活动。把评选过程作为对照标准选模范、完善自我当模范的过程，使评选过程成为群众自我教育、自觉践行道德规范的过程。三是大力开展典型宣传。通过报告会、演讲比赛等形式，开展向吕俊峰、邢二朋学习活动，并通过授予他们“鹤壁市道德模范”、“鹤壁市杰出青年”荣誉称号，积极传承、弘扬中华民族优秀传统美德。

【文化强市建设】 一是组织“中原人文精神精品工程”重点项目创作。本市报送的广播剧《微笑的女税官》被省委宣传部确定为河南省“中原人文精神精品工程”2013年重点项目；本市拍摄的戏曲电影《麻疯女》、《憨憨公子扳倒爹》，分别于8月和10月举行首映式。二是举办第五届民俗文化节开幕式文艺演出、第六届“欢乐中原——欢乐鹤壁”广场文化艺术节等多项重要文化活动，演出280余场次，演出各类文艺节目3000余个，观众达40余万人次。三是狠抓文化市场监管。开展“闪电”、“净化”等集中行动20余次，有效促进文化市场健康繁荣发展。

【群众性精神文明创建】 一是实施公民道德素质提升工程。以“关爱生命，文明出行”、“孝亲敬老家家行”等为载体，以“道德讲堂”为依托，进一步深化“学习雷锋见行动、‘三平’之中做贡献”等活动；建立联席会议制度，开展道德领域突出问题专项教育与治理，提高市民道德素质，提升鹤壁文明形象。二是积极开展第四届“全国道德模范”、“河南省道德模范”推荐评选活动。程相文、韩海江分别荣获“全国道德模范提名奖”和“河南省道德模范提名奖”。三是大力开展文明城市创建。加强文明单位日常管理，推动创建工作常态化、制度化、规范化。开展农村环境集中整治，打造“清洁家园行动”新亮点，全市20%村镇分别被命名为全国、省级和市级文明村镇或全省“清洁家园行动”先进村镇。四是广泛开展“认星争优，做美德少年”、“童心向党”等活动，本市王子颖同学被评为“河南省美德少年”。五是积极开展“学雷锋志愿服务”活动。建立文明志愿服务队200余支，组建网络文明传播志愿者大队7个，登记注册文明志愿者9000余人。

市委常委、宣传部部长李军（中）到浚县调研古城保护情况 市委宣传部 供稿

【文化体制改革】 一是制定《中原经济区华夏历史文明（鹤壁）传承创新区建设规划纲要》，进一步理清文化产业发展总体思路。二是文化体制改革取得阶段性成果。组建鹤壁市广播电视台，积极整合县级有线电视网络，文化发展活力与竞争力显著增强。三是积极赴山东、河北、湖南等地学习考察，借鉴外地成功经验，成立文化产业协会，建立重点文化企业数据库，科学谋划本市文化产业园区建设。四是积极编制《浚县古城保护与旅游发展总体规划》、《浚县历史文化名城保护规划》，强力推进黎阳仓考古发掘。黎阳仓遗址被评为“2012年度河南省五大考古新发现”，大运河浚县段申遗

工作顺利通过国家文物局专家组初步验收。五是成功举办第五届民俗文化节，取得“办节经费下降、活动效果提升”的良好效果，巩固“我到鹤壁过大年”的品牌形象。六是认真做好第六届民俗文化节前期准备工作。多次进行专题调研，数次召开专题会议，讨论修改活动方案。活动方案以两办文件正式印发，各项筹备工作正在积极推进。

（卢家杰）

统一战线

【概况】 2013年，全市统一战线工作在市委的正确领导和省委统战部的具体指导下，认真贯彻落实中央和省委关于统一战线工作的有关文件精神，坚持以科学发展观为统领，紧紧围绕中心，服务大局，充分发挥自身优势，积极主动作为，扎实开展“同心”实践行动，为全市打造“两个构建”升级版、加快建设生态之城活力之城幸福之城作出积极贡献。省委常委、统战部部长史济春于2月21日，8月5日两次在鹤壁市统战工作总结上作出重要批示。5月15日莅鹤调研，对鹤壁市统战工作给予充分肯定。

【服务经济发展】 围绕经济建设中心，整合统战资源，深入开展招商引资工作。市委常委、统战部部长于燕带领重点项目招商组到长三角地区开展招商活动，拜访中州国际控股集团、上海聆海集团等45家企业和12家商协会等中介组织，接待24批次客商来鹤考察，签约项目11个，项目资金117亿元，在谈重点项目24个。举办2013年台商发展座谈会暨台协会长鹤壁行活动，邀请清华大学台湾研究所所长、教授刘震涛，桂林台协会长杜永盛等20多位台协会长来鹤，市委书记魏小东会见全体客商；举办百名浙商鹤壁行活动，邀请240名浙商来鹤考察，举行市情和优势产业说明会，签约项目资金189.5亿元；邀请韩国考察团、匈牙利考察团、天津客商等来鹤考察项目5个，达成合作意向2个。以驻马店商会成立为契机，邀请100多位客商到本市参观考察。组织鹤壁市交流访问团赴台拜会8个有关协会并进行座谈交流，组织食品、卫生等行业赴台开展考察交流活动。优化非公企业发展环境，开展小微企业服务年，民营企业维权日等活动，建立30个小微企业监测点，帮助协调解决问题40多个。新成立鹤壁市浙江商会、鹤壁市驻马店商会、鹤壁市商丘商会，异地商会达到9个，市属行业商会达21个。组织银企对接会6次，帮助解决资金1.2亿元。组织市党外知识分子联谊会、市律师协会与40家工商联会员企业建立“一对一”结对帮扶，提供法律咨询和维权；开展法律知识培训，为企业进行法律“体检”，全年共培训企业家200多人次。在全市深入开展非公有制经济人士理想信念教育实践活动。在全省县级非公有制经济人士理想信念教育实践活动座谈会上，浚县、山城区作交流发言。

【服务民生】 以开展各项活动为载体，在教育、卫生、就业等方面解民忧、帮民富。支持民主党派开展三下乡活动42次。支持民主党派开展“中国环境与健康宣传周”活动，发放宣传册，免费咨询和义诊。开展给市福利院孩子送温暖活动，送去衣物600多件。为上峪乡政府和上峪乡上庄学校援建“同心图书室”，捐赠图书3100余册，总计价值8万余元。开展“同心·支教下乡”活动，为学生们送去不同科目的优质课。举办“2013年鹤壁市民营企业招聘周”活动6次，吸收劳动力5000多人。今年，共举办各类培训班19期，组织招聘活动6次，再就业培训450人，技能培训1210人，促进全市新增就业人员30056人。开展2013年希望工程圆梦活动，市县区工商联会员企业捐款70.2万元，资助贫困大学生233名。鹤壁市淇河酒业庆“六一”万名农村留守儿童圆梦义拍认购活动筹集善款75.64万元。浚县河南瑞贝特兔业公司捐赠50万元食品支援四川灾区。各县区、各单位也通过“同心·送温暖”和“民企帮农村、共建新鹤壁”、“光彩事业爱心助学”、“圆贫困孩子一个梦”“统战慈善行”等不同形式的活动开展各类公益事业。全年以创业帮扶、捐资助学、感恩行动等活动为载体，全市民营企业累计捐款捐物1000多万元。

【文化交流交往】 开展鹤台文化交流交往，举办2013海峡两岸鬼谷子文化交流会和海峡两岸鬼谷子文化发展与世界和平高层论坛，来自海峡两岸的专家学者和企业界人士340多人参加。在全省统战系统对台工作座谈会上，鹤壁市作题为《以历史文化为抓手，建立鹤壁对台文化交流品牌》的典型发言。全国台联副会长杨毅周带领

市委常委、统战部部长于燕（左三）在山城区陈家湾烛光小学调研

市委统战部　供稿

市委常委、统战部部长于燕（右二）在民营企业调研　　　市委统战部　供稿

《台声》杂志执行副会长、总编辑窦为龙等一行四人，莅鹤考察林姓文化，表示此次考察有利于理清台湾林姓源流脉络，加强两岸林氏姓氏文化的交流与合作。认真配合做好《台湾姓氏源流》电视纪实片的制播考察，争取在台湾东森电视台免费播放一个月的城市宣传片，提高鹤壁在岛内的知名度和影响力。充分利用“根文化”平台，开展“林”、“殷”、“牛”、“符”等姓氏文化研究，以同根同祖同源为纽带，开展寻根谒祖活动。

【“同心”实践行动】　推进“同心·中鹤花苑社区”建设，争取民生银行郑州分行资金200万元用于社区学校绿化、道路建设。组织开展“我为新型农村社区建设献一策”送“金点子”活动，本市民革成员、浚县副县长王显伦在中鹤集团调研后，撰写的《鹤壁市发展食品工业的建议》被市委书记魏小东批示，主笔起草的《加快促进土地流转实现土地集约高效利用》的调查报告，作为民革省委的重点建议，已报省委统战部研究讨论。成立“同心·中鹤花苑社区”统战工作服务中心，依托社区网格化管理，为社区统战成员服务。组织引导市县两级统战成员在社区开展科技、文化、卫生、法律等下乡活动20余次。组织法律界统战人士成立“同心·法律服务团”，服务团分成4组定期下乡，到社区建设任务较重的乡村开展送法下乡活动12次，发放宣传页2000余份，现场接受农民咨询600余人次，化解影响社区建设涉法问题7起。市委统战部、各民主党派市委、市直统战部门各自选取一个村，作为结对帮扶对象。全市有5名市级领导干部、8名县级领导干部和13个政府部门、13家非公企业对该乡13个行政村进行一对一帮扶。多次召开非公企业负责人和对口帮扶上峪乡贫困村负责人座谈会，进行沟通协商，确定帮扶项目。目前帮助上峪乡鹿厂村争取资金160万元实施安全饮水工程，可解决1600名群众安全饮水问题；协调资金80多万元帮助朔泉村实施户户通工程，建造垃圾池，进行村容村貌整治美化；九三学社市委协调资金60万元，为老望岩村打280米深水井一眼，解决200多人饮水和140余亩农田灌溉问题，同时争取帮扶资金15万元，解决该村水井泵房配套设施建设；民盟市委积极为后沟村丰源牧业公司协调项目资金60万元，资金已经到位，正在进行厂房建设；农工党市委与上峪乡卫生院签订结对帮扶协议书，对鹿厂村卫生室医生免费培训2次；市侨联积极与省华侨爱心事业基金会联系，协调争取资金10万元，用于上峪乡贫困学校教学设备更新、校舍修缮；市台办积极帮助台商企业鹤壁力晶新能源科技公司到上峪乡投资开发新型轻质建材项目，总投资1000万元，目前正在申报项目用地。引导13家共建企业实施帮扶项目13个，总投资约360余万元。为上峪乡累计帮扶项目17个，涉及资金1.5亿元。邀请上海连连看集团董事局主席黄兴武、总裁毛泽元，华中区董事局主席刘继臣等客商到上峪乡考察，推介洽谈太极图风情小镇项目。为落实人才帮扶和人才培养工作，安排3名机关干部到上峪乡挂职，协助做好对口帮扶，确保取得实效。指导各县区确定“同心”实践基地，积极协调帮扶项目，开展社会服务活动，已累计协调“同心”实践基地项目21个，项目资金10.8亿元，开展社会服务活动81次，受益群众3600余人次。

【党派合作】　依托九三学社“晋豫合作”平台为中鹤集团争取到免费新型高效有机肥2万吨。经沟通协调，九三学社河南省委和九三学社山西省委拟在中鹤集团设立博士工作站，进行长期技术指导和帮扶。邀请九三学社郑州铁路局委员会领导就市淇滨区闽江路、漓江路等穿高铁的市政设施进行现场指导并提出可操作的意见建议。成功举办民盟河南省委与鹤壁市人民政府“盟鹤合作”签约仪式，民盟河南省委、河南工业大学、河南牧业经济学院等分别于鹤壁职业技术学院、浚县粮食精深加工园区、市畜牧局等签订合作协议。举办“盟院合作”十周年成果展，举行陈家湾民盟烛光小学落成捐赠仪式。建立鹤壁市民主党派、工商联和无党派人士建言献策制度，支持各民主党派、无党派人士考察调研，提出有价值的意见建议，为各级党委、政府决策提供参考，全年共有《关于新型城镇化引领中的郊区化问题及建议》等3篇建议被省政协信息专报采用或作为省政协大会发言材料，《关于制定优惠政策支持鹤壁市留学人员创业园（基地）建设的意见》等5篇调研报告或建议被市委书记魏小东、市长范修芳批示，《关于加大大运河鹤壁段申遗工作力度的建议》等14篇建议被列为省政协或市政协优秀提案、重点提案。

【民主政治建设】　积极推进市委与

民主党派政治协商制度化、规范化，举办全市各界人士迎春茶话会、党外人士务虚会、市委常委民主生活会征求意见座谈会、党外人士恳谈活动和党外人士情况通报会，及时通报全市经济运行和党风廉政建设情况并征求意见建议。健全重大事项通报制度，政府及职能部门同民主党派、工商联和无党派人士联系制度，特约人员工作制度，市委领导与各民主党派、无党派人士交友、恳谈制度，民主党派、无党派人士考察调研制度，各民主党派、工商联负责人和无党派代表人士联合中心组学习制度等，开展活动10次。规定每名市级党员领导干部联系一个重点项目、一名党外人士等5项内容，全市共27名市级党员领导干部和27名党外人士结对联系。制定《关于加强全市特约人员工作的意见》，对市检察院、教育、审计、工商等部门特约人员进行换届，5家单位聘任了29名特约人员。先后组织各民主党派、工商联和无党派人士开展集中调研，形成调查报告20多篇，编辑《党外人士建言献策专辑》5期，多件被市委市政府主要领导批示。在市委常委民主生活会征求意见座谈会上，党外人士提出关于产业发展、城市建设等方面30多条意见建议被采纳或批示并以市委督查件的方式督促有关部门研究落实。加强党外代表人士培训工作，年初制定2013年全市党外代表人士培训总体规划，共计划举办各级各类培训班23个培训940人次。举办第十期党外干部培训班期间，组织学员分别到江苏苏州和江西井冈山参加异地培训一周。推荐2名党外优秀干部参加省委统战部在省社会主义学院举办的党外干部培训班。建立“心桥·鹤壁统一战线”微信公众平台，利用微信平台对党外干部进行教育。加强党外干部挂职锻炼工作，会同市委组织部从党派市委机关、市直单位和县乡基层选派11名优秀党外干部挂职锻炼。其中7名来自基层，上挂到市直机关，4名来自党派市委机关和市直单位，下派到乡镇及街道办。成立鹤壁市党外知识分子联谊会。对鹤壁市归国留学人员创业基地建设情况进行调研，并向市委、市政府报送建议争取对归国留学人员创业园的政策支持。

【民族宗教工作】 （一）加大教育培训力度。开展“宗教政策法规学习月”和“民族宗教政策法规知识宣传周”活动，举办民族宗教政策法规和民族宗教界代表人士培训班，基督教各活动场所负责人培训班等。开展“食品安全宣传周”活动。组织全市行政事业单位参加全国民族政策法规有奖知识竞赛。（二）服务民族经济发展。开展全市清真食品市场检查整顿，组织清真食品企业参加2013年中国国际清真食品及用品展览会。加大为全国少数民族特许商品定点生产企业服务力度，争取贷款贴息资金3000余万元，技改资金贴息140余万元。向省民委申报少数民族聚居村农田水利等基础设施建设项目资金29万元。完善市少数民族公墓水电基础设施。（三）依法管理宗教事务。联合下发《关于处理涉及佛教寺庙、道教宫观管理有关问题的意见》，开展佛教寺庙、道教宫观有关问题专项治理工作。深化“和谐寺观教堂”创建和“安全年”创建活动，命名表彰市级“和谐寺观教堂”9处。开展新型城镇化过程中宗教活动场所拆迁安置问题调研。开展宗教类非法出版物清理整治工作和天主教“圣母月”活动安排。实施市级公交团体及主要负责人述职考核制度，印发《关于开展2013年度市级宗教团体及主要负责人述职考核工作的通知》，增强宗教团体负责人的责任心，达到各宗教团体相互促进作用。建立完善工作机制。每月召开会议，通报民族宗教工作情况、研究部署民族宗教工作，统战、民宗、公安、安全等部门加强协作，做到信息互通共享，每半月分析和研判一次民族宗教领域不稳定因素，及时发现和化解民族宗教领域不安定因素和苗头性问题。健全民族宗教工作“三级网络”，重点完善乡镇（街办）、村（居）民族宗教工作责任制。落实民族宗教工作动态月报制度，定期通报、研判民族宗教工作情况、研究部署工作，及时发现和化解不安定因素，最大限度地将矛盾纠纷等不稳定因素化解在萌芽状态，消化在基层。完善突发事件应急预案，确保一旦发生突发事件，能迅速启动应急预案，妥善处理突发事件。

【自身建设】 加强统战干部培训，举办全市统战系统干部及基层统一战线组织统战干部培训班。组织全市统战系统认真学习贯彻党的十八大和十八届三中全会精神，引导全市统一战线成员把思想和行动迅速统一到中央重大决策部署和省市委工作大局上来，落实到具体行动上。加强机关文化建设，开展“徒步走淇河”、爱国主义教育活动，举办“同心杯”庆祝中共建党92周年篮球友谊赛、“庆七一”文体活动联谊赛等。举办全市统一战线“中国梦·中原情·同心颂”书法绘画展。开展信息宣传调研及网络安全培训和政务礼仪培训。推进统战调研宣传信息网站工作，全年共编发《鹤壁统战信息》60期，登载信息300余条。选派6名同志轮流到省委统战部跟班学习。在《中国统一战线》、《河南统战工作》、《河南统战信息》及根在中原网站上稿量明显提高。编辑出版《统一战线知识读本》，发放至市直有关单位和各县区。抓好统一战线基层组织建设，重点督促市直单位健全完善组织网络，充实工作人员。建立健全保密工作考核和责任追究制度，定期不定期召开保密工作会议安排部署此项工作，并把保密工作列入民主生活会内容。举办全市统战系统干部保密知识培训班。定期开展保密宣传教育和保密检查，工作中做到保密工作与业务工作同安排、同部署。

（贾　敏）

政策研究

【概况】 2013年，市委政研室围绕全市中心工作，以促进发展为主题，以推动工作为目标，持续创优势，提升促发展，积极开展多方位、深层次调研活动，较好地发挥参谋助手作用，为全市建设生态之城活力之城幸福之城、力争在全省率先全面建成小康社会做出积极贡献。全年共完成调研报告18篇，为市委市政府决策提供重要参考依据，其中2篇在省级调查研究刊物上发表。

【调查研究】 围绕中心，创新思路，着眼于解决经济社会发展中的重大问题和突出问题以及民生问题，认真组织开展各类调研活动。一是围绕中心工作和领导决策，积极开展重大专题性调研。为使处于贫困线以下的近9万群众随着新型城镇化的发展，与全市人民同步进入小康，根据市委主要领导安排，联合市委农办、市扶贫办等单位，在充分调研的基础上，形成调研报告《城镇化发展中的我市西部山区群众现状调查》，分析山区群众人口流动、年龄结构变化、城镇化意愿以及山区群众面临的主要问题等，就如何解决城镇化发展中的山区群众脱贫问题提出具体对策与建议。撰写《鹤壁市加快新型城镇化发展研究报告》，全面总结全市近年来新型城镇化发展的基本情况、探索路径和具体做法，分析新型城镇化建设过程中存在的问题，明确加快新型城镇化发展的指导思想、奋斗目标、要把握的核心要义以及需要防止的几种倾向。为分析第三产业发展的方位走向，探寻造成第三产业占比低的主要原因，用比较研究的方法撰写《我市第三产业发展研究报告》，提出差异化发展的对策及发展重点，为领导决策提供重要依据。二是围绕新政策新动向，迅速开展前瞻性调研。2013年国务院批准《郑州航空港经济综合实验区发展规划（2013－2025年）》后，完成《郑州航空港经济综合实验区规划建设对我市产业发展影响的分析与思考》，深入分析航空港经济综合实验区对鹤壁市产业发展带来的机遇与挑战，并对本市如何对接融入、借势发展提出切实可行的建议。国务院印发《关于加快发展养老服务业的若干意见》后，及时联合市民政局，就如何加快本市养老服务业发展问题进行专题调查研究，完成《关于加快发展我市养老服务业的调查与建议》，对全市养老服务业的基本状况、面临的问题及原因进行分析，并提出有针对性的对策建议。联合市国税局形成《“营改增”对我市第三产业发展的影响及对策建议》，分析本市“营改增”试点税源基本特点以及“营改增”对本市第三产业的主要影响，并就如何加快发展第三产业提出相关建议。三是围绕热点难点问题，及时开展动态性调研。京广高铁全线通车后，政研室就高铁开通后的鹤壁东站客流情况进行调研，形成《关于高铁鹤壁东站客流情况的初步调查与建议》，对高铁开通一周内的客运情况进行分析，对如何培育高铁鹤壁东站客源市场、提高客运班车通达度、加强站前广场客运管理、完善配套服务设施等方面提出建议。市委、市政府主要领导先后批示，魏小东书记批示，“高铁开通全市关注，如何持续当前好的势头并不断提升，需要不断改进工作，落实好已经制定的措施。请交通局牵头，就此调查报告提出的建议进行认真具体务实的研究，提出整改和进一步完善的意见”。桂玉强常务副市长批示，“市委政研室这个调研很好，所提建议也多为可行”。对于强化鹤壁东站集聚辐射功能、提升鹤壁交通优势、服务全市经济社会发展起到重要作用。

此外，还形成《2013年中原经济区部分城市经济社会发展主要思路摘编》、《实践经济合作开放的新模式——信阳国际家居产业小镇项目招商建设有关情况》、《关于潘荒村土地耕种情况的调查》、《关于我市乡镇财政收入情况的调查》等多篇调研报告，引起有关领导和部门的关注，许多建议进入市委、市政府决策，有些还融入到市委、市政府的文件中，充分发挥了以文辅政的作用。四是搞好联合调研。为充分调动县区和市直有关单位开展调研的积极性，积极建设完善全市“大调研”网络。一是科学确定调研课题。在充分沟通的基础上，年初印发《2013年县区和市直有关单位重点调研课题的通知》，从新型城镇化引领、产业转型升级、粮食生产和现代农业发展、文化发展繁荣、民生改善和促进社会和谐、生态建设和环境保护等六个方面，确定2013年县区和市直有关单位重点调研课题88个。二是建立完善调研网络。各县区及重点市直单位明确分管调研工作的领导和联系人，对88个重点课题明确具体责任单位和完成时间。三是定期督促指导。按照年初确定的任务完成时间节点，每月通过电话、发党务专网通知等形式，督促未按时完成任务的单位及时报送调研成果。五是建立长效机制。主要从建立长效机制入手，协调全市调研力量，建立课题协作制，对一些重大调研课题，由政研室牵头，有关单位积极配合，协同作战，联手调研，形成各方力量广泛参与的新格局。

召开调研工作座谈会　　市委政研室　供稿

【服务中心工作】 市委政研室积极贴

近市委中心工作，积极参与市委中心工作，高质量完成全市重要文件和主要活动文件起草工作。一是为市委主要决策提供依据。按照领导安排，参与起草市委《关于科学推进新型城镇化的意见》，为全市推进新型城镇化建设提出详实的数据以及切实可行的建议。二是配合上级部门的调研。为配合中央党校“生态文明建设之路径探索”课题组、省委“进一步密切党与群众的联系”调研组、省委政研室“新型城镇化”调研组和基层组织建设调研组莅鹤调研工作，精心制定调研方案、设计考察路线、撰写汇报材料，形成《鹤壁市关于<中共河南省委关于科学推进新型城镇化的指导意见>征求意见情况的报告》，为调研工作提供较为全面的第一手材料。

【刊物编辑工作】 市委政研室承担着市委机关刊物《鹤壁工作》和内参资料《调研与建议》和《领导参阅》的编印工作。《鹤壁工作》除宣传市委、市政府决策意图外，还承担着推动调研成果转化的功能，是推进全市大调研工作的有效平台。为提高办刊质量，对拟用稿件由编辑人员、副主任、主管秘书长层层把关，对重要栏目实行特别约稿。各县区、各部门撰稿积极性很高，稿源比较丰富，稿件质量相对较高。全年出版6期，撰写编辑文章50余万字。《鹤壁工作》对外交流面不断扩大，已与全国160多家刊物进行相互交流，对宣传鹤壁、扩大鹤壁市影响起到积极作用。《鹤壁工作》连续多年被评为全国优秀党刊。《调研与建议》和《领导参阅》是市委政研室负责编辑的供市委市政府领导同志和有关部门参阅的内部资料。《调研与建议》累计编发11期，《领导参阅》累计编发6期。内容涉及产业发展、城市建设、社会管理等多个方面，阐述情况比较详实，分析问题比较透彻，研究论证严谨细致，提出对策切实可行，具有较强的针对性和可操作性，许多意见、建议进入市委、市政府决策，较好地服务全市发展大局，政研工作以文辅政、参谋助手的职能作用得到进一步发挥。

【老促会工作】 老促会工作是市委政研室承担的一项重要工作。在深入调研的基础上，深入老区贫困村开展调研，了解老区群众实际情况，掌握老区发展动态，努力为老区人民办实事好事。积极向省老促会争取革命老区村扶持项目和资金，全年共向上级争取资金32万元，解决老区贫困群众生产生活问题，支持老区经济社会建设。解决淇滨区大河涧乡白龙庙村和淇县黄洞乡石老公村人畜饮水问题；资助考上大学的2名贫困学生各1万元。

（张艳艳）

市直党务

【概况】 2013年，市直系统共有党委58个，党总支33个，党支部581个，党员11951人，党组55个。其中，市委市直工委直属管理的党委54个，党总支9个，党支部27个。6月，市委市直工委参加全国总工会组织的《女职工劳动保护特别规定》知识竞赛，市直工委和1名个人分别被省总工会和全国总工会授予优秀组织奖和优秀个人奖；工委副书记李合新被河南省委省直机关工委表彰为2013年度先进市委市直工委书记。李合新撰写的《抓好三型党组织建设提升服务中心建设队伍质量》一文，被省党建研究会表彰为2013年度机关党建研究优秀成果一等奖，被市委宣传部评为“以实干作风开启圆梦之旅”理论文章征集二等奖。

【思想政治建设】 1. 深入学习贯彻党的十八大和十八届三中全会精神。按照学明白、想明白、说明白、做明白要求，坚持把学习十八大和十八届三中全会精神与学习习近平总书记一系列重要讲话精神相结合，与学习市委八届四次全会和市委经济工作会议精神相结合，与鹤壁大新区建设相结合，与履行岗位职责相结合，采取专题研讨、辅导讲座、交流座谈、主题实践等多种形式，领会精神实质，把握丰富内涵，真正学懂弄通、入脑入心。一是及时制定《市委市直工委2013年度中心组分专题集体学习的安排意见》，把学习党的十八大精神作为主要内容纳入其中，利用每周理论学习时间原原本本学习原文。二是印发《关于在市直机关各级党组织和党员干部中开展学习贯彻十八届三中全会精神的通知》，迅速在市直机关各级党组织中掀起学习宣传贯彻落实党的十八届三中全会精神高潮。三是与市委宣传部、鹤壁日报社联合开展了鹤壁市“帮太杯”学习宣传党的十八大精神有奖知识竞赛活动，评出优秀组织奖20个、个人奖150名。2. 扎实开展党建工作调研。为确保市直机关党建工作开好头、起好步，2013年3月19日～26日，工委组成3个调研组，利用7天时间，采取听汇报、查阅资料、座谈等方式，重点围绕贯彻全市2013年机关党的工作会议精神情况、落实《中共鹤壁市委关于加强机关党建工作的实施意见》情况、“学党章、找差距、做表率”活动开展情况、机关作风建设情况，对市直机关20个单位党建工作开展情况进行调研。分析机关党建工作形势，形成专题调研报告，制定针对性和操作性较强的整改措施，确保市直机关党的工作扎实有序推进。3. 开展“读书荐书”宣传活动。向市直机关各级党组织和广大党员干部发出“向书本学、向实践学、向群众学”的倡议，推荐《舍得》、《思享》、《观念的水位》、《公天下》等书籍；按照省委书记郭庚茂倡导和省委副秘书长、省直工委书记李恩东的要求，迅速组织开展“火红的七月·读书学习”活动，推荐学习《世界是平的》、《变中求胜》、《航空大都市》三本书，并通过开展“中国梦·我的梦”演讲比赛，深化学习效果。工委撰写的《提升四种能力服务科学发展—读《世界是平的》等三本书有感被《中直党建网》和《河南省机关党的工作》刊载。4. 加大宣传报道力度。一是积极向市委《每日汇报》报送稿件，截止10月31日，已完成市委分配任务的103%，提前2个月超额完成任务。二是依托《鹤壁机关党的工作》刊物宣传上级精神、指导党建工作、总结推广典型经验。全年共编辑出版15期，有效推动机关党建工作的开展，深受机关各级党组织和广大党员干部的喜爱和好评。三是先后在各类媒体杂志上刊发宣传鹤壁党建文章和信息80余篇，国家级刊物文章4篇、国家级刊物信息3条、国家级网站文章及信息共计16篇（条）、省级刊物信息12条、市级报刊（电台、刊物）文章及信息共计7篇（条）。其中，《河南鹤壁在市直机关开展“学党章、找差距、做表率”活动》分别在中共中央国家机关工委《紫光阁》、省《先行》杂志上登载；《切实加强市直机关党员干部思想作风建设》在中直工委《中直党建》杂志上登载。

【党组织建设】 1. 打牢组织基础。采取深入调研、耐心解答、具体帮助等多种形式，帮助指导市直机关及时建立健全各级党组织。截止12月31日，新组建党组织8个，调整充实基层党组织班子11个，13个党组织按照规定进行换届选举，对52名新任党组织负责人进行任前考察和任职谈话，具体帮助指导市公安局、市国家安全局、市文广新局、市统计局等40多个单位进一步做好党组织换届选举、人员调整配备、组织生活开展、党员发展、党费收缴、党员组织关系接转等工作。以市委名义正式下发《中共鹤壁市委关于加强机关党建工作的实施意见》文件，落实机关党组织书记和专职副书记配备的有关规定，配齐配强党组织负责人。截止12月31日，市委办、政府办、市财政局等30多个基层党组织已经设置机关党委专职副书记职位。2. 完善市直机关党的工作目标考核办法。为把机关党建工作具体内容纳入领导班子和党员领导干部考核内容，通过抓党建促进业务工作，在实施市直机关党建工作目标百分考核的基础上，结合新的形势和任务，先后组织2次实地调研，组织召开3次座谈会，广泛征求各级党组织和广大党员干部的意见，共收集整理出6条意见建议，及时健全完善市直机关党的工作目标考核办法，确保“百分考核”更加科学、更加规范、更加贴近实际，为提升机关党建工作科学化水平打下了基础。3. 实行“一联四包”服务基层制度。按照市委要求，统筹组织、政法、精神文明、扶贫开发等部门，坚持“党群部门包弱村、政法部门包乱村、科教部门包落后村、涉农部门包专业村”的原则，在市直各单位实行“一联四包”服务基层制度。即：每个市直单位联系一个村（社区），包发展、包稳定、包民生、包党建。联系时间为3年，到期调整。市直机关92个基层党组织与92个村（社区）建立“一对一”结对帮扶关系，对19个村（社区）派出第一书记。4. 加强党员干部队伍建设。为贯彻落实习近平总书记署名文章《认真学习党章、严格遵守党章》和市委书记提出的“要原原本本学习党章，严格遵守党章，自觉用党章规范自己的一言一行”的指示精神，通过集中学习、查摆问题、组织评议、整改提高四个环节，采取重温入党誓词、亮党员身份、召开座谈会、心得体会交流、理论考核、总结表彰等形式，在市直机关开展“学党章、找差距、作表率”活动，打造“政治上靠得住、工作上有本事、作风上过得硬、人民群众信得过”的党员干部队伍。截至12月31日，共举办各类专题辅导报告会123场次，座谈会139场次，市直各单位主要领导为党员上党课101次，党员撰写心得体会2442篇。通过“六查六看”，市直机关查摆问题552条、解决实际问题214个、制定整改措施234项、公开承诺579份。4月23日～26日，举办党务干部和入党积极分子培训班，80个基层党组织200余名入党积极分子和90多名党务干部参加培训。

举办“颂歌献给党”演唱会　　市直工委　供稿

【创新党建工作载体】 开展“餐桌文明人人行”活动，印发《市直机关开展“餐桌文明人人行”活动方案》，联合市文明办、市总工会开展“淇花·兰苑杯”餐桌礼仪知识竞赛活动，下发口袋书和答题卡5000份，普及餐桌文明知识、推广餐桌文明礼仪、倡导节约用餐行为，营造“文明消费、节俭惜福”的良好社会风气。开展“缅怀革命先烈、发扬革命传统、永葆党员先进性和纯洁性”主题实践活动，缅怀先烈、感恩先贤，继承和发扬革命传统，弘扬民族精神；开展以“美丽鹤壁，健康生活——摒弃乱吐乱扔陋习”为主题的爱国卫生月活动，改善鹤壁卫生面貌，促进人民群众健康，巩固省级卫生城市成果，助推国家卫生城市创建；以“爱护淇河、人人有责、劳动光荣、美化鹤壁”为主题，开展“庆五一、爱淇河、护淇河”志愿服务活动，市直机关的1000多名党员、团员、工会会员、文明志愿者、巾帼志愿者参加活动。

【群团工作】 1. 成立“学雷锋精神、做雷锋传人”爱心团队。下发《“学雷锋精神、做雷锋传人”倡议书》，组织观看《雷锋在1959》、《离开雷锋的日子》等优秀影片，组织爱心团队赴聋儿语训中心献爱心，为残障儿童送去图书、玩具和食品等慰问品，发扬雷锋精神，弘扬社会主义精神文明。2. 抓好群团和结对帮扶活动。开展2013年度鹤壁市“十佳青年文明号”和“十佳青年岗位能手”评选活动。6月，积极参加全国总工会组织的《女职工劳动保护特别规定》知识竞赛并取得优异的成绩，市直工委和1名个人分别被全国总工会和省总工会授予优秀个人奖和优秀组织奖；组织结对帮扶村鹤山区鹤壁集东头村积极开展“十星级文明户”评选活动，负责制作宣传单800余份，出资3000元购买表彰奖品。对淇县3名特困儿童进行慰问，送去粮油和慰问金。出资5万多元对贫困大学生和特困职工进行救助，帮助他们解决燃眉之急，使其感受到党和政府的温暖。3. 积极开设“道德讲堂”活动。依据“八个一”的基本流程，科学制定活动实施计划，坚持每季度开展一次活动。大力宣传道德模范的感人事迹，共组织开展3次“道德讲堂”先后组织观看《杨善洲》等优秀影片，省直工委教育中心制作的《经纬讲坛》系列宣教片，直省工委组织的《道德讲堂》，学习鹤壁市先进典型郭付英、程相文、吕俊峰、邢二朋等感人事迹，用身边事教育身边人，为鹤壁经济社会发展凝聚正能量。

（白相杰）

机构编制

【概况】 2013年，全市机构编制工作，突出改革、管理、创新和服务，认真履行职责，扎实推进工作，完成各项目标任务。从10月开始，在全市牵头开展以深化行政审批制度改革为核心的“改作风、转职能、优环境”活动。12月11日、31日，市政府先后印发《关于深化行政审批制度改革，加快转变政府职能的决定》（鹤政〔2013〕42号）和《关于公布第二批行政审批项目清理结果的决定》（鹤政〔2013〕46号），分两批公布行政审批项目清理结果，市级行政审批项目共取消37项，下放管理层级31项，合并19项，转为行政服务48项，挂起20项，保留49项（含省政府下放2项），较改革前精简76.73%。省编办对鹤壁市行政审批制度改革工作给予充分肯定和高度评价，被确定为全省行政审批制度改革规范化、标准化试点市之一。

【行政管理体制改革】 认真组织学习《国务院机构改革和职能转变方案》，对本轮改革涉及的卫生、计生、食品安全等相关领域进行深入调研，摸清体制机制、职责配置和机构编制等情况，在全面梳理分析基础上，着手研究思考下一步改革的方案和思路，完成《关于鹤壁市县区政府机构设置和职能转变情况的调研报告》，及时上报省编办。按照全省统一部署，积极做好市县食品药品监管体制改革的前期准备工作。

【事业单位分类改革】 按照全省的统一部署和要求，以市委办公室、市政府办公室名义印发《鹤壁市事业单位分类工作实施意见》，明确分类工作的原则、范围、类别划分和工作步骤，保证事业单位分类工作的顺利进行。稳妥推进事业单位分类工作，研究确定市直和各县区的事业单位分类意见，按期完成全市事业单位分类工作。按照认定行政职能事业单位的具体标准，从严审核，认真把关，按要求做好承担行政职能事业单位备案工作。分行业做好教育、医药卫生、交通运输等行业体制改革相关工作。

【机构编制监督检查】 全面贯彻执行机构编制监督检查工作有关规定，建立与相关部门密切配合、齐抓共管的工作机制，开展行之有效的机构编制督查工作，维护机构编制工作的严肃性和权威性。按照省里的安排，在全市1658个行政事业单位中全面开展“吃空饷”治理专项核查，对核查中发现的问题及时进行处理。

【事业单位登记管理】 规范事业单位登记管理，按时完成2012年度事业单位法人年度检验工作，全市应参加年检1081家事业单位全部参加，年检率为100%，确定年检合格单位1081家，合格率为100%。加强和规范事业单位日常管理，全市共办理设立登记124家，变更登记271家，注销登记30家。事业单位登记率取得突破性提升，年底，全市已登记事业单位法人1226家，平均登记率92.5%，比上年提高8个百分点，受到省登记管理局的表扬。全面落实、完善事业单位法人“三公开”制度，全市共公开事业单位法人年检结果1081家，公开率100%；公开重要事项信息543项；公开事业单位法人年度报告内容1071家，公开率99%，不断扩大社会公众的知情权和监督权，受到省登记局表扬。在认真总结第一批事业单位法人治理结构试点工作的基础上，积极推进事业单位法人治理结构试点工作。

【机构编制管理】 严控机构编制，实行总量控制、动态调整，确保全市各级不突破规定的行政和事业机构、编制限额；加强机构编制实名制管理，坚持“编制部门核编、人社部门核资、财政部门拨付”的模式，进一步强化机构编制、人员工资与财政预算相互配合、相互制约的约束机制；严格执行入编审核制度，机关事业单位进人必须凭编制部门出具的《人员入编通知单》到相关部门办理人员工资调整审批和经费核拨手续，充分发挥机构编制部门在进人上的龙头作用。及时准确完成机构编制统计、实名制管理数据库上报及专项统计工作，为领导决策和加强机构编制管理提供了重要依据。机构编制统计和实名制管理工作被评为全省先进单位。有效推进政务和公益域名注册管理工作，全市共注册域名1656个，注册率100.42%，较上年年底增加34个百分点，被评为全省先进单位。扎实推进机构编制信息化和实名制网络管理系统建设，信息化建设方案、涉密内网分级保护方案通过省编办、市保密局和市财政局等专家的论证，完成机构编制业务网建设工程招标评审工作。

（方起俊）

老干部工作

【落实政治待遇】 2013年，根据市老干部局人员变化情况先后对市委常委联系老干部、青年干部联系老干部、老干部工作人员联系老干部名单进行调整，保持老干部队伍的稳定。对联系的目的、方式、次数等进行补充完善，并加强督促，在保证老干部思想稳定的同时，使他们的问题和困难也得到较好地解决。市委先后两次召开老干部座谈会，向老干部通报工作，征求老干部意见；11月底，市委就召开市委领导班子和领导干部民主生活会专门向老干部征求意见和建议。春节前夕，市四大班子领导亲自到老干部家中进行慰问。“端午节”、“中秋节”，市委老干部局班子成员带领工作人员拿着慰问品，到老干部家中进行慰问，把市领导的嘱托、关怀送到老干部的身边。年初，组织老干部考察鹤壁市的工农业生产和大项目建设情况。元宵节，组织老干部观看本市元宵灯展。十八届三中全会召开前，专门下发通知，要求各县区、各单位要根据单位实际情况，组织老干部收听、收看相关公告，并对学习会议精神提出明确要求。12月3日，组织副市级以上离退休干部参加十八届三中全会宣讲报告会。为进一步加强与老干部的联系，要求各级党委政府既要为老干部过好“生日”，还要为离退休党员过“政治生日”。鹤壁市把老干部的入党纪念日确定为老干部的“政治生日”。为确保为离退休党员过“政治生日”活动的落实，达到“强化党员宗旨意识，促使离退休党员保持和发挥先进性作用”的目的，专门制定完善了相关工作制度和措施。市委老干部局专门负责正市级老干部的“双生日”活动，到他们“生日”时，代表市领导向他们送去“生日”蛋糕和祝福；到他们“政治生日”时，在看望他们的同时，把市领导亲自书写的贺卡送到他们的手上。

【落实生活待遇】 一是离休干部的“三个机制”（离休费保障机制、医药费保障机制、财政支持机制）殊政策特殊对待”的方运转正常。由于财政支持及时到位，使全市离休干部的离休费做到按时足额下发，医药费做到按规定实报实销。另外，在老干部的药费的实际报销中，采取“特殊人群特法，能宽则宽，受到老干部的欢迎，保证老干部的身体健康。二是做好离退休干部的医疗保健工作。5月，对全市500余名离休干部进行健康体检；9月底，对全市市级离退休干部进行年度健康体检，完善健康档案。体检活动中，市、县（区）老干部局专门抽调工作人员全程跟踪服务，医疗部门组织专家组和医护人员实行一对一服务。市委老干部局机关全年探望慰问住院老干部45人次，为15名去世的市直机关老干部处理丧葬等有关事宜。三是市经贸部门老干部服务办公室和市干部休养所发挥直接联系服务离退休干部的优势，保证重点对象周联系、月看望，所属老干部党支部每月组织开展一次活动，保证老干部的思想稳定和身体健康。四是做好安置和信访工作，为老同志老有所养保驾护航。4月，组织人员赴云南、福建、山西等地，对鹤壁市易地安置的离休干部进行看望。按照省委老干部局的统一安排，对本市离休干部的基本情况进行统计汇总，并对老干部管理系统的信息进行完善，进一步摸清老干部工作的底数。全年共为57名干部办理退休审批手续。接待老干部来访、来电、来信90余人次，均做到答复及时，处理妥善，做到党委、个人“双满意”。

市委、市政府向老干部通报工作会议　　市老干局　供稿

【学习活动阵地建设】 老年干部大学的正规化建设迈出坚实步伐。按照“以学为主、学乐结合”的教学方针，围绕“寓教于乐”做文章，鹤壁市老年干部大学教学工作成效明显。6月底，第13届（2011～2013）老年干部大学学员毕业。毕业的350名学员中，11名被评为第13届4学期优秀学员，4名被评为第13届优秀学员。开设时事政治、养生保健、文学欣赏、音乐、电脑、书法、绘画、折纸、葫芦丝等20余门课程。为破解“学员基本不变，教学质量难以提高”的难题，从当年开始，专门开设“分享”课，改“老师一言堂”为“学员群言堂”，以达到沟通思想、交流感情、增进理解、构建和谐的目的。全年分享课的主题分别为“谈谈我的幸福生活”、“说说我生活中的忙与闲”，广大师生主动上台和大家交流，收到良好的效果。5月，市老年干部大学组织50余名学员到淇河湿地公园捡拾垃圾，用实际行动践行“爱护淇河，人人有责”。每学期结束，都要举行“学习成果展示及联欢

会”，全面展示学员的风采和精神面貌。10月，组织140余名学员到濮阳戚城遗址进行参观，开阔学员们的视野，愉悦学员们的身心。老干部活动中心的“老干部之家”的作用越来越好。进一步完善配套设施，健全相关制度，丰富内容，规范管理，提高服务水平。举办迎重阳第四届老年人体育比赛和市老干部活动中心各文艺团体2013年训练成果展演，为老干部提供一个展示自我、相互学习、相互交流、共同提高的平台。为进一步弘扬传统美德，丰富老年公寓老年人的文化生活，市老干部活动中心精心组织以“弘扬传统美德，情系孤寡老人”慰问演出活动，用多彩的节目为老人送去关爱，表达对这些老人们的祝福，受到社会各界特别是老年朋友的热烈欢迎。

【关心下一代工作】 4月8日，全市关心下一代工作会议召开，对鹤壁市关心下一代工作进行安排部署。联合相关部门开展青少年手抄报评比、“红领巾相约中国梦”主题队日、“关爱明天、普法先行”青少年普法教育、“美丽中原、生态文明我先行”环保教育等活动，并积极组织“五老”宣讲团进校园、进社区作宣讲报告，加强对青少年的思想教育，引领青少年编织中国梦。围绕“六一”儿童节，开展系列活动。先后组织开展庆“六一”万名农村留守儿童圆梦义拍认购活动、弘扬延安精神开启圆梦之旅庆“六一”大型书画图片巡展等大型公益活动。和团市委、市妇联、市教育局、市体育局等单位，为鹤山区姬家山乡竹林学校的学生送去总价值4万余元的液晶电视、篮球架、乒乓球台、书包和儿童读物等物品。做好“基层工作年”创“五好”工作。鹤壁市各级关工委积极努力，采取有效措施，使“基层工作年”活动收到显著成效。9月，鹤壁市关工委被中国关心下一代工作委员会授予创建“五好”基层关工委优秀组织奖；淇滨区福源社区被评为“五好”基层关工委先进集体。

【发挥老干部作用】 发挥老干部在参政议政、和谐社会建设、平安建设等方面突出作用。全年9次组织老干部参加省、市举办的座谈会、测评会、推荐会等，老同志抱着对党、对社会高度负责的精神，积极为鹤壁市的政治建设、文明建设、城市建设、和谐社会建设出谋划策，有多条意见和建议被采纳，老同志作为党委、政府的参谋助手作用越来越明显。积极引导广大老同志支持参与“四就近”工作，主动承担起社区义务保安、护路保洁等任务，为维护社区的和谐稳定做贡献。同时利用老干部群众基础好、威望高的优势，帮助社区居民化解矛盾，解决邻里纠纷。社区老干部帮助各级组织解决许多棘手的矛盾和问题，受到社区居民的好评。特别是淇滨区黎阳路办事处福源社区老同志创办的“四点半”学校更是受到社区居民的高度赞扬。开展第二届“金鹤奖”评比表彰活动。“九九”重阳节前夕，召开“金鹤奖”表彰大会，对2013年在全市各条战线上做出突出贡献的“五老”（老党员、老干部、老军人、老模范、老教师）人员进行表彰，并组织受表彰老同志参观鹤壁市建设成就展、宝山产业集聚区和盘石头水库。活动极大地鼓舞老同志发挥余热的积极性和主动性，取得了良好的社会效果。11月29日，省十届人大常委会副主任、省敬老助老总会常务副会长张以祥带领调研组，对鹤壁市老干部“四就近”工作进行调研。对鹤壁市的工作给予充分肯定，赞扬鹤壁市“四就近”工作扎实有效，赞扬鹤壁市的领导对老干部感情真挚，对老干部工作高度重视。

（岳刚慧）

鹤壁市工商业联合会

【同心实践活动】 一、注重学习培训。把学习贯彻十八大精神作为同心活动的一项政治任务，组织非公经济人士认真学习十八大和十八届三中全会精神，举办法律法规知识培训班，引导非公经济人士正确认识形势、准确把握政策、抓住重大机遇、坚定发展信念。二、推动履行责任。举办“2013年鹤壁市民营企业招聘周活动”，提供服装设计等就业岗位5000余个。举办庆“六一”万名农村留守儿童圆梦义拍认购活动，为留守儿童和失学儿童筹集善款75.64万元。开展2013年希望工程圆梦活动，市县区工商联会员企业捐款70.2万元，资助贫困大学生233名。河南省裕隆时代百货有限公司捐款2万余元，为同心实践基地上裕乡敬老院送去棉衣、粮油、方便面等生活必需品，为每位老人发放慰问金500元。

【加强基层商会工作】 一、基层组织建设得到加强。认真贯彻落实《关于加强全省县级工商联建设的意见》（豫统〔2013〕5号）及鹤发6号文件精神，召开全市加强县级工商联建设现场会，推进县级工商联规范化建设。全市5个县级工商联全部达到“一个设立、五个确保”目标，淇县工商联被评为全省县级工商联五好标准示范点；全市24个乡镇区、14个街道办事处全部建立商会组织。会员队伍不断壮大，会员整体素质有了明显提高，企业会员和团体会员数量大幅增长。行业（异地）商会作用彰显，全年新成立市驻马店商会、市商丘商会、市零售业商会、市浙江商会，市家具行业商会，市属行业（异地）商会达到22个。二、理想信念教育实践活动扎实有效。市委常委会专题听取活动情况汇报，成立领导小组，召开推进会，对全市5个县区进行调研督导。召开理想信念报告会，张景堂、李林海、王烁等民营企业家作报告。组织开展一系列“服务民企促发展”活动。依托市工商联企业法律维权中心，开展“非公有制企业大走访”活动，帮助企业协调解决问题20余个。搭建银企对接平台，破解中小企业融资难融资贵等问题。市县区共组织银企对接会6次，帮助解决资金1.2亿元。依托市党外知识分子联谊会，开展非公有制企业结对帮扶活动，共与40家企业结成帮扶队子。依托市福建商会，召开闽商与鹤壁银企交流座谈会，实施银企对接，推进银企互惠合作。

【服务经济社会发展】 一、招商引资

省工商联副主席赵纯武（前左二）在新亚服装公司调研　　　市工商联　供稿

成效显著。推进“以会招商”，11月1日~2日，借市浙江商会成立大会召开之机，举办百名浙商鹤壁行活动，邀请200余名浙商到鹤壁市考察，促成8个项目签约，总投资达189.5亿元，其中鹤壁市政府与河南省浙江商会签订总投资120亿元的战略合作框架协议。开展“联谊招商”，与厦门市工商联、漳州市工商联、上海市嘉定区工商联结为友好商会，并签定友好合作框架协议。实施“活动招商”，组织部分民营企业参加第八届中博会等，积极推介本市资源优势、产业项目和投资环境，促成市内企业与外地客商就多个项目签约或达成合作意向。2013年，全市工商联系统直接或牵线搭桥引进项目12个，项目资金240多亿元。二、“民企连社区”活动稳步推进。积极开展“民企连社区”活动，引导中鹤集团、河南圣源集团、鹤壁市科达实业发展有限公司等民营企业积极投入新型农村社区建设。32家民营企业参与本市34个新型农村社区建设，其中浚县中鹤社区、淇县阳光社区等11个社区已经入住。

【参政议政】　一、开展专题调研活动。为全面了解鹤壁市非公有制经济人士的诉求建议和民营企业发展中的困难问题，对民营经济发展情况进行专题调研，形成《2013年鹤壁市民营企业发展调查报告》，得到市委、市政府主要领导的高度重视，并在全市民营经济工作会上进行印发；推动全市民营经济工作会的召开和《鹤壁市促进民营企业发展行动计划（2013－2015年）》（鹤政办〔2013〕45号文件）的出台。二、积极建言献策。通过参加市委、市政府召开的征求意见会、座谈会等会议，提出意见建议，为全市经济社会发展大局出谋划策；两会期间，全市工商联系统共提交提案、建议27件，非公有制经济代表人士提案质和量都有较大提高。

【自身建设】　高度重视学习型机关建设，集中学习党的十八大精神，干部队伍的政治理论素质不断提升。率先在全省强力推进市工商联会员活动中心莲鹤大厦建设，大厦已投入使用，签约企业13家，圣源集团、君事达物业服务有限公司等3家企业已入驻。5月31日，全国工商联秘书长欧阳晓明一行到莲鹤大厦调研，称赞“莲鹤大厦有特色、建设快”。

（王中利）

党校教育

【概况】　2013年，市委党校围绕中心，服务大局，求真务实，创新工作，以建一流党校为目标，大力实施党性立校、质量兴校、人才强校、从严治校、创新活校五大战略，有效发挥培训部、参谋部和宣讲部作用，完成各项任务，彰显鲜明的鹤壁特色，中共中央党校主办的《学习时报》以“鹤壁市委党校干部培训模式的新探索”为题，专门刊发鹤壁党校的培训经验。

【干部队伍建设】　（一）开展“天天一小时、月月一本书”读书活动，定期开展读书心得交流，营造勤学善思良好氛围。重视教职工思想解放和视野开阔，积极为教职工外出进修培训创造条件，选派14名教师参加省委宣传部、省委党校及其它高校举办的培训班，选派16名干部职工参加各种研讨会及外出学习培训。（二）坚持任人唯贤导向，努力营造人尽其才、才尽其用的工作环境。出台《中共鹤壁市委党校科级干部选拔任用实施方案》（试行），上半年，提拔任用11名科级干部，强化梯队建设。开展优秀教师、先进工作者、突出贡献奖评选活动，激发教职工干事创业活力。

【教学科研】　（一）教学培训不断创新，实效性显著增强。在主体班教学中，立足用管用的办法培养管用的人，探索实施了三分之一集中授课、三分之一专题调研、三分之一集中研讨的培训模式。一是建立市领导作报告的长效机制，全年市委常委来党校上课达12人次，省市10多位部门领导做专题报告；建立客座教授制度，加大外请报告力度，邀请国家行政学院刘志伟博士、周韶朋教授、省委党校校级领导焦国栋、郭学德、胡隆辉、尹书博等18名国内知名专家学者为学员授课，增强党校讲坛的吸引力。二是持续开展异地培训，与井冈山干部学院和焦裕禄干部学院联合建立党性教育基地，组织学员到两地开展党性教育；在苏州建立干部教育培训基地，组织学员到发达地区开展异地培训。三是综合运用案例式、互动式、体验式、启发式等教学方法，增强课堂教学的感染力。全年共举办县级班、科级班、中青年干部培训班、党外干部培训班、公务员初任培训班等9个班次，培训干部400多人次。主体班干部培训更加务实有效，形成特色，树立品牌，市领导充分肯定，学员普遍称赞。（二）科研工作力度加大，参谋作用有效发挥。围绕市委市政府重点工作，安排13项市级调研课题。与鹤壁日报社联合举办座谈会，学习市委书记魏小东“以实干作风开启鹤壁人民圆梦之旅”讲话，并在《鹤壁日报》刊发多篇学习文章，召开全市党校系统学习贯彻党的十八大精神理论研讨会，征辑论文100余篇。全年共撰写理论文章及调研报告200余篇，编辑出版校刊《研究与探索》4期，编印《发展研究报告》10期和《我为鹤壁科学发展献一计》专辑2期，其中《关于新阶段加快我市老城区发展的研究报告》、《关于加快淇河两岸同步发展的建议》、《关于加快鹤壁新区建设》、《建设生态文明、打造美丽鹤壁的调研与思考》等多篇研究报告分别被市委书记、市长批示，并有20项调研报告所提建议被市有关部门吸收采纳。荣获市委宣传部“以实干作风开启圆梦之旅”理论研讨会优秀组织奖，获省、市各类科研成果奖25项，获省社科联结项课题三个一等奖，实现历史性突破。（三）社会培训强力推进，办学资源有效利用。除承担主体班培训任务外，还积极运作承接各类社会培训。正式挂牌专业技术人员继续教育基地，培训全市专业技术人员近5000人。此外，还承接市教育局、市农业局等20多家单位的培训工作，共培训6680人。（四）理论宣讲深入扎实。市委党校8名教师参加市委十八届三中全会宣讲团，在两县三区宣讲50多场，及时使十八届三中全会精神和市委决策部署进基层、进头脑，形成凝聚改革的强大动力。此外，党校教师还积极接受新闻媒体采访，对市委决策部署和经济社会热点问题进行解读，全年在鹤壁电视台和《鹤壁日报》接受采访达30多人次。

组织党校学员到四季青公司调研　　市委党校　供稿

【文明单位创建】　年初，校党委提出创建省级文明单位的目标，按照“重在建设、贵在坚持、注重实效”的原则，以内强素质、外树形象为重点，深入扎实开展精神文明创建活动。一是强化作风建设，严明工作纪律，推进管理科学化。从加强制度建设入手，制定和完善了《考勤和平时考核管理办法》、《教学科研成果奖励办法》、《主体班学员管理制度》、《文明部室、文明职工评选制度》等20余项规章制度，建立以制度管人、管事的长效机制，实现管理的科学化、规范化、制度化，为精神文明创建和推进党校各项工作提供保证。二是丰富活动载体，创新活动形式，力求创建实效。以“道德经典诵读”、“爱国歌曲大家唱”等活动为抓手，不断完善文明创建活动载体。积极开展道德讲堂活动，组织干部职工学习道德模范，用身边人讲身边事，激励教职工学习先进，培养良好的职业道德，营造履职尽责、无私奉献的良好风气。积极参加市文明办组织的文明餐桌礼仪知识竞赛、为环卫工人送温暖志愿服务和各类精神文明创建活动，切实提高干部职工的文明程度。深入城乡共建、结对帮扶联系村了解社情民意，及时帮助群众解决经济发展、环境卫生、农业生产等方面的问题。积极开展农村留守儿童帮扶等活动，6月，开展为淇滨区冷泉中心小学农村贫困和留守儿童爱心捐助活动，共捐助书柜、桌椅100余套，助学金4350元。9月30日，市委党校被市委、市政府推荐为2013年度省级文明单位。

【行政后勤改革】　不断深化行政后勤管理改革，实现学员公寓和餐厅对外承包经营；招聘10多名“4050”人员，加强物业管理，提升服务水平；充分发挥电子阅览室作用，加快图书资料信息化建设，有效发挥对教学科研的支撑作用。开阔思路，多措并举，盘活闲置资源，努力增收创收，厉行节约。加大投入，强化后勤保障能力，在2012年投入200万元的基础上，当年又追加投入120多万元，加强硬件建设，整体提升办学能力，为服务干部教育培训提供坚实保障。

【党风廉政建设】　加强反腐倡廉制度建设。把反腐倡廉建设作为加强党员干部党性锻炼的重要内容纳入主体班教学计划，邀请市委常委、纪委书记许兆儒两次来党校为主体班学员和相关干部做廉政报告。制定《中共鹤壁市委党校2013年党风廉政建设责任制工作安排意见》及《中共鹤壁市委党校2013党建工作要点》，抓好目标责任分解和目标签订落实工作。全年围绕研究部署党风廉政建设工作召开3次专题党委会，党委书记为全体教职工上党课2次，组织全体教职工收看警示教育专题片4次。

（张希中）

党史研究

【概况】 市委党史研究室是1980年9月22日经鹤发〔1980〕91号文批准成立的全供事业单位，属于参照公务员法管理部门。核定编制10人，现有10人，其中在编8人；领导班子由2人组成，主任1人，副主任1人。内设秘书科、研究科、征编科。享受正县级领导干部待遇1人，副调研员1人，正科级干部3人，工勤人员1人；离退休干部5人。市委党史研究室的主要职责是：贯彻落实中央和省、市委对党史工作的指示、决定和部署，负责全市党史研究、党史宣传教育和党史资料的征集整理和编撰；负责对县区、市直单位党史工作的指导和有关党史文稿的审定工作；承办上级党史部门和市委交办的其它工作任务。

【党史资料征集与整理】 2013年，全市党史资料征集与整理的工作成绩显著。一是继续做好年度党史资料征编工作。对2012年度全市政治、经济和社会生活各个方面的党史资料进行系统、全面收集并编辑成书，出版《鹤壁市党史年编》（2012卷）；二是继续坚持和完善党史大事当月记当年编制度。全市党史部门按月收集、整理党史大事记，编辑出版《中共鹤壁市历史大事记》（2012卷）；三是继续征集市委、市政府主要领导的有关资料。在收集整理市委、市政府主要领导重要活动和重大事项资料的基础上，编辑出版《市委书记大事记略》、《市长大事记略》（2012卷）。四是每月整理、筛选、编辑鹤壁的党史大事记，按时向省委党史研究室上报。

【党史研究】 全市党史研究工作完成基本著作工作。一是继续对《中国共产党鹤壁市历史》（第三卷）编写收集资料，征集专题，调整和完善大纲，并以此带动鹤壁市改革开放新时期党史研究工作，带动对中共鹤壁市委历次党代会资料、市委重要文献等资料的全面征集，以及对全市各部门专题党史资料的征集，为编写好《中国共产党鹤壁市历史》（第三卷）创造条件，打好基础；对反映鹤壁市建党以来党的活动《中共鹤壁市简史》一书，在中央党史出版社审阅和提出修改意见的基础上，进行修改补充完善。二是对各县区的党史基本著作的编写，根据不同情况进行督促指导。全市的党史基本著作的编写工作有序进行。

【党史大事记编写】 全市党史大事记编写工作有序推进。坚持当月记当年编制度，共编写党史大事记45余万字。每月按时向省委党史研究室上报鹤壁市党史大事记。2013年，《河南党史》共采用鹤壁市党史大事信息30余条，为宣传鹤壁、了解鹤壁发挥了作用。

【党史重大课题调研】 完成党史重大课题调研工作。一是完成《河南省革命遗址通览．鹤壁市》的出版工作。该书第一次较为全面系统地记载鹤壁革命遗址情况，为革命遗址的保护和利用奠定了基础。同时，对于保存党的历史，及以直观形象的形式加强党史宣传教育，发挥党史工作“以史鉴今、资政育人”的作用具有重要意义；二是完成《中国红色旅游指南—河南省》（鹤壁卷）的上报工作。《中国红色旅游指南》由中央党史研究室主编，为完成鹤壁卷的编写任务，在时间紧、任务重的情况下，会同市旅游局、山城区党研室等单位，认真调研、实地考察，广泛收集资料，按时完成《中国红色旅游指南—河南省》（鹤壁卷）的上报任务；三是完成中央、省委党史部门布置的专项调研工作。为全面反映中央10号文件的贯彻落实情况，到各县区进行调研，在掌握详实资料的基础上，起草《鹤壁市党史工作专题调研报告》，上报省委党史研究室，为全国、全省党史部门系统掌握鹤壁贯彻落实中央10号文件精神以及近几年党史工作的开展情况，提供了重要依据；四是按时上报改革开放新时期专题的撰写提纲。根据省委党史研究室的工作安排，经过反复研究，向省委党史研究室上报《鹤壁市畜牧业的发展》、《鹤壁市农业高产创建》专题撰写大纲，为今后的专题写作打下基础；五是组织参加全省党史优秀成果奖的评选。根据豫党史〔2013〕21号文件要求，在全市党史系统组织参加河南省优秀成果奖的评选，经过认真评比、筛选、研究，向省委党史研究室上报5篇专著参加评选。

【党史宣传教育】 党史宣传教育工作取得明显成效。一是利用网络平台开展宣传教育。在“鹤壁市党务专网”开办“党史频道”网页，逐步选择重大历史题材、地方党史故事、英烈人物等党史资料上网宣传，探索利用新的形式增强党史宣传教育的社会影响力；二是编辑出版《奋斗的历程》。在鹤壁经济开发区成立20周年之际，在全市征集到展现开发区20年建设发展巨大成就，展现鹤壁人民在市委的领导下改革开放、开拓创新，取得巨大成就的各类文稿80余篇、50余万字，各类图片100余副。在征集这些稿件的基础上，经过编辑整理，数易其稿，出版《奋斗的历程》；三是积极撰写论文，参加省、市组织的研讨会。《关于征集河南省中共党史界2013年学术年会论文的通知》和《关于在全市开展“以实干作风开启圆梦之旅”理论文章征集活动的通知》下发后，先后组织5篇论文参与研讨活动；四是做好存史、资政工作。年内，分别把历年出版的党史书籍报送中央党史出版社图书馆、市档案局和市图书馆。为进一步保存利用好党史资料，更好地发挥出其效能作出应有的努力。

（冯志瑜）

对台事务

【对台经济】 2013年，市台办坚持与台湾工商企业及民间团体加强联系沟通，积极邀请台商来鹤壁市考察洽谈，不断积累扩大联络资源，为鹤台经济合作创造条件并取得明显成效。一是加强与台湾工商企业及民间团体的联系。积极加强与台湾民间组织的联系，及时沟通、交流信息。在巩固现有人脉资源的基础上，通过多种方式，不断结交新的台湾工商企业界人士，扩大联络，铺垫招商基础。二是积极推

举办2013海峡两岸鬼谷子文化交流会　　市委台办　供稿

动对台招商引资工作。充分利用豫台农业项目恳谈会、豫台电子信息产业对接推介会、第八届中国中部投资贸易博览会等活动平台，协助有关部门与台商搞好项目对接。举办2013年台商发展座谈会暨台协会长鹤壁行活动，市领导魏小东、范修芳会见清华大学台湾研究所所长、教授刘震涛等清华大学台湾研究所台商咨询委员会一行20余人，组织台协会长一行先后到开发区科创中心、航盛（鹤壁）汽车电子工业园、河南帮太食品有限公司、富士康鹤壁科技园等进行考察，召开鹤台产业项目交流会，有关部门和县区向台商介绍市情和主要产业发展情况，进行项目对接。先后接待台湾农会、台湾经济发展促进会、台湾财团法人资讯工业策进会、千瑞国际开发有限公司、瀚铭电子材料有限公司等20余家台湾协会和台资企业，就现代农业、食品、电子项目到鹤壁市进行考察。针对台商的投资方向和考察重点，积极与有关县区和相关单位联系，全力做好项目的考察、对接和洽谈工作。三是持续做好台商项目落地和跟踪服务工作。与有投资意向的台商加强联系，协调搞好项目对接，坚持跟踪问效，推动台资项目尽快落地。及时收集整理台商动态信息，并通报给有关部门和单位，形成工作合力。针对落地的台资项目，坚持定期走访，了解项目进度，帮助协调解决生产建设中遇到的各种困难和问题。

【对台交流】　全市对台交流交往工作按照"推动、巩固、规范、提高"的工作思路，着力凸显鹤壁鬼谷子文化特色，创新交流模式，规范赴台审批，突出联络重点，各项工作稳步提升。一是固化品牌，举办2013海峡两岸鬼谷子文化交流活动。3月29日，在本市云梦山召开2013海峡两岸鬼谷子文化交流会。鹤壁鬼谷子文化研究会会长曹章贵，台湾鬼谷子学术研究会会长张益瑞，中国先秦史学会鬼谷子研究分会会长房立中，鹤壁鬼谷子文化研究会成员、台湾鬼谷子学术研究会成员和工商企业界人士140余人参加了交流会。交流会上，两岸专家学者围绕"鬼谷子文化与企业管理"这一主题，分别以"鬼谷子思想与沟通管理"、"鬼谷子创新思想在企业经营中的运用"，"台湾鬼谷子文化教育与企业发展"、"鬼谷文化法宝大集结"、"鬼谷文化与世界和平"为题目进行了交流发言。二是提升层次，举办海峡两岸鬼谷文化发展与世界和平高层论坛。经过前期积极联络协调，7月26日，由中国先秦史学会鬼谷子研究分会、台湾鬼谷子学术研究会和鹤壁鬼谷子文化研究会共同举办的海峡两岸鬼谷文化发展与世界和平高层论坛在淇县云梦山成功召开。来自清华大学、中国人民大学、陕西师范大学、西北大学、青海师范大学、天津师范大学和台湾政治大学、南华大学、台湾大学等高校的专家学者，以及来自山东孙子研究会、未来亚洲研究会等学术团体的专家学者共200余人参加论坛。会上，中国先秦史学会鬼谷子研究分会会长房立中、中国人民大学教授彭刚、西北大学教授刘宝才、青海师范大学教授张广志分别以《战国风云与未来世界——对流行的银雀山简本〈孙膑兵法〉的质疑》、《和平与经济发展》、《用鬼谷子沟通艺术铺实两岸和平发展之路》、《鬼谷子政治观、战争观浅议》为题进行发言。台湾政治大学教授黄春枝、儿童学易经推广中心主任林松、台湾易经大学建筑师邱金印、台湾大学文学院院长黄启方分别以《鬼谷文化的追根溯源与世界和平发展》、《鬼谷文化普传与世界和平——从儿童学易经的观点》、《鬼谷思想与建筑风水》、《鬼谷子的和平理念》为题进行了发言。中国人民大学教授黄卫平、天津师范大学教授杜勇、鹤壁鬼谷子文化研究会副会长燕昭安、山东孙子研究会副会长荆强、台湾政治大学东亚所所长施哲雄、台湾易经风水学院院长简曜辉、台湾台商服务联社副社长张庆文等进行交流发言。这次高层论坛，群英荟萃，汇聚了海峡两岸知名学者对鬼谷子文化的最新研究成果，对鬼谷子文化研究有进一步的拓展和提升。三是拓宽领域，扩大鹤台交流交往。组织文化交流访问团赴台开展文化交流活动，拜会了中华两岸文经观观协会、华夏青年交流协会、爱与和平基金会、台湾文化会馆基金会、中华传统文化基金会等，并进行交流座谈。组织中小学校长赴台参加"第二届海峡两岸中小学校长教育交流研讨会"。组织食品、工会、卫生、电子、农业等行业赴台开展考察交流活动。

【涉台宣传教育】　一是稳步推进涉台宣传。与相关部门加强联系，积极收集整理林姓发源相关史实资料，认真配合做好《台湾姓氏源流》电视纪实片的制播考察工作。9月，全国台联副会长杨毅周带领《台声》杂志执行副社长、总编辑窦为龙，全国台联会史征集办公室主任阎崑，台湾东森电视台林伟中一行四人，到鹤壁市考察林姓文化。市领导于燕、高雅玲会见杨毅周、省台联会长郭晴一行。在考察朝歌摘心台、淇县三仁祠和长林石室后，杨毅周一行充分肯定淇县在林姓文化中的地位，并表示此次考察有利于理清台湾林姓源流脉络，加强两岸林氏姓氏文化的交流与合作。同时，争取在台湾东森电视台免费播放一个月的城市宣传片，提高鹤壁在岛内的知名度和影响力。二是扎实开展涉台教育。举办全市党外干部《和平统一之路》专题报告，深化党外干部对党的对台方针、政策的认识。利用讲座、简报、会议等形式，及时向各级领导干部宣传中央对台方针政策，掌握处理涉台事务的政策法规。召开专题会议，通过以会代训的形式，组织全市有关领导干部学习当前对台工作面临的新形势、对台工作的新要求和新部署。在山城区实验小学、鹤山高中、中山中学等中小学校开展以"爱我中华，爱我台湾"、"台湾是不可分割的一部分"为主题的知识讲座。在红旗街道办事处、大河涧举办了"促进祖国和平统一"、"心系统一、人人有责"等主题教育活动。发放涉台宣传资料7000余份，受教育群众1万余人次。三是团结服务台胞台属。利用春节、中秋节等中华民族传统节日，走访慰问本市的台属台胞，通过网络向岛内台胞寄发贺年卡。邀请台胞台属到鹤壁市参加民俗文化节，借机宣传鹤壁、推介鹤壁。组织台胞台属参加"迎新春各界人士茶话会"和"中秋茶话会"等联络联谊活动。走访慰问本市重点台胞台属和生活困难的台胞台属40余户，帮助台属陈俊、廉旺喜等19人解决工作生活等方面困难15个。

（孙文惠）

档　案

【概况】　鹤壁市档案局（馆）是在市委、市政府领导下统一管理全市档案工作的事业单位，是永久保管全市各类档案资料的综合性档案馆，履行对全市档案工作统一规划、组织协调、监督检查和业务指导的职能。鹤壁市档案馆是市级爱国主义教育基地，是市政府指定的现行文件和政务信息查阅中心，是科学研究和各方面利用档案资料的专业机构。鹤壁市档案局（馆）是正县级单位，局馆合署办公，内设4个科室，分别是办公室、业务指导科（法制教育科）、保管利用科和收集编研科；编制17人，现有在职人员15人。2002年被批准为参照公务员法管理事业单位。全市共有6个国家综合档案馆，1个专门档案馆。全市档案馆馆藏全宗529个，案卷457600卷，归档文件102074件，建国前历史档案352卷。在全市范围开展"抓系统、系统抓"档案执法检查，完成对市委办公室、市政府办公室、市检察院等12个系统45个单位的档案执法检查工作，并向全市通报执法检查情况。加强馆藏档案数据库建设，已完成360万页的重要纸质档案全文扫描的数字化工作，完成责任目标的180%。接收12600余卷（件）档案资料，完成责任目标的210%。完成8个市直机关、20个县区机关和3个企事业单位的档案规范化管理认证工作，较上年增长63%。全年接待档案利用者6529人次，提供档案资料和现行文件6914卷（件），均比2012年增长15%。完成市政府下达的信息化建设、机构编制管理、公共机构节能减排、政府信息公开依法行政等目标任务。

【档案资源征集】　全市各级综合档案馆共接收档案资料61429卷（件、册）。市档案馆收集进馆档案资料12600卷（件、册），其中，征集到地契、《霞光易经》和《民间风俗大全》（民国1911 ~1949）等珍贵档案23件；石画艺术实物档案7块。淇县档案馆全年接收22个全宗17104卷（件）档案资料，1225件现行文件。浚县档案馆接收到期档案和破产企业档案资料20100卷（件）。山城区档案馆接收到期档案资料4500余卷（件）。淇滨区档案馆积极开展到期档案的移交进馆工作，接收到期档案4200卷（件）。鹤山区档案馆以创建国家三级档案馆为契机，加大档案资料接收力度，接收档案资料1700余卷（件），比上年增长134%。

【设施建设】　完成省辖市县区综合档案馆建设规划的材料申报工作，淇滨区档案馆动工建设。鹤山区新档案馆正在建设中。鹤山区档案馆新购置20组档案柜，购置扫描仪、计算机、复印机、空调各一台。

【信息化建设】　按照《鹤壁市档案馆关于加强档案信息化建设实施方案》、

市档案局局长刘高鹏（右一）陪同副市长高雅玲（右四）考察新乡档案馆

市档案局　供稿

《鹤壁市档案信息化建设“十二五“规划》和《市档案馆数字化转化五年工作计划》要求，通过招标，签订数字化项目加工合同，并按照合同规定，对市馆馆藏档案进行数字化加工。已完成360万页的全文扫描，并建立数据库。各县、区档案信息化工作有新的进展。浚县档案馆加大重点珍贵档案的录入和扫描工作，已扫描馆藏档案6万余页。淇县档案馆对馆内国家重点保护档案进行扫描，扫描纸质档案6万余页，并刻录成光盘。山城区档案馆完成纸质扫描6万余页，并刻录成光盘。淇滨区开展案卷级、文件级目录数据库建设，完成异地备份工作。鹤山区档案馆完成馆藏档案的6万余页的扫描工作。市档案馆为加快建设数字档案馆步伐，在硬件设备到位、软件投入运行的情况下，积极争取财政资金289万元，用于档案数字化加工项目，2013年财政已拨付到位145万元。

【档案业务】 一是市档案局与人大法工委、市政府法制办联合在全市开展“系统抓、抓系统”的档案执法检查，对法院系统5个单位进行复查，对公安系统5个单位下达整改通知书。二是加强业务指导力度。为确保《中华人民共和国档案法》、《河南省档案管理条例》的贯彻落实，保证各类文件材料及时收集、按时科学归档，各级档案部门下发《关于做好2013年度文件材料立卷归档的通知》，加大档案业务的指导力度。市档案局对重点民营企业以及各部门档案业务进行了指导。三是完成档案馆晋级工作，鹤山区档案馆围绕创建“国家三级综合档案馆”工作，顺利通过省档案局测评，晋升为国家三级综合档案馆。四是市检察院系统被评为省级最佳档案系统，市法院创建为全省档案信息化示范单位，完成8个市直机关、20个县区机关和3个企事业单位的档案规范化管理认证工作，较上年增长63%。五是《豫北档案信息化建设现状与发展对策研究》课题获得河南省2013年度优秀科技成果二等奖。

【档案服务】 各级档案馆围绕服务中心工作，主动开展档案资料的提供利用和现行文件利用工作，全市各级档案馆共接待利用者6529人次，提供利用档案资料和现行文件6914卷（件）。其中市档案馆接待利用者1098人次，提供档案资料和现行文件1483卷（件）。

（高蕴姝）

保　　密

【概况】 2013年，全市保密系统认真落实市委、市政府部署要求，围绕中心、服务大局、扎实工作，为全市经济社会发展提供有力保障。先后开展保密专兼职干部全员培训、保密普查等多项重大活动。当年，市国家保密局整体高配为正县级。

【宣传教育】 围绕《保密法》开展宣传教育，对涉密人员，保密专兼职干部进行保密全员培训。强化对各级领导干部和涉密人员的保密警示教育，组织全市县级以上领导干部观看保密教育宣传片，重点加强对计算机管理使用人员的教育和培训。组织全市730余名保密专兼职干部进行培训，较为全面的讲解保密工作的重要性和如何开展保密工作。

【技术及管理工作】 开展机关单位互联网门户网站保密检查和国家地理信息保密检查。按照全国保密普查的要求，全市共701个法人单位参加普查，并通过普查，建立全市保密基础数据库。市国家保密局紧紧抓住保密普查这个契机，以普查促保密教育，以普查促工作改进，以普查促规范管理，以普查促措施落实，推动定密工作、涉密人员管理、涉密网络管理等各项保密管理措施的落实。在摸清情况的基础上，注重发挥普查成果的作用，认真分析涉密单位的保密工作现状和存在的突出问题，排查工作的风险点、隐患点和薄弱环节，努力推动各项保密业务工作开展。做好重要涉密活动的保密安全服务，完成省市重要会议等涉密活动的安全监测、无线信号屏蔽等保密安全工作；做好军工企业的保密管理，指导军工企业规范保密管理，做好军工企业保密资质认证复查工作；加强对国家统一考试保密指导，对20余项国家统一考试的考务工作进行保密检查，对考试试卷的保密进行监督。

（韩　震）

纪检·监察

【概况】 2013年，全市各级纪检监察机关在市委、省纪委的领导下，坚持围绕中心、服务大局，突出主业、真抓实干，党风廉政建设和反腐败各项工作进展顺利，成效明显。一是坚持站位全局，保证市委政府重大决策部署贯彻落实。围绕市委、市政府中心工作，充分发挥职能作用，认真执纪、把关、问责。持续优化经济发展环境，组织开展"改作风、转职能、优环境"活动，以行政审批制度改革推动政府职能转变，对市直单位的行政审批事项进行全面清理，保留49项，减少155项，精减比例76.73%。开展优化环境提升效能监督检查活动，排查梳理、督促整改企业反映强烈的55项突出问题。运用网上投票、走访座谈、集中评议等形式，对市直部门、单位和部分公共服务行业及其内设机构进行季度评议，有效提升了服务质量和水平；主动服务重点项目，加强重点项目综合效能督导，通过专题研判、现场办公和驻点督导，协调解决重点项目建设中遇到的39个突出问题。支持配合基层拆迁工作，教育引导27名公职人员依法和谐拆迁。对全市重点民生工程进行督促检查，对南水北调工程、节能减排项目、水利资金项目等开展专项执法监察，保证了重点项目顺利推进。着力提升工作效能，制定《鹤壁市机关工作人员效能告诫制度》，对影响工作效能、干扰经济发展环境的行为进行效能告诫，先后给予3名县级干部警示谈话，3名科级以下干部免职或效能告诫。对各县区和市直单位节假日值班、工作纪律、行政服务大厅窗口等进行不定期暗访检查，处理32名违反工作纪律人员，切实提高了服务意识和工作效率。二是坚决惩治腐败，严肃查处违纪违法案件。把查办案件作为重中之重，既打"老虎"又拍"苍蝇"，查处了一批影响恶劣的违纪违法案件，形成了惩治腐败的高压态势。全市纪检监察机关共受理信访举报1551件次，初核287件，立案331件，给予党政纪处分356人。市纪委监察局自办案件25件，其中贪污贿赂案件18件，处分县级干部16人（正县级7人、副县级9人，重处分12人），移送司法机关追究刑事责任9人。特别是先后查处了国营浚县农场、市工信局和涉及开发区金海洋小额贷款公司的典型腐败窝案串案，有力震慑了腐败分子，教育和警示了广大党员干部，提高了市委、市政府在群众中的威信。同时，加快推进纪检监察宣教基地建设，加强对办案全过程监督管理，做到了依纪依法安全文明办案。三是突出正风肃纪，狠抓中央八项规定精神落实。把监督执行中央八项规定精神作为作风建设的突破口，健全制度措施，强化监督检查，严肃责任追究。成立联合检查组，对全市饭店及休闲娱乐场所进行常态化暗访检查，党政纪处分19人，免职6人，通报8起典型案例。组织全市县、科级干部就作风建设情况自查自纠并做出承诺，提高了党员干部执行中央八项规定精神的自觉性。制定公务接待标准，全面推行"公务灶"制度，进一步规范了公务接待行为。建立"三公"经费公开、报告、核查、约谈四位一体制度，要求各单位每季度公开并上报"三公"经费开支使用情况，会同财政、审计部门进行抽查核实，对存在问题尚不构成违纪的单位约谈主要领导。通过正风肃纪，有力促进了党风政风好转，铺张浪费现象得到有效遏制。2013年全市公务接待费、车辆运行费、会议费、因公出国（境）经

举办县级干部廉洁自律知识测试　　市纪委　供稿

费同比分别下降40.6%、12.2%、31.7%、42.5%。四是推进制度创新，构建科学有效的预防腐败机制。围绕把权力关进制度的笼子里，认真开展反腐倡廉制度建设年活动，积极推动反腐倡廉制度的立改废工作，不断完善科学有效预防腐败的制度机制。完善合理低价随机选取中标候选人办法，出台《鹤壁市政府投资项目施工招标合理低价随机选取中标候选人实施办法》等4项配套制度，建立政府投资项目招标代理机构名录库，进一步完善了招投标改革制度体系。积极推动公共资源交易中心建设，对挂靠借用资质、违规出借资质、围标串标等行为进行集中整治，严肃查处扰乱市场秩序案件，净化了公共资源交易市场。当年运用该办法招标政府投资项目368个，节约财政资金2.8亿元，节支率13.74%。完善市纪委全委（扩大）会议听取县区和市直单位党政主要负责人述廉制度，组织8名市政府组成部门主要负责人述廉，新增落实中央八项规定精神、“三公”经费开支、个人重大事项等内容，邀请市委组织部主要领导、市政府分管领导参加，采取事前调研收集情况、现场质询随机提问、民主测评、对排名后2位的提醒谈话、综合运用述廉成果等措施，达到了教育、监督、提醒等多重效果。探索建立纪委与组织部门拟提拔人选考察前深度沟通机制，在相互信任的基础上，组织部门在确定考察对象前主动征求纪委意见，纪委本着帮市委把好干部选拔关、为每位同志负责的态度，建议对廉洁从政存在问题的干部不予提拔，对有所反映不适合现职的进行调整，对整体评价不错但有反映的，抓紧核查并及时向组织部门反馈，有效防止了干部“带病提拔”。五是狠抓廉政教育，提升风清气正政治环境。把教育作为反腐倡廉的基础工程，切实抓紧抓好。丰富廉政教育形式，市委书记魏小东同志带头为党员干部作廉政党课，市纪委也先后13次为全市3500余名党员干部作廉政报告。组织党员干部进行任前廉政法规知识测试，开展“加强党性修养、促进廉洁从政”读书教育活动，开通“鹤韵清风”手机短信廉政教育课堂，组织46名市直单位“一把手”参观警示教育基地，教育党员干部筑牢拒腐防变的思想道德防线。加强廉政文化建设，联合市豫剧牛派艺术研究院摄制廉政戏曲电影《憨憨公子扳倒爹》并在全国公映，既教育了广大党员干部，又有力宣传了鹤壁。创建廉政文化示范点，开展廉政公益广告

市委常委、市纪委书记许兆儒（中）到淇县调研　　市纪委　供稿

展播、反腐倡廉网络歌曲创作等活动，营造了“廉荣贪耻”的社会氛围。加大谈话提醒力度，对79名新任县级干部进行任前廉政谈话，对18名县级干部进行提醒谈话，对13名存在廉洁从政问题尚不构成违纪的干部给予诫勉谈话，达到了提醒警示、教育挽救的目的。六是开展专项治理，纠正发生在群众身边的不正之风。针对社会反映强烈的突出问题，深入开展重点领域专项治理。深化囤地圈地违规用地土地闲置浪费专项治理，督促指导有关部门对存在的问题进行集中整改，责令补缴土地出让金8239万元，收缴土地闲置费100余万元，我市被省政府表彰为先进省辖市。深入开展群众关注的突出问题专项治理。开展基层侵害群众利益信访举报突出问题专项治理，立案查处52起，上缴国库违纪资金106万元，退还群众应得款40.5万元。开展财政供养人员“吃空饷”问题专项治理，排查各类问题177人次，追缴财政资金66.2万元。开展医疗服务收费、教育收费、公路“三乱”、清理整顿中介组织等专项治理，取得良好效果。扎实推进农村基层党风廉政建设，开展乡镇基层站所执行财经纪律情况专项检查，查纠违纪违规资金3280万元，党政纪处分21人；督促整改新农合检查中发现的问题，责成相关银行补齐新农合专户少计的利息712万元；开展“旁听村民代表会，助推四议两公开”活动，组织纪检监察干部旁听村民代表会，促进了“四议两公开”工作法真正在基层落实。七是加强自身建设，提高纪检监察干部队伍整体素质。组织全市纪检监察干部认真学习贯彻十八大和十八届二中、三中全会精神，用会议精神统领、指导各项工作。市纪委常委会带头落实党风廉政建设责任制、中央八项规定精神和民主集中制，严格执行常委会议事规则。按照“零持有、零报告”要求，率先在全市开展会员卡专项清退活动。实行交流轮岗、竞争上岗，增强了机关干部活力。组织机关干部到省纪检监察宣教基地开展综合业务知识培训，进一步提高纪检监察干部整体素质和履职水平。

【市纪委八届三次全会】 2月20日，市纪委召开八届三次全会，市委书记丁巍出席会议作重要讲话，市委常委、市纪委书记许兆儒代表市纪委常委会作题为《全面贯彻党的十八大精神，深入推进党风廉政建设和反腐败斗争》的工作报告。全会决定，2013年要深入学习和全面贯彻落实党的十八大、十八届中央纪委二次全会和省委九届五次全会、省纪委九届三次全会及市委八届四次全会精神，坚持反腐倡廉战略方针，围绕持续创新、提升发展的总基调，突出严明纪律、改进作风、严惩腐败、注重预防工作思路，深入推进反腐倡廉建设，重点解决党政机关和党员领导干部作风方面存在的突出问题，努力做到干部清正、政府清廉、政治清明，为本市在中原经济区建设中先行先试走在前面提供坚强保证。一是严明政治纪律，确保政令畅通；二是改进干部作风，密切联系群众；三是严惩腐败分子，纯洁党的队伍；四是注重预防监督，推进惩防腐败体系建设。市委书记丁巍强调，要深刻认识党风廉政建设和反腐败工作的极端重要性，始终保持高度自觉与清醒；严明党的纪律，确保步调一致推进各项工作；以踏石留印抓铁有痕的劲头改进作风，始终保持同人民群众的血肉联系；坚持惩治和预防腐败两手抓、两手都要硬，持续提升反腐倡廉建设成效。市四大班子党员领导干部，市中级法院院长、市检察院检察长出席会议。市纪委委员，各县区委书记、副书记、纪委书记、监察局局长，市直各单位党政负责同志、纪检组长（纪委书记）、监察室主任，市纪委机关室主任共280余人参加（出席）会议。

【监察综合】 积极协调督促有关部门严肃查办商业贿赂案件。督促县区及市直治理商业贿赂成员单位，严格依照《关于组织开展依法查处商业贿赂案件的实施办法》的规定，着重加大对工程建设、医药购销、银行信贷等重点领域中商业贿赂犯罪案件的查办力度。全市共查结商业贿赂案件23件，刑事处理22人，涉案金额510.9076万元。

【调研法规】 一是认真组织开展反腐倡廉制度建设年活动。以建立健全惩防腐败制度体系为目标，以市直24个重点单位为抓手，针对权力集中的重点部位和腐败易发多发的关键环节，认真组织开展制度建设年活动。3月19日，在全省反腐倡廉制度建设年工作座谈会上，本市以《探索合理低价随机选取中标候选人制度治理招投标环节“顽疾”》为题作典型发言，本市《创新方式拓展渠道极积探索加强党内监督新机制》作大会交流。二是扎实做好纪检监查调查研究工作。积极发挥参谋助手作用，深入基层开展调查研究，先后撰写《纪检监察机关办案人员人身安全保护机制研究》、《我市乡镇纪检监察组织存在的问题及对策》等调研报告10多篇。在全省“提升反腐倡廉建设科学化水平”理论研讨会上，本市报送的《提升制度执行力是推进反腐倡廉建设的关键》和《对“一把手”实施有效监督的实践与思考》获优秀论文奖，并收入《提升反腐倡廉建设科学化水平探索与实践》一书。省重点课题《加强对一把手监督机制制度研究》按时完成，《基层纪检监察机关关于主业回归的若干思考》等在省刊物刊发。三是扎实开展纪检监察法规建设工作。按照中纪委、省纪委安排，及时开展法规修订调研，提出修订意见建议，为全国、全省纪检监察法规建设提供了重要参考。认真开展全市1978年~2013年反腐倡廉规范性文件清理工作。四是认真组织党风廉政建设民意调查。按照中纪委、省纪委统一安排，与国家统计局鹤壁调查队协调配合，先后组织开展全国、全省党风廉政建设民意调查工作。

【反腐倡廉宣传教育】 一是廉政教育扎实有效。开展集中教育，重大节日前夕组织开展家庭助廉等一系列教育活动，营造了廉洁过节的浓厚氛围。开展主题教育，在全市县级干部中开展了“加强党性修养、促进廉洁从政”读书教育活动。开展专题辅导，举办反腐倡廉形势报告会13场，市委主要领导亲自授课，以肺腑之言对广大党员干部提出廉洁从政要求，3500余名党员干部深受教育。开展提醒教育，坚持每半月向副县级以上干部发送一则廉政箴言或哲理短信，共发送22期2万余条次。开展警示教育，组织46个市直单位“一把手”到濮阳参观警示教育基地，每月编印《党风廉政教育文选》发放至副县级以上领导干部。二是廉政文化建设再上新台阶。开展第三批市级“六进”示范点创建活动，命名表彰示范点22个，并召开全市廉政文化推进会现场观摩，整体提升全市创建水平。指导2家省级示范点提升创建层次，市工商局成功争创省级廉政文化“六进”活动优秀示范点。打造精品文艺剧目，支持市豫剧牛派艺术院拍摄廉政戏曲电影—《憨憨公子扳倒爹》，省纪委常委付静专程来鹤审片并给予高度评价。影片获得公映许可后，及时组织广大党员干部群众观看首映式演出，产生良好社会反响。《中国纪检监察报》头版报道鹤壁市的做法成效。三是网络工作取得良好开局。开展反腐倡廉网络歌曲征集活动，在全市征集作品14首，3首获奖。其中策划创作的《为官“十不”歌》得到省委常委、省纪委书记尹晋华的高度好评，并被省纪委作为优秀曲艺作品推荐上报中纪委。做好网络舆情监控工作，全年收集上报舆情信息180期，指导化解本地舆情10起。做好网上舆论引导工作，围绕网上宣传主题，15次组织网评员紧帖留言，指导基层网评员撰写网评文章300余篇。四是任前廉政法规知识测试试点工作推进顺利。牵头协调市委组织部、市委党校成立全市领导干部任职前廉政法规知识测试工作领导小组，结合实际制定了《鹤壁市领导干部任职前廉政法规知识测试实施办法》，12月对全市1200余名干部组织任前廉政法规知识测试，起到以考促学、以学促用、以用促廉的良好效果。河南日报、鹤壁日报对这一创新做法先后进行了报道。五是新闻宣传工作取得新进展。策划媒体集中采访活动，协调省、市两级7家新闻媒体，对我市推行合理低价随机选取中标侯选人制度等两项特色和亮点工作进行集中采访，相关经验做法被媒体竞相报道，并被转载50余次，形成集中宣传声势。带头做好新闻宣传工作，捕捉反腐倡廉新闻事件，第一时间撰写稿件向媒体投稿，2013年仅市纪委宣教室就在《中国纪检监察报》发稿4篇，在《河南日报》发稿5篇，在其他媒体发稿20稿。全市各级共发稿236篇，其中省以上38篇。

【执法监察】 一是水利资金和项目建设问题专项治理工作扎实开展。加强对土地出让收益和水资源费督促检查，2011～2012年，应计提土地出让收益金额19088万元，已计提15394万元，安排使用8632万元；征收水资源费2716.49万元。强化专项治理，对近2年来水利工程项目和涉水项目进行检查，共计75个项目，资金7.67亿元。发现在招标投标、质量管理、资金使用、工程进度等9个方面存在100多个问题，会同水利、财政、审计等部门制定集中整改方案进行整改。建立长效机制，制定《水利资金和项目建设管理实施意见（征求意见稿）》，为水利资金和项目建设高效、廉洁实施提供制度保障。二是囤地圈地违规用地土地闲置浪费专项治理工作不断深化。认真解决遗留问题，对2012年排查出的尚未处置到位的四类问题进行集中整改，其中49宗历史遗留问题，已处理到位38宗，补缴土地出让金8239万元，剩余11宗正在办理规划、用地等相关手续。通过整改，征地率达90%以上，供地率达到80.49%，违规用地处置率达90%，全部达到省指标要求。清理处理新增问题，全年共清查出批而未征土地660公顷，征而未供土地401公顷，未供即用土地2宗，闲置土地7宗，违规用地（擅自改变土地用途）5宗。通过整改，收缴土地闲置费100余万元。三是工程建设领域突出问题专项治理工作扎实推进。进一步巩固和完善合理低价随机选取中标候选人办法，出台了《关于深化我市合理低价随机选取中标候选人办法改革工作任务分工的意见》等四项基本制度。建立政府投资项目招标代理机构名录库并正常运行。全市政府投资项目实行合理低价随机选取中标候选人办法招标368个，预算金额20.38亿元，中标金额17.58亿元，节约财政资金2.80亿元，节支率13.74%。推进公共资源交易中心建设，浚县投资200余万元建立公共资源交易中心并在9月正常运营；淇县公共资源交易中心也正在筹建之中；市工程建设交易中心投资20余万元进行统一装修和科学布局。四是行政执法行为突出问题专项治理工作深入开展。春节前后，督导劳动局、建设局、信访局对拖欠农民工工资问题进行集中治理，帮助200名农民工解决480万元工资问题。排查各类行政执法卷宗266个，初步筛选出需要追究责任的案卷48个，已转交有关部门进行整改和处置。五是加强对党员和公职人员组织、从事、参与非法集资和非法聚集扰乱社会秩序问题的治理。对105个市直单位人员及其有关亲属参与琦新、众圣、明昆公司集资情况进行排查汇总。认真做好参与集资亲属的教育、劝阻和稳控工作，严禁出现参与聚集等扰乱社会秩序的行为。六是查案工作力度不断加大，违纪违法行为得到严惩。共接受领导交办事项20起，调查结案17起，其中，严肃处理鹤壁经济技术开发区东杨园区和市城乡规划监察支队服务大局意识不强、工作效率不高等问题，依照《鹤壁市机关工作人员效能告诫制度》，建议免去1名科级干部职务，给予3名县处级干部警示谈话，给予2名科级以下干部效能告诫。

【案件监督管理】 一是科学管理案件线索，不断为办案工作提供优质案件源。认真落实和完善同级党委管理干部案件线索集中统一管理、集体排查、定期跟踪督办和下管一级四项制度。对于市管干部案件线索建立台账、统一管理，确保案件线索流转环节清晰、件件着落具体。二是加强组织协调，不断形成办案工作合力。积极组织反腐败协调小组各成员单位完成联合办案、相互移送案件线索和办案信息互通、资源共享等工作。完成查办案件相关协查事项16次。积极发挥市防逃追逃办公室职能作用，加强对因公、因私出国境事项的审核把关，审核领导干部出国境事项21人次。三是突出监督检查，确保严格依纪依法办案。加强对初核、立案等办案程序的监督管理，实时掌握案件进展情况，实现程序与实体并重。加强对使用“两规”“两指”等重要办案措施的监督管理，确保办案措施管理严格，审批手续齐全规范。加强对办案人员的监督管理，坚持依纪依法安全文明廉洁办案目标责任书和依纪依法安全文明办案监督员制度，积极开展办案回访，不断增强办案人员法纪观念和安全文明廉洁意识。四是强化安全保障，确保安全办案“双零”目标。加强办案场所保障，积极推进纪检监察宣教基地建设。制定出台《鹤壁市纪检监察机关依纪依法安全文明办案行为规范规定》等制度，不断提高办案工作的制度化、规范化管理水平。

【案件审理】 一是认真审核案件，充分发挥参谋助手作用。审理案件24起，给予党政纪处分24人。其中，县处级干部16人，科级干部8人，协审基层案件37起。全年所处理案件，没有一起引起申诉；1起案件被省纪委评为优质案件，1人被省纪委监察厅记个人三等功。二是针对违纪新情况案件新特点，加强审理研讨。收集整理融资性担保公司相关法规，汇编成册，对党员领导干部和公职人员入股融资性担保公司、收受干股，党员和公职人员组织、从事、参与非法集资和非法聚集扰乱社会秩序问题，进行了专题研讨；组织县区纪委审理人员对10起疑难复杂案例就定性、量纪、处理进行研讨；结合全市财政供养人员“吃空饷”问题专项治理工作，对“吃空饷”问题如何定性、量纪和处理进行调研；对国有企业领导人员个人经商办企业、挪用公款、贪污公款、职务侵占等进行专题研讨。三是认真完成1983年以来受处分人员处分决定送达及执行情况自查工作。四是不断完善移送审理、提前介入、核对违纪事实、处分决定送达及谈话、备案协审、行政处分解除及恢复党员权利、案卷借阅、政策答复、涉案款物的审核、处理意见的提出和执行通知等审理工作程序。

【党风廉政建设责任制】 抓好目标分解、强化年中督导、搞好年终考核。对5个县区、114个市直单位2013年度党风廉政建设责任制暨作风建设情况进行了考核，初步评定优秀单位23

个，一般单位9个，差的单位3个。

【党政干部廉洁自律】　一是扎实开展八项规定落实情况监督检查。建立制度机制，制定监督检查实施方案，成立作风建设监督检查组，设立举报电话和举报信箱。强化监督检查，先后组织30余次对全市饭店及休闲娱乐场所进行拉网式全面检查，对发现的违规违纪问题及时进行严肃处理，党政纪处分19人，免职6人，辞退临时司机5人。下发《关于个别单位干部职工违规使用公车问题的通报》和《关于中秋节日期间落实八项规定检查情况的通报》，通报8起违反八项规定精神问题。组织承诺自查，组织全市930余名县级干部、1600余名科级干部进行承诺，按照10个方面、42个具体问题，逐条逐项开展自查。建立三公经费“公开、报告、核查、约谈”四位一体监督机制。2013年全市公务接待费、车辆运行费、会议费、因公出国（境）经费同比分别下降40.6%、12.2%、31.7%、42.5%。二是领导干部廉洁自律工作持续深化。加强对领导干部的廉政教育，共对6名县级干部进行诫勉谈话，组织两批83名新任职领导干部进行廉政谈话。规范公务接待管理，对公务接待严格实行“三定”，明确“四严”纪律。强力推行“公务灶”制度，全市已建成“公务灶”115个，县区政府、乡镇机关全部建立了“公务灶”。配合机关事务管理部门，开展全市党政机关停止新建楼堂馆所和清理办公用房工作。先后组织开展了纪检监察系统和全市党员干部会员卡专项清退活动。认真查办廉洁自律案件。共初查领导批示件4件，给予2名人员党纪处分。述廉工作不断创新，组织8名市政府组成部门主要负责人进行述廉，突出个人有关重大事项报告，现场提问答复，对述廉会议进行全程录像，制作专题片在电视台播放。三是宣传效应不断扩大。2013年《中国监察》第3期刊登《党政主要负责人述廉“全覆盖”》，8月19日《中国纪检监察报》刊发《鹤壁“三定四严”规范公务接待管理》。《河南党风廉政建设》第12期刊发鹤壁市《以制度、检查、惩处为手段，构建落实“八项规定监督检查体系》。

【纠风工作】　一是认真开展各类专项治理。开展惠农政策落实工作，对农作物良种、粮食直补、购置农机补贴等各类惠农补贴资金发放情况进行检查，确保各项惠农资金足额及时发放到农民手中。对全市100个财政专项扶贫项目的资金管理使用情况进行检查，共检查资金2975万元，对检查中发现的延迟报账、个别项目不能按期完成进行督促整改。清理整顿中介组织，对9家中介组织的收费、服务及财务管理情况进行专项审计，对不具备验资、审计资格的其他咨询公司从事验资、审计业务的予以拉网式排查、取缔；督促财政局、工商局对外地会计事务所来我市执业情况进行监管。治理超限超载和公路“三乱”，畅通信访举报渠道，坚持重点检查与普遍检查、明查与暗访、双休日节假日与平时检查、定期与不定期检查相结合方法，对执法上路进行明察暗访160余次，规范执法100余次。探索源头治理超限超载工作机制，在淇县试行由源头企业向社会和人民群众公开承诺对运输车辆“五不装、一不准”；在非煤矿山源头企业安装远程监控设备，对各重点源头单位实行远程网络24小时不间断对非煤矿山源头企业和货运车辆的远程动态监控。对群众反映强烈的交警违规流动测速、违规对机动车停放拍照罚款进行专项治理。治理教育乱收费，在春秋两季开学期间对教育收费情况进行检查，共检查中小学43所次，对发现的问题责令教育局负责整改，对严重违规收费的3名学校负责人分别给予党政纪处分和诫勉谈话，责令清退违规资金22.17万元。狠刹医药购销和医疗服务中的不正之风，监督规范医药购销行为，对8家市、县、乡医疗卫生机构2012年1月以来的医疗服务收费情况进行检查，查出违纪金额2502587.1元。推进和谐征地拆迁工作，促使27户党员干部按照通知要求实施拆迁。二是认真做好案件查办工作。承办领导批办的信访件20件，给予党政纪处分处理及其他处理10人。三是扎实推进民主评议政风行风工作。将评议中征集到的2124条意见建议进行梳理，归口召开会议向各单位反馈，纠风办督查整改效果。采取不打招呼、不亮身份的方式，到各单位服务窗口进行暗访，对工作人员的服务态度、工作效率等情况进行摄像取证。充分发挥政风行风热线作用，组织被评议单位在广播电台播出政风行风评议专题节目，就整改情况接受听众的监督，并作出承诺。对意见建议比较集中的8个单位，制作6期电视问政类《政风行风面对面特别节目》，在鹤壁电视台黄金时间播出。认真组织民主评议政风行风工作。全年共投放测评问卷1.2万份，88%的测评问卷发放到乡镇（办事处）、产业聚集区、重点企业，广泛征求基层对被评议单位的评议。开展群众满意基层站所评议工作。督促各县区对全市810个基层站所进行满意率测评考核。

【效能监察】　一是加强重点项目督导，积极推进项目建设。对20个重大投资建设项目实施上下联动督导，协调解决了一批影响项目建设的突出问题。对进展缓慢的项目建立工作台账，向有关责任单位下达效能督办通知单16份。开展南水北调中线工程建设环境专项效能监察，督促有关单位完成基金征收和财政筹资任务。7月以来，全面开展重点项目督导工作。综合效能组采取专题协调、现场办公和驻点督导等多种形式，每周现场督导，每月向市委常委会进行工作汇报，协调解决第四水厂军用光缆迁移、产业集聚区企业用电等39个问题。二是强化监督检查，优化环境提升效能。印发《鹤壁市优化环境提升效能监督检查工作方案》，监督检查组实地走访调研企业165家，排查梳理问题和建议55个，下达效能督办通知单17份。加强对工作效能情况的监督检查，采取明查暗访等方式，先后对各县区和市直单位节假日值班情况、工作纪律执行情况和办事服务大厅窗口人员服务态度、办事效率情况等进行定期不定期监督检查。制定印发《鹤壁市机关工作人员效能告诫制度》，严格实施对16类影响工作效能、干扰经济发展环境行为的告诫。市纪委效能监察室共对32名违反工作纪律的人员进行处理。三是深化“两转两提”，转变工作作风。开展行政审批制度改革工作，配合市编办等单位组织开展“改作风、转职能、优环境”活动，首批15个重点单位共受理上报行政审批事项83项，经审核清理64项，保留19项。督促37个市政府职能部门和司法机关对行政审批和服务企业内容作出承诺。开展民主评议市直部门和单位活动，每季度对51家市直部门、单位和部分公共服务行业及其68个科室、机构进行评议，评议结果全市通报。第四季度民主评议增设了网上投票，提高群众的参与度和评议的公正性、科学性。开展财政供养人员“吃空饷”问题专项治理工作。共排查各类“吃空饷”问题177人次，追缴财政资金66.2万元。四是加强日常监控，优化企业发展环境。认真组织开展优化产业集聚区发展环境专项监督检查工作，从纪检监察、发改、财政、商务、工信等部门抽调人员组成监督检查工作组，采取查阅档案、走访座谈、召开座谈会等形式，先后对全市4个产业集聚区和21家市直有关单位进行了监督检查。严格落实涉企检查收费登记备案制度，严格控制职能部门对企业的检查，必须进行的检查要向同级优化办备案。共受理职能部门涉企检查备案手续56件，同意备案的53件，制止不必要的涉企检查3起。认真做好12345市长热线和效能监察投诉受理工作，共受理各类咨询、投诉和意见建议5464件，其中即时答复2838件，直接协调处理和转交有关部门办理2626件。

【农村基层党风廉政建设】 一是狠抓乡镇基层站所干部执行财经纪律情况专项检查工作。对全市45个乡镇（办）财务纳入财政所管理的186个基层站所进行了检查，复查12个站所，检查资金9亿多元，走访157个村3000多人，核查450多个项目，立案25起，结案19起，党政纪处分21人，组织处理2人，追（收）缴违纪资金138.5万元，督促相关部门制定相应管理制度2项。二是扎实开展“旁听村民代表会助推四议两公开”活动。组织全市纪检监察干部128人入驻120个村，旁听村民代表会137场，撰写“旁听日记”137篇，收集群众意见建议253条，督促346个村增设公开栏132个，解决问题183个，处理违规违纪干部6人。三是督促淇县“235”农村全资管理监管系统试运行。多次赴淇县朝歌办事处、高村镇调研农村“三资”管理情况，督促“235”农村全资管理监管系统建设和各村基本数据的录入，督导该监管系统及廉政网络建设监管平台的链接及试运行，达到只要任何一名群众点击互联网登录淇县廉政网或各乡镇（办）办事大厅查询平台，都能看到每笔资金的使用情况，保障村民的知情权、监督权，解决有的村干部因时间长对个别事项说不清道不明的问题。四是维护城乡困难群众低保发放落实处。对全市低保情况进行抽查，责成部分乡镇（办）新增公示栏429个，完善低保档案37298份，重新复核取消低保对象1185户1918人（城市486户972人，农村699户946人）。五是对危害群众切身利益的违规违纪干部严查处。针对18家市直医疗机构新农合检查出的问题督促进行整改，责成相关银行补齐新农合专户少计的利息712万元。严肃查处发生在群众身边的基层干部违法违纪案件13起，处理9人，接待来访群众8件11人30多人次。

（侯海峰）

浚县伾山大佛

鹤壁市人民代表大会

【市九届人大会议】 2013年，鹤壁市第九届人民代表大会共举行2次会议。1月13日～17日，鹤壁市第九届人民代表大会第八次会议在市人民会堂举行。鹤壁市第九届人民代表大会共有代表289名，实际出席会议的代表262名，符合法定人数。会议听取和审议市政府市长魏小东所作《政府工作报告》、市发展和改革委员会主任肖海水所作的鹤壁市2012年国民经济和社会发展计划执行情况与2013年计划草案的报告（书面）；市财政局局长杜国庆所作鹤壁市2012年财政预算执行情况和2013年财政预算草案的报告（书面）；市人大常委会主任李连庆所作鹤壁市人民代表大会常务委员会工作报告；市中级人民法院院长吴华所作鹤壁市中级人民法院工作报告；市人民检察院检察长阎兴振所作鹤壁市人民检察院工作报告。经表决，大会依次通过上述报告的决议。4月20日～21日，鹤壁市第九届人民代表大会第九次会议在市人民会堂举行。鹤壁市第九届人民代表大会第九次会议共有代表288名，出席今天会议的代表262名，符合法定人数。会议采用无记名投票方式，选举范修芳为鹤壁市人民政府市长。

省人大常委会副主任储亚平（前左二）莅鹤调研新型社区建设　　李少杰　摄

【市人大常委会会议】 2013年，市九届人大常委会共举行6次会议。2月28日，市九届人大常委会举行第三十四次会议。市人大常委会主任李连庆主持会议，市人大常委会副主任韩玉山、部圳东、郭文涛、聂玺、邢涛、李玉家、吴华和秘书长郝忠建出席会议。本届常委会现有组成人员36人，实际到会30人，符合法定人数。会议传达省十二届人大一次会议精神；听取和审议了市人大常委会主任会议关于提请审议市人大常委会2013年度工作要点（草案）的说明、关于表彰优秀市人大代表和代表建议办理工作先进单位、先进个人有关事宜的说明、关于提请免去王清春同志职务的议案。会议表决通过了市人大常委会2013年度工作要点、关于表彰优秀市人大代表和代表建议办理工作先进单位、先进个人的决定及人事任免事项。

4月17日，市九届人大常委会举行第三十五次会议。市人大常委会主任李连庆主持会议，副主任韩玉山、部圳东、聂玺、李玉家、吴华和秘书长郝忠建出席会议。本届常委会现有组成人员36人，实际到会28人，符合法定人数。会议传达十二届全国人大一次会议精神；听取和审议市政府关于提请审议富士康鹤壁园区一期工程（A区）投融资有关情况的议案；听取和审议关于《中华人民共和国社会保险法》执法检查情况的报告、关于《中华人民共和国科技进步法》和《河南省科技进步条例》执法检查情况的报告；听取和审议市人大常委会代表资格审查委员会关于市九届人大八次会议以来代表出缺情况和补选代表资格的审查报告（草案）；听取和审议市人大常委会主任会议关于筹备市九届人大九次会议有关情况的报告；听取市人民检察院关于提请任命王晓敏等4名同志法律职务的议案。会议表决通过以上报告、议案，作出鹤壁市人民代表大会常务委员会关于批准富士康鹤壁园区一期工程（A区）投融资有关情况的决定，关于接受魏小东同志辞去鹤壁市人民政府市长职务的决定；通过人事任免事项。会议决定，鹤壁市第九届人民代表大会第九次会议于

市人大主任李连庆（右二）视察老城区改造与提升工作　　李少杰　摄

2013年4月20日举行。

6月14日，市九届人大常委会举行第三十六次会议。市人大常委会主任李连庆主持会议，副主任韩玉山、郭文涛、聂玺、邢涛、李玉家、吴华，秘书长郝忠建出席会议。本届常委会现有组成人员36人，实际到会26人，符合法定人数。会议听取了市政府关于社会治安管理工作情况的专项工作报告、关于全市整建制推进粮食高产创建工作进展情况的专项工作报告，关于提请审议《河南省鹤壁市国家可持续发展实验区建设规划（2012～2016年）》的议案及说明；听取市人大常委会代表资格审查委员会关于市九届人大九次会议以来代表出缺情况和补选代表资格的审查报告（草案）；听取市政府关于提请任免梁彦儒等4名同志职务的议案、市人民检察院关于提请免去田保增等2名同志法律职务的议案。会议表决通过以上报告、议案，作出关于批准《河南省鹤壁市国家可持续发展实验区建设规划（2012～2016年）》的决定，通过人事任免事项。

8月30日，市九届人大常委会举行第三十七次会议。市人大常委会主任李连庆主持会议，市人大常委会副主任韩玉山、部圳东、郭文涛、聂玺、邢涛、李玉家、吴华和秘书长郝忠建出席会议。本届常委会现有组成人员36人，实际到会30人，符合法定人数。会议听取市政府关于鹤壁市2013年上半年国民经济和社会发展计划执行情况的报告、关于鹤壁市2012年财政决算和2013年上半年财政预算执行情况的报告、关于2012年度市级预算执行和其他财政收支的审计工作报告，审议关于2013年度市级预算调整方案（草案）的报告（书面）；听取市人大常委会主任会议关于提请任免赵德新等7名同志职务的议案、市政府关于提请任免胡红军等2名同志职务的议案、市中级人民法院关于提请任免唐建福等10名同志法律职务的议案、市人民检察院关于提请任免张春凯等6名同志法律职务的议案。会议表决通过以上报告及人事任免事项。作出市人大常委会关于批准2012年市级财政决算的决议、市人大常委会关于批准2013年度市级预算调整方案（草案）的决定。

10月28日，市九届人大常委会举行第三十八次会议。市人大常委会主任李连庆主持会议，市人大常委会副主任韩玉山、部圳东、郭文涛、聂玺、邢涛、李玉家、吴华和秘书长郝忠建出席会议。本届常委会现有组成人员36人，实际到会29人，符合法定人数。会议听取和审议了市政府关于鹤壁新区及淇水湾商务区规划建设情况和城市管理水平提升情况的专项工作报告；听取和审议市中级人民法院关于刑事审判工作情况的专项工作报告；听取和审议市人民检察院关于反贪污贿赂工作情况的专项工作报告；听取和审议主任会议关于提请补选范修芳同志为河南省第十二届人民代表大会代表的议案及说明；听取和审议市人大常委会代表资格审查委员会关于代表出缺情况的审查报告；审议了市人大常委会主任会议关于提请确认许可对市人大代表胡国权采取强制措施的报告。会议表决通过以上报告及人事任免事项。

12月27日，市九届人大常委会举行第三十九次会议。市人大常委会主任李连庆主持会议，市人大常委会副主任韩玉山、部圳东、郭文涛、聂玺、邢涛、李玉家、吴华和秘书长郝忠建出席会议。副市长朱言志，市中级人民法院院长曲海滨和市人民检察院有关负责同志列席会议。本届常委会现有组成人员35人，实际到会29人，符合法定人数。会议听取和审议市政府关于2013年度市级预算调整方案（草案）的报告；市政府关于提请审议《河南省鹤壁国家农业科技园区建设规划》的议案；市政府关于煤化一体化项目建设情况的专项工作报告；市政府关于公益性公墓和市殡仪馆规划建设情况的专项工作报告；市政府关于市人民医院主病房楼建设及医疗服务水平提升情况的专项工作报告。审议了市政府关于2012年度市级预算执行和其他财政收支审计查出问题整改情况的报告（书面）；市政府关于市九届人大八次会议代表所提建议办理情况的报告（书面）。会议表决通过以上报告和有关人事任免事项。

【监督工作】　市人大常委会紧紧围绕全市中心工作，综合运用多种形式，监督和支持“一府两院”依法行政、公正司法。常委会听取和审议“一府两院”工作报告11项，开展执法检查、代表视察和专题调研等活动20次。1. 围绕宏观经济开展监督工作。财政预算审查和经济运行监督是宪法和法律赋予人大及其常委会的一项重要职权。常委会听取和审议市政府计划、财政预算和审计工作报告，重点对2012年～2013年上半年财政收支情况、国民经济和社会发展情况进行审查。

常委会还审议批准2013年市级预算调整方案，支持市政府将更多财力向重大民生工程倾斜。在上年首次开展部门预算审查的基础上，常委会选择4个政府部门，对其2012年部门预算（草案）情况进行审查，加强部门预算的监督工作。2. 围绕项目建设开展监督工作。项目建设是产业发展的主抓手，招商引资是产业发展的主推力。常委会围绕本市招商引资和重点项目推进情况，听取和审议市政府关于鹤壁新区及淇水湾商务区规划建设情况、全国整建制推进粮食高产创建试点市推进情况的专项工作报告，对全市煤化一体化项目建设情况进行专题调研，提出加强项目谋划、创新招商理念、拓宽招商领域、重视环境建设、推广先进经验等建议，大力支持事关本市今后发展和产业结构调整重点支撑项目的建设和推进。常委会视察南水北调中线工程鹤壁段配套工程建设情况，提出加快工程进度，保证建设质量，维护生态平衡等建议。3. 围绕城市发展开展监督工作。新区建设事关全市发展战略，是本市打造“两个构建”升级版的重点和潜力所在。常委会高度关注鹤壁新区的建设和发展，组织部分常委会组成人员和人大代表进行视察，并听取和审议市政府关于鹤壁新区及淇水湾商务区规划建设情况和城市管理水平提升情况的专项工作报告，建议按照精品城市要求和新区功能定位，完善鹤壁新区规划编制，坚持人民群众利益至上、项目建设至上、规划设计至上，推进基础设施建设，加大招商引资力度。常委会十分重视老城区改造和建设推进工作，专门组织人员进行调研，针对工作中存在的问题，向市委、市政府提出针对性的意见建议，得到市委、市政府主要领导的肯定，市委书记魏小东对市人大常委会《关于加快推进老城区改造和建设工作的建议》作出批示：“请全新同志阅，并吸纳到有关文件中。”同日，市长范修芳也作批示：“请发改委认真研究建议内容，尽可能吸收到‘支持政策’中，同时在推进实施中参照落实。”常委会还对高铁鹤壁东站基础设施建设和运营情况进行调研，对城市公交路线优化调整进行督导，提出一些改进工作的合理化建议。4. 围绕民生改善开展监督工作。改善医疗卫生条件，提升医疗服务水平，是广大人民群众的迫切需求。常委会组织人员对人民医院主病房楼建设及医疗服务水平提升情况进行调研，建议加快建设速度，推进医疗体制改革，发展特色专科医院，培养引进高端人才，提高医疗服务水平。殡葬服务关乎民生与民心。针对人民群众反映强烈的殡葬设施陈旧、环境简陋等问题，常委会对公益性公墓和市殡仪馆规划建设情况进行专题调研，建议市政府加快公益性公墓和市殡仪馆规划建设，以满足人民群众治丧和社会发展的需求，给逝者尊严，给生者安慰。常委会还高度重视教育工作，组织常委会组成人员和人大代表对本市学前教育三年行动计划完成情况进行视察。5. 围绕执法规范开展监督工作。风清气正的良好环境是经济社会发展的前提和基础。常委会分别听取市中级人民法院关于刑事审判工作情况、市人民检察院关于反贪污贿赂工作情况的专项工作报告，建议审判机关和检察机关充分发挥各自的职能作用，严厉打击各种刑事犯罪，加大预防职务犯罪特别是反贪污贿赂的宣传力度，不断加强队伍建设，提高执法水平和办案质量。常委会高度重视社会治安防控体系建设，听取和审议市政府关于本市社会治安管理情况的专项工作报告。针对当前社会转型发展期，社会治安管理工作还面临的困难和挑战，提出加强基层基础工作、提高执法规范化水平、发挥公安机关在维护社会治安中的主导作用等建议，确保全市社会治安长期保持良好态势。

常委会开展《科技进步法》与《河南省科技进步条例》、《社会保险法》、《河南省高速公路条例》等执法检查活动，调研旅游文化开发、新型农村社区建设、畜产品质量安全监管、水库移民工作等工作，开展2013年“鹤壁环保世纪行”宣传活动。按照监督法要求，认真做好规范性文件审查备案和人大信访工作。特别是常委会配合省人大开展《河南省人大常委会2014年～2018年地方立法规划（草案）》征求意见立法调研活动，经全力争取，《河南省淇河保护条例》由调研的法规项目调整为“拟提请省人大常委会2014年～2018年审议的法规项目”，有力地推动淇河立法保护工作的开展。同时为省人大常委会《河南省实施〈义务教育法〉办法》立法调研组、新型城镇化调研组、全国人大代表生态环境综合整治专题调研组、省人大常委会科技自主创新体系建设情况调研组等7个活动做好配合和服务工作。

市人大主任李连庆（右三）到市农科院参加科技教育日活动　　李少杰　摄

【决定重大事项】 国家可持续发展实验区是实施可持续发展战略的重要试验示范基地。为提高本市的可持续发展能力和城市发展水平，获得国家部委和省里的项目、资金和政策支持，依托科技支撑促进全市“三化”协调发展，提高本市的知名度和竞争力，常委会第36次会议作出关于批准《河南省鹤壁市国家可持续发展实验区建设规划（2012～2016年）》的决定，全力支持鹤壁市可持续发展实验区建设。常委会审议批准2013年市级预算调整方案，使预算资金主要用于保障性安居工程、南水北调配套工程、盘石头水库移民等重大民生工程。根据市政府提请，常委会作出关于批准富士康鹤壁园区一期工程（A区）投融资有关情况的决定，促进项目的顺利推进。

【人事任免】 2013年，常委会筹备召开市九届人大八次、九次会议，在市九届人大九次会议上，选举市人民政府市长。在市委领导下，提名候选人得以全票当选，实现省委、市委的人事安排意图。同时做好代表的补选工作，常委会适时终止6名代表的代表资格，补选1名省人大代表和2名市人大代表。常委会共任免常委会机关、“一府两院”工作人员62人次。在人事任免工作中，常委会坚持党管干部与依法任免相结合，充分发扬民主，严格依法办事，认真行使好人事任免权，确保党委意图和人民意志的有机统一，充分运用任前供职发言、电子表决、颁发任命书、任后监督等形式，依法按程序办事，增强被任命人员的法律意识和公仆意识。

【代表工作】 常委会积极探索服务代表方式方法，丰富服务内容，认真做好代表服务与联络工作。一是创新代表建议办理机制，不断提高建议办理质量。市九届人大八次会议召开后，常委会对代表所提的90件建议全部建立电子档案，并从中确定10件为重点建议，分别由主任会议组成人员牵头，重点交办，机关委室参与督办。及时召开代表建议办理工作座谈会，让重点建议办理单位与提建议代表面对面互动交流。对部分重点建议，组织常委会组成人员和代表进行视察，实地察看建议落实情况。二是加强代表联络，不断畅通民意表达渠道。坚持并完善常委会主任会议组成人员联系代表等制度，定期对部分代表进行走访，征求代表意见，通过《代表建言》及时反映代表诉求和群众呼声。三是丰富闭会期间代表活动，支持代表依法履行职责。邀请代表60余人次列席常委会会议，组织100多人次人大代表参加执法检查、视察和调研等活动。四是表彰先进，宣传优秀代表的先进事迹。常委会召开优秀人大代表暨代表建议办理工作先进单位、先进个人表彰大会，对45名优秀市人大代表、10个代表建议办理先进单位、15名代表建议办理先进个人进行表彰。常委会还组织编纂《市九届人大代表风采录》，已基本定稿。

【自身建设】 常委会认真落实科学发展观，围绕增强整体素质，认真抓好自身建设，努力提升人大工作水平。一是加强思想建设。组织常委会组成人员和机关全体党员干部结合工作实际，深入学习科学发展观和党的十八大精神，认真查找在思想观念、作风养成、廉政建设等方面存在的问题。二是加强作风建设。常委会以贯彻落实中央八项规定为契机，改进工作作风，密切联系群众，围绕重点项目建设、城市建设、环境保护、社会治安管理和医疗服务等多项工作，深入基层，深入实际，进行调研，研究解决问题对策，提出一些有针对性的建议，为市委决策和政府指导工作提供有益参考。三是加强制度建设。以再创省级文明单位为契机，在全面提升机关干部职工文明素质的同时，进一步完善机关办会、办事、办文、人事等内部管理服务的各项制度，不断提高代表大会、常委会、主任会议及为人大代表服务的质量和水平。

（李少杰）

福田一区园林风景

鹤壁市人民政府

综　述

【市政府第六次全体（扩大）会议】 5月10日，市政府召开第六次全体（扩大）会议，传达省政府全会、省政府廉政工作会议和全省重点项目暨产业集聚区建设观摩点评会议精神，结合全市工作实际进行贯彻落实。市长范修芳作重要讲话，市委常委、常务副市长桂玉强主持会议。会议指出，前四个月，全市经济社会发展开局良好，但必须清醒认识到全市发展进程中还存在一些困难和问题，也具备一些难得机遇和有利条件。下一步工作中，要围绕调整后的发展目标抓落实，进一步细化分解、重新部署，务求完成目标任务。要围绕重点工作抓落实，在项目建设上，抓紧抓好煤化一体化、富士康、鹤淇电厂等重点项目，抓住麦收后秋播前的黄金时期，再次掀起项目开工建设高潮，对进展缓慢的在建项目开展督导检查；在开放招商上，紧盯央企、龙头企业，把已经合作、正在洽谈的项目推进好，并抓紧谋划一批大项目、好项目；在城市建设方面，加快推进鹤壁新区淇水湾商务区等重点项目和老区改造提升等工作。要围绕改善民生抓落实，更加注重保障和改善民生，量力而行、尽力而为，认真落实省民生工程涉及全市的任务和全市民生工程建设，多渠道促进居民增收，全面推进社会事业发展，让人民群众实实在在地感受到我市的发展变化。要围绕保持安全稳定抓落实，抓紧抓好生产安全、交通安全、食品药品安全、重大疫情安全等，扎实做好社会治安和信访稳定工作，为经济社会发展提供良好的外部环境。会议强调，要深入推进“两转两提”，加快建设高效型、服务型、创新型、务实型、廉洁型政府，不断提高政府工作科学化、规范化水平。努力建设高效型政府，科学民主决策，加强协调联动，提高服务效率。努力建设服务型政府，强化宗旨意识，转变政府职能，加强依法行政。努力建设创新型政府，加快改革步伐，提高学习能力，提高创新能力，提高实践能力。努力建设务实型政府，持续推进科学发展，持续做到真抓实干，持续有效转变作风。努力建设廉洁型政府，持续强化廉洁自律，完善落实制度措施，严格做到简朴从政，维护人民群众利益，坚决查处腐败行为。

【市政府常务会议】 2013年，市政府共召开常务会议20次。

第1次市政府常务会议1月4日召开，市长魏小东主持会议。主要内容：一、会议研究《政府工作报告（征求意见稿）》。二、会议研究《关于鹤壁市2012年国民经济和社会发展计划执行情况与2013年计划（草案）的报告（征求意见稿）》。三、会议研究《关于鹤壁市2012年财政预算执行情况和2013年财政预算（草案）的报告（征求意见稿）》，听取市财政局关于2013年市级财政预算编制情况汇报。四、会议听取了市发改委关于2013年重点建设项目计划安排情况汇报，对有关问题进行研究。五、会议听取市政府办公室关于2012年市十项重点民生工程落实情况及2013年市十项重点民生工程制订情况汇报，对有关问题进行研究。六、会议研究政府自身建设工作。

第2次市政府常务会议2月25日召开，市长魏小东主持会议。主要内

鹤壁新区文化风情街项目签约仪式　　　　市政府办　供稿

容：一、会议听取市委农办关于省委农村工作会议精神汇报，研究鹤壁市贯彻意见。二、会议听取市水利局关于表彰2011年度农田水利基本建设暨“红旗渠精神杯”竞赛活动先进单位情况汇报，对有关问题进行研究。三、会议听取市政府办公室关于2012年度责任目标考核和2013年度责任目标制订情况汇报，对有关问题进行研究。

第3次市政府常务会议3月21日召开，市长魏小东主持会议。主要内容：一、会议听取市安监局关于全市安全生产工作汇报，对有关问题进行研究。二、会议听取市人口计生委关于全省人口计生工作培训会议精神汇报，研究全市贯彻意见。三、会议听取市发改委关于创建国家循环经济示范市和国家节能减排财政政策综合示范市情况汇报，对有关问题进行研究。

第4次市政府常务会议4月15日召开，市长魏小东主持会议。主要内容：会议传达贯彻省委委员会议、省政府第一次全体会议精神，结合鹤壁市实际进一步安排部署市政府近期重点工作。

第5次市政府常务会议4月21日召开，市长范修芳主持会议。主要内容：一、会议研究加强政府自身建设和当前重点工作。二、会议听取市政府办公室关于《鹤壁市以智能手机为重点的电子信息产业集群发展2013年实施方案》汇报，对有关问题进行研究。三、会议听取市总工会关于市劳动模范和先进工作者评选表彰工作情况汇报，对有关问题进行研究。

第6次市政府常务会议5月6日召开，市长范修芳主持会议。主要内容：会议听取各位副市长2013年1~4月重点项目、重点工作推进情况及下步工作安排汇报。

第7次市政府常务会议5月22日召开，市长范修芳主持会议。主要内容：一、会议听取市畜牧局《鹤壁市人民政府办公室关于稳定家禽业发展的通知》汇报，对有关问题进行研究。二、会议听取市住房和城乡建设局关于《智慧鹤壁建设2013年实施方案》汇报，对有关问题进行研究。三、会议学习在城市管理领域开展相对集中行政处罚权的相关法律规定，听取市政府法制办关于在淇滨区城市管理领域开展相对集中行政处罚权工作的汇报，对有关问题进行研究。四、会议听取市人力资源和社会保障局关于加快推进社会保障一卡通工作情况汇报，对有关问题进行研究。五、会议听取市科技局关于全省科技创新电视电话会议精神、《鹤壁市科技创新计划（2013~2015年）》编制和2012年度鹤壁市科学技术进步奖评审工作情况汇报，对有关问题进行研究。六、会议听取市民政局关于河南省第十七次民政会议精神汇报，研究鹤壁市贯彻意见。

第8次市政府常务会议6月9日召开，市长范修芳主持会议。主要内容：一、会议听取市发改委关于支持老城区统筹发展的若干政策汇报，对有关问题进行研究。二、会议听取市环保局关于全市环保工作情况汇报，对有关问题进行研究。三、会议听取市水利局关于全市防汛抗旱工作情况汇报，对有关问题进行研究。四、会议传达全国全省安全生产电视电话会议精神，对全市安全生产作出进一步安排部署。

第9次市政府常务会议7月1日召开，市长范修芳主持会议。主要内容：一、会议传达贯彻省长谢伏瞻莅鹤考察时的重要讲话精神和市委常委会议精神，研究安排近期重点工作。二、会议听取市委办公室关于《进一步促进农业转移人口市民化的实施意见》起草情况汇报，对有关问题进行研究。三、会议听取市质监局关于创建全国质量强市示范城市工作进展情况汇报，对有关问题进行研究。

第10次市政府常务会议7月15日召开，市长范修芳主持会议。主要内容：一、会议传达学习全省党的群众路线教育实践活动工作会议精神和市委常委会议精神，省委常委、组织部部长夏杰莅鹤检查指导防汛工作时讲话精神，并提出贯彻落实意见。二、会议听取各位副市长、市有关部门上半年重点工作完成情况和十项重点民生工程进展情况汇报，分析研究经济运行情况。三、会议听取市发改委关于《鹤壁市产业集聚区建设行动方案（2013—2015年）》汇报，对有关问题进行研究。

第11次市政府常务会议8月1日召开，市长范修芳主持会议。主要内容：一、会议听取市发改委关于《鹤壁市加快现代服务业发展行动方案（2013~2014年）》汇报，对有关问题进行研究。二、会议听取市科技局关于创建国家农业科技园区工作情况汇报，对有关问题进行研究。三、会议听取市爱卫办关于卫生城市创建工作情况汇报，对有关问题进行研究。四、会议听取市人口计生委关于创建幸福家庭活动工作情况汇报，对有关问题进行研究。五、会议听取市民政局关于提高城乡低保标准工作情况汇报，对有关问题进行研究。六、会议集中学习国家近期颁布实施的一些法律法规。

第12次市政府常务会议8月14日召开，市长范修芳主持会议。主要内容：一、会议传达贯彻全省民营经济工作会议精神，听取市工业和信息化局关于《鹤壁市促进民营企业发展行动计划（2013~2015年）》汇报，对有关问题进行研究。二、会议听取市统计局关于全市第三次全国经济普查工作情况汇报，对有关问题进行研究。

第13次市政府常务会议8月27日召开，市长范修芳主持会议。主要内容：一、会议听取市政府办公室关于《鹤壁市发展现代农业三年推进计划（2013~2015年）》汇报，对有关问题进行研究。二、会议听取市亚行贷款淇河项目办公室关于淇河流域生态保护与利用专项规划、淇河流域环境治理及生态保护利用亚行贷款项目情况汇报，对有关问题进行研究。三、会议听取市委宣传部等部门关于《鹤壁市文化旅游产业发展提升三年行动方案（2013~2015年）》汇报，对有关问题进行研究。

第14次市政府常务会议9月29日召开，市长范修芳主持会议。主要内容：一、会议学习传达《中共河南省委关于深入学习贯彻习近平总书记系列重要讲话精神的意见》及市委常委会议精神，安排当前工作。二、会议听取市发改委关于《鹤壁市融入对接郑州航空港经济综合实验区行动方案（2013~2015年）》汇报，对有关问题进行研究。三、会议听取市安监局关于全市安全生产工作情况汇报，对有关问题进行研究。

第15次市政府常务会议10月11日召开，市长范修芳主持会议。主要内容：一、会议听取各位副市长关于三季度工作汇报，研究安排四季度重点工作。二、会议听取市编办关于《鹤壁市改作风转职能优环境活动第一阶段实施方案》汇报，对有关问题进行研究。三、会议听取市交通运输局关于鹤壁市道路运输管理体制改革工作情况汇报，对有关问题进行研究。四、会议集中学习《中华人民共和国行政许可法》、《国务院关于严格控制新设行政许可的通知》。

第16次市政府常务会议10月22日召开，市长范修芳主持会议。主要内容：一、会议听取市发改委等有关部门关于三季度经济运行情况汇报，研究安排四季度经济工作。二、会议听取市发改委关于《鹤壁市服务业发展规划（2013～2020年）》汇报，对有关问题进行研究。

第17次市政府常务会议11月14日召开，市长范修芳主持会议。主要内容：一、会议听取市政府督查室关于2013年市十项重点民生工程进展情况汇报，对有关问题进行研究。二、会议听取市国土资源局关于省人地挂钩试点工作座谈会精神和全市工作情况汇报，对有关问题进行研究。三、会议听取市林业局关于《鹤壁市林业生态建设提升工程规划（2013～2017年）》和创建国家森林城市暨今冬明春造林绿化工作情况汇报，对有关问题进行研究。四、会议听取浚县农场关于《浚县农场办社会职能改革实施方案》汇报，对有关问题进行研究。

第18次市政府常务会议12月4日召开，市长范修芳主持会议。主要内容：一、会议学习贯彻党的十八届三中全会精神和谢伏瞻省长莅鹤调研讲话精神。二、会议听取市编办关于深化行政审批制度改革加快转变政府职能工作情况汇报，对有关问题进行研究。三、会议听取市工商局《关于实施商标战略的意见》情况汇报，对有关问题进行研究。四、会议听取市质监局关于2013年度市长质量奖评审及全国质量强市示范城市创建工作情况汇报，对有关问题进行研究。五、会议听取市财政局关于提高城市低保家庭冬季取暖补贴标准情况汇报，对有关问题进行研究。

第19次市政府常务会议12月19日召开，市委常委、常务副市长桂玉强主持会议。主要内容：一、会议听取市科技局关于河南鹤壁国家农业科技园区建设规划编制情况汇报，对有关问题进行研究。二、会议听取市财政局关于我市第四步规范津贴补贴、发放冬季取暖补贴有关情况汇报，对有关问题进行研究。三、会议听取市监察局关于给予王勇等5人行政处分建议情况汇报，对有关问题进行研究。四、会议集中学习近期颁布实施的一批法律政策。

第20次市政府常务会议12月25日召开，市委常委、常务副市长桂玉强主持会议。主要内容：一、会议听取市发改委关于2014年全市经济社会发展主要指标计划情况汇报，对有关问题进行研究。二、会议听取市编办关于市直第二批行政审批事项清理工作情况汇报，对有关问题进行研究。三、会议听取市政府目标办关于2013年度市政府责任目标考核工作情况汇报，对有关问题进行研究。四、会议听取市委宣传部关于2011～2012年度全市社会科学优秀成果评奖工作情况汇报，对有关问题进行研究。

【招商会议】 2月27日，市委、市政府召开全市重点项目建设开放招商会议。市委书记丁巍作重要讲话，市长魏小东对全市重点项目建设、开放招商情况进行点评，对下一步工作作出安排部署。会议指出，一要客观评判，清醒忧患。全市重点项目建设推进是好的，在看到成绩的同时，更要看到全市面临的挑战和差距。对此必须清醒认识、客观判断，始终保持强烈的忧患意识。二要抓之有道，开放创新。务必紧紧抓住发展第一要务不放松，抓住项目建设主抓手不放松，以项目建设为纲促进经济社会全面协调可持续发展，一切工作服从服务于项目建设。要把开放作为主战略，把创新作为主动力，进一步提升站位，进一步抓好谋划，进一步完善机制。三要强化责任，务实求效。要尽职履责，抢抓机遇，争创一流，务实求效。会议要求，全力推进项目建设工作，要突出抓好重大项目，注重提升项目质量，紧紧把握项目建设的好时期，超前谋划重点项目。要持续提升开放招商水平和效果，更加强化集群招商，更加强化链条招商，更加强化全方位招商，更加强化招商实效，更加强化合力招商。各级各部门要狠抓工作落实，确保完成全年目标任务。

【全市重点工作推进会】 4月8日，市委、市政府召开全市重点工作推进会。会议分析一季度经济运行情况，安排部署2013年重点工作，以重点工作突破保证全年目标任务完成，带动全局工作提升。市长魏小东讲话，市委副书记蔡永礼主持会议。会议指出，一季度鹤壁市产业发展态势良好、动力活力持续增强、质量效益进一步提升、人民生活进一步改善，经济运行呈现“平稳开局、较快增长”的态势。在肯定成绩的同时，要清醒认识到，本市经济持续健康较快增长的基础还不牢固，要针对存在的困难和问题，积极应对，通过强化经济运行监测、抓好要素保障、加大企业帮扶力度、做好价格监管调控等措施，确保经济平稳运行。会议强调，市委、市政府谋划确定的重点工作极其重要，事关全局、事关两个构建、事关鹤壁未来发展和民生改善，抓住重点工作就抓住了经济社会发展的“纲”，抓住“牛鼻子”，能够起到纲举目张、事半功倍的作用，必须全力以赴抓紧抓好抓实。一要凝神聚力抓落实。二要抢抓机遇抓落实。三要提高效率抓落实。四要开拓创新抓落实。五要务实重干抓落实。会议还就做好省观摩准备工作、提升开放招商实效、电子信息产业发展、推进老区改造、做好保障性住房工作、全市安全稳定等提出具体要求。

【全市经济运行工作会议】 7月24日，市委、市政府召开全市经济运行工作会议。会议学习贯彻全省经济运行电视电话会议精神，总结分析我市上半年经济运行情况，安排部署下半年及今后一个时期的重点工作。市委

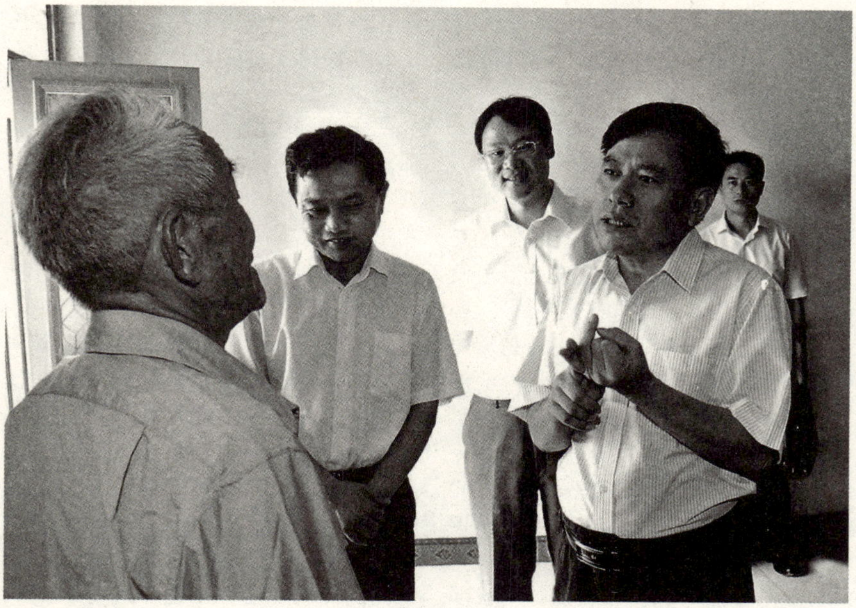
市长范修芳（前排右一）在淇县北阳镇慰问复员军人　　袁国强　摄

书记魏小东主持会议并作重要讲话，市长范修芳安排下半年经济工作。会议分析了当前全市经济面临的形势、存在问题和发展机遇后指出，下步工作要重点把握好以下几个方面：一是进一步坚持完善基本要求。二是进一步加快产业转型发展。三是进一步加快推进新型城镇化。四是进一步加快生态鹤壁建设。五是进一步保障和改善民生。六是进一步调动和发挥广大干部的骨干作用。会议要求，各县区各部门重点抓好以下几项工作：一要通过强化运行监测、企业帮扶、政策落实和财税征管等手段，加强运行调节，稳定经济形势。二要坚持项目建设、招商引资和产业集聚区“三位一体”，加大投资力度。三要优化经济结构，加快转型升级。四要积极改革创新，提升要素保障。五要抓好民生工程，推动社会和谐。

【专题招商工作会议】　7月31日，市委、市政府召开全市重点项目督导和专题招商工作会议，市长范修芳作重要讲话，市委副书记蔡永礼主持会议，市委常委、常务副市长桂玉强对两项工作进行安排部署。会议指出，按照全市经济运行工作会议精神，结合当前工作需要，全市成立重点项目督导工作组和专题招商工作组，集中全市力量打好下半年项目建设和招商引资攻坚战。会议强调，在充分肯定上半年全市经济运行情况的同时，也要清醒地认识到当前我市经济运行面临着形势严峻、任务艰巨、时间紧迫的困难和问题。各有关单位和部门一定要增强紧迫感、危机感、压力感，切实抓好重点项目督导和专题招商工作，以重点工作突破，带动各项工作落实。要认清责任，细化责任，落实责任，以高度的责任感抓好工作落实。要以良好的精神状态，突破瓶颈、破解难题、促进发展；发扬勇于担当的精神，牢固担当意识，具有担当魄力，提高担当水平；要发扬团结协作的精神，坚持“一盘棋”，做到信息共享、优势互补、互相联动。会议要求，在重点项目督导过程中，要高度重视，带着荣誉感和责任感，全身心投入到工作中去；要突出重点，讲究方法，对新开工项目要注重前期手续的完善，对在建项目要注重落实投资计划和工程进度，对拟投产项目要注重抓进度、抓投产；要充分利用制度和机制调动各方积极性，对遇到的问题要集体研究分析，建立定期汇报机制和激励奖惩机制；在督导过程中，要注重自身形象，严格遵守纪律，不给企业添麻烦。在专题招商过程中，要备足功课，做好长期奋战的心理准备，解放思想，注重策略，努力促成一批项目落地。

【项目观摩点评会议】　11月30日，市委、市政府召开全市重点项目观摩点评会议。市委书记魏小东主持会议并作重要讲话，市长范修芳对全市重点项目建设情况进行点评，对下一步工作作出安排部署。会议指出，这次重点项目观摩点评活动是贯彻十八届三中全会精神的重要举措，是对项目建设成效的一次梳理和检验，更是对谋划好明年工作的一次再动员再部署，希望大家抓好会议精神落实。一是要充分肯定成绩，但一定要保持清醒忧患。二是不简单以GDP增长速度论英雄，但一定不要忘记稳增长仍是重中之重。三是强调转方式、调结构，但一定要牢记在发展中转型、在转型中发展。四是我们要“金山银山”，但一定要保住“绿水青山”。五是要采取措施破解各种难题，但一定要靠改革来发力。会议要求，各级各部门一定要把思想和行动统一到十八届三中全会精神上来，统一到市委、市政府的决策部署上来，以改革精神和实干作风抓紧抓牢发展这个第一要务，加快打造“两个构建”升级版，努力建设生态之城活力之城幸福之城，为加快中原崛起河南振兴富民强省做出新的贡献。会议强调，全市项目质量越来越好、项目规模越来越大、项目领域越来越广。同时也存在项目关联程度不够高、大项目好项目不够多、土地集约节约利用不够好等问题，需要各级各部门在下步工作中采取有力措施加以改进。一是突出抓重点。二是集中抓督导。三是科学抓谋划。四是持续抓环境。五是关键抓落实。

【请示、报告】　按照《河南省人民政府办公厅关于印发2012年度省政府推进依法行政工作安排的通知》（豫政办〔2012〕42号）要求，1月7日市政府向省政府呈报《鹤壁市人民政府关于2012年度推进依法行政工作情况的报告》。按照《河南省人民政府办公厅关于开展旅游等开发建设活动中文物保护情况检查工作的通知》（豫政办明电〔2013〕8号）要求，鹤壁市安排部署有关工作并全面检查，5月9日市政府向省政府呈报《鹤壁市人民政府关于旅游等开发建设活动中文物保护检查整改情况的报告》。为进一步发挥产业集聚区的引领辐射作用，完善对外开放和招商引资载体功能，培育新的经济增长点，推动区域经济增长，5月20日，《鹤壁市人民政府关于宝山循环经济产业集聚区申报省级经济开发区的请示》呈请省政府审批。按照《河南省人民政府办公厅关于转发国办发明电〔2013〕13号通知对修建政府性楼堂馆所情况开展清理检查的紧急通知》要求，鹤壁市立即组织有关部门开展自查，5月30日市政府向省政府呈报《鹤壁市人民政府关于修建政府性楼堂馆所自查情况的报告》。按照《省政府办公厅关于做好〈中华人民共和国行政复议法〉执法检查工作的通知》要求，鹤壁市对行政复议法实施情况进行全面自查，9月16日市政府向省政府呈报《鹤壁市人民政府关于行政复议法实施情况的报告》。为加快培养能源化工产业急需的高素质技能型专门人才，促进鹤壁市、河南能源化工集团乃至全省能源化工产业健康快速发展，9月24日，《鹤壁市人民政府关于设置鹤壁能源化工职业学院的请示》呈请省政府审批。

【市民生工程落实情况】 2013年，市10项重点民生工程已按计划完成年度目标任务。1. 持续加强城镇基础设施建设。加快智慧鹤壁建设，智慧鹤壁指挥中心已建成投用，已接入地理空间信息平台、行政效能电子监察等10个应用系统。淇滨区数字城管系统已进驻智慧鹤壁，市级数字化城管系统一期已试运行。数字农业综合服务平台项目设施农业智能物联系统管理平台和农业专家远程诊断系统已建成投用。中国鹤壁农业硅谷产业园项目魅力城乡“生活慧”体验馆、农业云计算与大数据中心等已建成投用。投资3900万元，实施了中心城区排水项目，完成雨水、污水管网铺设33公里，沟渠治理约6.6公里。市第四水厂已完成投资约2300万元，搭建厂区围墙，完成场地拆迁和部分管网铺设等。老城区集中供热工程累计投资3.2亿元，铺设供热主管网8.5公里、支线管网13公里，实现供热覆盖面积约110万平方米。完成新区供热管网改造5公里，对政府4号院、市委5号院等20个换热站进行远程自动化控制改造。淇滨区新建农贸市场5个，山城区改造农贸市场2个，鹤山区新建农贸市场1个。淇滨区新建公厕8个，山城区新建公厕2个、改造公厕4个，鹤山区新建公厕3个。市殡仪馆原址改造部分已完工，改扩建部分已完成建筑施工图设计，施工单位和监理单位已招标。公益性公墓全市已投用13处。2. 持续加强保障性住房和新型社区建设。全市24个项目17258套已全部开工，开工率100%；基本建成13000套，占目标任务的100%。完成农村危房改造4500户。新开工浚县王庄香樟林社区等10个新型社区项目，在建社区达到46个；淇县阳光社区等10个社区已达到或部分达到入住条件，有效改善了群众居住条件。3. 持续加强教育基础设施建设。实验学校、湘江小学、实验幼儿园新增教学楼项目均已完工，待竣工验收；淇滨中学新增教学楼项目已主体完工，正在进行水电暖设施安装。新兰苑中学建设项目教学楼三层框架已完工。农村义务教育薄弱学校改善提升涉及校舍改造项目11个，已全部完工；涉及教学装备类项目80个，教学实验仪器设备、体音美器材、多媒体已投用，图书已配货到位。校舍安全工程实施项目30个。新建、改扩建幼儿园17所。市中小学生综合实践基地纳入市综合培训实践活动中心项目统筹考虑，已编制项目方案。4. 持续加强道路交通建设。大海线已完成投资1.38亿元，完成部分地面清表、路基土石方等工作。东上线已完成投资7820万元，老路加宽段11.34公里和老路补强段4.46公里已主体完工，新建段14.34公里正在进行地面清表和填前碾压。浚南线改建工程已完成用地、环评等报件编制上报，以及测放征地线等工作，正在推进拆迁。农村公路建设已完成143.1公里，占目标任务的179%。淇滨区已打通漓江路（华山路—淇水大道）等14条段道路，路网系统进一步完善。高铁汽车客运枢纽站累计完成投资1亿元，司乘中心已五层封顶；交通服务中心已二层框架封顶；站房楼实现正负零。已开通通往经济技术开发区的103路、27路公交车；23路公交车调整线路通往会展中心；高铁鹤壁东站开通了到濮阳等长途客运班线，以及22路等3条公交线路。5. 持续加强社会安全体系建设。全市共接待法律援助各类咨询9158人次，受理法律援助案件1721件，法律援助覆盖87.7万人，占全市人口的54.8%。建成高清监控200余个，并全部接入视频监控平台，完善市区视频监控系统。全年现行命案发9起，破9起，动态保持现行命案全破。在全市范围内开展多种形式的治安防范宣传活动，共发放警民联系卡26万余张，治安防范宣传资料35万余份等，防范知识入户宣传普及率已达到100%。实施了放心奶、放心肉、放心菜、放心豆制品和放心主食工程，深入开展食品非法添加和滥用食品添加剂等7项专项行动，加大市场巡查、执法检查、监督抽检的力度和频次，全年未发生重大食品安全事故。检查药械生产、经营、使用单位2594家次，检查覆盖率达100%；开展药械质量大检查行动，立案382起，结案379起，向公安机关移交案件3起，立案查处率达到100%。6. 持续提升农村生活条件和生产服务水平。投资5865万元，解决13.26万农村居民和在校师生安全饮水问题，完成目标的265%。投资1491万元，实施扶贫开发整村推进项目13个，实现9986人脱贫。完成水库移民后期扶持项目37个，移民后期扶持直补资金1232.76万元全部足额发放到户到人。投资1100万元，实施淇县庙口镇老庄村等5个环境连片综合整治项目，已全部竣工验收。新增户用沼气2000户、大中型沼气工程3座，新建沼气服务网点10处建设任务已全部完成。浚县家天下商贸有限公司（善堂镇）商业中心和淇县瑞达商贸有限公司（西岗镇）商业中心已正式营业。所有乡镇气象信息服务站、所有行政村气象信息服务点已全部建成。7. 持续提升社会保障水平。全市新增城镇就业4.4万人，占目标任务的147%；农村劳动力转移就业3.06万人，占目标任务的153%；排查发现“零就业”家庭128户，帮扶128户，动态消除“零就业”家庭。农村劳动力技能培训2.4万人，占目标任务的119%；城镇登记失业人员培训1.3万人，占目标任务的188%；创业培训5970人，占目标任务的199%。为企业及个人发放小额担保贷款2.2亿元，占目标任务的146%，扶持创业2526人，带动就业9396人。出台《关于加快推进社会保障一卡通工作的通知》，完成52.5万人的数据采集、录入上传工作，完成省下目标的105%。提高了城乡低保、农村五保供养标准，城区低保保障标准由每人每月280元提高到了320元，两县城市低保保障标准由每人每月260元提高到了300元，农村低保保障标准由每人每年1500元提高到1800元；农村五保集中供养标准由每年2480元提高到3200元，分散供养标准由每年1500元提高到2220元。实施“万名残疾人帮扶工程”，通过实施残疾人康复训练、辅具装配、就业培训和安置等项目，累计救助残疾人14930名。8. 持续提升医疗卫生服务水平。新农合和城镇居民医疗保险财政补助标准已由每人每年240元提高到280元。进一步推进县级公立医疗机构综合改革工作，已取消药品加成，全部药品（中药饮片除外）实现零差率销售。启动市人民医院申报三甲医院工作，开展相关规章制度梳理、模板科室创建等活动。9. 持续提升生态建设和环境保护水平。淇河高村坝以下河道综合治理已完成投资1.8亿元，占年度投资计划的120%。河道治理已完成土方工程180万立方米，占总工程量的90%；鹤淇橡胶坝已完成底板、管沟垫层、前后齿墙基础浇筑工作，正在平整上下游铺盖段。淇水湾片区生态建设已完成投资3.6亿元，占年度投资计划的144%。一期绿化完成初步验收工作；风貌带深化设计基本完成；鹤淇大道以东区域地形整理完成50%，苗木移植完成80%。淇河刘寨段河道治理河道疏浚整治、堤防加固培厚、铺设堤顶泥结碎石路8公里等工程已全部完工。全市共完成造林绿化32467公顷，森林覆盖率达到31.5%。设立空气自动监测站，全市优良天数299天，优良率为82%，全省排名第3位。城市水源地水质达标率保持100%。10. 持续提升群众文化生活水平。成功举办第五届中国鹤壁民俗文化节，期间举行了中原春节灯会、中原社火展演、中原非物质文化遗产展演、中原民俗文化游等一系列活动。“欢乐鹤壁”广场文化艺术节期间全市共演出114场。农村公益电影已放映10000场，舞台艺术进基层共演出126场。全市公共图书馆、文化馆、博物馆、乡镇（街道）文化站免费向公众开放，已接待群众42万人次。

（郭　嘉）

人力资源和社会保障

【概况】 2013年，全市人力资源和社会保障系统围绕打造“两个构建”升级版的总体部署，实干干实，全局上下以保民生、促发展为工作重点，扎实开展改作风转职能优环境活动，持续加强作风建设、制度建设、思想建设，有序推进各项工作顺利开展。工作目标全部或超额完成，企业军转干部解困维稳、城乡居民社会养老保险、全民创业3项工作受到省部级表彰，法制、工伤认定、清理整顿人力资源市场秩序等9项工作受到市厅级表彰。

【就业再就业】 全市城镇新增就业4.3万人，新增农村劳动力转移就业3.1万人，下岗失业人员再就业1.5万人，其中“4050”人员等就业困难群体再就业6696人，分别完成目标的143%、153%、125%和134%。动态消除零就业家庭。城镇登记失业率控制在3%。一是提高技能培训针对性。认真抓好全民技能振兴工程项目建设，实施项目带动，推动全市培训机构通过订单、定岗、定向及送技能培训下基层等模式，围绕产业集聚区重点招商引资企业用工开展工作。全年完成农村劳动力技能培训2.4万人、城镇登记失业人员培训1.3万人，分别完成目标的119%和188%。二是狠抓创业带动就业。进一步完善创业培训、创业服务与小额担保贷款相互促进的联动机制，帮助2870人实现创业，带动吸纳就业9914人，充分发挥创业带动就业的倍增效应。全年开展创业培训5960人，发放小额担保贷款2.3亿元，分别完成目标的199%和153%。三是强化网格化就业服务，促进农村劳动力就近就地就业，在服务全市企业发展中实现就业规模的稳步扩大。

【企业服务】 一是狠抓“四进”。以“技能培训进企业，就业服务进园区，普工招聘进村镇，人才招聘进高校”为抓手，为企业提供高质量人力资源服务。已通过多种途径为招商落地企业组织招聘员工4560人。二是搭建现

上门为退休人员提供养老金领取资格审验服务　　市人社局　供稿

代信息平台。通过就业服务官方微博、企业人力资源管理人员QQ群、重点企业人力资源部门经理微信平台等，建立高效的企业用工信息收集、预警机制。三是实行重点企业帮扶制度。局领导班子成员带队走访，征求意见建议，现场解难答疑。建立局科级以上干部联系企业制度，细化服务机制。四是加强对企业的辅导。组织编写人力资源和社会保障工作辅导教材，举案说法，为企业依法办事、合法用工提供范例和参考。

【社会保险参保管理】 强化政策宣传引导，提高企业参保意识，各项社会保险覆盖面稳步扩大。截至年底，养老保险参保人数达到18.1万人，失业保险参保人数达到14.7万人，城镇基本医疗保险参保人数达到39.2万人，城镇生育保险参保人数达到10.8万人，工伤保险参保人数达到11.6万人，分别完成目标的105%、102%、100%、102%和101%。

【社会保险费征收】 全年征缴养老保险费5.8亿元、失业保险费8532万元、城镇职工基本医疗保险费2.1亿元、生育保险费1271万元、工伤保险费2360万元，分别完成目标的127%、237%、135%、121%和151%。

【社会保险待遇发放】 实施城镇居民基本医疗保险门诊统筹、城镇职工医疗保险付费方式改革，有效降低群众医疗负担。主动回应基层和群众要求，推行企业职工退休审核、工伤认定办法创新，引入第三方监督机制，以机制的完善推动各项工作开展。确保全市4.4万名企业离退休人员养老金及3.8万人次失业金的按时足额发放，为全市符合条件的4.1万名退休人员调整基本养老金待遇，人均增加养老金177元。

【人才资源开发】 一是拓展引才引智途径。通过专场招聘、市校合作等形式，引进各类人才6000余人次，引进外国专家11人次来我市提供技术服务。二是提升专业技术人才层次。设立专业技术人员继续教育基地14个，培训1.4万人次，选拔推荐国务院特殊津贴专家2名、省级学术技术带头人3名。三是强化博士后平台建设。新增博士后科研工作站1家（天海集团）、博士后科研基地2家（鹤壁市人民医院、河南创世电机科技有限公司），完成河南大用实业有限公司博士后工作站考核认定工作，并新招收博士后1名。

【公务员考录和事业单位管理】 坚持“逢进必考”，招考录用公务员、事业单位工作人员329人。以创先争优活动为动力，开展“人民满意公务员示范单位”和“人民满意公务员示范岗”创建工作，并评选全市行政机关公务员职业道德楷模15名。出台规范性文件，不断提升公务员管理水平。建立事业单位岗位管理动态调控机制，开展全市财政供养人员“吃空饷”问题专项治理工作。严格纪律，完成各类人事考试及机关事业单位工勤岗位等级考核工作。同时，积极改革职称评聘审核办法。采取职称结构比例指数一次性审核、一次性下达、网上公开公示办法，有效遏制“跑、要”指标现象的发生。

【劳动保障监察】 强化源头管理，对全市在建项目进行拉网式排查，纵向到底，横向到边，摸清情况，制定预案，强化与住建、公安等部门的协调，实行联动机制，先后办理投诉举报案件278起，为5419人追回工资3646万元。

【军转干工作】 完成全年军转干部安置任务并保证安置质量，同时，有效维护企业军转干部持续稳定。突出抓好重点人的稳控工作，市、县两级对重点人拉单子，勤走访，多关心，做好全面掌控、未动先知，确保整体持续稳定，保持赴省进京“零上访”。

【队伍建设】 一是实行首问负责制，在全局推行一次性告知和限时办结制。优化业务流程，简化办事程序。编制业务职能服务项目84项，实行“阳光作业”。二是坚持用办法规范行政行为。修订完善了工作人员行政行为规范、窗口管理办法、定点零售药店管理办法等7项行政管理规范，以制度管事，按规章办事。三是简政放权。现有7项行政审批和行政许可事项全部取消，49项行政确认、许可、给付、征收等全部转为行政服务事项。将工伤认定等能下放的事权下放县区人社部门，强化行政监督，方便群众办事。四是加强服务监管和教育引导。实行业务经办机构班子成员坐班制度，轮值督导工作人员提升服务质量。用身边事、身边人教育干部职工，开展共产党员先锋岗、优质服务标兵、岗位奉献模范评选表彰，树正气，树典型，引导干部职工进一步增强为人民服务意识。

（张福祺）

附：

2013年评定高级专业技术职务人员一览表

高等学校教师技术职务系列

教授（1人）

林　海

副教授（13人）

马守富　魏振方　赵纪青　王合生
郭山雨　徐　芸　董慧敏　孙文新
李成华　贾义军　庞明珍　王建设
苏红艳

中等专业学校教师技术职务系列

高级讲师（4人）

秦　金　耿艳彩　李福红　刘　欣

中学教师技术职务系列

高级教师（107人）

徐丽斌　宋丽萍　王双明　单建新
王战杰　刘喜峰　程勇建　李伟华
刘红勤　刘华章　李　洁　董红梅
张翼翔　刘　勤　程　瑛　宇文刚
张志伟　王全香　丁　琳　王　刚
胡社玲　王小梅　任忠民　龚　艳
李晓芳　李金红　刘成斌　申利峰
蒋俊荣　王惠娟　周建新　张晓明
王莉萍　张胜红　延陵胜杰　杨娇民
姜光明　赵素云　贾继莲　王玉栋
韩元臣　刘学彬　刘新梅　董建红
马兴才　李艳华　王素叶　郑献普
郑希军　段秀堂　葛　磊　张玉华
郭艳芹　田宏娟　宋富礼　左建霞

王星明　肖　霞　靳秀兰　王基芹
董树敏　付景川　孔祥林　张宏宇
李桂斌　孟树平　董绍杰　花玉君
侯振新　侯文清　陈文萍　刘克旺
王毛喜　幸守法　冯富国　杜有方
栗喜军　吕双全　武雪莲　胡雨阳
卜俊霞　秦建国　段晓洁　张合法
龚风云　李贵忠　田海庆　孟庆奎
李　深　刘玉峰　王艳君　赵培利
程道千　蔡鸿燕　王大成　路　海
郭婷凤　张素华　马爱芹　聂玲喜
雷芳芳　王延青　孙张红　肖幸福
李凤枝　赵树魁　牛运香

卫生技术职务系列
主任医师（11人）
冯双平　张海明　张体智　郑成胜
郭明奇　韩婷梅　赵　斌　史　敏
邢培武　席学义　赵桂燕
主任中医师（1人）
李在贵
副主任中医师（3人）
郭凤生　王先锋　尹保奇
副主任药师（4人）
李福明　吕霄峰　张志琴　于万水
副主任医师（28人）
罗东娟　刘桂兰　刘文彬　朱海龙
段军富　牛大伟　常云峰　武　强
郭玉生　王　伟　翟　梅　安　强
冯　微　段秀梅　刘鹤丽　付京梅
崔良英　张社玲　侯文忠　王治凯
宋华堂　孙建伟　李建锋　朱兰增
贾　周　耿　雷　李　荣　王金海
主任护师（1人）
刘尚洁
副主任护师（7人）
赵瑞香　关少红　董　丽　王凤萍
牛永莉　周　杰　张瑞琴

工程专业技术职务系列
教授级高级工程师（2人）
闫常群　刘　萍
高级工程师（13人）
徐春恒　牛登奎　邱淑萍　庞建国
刘金龙　杜志成　郭　杰　王冠军
王荣喜　王文玲　赵之良　朱瑞琴
崔轶林

新闻出版专业技术职务系列
高级编辑（1人）
杨秀芬
主任编辑（1人）
曹金生
主任记者（1人）
卢　巍

文化专业技术职务系列
副研究馆员（2人）
王伟英　巩淑芳
二级演奏员（1人）
李岳红

农业专业技术职务系列
高级农艺师（3人）
刘宏伟　张艳丽　朱玉成
副研究员（3人）
程玉红　鹿红卫　臧　鑫

会计专业技术职务系列
高级会计师（2人）
安国臣　段素芳

经济专业技术职务系列
高级经济师（5人）
张建广　刘　瑞　于文平　徐培靳
素　君
副主任技师（4人）
张毓娟　侯　飞　王　玲　杨　丽
高级实习指导教师（1人）
聂　琴

体育专业技术职务系列
高级教练（1人）
徐　伟

行政服务

【概况】　2013年，市行政服务中心围绕先行先试走在前面战略定位，结合全年目标任务，以提升行政效能、优化服务水平为主线，以加强队伍作风建设为抓手，开拓创新、务实重做，为项目建设、企业发展和群众办事提供优质高效的服务。办理各类行政服务事项51万余件，同比增加200%，日均办理2237件。新增企业注册登记300户，注册资本金23.9亿元，同比增长21.3%。

【整合窗口】　中心作为全市最大的政务服务窗口，通过梳理审批事项、精简审批环节、压缩办理时限、整合服务窗口等措施的开展，不断提升行政审批效能，增强服务企业和群众的实效。一是梳理事项，细化办事流程。中心根据迁入新址后各窗口运行情况，结合国务院第六次行政审批事项清理结果，会同市优化办、市政府法制办，对进驻中心的38家窗口单位的相关事项进行逐一梳理和清理，该保留的保留，该取消的取消，保留的行政审批事项中，进一步细化办事流程。二是压缩时限，提高审批效率。中心在梳理事项、细化流程的基础上，先后两次对国土局窗口的“非农业临时用地审批”、规划局窗口的“建设工程验线、定线”等6个进驻单位的34项服务事项的办理时限进行了压缩，使办理时限由705个工作日压缩为75个工作日，压缩89.3%，部分事项要件齐全的当场即办，提高审批效率。三是整合服务窗口。为进一步提高行政审批效能，中心积极创新服务方式，整合服务窗口，将个别行政审批、服务事项实际办理量较少或季节性较强的市农业局等6个窗口，合并设立为综合服务窗口，做到“人走事项留”，以咨询、即办和承诺办结件三种形式具体承办窗口行政审批和服务事项，方便群众办事。

【创新服务方式】　一是开辟项目建设“绿色通道”服务。中心对投资5000万元以上的项目，继续开通项目建设“绿色通道”服务，以“横向协调、纵向服务”为出发点，细化服务内容，对进入中心的重大项目，中心牵头协调相关部门同时启动审批程序，协作配合，联合办公，直至审批手续全部办结。同时构建市、县（区）行政服务中心联动机制，对需要市、县（区）两级审批服务的项目，通过市、县（区）中心及相关部门之间的协调、沟通和会商，为项目建设提供高效、便捷的服务，营造了良好的服务环境。为26家项目单位提供“绿色通道”服务。二是组织窗口开展上门服务。中心不定期组织有关窗口深入到金山等园区一线上门服务，联合办公，及时

市长范修芳（左二）在行政服务中心调研　　市行政服务中心　供稿

帮助项目单位解决建设中遇到的困难和问题，真正做到全天候工作、全方位服务，使服务提质提效。组织窗口深入园区上门服务17次，为34家企业联合办公。三是拓展服务内涵。为更高效地方便群众办事，在大厅二楼北侧设置服务窗口，负责淇滨区辖区内九州路派出所和黎阳路派出所身份证照相和办理业务。为辖区内居民办理正式身份证6976件，临时身份证3024件；在交通局窗口新增公交IC卡充值业务，以便于淇滨区居民办理公交IC卡和充值业务。

【规范管理】　一是完善各项规章制度。为加大窗口及工作人员管理力度，规范服务行为，提升服务质量，中心针对搬迁后各窗口运行情况，细化制定《市行政服务中心关于进一步完善AB岗制度的通知》等制度，确保窗口服务工作的稳定性和连续性，更高效地方便企业和群众办事。二是继续实行绩效考核管理。进一步优化绩效考核机制，深入推进中心绩效工作。中心修订完善《鹤壁市行政服务中心窗口工作绩效考核细则（试行）》等考核文件及《鹤壁市行政服务中心窗口工作人员“十佳”评定办法》等配套制度，从人员管理、考勤状况、协调配合、社会评价等7个方面，采取扣分制与加分制相结合的方式，对各窗口及工作人员进行“月汇总、季考评”，根据各窗口及工作人员考核得分高低评选出10个“十佳”优质服务窗口和20名“十佳”优秀个人。三是完善机制，推进服务中心标准化建设。以服务标准化建设为抓手，中心结合窗口及工作人员绩效考核管理制度，与各窗口签定了《市行政服务中心窗口服务承诺书》，从首问负责制、一次性告知制、政务公开制、AB岗工作制等6个方面，进一步落实好各项制度，转变窗口人员工作作风，完善窗口工作机制，确保一站式服务有效运行。

【文明单位创建】　中心以省级文明单位创建为载体，通过岗位练兵、开展社会公益活动、丰富文化生活等方式，不断促进精神文明建设，提升中心的文明层次。一是扎实搞好各项文明创建活动。开展岗位练兵活动，对工作人员进行政策法规和业务技能培训；开展“文明中原大讲堂”活动，从服务礼仪、健康养生等内容，先后邀请专家进行主题讲座，综合素质得到提高。开展结对帮扶、看望“留守儿童”、孤残儿童，端午节到敬老院慰问孤寡老人等系列社会公益活动，展现中心良好的服务形象。二是丰富中心人员文化生活。塑造以“我是中心人、中心是我家”为核心的文化体系建设，组建了中心篮球队、羽毛球队、乒乓球队和体操队，组织窗口人员开展“农商行杯”乒羽比赛，参加市委党校举办的“同心杯”篮球赛和市“雅致酒行杯”周末篮球赛等系列活动，增强中心的凝聚力和向心力，营造团结和谐、奋发向上的工作氛围。

（王化恩）

人口和计划生育

【概况】　2013年，全市人口计生工作以建设人口均衡型社会为主线，以建设全国幸福家庭试点市为抓手，以加强党风廉政建设和精神文明建设为保障，坚持在计生中体现民生、在服务中实施管理、在统筹中履行职能、在创新中谋求发展，务实重干，完成市委、市政府下达的各项目标任务。全市低生育水平持续稳定，出生人口性别比持续好转。保持生殖健康五项免费检查全覆盖，城乡居民养老保险计生家庭优惠补贴全覆盖，国优、省优县区全覆盖；新增4个城区国家免费孕前优生健康检查项目，实现全市免费孕前优生健康检查项目全覆盖；赴省以上人访连续4年为零；被列入全国创建幸福家庭活动试点市、中德合作“流动女青工社会公平促进项目”试点市、河南省人口均衡型社会综合配套改革示范市；本市探索的一主导、四统筹工作机制和创建“幸福家庭”工作、药具管理“三二”模式等做法受到国家和省人口计生委、计生协的充分肯定。荣获全省人口和计划生育工作先进集体，受到省政府表彰；成功续创省级文明单位，保持省级卫生先进单位荣誉称号；荣获河南省创建幸福家庭活动先进单位，全省人口计生系统政风行风建设、信访工作先进单位，省计生协宣传工作先进单位；获得市委表彰综合目标优秀单位、平安建设工作先进单位、信访稳定工作先进单位、保密工作先进单位、完成责任目标先进单位、党委督查工作先进单位、先进党组织、反腐倡廉建设工作优秀单位、社科工作“十佳学会”、欢乐鹤壁广场文艺演出“十佳专场”等多项荣誉。

【宣传教育】　积极开展人口计生宣传

服务活动。抓住“双节”、“7.11”世界人口日、“9.25”《公开信》发表33周年纪念日等重大节日集中宣传，结合工作重点开展“一月一主题”宣传活动，利用古庙会、文艺演出、手机信息服务平台、互联网等多种形式，广泛宣传人口计生政策法律法规、优生优育和生殖健康知识等，为群众提供计生技术及政策咨询服务，引导群众转变生育观念，为统筹解决人口问题营造了良好舆论氛围。

【民生计生】 一是推进“优生促进”工程，实现全市免费孕前优生健康检查全覆盖。在实施浚县、淇县两个国家免费孕前优生健康检查项目试点基础上，争取4个城区列入国家项目试点，推进全市免费孕前优生健康检查项目提质扩面工作，实现全市免费孕前优生健康检查项目全覆盖。全省免费孕前优生健康检查项目工作会在鹤壁市浚县召开。2013年，全市共做免费孕前优生健康检查9434对，占目标人群的96.5%。二是围绕生殖健康服务，全面开展婚前婚后、孕前孕后、产前产后、术前术后的“四前四后”全程服务；围绕计生技术服务，实施服务零距离、治疗零风险、心理零负担、计生零费用、工作零投诉“五个零”服务模式；围绕避孕节育服务，加强药具服务管理、发放、使用三个环节，完善工作标准、建立服务效能测评标准，探索出药具服务“三二”模式。三是认真贯彻落实国家、省人口计生委方便群众办证的有关规定和要求，简化办证程序，实行首接和承诺责任制，提高工作效率，切实解决群众办证难问题。

【基础设施建设】 完善两个县计生服务站设施，提高县站服务能力；强力推进3个城区计生服务站国家补助项目建设，山城区计生服务站项目基本建成，淇滨区项目已启动，鹤山区已经完成选址工作，弥补了城区计生服务设施的空白；全市改扩建乡所6个、村室153个，新建街道便民服务大厅12个，社区计生服务室、人口文化大院14个。

婚育文明家家行活动启动仪式　　市人口计生委　供稿

【依法行政】 一是推进政务公开，实行阳光计生，做好12356“阳光计生”服务热线工作，深入开展依法行政示范单位创建活动，认真落实计划生育“十不准”规定，严禁乱收费、乱罚款，做到公正执法、文明执法。二是拓宽便民服务方式。大力推进网上公共服务便民平台，在全市实行网上办证、网上办案，实行一站式服务，提高办事效率和服务水平。三是切实做好信访稳定工作。完善预防工作机制，变上访为下访，深入基层开展社会矛盾纠纷排查化解和信访老户稳定工作，实现信访工作制度化、规范化、法制化。

【政策落实】 一是认真落实国家、省、市制定的计生利益导向政策，加强专项督查，确保应享尽享，为全市25万户计生家庭落实优惠政策，提供计生服务。其中为全市4.9万名独生子女父母发放奖励费1192.16万元，对556名农村计生家庭子女中招给予了加10分的照顾；对全市2975名奖励扶助对象、218名特别扶助对象、159名困难家庭救助对象发放奖扶救助金共计370万元。二是切实落实鹤壁市《计划生育家庭奖励优惠政策40条》和《深入推进创建幸福家庭活动指导意见》，市计生领导小组成员单位按照意见要求，制定具体优先优惠政策，初步构建计生利益导向政策体系。三是整合社会资源，围绕计生家庭生命全过程，全面实施生有所优、学有所助、病有所医、业有所抚、婚有所理、困有所济、残有所安、购有所惠、老有所养、终有所送的生命全程“十有”优惠政策。四是加强部门联动，召开有市人口计生委、市公安局、市卫生局等部门参加的“出生人口性别比重点治理年”活动联席会议，加大“三整治一打击”专项治理力度，深入开展关爱女孩行动，出生人口性别比实现继续好转。

【流动人口计生管理】 以实施“流动女青工社会公平促进项目”为契机，提高流动人口计划生育基本公共服务均等化水平；加强区域协作，推进流动人口计生工作一盘棋，与71个县、市（区）签订协议，联合执法；进一步完善以房管人、以证管人属地化服务管理机制，做好产业集聚区、新型农村社区和人户分离人群等方面的人口计生服务管理工作，提升城市人口计生工作水平。

【创建活动】 紧紧围绕“文明、健康、优生、致富、奉献”创建主题，深入开展计生优生、身心健康、发展致富、文明诚信、和谐幸福的“五型”家庭创建活动，构建统筹创建幸福家庭工作格局。一是围绕家庭计生优生，强化宣传倡导，与市委宣传部、市文明办联合开展“婚育文明家家行”活动；二是围绕家庭身心健康，强化优质服务；三是围绕家庭发展致富，强化利益导向。四是围绕家庭权益，强化维权保障。把政府服务承诺与群众诚信相结合，建立计生诚信制度。五是围绕家庭和谐幸福，强化分类实施。重点关爱帮扶女孩家庭，独生子女家庭，特殊家庭等。国家和省有关领导多次到鹤壁市考察指导幸福家庭创建工作，对鹤壁市的做法给予了充分肯定。2013年被确定为全国创建幸福家庭活动试点市，先后在全国“‘国际家庭日’中国行动”座谈会上、全省创建幸福家庭活动座谈会上进行经验交流。

（张俊明　杨艳峰）

民　政

【概况】　2013年，全市民政系统围绕保障和改善民生，从服务对象最关心、最直接、最现实的利益问题出发，认真思考谋划，敢于担当，勇于作为，积极探索创新推进民政工作的方式、方法，实施“1146”工作布局，推动全市民政工作再上新台阶。5月，被民政部授予全国居民家庭经济状况核对试点工作优秀单位；8月，被河南省委、省政府、省军区命名为“省级双拥模范城”，市民政局被表彰为河南省爱国拥军模范单位。

【基础设施建设】　1. 争取上级资金创历史新高。为落实好民政政策和项目建设，实现“率先崛起”的目标，积极与上级沟通，勤汇报、多反映，加强联络，增进感情，争取上级支持，截止年底，争取资金2.9亿元，完成目标任务的315.2%。2. 基础设施建设稳步推进。市老年公寓项目开工，总投资1500万元，建筑面积9580平方米，床位215张。市烈士陵园项目开工，总投资1518万元，建筑面积9813平方米，主体基本完工。市殡仪馆改扩建项目为市委市政府2013年重点民生工程之一，总投资5800万元，10月24日正式进地施工。城乡公益性公墓建设也是市委市政府2013年重点民生工程之一，全市各县区通过认真调研、统一制定规划、分步实施，全市共有8处投入使用。

【社会救助体系建设】　（一）加强居民收入核对中心建设，强力推进居民收入核对试点工作。1、在全国率先成立核对机构。市委、市政府批准成立鹤壁市居民家庭经济核对中心，属正科级事业单位，具体负责研究制定核对政策，核对信息系统的管理运行，有关救助申请人财产收入的核对，出具核对报告并及时反馈申请核对单位，与有关部门、单位协调联系，指导县区居民家庭经济状况核对工作等。同时，成立由市政府分管领导任组长，民政、发改、教育、财政等15个部门共同参与的居民收入核对领导小组，协调全市居民收入核查工作。2. 建立部门联动核对工作长效机制。成立由市政府分管领导任组长，民政、发改、教育、财政、公安、监察、人社、交通、卫生、统计、审计、房产、工商、税务、金融等部门共同参与的居民收入核对领导小组，并建立部门协作的组织协调和工作运行机制；依托救助体系联席会议制度，定期研究居民家庭经济核对工作，形成党委重视、政府主抓、民政实施、部门联动的核对工作长效机制。3. 搭建资源共享的收入核对平台。结合实际，规划建设居民家庭经济收入核对、网上审批系统、医疗救助同步结算三位一体的信息核对系统，构建市县乡三级共享平台，实现市、县、乡全覆盖，有效破解救助对象资格认定的难题，改变以往居民家庭收入核对的“算收入、估资产、看现象”的综合评定方法提升本市社会救助工作的整体水平。共核对98192人。同时，开通全市统一救助热线。（二）城乡低保工作。1. 提高城乡低保标准。8月1日，市政府第十一次市政府常务会议对提高城乡低保标准工作进行研究，决定本市城区低保保障标准由280元/人、月提高到320元/人、月，两县城市低保保障标准由260元/人、月提高到300元/人、月；本市农村低保保障标准由1500元/人、年提高到1800元/人、年，城乡低保月人均补助水平分别提高15元（180元/月提高到195元/月）和12元（87元/月提高到99元/月），新的城乡低保保障标准自2013年1月执行。2. 落实城乡低保工作制度，全面开展复审复核工作。组织相关工作人员对《国务院关于进一步加强和改进最低生活保障工作的意见》（国发〔2012〕45号）和《河南省民政厅关于转发〈民政部关于印发〈最低生活保障审核审批办法（试行）〉的通知〉》（豫民文〔2013〕21号）进行贯彻学习，要求各县区按照新的文件要求，全面开展城乡低保的复审复核，真正做到公开、公正、公平、透明。城乡低保审核期间，实行4+2工作法，规范民主评议，全面实施长期公示制度，保证低保复审的公平、公开、公正。3. 加大监督检查力度，促进城乡低保工作。一是加大联合检查力度。3月，市纪委、市民政局组织联合检查及10月省审计组对魏小东市长离任审计，通过调取名单、审查档案、随机抽点、入户调查的方式，对全市各县区城乡低保工作进行深入细致的检查．检查中发现个别县区存在低保档案不完整、低保政策宣传力度不够、长期公示制度坚持不够好、贫困边缘家庭认定难、个别贫困家庭申请低保难等情况。针对以上情况，制订方案，进行整改。二是设立全市统一救助电话，完善投诉举报制度。4. 加强低保资金管理，按时足额发放城乡低保资金。本市共有城市低保对象22749户55123人，全年累计发放城市低保金12595.3万元，月人均补差达到199元。农村低保对象44713户53022人，全年累计发放农村低保金6221万元，月人均补差达到99元，做到低保资金按时足额发放，实现动态管理下的应保尽保。5. 进一步加强对城乡低保政策和资金管理落实情况的监督管理，完善城乡低保工作长效机制。根据省政府《全省城乡低保政策专项检查工作方案》的通知要求，结合本市实际，市民政局、监察局、财政局、审计局联合出台《鹤壁市城乡低保政策专项检查工作方案》及《鹤壁市城乡低保专项工作检查细则》，围绕低保工作中存在的突出问题，开展专项检查，对保障对象认定、资金发放、监督管理和相关配套制度建设等方面提出明确要求，切实解决实际问题，着力建设长效机制，努力维护民心工程。（三）农村五保供养工作，1. 认真落实农村五保供养待遇。根据《河南省民政厅河南省财政厅关于做好2013年城乡居民最低生活保障和农村五保供养工作的通知》要求，自2013年元月起，全市农村五保对象集中供养标准由2012年的每人每年2480元提高到每人每年3200元，分散供养标准由2012年的每人每年1500元提高到每人每年2220元。2013年全市共有农村五保供养对象4509户4561人。其中，集中供养1378人，分散供养3183人，全年累计发放农村五保供养资金1207.2万元。2. 出台《鹤壁市人民政府关于加强乡镇敬老院建设管理和服务工作的实施意见》（鹤政〔2013〕35号）。对敬老院进行全面走访调研。在充分调研的基础上，向市政府建议开展农村敬老院法人登记、按供养比例配备工作人员，工作经费列入县级财政预算、搞好敬老院规划建设和内部配套设施的完善、加大资金投入力度，提高五保供养水平等工作。10月15日，经市政府常务会议研究，出台《鹤壁市人民政府关于加强乡镇敬老院建设管理和服务工作的实施意见》（鹤政〔2013〕35号）。开展乡镇敬老院星级评定，加大乡镇敬老院建设和管理的力度。在浚县召开敬老院管理现场会对每一个敬老院进行现场打分评比，以奖代补，带动敬老院管理水平上台阶。并发动社会力量，对敬老院内部设施进行更新和配套。并上省厅上报3所星级敬老院。五保供养服务机构养老服务更加专业化和规范化。提高全市敬老院工作人员业务水平，举办全市敬老院职业技能培训，对全市23所敬老院69名工作人员进行为期一周的养老护理和烹饪脱产学习，培训后经市劳动部门统一考试，均取得相关专业证书。（四）城乡医疗救助工作。1. 做好城乡医疗救助工作。在新型农村合作医疗和城镇居民基本医疗保险报销的基础上，对符合条件的城乡低保对象进行二次救助。农村累计救助6578人，发放农村医疗救助资金1184.1万元；城市医疗救助累计救助5599人，发放城市医疗救助资金604.7万元。2. 做好农村居民重大疾病保障工作。做好农村儿童大病救助工作的基础上，按照《河南省提高农村居民重大疾病医疗保障水平工作实施方案》做好农村居民重大疾病保障工作。同时做好特殊病种的救助工作。从46名残疾儿童中筛选出8名符合手术条件的肢体残疾儿童，通过中国宋庆龄基金会送到中国人民解放军总医院实施免费手术，免除手术费50余万元。3. 检查全市医疗救助工作。和市财监局联合对全市医疗救助工作进行检查，对救助标准、救助程序进行规范和完善。（五）开展帮扶城乡困难群众安全度冬活动。11月14日下发《关于做好城乡困难群众安全度冬工作的通知》，召开各县区民政局局长会议，对帮扶城乡困难群众安全度冬做出部署，确保各类弱势服务对象生命安全和城乡困难群众温暖度冬。（六）救灾救济工作体系建设得到加强。8月出台《鹤壁市民政救灾款物使用监督管理制度》，并转发河南省财政厅、河南省民政厅《关于印发自然灾害生活救助资金管理暂行办法》的通知（鹤财办社〔2011〕3号），通过加强资金管理，切实保障受灾群众的基本生活，实现救灾工作目标。精心筹划组织开展"5.12"防灾减灾活动。召开专题会议，下发鹤壁市2013年"防灾减灾日"主题宣传周活动方案的通知（鹤应急办〔2013〕3号），制作防灾减灾宣传展板4块，印发宣传页1000张，并组织本局救灾应急小分队进行快速搭建救灾帐篷技能训练，在鹤壁市"防灾减灾日"主题宣传周活动启动仪式上进行技能演练。按照自然灾害救助资金管理暂行办法规定，结合我市灾情实际，使用本级预算，本救灾年度已投入自然灾害生活救助资金528.14万元，其中，上级投入512万元，市本级投入9.14万元，县级投入7万元。全市冬春期间救济5.96万人。"双节"期间，直接慰问发放物资大米845袋、食用油912桶、面粉845袋、棉被40条，"春节期间"市本级直接走访慰问困难户900余户。通过慰问让灾区困难群众深切感受到党和政府的关怀与温暖。（七）多项社会救助齐头并进。对全市20所市直中小学1203名中小学生进行认定，确保"两免一补"及时到位。在全市实行市救助站－县区救助站－乡、街道民政所－居委会、村委会四级救助网络，大面积、全方位，积极开展"接送流浪儿童回家活动"，开展救助管理工作，月共接待并救济2926人次，救助人数405名，其中流浪未成年儿童38人，60岁以上老人35人，精神病人11人，残疾人36人，做到自愿求助，无偿救助，全市街面实现基本无流浪未成年人的目标。鹤壁市救助管理站被评为全省优秀服务窗口。市社会福利院不断完善各项管理服务工作，加强

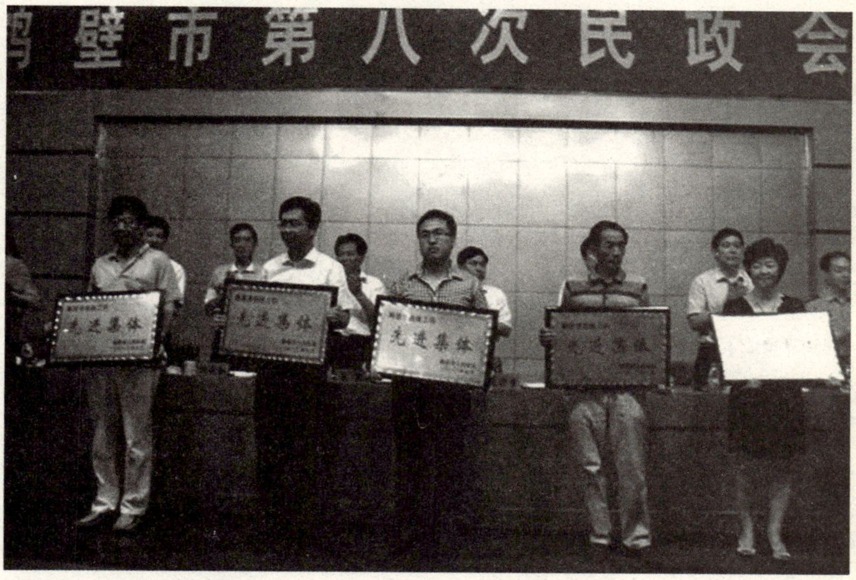

表彰民政工作先进单位　　市民政局　供稿

配套设施建设，福利院新收养弃婴、孤儿10名，涉外送养6名，为13名儿童积极争取省里、部里“明天计划”定点医院接受手术治疗，为40余名儿童到京立医院和人民医院检查及住院治疗。为10余名儿童进行脑瘫康复训练。接待志愿者服务达到3000余人，接收社会捐赠物品价值30余万元。

【慈善事业】 发展慈善志愿者队伍建设，营造全民慈善氛围。通过开展经常性和有针对性的捐赠活动，为88名贫困群众发放紧急救助金322300元；组织本市80名先心病患儿做免费筛查，其中20名先心病患儿得到免费救治。四川雅安地震灾害发生后，市慈善总会根据积极踊跃向灾区捐款，共收到捐款8.8万元。全年共接收到捐款566301元、物品1300余件。

【优抚安置和双拥工作】 1. 成功创建“省级双拥模范城”。5月，通过新一届“省级双拥模范城”创建验收。并于7月31日召开全市双拥工作表彰会，对双拥工作做出突出成绩的14个双拥工作先进单位和15名双拥先进个人及10名优秀复员退伍军人给予表彰和奖励，努力营造军爱民、民拥军，军民团结一家亲的浓厚氛围。2. 组织开展拥军优属活动。根据省委办公厅、省政府办公厅《关于健全完善为驻豫部队办实事10个文件责任分工及协调检查工作机制的通知》要求。积极主动与驻鹤部队和有关职能部门加强沟通联系召开座谈会，并出台贯彻意见，定期督导贯彻落实情况，扎扎实实的为官兵解决诸多热点难点问题。春节、“八一”为驻鹤部队送去慰问金20.6万元，为军休干部、特困家庭等送去部分棉被、食用油等物品。慰问河南籍现役官兵家庭和部分优抚对象，发放慰问金2.4万元。随军家属未就业期间，对随军家属发放基本生活保障金，45名随军未就业家属的生活保障金10.6万元发放到位。3. 着力落实优待抚恤政策。完成全市优抚数据更新工作，本市各类重点优抚对象共8565人。发放落实部分优抚对象春节生活补贴，全市共发放优抚对象春节生活补贴320余万元。及时下达县区2013年度抚恤补助资金2638元，优抚对象医疗保障资金192.6万元。发放义务兵优待金1800余万元。对108名退伍军人进行伤残鉴定，并将符合条件的99名伤残或带病回乡退伍军人的材料上报省厅进行审批。市烈士陵园展厅、大门主体施工已经完工，墓区场地平整、园林绿化正在进行，墓穴施工正在进行。全市共有零散烈士墓3132座，零散烈士纪念设施60处，年底前完成零散烈士墓迁安集中保护工作。4. 做好退役士兵安置工作。全市共接收退役士兵746名，经档案审核和身份认定，其中，应安排工作退役士兵379名，城乡退役士兵在部队选择“自主就业”367名。已完成鹤煤集团退役士兵移交工作；完成市区城镇退役士兵自谋职业有关手续受理和市区城镇退役士兵《安置工作双向选择表》发放工作。已印发《鹤壁市自主就业退役士兵一次性经济补助经费发放管理办法》。为全市194名城镇自谋职业退役士兵下拨459.2万元，为415名城镇退役士兵发放待安置期间生活补助费69.612万元，全市182名退役士兵取得技能培训合格证（退役士兵先行垫付培训费），市财政全额下拨报销经费52.487万元，已基本发放到位。5. 认真落实军休离退休老干部两个待遇。印发《军休中心2013年工作意见》、《2013年军休干部活动安排》，对全年拟开展的工作和文体娱乐活动按月份安排，确保军休干部两个待遇较好落实。春节前夕市委主要领导带来慰问金1万元，并看望慰问2户军休干部。上半年共收到中央财政拨付经费480万元，已全部拨付到位。房改工作圆满完成，符合房改条件的军休干部全部得到省厅的批准，已将房改资金拨付到户。

【基层民主政治建设】 8月，出台《关于加强新型农村社区组织管理体系建设意见》，规范新型社区组织体系和队伍建设。市民政局被中华志愿者协会命名为实习训练基地，并成功承办敬老助残项目。福源社区较好承接中央财政支持社会组织中华志愿协会关爱社区敬老助残项目试点项目，中华志愿者协会在本市举办检查交流活动，得到一致好评。新建、改扩建13个，其中7个人已投用，并增加社区养老、减灾、助残等内容，给予以奖代补资金。与市委组织部联合开展村两委干部示范培训。培训农村基层干部达400多人。确定3个社区工作培训基地，给予支持资金，推进社区干部培训规范化、常态化。加强社区信息化平台建设。淇滨区建立网格化社会服务管理系统。上半年新设7个社区居委会，批复10个“村改居”。继续开展村务公开民主管理示范活动。鹤山区、鹤壁集乡分别被命名为全省示范县、示范乡镇。稳妥解决第七届村委会、第四届社区居委会换届的遗留问题。

【社会行政事务管理】 加强民间组织管理。制定印发《鹤壁市民政局关于加强社会组织建设和登记管理工作的通知》，在行业协会商会中建立人民调解委员会制度。市本级新登记成立社会组织21家，其中社会团体17家、民办非企业单位4家。市本级共有社会组织297个，其中社会团体195个，民办非企业单位102个。认真做好地域性商会登记管理工作。已登记温州商会、福建商会、山东商会、驻马店商会等7家，浙江商会等2家正在申请筹备中。全面开展社会组织年检，市本级年检参检率达到85%，参检社会组织合格率达到98%。做好婚姻登记的规范化建设，对全市婚姻登记工作人员进行业务知识和服务理念培训，并对婚姻登记员进行业务知识闭卷考试，考试合格者颁发资格证书，做到持证上岗。信息化办公以来，办公效率提高三倍，婚姻登记工作做到快捷、高效。全年共办理婚姻登记24085对，开具婚姻登记记录证明2000余份，办结率100%。7月份出台《鹤壁市人民政府办公室关于实施惠民殡葬政策免除城区居民基本殡葬服务费用的通知》，从2014年1日起，免除市区城乡居民基本殡葬服务费用870元，免除基本殡葬服务费用经费保障工作由市财政局监督实施，所需资金由市财政承担30%，各区财政承担70%。正式启动公益性公墓规划建设工作。7月底初步确定全市公益性公墓总规划，建设工作同步进行。全市共规划公益性公墓54处，投入使用13处。其中，浚县20处，投入使用

3处；淇县2处，投入使用1处；淇滨区9处，投入使用2处；山城区9处，投入使用3处；鹤山区13处，投入使用3处；市经济技术开发区1处，投入使用1处。完成第三轮市级线联合检查工作任务，3月份开始对安阳鹤壁线、鹤壁新乡线进行研究部署，并先后成立联合检查领导小组和编印联合检查实施方案，安阳鹤壁线由安阳市牵头，鹤壁新乡线由鹤壁市牵头。完成《中华人民共和国政区大典—河南分卷鹤壁部分》修整工作。完成鹤壁市最新政区图的校对工作。

（李　欣）

外事侨务

【概况】　2013年，全市外事侨务工作在市委、市政府的正确领导下，深入贯彻落实全国、全省外事侨务工作会议精神，牢固树立“外事侨务工作为国家总体外交服务，为地方经济社会发展服务和为侨服务”的指导思想、按照“围绕中心、服务大局、内强素质、外树形象”的工作思路，开拓创新，求真务实，创造性地开展工作，在拓展对外交流渠道，搭建对外交流平台，联系建立友好城市，领导干部因公出国（境）管理，落实侨务政策，为侨服务和指导全市外宾接待等重点工作方面，取得较好的成绩。市委书记魏小东、市长范修芳和常务副市长桂玉强对市外侨办的工作批示表扬6次，省政府外侨办主任宋丽萍也多次对市外侨办推动经济技术合作和因公出国管理工作给予充分肯定。

【因公出国（境）管理】　领导干部因公出国（境）管理工作是外侨办非常重要的工作内容。一是完善本市因公出国（境）管理制度，根据工作需要，科学安排出访，实行计划管理。市外侨办认真学习贯彻中办16号文和豫办12号，为更好地践行中央《八项规定》和落实国家出国管理政策，从本市经济社会发展的实际需要出发，进一步完善因公出国（境）管理制度，市外侨办起草《关于鹤壁市领导干部因公出国（境）实行计划管理的意见》和《领导干部因公出国（境）控制性计划》。6月14日，市委外事工作领导小组听取市外侨办的工作汇报，批准这两个文件，确立“根据工作需要，科学安排出访，实行领导干部因公出国（境）的计划管理的”原则，为本市领导干部因公出国（境）管理提供强有力的制度保证。市政府外侨办落实市委、市政府的要求，贯彻执行中央、省、市关于因公出国（境）的政策，强化了归口管理，从紧把关，科学安排出访。对因公出国（境）尤其是县处级以上干部，适度从严把关，对可派可不派的坚决不派，对没有实质任务的坚决不放，对公款出国旅游的坚决把住。日常工作中注重增强服务意识，努力做到急事急办，特事特办，急事不违背政策，特事不违背原则。2013年，共受理领导干部因公出访18批35人次，其中批准9批12人次，未批准9批25人次。二是加强公务人员出国（境）证件管理，指定专人及时将回收的护照登记造册，按时上交省外侨办。为进一步规范本市公务人员出国（境）证件的管理工作。8月，市外侨办专门召开全市外事侨务工作会议，对公务人员持有出国（境）证件进行清理。与市委组织部、市纪委、市台办等部门沟通核实，向市委、市政府撰写报告。三是加强出国人员的安全和保密教育。在工作中市外侨办坚持严格把关与积极服务相结合，及时发放《临时因公出国须知》，对所有因公出国（境）人员进行行前安全教育，2013年，全市因公出国（境）团组和人员无发生弄虚作假、滞留不归和其他违反外事工作规定的事件发生。

【外事接待】　在外宾接待工作中，市外侨办始终坚持外事无小事的原则，做到事前有请示，事后有报告，严格执行外事接待纪律，自觉维护国家的利益和民族尊严，同时注重外交礼仪，尊重外宾的风俗习惯，服务耐心、细致、周到，使客人乘兴而来，满意而归。成功接待韩国前总理李寿成莅鹤访问、英国驻华使馆外交官王冠和刘奕来莅鹤访问等重要来访；对中、美、立陶宛、黑山四国男篮邀请赛有关涉外事项进行具体指导，保证大赛涉外顺利进行。共指导接待美国、英国、加拿大、俄罗斯、新加坡、韩国等国来宾9批60人次。

【对外交往】　促进对外开放，建立本市对外交往平台。在鹤壁市委外事工作领导小组会议上，魏小东书记要求市外侨办“要注意政治性、经济性、文化性，建立起本市对外开放、对外交流的窗口”。针对本市对外交往渠道不多的状况，把拓展对外交流渠道作为外事工作的重中之重的工作，集中做了一些基础性工作，加强与发达国

市委书记魏小东（右一）会见锐珂医疗全球副总裁刘杰　　市外事办　供稿

家和地区的联系，取得较好成效。一是建立与部分发达国家驻华使馆和在华商会及香港特区政府的官方联系。下半年市外侨办先后拜会英国、法国、意大利、韩国、德国驻华使馆，积极推介宣传鹤壁的优势产业、历史文化和招商政策，并通过使馆联系一批和本市企业合作的经济技术项目，沟通信息，建立联系渠道。8月，市外侨办参加意大利驻华使馆组织的发达国家驻华商会联谊会，与13个国家驻华商会负责人建立官方联系。市外侨办拜会香港特区政府驻京办事处，与香港特区政府建立官方联系。英国驻华使馆外交官王冠先生和刘奕女士还专程来鹤考察，沟通经济技术合作事宜。二是建立与部分发达国家华侨华人组织、对华友好组织的联系，促成一批合作项目。通过邀请美国麻省理工学院创业创新论坛负责人李瑞先生访问鹤壁，建立与美国麻省理工学院创业创新论坛的联系。促成美国麻省理工学院创业创新论坛与本市开发区管委建立长期合作关系，利用麻省科学技术促进本市开发区产业转型升级。通过邀请新加坡新中企业家协会副会长、新中实业公司董事长邓俊梅女士来鹤考察，建立新加坡新中企业家协会的联系。邓俊梅女士与淇滨区就养老项目达成合作意向，积极联系新加坡首富前来开发鹤壁市的水资源项目，并承诺通过协会的网站帮助推介项目。通过邀请加拿大河南同乡会赵新亮会长等一行6人来莅鹤参观考察，建立与加拿大河南同乡会的联系。市外侨办与加拿大魁北克河南同乡会/商会双方签订建立长期合作的伙伴关系的协议，推动鹤壁市与加拿大在城市、经贸、科技、教育和旅游、文化等多层次的交流合作。与中韩友好协会、中美友好协会，建立沟通联系渠道。河南中韩友好协会正在积极推动鹤壁市与韩国龟尾市建立国际友好城市关系。三是加强与本市在海外的杰出人才的联系，推动本市海外华侨为家乡发展做贡献。市外侨办积极与鹤壁市华侨、美国印第安纳大学安卫华教授联系，推动美国马萨诸塞州伍斯特市与鹤壁市缔结友城和全方位的合作关系。四是密切与省政府外事侨务办公室及其各处室的联系，利用省里外事资源为本市对外开放服务。市外侨办密切与省政府外事侨务办公室及其各处室的联系，推动本市的对外经济技术合作工作。通过省政府外事侨务办公室国外侨务处，市外侨办邀请美籍华人美国华人生物医学科学家协会会长陈邦华博士访问鹤壁，建立与美国华人生物医学科学家协会的联系。美国华人生物医学科学家协会与鹤壁市企业进行深入的合作项目洽谈对接交流，共有4个项目达成合作意向，鹤山区与美方签订长期合作框架协议。通过省政府外事侨务办公室经济技术合作中心，市外侨办邀请加拿大魁北克圣雅赛市市长顾问陈泽清先生访问鹤壁，建立与加拿大魁北克圣雅赛市政府的联系。就与加拿大圣雅赛市缔结友好城市关系等问题交换意见，达成共识，签订缔结友好城市关系备忘录。通过省政府外事侨务办公室欧美处，市外侨办与俄罗斯萨玛兰州驻中国办事处主任钟晓岩取得联系，就建立国际友好城市关系进行密切沟通。通过河南省对外友好协会，市外侨办与加拿大哈密尔顿市政府首席商务代表古念华女士取得联系，积极沟通两市城市、商务、旅游和教育的全方位的合作事宜。通过加强对外联系，拓展交流平台，促成全市9个合作项目的签约，达成5个国际友好城市的合作意向，分别是：美国马萨诸塞州伍斯特市、加拿大圣雅赛市、加拿大哈密尔顿市、韩国龟尾市和俄罗斯萨玛兰州的一个城市，其中加拿大圣雅赛市的友好洽谈进入正式签订备忘录阶段；鹤壁高中与加拿大圣雅赛市教委联合举办“中加国际班”等教育合作项目正在积极洽谈中。

【侨政工作】 从落实侨务政策入手，积极主动开展为侨服务工作，并积极争取华侨基金，支持本市社会事业发展。从落实侨务政策入手，积极主动开展为侨服务工作。1. 春节期间慰问全市归侨侨眷16户，救济困难归侨6户，发放救济金7000元。送慰问品和慰问金折合人民币4300元，通过救济和慰问，把党和政府的温暖及时送到归侨侨眷心中。2. 按照《河南省贯彻实施〈中华人民共和国归侨侨眷权益保护法〉实施细则》的有关规定，为归侨侨眷考生办理侨眷证及证明信，体现党对归侨侨眷“适当照顾”的侨务政策。帮助协调解决归侨冯金宝、卓锡源等侨眷子女小学生就学问题。3. 开展对全市困难归侨侨眷的普查上报工作。4. 成功申报本市淇滨区怡乐园社区为“全国侨务工作示范单位”。创建活动经费3万元已拨付到位。5. 掌握内侨动态，做好涉侨信访工作，维护本市侨界稳定。接待归侨侨眷信访案件11人次，涉及到生活困难、下岗再就业工伤医疗保险、廉租房、侨务政策落实等方面的问题，外侨办领导积极协调解决，杜绝越级上访案件的发生。6. 邀请香港应善良基金会来鹤考察捐资项目，拟为庞村镇卫生院捐资45万元协议书已签订。7. 召开全市外事侨务工作会议，安排部署侨情调查工作，统计鹤壁籍高层次人才在国外侨居、工作、学习的底数。8. 积极宣传中华文化，利用侨务渠道，向菲律宾派出中、小学教师3人。

（王凤琴）

民族宗教

【政策落实】 2013年4月，组织开展“民族政策法律法规知识宣传月”活动，利用报纸、电台等新闻媒体开展民族政策、法规、知识的宣传教育，营造良好的社会氛围。组织全市清真食品生产企业积极参加“食品安全宣传周”活动，共展出展板6块，发放宣传页5000份，进一步增强清真食品企业的食品安全意识和清真信誉意识。组织全市行政事业单位参加全国民族政策法规有奖知识竞赛，全市参赛人数达到万人。采取举办培训班和以会代训的方式进行教育培训，在市委党校举办民族宗教干部和民族上层人士培训班1期，参训人员30余人。举办民族企业负责人培训班1期，参训人员40余人。

【清真食品市场检查整顿】 在做好清真食品市场日常全面检查的基础上，

对重大节日期间等重点时间，由主管副市长带队对全市清真食品市场进行全面认真的专项检查，并分别召开现场座谈会，对加强清真食品市场监管提出了明确要求。对在检查中发现的违规生产经营问题进行了依法处理，共责令1家清真饭店和2家清真牛羊肉摊点进行整顿，督促5家清真食品经营者尽快办理清真信誉牌、证，规范清真食品市场的生产经营秩序。

【开展民族团结进步创建活动】 联合相关部门在机关、学校、民族企业广泛开展民族团结进步示范单位、好员工、好青（少）年、巾帼模范评选推荐活动，经过认真考察和筛选，共推荐全省民族团结进步示范单位1个，好员工2名，好青（少）年1名、巾帼模范1名。

【少数民族发展项目资金申报和监管】 认真筛选、论证淇县南关村农田水利设施建设项目和村内道路建设项目，争取到省少数民族发展扶持资金29万元。对少数民族发展资金的使用、项目的建设进行全过程跟踪问效，建设机井10眼，新增有效灌溉面积27公顷，解决群众浇地难的问题。全年共为少数民族特需用品定点生产企业争取流动资金贷款贴息4600万元。

【少数民族群众墓地建设】 针对市少数民族瘗地地理位置偏远，无电无水，影响公墓正常使用的特殊情况，主动协调电业部门、水利部门分别投资5万元、18万元为墓地安装变压器，架设电线，打了一眼300米的深井。浚县划拨6亩多土地用于建设少数民族公墓，两处公墓均已投入使用。

【佛道教寺庙宫观专项治理】 按照国家10部门《关于处理涉及佛教寺庙、道教宫观管理有关问题的意见》和省局《关于对涉及佛教寺庙、道教宫观管理有关问题进行专项治理工作的通知》精神，采取自查与督查相结合，自改与督改相配合，集中时间，集中力量对全市16个佛教寺庙和9个道教宫观进行针对性专项治理。特别是对淇县云梦山景区的上神庙、朝阳寺景区的朝阳寺、古灵山景区的灵山寺三处佛道教活动场所体制不顺问题进行重点督查。

【宗教活动场所财务监管】 按照省宗教局要求，采取专职配备与宗教团体代理相结合，乡镇财政代办与联合聘请相结合，村委代管与社会组织代办相结合的办法，全市124出处宗教活动场所，独立配备财会人员的12处，宗教团体代理的92处，乡镇财政代理的1处，联合聘请财会人员的1处，村委代理的12处，其他社会组织代理的1处，所有场所均建立财务管理小组，建立年度预算备案和财务档案。落实《河南省清真食品监督员管理办法》，挑选出30名群众威信高、工作责任心强的少数民族人士为清真食品监督员，发放聘用证书和监督证件，明确工作职责，划分管理区域，充分发挥监督员的作用，协助民族工作部门加强对清真食品生产经营活动的监督，确保了清真食品信誉安全。

市委常委、统战部部长于燕（前右一）在宗教场所调研　　市宗教局　供稿

【宗教教职人员的社会保障】 根据省宗教局、省人力资源和社会保障厅、省财政局、省民政厅、省卫生厅的《通知》精神，积极妥善做好宗教教职人员社会保障工作。参加养老保险的360人，参保率94.2%，参加医疗保险的381人，参保率为99.2%，参保率基本实现了全覆盖。

【开展创建“和谐寺观教堂”活动】 按照国家宗教局《2013年以“教风”为主题开展和谐寺观教堂创建活动的通知》精神，结合实际，研究制定开展“教风年”创建活动方案。浚县太平兴国寺被中央统战部、国家宗教局授予和谐寺观教堂先进集体，浚县太平兴国寺、淇县南关清真寺、淇滨区钜桥镇聂下务基督教堂、山城区鹿楼基督教堂、鹤山区鹤壁集基督教堂被省委统战部、省宗教局授予和谐寺观教堂先进集体，12月份对我市“和谐寺观教堂”创建工作情况进行检查验收，命名市级“和谐寺观教堂”10处。根据省宗教局《关于贯彻国家宗教局〈关于2013年开展以贯彻党的十八大精神为主题的宗教政策法规学习月活动的通知〉的意见》精神，精心谋划，科学部署，指导各宗教团体把学习引向深入，各宗教团体分别召开各场所负责人会议学习贯彻十八大精神，把自觉接受党的领导和遵守法律教规相结合，谋划宗教工作思路，并积极组织教职人员参加由省局组织的法律法规知识竞赛，增强了各宗教与社会主义相适应的自觉性。

【教职人员培训】 市基督教两会把培训传道员作为教风年创建活动的突破

口，将全市300多名传道员，用3天时间进行集中培训。市伊斯兰教协会，天主教爱国运动委员会，以对经典教义作出符合社会发展及时代进步要求的阐释为重点，丰富教风年创建活动之内涵，市佛教协会以专项治理活动为契机，以法事活动为平台，促进教风年创建活动的健康发展。

【开展“宗教慈善周”活动】 根据省宗教局《通知》相关要求，结合实际情况，9月中旬，在全市宗教界组织开展“宗教慈善周”活动。据不完全统计，仅“慈善周”期间，全市宗教界捐款33000元，慰问贫困户15户。

（张红新）

盘石头水库建管与移民

【概况】 2013年，盘石头水库建设管理局（市移民办）以实干统领全局，克难攻坚，干事创业，在任务繁重、难度较大的情况下，开拓创新，取得超预期工作效果，完成市委市政府下达的各项工作任务。水库管理更加规范，移民搬迁取得重大突破，后期扶持继续保持全省先进位次，资金项目争取超预定目标，到位资金为年目标的666.43%；库区生态进一步恢复，水质良好，为全市经济社会发展提供水源支撑；党风廉政和干部队伍建设卓有成效。

【移民搬迁安置】 盘石头水库第三期移民4750余人，跨市远迁，矛盾问题多，资金严重不足。积极向省汇报，加强与安阳、林州沟通协调，驻村开展宣传动员，全力推动人口实物调查工作。及时调整补偿标准和安置方案，征用生产用地。加快推进社区建设，多批次组织移民现场查看，扩大认同度。截止年底，安置地南海社区一期24栋楼房建成，二期52栋楼房主体完工，群众已基本接受安置模式，正在着手开展搬迁准备工作。省水利厅、省移民办领导赴鹤壁市调研时，对三期移民工作给予充分肯定。

【移民后期扶持】 全市水库移民后期扶持工作纳入本市重点民生工程。一是及时、安全、准确发放移民后期扶持直补资金；二是精心做好后期扶持项目实施管理；三是认真组织开展生产技能培训，提高移民群众就业和创收能力；四是开展“下基层、解民忧、办实事”活动，帮助解决实际困难和问题；五是开展移民村社会管理创新，结合区域产业发展加快致富步伐。本年度共发放直补资金1232.76万元，实施后期扶持项目41个投资1665万元，举办生产技能培训8批次1600多人，惠及本市234个行政村20546名移民8万余群众。市移民办连续三年被评为全省移民工作先进单位，省移民办给予40万元特别奖励，同时在资金项目上给予重点支持。

【项目资金争取】 抢抓国家加大水利投入和生态环保的机遇，加大跑省赴京力度，积极争取上级资金，保障工程管理和水库移民工作开展。全年争取上级资金5331.5万元，完成全年目标的666.43%。其中：移民资金3061.5万元，水库项目资金2270万元；计划内资金1232.76万元，计划外资金4098.74万元。

【防汛度汛】 坚持“安全第一、常备不懈、以防为主、全力抢险”的方针，编制防汛抢险预案，成立工作机构，建立责任制，明确责任人，准备防汛物资，实行24小时值班制度，确保通讯信息畅通。组织人员汛前对建筑物进行检测、巡查和维护，对启闭机、闸门等机电设施进行调试；移民防汛工作措施到位，在做好已搬移民村防汛工作的同时，协调水库上游的林州做好未搬迁移民村的防汛度汛工作。整个汛期无重大汛情，水库安全度汛。

【水库管理】 以制度化、精细化管理为抓手，落实责任制，推进工程科学规范管理。完善巡检、安全监测、机电设备操作等多项制度，定期监测分析，实时掌控工况，保障安全有序运行。截至年底，水库安全运行2340多天，水位238.4m高程，蓄水量1.7亿m3。监测数据表明：工程建筑物安全稳定，工况良好。根据不同时段需求，科学调配水源，保障全市经济社会发展需要。在确保防汛及未迁移民安全的情况下尽可能多蓄水、蓄好水，为打造两个构建升级版、建设生态之城活力之城幸福之城提供水源保障。本年度供水1.6亿m^3，其中工业及生活7900万m^3，下游河道8100万m^3。

【生态治理】 一是加强巡逻，制止乱砍乱牧、私搭乱建、焚林烧荒、违规养鱼等破坏生态、污染水质行为；二是认真做好规划，利用社会资金，多措并举开展库区荒山荒坡绿化工作，加快库周生态恢复；三是密切关注上游污染源动态，做好防范工作；四是搞好监测，准确掌握水质状况。监测表明，水库水质常年保持在地表水国家二类标准以上，27项指标中26项属一类标准。

【信访稳定】 将维护库区和移民安置区稳定作为大事来抓，组织干部深入移民村开展矛盾排查化解月活动，确保十八届三中全会及省市重大活动期间移民稳定。全年接访移民群众10余批200多人次，未发生集体赴省、赴京和赴市上访事件。

（张淑波）

地方史志

【概况】 2013年，市史志办围绕市委市政府实现“发展支撑能力、招商引资质量效益、新型城镇化引领作用、现代农业发展、文化发展繁荣、生态环境层次、发展动力活力和民生保障改善”等八个新提升所取得的新进展新成就，调整年鉴和大事月报框架和栏目设置。随年鉴征稿通知印发年鉴条目，通过实施编辑责任制、坚持驳回制度等有效措施，保证来稿质量，加快征稿、编纂工作进度。5月18日，组织举办“鹤壁市修志工作三十年成果展”，纪念国务院《地方志工作条例》颁布实施七周年和《河南省地方志工作规定》实施两周年，共布展版

副市长高雅玲（右二）调研地方志工作　　市史志办　供稿

面16块，主要内容包括“地方志工作条例”、“河南省地方志工作规定”、“党和国家领导人与地方志”、“市情沿革”、“鹤壁市修志工作三十年概述”、“三十年修志成果”等。现场发放《鹤壁大事月报》等宣传资料1500份，展示全市三十年编修、整理的市志、县（区）志、乡镇志、村志等各类志书56部，市县年鉴81卷，其它地情书39部。5月，市委、市政府以鹤文〔2013〕42号文件调整成立了以市长范修芳为主任委员、市五大班子领导为副主任委员的新的地方史志编纂委员会。全年向市直部门和外地投资商提供史志书籍资料30多套（卷）。市史志办被市政府评为2013年度完成责任目标单位，被省地方志评为2013年度全省用志工作先进单位。

【《鹤壁年鉴》（2013）印刷出版】 12月上旬，《鹤壁年鉴》（2013）正式印刷出版。该卷共计110万字，1200余个条目。设特载、要闻要事、大事记、市情概览、人物等32个类目，配发彩色、黑白照片及图表320余幅（帧）。

【大事月报工作】 全年编印《鹤壁大事月报》9期（下半年改为双月刊），约12万字，刊发各类信息近1100条。上报省地方志信息近100条，被采用40余条。《鹤壁大事月报》设“特载”、“特别关注”、“时政要闻”、“鹤壁亮点”、“工作短波”、“经济之窗”、“聚焦民生”、“县区动态”、“史志信息”、“文化纵横”、“人物春秋”等固定栏目。对市委全会、政府全会、全市经济工作会议等确定的重点工作设立专栏予以记载，突出鹤壁经济社会发展的亮点和特色。

【《淇河志》编纂】 一是根据征稿和编纂情况，及时调整篇目设置。篇目由原来的12章调为15章、52节，另设附录和增记，使其更加科学合理。二是编纂工作分工明确，责任到人，初稿编纂按计划稳步推进。为及时掌握编纂进度和质量，每周召开工作进度会，每半月召开志稿编纂业务会，探讨资料处理、体例把握、语言叙述等问题，理清思路，掌握技巧，保证了初稿质量。三是广泛收集资料。组织相关部门和单位召开资料征集会，安排专人分赴山西陵川、壶关和林州、辉县等县（市）收集资料，实地考察淇河源头，多次到有关单位查档案、寻资料。同时，还注重从网上收集文字资料并进行细致比对、甄别。共收集市、县志、部门志、专业志近30部，各地年鉴近40卷，各种文献资料20多份，编纂初稿60多万字，收集整理附录资料12余万字。

【鹤壁地情网试运行】 9月，鹤壁地情网开始筹建。利用两个多月时间，对已出版的两部《鹤壁市志》、1992至2012卷《鹤壁年鉴》、《鹤壁大事记述》全部进行数据化，字数共2600多万字。有关网站域名注册、网页模板设计、史志资料电子版制作和数据连接等工作同时进行。11月底，网站投入试运行。

【指导部门和县区修志工作】 全年共指导《市妇联志》、《淇县国土资源》、《走进鹤山》、《市人民医院志》等多部志书资料。组织人员遴选主要历史事件与历史人物，参与编纂和负责审定“鹤壁历史知识台历”资料。《淇县年鉴》、《浚县年鉴》、《山城区年鉴》实现连续出版。鹤山区、淇滨区通鉴开始征稿编纂。部分县区编纂出版乡镇志和村志。各县区均连续编印大事月报。

（卢合全）

信　访

【概况】 2013年，全市信访系统在市委、市政府的正确领导下，围绕“加快打造两个构建升级版，建设生态之城活力之城幸福之城”的总目标，积极畅通信访渠道，强力推动问题解决，把大量问题解决在基层，将多数重点案件、重点群体、重点人员掌握在可控范围，党的十八届三中全会等政治敏感期未发生来自鹤壁市的干扰，全市继续保持平稳可控、秩序向好的态势。赴京非访量，赴京到省集体访量等均在全省保持最低水平。各级信访部门立案4041件，结案3693件，各级信访部门接待群众来信来访4963件。

【信访维稳】 1. 各级领导高度重视。市委常委会、市政府常务会先后12次听取信访稳定工作汇报，先后14次召开全市性信访稳定工作大会，研究部署工作。市委书记魏小东、市长范修芳带头接访处访，阅批群众来信，处理信访问题。市领导经常深入基层，现场办公，研判形势，解决复杂疑难问题。各县区、市直各单位严格落实工作责任，着力解决本地区、本部门、本单位信访问题。各级信访部门充分发挥综合协调职能作用，主动作为，强化督导，推动各类矛盾的化解。全市上下形成重视支持信访工作、合力解决矛盾问题的工作局面。2. 大量问题在基层得到化解。各级信访部门畅通“信、访、网、电、视频”等信访渠道，开展市直、县区直单位联合接访，方便群众反映诉求，及时受理、转办群众诉求4041件，同时充分发挥综合协调职能作用，与相关部门共同努力，协调解决群众合理诉求和实际困难3693件。开展“信访积案化解攻坚”活动，化解积案163件，其中省以上交办积案65件。实行市委、市政府门口市级领导带班，有关市直单位轮流值班制度，发挥7个突出矛盾化解专项工作组的作用，及时处置423起信访突出问题，其中非法集资问题89起（涉及群众2万余人，金额近5亿元），非正常死亡案事件78起（涉及群众5000余人），拖欠农民工工资问题107起（涉及群众8000余人，金额近12000万元）等。同时，采用逐案评查、督查通知单、现场检查等方式加大对信访工作的督查力度，共督办省以上交办重点案件91件，市级重点案件103件，按期办结率100%，群众满意率85%。3. 信访工作机制持续推进。在全市坚持开展信访稳定三级研判，市委常委、政法委书记徐合民和副市长周连根带领信访、维稳、公安等部门的负责同志，每月到两县三区及重点单位召开三级联动巡回研判会，现场解决群众问题。共研判133起，化解119起，化解率89.4%，群众满意率90%，把大批群体性、突出性疑难问题解决在当地。市、县、乡三级领导干部采取重点约访、专题接访、带案下访、下基层接访、包案化访等方式，重点解决疑难复杂信访问题，工作的针对性和实效性得到进一步增强。全年市领导接访150案，县区领导接访1098案，对省以上交办91件重点案件和排查出的136件案件全部落实市、县领导干部包案。大部分群众的合理诉求得到及时有效化解，少部分一时未能解决的也正在积极创造解决条件。同时，社会稳定风险评估得到进一步严格落实，从源头上减少问题的发生。4. 信访秩序得到依法规范。市、县、乡信访部门周六、周日正常接访，保持信访渠道畅通。开展各类宣传活动，使群众做到依法、逐级、有序上访。5. 不断加强队伍建设。未发生违法违纪、违反计划生育、窃泄密等问题和安全事故。

（崔　威）

无线电管理

【概况】　2013年，全市无线电管理工作在省工业和信息化厅以及市委市政府的领导下，围绕年度目标任务，突出工作重点、强化技术管理手段，加强无线电台站规范化管理。无线电技术管理水平继续在全省保持领先地位，有效维护全市电波秩序，保障各类无线电通信业务的健康有序发展。开展无线电台站规范化管理专项活动，对设台地址、发射功率、发射频率等技术参数进行核对。共处理43个台站存在的问题，纠正台站数据库错误信息30个。

【台站年度审验】　自4月起，对全市各类无线电发射设备进行年度审验。审验过程中，严格核对各类设备的技术资料，办理审验手续，换发电台执照，按比例对参加年度审验的设备进行技术指标测试。共有35家单位的2492部无线电设备接受审验，对3家单位的20部设备进行报停处理，审验率达100%。

【无线电监测】　按要求完成国家及省监测站下达的重点频段监测任务和特殊频段占用度测量工作。对航空、广播电视、公众通信频率等进行专项监测。加强对京广高铁专用频率的监测力度，定期对高铁鹤壁段的电磁环境进行监测，及时排查和消除各类无线电安全隐患，确保交通安全。每月对监测工作情况进行汇总整理，真实反映鹤壁市无线电频率使用情况，认真分析存在的问题，及时向省厅上报频谱监测统计报告。全年共完成固定监测时间4266小时，移动监测436小时。

【保障和干扰查处】　在重要时期、重大活动期间实施24小时值班制度，重点对无线广播、电视、公众通信和卫星接收频率进行监测，随时做好处置无线电突发事件的准备工作，严防恶意破坏活动。春节期间发现并处理一起非法设置卫星干扰器案件，保障卫星电视信号的畅通。在第五届中国鹤壁民俗文化节期间，组织技术人员对民俗文化节期间使用的无线电通信频率和淇滨区至浚县沿途的电磁环境进行监听、监测，发现干扰隐患及时排查。组建无线电通信中转网，保障指挥调度的畅通。汛期，对防汛无线电

技术人员测试通讯设备　　市无线电管理局　供稿

通信设备的使用情况进行检查，开通中专台，确保防汛无线电通信的畅通。及时查处无线电干扰，确保各类业务正常运行。做好无线电干扰投诉值班工作，保证干扰投诉渠道的24小时畅通，随时受理群众干扰投诉，依法查处违章设台及非法干扰。全年共查处无线电有害干扰案件5起。在高考，硕士研究生招考，全国外语等级考试，公务员招考，卫生、会计、司法等专业资格考试中加强监测值班工作。坚持考前抽调技术骨干对考点周边的电磁环境进行监测取样，对不明信号进行排查、核实。考试期间，派出业务人员和监测车分赴考点加强监听监测和巡查工作。在以上考试中，共屏蔽作弊无线电信号8个，查处利用无线电设备作弊案件1起。

【技术设施建设】 在全省率先完成小型固定监测站的安装，提升监测工作水平。在省局的大力支持下，经过认真选址布局，多方考察论证，积极协调筹划，在淇滨区、山城区、浚县、淇县完成4台小型固定无线电监测站的安装，并配合省局搞好豫北无线电技术人员小型站使用培训工作。

【无线电宣传活动】 大力开展“世界无线电日”宣传活动。2月份，通过广场大型图片展，向市民发放宣传资料，在《鹤壁日报》上刊登专题文章，电视台游走字幕，手机发短信等丰富多彩的形式深入宣传无线电通信在社会生产、生活中的重要意义和无线电技术发展情况。认真组织无线电管理宣传月活动。按照省厅有关通知要求向市委、市政府领导和广大市民赠送国家统一印发的无线电管理宣传月专刊；在新世纪广场摆放展板，悬挂标语，设立咨询台，向群众发放宣传册和宣传单；通过报纸、电视、手机短信和网络等多种媒体宣传无线电管理工作的重要性，教育广大市民要遵守无线电管理各项规定，共同维护无线电波秩序。与鹤壁日报社联合在《淇河晨报》开办通信周刊。通过周刊平台，介绍无线电管理法规、通信行业政策、无线电通信知识以及产品介绍、服务措施等，宣传无线电管理工作及全市无线电业务发展情况。

（朱晓辉）

机关事务管理

【概况】 2013年，市机关事务管理局按照持续创新、提升发展的总基调，把握重点、扎实工作、勇于创新，机关事务管理、保障、服务水平得到进一步提高。先后获得省公共机构节能先进单位、市“优秀基层党组织”、“公文处理先进单位”、“保密先进单位”等荣誉称号。

【机关大院管理】 抓好管理，促进服务和保障能力明显提高。一是加强大院管理。做好办公大院设施设备的维修维护工作。重点做好办公楼电梯维保合同的签订、检修工作和人民会堂外部景观电梯安装，综合办公大院监控线路铺设，第一综合楼中央空调主机的维护、电缆、水泵维修更换，供暖机组的检修、养护和试压，第三综合楼玻璃幕墙和电梯的更换，数字鹤壁地下停车场自动挡车器的安装及大楼房产手续移交工作。加强对绿化、卫生工作的检查力度，确保机关大院整洁卫生。重点做好了市委市政府综合办公大院绿化局部更新工作、大院绿化用水管道的维修与浇灌等工作。二是加强安全保卫。坚持“综合治理、群防群治、防消结合、以防为主”方针，突出人防、技防结合，强化安保队伍建设，落实消防责任制、消防月查制。配合市信访、公安等部门做好信访接待工作，共接待和疏导大型集体上访事件285批次、31085人次。重点做好机关大院的监控设施设备更换和通行证换发工作。举办综合办公大院消防安全知识培训，对综合大院、第三综合楼和智慧鹤壁集中办公单位的消防安全负责人、义务消防员以及相关人员共200余人进行消防安全知识培训及应急演练。

【后勤服务】 抓好工作创新，促进重点工作和目标任务顺利完成。一是完善公务接待。认真贯彻执行中央八项规定和省委《实施意见》、市委《实施细则》，起草印发《实施办法》。认真贯彻落实市委、市政府两办《关于进一步规范和严格执行公务接待公务用车办公用房等有关规定的通知》，与市纪委、监察局、财政局等单位联合印发《关于规范和加强公务接待管理的通知》。做到简化接待流程，简化接待形式，简化接待陪同；严格执行审批程序，严格遵守接待规定，严格执行接待标准。做到简化礼仪而不失文明礼貌，尽地主之谊而不超规定标准，减少陪同而不失工作高效，轻车简从而不失热情周到，树立廉洁、节俭、

举办道德讲堂　　市事管局　供稿

高效的接待部门形象。全年，共接待来宾439批次，4737人次，接待费用下降近三分之一。做好全省重点项目暨产业集聚区建设观摩点评活动、大运河申遗考察组、第十届中国农业信息化高层研讨会和第五届中国（鹤壁）民俗文化节等重要接待活动。二是做好会务工作。为确保各类会议和重大活动的顺利进行，对会堂内灯光、音响、消防、高低压配电等设备进行定期检查维修，对会堂楼顶防水进行更换。严格审批制度，承办重要会议和演出活动260余场，其中大型会议、演出和讲座30余场。三是规范文印服务。以“管理、服务、质量、效益”为宗旨，加强《保密法》、《保密制度》的学习，增强保密意识。进一步提高文印服务质量和效率，为四大班子机关公文正常运转提供有力保障。共完成打字、排版3.2万余页，胶印、复印600万余页，装订文件120万余份。四是加强淇河宾馆经营管理。通过加强宾馆内部管理、提高服务质量、落实管理制度、建立科学有效的运行机制、调整经营策略、拓宽营销渠道等措施，努力实现国有资产保值增值和利益最大化。全年完成主营业务收入1182万元，上缴税金103万元。五是做好办公用房清理工作。组织召开动员培训大会，就全市清房工作的内容、方法步骤、政策界限进行安排部署，对具体工作任务、措施和时限提出明确要求。先后起草、印发《市机关事务管理局开展全市党政机关停止新建楼堂馆所和清理办公用房排查方案》、《鹤壁市党政机关停止新建楼堂馆所和清理办公用房工作实施方案》和《关于进一步做好全市党政机关停止新建楼堂馆所和清理办公用房工的通知》等文件以及各种统计表格，明确统计任务，突出统计重点，澄清全市办公用房底数。纳入清理范围的单位共385个，办公用房总建筑面积479044.5平方米、使用面积392294.89平方米。印发《督查通知》，成立5个清房工作督查小组，对全市各县区、各单位办公用房进行清查，并要求被督查单位撰写承诺书。全市共腾退办公用房23156.9平方米。其中厅级腾退375平方米、县处级腾退4868.49平方米、处级以下腾退17913.41平方米，完成全市清理办公用房的阶段性工作。六是做好公车治理及更新购置工作。对各县区和市直单位一般公务用车治理工作情况进行检查验收，按照逐步放开、优先基层的原则，分批启动车辆购置更新工作，并严格更新配置标准、严格审核车辆编制和审批手续，坚持以旧换新，共购置更新车辆58辆，收缴旧车52辆。与此同时，根据河南省公务用车问题专项治理工作领导小组《关于开展行政事业单位配备使用越野车和军队、武警号牌车辆检查治理工作的实施方案》，起草印发《实施细则》，在全市范围内开展越野车和军队、武警号牌车辆检查治理工作。为固化公车治理成果，促进公车更新购置处置的规范化，起草《鹤壁市一般公务用车购置处置操作规程》，正在征求意见阶段。与此同时，做好115名驾驶员年度考核、续聘和工资晋级晋档等工作。七是是做好汇金大厦改造工作。启动对汇金大厦的改造，做好汇金大厦改造施工图纸的设计和相关手续的办理，改造相关事宜已与市农信社签订改造租赁合同。

【公共机构节能】 扎实推进公共机构节能工作。继续抓好《公共机构节能条例》和省《公共机构节能管理办法》的宣传、贯彻、落实。起草《2013年公共机构节能工作要点》，确定全市公共机构节能工作目标任务。对各县区和市直公共机构共78个单位2012年的节能工作情况进行考评，并对工作中涌现出的先进单位和个人予以表彰。组织开展能源紧缺体验、宣传展览、节能志愿者义务宣传、“爱我鹤壁，绿色出行”节能宣传自行车骑行，组织参加省“三新”技术培训暨节能产品展示会等一系列宣传活动。做好综合办公大院创建国家级公共机构节能示范单位工作，完善创建资料，对照标准认真排查和整改节能项目，争取资金安装太阳能、铺设渗水地面、建设雨水回收池。并组织参加全国、全省举办的公共机构节能管理、节约型公共机构示范单位创建培训。召开节约型公共机构示范单位创建暨合同能源管理项目储备工作会议，完成全市公共机构名录上报工作。并顺利通过创建国家级公共机构节能示范单位的验收。全市公共机构人均用水、人均能耗、单位建筑能耗比上年分别下降7.97%、6.77%、9.4%，超额完成省下达4%的目标任务。

（魏晓彬）

政协鹤壁市委员会

【市政协九届六次会议】 政协鹤壁市第九届委员会第六次会议于2013年1月12日～1月14日在市人民会堂召开。会议听取并审议通过张俊成关于政协鹤壁市九届常委会工作报告、常六关于政协鹤壁市九届四次会议以来提案工作情况的报告；听取和讨论魏小东市长所作的政府工作报告及其他报告；审议通过《政协鹤壁市第九届委员会第六次会议政治决议》；审议通过《政协鹤壁市第九届委员会第六次会议关于常委会工作报告的决议》；审议通过《政协鹤壁市第九届委员会关于九届四次会议以来提案工作情况报告的决议》；审议通过《政协鹤壁市第九届委员会第六次会议提案审查情况的报告》。会议对2012年度优秀调查与建议、优秀提案、提案办理先进单位和个人、优秀政协委员、反映社情民意信息工作先进单位和个人进行表彰。

市政协主席张俊成（前右三）在鹤山区视察　　　　市政协　供稿

【市政协常委会议】 九届二十次常委会议于2013年1月6日召开。会议听取市政协九届六次会议筹备工作情况的报告；协商通过关于召开市政协九届六次会议的决定；协商讨论《政府工作报告》（征求意见稿）；审议通过市政协第九届委员会常务委员会工作报告（草案），并推举报告人；审议通过市政协第九届委员会常务委员会关于九届四次会议以来提案工作情况的报告（草案）；审议通过市政协九届六次会议议程（草案）和日程，大会秘书长、副秘书长名单，委员编组办法，委员组召集人名单以及列席人员名单等有关事项；审议通过监票人建议名单；听取市政协各专委会2012年度工作汇报（书面）。会议对市政协重点提案的承办单位提案办理落实情况进行民主评议。

九届二十一次常委会议于2013年1月14日召开。会议听取市政协九届六次会议秘书处关于委员分组讨论情况的汇报；审议通过了市政协九届六次会议政治决议（草案）；审议通过市政协九届六次会议关于常务委员会工作报告的决议（草案）；审议通过关于市政协九届四次会议以来提案工作情况报告的决议（草案）；审议通过市政协九届六次会议提案审查情况的报告（草案）。

九届二十二次常委会议于2013年6月19日召开。会议传达学习省委书记郭庚茂在省政协机关调研座谈时重要讲话精神和省政协主席叶冬松莅鹤调研时的重要讲话精神，对市政协调研组撰写的《关于以新型城镇化为引领，加快构建城镇体系的调研报告》进行协商讨论，听取南水北调中线工程鹤壁段及其配套工程建设情况的通报。

九届二十三次常委会议于2013年10月16日召开。会议协商讨论《关于我市人民政协协商民主情况的调研报告（讨论稿）》、《政协鹤壁市委员会协商民主工作规程（试行）（讨论稿）》和《关于鹤壁新区规划建设情况的视察报告（讨论稿）》；听取全市第三次加快老区发展工作会议落实推进情况的汇报；通过有关人事事项。

【调研、视察】 1. 关于“以新型城镇化为引领，加快构建城镇体系”的调研。加快新型城镇化建设，是鹤壁在中原经济区建设中先行先试、率先崛起的科学谋划，对于促进全市持续创新、提升发展具有重要战略意义。围绕“以新型城镇化为引领，加快构建城镇体系”这一课题，市政协组织精干力量，深入县区实地调研，赴外地学习借鉴先进经验，并广泛征求意见，反复推敲研究，结合本市实际提出意见和建议，经市政协九届二十二次常委会议协商讨论后，形成调研报告报送市委、市政府。市委、市政府主要领导对此高度重视，认为“调研报告很好，情况了解的准，问题分析的透，基本思考到位可行，具体建议有很强的针对性和可操作性”，并要求有关部门“认真学习研究，尽量吸收借鉴，切实发挥作用”。2. 关于鹤壁新区规划建设、老区建设提升的视察。鹤壁新区规划建设、老区建设提升事关鹤壁经济社会发展全局和全市人民根本利益，是市委、市政府高度重视的重要发展战略，也是整个社会关心关注的热点问题。市政协积极融入，先后对鹤壁新区的规划建设情况和全市第三次加快老区发展工作会议的落实推进情况进行视察。视察组深入实地了解情况，召开不同层次的座谈会广泛征求意见，形成两份专题视察报告。市委、市政府主要领导分别作出批示，认为两份报告“很好、很及时，报告内容翔实，分析到位，问题准确，建议可行，与市委、市政府的要求基本一致，相关部门要认真研究吸纳。”3. 关于人民政协协商民主情况的视察。按照省政协工作安排，组织开展本市人民政协协商民主建设情况的调研。调研组深入开展调查研究，组织全市各级政协组织、各民主党派、工商联召开座谈会，广泛征求意见。在此基础上，带着问题有针对性地赴外地考察学习。随后，召开全市协商民主探索与实践专题研讨会，对充分发挥市政协协商民主重要渠道作用的形式、内容、程序等方面进行深入研讨与探索，形成《关于我市人民政协协商民主情况的调研报告》。市委主要领导批示：“此报告很好。可在此基础上形成具体的、可操作性强的办法，先行先试”。初步起草《关于充分发挥人民政协协商民主重要渠道作用的实施意见》和《协商民主工作规程》，努力推进人民政协协商民主的制度化、规范化、程序化。4、其它调研和视察活动。市政协各专门委员会坚持把调研视察作为协商议政的重要手段，围绕本市改革、发展、稳定中的关键问题及人民群众普遍关心的热点、难点问题，先后就食品产业发展、南水北调配套工程建设、城乡健身设施、新区学前教育情况、回族公墓建设、浚县古城保护建设等组织现场视察、交流座谈。

市政协主席张俊成（前右四）视察老区发展工作　　市政协　供稿

【提案办理】　市政协始终坚持把提案工作作为政协的一项全局性工作，摆在更加突出的位置。坚持重点提案领导领衔督办，实施市委、市政府、市政协领导，市委、市政府督查室，市政协各专委会和提案人“四位一体”督办提案的新机制。继续坚持和完善重点提案办理民主评议机制，评议结果向社会公布，进一步调动政协委员和承办单位的积极性。全年共收到提案230件，经审查立案202件，内容涉及政治、经济、文化和社会事业等各个方面，办复率100%，委员满意率达到98.5%。

【社情民意】　积极扩大委员和社会各界的联系，拓展信息搜集渠道，在维护群众利益上报实情、建诤言。《加强学校及周边环境治理，促进青少年健康成长》的社情民意，得到市委主要领导的高度重视并作出批示。市教育局积极行动，采取交通安全教育进校园、加强学校门口秩序管理、增添安全保卫设施、开展校园周边环境专项整治活动等措施，学校周边环境得到有效改善，社会反响很大。《关于加强城市公交建设的建议》、《关于鹤煤集团班车公交化运营的建议》等社情民意所提的意见建议也都引起市委、市政府主要领导的重视，为改善民生、促进和谐发挥积极作用。

【团结民主】　1. 积极发挥政协各参加单位的作用。加强与各民主党派、工商联和无党派人士的团结合作，重点安排民主党派、工商联在政协各种会议上发表意见，多次邀请他们参与调研、视察等活动，认真听取并积极反映他们的意见建议。各民主党派、工商联围绕全市中心工作深入调查研究，积极建言献策，提交一批有深度的调研报告、发言材料和优秀提案。2. 加强社会各界的沟通联谊。鼓励和支持民族宗教界人士发扬爱国爱教、团结进步、服务社会的优良传统，促进民族团结、宗教和顺；不断加强与在鹤的台胞台属、归侨侨眷以及台资、侨资企业的沟通联系，帮助协调解决实际困难；加强与外来投资者的交流合作，广泛团结社会新阶层人士；通过中秋茶话会、新春联谊会等形式，架起党和政府与各界人士沟通的桥梁，

政协鹤壁市第九届委员会第六次会议召开　　市政协　供稿

积极营造大团结、大联合的良好氛围。3. 深化政协组织交流合作。政协组织之间的交流合作，是政协围绕中心服务大局、提高政协履职水平的重要手段。注重加强与省政协的联系，认真参加省政协召开的各类会议和联动调研活动，主动争取省政协的指导和支持。积极发挥驻鹤省政协委员的作用，组织驻鹤省政协委员对南水北调中线及配套工程鹤壁段建设情况开展视察活动。加强对县区政协的指导，坚持市政协常委会议、专题调研等重要会议、重大活动邀请县区政协主席参加，召开县区政协主席、秘书长座谈会，促进县区政协之间的沟通协作。参加全国十六省三十五市工作研讨暨经济协作会议和四省十二市政协工作交流会，进一步加强与兄弟市政协的沟通联系。

【文史资料】　充分发挥文史资料“存史、资政、团结、育人”的作用，切实加强搜集整理，完成7篇史料的征集工作，约2万余字，编辑出版《鹤壁文史资料》第十四辑。

【参与重点工作】　1. 服务重点产业发展。按照市委工作要求和产业发展分工，市政协领导成员除做好分管工作外，还参与食品工业、金属镁产业、汽车及汽车零部件产业、财政等工作的组织协调工作，认真负责地完成担负的任务；继续坚持《关于实行市政协领导联系帮扶委员领办企业的实施意见》，市政协领导经常深入企业，帮助企业制定发展规划，加快产业调整升级，破解存在问题；充分发挥政协人才汇聚、接触广泛的优势，组织企业界、法律界的委员深入企业、沟通座谈，为企业发展搞好服务。2. 努力促进文化大发展大繁荣。按照市委要求，市政协积极参与筹办第五届中国鹤壁民俗文化节，协调各相关单位和县区，充分挖掘鹤壁特色文化资源，展示鹤壁形象，提高鹤壁的知名度和美誉度。

【自身建设】　1. 认真协助市委召开市委政协工作座谈会。主动做好相关会议筹备工作，在市委的高度重视下，市委主要领导出席会议并做重要讲话，进一步加强和改善党对政协工作的领导，巩固和发展“党委重视、政府支持、政协主动、各方配合、社会关注”的良好工作格局。2. 激发委员履职活力。积极探索新形势下发挥委员主体作用的有效途径和方式方法，进一步完善委员的管理和考核评价机制，努力提高委员履职的主动性和创造性。采取学习座谈、视察调研、专题报告会、界别活动等多种形式，为委员知情明政、履行职责创造条件。广大政协委员立足本职工作，积极发挥优势，主动参与产业结构调整、新型农村社区建设等中心工作，主动理顺情绪、协调关系，用实际行动展现政协委员的风采。3. 加强政协机关建设。通过不断深化效能建设，努力打造“学习型、服务型、创新型、和谐型、廉洁型”机关，成功再创省级文明单位活动。政协机关的综合协调能力和服务质量有效提升，敬业奉献、团结协作的风气已经形成，整个政协工作实现高效运转。

（荀振宇）

民主党派·群众团体

民主党派

·九三学社鹤壁市委员会·

【概况】 2013年，九三学社鹤壁市委按照思想上坚定、履职上坚实、组织上坚强的总体要求，持续于学、持续于行，创新于建、创新于试，提升于参、提升于走，发展于合、发展于前，努力打造活力九三、特色九三、品牌九三。九三学社鹤壁市委被九三学社河南省委授予“2013年度先进集体”称号。

【自身建设】 坚持实施人才强社战略。贯彻《九三学社中央关于进一步加强组织建设的若干意见》精神，创新组织建设工作，出台《九三学社鹤壁市委关于加强组织建设的意见》。建立健全后备干部队伍档案，通过民主推荐等严格的组织程序，完成后备干部的推荐工作。注重社员发展质量，严格按照组织发展程序，吸引优秀人才入社。新发展社员10名，其中县处级领导1名。为庆祝“三八”妇女节，组织部分女社员举办家庭亲子教育、外交礼仪等方面的知识讲座。在重阳节到来之际，组织老社员到市博物馆参观鹤壁市建设成就展和1942年河南大饥荒图片展，到富士康鹤壁科技工业园项目参观，了解全市重点项目建设进展情况，并就项目建设提出建设性的意见和建议。苏海玲被九三学社中央评为优秀组工干部。注重思想建设。通过召开主委会议、全体（扩大）会议，学习贯彻中共十八大、十八届三中全会和中共鹤壁市委全会精神，始终做到与中共思想上同心同德、目标上同心同向、行动上同心同行。5月7日，中共市委书记魏小东走访九三学社市委机关。5月16日，市委统战部组织全市各民主党派到九三学社市委机关学习交流制度建设工作，提升尚学、进取、高效、廉洁的九三学社机关形象。开展“季读一本书”活动，建设学习型参政党。为社员推荐理论热点、统战政策和社史社章等书目，并购买《统一战线知识读本》等部分书籍，教育和引导广大社员识大局、顾大体、有作为，坚持正确的政治方向，增强政治敏锐性和政治鉴别力，促进社员素质的提升。健全机关规章制度，明确岗位职责。完成了社市委网站的升级改版，建立了网站维护管理和信息发布制度。拓宽宣传渠道，加强重要社情和典型事迹的宣传报道。社市委信息宣传稿件被《团结报》采用4篇，九三学社中央网站采用19篇，九三学社河南省委网站采用15篇，《河南九三社讯》采用5篇，《鹤壁日报》、鹤壁电视台报道5次。印发《九三鹤壁社讯》2期。九三学社市委被评为2013年度全市统战宣传工作先进单位。

【参政议政】 按照健全社会主义协商民主制度要求，围绕全市工作大局，紧扣打造两个构建升级版和建设生态之城、活力之城、幸福之城，实施“9331”同心建言献策计划。市政协九

市委书记魏小东（右一）走访九三学社机关　　王献民　摄

届六次会议上，提交大会发言材料8件，占大会发言总数的22%；其中《我市高标准粮田建设中存在的问题和建议》、《关于进一步做好我市城市宣传工作的建议》、《关于推进复合型鹤壁新区建设的建议》等在大会上作口头发言，占大会口头发言总数的30%。报送集体提案6件，占大会集体提案总数的27%，其中1篇被作为市政协重点提案，由市政府主要领导领衔督办，2篇被市政协评为优秀提案。九三学社市委主委董撵群提交的《先行先试，建立政府财务报告制度，有效防范地方政府债务危机》被作为省政协大会发言，并被作为全国政协提案，引起国家有关部门高度重视，财政部专门来河南办理该提案；《关于城市建设投融资机制存在的问题及建议》被省政协常委会选为大会发言材料。副主委王献民提交的《幼儿园小学化现象亟待解决》被省《政协信息》。九三学社市委被评为全市参政议政工作先进单位和反映社情民意工作先进单位。王献民被九三学社中央评为参政议政工作先进个人，刘宏伟获得全省参政议政工作先进个人。郑志学、肖用海、李保德、刘萍、崔建红、何雷堂等9名社员被评为市优秀政协委员。

【社会服务】 以韩启德主席"九鹤合作共谋发展"题词为引领，深化九鹤合作，重实干、办实事、求实效。6月13日，邀请山西大学专家到中鹤集团基地进行玉米播种及增施有机肥试验示范，助推中鹤集团创新发展。九三学社鹤壁市委与社郑州铁路委员会多次就淇滨区闽江路、漓江路、花溪路、柳江路、泰山路穿越高铁的市政设施建设现场实地考察，提出可操作的意见建议，并积极协调有关单位加快进度，降低评审及设计费用数十万元。积极开展同心帮扶工程，助推九鹤合作同心工程实践基地淇滨区上峪乡老望岩村发展。社市委再次争取15万元专项资金，用于该村水井泵房等配套设施建设。多次组织社内畜牧专家到上峪乡开展送科技下乡活动。9月3日，组织骨干社员到老望岩村考察九鹤合作同心工程水井泵房等配套设施建设进展情况，并发放医疗保健宣传资料100余份。组织医卫专家到老望岩村为留守老人义诊，并免费发放高血压、感冒等常见病的治疗药物。九三学社市委被评为2013年度全市"同心"实践行动先进单位。赵伟民获得全省"同心"实践行动工作先进个人。持续"鹤壁九三志愿者行动"，常态化、规范化开展志愿服务。九三志愿者为市福利院孩子们捐衣物、送玩具及零食等，到淇滨区金山办事处为养殖户讲解畜牧养殖有关知识，在新世纪广场和步行街开展环保宣传活动。11月11日，开展第25届"国际科学与和平周"小麦栽培技术讲座等。

（王献民）

·中国民主同盟鹤壁市委员会·

【概况】 2013年，民盟鹤壁市委以深入学习贯彻落实十八大精神为指针，围绕市委市政府中心工作，进一步凝聚力量，发挥优势，加强自身建设，努力建设学习型参政党，着眼于服务科学发展、促进社会和谐，切实做好各项盟务工作；以自身建设的新成效、参政议政的新成果、服务社会的新贡献为建设中原经济区先行先试走在前面做出积极贡献。1. 认真学习十八大精神，和三中全会精神，切实加强思想建设。盟市委把学习贯彻十八大精神和三中全会精神作为当前和今后一个时期的政治任务。通过学习，内强素质，外树形象，立足本职，无私奉献，为十八届三中全会精神的贯彻落实做出应有的贡献。2. 加强组织建设，保证民盟健康发展。认真贯彻落实四号文件精神，加强代表人士和后备人才队伍建设，按照市委统战部的安排部署，加大骨干成员的组织力度，形成后备干部梯次结构。3. 注重培训学习，提升新盟员素质。4月19日，民盟鹤壁市委在市委第一综合楼党派会议室举办第八期新盟员培训班。来自全市基层盟组织的21名新盟员参加本次培训。4. 制定工作方案，认真做好基层支部换届工作。2013年是鹤壁民盟基层支部换届年，民盟市委制定《民盟鹤壁市委2013年基层组织换届工作方案》。民盟基层支部有原来的11个，通过整合，重新划分为14个支部。经过多方深入细致的沟通协调，14个基层组织顺利换届。5. 做好组织发展工作，推进"人才强盟"战略。全年发展新盟员16名，其中高教界4人，中教9人，企业3人，最大年龄42岁，最小29岁。

【参政议政】 1. 围绕中心，参政建言。市政协九届五次全会上，民盟3份提案被评为"优秀提案"，民盟有5人被评为"优秀政协委员"，4人被评为"反映社情民意先进个人"，盟市委被评为"反映社情民意先进单位"。会上

陈家湾民盟烛光小学落成捐赠仪式　　冯雁阁　摄

民盟共递交提案39份，其中集体提案6份；提案内容涉及教育、文化、卫生医疗、市政管理、大新区建设等多个领域。2. 选准课题，加强调研。2013民盟鹤壁市委承担盟省委调研课题《关于节能减排的意见和建议》，课题的具体落实人为王全胜等有关人员。6月19日，民盟市委组织鹤煤集团支部一行5人前往豫鹤同力水泥公司围绕节能减排问题开展调研。两会后围绕淇河开发、保护、建设问题，盟市委组织学院支部骨干力量多次到市城投公司和有关部门调研，并向政协递交提案。3. 整合参政力量，科学安排部署。3月1日，民盟市委组织盟内参政议政骨干力量召开参政议政工作会议。会议对民盟2012年度的参政议政工作进行总结，安排部署2013年度参政议政工作，研究确定9个调研课题，并明确课题负责人，年底前各调研课题顺利完成。4. 以活动为载体，提高盟员参政能力。盟市委下发〔2013〕2号文，继续在全盟开展“一人一建议”、“一支部一提案”活动，引导盟员做工作中、生活中的有心人，关注民生、民情，关注热点难点问题，积极撰写提案建议，切实提高参政能力和水平。

【社会服务】 盟鹤合作签约仪式成功举办。“盟鹤合作”是民盟省委、民盟市委、市委统战部当年的重点工作，这项工作得到各级领导关心和支持，盟市委为完成这项工作，倾注大量的人力物力，经过近半年的沟通、协调、协商、联络，积极筹备，于9月2日～4日，盟鹤系列合作协议顺利签署。各合作双方正在有序推进。民盟烛光小学按期投入使用，民盟中央副主席龙庄伟亲莅鹤壁参加落成捐赠仪式；成功举办放歌中原——教师节公益慰问演出。11月29日，民盟河南省委基础教育工作委员会、妇女工作委员会、民盟省委直属一支部一行9人到山城区陈家湾民盟烛光小学进行调研，民盟盟员、省著名心理教育专家崔红霞教授为山城区200多名中小学教师作题为“中小学生心理发展规律专题知识讲座”同心助推上峪发展。4月中旬，鹤壁民盟教育志愿者为上峪乡中心校送去语文、数学两个学科的优质课。7月31日，盟市委组织内科、骨科、内分泌科、口腔科等方面的医疗专家到淇滨区上峪乡卓坡村为当地群众提供义诊和健康咨询服务，为群众发放200余份医疗保健宣传资料。11月13日，民盟鹤壁市委与各民主党派和工商联会员企业到淇滨区上峪乡开展集中帮扶活动。在上峪乡明德小学，民盟市委组织民盟教育志愿者服务队的优秀教师为该校送去5节优质课；同时还与各兄弟党派一起与市图书馆联合捐赠体育器材和1500册图书。盟市委对上峪乡的养殖业进行调研，对发展势头良好，又需资金支持的养殖企业丰源牧业进行重点帮扶，争取上级的项目资金40万元。加强与兄弟地市横向联系与交流学习；举办“庆‘三八’——做智慧美丽的现代女性”座谈会和餐叙联谊会；举办纪念“五一口号”发布65周年座谈会；利用中秋佳节慰问盟内老同志、老领导；重阳节为老盟员进行体检；完成承担的盟省委课题《关于环保低碳减排的建议》和《关于加强农村环境污染治理的研究》。10月，民盟鹤壁市委被民盟中央授予“组织发展工作先进集体”。

（冯雁阁）

·中国国民党革命委员会鹤壁市委员会·

【概况】 2013年，民革鹤壁市委在中共鹤壁市委和民革省委的领导下，团结带领全市民革各级组织和广大党员，大力加强自身建设，切实履行参政党职能，持续求进，较好地完成各项工作任务。在市政协九届六次会议上，市委会和民革界别的委员共提交提案30件，社情民意16件，提案均得到市政府有关部门的肯定性答复，一些提案受到有关部门的高度重视。其中，市委会提出的《关于拓宽淇水大道北段，完善淇水大道交通设施的建议》被市政协评为优秀提案，受到市政府的高度重视，相关承办单位采取有效措施，使提案中所反映的问题及建议得到落实；冯锡文委员提出的《大力加强公共体育设施建设，为人民群众体育健身创造更好的条件》被市政协列为主席督办重点提案，承办单位多次会同相关部门进行专题调研，提出解决问题的办法。此外，市委会被评为2013年度“反映社情民意先进单位”，冯锡文等3名民革党员获“鹤壁市优秀政协委员”称号。

【调研工作】 市委会及民革党员中的人大代表、政协委员围绕鹤壁新区规划建设、新型城镇化建设、项目建设等市委市政府重点工作，开展专题调研，形成《关于鹤壁新区规划建设的建议》、《关于加强我市城市社区卫生工作的建议》以及《关于我市人民政协协商民主情况的调研报告》等具有一定分量和价值的调研报告，受到市委市政府及有关部门的高度重视。其中，《鹤壁市发展食品工业的建议》和《加快促进土地流转，实现土地集约高效利用》等两篇调研报告分别得到市委书记魏小东和市长范修芳的批示。

【社会服务】 市委会成立“同心”实践行动领导小组，制定实施方案，强化工作措施，不断丰富和完善“同心”品牌实践活动内容，持续推动“同心”实践活动向纵深发展。一是深入开展调研活动。市委会多次对上峪乡的经济发展、文化、教育、体育、医疗卫生、法律服务等方面进行广泛深入的调研和考察，实地了解情况，掌握第一手材料，针对当地经济社会发展中存在的困难和实际需要，为当地经济社会发展建言献策，商讨帮扶事宜，并积极与相关部门进行协商、争取；二是持续开展“同心行动”。1月，民革鹤壁市委“援建上峪乡同心图书室启动仪式”在上峪乡政府举行，市委会主要领导亲自带队赴上峪乡，为上峪乡政府援建“同心图书室”一个，并捐赠1600余册图书；3月，市委会组织民革党员中的律师赴上峪乡开展“同心·送法下乡”活动，现场为村民提供法律咨询服务，并向村民免费发放法律知识宣传材料500余份；5月，市委会在鹤山区新希望学校举行“同心·传统书画进校园暨书画捐赠”活动。全市10余位造诣深厚的知名书画家为该校师生们讲解书画技艺，并将现场所创作的60余幅书画作品无偿赠

开展同心传统文化进校园活动　　冯锡文　摄

与学校；10月，市委会邀请教育专家在上峪乡中心学校开展优质课观摩活动，专家新颖的教学理念和生动精彩的讲解受到师生们的热烈欢迎；11月上旬，市委会组织民革党员中的医疗专家在上峪乡举办乡村医疗卫生知识讲座，义务为该乡全体医务工作者进行医疗知识和技术培训。11月下旬，市委会为上峪乡上庄中心学校援建“同心图书室”一个，并捐赠1500册图书和一批体育器材；12月，经市委会向有关部门争取，为上峪乡朔泉村捐赠篮球架、乒乓球台等一批价值2万余元的体育健身器材。市委会被评为全市统战系统“社会服务先进单位”。

【自身建设】 理论学习与主题教育活动相结合，思想政治工作常态化，确保民革党员始终与中国共产党在思想上同心同德、目标上同心同向、行动上同心同行。结合学习贯彻中共十八大和十八届三中全会精神，加强对统一战线和多党合作理论、民革党史党章的学习；举办“同心杯”庆祝中共建党92周年篮球友谊赛、参加全市统战系统庆“七一”文体活动联谊赛和“徒步走淇河，美化环境捡拾垃圾”活动；组织参加纪念民革河南省委员会成立60周年书画展、纪念中共中央发布“五一口号”65周年征文、“学章程、讲同心、传承优良传统”教育以及“薪火相传、圆多党合作之梦”、民革前辈史料收集等主题鲜明的思想教育活动。组织民革党员书画家参加全市统一战线“中国梦·中原情·同心颂”书法绘画展，3名民革党员的作品获奖，市委会获优秀组织奖。以与市直统战系统共同创建省级文明单位为契机，切实加强机关各项建设，着力打造高效、务实机关。机关办公条件明显改善，工作效率进一步提高；宣传工作成效显著，全年共在《团结报》、《河南民革》、《鹤壁日报》以及民革中央网、河南党建网、河南民革网、鹤壁市政府网、鹤壁电视台等各级主流媒体发表有关鹤壁民革报道60余件。利用现代化网络技术，先后建立“鹤壁民革QQ群”、“鹤壁民革飞信群”等网上联系方式，为本市民革党员能够及时交流思想，加深了解提供方便快捷的服务平台。

【组织建设】 全年共发展新党员7人，其中，本科以上学历6人，约占新发展党员总数的86%；进一步加大骨干党员的培训力度，选派4名党员参加中共鹤壁市委党校举办的全市党外干部培训班。一批思想觉悟高、热爱民革事业，具有突出业绩的新党员充实到民革组织中，人员结构得到进一步改善。

【祖统联谊】 各级组织深入学习贯彻中共中央对台方针政策，正确把握有关对台工作的方向。鼓励党员中的台属通过多种形式加强与台湾亲友的联系，向他们宣传中央有关方针政策，介绍我市经济社会发展状况，邀请台湾亲友来鹤壁参观考察、投资兴业；市委会多次组织党员深入在鹤台资企业开展调研活动，了解企业发展情况，积极帮助台资企业解决发展中存在的困难和问题，为企业健康发展积极建言献策。

（冯锡文）

·中国农工党鹤壁市委员会·

【概况】 2013年，农工党鹤壁市委积极开展创建学习型参政党组织、树立和践行社会主义核心价值体系等活动，研究制定《农工党鹤壁市委坚持和发展中国特色社会主义学习实践活动实施方案》，正式启动坚持和发展中国特色社会主义学习实践活动。举办农工党市委纪念中共中央发布“五一口号”65周年座谈会，组织骨干党员参加中央社会主义学院、农工党省委及中共鹤壁市委党校举办的一系列培训。在组织发展上认真贯彻《河南省民主党派组织发展工作规程》和《鹤壁市民主党派成员发展程序》，注重吸收政治素质好、知识层次高、参政能力强的中青年知识分子入党，使党员年龄结构日趋合理，知识层次得到提高。全年对12名入党积极分子进行重点培养，发展新党员7名，均为中高级知识分子，其中硕士研究生1名，高级职称1名；医卫界3人，经济界3人，政府机关1人。至年底，市委会4个支部共有党员85名，平均年龄46岁。其中医卫界47人，占党员总数55.2%；中高级职称71人，占党员总数的83.5%；大专以上学历73人（其中博士2名、硕士5名），占党员总数的85.9%。市委会还完善修订各项规章制度，并汇编成册，进一步加强机关建设。全市农工党员中有省政协常委1人、省政协委员1人、市政协副主席1人、市人大常委1人、市政协常委1人、市政协委员9人，区人大代表2人、区政协副主席1人、区政协常委2人、区政协委员6人。

【参政议政】 “两会”期间，组织与会党员积极参政议政，踊跃建言献策，向全国两会提交信息2件；向省政协提交提案3件，大会发言材料2篇；被农工党中央和省政协采用社情民意信息3篇；向市政协提交提案22件、社情民意8件，市政协采用大会发言3篇，合计43件。市委会上报的《关于科学推进我省农民市民化的建议》、《关于进一步增强我省小微企业生存发展能力的建议》被省政协采用为大会发言材料，并被农工党省委采用为集体提案；市政协大会口头发言《统筹推进我市产业集聚区发展的思考与建议》被河南党建网、省市政府网站、鹤壁电视台、鹤壁日报等新闻媒体进行报道和介绍；冯奇提出的《完善我市交通网络一体化，加快鹤浚快速通道建设的建议》被列为全市重点督办提案，由4名市领导领衔督办；毛国强提出的《严格管理我市医疗信息和药品广告的建议》受到市委书记魏小东同志的亲自批示。市委会大会发言、政协提案内容更加丰富，质量有进一步提高，代表民情民声，社会反响良好。被评为全市参政议政工作先进单位、统战信息工作先进单位和反映社情民意工作先进单位；5名党员被评为优秀政协委员和反映社情民意工作先进个人。市委会参政调研成果丰硕。代表农工党省委完成2013年度河南省政府决策研究招标课题的申报工作；3篇调研报告在社科期刊上进行刊登；参加政协调研并形成《加强职业技术培训促进农民转移就业》专题调研报告；创新校党结对调研模式，与鹤壁职业技术学院经济管理学院结为“合作调研对子”，合作调研成果得到市领导充分肯定，荣获市政府社科成果二等奖。

【社会服务】 一是积极实施“同心·助推上峪发展”工程。与上峪乡卫生院和鹿厂村卫生室结为“结对帮扶对子”。签订《结对帮扶协议书》，积极开展一系列结对帮扶工作；帮助上峪乡建设科技文化活动室。分三批捐赠科普图书、彩色电视机等价值10000余元的帮扶物资。二是成功举办第六届“中国环境与健康宣传周”宣教活动。组织内、外、中医、疾控、保健科专家为市民免费看病答疑，检查身体，并就日常保健及慢性病的防治知识向群众进行了宣讲，现场发放疾病预防及环境保护知识宣传册300余份，义诊群众200余人。三是成功举办第二十五届中国“国际科学与和平周”同心送医送教公益活动。组织15名医疗专家分赴太行深山淇滨区上峪乡老洞村和浚县卫贤乡前公堂村，义务为农民检查身体、送医送药，共诊治病患者300余人次，免费发放药品价值1000余元，发放医疗保健手册300余份。四是运用“前进博士志愿服务团”助力地方发展。重点做好引智引才工作。分别邀请到中科院科技促进发展局农业科技办公室常务副主任翟金良博士、高级工程师孙永溪，广东建筑科学研究院主任建筑师、注册构造师叶建平博士，澳门科技大学平原博士等多批“前进博士志愿服务团”成员到本市开展志愿服务活动。积极做好招商引资工作。引进一汽奔腾等企业在鹤壁市投资建设现代化汽车服务商城。邀请台湾经促会理事长陈福文博士、EFCA海峡两岸金融合作交流协会理事长陈俊兆博士郑州市台商协会副会长陈福林先生、台湾旅游协会河南分会副秘书长许庆祥先生等多次到本市考察项目，受到市委常委、统战部长于燕亲切接见，与本市部分企业达成初步合作投资协议。五是策划开展“保护母亲河，农工在行动”主题环保活动。为宣传淇河环保知识，营造热爱淇河、保护淇河的社会氛围，组织全市30余名党员开展“保护母亲河，农工在行动”为主题的淇河环保行活动。六是组织开展鹤壁首次“践行节能低碳，建设美丽家园”活动。通过短信、微信等方式倡导全市党员群众开展“践行节能低碳，建设美丽家园”低碳体验日活动。七是组织实施饮用水卫生安全检测服务计划。组织专技人员到市直各单位免费对饮用水进行采样检测和化验反馈，并围绕如何科学健康饮水对广大干部职工进行宣传交流。八是圆满联办青年创新发展论坛。联合举办首届青年创新发展论坛—《鬼谷子文化创新与青年企业家提升发展专题论坛》，为促进华夏历史文化传承创新、推动青年企业家提升发展起到积极作用。九是深化开展与农工党江油市总

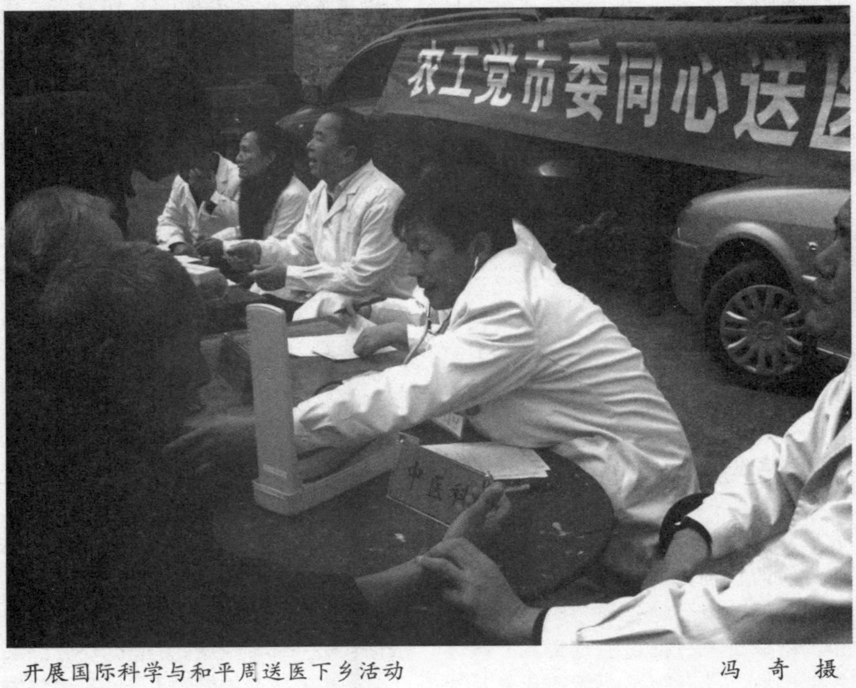

开展国际科学与和平周送医下乡活动 冯 奇 摄

支委“共学共建”活动。十是致力举办形式多样的支培支教活动。通过举办各类学习班，培训群众上千人次。由于社会服务成效突出，被农工党中央评为“社会服务工作先进集体”。

（李露露）

·中国民主建国会鹤壁市委员会·

【概况】 2013年，中国民主建国会鹤壁市委员会在民建省委和中共鹤壁市委的正确领导下，在中共鹤壁市委统战部的具体指导下，围绕全市中心工作，切实履行参政议政职能，积极服务社会发展，取得显著成绩。一、思想建设放在首位。强化理论学习，突出学习效果。通过举办专题学习班、座谈会等形式，组织会员集中学习中共十八大、十八届三中全会及省、市重要会议精神，开展纪念“五一口号”、坚持和发展中国特色社会主义学习实践活动等，不断增强广大会员对党的路线、方针和政策的理解，提高会员政治把握能力；利用新媒体手段，加强与会员沟通和联系。建立鹤壁民建网站，开通民建QQ群、飞信、微信等交流平台，加强维护和管理，实现与会员无时差、零距离、全方位、立体性的沟通，了解会员的所思所想。重视理论研究和宣传工作。结合民建中央、省委重点理论课题召开理论研究会议，进行调研，积极向民建省委报送5篇理论调研文章。其中王辉主委的《领导表率典型示范全体动员全面开展树立社会主义核心价值观活动》被民建省委评为2012年度重点理论研究课题。全年共在民建中央网站、《民讯》、《河南民建》、《鹤壁日报》等会内外主流媒体登载信息50余条。民建市委获民建省委“新闻宣传工作先进单位二等奖”，获全市统战网站宣传工作先进单位荣誉。5月，民建开封市委来鹤就宣传、调研工作进行深入交流学习。二、组织基础得到巩固。抓好会员发展工作。坚持标准、保证质量，重点发展参政议政能力强、能够增强民建竞争力的代表性人才。新发展会员3人；其中1人为研究生学历，全部为企业家会员。不断加强后备干部队伍建设。加强对《中共鹤壁市委关于加强新形势下党外代表人士队伍建设的实施意见》的学习贯彻落实，担任副处级以上领导职务的会员新增1名，现为6人。建设高素质的领导班子。加强对领导班子成员的培训力度，2名支部主任参加专题培训班，不断提高班子整体的领导能力。市委机关“省级精神文明建设单位”复核获得顺利通过。民建市委被民建省委评为市级组织考核三等奖。6月，民建省委调研组莅鹤壁调研。7月，民建中央副主席周汉民莅鹤调研，都对基层组织建设工作给予充分肯定。三、换届工作平稳开展。根据民建河南省委关于市级组织换届工作意见要求和各民主党派市委关于做好换届工作座谈会纪要精神，经过认真筹备，民建市委胜利召开第二次会员大会，在全体会议选举王辉、张黎明、马磊、窦靖华、祁征、谢元晶、翟艳艳等7位同志为民建鹤壁市第二届委员会委员；在二届一次全委会上，选举王辉为主任委员，张黎明为副主任委员，任命李云为秘书长。

【参政议政】 一、深入调研。加强对口联系，围绕打造两个构建升级版等内容进行深入调研，及时转化《创新城市发展方式，协调推进城乡一体发展》等调研成果。10月，民建省委副主委张冬平一行来鹤壁调研产业集聚区建设问题，对全市产业集聚区发展提出许多有价值的意见建议。二、为生态之城活力之城幸福之城建设建言献策。充分发挥民建界别23名各级人大代表、政协委员作用，围绕市委中心工作建言献策。在市“两会”上，提交《关于在我市建设中关村合作生产基地的建议》等9篇大会发言材料，《关于推动资源型城市转型创建国家城市矿产示范基地的建议》5篇集体提案和20多篇委员提案、代表议案。《关于加快高铁时代我市旅游业发展的几点建议》等4篇提案被评为2013年度优秀提案，张黎明、祁征、刘学增、谢元晶、翟艳艳等5名会员被评为优秀政协委员。三、认真履行监督职能。市委会领导班子成员先后多次参加市委、政府召开民主协商会、座谈会、情况通报会、征求意见会等，围绕全市中心工作及政府重要决策积极建言献策。民建会员中9位特约监督员积极参加有关部门组织的检查、督察活动，积极发挥监督作用，严格履行岗位职责。

【社会服务】 一、定点帮扶，凝心聚力服务基层。民建鹤壁市委以“同心·助推上峪发展工程”为载体，认真开展服务活动。1月26日，会员企业——鹤壁市天鹏煌朝置业有限公司出资2万元为上峪乡鹿厂村全部困难家庭缴纳“新农合”中需个人承担部分的费用，并积极为上峪乡外出务工人员提供就业岗位；3名律师会员与上峪乡政府及乡办企业签定长期无偿帮扶合同，为上峪乡发展提供法律帮扶和援助；民建市委在六一前夕，为上庄小学生送去节日的祝福和学习用品；11月26日，民建同心志愿服务团同会员企业家一道为上庄小学15名学生送去1800元助学资金，关爱孩子成长。二、引导鼓励企业家会员参与家乡建设，回报社会。充分发挥民建以经济界人士为主的资源和优势，积极鼓励和引导企业家会员参与到新型农村社区建设、农业产业化发展和招商引资、扶贫济困、捐资助学、提供“4050”就业岗位等工作和活动中。其中，河南瑞贝特兔业发展有限公司服务三化协调发展，辐射带动上万名周边乡亲致富，并在四川雅安发生地震时，第一时间向灾区捐赠价值50万元的即食兔肉食品；会员企业——鹤壁诚城房地产开发有限公司为来自淇滨区山峪乡柴家坡村等地10名高考应届贫困生每人发放2000元助学金，资助其圆梦；会员企业——古城广告鹤壁分公司积极开展亲老敬老、助学等活动。越来越多的会员及会员企业，正在通过自己的行动展现民建会员的风采，履行社会责任。三、深入企业，加大对会员企业的帮扶力度。市政协副主席、民建市委主委王辉多次率民建智囊团走访鹤壁腾天光通信技术有限公司、海能达鹤壁军工电子产业基地等会员企业调研指导工作，为企业发展出谋划策，搭建企业对外交流经验、沟通信息、合作经营的平台。

（李　云）

群众团体

·鹤壁市总工会·

【概况】　2013年，全市工会系统在市委和省总工会的正确领导下，认真学习贯彻党的十八大和十八届三中全会、习近平总书记在全国劳动模范座谈会上的重要讲话、中国工会十六大和河南省工会十四大精神，以推进全市在中原经济区建设中先行先试走在前面为主题，以开展服务职工活动为主线，大力弘扬劳模精神，扎实开展职工群众建功立业活动，落实“两个普遍”，切实加强维权帮扶，构建和谐劳动关系，创先争优，求实发展，各项工作取得明显成效。先后被中华全国总工会评为全国“安康杯”竞赛优秀组织单位、全国推动厂务公开民主管理工作先进单位、全国工会经费审计工作先进单位、全国女职工劳动保护特殊规定知识竞赛优秀组织奖，被河南省总工会评为金秋助学活动先进单位、省工会市地组财务工作优胜奖、省工会统计工作先进单位、省劳动竞赛工作先进单位、省工会新闻宣传工作先进单位，被市委、市政府评为第五届中国（鹤壁）民俗文化节先进单位。

【中原春节灯会】　2月21日～28日，按照市委、市政府的要求，市总工会精心策划，周密组织，积极推进，成功举办欢乐、喜庆、祥和的第五届中国（鹤壁）民俗文化节中原春节灯会，灯会展出历时8天，观灯人数达80余万人，从艺术中心到会展中心，沿淇水大道东西两侧非机动车道，整体展灯呈哑铃形布局，展灯采用声、光、电、形、色、动现代科技手段，全方位满足公众的文化感官需求。灯会的成功举办，得到市委、市政府的充分肯定，赢得全市人民的广泛赞誉，市总工会也被市委、市政府评为第五届中国（鹤壁）民俗文化节先进单位。

【九届六次全委（扩大）会议】　4月10日，市总工会九届六次全委（扩大）会议在市总工会三楼会议室召开。会议主要议题是：认真学习贯彻党的十八大精神、全总十五届七次执委会议、省总十三届九次全委会议和市委八届四次全会及市委经济工作会议精神，回顾总结2012年的主要工作、研究部署2013年的目标任务，团结动员全市广大职工在中原经济区建设中先行先试走在前面作出新贡献。市总工会党组书记、常务副主席王明立作《认真学习贯彻党的十八大精神，团结动员全市职工在中原经济区建设中先行先试走在前面作出新贡献》工作报告。《报告》明确2013年工作的总体要求：认真学习贯彻党的十八大精神，按照市委、市政府“1123”战略部署和“持续创新、提升发展”工作总基调的要求，以科学发展观为指导，以构建和谐劳动关系为主线，以活跃职工文化生活为载体，以创新工作为动力，以转变作风为抓手，以提升水平为目标，站位全局，主动融入，敢于担当，积极作为，力争在破解难题、寻求突破，树立典型、打造亮点，增强能力、提升水平，彰显作为、扩大影响四个方面求实求效，全面做好工会工作，为全市在中原经济区建设中先行先试、实现率先崛起做出新的贡献按照这一总体要求全市各级工会要着力抓好以下六项工作。一是全面贯彻落实党的十八大精神，把思想和行动统一到市委和省总工会的决策部署上来；二是扎实开展职工建功立业活动推动我市经济健康快速发展；三是大力推进企业和谐劳动关系，切实维护职工合法权益；四是着力加强企业文化职工文化建设，努力满足广大职工精神文化需求；五是着力转变工作作风，加强工会自身建设，打造学习型服务型创新型工会；六是着力提升保障工作水平。会议表彰2012年度县区工会工作综合考评优秀单位和先进单位。优秀单位为淇县总工会、开发区工会；先进单位为浚县总工会、淇滨区总工会、山城区总工会、鹤山区总工会；与浚、淇两县和淇滨、山城、鹤山、开发区总工会签订2013年重点工作目标责任书。会议由市人大常委会副主任、市总工会主席李玉家主持，市委副书记蔡永礼出席会议并讲话。

【表彰大会】　4月26日，鹤壁市劳动模范和先进工作者表彰大会召开。大会表彰四年来为全市经济社会发展做出突出贡献的111名劳动模范和先进工作者。大会由市委副书记、市长范修芳主持，市委书记魏小东发表讲话，为弘扬劳模精神和做好工会工作提出

市人大副主任、市总工会主席李玉家（右二）在鹤煤技校调研　刘志新　摄

明确要求。市四大班子领导出席大会并为劳模和先进工作者颁奖。是年，市总工会在《鹤壁日报》、鹤壁电视台连续报道部分劳模的先进事迹，对10名建国初期的全国、省部级劳模和10名2013年受表彰的市劳模进行集中宣传报道，在全社会进一步营造“尊重劳模、关系劳模、学习劳模、争当劳模”的浓厚氛围。鹤壁福田国际俱乐部有限责任公司鹤壁迎宾馆餐饮部、河南新亚服装有限公司荣获全国工人先锋号；河南环燕轮胎股份有限公司硫化车间、鹤壁煤电股份有限公司救护大队、鹤壁地恩地新材料科技有限公司煤制气工段、河南省电力公司鹤壁供电公司计量专业采集运维班、河南瑞兴堡建材有限公司抛光车间4#线2班荣获河南省工人先锋号；河南省豫鹤同力水泥有限公司、鹤壁市君事达物业服务有限公司、鹤壁市国家税务局、淇县地方税务局荣获河南省五一劳动奖状。

【帮扶救助活动】 “双节”期间，全市工会系统筹措资金300余万元，对4000余名困难职工、农民工和劳动模范开展送温暖活动。在7月的高温季节开展“送清凉”慰问活动，重点对在高温天气下坚守岗位的交警、环卫工人和重点项目建设工地的建设者进行慰问，为他们送去西瓜、绿豆、矿泉水、毛巾、肥皂、清凉油等价值10万元的防暑降温物品。在8月份组织的“金秋助学”活动中，全市工会系统共筹集资金360余万元，资助考上大学的困难职工子女1300余人。其中在全市“金秋助学”活动启动仪式上，市总工会一次性发放助学资金15万元，资助50名困难职工子女。积极推进帮扶工作网络化建设，在乡镇（街道）、工业园区和大中型企业建立58个帮扶工作站。发放小额借款33万元，帮助20人实现创业和就业。开展女职工“六一特别关爱活动”，发放慰问金30万元，发放慰问品3800件，慰问困难女职工子女550人。签订女职工权益保护专项集体合同588份，覆盖单位1846家，覆盖女职工9.8万人。举办岗前技能、计算机操作等培训班19期，为20家企业培训职工1192人。其中，67人考取国家计算机操作员等级证书，358人取得市人社局颁发的培训就业合格证书。联合有关部门开展春风行动、就业援助月和民营企业招聘周等活动，为下岗失业人员搭建就业平台。

【职工建功立业活动】 围绕全市经济社会发展大局，广泛开展职工技能竞赛活动。在企事业单位开展岗位练兵、技术比武、技能竞赛活动，在19个重点工程项目建设单位中开展“五比一创”竞赛活动，在16个重点耗能企业中开展“三比两降”节能减排竞赛活动。关注职工安全生产，深入开展“安康杯”竞赛活动，参赛单位达385家，参赛职工达18.7万人。组队参加河南省第四届职工技术运动会的车工、铣工、钳工、电焊工等四个工种的技能竞赛，取得较好成绩；在教育系统开展教学技能竞赛，23人参加全省教育系统教学技能竞赛活动。积极开展企业职工优秀技术创新成果评选活动，向省总工会推荐创新成果24项，有2项被评为优秀技术创新成果。

【九届七次全委（扩大）会议】 11月12日，市总工会九届七次全委（扩大）会议召开。会议主要议题是传达学习中共中央总书记习近平同志在同全国总工会新一届领导班子集体谈话时的重要讲话和中国工会十六大精神。安排部署鹤壁市学习宣传贯彻工作。会议由市总工会党组书记、常务副主席王明立主持。会议传达学习了中国工会十六大精神、李克强总理在中国工会十六大上作的经济形势报告、中央书记处书记刘云山在中国工会十六大上的祝词和市委书记魏小东同志在市委常委会上听取工会工作汇报后的讲话精神。市人大常委会副主任、市总工会主席李玉家就如何学习贯彻中国工会十六大精神进行安排部署。

【文化教育活动】 全市各级工会通过召开职工座谈会、班组学习会等形式，扎实推进党的十八大、十八届三中全会精神“进企业、进班组、进岗位、进职工头脑”主题教育活动。组织开展职工书屋创建活动，全市已建成国家级“职工书屋”示范点8家，省级“职工书屋”示范点16家，市级“职工书屋”示范点33家。组织开展“餐桌文明人人行”活动，发放答题卡、宣传手册各2.5万份。启动为农民工赠阅《工人日报》专项活动，为100多家企业免费订阅《工人日报》173份。会同市文明办、市直工委、市妇联开展“庆五一、爱淇河、护淇河”主题活动，组织机关干部职工在淇滨区淇河东岸公共活动区域清理垃圾和“白色污染”。会同鹤壁日报社、团市委、市妇联联合举办鹤壁市首届姻缘会暨婚庆博览大型公益活动，2000余名单身职工参加。

【“两个普遍”工作】 按照在企事业单位中普遍建立工会组织、普遍开展工资集体协商工作的要求，全市新建工会组织140个，发展会员7502人。在全市非公有制企业中开展“工会组织亮牌子、工会主席亮身份”的“双亮”活动。全市有1489家非公有制企业开展“双亮”活动，占非公有制企业的87.5%。会同市委组织部举办100名非公有制企业的党支部书记和工会主席培训班，对他们进行工资集体协商、厂务公开民主管理知识培训。全市签订工资集体协议的企业2030家，覆盖职工23万人，超额完成省总工会下达的目标任务，全市近20万名职工工资得到不同程度的增长。全市2680家企事业单位实行厂务公开，公开率达83%。

（刘志新　毕江涛）

·共青团鹤壁市委·

【概况】 2013年，共青团鹤壁市委在中共鹤壁市委和团省委的正确领导下，全市各级团组织以科学发展观为指导，围绕市委八届四次全会、团省委十三届八次全会工作安排部署，唱响“在中原经济区建设中先行先试走在前面”主旋律，按照“青春鼎力中国梦，实干谱写新篇章”主题和“持续、提升、创新、务实”总基调，全市团的各项工作持续保持蓬勃发展的良好势头，团市委先后荣获“河南省希望工程先进单位”、“河南共青团好新闻”优秀组织奖、“鹤壁市关爱帮扶农村留守儿童先进单位”等荣誉称号。

【创新载体和引导方式】 1. 创新载体、贴近青年，青少年思想引领的针对性和实效性不断增强。高举理想信念旗帜，引导广大团员青年按照党的要求健康成长，为实现中国梦而奋斗。加强理想信念教育。用“中国梦”筑牢团员青年思想基础，广泛宣传中国梦内涵，召开鹤壁市各族各界青年“青春助力中国梦”座谈会，深入开展“我与祖国共奋进”、“红领巾相约中国梦”、“中国梦·青春汇”等主题宣传教育活动57场次，影响覆盖团员青少年3.2万人次，使中国梦深入人心，最大程度凝聚共识，团结青年。2. 创新引导青年方式。开展“青春助力中国梦，实干谱写新篇章”主题教育实践活动，举办鹤壁市少先队“红领巾相约中国梦”主题队会，400余名少先队员代表欢聚一堂，通过节目展演，展示当代少年儿童在追寻“中国梦”的征途上奋勇向前的决心。联合鹤壁网展播青年励志微电影，举办3场“奋斗的青春最美丽”鹤壁青春励志讲堂，先后邀请郑州长通实业有限公司董事长杨志萍、琨格儿童之家创始人王勇胜等4名优秀企业家，走进鹤壁职业技术学院、鹤壁汽车工程学院与9000余名学生对话青春，就人生规划、职业选择、自我提升等问题进行深入交流，激励青年学生敢于有梦、勇于追梦、勤于圆梦，让每个青少年都为实现中国梦增添强大青春能量。发挥典型示范作用。本市吕俊峰、邢二朋两名青年舍己救人的英雄事迹涌现后，团市委、市青年联合会先后追授吕俊峰同志“鹤壁市杰出青年”称号，授予邢二朋同志“鹤壁市见义勇为好青年”荣誉称号，并到英雄家中进行慰问，送去慰问金，推荐争取团省委追授吕俊峰为“河南省见义勇为青年英雄”，邢二朋为“河南省见义勇为好青年”；在全市广大青少年中开展向吕俊峰、邢二朋同志学习活动，开展“学习吕俊峰邢二朋先进事迹”主题演讲比赛，迅速在全市掀起学习英模、建功成才高潮。举办鹤壁市纪念“五四”运动94周年暨表彰大会，表彰第十届“鹤壁市杰出青年”，命名表彰模范团干部、新长征突击手、五四红旗团委等59个先进集体和98名先进个人；开展寻找鹤壁“星青年”励志评选活动，并举办颁奖典礼，评选出志愿服务、创业致富、爱岗敬业等7个类别12名“星青年”，全面展示新时期青年勤于学习、善于创造、甘于奉献的时代形象。3. 积极运用新媒体手段。深化“‘微时代’共青团”工作品牌，在全省共青团系统率先开通官方微信公众平台，推动各团组织及团干部开通实名微博473个，覆盖青年8.2万余人，鹤壁共青团微博、微信平台传播主流声音、传递青年心声，团组织在青年领域的话语权不断巩固。4. 品牌引领、主动作为，服务大局能力持续提升。坚持组织化动员与社会化动员相结合，用团的工作品牌引领广大青年踊跃投身各项建设事业。深化实施青春建功行动，开展争当青年岗位能手、争创青年文明号“双争”活动，命名组建青年突击队40余支，开展岗位练兵、技能竞赛为主要内容的“青年创新创效”活动710余次，引导推动各行各业青年爱岗敬业、建功成才。为服务创建国家森林城市建设，提高争创活动的参与度和知晓率，开展鹤壁市创森志愿服务专项行动，成立5支创森绿色志愿者服务队，筹办全市青少年“创建国家森林城市”主题知识竞赛和网络有奖答题活动，发挥团员青年在生态城市建设中的生力军和突击队作用。积极服务全市开放招商和项目建设。在郑州举办第四届鹤壁同乡联谊会暨中华商祖文化与鹤商创新发展论坛，市商务局应邀到场为500余名鹤壁籍在郑青年企业家作市情说明及招商推介，鼓励在外青年企业家返乡投资兴业；举办鹤壁市首届青年企业家创新发展论坛，凝聚优秀青年人才为鹤壁建设建言献策。中秋前夕，举办“中国梦·话中秋”鹤壁共青团走进富士康中秋联谊会，为园区青工送去精彩的表演和节日的问候，展现“重商、亲商、安商”的社会氛围。开展保护母亲河行动。深化“保护母亲河·美丽中国梦”生态环保行动，通过义务植树、拾捡垃圾、徒步走淇河、淇水诗苑义务讲解等活动，已组织动员超过3.6万余名市民和青少年参与到淇河环保、植绿护绿活动，变定期活动为常项工作，推进淇河环保项目化运作，每周六淇河环保活动已形成有200余人自发参与的较稳定志愿服务队伍，营造出人人参与生态建设和环境保护的良好氛围。

2013 鹤壁“希望工程圆梦行动”助学金发放仪式　　团市委　供稿

【志愿服务】 擦亮“志愿服务”工作品牌，扎实开展“中国鹤壁第五届民俗文化节”志愿服务工作，公开招募并组织300余名志愿者参与志愿服务累计超过6900个小时，同时组织广大志愿者积极参与到全市扶贫助贫、安全生产、防震减灾等各个领域，鹤壁“志愿服务”品牌已成为共青团组织参与和谐社会建设的青春风景线。在新世纪广场开展“弘扬雷锋精神·构建和谐鹤壁”集中宣传主题活动，通过展板宣传和设立服务台集中展示志愿服务成果，倡导社会新风尚，全市已有注册志愿者2.5万人，建立各类志愿服务站（点）98个，团结凝聚最广泛的志愿服务力量投身美丽鹤壁建设。

【青少年维权】　帮助青少年成长发展成效明显。立足于服务青年最迫切、最普遍的需求，竭诚服务青年，切实维护青少年合法权益，为青年“圆梦”提供更多的支持和帮助。着力解决青年就业创业需求。整合各方资源，发挥市青商会、市青农联、鹤壁青年创业吧服务青年就业创业作用，全年发布就业信息2140条，培训青年700多人次，提供见习岗位256个，72名青年实现岗位对接；先后组织51名农村青年和25名大学生村干部赴郑参加河南省“阳光工程培训”和“大学生村干部创业培训班”，推动广大青年通过就业实现创业。命名表彰第三届杰出青年企业家，举办“鹤壁青年创业论坛”，引导创业青年转变观念、交流经验、大胆创业，营造鼓励青年干事创业的良好社会氛围。发挥鹤壁市“12355”青少年维权热线综合服务平台作用，解答心理咨询、法律维权电话126人次，累计接待青少年咨询35人次；打造流动“12355”，联合市教育局邀请知名心理专家，在市福源中学、湘江小学等9所中小学举办心理健康辅导公益活动，开展青少年心理健康课堂，为学生和家长提供免费心理咨询；开展杰出青年卫士评选和青年维权示范岗创建活动，通过选树宣传未成年保护工作先进典型，大力营造全社会关心、维护青少年合法权益的氛围。

【爱心助学】　联合市委统战部、市工商联、市教育局开展“2013年鹤壁市希望工程圆梦行动”助学活动，联合洋河酒业鹤壁办事处举行“梦之蓝”义卖助学活动，现场义卖募集资金11万元，并积极争取团省委、省青少年发展基金会专项资金，共筹资70.2万元为233名贫困家庭学生圆梦大学，“希望工程”公益活动健康有序开展；联合河南永络通电子科技有限公司实施鹤壁市希望工程“永络通科技”爱心助学项目，鹤壁籍在郑青年企业家郭军朝每年将捐资12万元，资助50名贫困中小学生直至完成学业，社会化运作的帮扶机制逐步完善。帮扶关爱弱势青少年群体。实施开展温暖冬天希望工程爱心大动员活动，为黄洞乡中心小学等9所小学共赠送价值8万余元的保暖护具600套；启动鹤壁青年英雄共青团帮扶行动，组织帮扶志愿者与邢二朋、吕俊峰家人进行“一对一”帮扶结对；举办关爱进城务工人员子女微笑成长夏令营和“开学第一课·城乡手拉手”活动，900余名品学兼优的贫困家庭学生受邀游览淇水诗苑、鹤壁新区，累计开展微笑成长营、七彩课堂、城乡手拉手等活动130余次，动员6450名青年志愿者结对帮扶农民工子女，帮助弱势青少年快乐生活、健康成长。

（田　昕）

·鹤壁市妇女联合会·

【概况】　2013年，市妇联在市委、市政府的正确领导下，全面贯彻党的十八大精神，围绕发展和维权两条主线，以建设“坚强阵地”和“温暖之家”为目标，以围绕中心、服务大局、立足基层、服务妇女为宗旨，做到服务大局有新业绩、服务妇女有新成效、服务基层有新举措、自身建设有新发展。市妇联先后受到全国妇联、省政府、省妇联、市委市政府表彰，荣获全国城乡妇女岗位建功先进集体、全国实施“母亲邮包”项目优秀实施奖，河南省促进全民创业先进单位、河南省妇联系统先进集体、河南省维护妇女儿童权益先进集体、河南省“母亲健康快车”项目管理工作先进集体、河南省巾帼志愿服务工作先进集体、河南省推动非公有制经济组织妇女工作先进集体、河南省“双学双比”“巾帼建功”工作先进集体、河南省妇女小额担保财政贴息贷款工作先进集体、河南省“妇女读书”活动优秀组织奖，鹤壁市双拥工作先进单位、鹤壁市平安建设工作先进单位、鹤壁市人口和计划生育工作先进单位、鹤壁市实施妇女儿童发展规划先进集体等15项荣誉。

【“双学双比”、“巾帼建功”】　市妇联以推进城乡妇女创业和实用技能培训及财政贴息妇女创业小额贷款工作为重点，以助推城乡妇女就业、促进妇女自主创业、组织农村妇女转移就业、激发妇女创新发展活力为着力点，积极创造条件，发挥社会协同作用，实施了项目拉动、服务驱动、典型带动的助推发展行动。一是在引领妇女投身经济建设中创造新业绩。在实施妇女创业就业实用技能培训、巾帼科技培训、专业合作社发展等项目，为妇女发展致富产业、创办合作社，搭建组织、融资平台，提供系列跟踪支持。全年举办科技培训和实用技术培训班160期，培训妇女1.28万人次，使全市90%以上的农村妇女掌握1~2门实用技术。扶持培育47个“巾帼科技示范基地”，180个“巾帼创业示范基地”，72个“巾帼示范村”。二是在服务妇女创业就业中发挥新作用。以推进妇女创业小额担保贷款政策落实为抓手，协调推动相关部门为创业妇女提供资金支持，全年协调发放小额担保贷款9590余万元，扶持创业妇女1134人，带动妇女就业6700多人。打造妇女创业亮点，在全市各个县区建成“妇女创业示范园街（区）”，重点表彰一大批“优秀女企业家”、“种粮女状元”、“养殖女状元”、“巾帼科技示范基地”，树立典型，大力宣传，激发妇女创业热情。组织开展“春风送岗”、信息发布、权益维护、结对帮扶等跟踪服务活动，举办各种规模招聘洽谈会12场次，发布用工信息123条，提供就业岗位8000余个，1.3万多名求职者参加各种招聘会，多渠道助推城乡妇女创业就业。通过召开女企业家成功经验交流会，组织外出参观考察、举办女企业家专题培训班，开展关爱留守儿童献爱心活动等，发挥女企业家在带动妇女创业就业、扶贫帮困等方面的引领示范作用。三是在深

母亲爱心邮包公益项目启动仪式　　市妇联　供稿

化“巾帼建功”行动上取得新突破。引导广大妇女踊跃投身到鹤壁新区建设、重点项目建设、招商引资重点工程建设、粮食高产创建、循环经济示范市建设、新型社区建设等重点工作，团结引领广大妇女立足岗位、创先争优，在经济建设主战场上施展聪明才智，在重点项目建设中建功立业，在本职岗位上展示妇女风采。全市24名优秀妇女和19个妇女组织受到省级以上妇联组织表彰。李香芳同志荣获全国“三八”红旗手荣誉称号，市地税局契税分局、市社会福利院荣获全国“巾帼文明示范岗”荣誉称号。

【妇女儿童维权】　一是妇女维权服务建立新模式。在全市加强“网络化”妇女维权模式建设，共建立市、县（区）维权站7个，乡镇（街道）维权站43个，村（社区）妇女维权点969个，维权相关单位和岗位设立“妇女儿童维权岗”，县以上开通12338妇女维权热线，全面推广妇女信访代理制，“岗”“站”“线”“员”联合，开展普法宣传、送法下乡等活动，合力解决妇女儿童维权案件，形成“工作互联、平台互通、载体共融、资源共享”的联动机制。二是妇女维权服务工作有新举措。在市妇女儿童活动中心成立妇女法律援助中心、妇女维权服务中心，与市民政局联合成立“鹤壁市妇女家暴庇护中心”，与中级法院联合建立人民陪审员队伍，聘任女陪审员37名，配齐配强市女检察官协会领导班子，开展普法宣传和维权服务活动，进一步拓宽妇女儿童维权工作渠道。在全市推广妇女信访代理制，发挥妇联组织第一道防线作用，认真接待每一名上访人员，及时处理每一个信访案件，扎实做好基层妇女群众的思想疏导工作，做到来访来电件件有着落，事事有回音。全市妇联系统共接待来信来访436起，代理信访246起，妇女满意率、结转率均达到100%。三是妇女普法宣传教育采取新形式。在“三八”节期间，与省妇联联合在淇县文化广场开展以“落实男女平等基本国策、推进和谐社会建设”为主题的送法下乡大型法制宣传活动和妇女维权周启动式，大力宣传《妇女权益保障法》、《未成年人保护法》等法律法规，开展法律咨询、维权咨询服务活动。省、市、县维权成员单位共设立咨询台50个，展出展板200余块，发放宣传资料5万余份，受益群众达3000余人。分别于3月、10月在鹤壁市电视台、鹤壁日报两大主流新闻媒体开展落实男女平等基本国策、维护妇女儿童合法权益大型公益广告宣传活动，营造坚持男女平等基本国策、保障妇女儿童合法权益的浓厚氛围。市妇联通过开展基层走访调研和组织开展“下基层、访妇情、办实事”活动、“千名巾帼下基层化解矛盾送温暖”活动等，组织广大妇女干部、司法工作者走进妇女身边，与广大妇女开展面对面的法律宣传服务。据统计，全年共发放普法宣传资料7.5万余份，8万多名妇女和群众受到教育。四是妇女参政议政有新发展。开展“巾帼成才支持行动”。加强妇女人才库建设，联合市委组织部在中华女子学院举办女干部素质能力提升专题培训班，争取省妇联支持资金，加大基层妇女干部培训和农村妇女培训工作力度，努力营造各类女性人才成长、成才、成功的有利环境，激励妇女争做堪当重任的有用之才。引导妇女加强学习、终身学习、做学习型女性。加强妇女思想道德教育。在全市开展鹤壁女性大讲堂和农村（社区）妇女集中宣传教育活动。邀请全国知名专家李玲瑶、董琳教授和北京雅悦时代文化发展有限公司王珊讲师到鹤讲课，3000多名妇女受到教育。推动妇女参政议政工作再上新台阶。市直72个机关单位中有45个部门领导班子配备了女干部，占62.5%；16名女领导干部进入县（区）四大班子；市级女人大代表64人，占总数22.29%，市级女政协委员71人，占总数的19.69%。妇女参政议政各项指标均明显提升。五是妇女儿童发展规划实施取得新成效。召开全市第四次妇女儿童工作会议，建立完善重点目标年度成员单位述职报告、协调联络、定期总结汇报、跟踪督导四项制度。举办“两规划”年度监测、统计、评估培训班，对各成员单位监测统计人员及联络员进行专项培训。开展“两规划”年度监测统计及评估工作，制定妇女儿童发展规划监测统计体系，对148项重点目标进行分解，对78项可量化指标，以函的形式开展督导跟踪。通过制度建设和有效督导，使监测统计、监测评估工作步入有监测、有反馈、有督导、有落实的良性运行轨道，确保全市“两规划”工作顺利实施。

【关爱救助】　一是确定重点帮扶项目，建立帮扶救助长效机制。针对创业就业、医疗救治、生活救助、就学资助等民生项目，重点实施中国妇女发展基金会善基金20万元救助鹤山区

“三孤”人群项目、淇县农村妇女“两癌”免费检查及贫困患病母亲免费救助项目、“母亲邮包”项目、“母亲健康快车”项目、农村留守流动妇女儿童帮扶、贫困妇女创业和实用技能培训、孤残儿童关爱和特困妇女儿童结对救助等一系列关爱救助项目和救助活动，让妇女儿童真正得实惠、普受惠、长受惠。联合市委组织部长期开展城乡困难妇女儿童帮扶救助活动。全年筹集救助资金200余万元，资助贫困妇女儿童1.5万人次。二是深化农村留守妇女儿童关爱行动。以“农村留守儿童圆梦行动”为载体，组织开展基层调查走访，摸清农村留守妇女、留守儿童底数，开展争当农村留守儿童“代理家长”活动、结对帮扶贫困留守妇女活动、献爱心捐赠图书活动和庆“六一”农村留守儿童大型专场圆梦活动等。据不完全统计，全市结成关爱帮扶对子4000多个，捐款捐物135万元。三是以家庭教育为抓手，促进未成年人健康成长。实施鹤壁市家庭教育工作规划，广泛开展“小公民道德建设行动”和“争做合格家长、培养合格人才”家庭教育宣传实践活动，聘请家庭教育讲师8名，邀请家教专家北京根基教育宛春宁博士来鹤壁宣传普及家庭教育科学方法，创建省级示范家长学校10所，国家级示范家长学校2所，举办大型公益家庭教育讲堂10余场，培训家长2万人次，“为国教子，以德育人”理念在广大家庭中逐步形成。

【核心价值观宣传】 一是大力宣传党的十八大和全国妇女代表大会等重要精神。党的十八大、河南省妇女十二大、中国妇女十一大和党的十八届三中全会召开后，市妇联及时召开各级妇女干部专题学习座谈会，认真组织传达学习会议精神，并向各级妇联组织下发抓好学习宣传活动的通知，编发《宣讲提纲》，深入学习中央领导讲话精神和工作报告中的新思想、新观点、新论断，深刻领会重大理论观点、重大战略思想、重大工作部署，用会议精神统一思想、凝聚力量。各级妇联利用“妇女之家”、宣传版面、妇联网站等载体，组织开展集中宣传教育活动，迅速掀起学习宣传热潮，切实把全市广大妇女的思想和行动统一到党中央的决策部署和中国妇女十一大、河南省妇女十二大提出的各项要求上来，教育引导广大妇女肩负起历史赋予的光荣使命，以“巾帼建新功，共筑中国梦”为主题，做无愧于时代的新女性。二是大力表彰先进典型。市妇联利用“三八”节、“母亲”节、“八一”节等重大节日，隆重表彰全市涌现出来的各类先进典型100多名。树立以“十大优秀创业女企业家”杨婧、赵玫为代表的妇女创业典型，以焦丽萍为代表的爱岗敬业道德楷模典型，以王利云为代表的巾帼拥军模范典型，以市火车站职工贾玉清为代表的感动鹤壁“十佳”母亲典型，以张珂为代表的巾帼志愿者典型，用先进典型教育引导妇女群众，激发广大妇女学先进、赶先进、争为鹤壁率先崛起做贡献的热情。三是深化“五好文明家庭”创建活动。市妇联以充分发挥妇女在家庭中的主体作用为抓手，深化“五好文明家庭”创建，大力开展“六型”家庭示范创建活动和“幸福家庭”创建，在“三八”节期间隆重表彰600户“六型”家庭示范户、100户五好文明家庭。联合纪检、组织、宣传等部门深入开展廉政文化进家庭活动和家庭助廉活动，推动形成以德治家、文明立家、平安保家、勤俭持家、廉洁守家的和谐家风，以家庭的和谐平安促进社会的和谐稳定，以此带动全市广大城乡家庭创先争优，在全市营造安定有序的治安环境、优美文明的居住环境、诚信友爱的人际环境和健康向上的社会环境。四是精心打造“鹤壁女性大讲堂”和“道德大讲堂”。以“妇联策划、项目运作、专业志愿者支持、群众自愿参与”为原则，建立“鹤壁女性大讲堂”长效公益女性教育工作机制，为广大妇女提供家庭关系调适、亲子教育、妇女素质教育、人际环境适应等专题培训，开展理想信念教育、民族团结教育以及社会公德、职业道德、家庭美德、个人品德教育。开办鹤壁妇联“道德大讲堂”，在妇女群众中营造“讲道德、做好人、树新风”浓厚氛围，引导妇女群众省心修身，崇德向善，在学习道德模范、诵读经典中感悟道德理念，升华道德境界。共举办女性大讲堂和道德讲堂10期，1万多名妇女干部群众受益。五是广泛开展巾帼志愿服务活动。建立完善巾帼志愿服务工作运行机制和管理机制，在每个村妇代会和社区妇联建立一支巾帼志愿者服务队，每个乡（镇、街道）妇联建立二支以上巾帼志愿者服务队，市妇联设立巾帼志愿者服务中心，为志愿者组织开展活动服务。组织10000多名巾帼志愿者，开展“谁令你心动”高层次人才交友活动、“春节团圆幸福来”交友活动、春季营造“三八”生态林义务植树活动、“庆五一．爱淇河”捡拾垃圾活动、“万名农村留守儿童圆梦”捐赠活动、结对帮扶特困妇女儿童志愿行动和鹤壁市首届“姻缘会”大型相亲交友公益活动等，全面提升全市巾帼志愿服务水平。六是以“中国梦”为主题举办大型书画摄影作品展。在“三八”节、“六一”儿童节等重大节日，先后举办庆“三八”“华韵杯”女性风采摄影展、庆“六一”“弘扬延安精神，开启圆梦之旅”大型书画图片巡展、庆“六一”泥猴张书画陶艺精品展、第三届“淇河酒业”杯“美丽中国、魅力鹤壁”女摄影家协会会员作品展等大型书画摄影展，集中开展党的优良传统和先进人物宣传教育，集中展现伟大祖国和鹤壁市日新月异的城乡变化，真实记录全市各条战线妇女姐妹以作为赢地位、以发展求平等、以实力迎挑战的亮丽风采，为全市广大妇女儿童提供宝贵的精神食粮和文化食粮，进一步激发全市广大妇女儿童热爱党、热爱祖国，建设鹤壁活力之城、生态之城、幸福之城的热情。

（王香宇）

·鹤壁市文学艺术界联合会·

【文艺活动】 1月，举办陈春芳美术写生作品展，展出各种写生作品50余幅。2月，举办“第五届中国（鹤壁）民俗文化节书画摄影展”，此次展览共展出近300幅书画摄影作品。5月，举办“汉风晋韵·李岩书法艺术展”，数十位全省知名书画家参观展览。6月，

市民俗摄影基地揭牌仪式　　　　市文联　供稿

举行张栓锦书法作品展暨豫北书画创作中心成立揭牌活动，展出张栓锦书法作品近200件，楷、隶、草、篆各体兼具。7月，举办“鹤壁市庆八一慈善书画展”，展出本市89位近百幅书画捐赠作品，其中省级以上会员作品占到80%。8月，举办“庆祝鹤壁市文联成立五十周年书画精品展”，此次展览共展出书画作品130余幅。11月，举行鹤壁市首届“永连服饰杯”书画大赛颁奖典礼暨永连书画院揭牌仪式，此次书画大赛历时三个多月，收集到书画作品360多幅，经过专家委员会的评选，选出一等奖2人，二等奖6人，三等奖11人，优秀奖21名，入展40人。8月，举办“琨格杯”第三届鹤壁市朗诵大赛，252人报名参赛，经过初赛、复赛、决赛，评选出一等奖5名，二等奖8名，三等奖12名，优秀奖16名，组织奖2名，创作奖9名。8月，举行2013世界珍邮展览暨“幸福鹤壁·邮情万家“集邮文化宣传月开幕式，此次展览共展出20多个系列，100余框，涉及历史、地理、文化、民俗等多个类别，一些珍贵邮票也在此次展览中亮相。8月，举办“中国梦·中原情·同心颂”书法绘画展，此次书法绘画展出166幅作品。10月，在山东省济宁市举办“相约金秋鹤壁·济宁书画联展”，展出书画精品120幅，两市各60幅。参加中国诗歌学会考察活动。与市太平洋有限公司达成筹建“鹤壁市书画展示中心暨鹤壁市书画院”合作议项。11月，举办“白致远个人艺术展”，展示雕塑作品10个，油画作品三十余幅。淇县文联举办宣传十八大精神书法展，梨花节摄影采风活动、人像摄影展、端午节汉服摄影展、淇河湿地公园摄影展，淇县第三届“永昌杯”少儿书画比赛。浚县文联编纂《希望的田野——浚县王庄镇“三化”发展纪实》一书。山城区文联举办“校园清风”书画巡回展，山城区法治文化建设书画展、刻字展、漫画展，山城区公检法系统法治文化书画精品展及大型笔会。淇滨区文联开展“迎新春义写春联”活动，举办以“争创新业绩、树立新形象”为主题的全区首届文艺汇演活动，全区中小学生合唱比赛，庆祝建党92周年书画作品展。市摄影家协会组织民俗节采风活动，吕长宽摄影作品《暖寿》座谈会，“鹤壁摄影大讲堂”系列活动，“美韵自然”摄影艺术创作活动，2013年首届会员作品交流会。“走进一汽大众”采风和纪实摄影创作活动，举办鹤壁市“中国梦·青春汇”摄影大赛。市美术家协会举办“水墨畅想”山水画联展，“翰墨情缘——张国军师生国画展”。市音乐家协会举办“2013西安音乐学院作曲系赴鹤采风与市音乐家协会音乐创作座谈会”，“梦回故乡——旅美鹤壁籍青年小提琴演奏家谷丽莎音乐会”。市作家协会组织会员到帮太、非凡食品企业、淇县朝阳山、鹤煤八矿采风、交警支队、市人民医院、中鹤集团等地开展采风活动，举办“淇水悠悠——大型淇河诗歌朗诵会”公益活动，冯国胜作品研讨会，鹤壁文学大讲堂活动。市书法家协会，开展义写春联活动，组织会员参加由中国书协主办的向四川雅安地震灾区捐赠书法作品活动

【文艺基地建设】　服务、指导、扶持鹤壁古玩城启动并举办各类收藏活动十数次。积极开展创建本市特色文化基地工作，浚县杨玘屯村被省委宣传部命名为省级特色文化基地。在淇县朝阳寺建立市书法创作基地、美术写生基地、户外拍摄基地和作家创作基地。

【会员发展、作品获奖】　全年发展国家级会员5名、省级会员60名、市级会员123名，获国家级奖项28项，省级奖项93项。市美术家协会3人发展为中国美术家协会会员。市作家协会17人发展为中国诗歌学会会员。市书法家协会22人次入选国家级书法展览，2人次获奖。在河南省首届民间文艺金鼎奖评奖活动中，刘炳强撰写的《药王孙思邈与五岩山》一文获民间文艺学术著作奖，张卫国的陶瓷作品《富贵吉祥》、康号彬的泥塑《古戏楼》获民间工艺美术作品奖。宋红军的《泥咕咕系列作品》、康号彬的《中原四合院》荣获“2013中国（开封）清明文化节暨中国（开封）首届工艺美术展”金奖。摄影家协会吕长宽创作的摄影作品《暖寿》入选第24届全国摄影艺术展览，实现鹤壁摄影在“国展”上零的突破。

【图书出版】　全年出版图书5部：《兴和平水墨艺术》画集、冯国胜的诗集《山情水韵》、陈绍国主编的诗歌集《新区颂》、马金真的长篇童话《撒哈拉和会飞的草帽》。王世英的作品集《清风·明月·我》。对《中州文艺》进行大规模的改版增栏。页码从32页增加为48页，并增加8版的彩色印刷，内容从单纯文学变为更加丰富的各门类文艺板块。

（张　璐）

·鹤壁市归国华侨联合会·

【概况】 2013年，市侨联注重发挥优势、创新思路、深化联系、拓展渠道，实际工作中，立足本市经济发展和项目建设需要，充分发挥自身职能优势，进一步深化同省侨联、省侨商会和海外重点人物、社团的联系，不断拓宽招商引资渠道，开展招商引资活动；同时，以大力推动归国留学人员创业基地建设为契机，完善对侨属（资）企业的服务、引导机制，以及对归国留学人员、侨界专业技术人才的管理、服务机制，凝心聚力，服务全市经济建设。全年市侨联共开展赴外招商活动1次，邀请市外、海外客商40人（次）来鹤投资考察，考察项目10个，达成合作意向6个。一是继续推进天津客商与鹤壁市有关部门合作建立国际化细胞治疗实验室及抗衰老健康基地项目。经市侨联牵线搭桥，天津美德太平洋科技有限公司等4家生物科技公司与鹤壁市有关部门就合作建立国际化细胞治疗实验室及抗衰老健康基地项目签订合作框架协议。3月，市侨联与市人民医院和河南圣源集团有关领导和专家赴天津进行实地考察；4月和11月，天津客商两次到鹤壁，实地查看市人民医院和圣源集团的相关基础设施建设，与人民医院和圣源集团就合作的具体细节进行座谈交流，就合作相关领域的硬件配置、技术支持等交换意见。二是匈牙利客商就光无源器件生产基地项目和粮食精深加工项目达成投资意向。3月和5月，匈牙利河南商会会长李光华一行3人在省侨联有关领导的陪同下，两次莅鹤，实地考察鹤壁市相关产业集聚区和工业园区，与有关部门领导进行座谈交流，就投资建设光无源器件生产基地项目和粮食精深加工项目达成投资意向。三是河南省新能源商会与职业技术学院就学院能源系统的新能源利用和改造达成合作意向。6月，新加坡河南商会会长、河南省新能源商会会长刘东晓一行4人到鹤壁市职业技术学院进行考察，与学院领导就学院能源系统的新能源利用和改造项目进行座谈，就投资改造学院能源系统与职业技术学院达成合作意向。四是中国强正集团与鹤山区就投资建设年产9000吨氨基酸项目达成合作意向。11月，中国强正集团董事长施族一行6人莅鹤进行投资考察。在鹤期间，施族一行实地查看鹤山区化工园区的整体规划和基础设施建设，与鹤山区有关领导进行座谈交流，详细了解相关配套服务和政策支持。在考察和座谈的基础上，施族一行与鹤山区就在鹤山区化工园区投资建设年产9000吨氨基酸项目达成初步合作意向。五是积极推进归国留学人员创业基地建设。与市委统战部结合，抽调专门人员，对全国归国留学人员创业园的基本建设情况、发展方向和成功典型案例的基本情况进行深入调研。在调研的基础上，结合实际，向市委、市政府报送关于制定针对本市归国留学人员创业基地，包括资金、项目、税收、住房、就医和子女就学等在内的优惠政策的建议，积极为归国留学人员创业基地的建设争取优惠的政策支持和创造良好的社会环境。年内，还邀请江西商会、首钢集团首控基金管理公司、韩国经贸考察团等海内外客商莅鹤进行投资考察和经贸交流。

【为侨服务】 坚持以侨为本，重点做好服务“同心”实践活动、侨界弱势群体救助和涉侨信访等工作，进一步深化归侨侨眷权益保障等各项工作。一是深入开展“同心”实践活动。市侨联在服务“同心”实践活动中，根据自身的职能优势和工作实践，找准工作切入点，把帮扶上峪乡贫困小学作为工作重点，开展了相关的工作。实际工作中，一方面对上峪乡相关贫困小学的基本情况进行摸底了解，制定帮扶项目和帮扶方案；另一方面，积极同省华侨爱心事业基金会进行联系沟通，争取基金会的公益捐助。经过多方努力，省华侨爱心事业基金会捐助上峪乡贫困小学10万元，用于为相关贫困小学陈旧校舍屋顶修缮，电脑、打印机、黑板等教学器材的配备。二是做好侨界弱势群体救助工作。春节期间，市侨联落实有关要求，争取有关部门和社会组织对侨界民生工作的支持，多方筹集物品和资金，看望慰问20户困难归侨侨眷，发放慰问金17000元。同时，积极向省侨联争取针对特困归侨的定向救助项目，经市侨联努力，一名特困归侨已被省侨联纳入重点帮扶救助范围，将对该特困归侨进行长期定向救助。三是认真做好涉侨信访工作。从明确领导和责任分工、信访部门和涉侨部门定期信息通报、联席会议定期会办涉侨信访事项、

韩国首尔大学原校长李寿成（右二）考察鹤壁市商务中心区　　市侨联　供稿

定期排查信访隐患、密切注意涉侨动态、妥善处理信访反映问题、重大涉侨案件上下联动等方面入手，进一步规范涉侨信访处置机制，维护侨界和谐稳定。2013 年，市侨联共接待来访归侨侨眷 22 人（次），反映问题涉及房屋拆迁、社会保障等方面，经市侨联多方协调和努力，得到妥善的解决。

【海外联谊】 一是继续推进鹤壁市缔结国际友好城市工作。4 月，韩国前总统朴正熙研究院理事长金瑨熙一行 3 人莅鹤进行参观考察，与市有关领导进行座谈，就共同推进鹤壁市同韩国相关城市缔结国际友好城市具体事宜进行洽谈磋商。二是韩国首尔大学原校长李寿成莅鹤考察。11 月，韩国首尔大学原校长李寿成一行 8 人到鹤壁市考察经济社会发展情况。市长范修芳会见李寿成一行。在鹤期间，李寿成一行先后考察市商务中心区和淇水诗苑。通过考察，李寿成一行对鹤壁市悠久的历史文化、优美的生态环境和市委、市政府在不牺牲环境的基础上发展经济的理念给予高度称赞。三是推动对外教育交流。经市侨联牵线搭桥，韩国釜山科技学院与鹤壁市职业技术学院就建立校际合作关系达成初步意向。双方将在科研、人才、管理等多个领域开展合作和交流。四是认真做好河南省海外联谊会第五届理事会会员推荐工作。为更好地发挥本市归侨侨眷和海外华人、华侨在全省、全市经济建设和社会发展中的积极作用，市侨联按照优中选优的原则，将我市归侨侨眷和海外华人、华侨群体中政治坚定、品德优秀、业绩突出、爱国敬业，并且具有一定代表性的优秀人才进行筛选推荐。经市侨联推荐，本市一名侨眷和一名鹤壁籍海外华侨被省海外联谊会批准为第五届理事会理事。

（周伯鲁）

·鹤壁市科学技术协会·

【科学技术普及】 1. 认真开展科普宣传活动。一是配合市委宣传部、市科技局共同举办以“科技创新·美好生活”为主题的“鹤壁市第十三届科技活动周暨鹤壁市第二届科技教育日”活动。活动期间以群众性科技教育为主，着重突出自主创新、全民参与两大特色，组织开展科普专题讲座、科技发明竞赛、创新成果竞赛、科技活动作品展示等与群众日常生活密切相关的科普知识宣传活动，发放由市科协编印的科普读本 4000 余册。二是积极开展食品安全知识进社区、进学校、进企业科普宣传活动。共展出“食品安全基础知识”、“民以食为天、食以安为先”、“常用食品安全选购”等内容的宣传展板 100 余块，发放由市科协编印的《食品安全与健康生活科普读本》等宣传资料 3000 余份。同时，充分发挥媒体优势，协调市电视台在食品安全宣传周期间播出食品安全科普宣传片。三是联合市老科协、市反邪教协会、淇滨区科协在“全国科普日”活动期间，组织开展科普宣传进社区，悬挂宣传条幅，展示宣传版面 40 余块，组织科普志愿者免费发放中老年保健、反邪教警示教育读本、生活中的科学—社区科普知识 300 问等 10 种科普图书资料 1000 余册，由市老科协组织市人民医院内科、外科、儿科、妇科、中医科等 7 名退休专家组成专家义诊服务团，耐心地为群众答疑解惑，诊断病情，开展咨询服务，义诊服务达 500 多人次。2. 扎实推进农村科普工作。一是配合市文明办、市科技局、市农业局、市文化局等部门，认真开展丰富多彩的文化、科技、卫生等下乡活动，为支援新农村建设献计献策。市科协发挥市农技协的优势，组织相关专家先后 8 次深入农户、基地、协会开展科技培训和现场指导，帮助农民科技致富，取得很好的效果。二是积极开展科普示范县、先进农技协和科普示范基地的创建活动，全市有 2 个协会、2 个基地获得中国科协、财政部的表彰，1 个县、1 个协会、2 个基地、2 名个人获得省科协、省财政厅表彰，共获奖补资金 118 万元。这些基地和协会带动周边农户受益，在农业结构调整、促进农民增收等方面发挥积极作用，示范带动作用不断增强。三是为进一步推动全市“三创一带”活动的持续健康发展，发挥农村专业技术协会和农村科普示范基地引领和辐射带动作用，提升基层组织科普能力建设水平，指导帮助各县区做好申报和实施“三创一带”活动及“基层科普行动计划”有关工作，组织市县区科协、部分种养专家、媒体记者和“三创一带”活动项目代表等集中 4 天时间对协会、基地的创建工作进行现场观摩和学习交流。四是为进一步推动农村科普工作，按照《河南省农村科普示范基地评审和管理暂行办法》的规定，认真组织开展农村科普示范基地的初审和申报工作。推荐鹤壁市锦鑫珍稀食用菌生产示范基地、淇滨区大赉店镇中邦蛋鸡养殖基地等 10 个基地被省科协命名为 2013 年度河南省农村科普

农村专业技术协会成立　　市科协　供稿

示范基地。3. 稳步推进城市社区科普工作。一是以贴进实际、贴近生活、贴近居民为原则，以科普示范社区建设为重点，以提高社区居民科学素质为目标，开展形式多样的科普进社区活动。如与市老科协联合，发挥老科技工作者作用，通过开展义诊、讲座等形式进行健康生活方面的社区科普宣传；又如与市反邪教协会共同组织开展反邪教警示教育进社区等活动，以推进无邪教示范社区的创建工作。二是组织开展创建科普示范社区和“社区科普益民”活动，按照有关条件，全市有4个社区被省科协表彰为“河南省科普示范社区”。此外，淇滨区黎阳路办事处怡乐园社区获“全国科普示范社区”并得到中国科协、财政部的表彰，获奖补资金20万元。三是加强城市社区的科普设施建设。2013年市科协联合基层在山城区汤河街中段小广场新建一处近60米长的“科普画廊”，在淇滨区牟山社区新增科普宣传栏10个等。4、顺利实施《全民科学素质行动计划纲要》工作。一是为继续推动《全民科学素质行动计划纲要》的实施。根据市领导小组部分成员工作变动情况，及时向市委、市政府报告领导小组调整情况。二是认真履行鹤壁全民科学素质工作领导小组办公室的职责，积极协调、参与，组织开展《全民科学素质行动计划纲要》实施工作“十二五”中期评估工作，确保各项任务的贯彻落实。三是做好河南省科普成果奖的申报工作。积极组织县区进行成果申报，同时对全市科普成果情况进行排查摸底，帮助申报单位完善资料，经过积极争取，在2013年组织的河南省科普成果中评审中本市共有16个项目获奖，其中获得省科普成果一等奖项目5个。四是积极组织开展“河南省食品安全科普教育基地”申报推荐、2012年“三创一带”活动奖补资金绩效评价、全国科普示范县（市、区）中期评估、“三创一带”活动和城镇社区科普典型案例征集、河南省科普教育基地年度工作考核、河南省食用菌产业技术发展协作网理事单位和副理事长单位推荐等工作。

【青少年科技活动】 一是与市教育局、市科技局联合开展第二十一届鹤壁市青少年科技创新大赛，共收集各类参赛作品375项（幅），通过市级评选，择优推荐参加第27届河南省青少年科技创新大赛，共荣获省级各类奖项95个，其中一等奖10个，二等奖25个，三等奖55个，优秀组织单位5个，继续保持青少年科技创新大赛蓬勃发展的良好势头。二是积极组织参加第七届河南省青少年科学素质网上知识竞赛。在活动开展的时间内，全市5100名在校中小学生在科技辅导员的精心指导下积极踊跃的参与此次竞赛，通过竞赛让中小学生了解节约粮食、与粮食相关的重要科技成就、科技事件和科技人物等相关的知识，养成节约粮食，从自身做起的良好习惯。三是做好参加青少年高校科学营活动学生营员和带队老师的选拔和推荐工作。择优推荐10名学生和1名带队老师赴“985”高校—山东大学参加活动。

【学术交流活动】 1. 学会组织建设得到进一步加强。鹤壁市农村专业技术协会成立，并指导带动两县三区都相应成立了县区级的农村专业技术协会，发展会员500多名，组织活动8次。此外，还完成市煤化工协会等3个学会的换届和市铸造学会筹备工作，吸收新会员近110人。2. 以“创新”为主线，广泛开展学术交流活动。一是全市各类学会共组织学术交流活动30次，征集各类学术论文300余篇，向省级以上学术刊物或学术研讨会推荐优秀论文120余篇。市煤炭学会还将研讨会上评出的优秀论文110余篇汇集成册，以（四期）《鹤壁煤业科技》期刊形式发至全省有关学会和省市有关部门及论文作者本人。二是组织开展鹤壁市2013年度自然科学优秀论文评选活动。在这项活动中，接到申报论文30余篇，经评审共有29名作者的22篇论文获得“鹤壁市自然科学优秀论文证书”。三是科技咨询和技术服务大有起色。全市各级科协组织已接受科技咨询160余人次。为企业或农民朋友解决难题100余个。3. 积极开展“三讲一比”竞赛活动。一是根据豫科协文〔2013〕30号《关于开展第二届河南自然科学学术奖评选工作的通知》精神，认真组织开展河南省第二届自然科学学术奖推选工作。全市共有16篇论文荣获河南省首届自然科学学术奖。二是本市开展“三讲一比”活动的有22个企事业单位，2013年完成活动立项536项，征集合理化建议116条，其中有98条被采纳，仅采纳合理化建议而实现的经济效益就达260万元。举办创新方法培训班3个，参加培训人才320余人次。此外，还认真筹备第六届鹤壁市青年科技奖评选活动，共收到申报材料30多份。同时为第十二届河南省青年科技奖推荐候选人2名。

（张春梅）

·鹤壁市社会科学界联合会·

【概况】 2013年，全市社科工作围绕市委、市政府中心工作，立足实际，解放思想，开拓创新，在社科研究、学术研讨、社科普及、人才培育和学会管理等方面取得优异成绩，被评为2013年度全省社科联系统舆情信息工作先进单位、第六届河南省社会科学普及优秀作品评选组织工作先进单位。

【理论研究】 1. 开展现实问题研究，提高咨政服务水平。组织2013年度市领导重点调研课题。围绕党的十八大精神和市委、市政府中心工作，征集市领导拟定课题13项，打破区划及部门限制，组织13个专业课题组，围绕市领导拟定课题，深入一线开展调查研究，推出一批既有理论性又有指导性的研究成果，为市委、市政府提供决策参考。2. 促成全市文化旅游产业发展提升。6月，《鹤壁日报》发布淇水湾商务区城市规划公告后，市社科联迅速召集社科理论界专家举行会议，形成《关于淇水湾商务区城市设计中保护鹿台遗址的意见和建议》，以《社科内参》的形式上报，受到市委、市政府主要领导批示。随后，市社科联参与起草《鹤壁市文化旅游产业发展提升三年行动方案》，以市委、市政府名义印发，掀起文化旅游产业发展热潮。

市社科联与河南大学共建民俗学研究基地　　市社科联　供稿

【社科惠民工程】　1. 广泛开展“社科知识大篷车进基层”活动。按照“三贴近”原则，以“社科知识大篷车进基层”活动为主要载体，不断提高质量，讲究实效，推动社科普及到基层，进学校、进社区、进企业、进农村。全年共组织专题讲座、现场解答、发放宣传资料等各类社科活动63场次，使“大篷车进基层”活动成为群众家门口的学堂，成为建设学习型社会的重要载体。2. 深入开展“鹤壁大讲堂”活动。根据不同情况，设置市直、县区、学校、社区等不同形式的讲堂，组织社科理论界专家，就公众关心的热点话题和社科前沿问题进行讲授，全年共举办活动82场，受众者近10万人次。

【学术研究】　1. 举办第四届中国春节文化高层论坛。邀请中国民协、中国社科院文学所、国际亚细亚民俗学会、省社科联、省社科院、省民协等单位，联合举办第四届中国春节文化高层论坛暨《中国春节集成》文化丛书编纂工作启动仪式，探讨中国春节文化的当代价值、浚县正月古庙会的重要作用、《中国春节集成》文化丛书的编纂工作等问题，被中国艺术报、河南日报等9家新闻媒体发布视频、图片、文字等消息30余篇，相关新闻被人民网、新浪、网易等各大网站和论坛转载100余次，对传播鹤壁民俗文化，提升鹤壁市知名度起到积极作用。《河南日报》连续在2月27日、28日刊发《部分专家在春节文化高层论坛上提出：春节文化需注入新的元素》、《鹤壁稳步推进春节申遗》，对第四届中国春节文化高层论坛进行报道。2. 组织各类学术研讨活动。先后组织召开《淇水论坛》评稿会、社科理论界茶话会、挖掘保护利用朝歌文化资源座谈会等研讨活动11场，为全市社科理论界搭建了交流平台。大力支持社科机构开展学术活动，各学会全年举办活动19场。其中，市法学会与北京师范大学刑事法律科学研究院、河南省高级人民法院联合举办“死刑适用的司法限制”座谈会；市鬼谷子文化研究会与中国先秦史学会鬼谷子研究分会、台湾鬼谷子学术研究会共同举办鬼谷文化发展与世界和平高层论坛。

【《淇水论坛》编辑工作】　《淇水论坛》围绕市委、市政府中心工作，准确把握办刊导向，高度重视编印质量，开设“本刊特稿”、“工作研究”、“调研报告”、“热点透析”、“淇河文化”、“文史钩沉”、“社科天地”等栏目，成为社科理论界理论研究、展示成果的重要窗口。6月底，《淇水论坛》因特色突出、质量较高，被评为河南省社科联系统优秀内部资料性出版物。

【社科队伍建设】　加强机关文明建设。认真对照《十八届中央政治局关于改进工作作风、密切联系群众的八项规定》，按照“班子坚强有力，队伍素质良好，内部管理规范，工作实绩明显”的标准，制定印发《鹤壁市社科联机关建设规则》，进一步完善工作制度，找准薄弱环节，制定工作措施，积极建设文明机关。加强对学会工作的指导。与市委宣传部联合印发《关于加强社科机构和学会规范管理的通知》，完成对社科机构和学会的组织建设、业务建设和基础建设等情况的抽检，督促相关单位坚持正确办会方向，完善档案资料管理，建立活动备案制度。鼓励、支持各单位创办业务学会，分别指导市教育局和市文化产业办公室创办职业与成人技术教育学会和文化产业协会。截至年底，市社科联所属学会增加到34个。

（路佳坤）

·鹤壁市残疾人联合会·

【就业培训】　2013年，为促进残疾人就业增收，市残联连续第四年实施残疾人就业培训民生工程。认真组织开展残疾人就业培训和就业服务工作。积极开展残疾人就业服务，登记求职残疾人2500人，提供就业咨询3300人次，登记用人单位120家，为130名残疾人做了就业指导。举办各类培训班22期，培训残疾人2109人。积极推进残疾人就业安置，开展“春风行动就业援助月”活动，多次组织残疾人到企业对口招聘，实现残疾人按比例就业327人。组织农村残疾人发展种植、养殖和家庭手工业，帮助301名残疾人实现就近就业，累计安置残疾人1294人。

【抢救性康复项目】　认真实施0～6岁贫困残疾儿童抢救性康复省民生工程，以项目带动市聋儿语训中心、残疾人康复教育中心、辅具服务中心的规范化建设。建立残疾儿童筛查随报和康复训练长效机制，对脑瘫、智障、聋儿进行康复训练、矫治手术、安装矫形器等服务，为381名残疾儿童进行康复训练，完成省下达的任务。

【万名残疾人帮扶工程】 认真实施“万名残疾人帮扶”市民生工程，为2902名各类残疾人提供康复训练，免费发放轮椅、助视器、助听器和矫形器共1297件，培训残疾人2109人，安置残疾人就业1294人，慰问救助残疾人3646户，为970名残疾人发放燃油补贴，资助贫困残疾人大学生118名，为440名残疾人提供机构或发家托养补贴，为596名残疾人发放捐赠物资，动员社会各界开展助残活动帮助残疾人2900人（次）。市残联在淇滨区世纪广场举行“万名残疾人帮扶工程”启动仪式，淇县、浚县残联分别组织爱心企业为残疾人发放爱心助残优惠卡，捐赠电风扇600台，解决残疾人的现实困难。通过开展残疾人康复训练、生活救助、就业培训、大学生资助和社会助残活动等工作，累计为15000多名残疾人解决困难。

【服务体系建设】 坚持“政府主导、部门参与、残联协调”的工作机制，加快推进本市残疾人“两个体系”建设。一是认真省《关于做好重度残疾人生活救助工作的通知》文件，召开重度残疾人救助工作专题会议，各县（区）成立由民政、财政、残联参与的领导小组，统计持证重度残疾人7385名，帮助5010名重度残疾人纳入低保救助。二是做好残疾人参加城乡居民社会养老保险工作，及时协调解决残疾人在参加城乡居民社会养老保险中遇到的困难和问题，认真统计与分析数据，对4714名缴费困难的重度残疾人，由政府为其代缴最低标准的养老保险费每人每年100元；对4265名60岁以上符合领取条件的残疾人，政府全额支付城乡居民社会养老保险基础养老金。三是积极开展残疾人服务项目，以“万名残疾人帮扶活动”民生工程为抓手，在残疾人康复、就业培训、辅具供应、扶残助残等方面，为15000多名残疾人提供服务；实施“阳光家园”项目，为440名重度残疾人提供托养服务；加快推进残疾人康复服务中心项目建设，完土地征用、附着物清理、图纸设施等准备工作，2013年12月底开工。

【残疾人教育】 建立残疾人学生资助长效机制，资助在校残疾人高中生、大学生及残疾人子女大学生118名，救助金额12.4万元，保障贫困残疾人和残疾人子女大学生顺利入学或完成学业。

【残疾人扶贫】 重点扶持8个农村残疾人扶贫基地发展（其中2个扶贫基地通过省检查验收），直接安置残疾人410人，辐射带动655名残疾人脱贫致富，取得良好的社会效益。争取中央康复扶贫贷款贴息资金20.3万元，通过支持残疾人企业和能人大户带动100多名残疾人就业。浚县完成农村贫困残疾人危房改造项目50户，受到残疾人及家属的一致好评。依托农村残疾人扶贫基地开展獭兔养殖、芦笋蔬菜种植、红薯种植等培训班，培训残疾人429人次。“阳光家园”项目顺利实施。投入资金30万元，补贴托养440名残疾人。规范淇县残疾人集中托养机构1个，托养残疾人40名，为浚县、淇县、鹤山区400名残疾人提供居家托养补贴，使劳动年龄段内智力、精神残疾人和其他类别重度残疾人感受到党和政府的特殊关怀。

【就业保障金】 认真贯彻实施省政府第127号令和《鹤壁市残疾人就业保障金征收使用管理办法》，市政府残工委建立保障金征收联席会议工作制度，采取政策宣传、搭建信息共享平台、开展联合执法检查、依法申请法院强制执行、严格缓减免程序五项措施，促进残保金的征收管理。认真开展用工单位年审工作，征收突破1000万元大关，其中市本级540万元，完成全年任务的140%。

【残疾人维权】 充分发挥“残疾人法律援助工作站”作用，为残疾人合法诉求提供帮助，共接待残疾人来信来访29件，办结率达98%，实现无残疾人进京、赴省集体上访事件发生；配合治理非法营运工作，开展对机动、电动三轮、四轮车进行治理，教育残疾人遵纪守法，维护交通环境。推进残疾人无障碍环境建设。11月，组织24名青年志愿者对淇滨区无障碍设施进行调查并提交专题报告；投入资金17.5万元，对淇滨区福源社区50户贫困残疾人家庭进行无障碍改造；完成对浚县邢固、席营两村66户残疾人状况进行监测，为全国残疾人状况监测提供翔实依据，连续三年被省残联评为“残疾人监测工作先进单位”。

【组联工作】 按照《中国残疾人联合会章程》和省委组织部、省残联《关于河南省各级残疾人联合会召开第六次代表大会的指导意见》，4月前，指导各乡镇、县区残联完成换届；5月29日，市残联召开第六次代表大会，选举产生市残联新一届领导机构，制定“夯实两个基础，构建两个体系，努力开创残疾人工作新局面”的目标，完成大会预定各项议程，为残疾人工作奠定坚实基础。9月，结合实际制定“爱心助残·幸福家园”残疾人工作进社区（村）工作方案，成立领导小组，继续推进基层残疾人组织建设，培训残协专职委员350人，在全市选择12个社区作为试点，选配残疾人专职委员，同时兼任残疾人就业指导员、康复协调员、文体活动指导员，将残疾人组织建设、康复、就业、维权、文体活动、救助与志愿服务工作全部纳入社区工作之中，建立残疾人档案，为残疾人提供“量体裁衣”式个性化服务，进一步健全基层残疾人组织网络。

（杜　蕾）

军　事

鹤壁军分区

【概况】　2013年，鹤壁军分区围绕党在新形势下的强军目标和建设"召之即来、来之能战、战之必胜"战略预备力量，部队和民兵预备役建设呈现出稳步发展、整体提高的良好局面。1. 思想政治建设在学习贯彻十八大精神中有新加强。以学习近平贯彻十八大、十八届三中全会和习主席系列讲话精神为主线，采取师级带团级、党委带机关双带联学的办法，通过专题教育、同步培训、办班轮训等，有效提高党委中心组理论学习质量。扎实开展"坚定信念、铸牢军魂"主题教育、强军目标学习教育，大力弘扬"五种传统精神"，持续深化培育当代革命军人核心价值观，部队高举旗帜、听党指挥、履行使命思想基础更加牢固。每月"四堂课"等经常性教育、"四反"工作和隐蔽战线斗争效果明显，官兵忧患意识、责任意识、使命意识和纪律意识进一步增强。2. 军事斗争准备在大抓军事训练中有新突破。着眼"能打仗、打胜仗"目标要求，紧贴"3+2"任务体系，修订完善市县两级战备方案，先后多次组织师团级指挥所紧急拉动训练演练，投入20多万元改扩建"三室两库"等战备设施，战备训练和应急应战能力明显提升，两项检验评估准备和司令部建设顺利通过省军区考评。开展大考核大比武大排名活动，全年组织各级人员集训5期，完成5个军事基础课目1000余课时集中训练，选派3人次参加两级军区集训比武取得较好成绩，浚县人武部部长取得省军区个人综合成绩第10名。扎实推进民兵调整改革，按照"三个一遍"要求，编实建强应急、救援、储备三大类基干民兵队伍。积极适应征兵时间调整，切实加大廉洁征兵工作力度，顺利完成新兵征集任务。3. 人武部全面建设在持续帮抓帮建中有新发展。按照省军区党委"三个过一遍"部署要求，采取整顿和联系点帮抓模式，军分区党委常委带机关先后3次蹲点帮抓人武部，通过具体帮带和解决问题，促进人武部全面建设质量的提高。学习贯彻省军区"安阳会议"精神，围绕"四部五员"标准要求，扎实开展学《规范》、学《细则》活动，深入查找存在问题，研究制定改进办法，人武部全面建设的思路更加清晰、措施更加得力。广泛开展评选表彰先进基层武装部和优秀专武干部活动，依据《规范》加强基层武装部规范化建设，全市45个乡镇、街道武装部85%实现达标。4. 党委班子和干部队伍建设在改进作风中有新进步。认真学习贯彻党中央、中央军委和习主席关于作风建设重要指示和全军党的建设工作会议精神，扎实开展"学习贯彻党章、弘扬优良作风"学习教育活动，同步参加党的群众路线教育实践活动学习教育。顺利完成军分区党委班子调整交接，新班子抓住民主集中制根本，大力改进作风，认真贯彻落实中央八项规定、军委十项规定，研究制定加强作风建设的10条措施，修订完善《军分区党委常委议事规则》，领导作风明显改进，决策水平不断提高。加大团以上领导干部的教育、管理和监督力度，人武部党委班子和主官队伍建设质量有较大进步。研究制定《军分区选拔任用团营职领导干部若干规定》，优化干部选拔

召开"四个秩序"现场会　　　张成杰　摄

召开第二届第五次全体（扩大）会议　　张成杰　摄

任用环境，大力倡导见第一就争、见红旗就扛和工作认真负责、维护集体利益的新风正气，树立良好用人导向。充分发挥纪检监察作用，对热点敏感问题全过程监督检查，深入开展廉洁征兵“三查”活动，有效杜绝违纪问题发生。离退休干部移交、计划生育、转业干部安置等工作继续保持良好势头。5. 部队正规化建设水平在依法治军从严治军中有新提高。深入开展“学法规、明职责、查隐患、促安全”活动，持续深化“军人军车军风军纪”教育整顿，组织召开“四个秩序”规范化建设现场观摩会，定期分析形势、完善制度措施，形成党委统管、主官主管、副职专管、机关督导、基层落实的层次管理模式。坚持从一日生活制度、落实条令条例。突出防范重大安全问题，加大人车枪弹密网管控力度，定期组织安全隐患排查整治，及时消除安全隐患。6. 后勤综合保障能力在深化改革中有新增强。围绕军分区“五项任务”，扎实做好应急应战后勤准备，广泛开展后勤岗位练兵活动，修订完善后勤战备方案和保障计划。坚持党委理财，落实经费开支联审会签和军政主官双签制度，推广阳光理财，落实物资集中采购，压缩行政消耗性开支，同比下降7%以上，管理效益明显提升。严格车辆和车勤人员管理，落实“一包三集中、一支笔派车”车辆派遣管理制度，顺利完成“2012式”军车号牌换发工作和车辆GPS定位系统拆卸任务。积极协调、主动作为，公务车、办公用房和公寓房清理整治工作取得明显成效。认真做好有偿服务工作，门面房租赁实施公开竞价招租，实现增收增益。7. 军民融合式发展在浓厚双拥氛围中有新拓展。认真落实党管武装工作制度，自觉坚持双重领导，通过县（市）专题议军会议、现场办公会和“军事日”活动等，解决部队和民兵预备役建设重难点问题。军转干部安置、随军家属就业、军人子女教育优抚等省双拥工作“10个文件”落实比较到位，地方党委、政府支持部队建设力度不断加大。持续开展向地方党委政府和人民群众学习活动、助推地方经济建设“五项行动”，参加平安鹤壁建设、重点工程建设、大项活动安保和抢险救灾等成效明显。开展国防教育，大力宣扬淇县籍战士吕俊峰勇救落水群众牺牲的先进事迹，在军内外引起强烈反响。参与省级双拥模范城创建活动，鹤壁市连续四届被评为省级双拥模范城。

【二届五次全体（扩大）会议】　2月3日，军分区党委召开二届五次全体（扩大）会议。传达学习两级军区党委全体（扩大）会议精神，总结分析一年来部队和民兵预备役建设形势，并对2013年工作进行安排部署。各人武部就贯彻落实两级军区会议精神，抓好2013年工作进行讨论发言，各县（区）人武部党委第一书记进行党管武装述职。会议表彰党管武装好书记和先进单位及先进个人。市委书记、军分区党委第一书记丁巍，市委常委、军分区政委肖群章大校，司令员黑占俊大校，副市长、市公安局长周连根，军分区常委于涵大校、鲁先诚大校、高东明大校、赵立上校和机关、人武部、鹤煤集团公司武装部、职业技术学院武装部干部参加会议。丁巍书记在会上作总结讲话。

【现役干部军事集训】　5月16日～28日，为贯彻落实习主席“能打仗，打胜仗”的建军强军目标和两级军区关于人武部“大考核、大比武、大排名”通知的精神，提高现役干部军事素质，军分区组织全体现役干部在市委党校分批进行集训。成立由司令员黑占俊、政委王旭为组长的集训领导小组，参谋长鲁先诚驻队指导。集训采取全封闭教学、连队式管理，进行标图、射击、体能和指挥所紧急出动程序等课目的训练与考核，并进行评比和排名。通过集训，在参训人员间形成“比、学、赶、帮、超”的风气，真正把“要我练”变成“我要练”，明显提高参训干部的军事技能和素质，达到预期训练目的。

【做好防汛工作】　6月18日，为确保鹤壁市安全度过汛期，军分区组织基干民兵分别组成突击分队、抢险分队、值班分队和预备队，担负市内大坝、重点堤段、部分河道险工和防洪工程的抢修、分洪、抢救受灾群众等任务。在汛情紧急时，军分区根据情况协调驻军兵力进行支援或命令灾区人武部紧急动员普通民兵参与防洪救灾，确保辖区人民群众生命财产安全。

【市委常委议军会】　7月25日，市委书记、军分区党委第一书记魏小东主持召开市委常委议军会。会议传达学习省军区党委十一届十次全会暨加强人武部建设现场观摩会精神，听取了军分区上半年工作情况汇报，研究了驻鹤部队需要解决的有关事项。会议强调：要高度重视国防后备力量建设，不断加强部队自身建设，持续加强军民融合式发展，切实为国防后备力量建设提供有力保障。市领导范修芳、蔡永礼、李连庆、张俊成、钱伟、徐合民、费银普、李军、刘新勇、于燕、周连根，军分区政委王旭大校、司令员黑占俊大校、政治部主任高东明大校及武警支队、消防支队负责同志参加会议。

（张成杰）

武警鹤壁市支队

【概况】 中国人民武装警察部队鹤壁市支队于1983年1月组建。支队机关原驻鹤壁市山城区山城路南段，1998年9月，支队机关迁址淇滨区淇滨大道中段195号。2005年12月，支队在原有编制基础上增加教导队和警通勤务汽车中队，并由七类支队变更为五类支队。在总队党委的正确领导下，支队注重打基础，反复抓落实，创新谋发展，支队连续25年实现“三无”，连年被总部表彰为“安全预防工作先进单位”，涌现出第九届“中国武警十大忠诚卫士”李飞等重大先进典型，部队向上向好发展势头良好。（一）政治工作成效显著。以学习贯彻十八大精神为主线，严密组织主题教育活动，取得总队演讲第1、授课第2的好成绩，并被评为“网上授课优胜单位”，淇滨区中队指导员被总部表彰为“武警部队十佳‘四会’优秀政治教员”。扎实开展“五帮一培养”、“八个教会”活动，严格落实个别人转化三级责任制，确保官兵始终做到“三个绝对”。严密组织“庆八一、迎国庆”周末运动会，扎实开展主题摄影、DV创作、网络竞技、篮球联赛等活动，指导基层中队积极开展太极拳、功夫扇、少林棍和小乐队等一队一特色的文化活动，有力提振了官兵精气神。注重宣传报道工作，在《解放军报》、《人民武警报》等省以上报刊上稿28篇。绘制《年度政治工作运行图》，制定下发《经常性基础性政治工作量化评比实施细则》，政治工作落实质量明显提高。政治工作直接作战功能充分发挥。（二）军事工作明显加强。围绕“能打仗、打胜仗”和“争三保六”目标，落实半年军事比武、季度军事考核、每月形势分析等制度不打折扣，军事工作明显跃升。严格落实党委机关带头训、贴近任务重点训、落实制度正规训、比武竞赛促进训，参谋业务比武排名第6；冬季新训工作总评第1；特战队员百日大练兵总评第3；上半年军事工作总评第1，均实现历史性突破。坚持把中心工作摆在首位，深入开展以“六查”为主要内容的执勤隐患大排查活动，确保隐患治理常态化。淇县、淇滨区、浚县中队分别连续52年、34年、32年执勤安全无事故。高标准完成网管中心、基层通信机房建设，扎实抓好查勤系统“三化”改造，提高了网络保障效能。扎实开展密码保密工作，大力加强侦察情报网建设，为完成应急任务奠定坚实基础。（三）发展根基愈加坚实。深入贯彻武警党委1号文件精神，严密组织“大练基本功”活动，支部“三个能力”和干部素质能力不断提升。淇滨区中队党支部被总队党委表彰为“先进基层党组织”，中队连续18年被总队评为“基层建设标兵中队”。修订完善《干部管理教育规定》，推行《干部绩效评估实施办法》，建立《基层、机关干部在位和履职尽责登记薄》，全体干部遵章守纪，履职尽责，干劲十足。深入开展“谈心走访摸实情、解难帮困促稳定”活动，先后为干部发放困难补助费3万余元、干部家属慰问金5万余元、家属未就业和分居补助费近10万元，组织67名干部及家属进行体检，基层主官休假率达到100%。深入贯彻正规化管理“两个规定”，扎实开展“条令、法规学习月”活动，严格落实“五个过一遍”要求，堵塞安全漏洞，确保安全稳定。（四）综合效能全面提升。坚持把“四项设施”建设摆上重要位置，先后投入经费90余万元，建成警官训练中心、网管中心、训练馆（棚）等。充分发挥“双重领导、双重保障”优势，顺利完成机动大队批复立项、选址征地等工作。严格经费管理，加强审计监督，地方预算内经费比去年增加77.5%，偿还外欠账300多万元。先后投入资金20余万元，持续抓好营区绿化、环境美化等工作，先后被武警总部和省政府表彰为“营区正规化管理先进单位”、“卫生工作先进单位”。积极推进建设现代后勤、应急保障能力建设和军人保障卡推广应用等“三项重点工作”，投资4万元建立2个战备物资库，与鹤壁市军粮店、百姓量贩超市等签订代储供货协议，依托社会资源实现全时保障。后勤专业兵比武取得运输第5、军需第6的好成绩。（五）核心领导作用明显。坚持把理论武装作为党委建设头等大

举办社会主义法治问题专题辅导　　市武警支队　供稿

事，深入开展“学习贯彻党章、弘扬优良作风”、“树立正确理念、明辨是非界限”教育活动，认真学习党的创新理论及习主席关于加强武警部队建设等系列重要指示精神，一班人理论素养不断提升。深入开展党的群众路线、“四个为什么”、“八个如何”大讨论活动，支队党委《按照“三句话”要求加强一线指挥部建设措施》被总队转发。牢固树立基层至上、士兵第一的思想，严格落实党委机关蹲点帮建和下连当兵、蹲连住班要求，党委成员带机关干部先后10批次、50余人次下基层蹲点调研帮建，人均蹲点60余天，查勤50余次，为官兵上课30余次。深入贯彻民主集中制，先后调整任用16名干部，推荐35名士兵入党考学，选送23名技术学兵，研究决定大项经费开支600余万元，都能做到坚持标准，严格程序，阳光作业，部队上下满意。

【市领导慰问支队官兵】　2月2日，市委书记丁巍、市委常委、市委秘书长钱伟，军分区政委肖群章、市人大副主任韩玉山、副市长兼公安局长周连根、市政协副主席冯用全等领导冒着严寒莅临支队，亲切慰问全体官兵，并送上慰问金2万元。丁巍代表鹤壁市委、市政府和全市160万人民，对支队全体官兵致以节日的问候，对支队工作成绩给予充分肯定，对官兵在“加快两个构建、实现率先崛起”中做出的突出贡献表示感谢。丁巍同支队官兵亲切交谈，详细地询问官兵工作、生活、家庭等情况，希望官兵通过电话和信息把市委、市政府和全市人民的新春祝福转达到自己的亲人。并表示要切实把地方党委政府的支持关爱落到实处。

【民俗文化节现场安保任务】　2月22日，为期5天的第五届中国鹤壁民俗文化节拉开帷幕。根据市委、市政府和市公安局要求，鹤壁市支队出动兵力负责民俗文化节现场安保任务。受领任务后，支队党委高度重视，成立以支队长朱锦春、政委吴宝然为组长，参谋长王巍涛为副组长的领导小组，司令部精心拟制方案，严格挑选人员，及时搞好专勤专训，政治处抽调精兵强将对参勤官兵进行执勤教育和政治考核，后勤处在运输车辆和卫勤保障等工作中高度配合，确保任务圆满完成。

【青年林捐款活动】　为积极响应共青团中央等发起的旨在加强江河湖泊治理的保护母亲河行动，4月1日，支队集中组织开展捐建青年林活动。接到总队《关于组织广大青年官兵捐建青年林的通知》后，支队高度重视，及时下发通知，认真传达共青团中央以及总部、总队关于捐建青年林活动一系列重要指示，增强官兵自觉投身生态文明建设的责任感使命感。捐建活动中，支队领导率先垂范，带头捐款，党员干部积极参与，广大青年官兵慷慨解囊，以实际行动为建设美丽鹤壁做出自己的贡献，进一步激发官兵支援地方建设、共建美好家园的政治热情。

【讲授普法课】　5月6日～7日，武警北京军事检察院检察长田祥荣、武警政治学院军事心理系主任孙香萍、武警上海军事检察院检察员王世萍一行3人深入鹤壁支队开展送法活动和心理健康辅导。王世萍员为支队全体官兵上了一堂题为《自觉遵法守法用法，争做合格忠诚卫士》的普法教育；孙香萍主任从“正确认识人的心理、如何做好心理调适及保持心理健康”等方面，采取课堂互动、现场解疑释惑等方式，使官兵们切实提高心理调控、自我释压的能力。

【金不换率团慰问演出】　7月31日，豫剧名家、市豫剧团团长金不换率团莅临武警鹤壁市支队慰问演出。把《红灯记》、《朝阳沟》、《花木兰》、《七品芝麻官》等经典剧目献给支队全体官兵。

【军事会操表彰大会】　9月30日，鹤壁支队召开2013年度军事会操总结表彰大会。会议由吴宝然政委主持。会上，敬志敏主任首先宣读表彰通报，宣读表彰在军事会操中取得优异成绩的单位和个人，并对获奖单位代表和个人进行领奖。随后，王巍涛参谋长讲评军事会操情况。朱锦春支队长就推动支队军事训练工作提出四点要求：一是认清地位作用，切实端正大抓军事训练的指导思想；二是严格按纲施训，不断打牢部队遂行任务的能力基础；三是抓住重点环节，为军事训练提供强有力的保障支撑；四是落实训练奖惩，保持大抓军事训练的持久动力。

【秋季新兵授衔仪式】　11月15日，伴随着雄壮的《中华人民共和国国歌》，鹤壁支队举行2013年度新兵授衔仪式。会议由陈新生副支队长主持，支队部门以上领导、新训队全体官兵200余人参加会议。在授衔仪式上，王巍涛参谋长宣布授衔命令，支队常委为新兵代表配戴崭新的警衔。

【党荣华莅临支队赠送墨宝】　12月13日，为纪念毛泽东同志诞辰120周年，中国毛体书法研究院院长、中华先进文化促进会副会长、中国毛体书法家协会顾问、八一书画院副院长、北京大学国学社特邀专家顾问、中国徽商书画院名誉主席党荣华大师莅临鹤壁支队赠送墨宝。

【机动大队奠基】　12月22日，支队举行机动大队项目开工奠基仪式，鹤壁市相关局委领导、支队160官兵和担负承建施工的有关人员参加仪式。

（敬志敏　索朋武）

武警鹤壁市消防支队

【概况】　2013年，武警鹤壁市消防支队围绕确保“两个稳定”的目标，团结带领全市消防官兵求真务实、拼搏进取，不断创新社会化消防安全管理，着力打造现代化公安消防铁军，持续深化部队正规化建设，消防工作和部队建设取得了显著成效，确保部队内部安全和全市火灾形势持续稳定。部局、总队先后13次简报刊发鹤壁市消防工作做法，鹤壁公安派出所消防监督工作做法得到公安部副部长刘金国、

中国共产党鹤壁市消防支队第一次党员大会　　　　齐志刚　摄

省公安厅厅长王小洪等领导的充分肯定，并在全省公安派出所消防工作现场会上介绍先进经验。鹤壁市政府被评为2013年度全省消防工作先进市，市消防支队被省消防总队评为安全工作先进单位、廉政建设“三争一树”活动先进单位，被河南省团委评为“五四红旗团委”，被市委、市政府评为“双拥工作先进单位”。兴鹤中队先后被评为“先进基层党组织”、荣记集体二等功；淇县大队、兴鹤中队被评为“省级文明单位”；中队长助理彭兵先等16名同志被荣记个人三等功。

【消防监督】　提请市委、市政府将消防工作纳入政府目标管理、社会综合治理和平安建设内容，层层签订目标责任书，实行半年督导、年度考核、严格奖惩。提请市政府出台《消防工作考核办法》，明确各级政府、行业部门工作职责，督促落实消防工作责任。不断加强消防安全网格化管理，深度运用消防工作交办机制，层层明确任务，逐级工作交办，督促各项火灾防控措施落实到位。联合治安支队成立派出所消防工作指导办公室，并在全市公安机关推行以“立足警情研判、落实三级交办、月月通报排名”为核心的消防工作运行机制，深入推进派出所消防工作的扎实开展。深化重点单位“户籍化”管理，指导“四个能力”和“三会三化”建设，提高单位自防自救能力，全市80%的重点单位和消防控制室完成了达标创建。先后组织开展“除火患、保平安”、“平安2013”、消防安全大排查大整治、今冬明春火灾防控等系列消防安全专项行动10余次，集中开展大规模夜间清查整治80余次，共检查单位3.6万余家，发现整改火灾隐患4.8万余处，有效维护火灾形势的持续稳定。

【消防宣传】　突出宣传重点，强化宣传导向，广泛调动社会资源，在全社会掀起强大宣传攻势。邀请5名省市主流媒体记者，组建火灾隐患媒体曝光团，每周一个主题、一个县区、一次集中曝光单位火灾隐患活动。组织行业系统、民间团体成立消防志愿者服务队，开展志愿消防宣传活动。在鹤壁电视台、淇河晨报开设消防专题栏目《消防之窗》，每周公布消防工作动态信息，播报消防安全常识。联合教育局开展“开学第一课”主题教育活动，利用校讯通群发提示信息，督促家长和学生完成寒假消防安全作业20余万份。与移动、联通、电信签订《消防短信群发协议》，每周向群众随机发送消防提示信息，先后发送提示短信60余万条。开展消防宣传“进村入户”宣传活动，在居民小区、楼道广泛张贴《电动车使用和管理消防安全常识》、“三清三关”提示标牌10万余份。大力加强消防安全宣传培训，组织开展“雏鹰”行动、“畅通生命通道”、“全民消防员”、“11.9”宣传月等重大消防宣传主题活动，深入单位企业组织开展消防知识讲座和灭火疏散演练180余次，建设精品消防橱窗220块，发送消防提示短信60万余条，发放消防安全知识宣传彩页30万余份，张贴《消防安全常识二十条》挂图万余份，有效提升群众消防安全意识。

【执勤训练】　严格部队管理教育，落实每日交接班、每周例会、每月办公会和支队主官带班、大队领导遂警出动、中队干部进队住班等制度，突出抓好人、车、酒等重点环节管理，确保部队高度安全稳定。扎实开展全员练兵活动，官兵业务素质显著增强，在全省消防部队执勤岗位练兵比武竞赛中，鹤壁支队取得1个单项第一和1个班组第一的优异成绩。加大熟悉演练工作力度，采取预案、无预案、随机拉动等形式，不间断开展辖区单位熟悉演练，对辖区一、二级重点单位灭火预案全部修订一遍，进一步提升打赢制胜能力。2013年，全市消防部队共接处出动1293起，出动车辆2296辆（次），出动警力12684（人次），救助被困群众148人，成功处置“4.3”范辉高速客车侧翻、“5.15”淇县隧道火灾等事故，圆满完成全年灭火救援和执勤安保任务，赢得党委政府和人民群众的高度赞誉。

【基础建设】　全市消防部队共争取业务经费2698万元，较上年增长55%，其中，支队本级争取业务经费1602万元，同比增长52%。2014年度消防业务经费预算同比增长24%，为消防工作开展提供强有力的经济支撑。深入开展“1561”装备建设达标工程，投入装备资金800余万元，购置执勤车辆5台、个人防护装备1819件（套）、各类特勤装备1450件（套）。投入115万元购置运兵、业务用车6辆，投入400余万元完善支队消防信息化建设。投入971万元用于营房队站建设，支队战勤保障大队、训练基地及鹤淇集聚区消防站合建项目已拉建围墙；山城大队新队站主体楼竣工，已完成内部装修，附属楼建设完工；支队公寓房建设已完成初步规划设计，配套资金590万元已拨付到位。浚县大队二中队1.95公顷用地已完成规划选址。投资7000万元宝山产业聚集区政府专职消防队已经批复立项。投入资金160万元对基层营房、暖气、排水等设施进行整修。

【火灾情况】　全市共发生火灾98起，直接财产损失168.32万元，亡1人，全年无较大以上火灾事故的发生。

（齐志刚）

人民防空

【概况】　2013年，全市人防工作在市委、市政府和鹤壁军分区的正确领导下，深入贯彻落实党的十八大和十八届三中全会精神，牢牢抓住鹤壁市在中原经济区建设中先行先试走在前面的发展机遇，紧紧围绕上级各项决策部署，坚持开拓创新、务实重干，完成省、市政府下达的人防工作年度目标，被市委、市政府、鹤壁军分区评为双拥工作先进单位、关心支持国防建设先进单位。

【指挥通信建设】　按照国家《信息化条件下人民防空袭方案编制管理规定》，对两县三区防空袭方案进行修订，完成评审报批工作。组建消防专业队，负责火情观察，担负城市重要目标的防火灭火及防化防疫任务，为参加国家比武竞赛奠定基础。依据新编制的防空袭方案，将全市重要目标数量进行调整，邀请有关专家参与讨论，对重要目标防护方案进行编制修订。下发整组训练通知，制订专业队伍编成表，整组七个人防专业队和人防应急抢险大队。依据疏散方案，组织黎阳办事处胜隆社区和浚县屯子镇西小寨村开展对接活动。按照省办下达的目标任务新增大功率电声警报器数台，成功在9月18日组织人防警报统一鸣放，全网警报器共同鸣响，警报鸣响率达到100%。在警报鸣放当日，依据制定的防空防灾应急演练方案，组织鹿鸣中学师生进行防空防灾应急演练。健全人防信息资源数据库，按要求录入近万条数据。积极开展机动指挥通信系统训练演练，注重对机动指挥通信车操作人员的培训，坚持车场日制度，不断提高应急通信水平。按要求参加省人防办组织的应急拉动保障演练，两次配合鹤壁军分区完成省国动委赋予的通信保障任务。

【人防宣传教育】　开展人防宣传教育“五进”示范单位创建工作，建成人防宣传教育8个示范社区、8个示范学校、3个示范企业，及时补充人防器械、教材、教具。9月完成省办对全市3所示范学校、6个示范社区、3个示范企业的验收工作。组织全市初级中学教师积极参加全省人防教学优质课评比活动，本市鹿鸣中学、山城实验中学荣获三等奖。5月10日在新世纪广场参加“防灾减灾日”宣传周活动启动仪式，摆放防空防灾宣传展板10块，发放《人防基本知识读本》和防空防灾宣传单400余份，向群众展示人防机动指挥通信车和信息采集车防空和应急救援平台。充分利用媒体宣传全市人防建设的新成就、新动态，在中国人民防空网、河南人民防空网、《河南人防》杂志、《河南人防简报》等发稿54篇。

【工程质量监管】　加强人防工程质量监督管理，成立人防工程质量监督站，落实人员、设备，监督检查参建各方履行质量责任，监督检查受监人防工程质量、防护设备质量和工程资料等。对已批准的在建人防工程进行跟踪检查。人防工程施工图严格按规定报省办审查，工程报审率达到100%。积极开展工程质量大检查和安全生产大检查活动，确保工程处于良好状态。加强人防工程建设行业资质管理，严格项目审批、设计审查、施工监理、质量监督和竣工验收管理。对设计、监理和防护设备生产实行资质认证和市场准入制度，落实备案登记和台账管理制度，加强人防工程防水、防腐产品生产销售、施工的管理。将6家人防设备企业、6家人防工程设计单位、4家监理公司纳入资质管理，多次召开人防防护设备、工程设计、人防监理公司座谈会。

【人防融合发展】　探索人防工作融入经济发展途径，制定人防长期发展规划，盘活人防国有资产，提高人防工程的开发利用率，扩大经营范围，提高经济效益。探索人防工程建设的投融资方式，培育和发展多元化投资主体，采用合资、联建等多种投融资形式，加快人民防空建设步伐。市人防办将老区地下商场委托郑州欢乐谷商业管理有限公司专业团队管理，最大限度实现人防经济效益，减轻人防工作负担，腾出更多的人力和物力投入到其他工作中。探索按规划集中建设人防工程新路子，适应发展的要求，适当集中建设人防工程，避免人防工程建设规模小、分布散的现象。积极解决人防工程只建不管的问题，积极探索科学管理人防工程的方式、方法。

【依法行政】　为巩固执行人防行政审批长效机制，市行政服务中心人防窗口严格审批、优质服务，严格依法依规核定办理人防工程设计要求核定的项目，核定应建人防工程面积是上年的数倍；防空地下室易地建设费征收总额是上年的数倍，创历史最好水平。健全完善由市监察局执法监察室、市检察院反渎职侵权局、市检察院职务犯罪预防局及市人防办有关人员组成的行政审批委员会，根据审批委员会的决定出具《人防行政审批意见表》。按照《关于加强人防工程建设审批程序的实施意见》，对人防工程的行政审批方面的工作作出具体规定，明确有关单位及职能部门应依法履行的人防职责和义务，使行政审批长效机制更加巩固。在两县开展结建防空地下室三年清查活动，主要采取自查、翻阅档案、现场排查等形式，清查两县2010年~2012年修建防空地下室情况，督促两县制定限期缴纳人防易地建设费和建设人防工程整改措施，按规定追缴人防易地建设费，对不缴不建的单位移交法院申请执行。

（刘文龙）

法　　制

政　　法

【概况】　2013年，全市政法系统围绕全市工作大局，按照市委、市政府工作部署，坚持以维稳创安促和谐为目标，以化解矛盾、解决问题为重点，转变作风，强化具体，狠抓落实，持续推进平安建设、法治建设和政法队伍建设，维护全市社会大局持续稳定。鹤壁市先后荣获全国社会管理综合治理优秀市、全省平安建设工作先进省辖市，在全国加强和创新群众工作、预防和化解社会矛盾座谈会上发言。中央和省领导同志多次莅鹤调研，对政法维稳工作给予充分肯定。

【平安建设和社会管理创新】　（一）严厉打击各类刑事犯罪。深入开展"命案攻坚"、"打击两抢一盗"、缉枪治爆、打击赌博、打拐、打击"三电"等系列专项斗争，始终保持对各类刑事犯罪活动的高压态势。全市共破获各类刑事案件1656起，现行命案连续10年保持发一破一。（二）严密社会治安防控体系。全市共建立专职巡防队45支829人，健全完善1500人的专业保安巡防队，村（社区）专兼职巡防队覆盖率达到95%以上。推进技防体系升级改造和农村技防建设，科学指导社会技防规范化管理。市、县、乡三级全部建立监控平台，安装监控探头近13000个，以视频监控为主的农村技防覆盖率达90%以上，人防物防技防有效结合，形成了立体化治安防控体系。（三）深入排查整治社会治安重点地区。健全完善滚动排查、滚动治理为主的排查整治机制，推动多发违法犯罪、学校及周边治安环境和网吧经营秩序为主要内容的综合整治，实行制度化暗访、集中挂牌、分类治理、联动推进，全面推动排查整治工作规范化。当年，市级挂牌整治21个地方，通报整治网吧、学校等问题120余个，全部整改到位。（四）加强矛盾纠纷排查化解。突出抓好矛盾纠纷排查化解制度建设和行业性、专业性调解组织建设，以排查化解苗头性、基础性矛盾纠纷和重大突出矛盾纠纷为重点，充分发挥人民调解基础作用、行业系统调解专业作用和社会力量的自治作用，严格落实市、县、乡三级每月矛盾纠纷协调会制度，排查化解矛盾纠纷1363起，化解率保持在97%以上。（五）深化基层平安创建。制定《关于深入开展平安乡镇（街道）、村（社区）创建活动的实施方案》，把基层平安创建工作规范化、制度化、长效化。组织平安家庭、学校、边界、交通等行业系统创建活动。建立市综治委成员单位基层平安创建联系点制度，实行基层平安联创、年终捆绑考核，形成创建合力。（六）优化基层社会服务管理体系。一是推进乡镇（街道）社会管理服务中心建设。将原乡镇（街道）综治工作中心更名为社会管理服务中心，整合综治、公安、司法、法庭、民政、劳动保障、计生、国土等部门资源，设立便民服务、综治维稳、网格化管理三个平台，转变中心职能，建立矛盾联调、治安联防、问题联治、人口联管、工作联动、平安联创等"六联机制"，为群众提供一站式、一条龙服务，提高社会管理和服务群众工作效率。共接待群众1.6万余人次，为群众办理事务、解决诉求和问题1.2万余件。二是加强村（社区）综治工作站建设。村（社区）全部建立综治工作站，支部书记兼任主任，治保民

法治河南座谈会在鹤壁召开　　　　市政法委　供稿

省委常委、政法委书记刘满仓（右一）在鹤壁调研　　市政法委　供稿

调主任全部配齐。三是加强派出所、法庭、司法所、警务室等基层政法单位建设。规范化法庭达到81%，省级规范化司法所达到19%。推行“一区一站，一室三警，二室一队”新型社区警务模式，全市共设立105个城乡社区警务室，配备社区民警202名，辅助力量376名，实现专职社区和驻村民警占派出所警力比例不低于40%。

【社会维稳】　（一）加强社会矛盾排查化解。坚持县区、市直单位和乡镇、街办定期排查机制，全年全市共排查各类矛盾纠纷4200余起，化解3600余起，其余正在解决或得到有效稳控。集中排查整治突出不稳定问题，向县区和市直单位交办9大类、涉及30多个方面的重点问题，其中23个方面的问题得到及时化解，其他暂不具备解决条件的进行有效稳控。继续坚持信访稳定“八项机制”和三级联动现场研处，基本每月研处一轮，已化解重大疑难复杂问题189起。（二）狠抓特殊利益群体教育稳控。共进行4次全面排查，进一步澄清底数，在各类群体中培养一批特情人员。由于情报信息及时准确，各类群体拟参与的44次赴省进京上访，均得到成功化解。实行“二包一”包保措施，敏感期“多包一”，确保不失控漏管。坚持现场研处，先后到县区和牵头责任单位召开16次现场研处会，面对面与群体代表座谈，理顺群众情绪，稳控效果明显。（三）抓好社会稳定风险评估。全市共对325个重大事项进行稳评，其中暂缓实施29起，否决8起，顺利实施288起。有效预防矛盾问题发生，助推经济社会发展，先后3次在全国性会议上发言或进行经验交流。11月28日，中央委员、维稳办主任、公安部常务副部长杨焕宁莅鹤就社会稳定风险评估工作进行专题调研。（四）及时妥善处理突发事件。对浚县7人在山西省遇山体滑坡遇难事故，天泽公司家属院、岔河村、淇河宾馆等多起触电事故，刘庄1名上访人在市委门口喝农药事件等多起突发事故、事件，均及时进行妥善处置，防止事态升级，事后走访慰问，确保群众思想稳定。对本市出租车司机集体上访、张庄村水污染等重大事件，多次到现场进行处理，协调解决群众反映的主要问题，使多起潜在群体性事件得到化解。（五）高度重视情报信息工作。定期分析研判，市、县两级共召开研判会300余次，提出对策建议，为领导决策提供依据。督促各县区建立维稳情报信息中心，做到维稳信息工作规范化管理。实行情报信息会商，敏感期每天碰头，汇总研判。共收集掌握各类高危信息1400余条，编发《维稳信息快报》29期。

【宣传信访和机关建设】　（一）加强政法宣传工作。紧密围绕本市三级联动巡回现场研判、“严警纪、正警风、树形象”和“千名干警下基层、五联两帮一化解”专题活动、社会稳定风险评估等亮点工作，力争在精品报道上取得新突破。《人民日报》以“摇号招，阻止潜规则”为题，介绍鹤壁市公证律师工作服务于大项目建设的情况；《光明日报》以“河南鹤壁：政法干部下基层做“垂柳””为题介绍了鹤

市委常委、政法委书记徐合民（中）在基层走访　　市政法委　供稿

壁政法系统干部、干警到基层，到一线切实解决群众问题；《河南日报》头版刊发题为“巡回研判 风险评估 暗访督察 鹤壁创新机制破解信访难题”的文章，详细介绍鹤壁市政法机关创新工作机制。全市政法系统在国家级主流媒体刊发578篇，省级主流媒体4026篇。（二）搞好涉法涉诉信访工作。进一步完善工作台帐，建立健全“三定一包”（定包案领导、定承办人员、定工作方案、包稳控息诉）的包案处理工作机制，逐案落实责任单位、包案领导、解决措施和办结期限，并定期对案件办理情况进行通报，加强督查督办，推进案件办理工作。上级交办本市的26起涉法涉诉信访案件，已全部办结息诉。同时做好领导批示件的办理。省委政法委交办本市领导批示件5件，已办结5件。转办督办市委领导批办事项38件，其中要结果件23件，已办结21件，其余2件正在积极办理当中。（三）积极做好机关后勤、精神文明建设等工作。结合《秘书工作》、《中办通讯》、《保密工作》等刊物以及省、市关于机要、保密、账务、档案管理等方面的文件要求，定期组织有关人员学习，不断提高工作水平，完善有关制度。确保机要、保密、公文处理无差错。完善落实机关精神文明建设各项制度，与市司法局、旅游局、无线电管理局和监狱一块帮扶淇滨区上峪乡安乐洞村，组织开展“十星级文明户”创建活动，通过省级文明单位考察验收工作。

（臧利杰　李永超）

公　安

【概况】　2013年，全市公安机关在市委、市政府和省公安厅的正确领导下，公安工作和队伍建设取得长足进步，社会大局持续平稳。一是社会大局持续稳定。完成“双节”、“两会”、民俗文化节、“五一”、中博会、十八届三中全会等重大安全保卫任务，全市社会政治大局持续平稳，没有发生社会反映强烈的重大恶性案事件，没有发生有重大影响的治安灾害事故，没有发生有重大影响的群体性事件，没有发生有重大影响的集体进京、赴省上访事件，没有发生有影响的民警违法违纪案事件。二是公众安全感和执法满意度保持全省先进。全市公众安全感达92.18%，公安执法满意率达88.67%，双双位居全省第二。三是打击效能不断提高。现行命案发9起破9起，继续保持发一破一，是全省唯一一个连续10年实现现行命案全破的省辖市公安局。严打各类违法犯罪活动，综合打击效能持续提升。四是防控体系日趋完善。结合本市治安形势，修订完善系列治安防控方案，健全完善情报信息研判、扁平化指挥、重大突发案事件处置等6项运行机制，防控效果明显。命案发案数同比下降18.18%，发案数降至27年来最低点。全力开展打防管控大会战，狠抓平安示范区创建、重点部位防范，社会面管控能力进一步增强，8类严重暴力案件数同比下降48%。五是管理服务卓有成效。切实抓好治安、交通、消防、危爆物品等各项安全管理，全市没有发生有重大影响的安全责任事故。在基层公安派出所推行以“立足警情研判，落实三项交办，月月通报排名”为主要做法的消防工作运行机制，公安部副部长刘金国，省长助理、公安厅厅长王小洪给予充分肯定。出台28条便民利民措施，推行“一窗式受理”、“一站式服务”，提高了服务群众的质量和效率。组织开展“千名民警下基层”、“五联两帮一化解”等爱民实践活动，以实际行动取信于民。六是执法水平稳步提升。不断完善执法质量考评机制，健全完善系列规章制度，初步形成具有鹤壁公安特色的执法制度体系。因执法问题引发的信访案件总量同比明显下降，执法质量连续8年保持全省先进，没有行政败诉、国家赔偿等案件发生。七是基层基础进一步夯实。强力推进城乡社区警务专职化建设，共设置城乡社区警务室105个，配备社区民警202名，社区警务工作发展态势良好；长江派出所业务技术用房主体完工，车管所停车场、驾驶员考场大体建成，事关民生的城区交通信号灯建设工程基本完工。八是队伍建设坚强有力。切实加强政风行风建设，建立公安行风建设十项制度，对涉及政风行风的104条问题及时进行督促整改。坚持正确的用人导向，提拔调整218名科级领导干部，有效激发队伍战斗力，营造干事创业的浓厚氛围。推出机关服务基层30条措施，进一步转变机关作风，狠抓规范管理，研发推行全员网上绩效考核系统，科学设置考核指标，队伍正规化水平进一步提升。

【维稳处突】　一是强化情报信息收集研判。紧紧围绕重点阵地、重点人员、重点领域，通过协作、共建、共享、分析研判、交流会商等工作机制，重在获取前瞻性情报信息，着力打好情报战。二是深化矛盾纠纷排查化解。以“大走访”和“千名民警下基层”活动为载体，组织民警进社区、进农村、进企业、进学校、进家庭，倾听民声、改进工作，排查矛盾、化解纠纷，努力消除引发群体性事件的苗头和隐患。尤其对因旧城改造、征地拆迁、环境污染等引发的矛盾，未雨绸缪、超前研判、及早预警，从源头上预防和化解。三是全力解决公安信访问题。深入开展集中清理化解信访案件专项整治活动，实行领导包案下访制度，完善信访工作月例会、局长接待日、新发信访案件月交办和重点信访案件集中会诊等制度，探索建立公安信访工作长效机制。省公安厅交办的信访案件全部按期办结，新发信访案件基本实现月内办结，公安信访形势持续平稳。四是着力提升应急处突能力。修订完善13种突发性事件处置预案和6种反恐预案，预案体系更加健全。以“应急快、指挥灵、拉得出、联得上、处置好”为标准，健全完善应急指挥机制、联动处置机制和舆论引导机制，强化特警武警等应急处突专业力量应急实战演练，有效提升应急处突水平。

【打击犯罪】　一是深入开展打防管控大会战。按照省公安厅部署要求，本局紧紧围绕“规范执法、严格履职、群众满意”这条主线，进一步增强工作预见性和主动性，结合本市社会治安特点，研究制定更加贴近实际的工

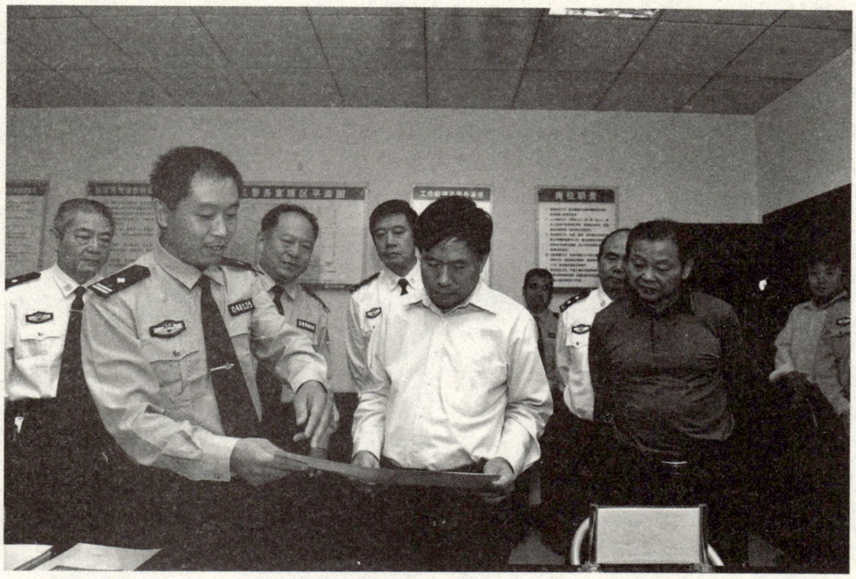

市长范修芳（中）视察社区警务室　　市公安局　供稿

作方案，以维稳、刑侦、治安、交通“四个主战场”和执法规范化、队伍建设、绩效考评、舆情应对“四项重点工作”为抓手，深入开展管控大会战，全力维护社会大局稳定。二是严打重大刑事犯罪。着力提升侦查破案的能力水平和攻坚技能，深入研究多发性案件的规律特点，积极探索战术技巧，培养破案增长点，在保持现行命案10年全破的基础上，不断提升重大刑事案件侦破率。查获多起利用互联网非法经营药品、制售假药案件，受到省公安厅通令嘉奖。三是重拳打击侵财性犯罪。坚持“民意引领警务”的理念，本着“群众对什么犯罪反映强烈就打击什么犯罪”的原则，高度关注与人民群众切身利益息息相关的自行车、电动车被盗等“小案”的侦破，将其作为一项民意工程常抓不懈，努力实现“破小案积大安”的社会效果。组织开展打防多发性侵财犯罪“猎鹰”专项行动，突出“短、平、快”工作特点，向街头“双抢”、盗窃机动车、入室盗窃、电信诈骗等犯罪发起凌厉攻势，破获一批团伙性、系列性、流窜性侵财案件。多发性侵财案件上升势头得到有效遏制。四是严厉打击食品犯罪。与市直有关部门密切协作，持续开展打击食品犯罪保卫餐桌安全专项行动，努力保障人民群众身体健康和生命安全。成功侦破系列特大生产、销售伪劣食品案件。五是定期综合警情研判。坚持“警情主导警务”的理念，每月定期对全市刑事、治安、交通、火灾等综合警情进行分析研判，建立“四色预警”工作机制，突出对季节性、多发性刑事案件发案特点的研判，根据研判结果及时调整工作方向和打击重点，适时开展不同层次、不同类别的平安专项行动，实现科学用警、精确用警。

【治安防控】　以“平安杯”治安创建活动为载体，以“六张网”建设为抓手，加大社会资源整合力度，健全完善六项运行机制（情报信息研判、扁平化指挥、社会治安等级防控、治安防控整体作战、重大突发案事件处置、工作绩效考评），治安防控体系得到进一步完善。一是切实加强社会面巡逻防控。按照“有警接警，无警巡逻”的模式，接警车网格化布控市区，警力24小时屯兵街头，街面见警率和民警管事率有效提升。组织开展“打防管控夏季攻势”、“秋冬严防控”、“警民携手大巡防”行动和24次平安行动，灵活采取设卡盘查、街面巡逻、联防巡逻、重点防控、清查整治、防暴巡逻等多种形式，有效控制可防性案件发生，全力维护社会治安秩序。二是不断强化科技防范。进一步加大与县、区协调力度，健全完善社会、单位、行业场所“三级”视频监控系统建设，市县两级公安机关监控中心全部建成，充分发挥科技手段预防打击各类违法犯罪的巨大威力。积极动员指导市区610家企事业单位、党政机关安装视频监控等技防设施，积极配合乡镇动员农户安装技防设备，技防设施覆盖率明显提高。三是深入开展平安示范区创建活动。以居民小区、村庄、单位为创建主体，以“四防”建设（人防、物防、技防、心防）为抓手，以“五无”创建（无命案、无重大刑事案件、无毒品、无邪教、无群体性事件）为标准，共创建“平安示范区”78个，努力实现“发案少、秩序好、社会稳定、群众满意”的总体目标。四是深入开展“警民心连心”警务室创建活动。强力推进城乡社区警务专职化建设，真正让社区民警扑下身子、走进群众、扎根基层，切实发挥社区警务在公安工作中的基础性作用。本市社区警务工作基本实现“有室、有警、有活动”。五是抓好重点单位和要害部位防范。通过采取自查自纠、互检互查、督导检查等方式，监督指导重点单位健全完善内部各项安全保卫制度，全面提升重点要害单位和重要基础设施安全防控水平。全市重点单位、要害部位没有发生重大恶性案事件，破坏“三电”设施案件呈下降趋势，学校、幼儿园没有发生重大涉校案事件，通过本市的中洛输油管道线、西气东输豫北支线管线和华北成品油输油管线没有发生涉油气案件，实现“零打孔”、“零发案”、“零占压”的目标。

【安全管理】　一是全面深化枪爆安全隐患大宣传、大排查活动。大力开展防范打击涉枪涉爆违法犯罪专项行动，严格落实监管责任和相关制度，定期不定期对烟花爆竹、危险化学品开展安全检查，利用各种媒介开展形式多样的宣传活动，努力形成严查、严管、严控的高压态势，切实消除不安全隐患，实现“不打响、不炸响、不流失”。二是不断加大交通安全管理力度。以“查酒驾、控违法、防事故”为着力点，开展“大排查、大教育、大整治”货车违法行为、“三夏”交通安保、整治“三超一疲劳”和酒后驾驶等专项行动，不断加大交通事故安全隐患排查整治力度，对高速、国省道干线、城区快速通道和农村公路等事故多发路段，进行全方位、不间断排查，有效预防和减少道路交通事故的发生。道路交通事故同比下降30.77%。三是持续加大火灾隐患排查整治。在基层派出所坚持推行以“立足警情研判，落实三项交办，月月通报排名”为主要做法的消防工作运行机制，相继开展冬春专项行动、平安万家、“平安2013”、消防安全大排查大整治等专项治理，全面排查整治火灾隐患，有效预防重特大火灾发生。火灾事故同比下降25.19%，没有发生亡人火灾及较大以上火灾事故。

【服务民生】 一是认真贯彻落实《河南省公安机关二十二条便民利民措施》要求，以“便民、规范、高效、优质”为原则，本局出台28条便民利民措施，扎实开展“争创人民满意窗口单位和争创人民满意窗口民警”活动，进一步强化和改进窗口服务。二是加强和改进户政服务。认真落实市委市政府关于农业转移人口市民化转户落户城镇的有关要求，为农业人口向城镇有序转移提供户籍政策支持。推出10项户籍管理新举措，对孤寡老人、残疾人等特殊群体实行上门服务，对前来本市就业的高层次人才、在外务工人员、大中专毕业生实行预约服务、延时服务。三是加强和改进车驾管服务。以服务群众和方便群众为根本，力求手续简便化、规则透明化、程序规范化、操作科学化，推出一系列便民利民措施，以实际行动取信于民。开展“流动车管所”活动，为客货运企业上门服务。在车管所公示车驾管业务的办事流程、收费标准及投诉举报电话，设置“免费代办处”，为群众提供免费代办服务。下放机动车注册登记、检测业务，方便群众就近办理。四是加强和改进消防服务。积极推行消防行政许可“一窗式受理”、“一站式服务”等便民措施，严格落实一次性告知、限时办结和首问负责制，对大型投资项目建设、涉外项目建设做到提前介入、上门服务，开辟“绿色通道”。五是加强和改进出入境服务。牢固树立“出入有境，服务无境”的理念，积极推出“五个一”服务（一脸微笑，让群众舒心；一句问候，让群众暖心；一口文明用语，让群众开心；一次查询，让群众放心；一串提示，让群众省心），继续保持“零”投诉、“零”错证、“零”遣返。

【基础建设】 一是进一步强化基础设施建设。长江派出所业务技术用房主体大体完工，车管所停车场已建成并投入使用，驾驶员考场即将投入使用，事关民生的城区交通信号灯建设工程基本完工。二是切实加强执法规范化建设。坚持“办案单位周自评、县级公安机关月自查、市局组织所属单位双月考评”的三级案卷质量评查制度，严格落实“九必”措施（有案必立、立案必查、查案必果，接案必勘、勘查必录、录案必串，信息必采、质量必保、违者必究），真正从接处警、受案、立案、调查取证、侦查、强制措施、处罚、结案、撤案等各个执法环节予以强制规范。三是着力构建警民互动平台。组织民警进社区、进企业，排查化解矛盾纠纷，发放警民联系卡、警务温馨提示，借助“微信”、“公安微博”、“网上警务室”等网络新型媒体平台，主动接受群众评议和监督，真心实意为群众办实事、办好事，警民沟通渠道更加多元化。四是强力推进网上绩效考核工作。借鉴先进地市经验做法，强力推进全员网上绩效考核工作，科学设置考核指标，不断规范和完善各项考核制度，注重考核结果运用，充分利用考核这一“杠杆标尺”调动民警的积极性，真正体现出“干与不干、干多干少、干好干坏不一样”。

【荣誉录】 2013年，鹤壁市公安局被省公安厅通报表彰为“现行命案全破先进单位”。鹤壁市“2012.9.25”故意杀人案被评为2012年度全省30起精品案件。九州派出所社区警务室、淇县公安局警务督察大队荣获“全省公安机关警务督察工作成绩突出集体”。市局九州派出所治安管理服务大队、市局金山派出所治安管理服务大队、市局长江派出所治安管理服务大队、市局春雷派出所治安管理服务大队、浚县局黎阳派出所荣获“全省治安系统执法零过错涉案零上访竞赛活动突出集体”。鹤壁市公安局、浚县公安局、金山派出所、九州派出所荣获“全省公安工作先进省辖市、县、直属派出所”。市局网络安全和技术侦察支队荣获“全省公安机关网络安全和技术侦察工作成绩突出集体”。市局鹤山派出所荣获“全省公安机关缉枪治爆专项行动成绩突出集体”。鹤壁市公安局、金山派出所、市局治安和出入境管理支队一大队、市局治安和出入境管理支队三大队、市局交通管理支队六大队、市局特殊警务支队警犬大队、市局保安支队五大队、浚县局小河派出所、淇县局治安管理大队、市局九州派出所社区警务大队、金山派出所社区警务大队、长江派出所社区警务大队、春雷派出所社区警务大队、红旗派出所社区警务大队、鹤山派出所社区警务大队荣获全省公安机关“平安杯”竞赛活动先进省辖市公安局、直属派出所、基层所队。浚县公安局荣获“全省优秀公安局”称号。淇县公安局刑警大队、市局九州派出所社区警务大队荣获”全省优秀公安基层单位”。市局九州派出所鹤翔警务室、市局金山派出所福源警务室、浚县局新镇派出所董庄警务室、市局长江派出所湘江警务室荣获“全省公安机关城乡社区警务竞赛活动成绩突出派出所”。刘素红、张云峰、曹文英、张丽萍、李静、李拥军荣获”全省公安机关维护国内安全稳定工作成绩突出个人”。张慧荣获个人二等功。杜合军荣获“全省公安机关警务督察工作成绩突出个人”。杨建、王小勇、王吉祥靳日胜、冯占军、孙琪荣获全省公安机关法制工作突出个人。郭艳海荣获全省公安机关“杰出中原卫士”。王界平、李景献、郑刚、胡士恩、王雪华、刘素红、董慧丽、宋卫涛、李涛、王名扬、张国富、刘瑞洲、杨磊、周磊、靳日胜、贾配峰、李建征、姚振光、马鸿海、刘永民、乔伟荣获全省公安机关“中原卫士”。陈娟、李觉令、王利锋、邵磊、王亚洲、郭振平、王琪、谭炳麟、李昕、赵红旗、石党生、贾海水、朱国强、赫明哲、温继智、许波、王永涛、杜增杰、王晓东、秦秀兵、徐轲荣获“全省优秀人民警察”称号。

（毋晓林）

检　察

【概况】 2013年，全市检察机关围绕全市工作大局，认真履行检察职责，创先争优，提升水平，各项检察工作在原有础上取得新的进展。一、围绕推进平安建设，加强审查逮捕、审查起诉和信访稳定工作。全市检察机关共批准逮捕各类刑事犯罪嫌疑人792人，提起公诉1624人。工作中重点采取六项措施：一是坚守防止冤假错案底线，坚持疑罪从无，加强对办理重大、疑难、复杂案件的指导，制定《死刑案件客观性证据收集审查工作指导意见（试行）》等制度，促进案件质量提高。二是强化诉讼效率观念，特别是强调不能以刑诉法规定的最长时限规划办案进度，在保证质量的前提下，尽可能地加快进度，防止诉讼拖延。三是深化非羁押诉讼工作，完善审查批捕阶段听取律师意见和羁押必要性审查制度，加强逮捕必要性审查，对轻刑犯罪案件督促公安机关直接移送起诉，扭转构罪即捕的执法理念。四是充分运用好在贯彻修改后刑诉法过程中的创新成果。如运用邀请侦查人员列席审查逮捕、审查起诉案件讨论制度，在批捕、起诉环节，听取侦查人员意见；运用庭前会议制度，尽量把一些问题解决在庭前，减少庭审中的变数。五是加强未成年人刑事检察工作。增设未成年人刑事检察处，配齐配强办案人员，推行未成年人“阳光检务”制度，探索建立抚慰关护预防体系，实现预防帮教一体化。六是有效化解社会矛盾，不断加强社会综合治理。完善检调对接机制，拓宽调解领域，规范调解程序，提高调解效率；落实案件信访风险评估预警暂行办法，把排查、预防和化解矛盾贯穿执法办案全过程；完善集中清理涉法涉诉信访积案工作实施方案、妥善处置涉检信访突发事件应急预案和涉检舆情处置机制，保持进京、赴省涉检零上访。围绕推进廉政建设，加强查办和预防职务犯罪工作。稳定案件数量，防止大起大落。全市检察机关共立案查处职务犯罪案件89件105人，其中贪污贿赂案件73件87人，渎职侵权案件16件18人。坚持既打“老虎”，又打“苍蝇”。共立贪污贿赂大案65件，立渎职侵权案件全部为重特大案件；立要案13人。对涉案人员职务不高、涉案数额不大，但危害群众利益、群众反映强烈、情节恶劣的小案，也坚决予以查处。建立完善一批好的办案机制。如检察一体化办案机制、反贪案件善后处理工作机制等，特别是推行的主办人证据负责制，明确在办理贪污贿赂犯罪案件过程中，每起案件确定一名主办人，对该案的证据全面、全程负责，通过明晰责任，提高案件质量。既抓惩治，又抓预防。开展建设用地容积率专项预防调查和新型农村合作医疗专项预防调查活动，完善惩治和预防职务犯罪一体化实施办法，坚持在预防中发现职务犯罪线索，在查案中加强预防，逐步形成查办和预防职务犯罪互相促进、整体联动的工作格局。围绕推进法治建设，加强诉讼监督工作。全市检察机关共监督公安机关立案68人，撤案22人，对应当逮捕、起诉而侦查机关未提请逮捕、移送审查起诉的依法追加逮捕、追加起诉；对认为确有错误的刑事、民事、行政裁判依法提出抗诉，对刑罚执行和抓管监管活动中存在的违法行为及时提出纠正意见。二、着眼提升履职水平，突出抓好检察队伍建设。坚持以人为本，抓管理、提素质，把队伍建设作为永恒主题切实抓好，推动检察工作科学发展、持续发展。持续加强领导班子建设。班子成员自觉带头加强学习，带头遵守规章制度，带头抓好廉洁自律，带头深入基层调研。如指导相关部门对2012年以来办结的采取取保措施、认定自首立功情节等情况的自侦案件以及2011年以来公诉部门办理的贪污、受贿案件适用缓免刑情况进行专题调研，出台《关于规范职务犯罪案件自首、立功情节认定的暂行规定》等。严格落实民主生活会和专题组织生活会制度。完善党组会、检委会议事规则和决策程序，落实重大决策报告“三重一大”事项集体研究决定等制度。推行市院中层干部与基层院领导班子成员交流制，促进两级院人才合理流动。持续提高检察人员业务能力。深入推进鹤检讲坛、鹤检赛坛和鹤检论坛，坚持开展岗位练兵、技能培训，重点推行主副岗工作机制，进一步提升干警综合素质，培养“一专多能”的复合型人才，有效破解案多人少等难题。持续深化“争当业务能手、争创品牌工作”活动，办理的3起案件分别被评为全省检察机关首届控申举报十大精品案件、全省检察机关民事行政检察十大精品案件和全省检察机关侦查监督十大精品案件，1起案件被最高人民检察院评为2013年反腐典型案件。持续提升检察队伍形象。深入开展“严警纪、正警风、树形象”活动，坚持不懈地加强职业精神、职业纪律、职业道德教育。组织开展“志愿服务”、“爱心帮扶”、“道德讲堂”等活动，坚持不懈地抓好精神文明建设。以开展争创全市“人民满意十佳检察官”活动为载体，弘扬先进典型事迹，检察队伍的群众满意度不断提升。强调把构建和谐机关作为精神文明建设的重要内容，进一步完善机关保卫、办案安全、值班、车辆、枪支弹药等管理规定，积极推动节约型机关建设。在省文明办对全国文明单位进行的年度复核检查中，市检察院精神文明建设工作得到省文明办的高度评价。持续加强基层院建设。坚持基层检察院建设“四化”方向，注重实施考核评价业务工作，加强工作指导和业务管理。推行市检察院帮扶机制，积极争取各方支持，帮助解决基层院干警职级待遇以及办案用房、技术用房和信息化建设等问题。加强对基层院班子的管理，配强配齐基层院领导班子。组织开展基层院领导素能培训，提高基层领导干部组织决策、统筹协调和执法办案等能力。三、着眼强化自身廉政建设，突出抓好各项规定落实。坚持把加强自身监督制约放在与强化法律监督同等重要的位置来抓，把落实党风廉政建设责任制作为领导干部的政治责任，带头落实，切实抓好。强化党风廉政建设的领导责任。坚持“一岗双责”，把抓党风廉政建设列入党组总体工作部署，与抓业务工作同落实、同督促、同检查。完善廉政体系，制定《党风廉政建设责任目标》及《责任目标分解》，逐级签订党风廉政建设责任书，形成双向责任承诺。注重对检察干警的教育引导，加强对分管部门和分管人员贯彻落实党风廉政建设责任制情况的监督。对基层院和机关各部门党风廉政建设工作进行检查考核，把考评结果作为衡量干部绩效的重要依据。强化遵守廉洁从检的各项规定。班子成员严格遵守廉政准则、个人事项报告等规定；组织党员干部观看《廉政中国》等警示教育片，发放《警示与镜戒》、《党纪检纪条规》等廉政书籍；完善预警机制，加强源头防范，守住廉洁从检的底线；重大节日下发加强党风廉政建设要求，发送廉政短信，防止发生“节日病”。强化改进作风建设。严格遵守党的纪律特别是政治纪律，贯彻落实中央、省委、高检院和省院党组作出的重大决策部署，严格遵守中央“八项规定”以及省委、省检察院、市委相关实施细则等，坚持边查摆边整改，引导全体干警深刻认识改进作风的重要性并自觉落实，切实杜绝“四风”问题；制定全市检察机关《严肃作风纪律的十项规定》，推行兼职纪检监察员制度，加大明察暗访力度，实现纪律作风督查常态化。强化监督制约。要求严格规范检察机关自身执法办案程序，明确执法标准，严防选择性执法和随意性执法。设立案件管理办公室，对案件进行统一受案、全程管理、动态监督、案后评查、综合考评，实现对执法办案的统一、全程、动态监督。继续推行检察委员会个案评查制度，对两级检察院办理的68件职务犯罪案件进行评查，对存在问题认真整改。深化检务公开，开展“举报宣传周”等活动，邀请人大代表、政协委员视察检察工作，向社会适时通报检察工作重要部署、重大活动和重大案件办理情况，增强检察工作透明度，主动接受社会监督。

【侦查监督】 一是坚持惩罚犯罪与保障人权相结合，审查逮捕案件的质量进一步提高。无错捕和错不捕案件，无捕后不起诉、无罪判决及经复议、复核改变原决定案件，无超期审理案件。二是坚持配合与监督相结合，诉讼监督尤其是自身内部监督的力度进一步加大。在配合方面，主要启动类案集中审查机制，与公安机关开展打击非法经营犯罪、非法集资犯罪、制造、销售、运输伪劣产品犯罪等集中行动，对重大案件提前介入，引导侦查，从快批捕。在监督方面，通过扩大监督范围、畅通监督渠道、从源头上深挖监督线索等措施，取得较好成效。三是非羁押诉讼工作较去年同期有较大进步。将非羁押诉讼作为重点工作，推行力度大。2013年的捕后轻刑率同比下降17.3个百分点。四是“两法”衔接工作位居全省前列。行政执法与刑事司法“两法”衔接信息共享平台建设在全省检察系统开展较先，普及面较广，数量较多，发挥作用较早。其做法《以平台建设为基础以衔接效果为中心扎实推进“两法衔接”工作》在全省“两法”衔接工作会议、全省四侦会议上进行经验交流。淇县检察院监督行政机关移送的王红伏拒不支付劳动报酬案件被评为全省侦查监督十佳精品案件。

【审查起诉】 一是突出打击重点，维护社会和谐稳定。坚决依法从重从快办理危害食品安全、非法集资、黑恶势力、职务犯罪等案件，力求办案的法律效果、政治效果与社会效果的有机统一。二是强化诉讼监督，维护司法公正和法制权威。在侦查监督中，除从规范性、程序性的案件审查中发现追诉案件线索外，还注重从关联性案件中、从事实和证据的变化中、从衍生罪行中发现追诉线索，加大对追诉案件的跟踪监督。在审判监督中，建立“三重审查法提升刑事抗诉直改率”工作机制，以“三级把关、三种措施、三重沟通”的方式开展抗诉工作。三是全面落实修改后刑诉法，推进公诉规范化建设。出台《死刑案件客观性证据收集审查工作指导意见（试行）》，完善案件客观性证据收集审查标准；出台《关于提高案件办理质量防止冤假错案发生的意见》，建立严格的冤假错案防范机制；出台《刑事案件庭前审判相关问题听取意见的暂行规定》，建立联席会议制度；与市中级人民法院会签《关于办理职务犯罪案件严格适用法律若干问题的座谈纪要》，严格限制适用缓、免刑；建立“五集中”刑事二审办理工作机制，即集中时间报送、集中案件分流、集中人员办理、集中进行讯问、集中时间开庭，平均办理时间大幅度提高。

【反贪污贿赂】 一是坚持“老虎”、“苍蝇”一起打。坚持立要立准、办要办好，既坚决查办大案要案，对一些数额较小、但严重损害群众切身利益的犯罪也坚决查处。二是扎实开展专项查案活动。深入开展查办和预防发生在群众身边、损害群众利益职务犯

全市检察长会议暨全市检察机关反腐倡廉建设会议召开　　市检察院　供稿

市委书记魏小东（右一）到市检察院调研　　市检察院　供稿

罪专项工作，严肃查办发生在教育、医疗、就业、社会保障、生态环境、食品药品安全、执法司法等与群众利益密切相关的领域，以及涉农惠民领域的贪污贿赂案件，维护广大群众的切身利益。三是强化案件管理工作。强化案件线索管理，严格执行同步录音录像的规定，按照“全面、全部、全程”及审录分离的要求，对犯罪嫌疑人讯问实行同步录音录像。认真执行职务犯罪案件办案告知卡、廉洁自律卡、回访监督卡“一案三卡”制度，加强对办案工作的同步监督，确保案件的质量。四是不断创新查案工作机制。在实行诉讼环节双向延伸机制基础上，制定主办人证据负责制，明确在办理贪污贿赂犯罪案件过程中，每起案件确定一名案件主办人，由案件主办人对该案件的证据全面、全程负责，通过明晰责任提高案件质量。

【反渎职侵权】　一是进一步突出办案重点，改善案件结构。主要以查办滥用职权、徇私舞弊类案件、要案和一些有影响、有震动的重特大案件为重点，立案侦查的18人全部为重特大案件。二是强化侦查一体化机制，积极发挥市院的主体作用。通过统一经营线索，统一组织指挥，统一整合资源，增强了查案合力，同时注重深挖渎职背后的窝案、串案和贪贿犯罪，扩大反渎查案效果。三是围绕省院统一部署，积极开展专项活动。积极开展查办和预防发生在群众身边、损害群众利益职务犯罪专项工作，市院反渎局和鹤山区院反渎局被评为全省检察机关严肃查办危害民生民利渎职侵权犯罪专项工作先进集体；深入开展工程建设领域涉容积率渎职犯罪案件专项活动，共查处涉容积率渎职犯罪案件3件4人；结合我市实际，在全市检察机关统一部署开展查处家电以旧换新补贴领域渎职犯罪专项活动，共查办该领域渎职犯罪案件7件8人，为国家挽回经济损失800余万元。

【监所检察】　一是从严从细做好刑罚执行和监管活动监督工作。对发现的刑罚执行和监管活动中的各类违法情况及时提出书面纠正意见，有效促进监管场所的安全与稳定。二是监所各项新增业务开展取得新成效。监督司法行政机关将在押的劳教人员从劳教所全部解教清理出所，配合废止劳教制度的司法改革。通过监督，将1000余名监外服刑人员从公安机关移交司法行政机关进行社区矫正。积极开展羁押必要性审查、死刑临场监督工作，探索财产执行监督。三是查办职务犯罪工作保持良好态势。把查办职务犯罪案件作为强化监所检察的主要手段和措施，通过强化集中谈话制度，对提前筛选的被谈话对象进行谈话，摸排线索，扩大案源。四是被监管人员又犯罪案件的审查批捕、审查起诉得到强化。依法打击罪犯又犯罪，特别是“牢头狱霸”犯罪，依法进行审查重新犯罪的批捕、起诉案件39件40人。五是专项活动取得显著成就。按照省检察院要求，与相关部门积极协调，重点解决了罪犯交付执行的实际困难和难题，按照规定全部将所有留所服刑超过三个月的罪犯执行完毕。

【民事行政检察】　一是适应民诉法修改的需要，做好办案工作。全市民行检察部门共受理申诉案件443件，经受理后处理462件（含去年积案）；办理省检察院交办的二审抗诉案件32件，办理案件的质量和效率得到省检察院的肯定；本院办理提请省检察院抗诉案件2件。二是对照上级要求，切实加强诉讼监督工作。在开展执行监督过程中，针对非诉执行中实际执行难、执行乱和程序违法的情形提出检察建议，积极开展对非讼执行案件的监督工作。加强对法院文书送达、支付令等诉讼程序不规范等方面的监督。再审检察建议、检察促和、督促履行职责、移送犯罪线索等工作也在积极推进。三是积极推进“双争”工作，促进民行检察健康发展。举办全市第二届民行检察办案能手竞赛暨选拔业务骨干活动，出台分类研究办理民行案件的意见，逐步实现民行检察人才专业化。做好宣传和调研工作，两篇论文分别获全国、全省“优秀论文”奖。四是切实做好息诉和解工作。注重释法说理工作，引导当事人合理表达诉求，并健全检调对接工作机制，加强与人民调解、行业调解、司法调解的衔接配合，形成息诉和解工作合力。1起案件在第三届河南省检察机关民事行政检察精品案件评选中被评为“十大精品案件”。

【控告申诉检察】　一是着力加强涉检信访工作，推动社会矛盾化解。积极排查涉检信访案件和隐患，制定稳控方案，逐案化解。坚持检察长接待日、点名接访等制度，进一步畅通信访渠道。二是着力提升举报工作水平，突出落实取信于民。开展以“惩防并举，保障民生”为主题的举报宣传周活动，提高群众的举报热情。全面推进不立案举报线索审查制度和实名举报答复工作，共审查不立案举报线索37件，对62件实名举报线索进行核实、答复。三是着力强化监督制约，扎实开展刑事申诉工作。一方面，对不服检察机关处理决定的刑事申诉案件，坚持实事求是，依法处理，另一方面，不断强化对法院生效刑事裁判的法律监督。认真开展刑事赔偿和刑事被害人救助工作，使刑事被害人感受到来自检察机关的人文关怀。四是着力以“双争”活动为契机，实现争先创优目标。制定《鹤壁市人民检察院受理民事诉讼监督案件暂行办法》，规范民事监督案件处理程序，畅通民事行政案件申诉渠道。开展文明接待室评比工作，山城区院接待室被授予省级文明接待示范窗口，市检察院、浚县院、淇县院接待室被授予省级文明接待室。认真做好“精品案件”选评工作，1起案件被评为“全省检察机关首届控申举报精品案件”。

【职务犯罪预防】 一是以开展“五进”宣讲活动为抓手，着力扩大预防工作的社会影响。围绕高检、省院职务犯罪预防进机关、进企业、进农村、进学校、进社区，开展以“深入反腐败，大家来预防”为主题的预防宣传教育活动部署，突出重点，细化措施，推进“五进”活动全面落实。二是以大力开展预防调查为抓手，着力发挥检察预防的职能优势。开展建设用地容积率专项预防调查和新型农村合作医疗专项预防调查活动，针对发现存在的问题和隐患，提出检察建议。三是以健全党委领导预防机制为抓手，着力促进社会化预防格局形成。在党委的统一领导下，继续开展“创建预防职务犯罪工作规范化单位”活动，充分发挥领导小组的作用，营造社会化预防的氛围。加强年度报告和专项报告的撰写工作，全年共撰写年度报告或专项报告6份。四是以加强警示宣传教育为抓手，着力培育具有检察特色的预防文化。加强预防宣传工作，共组织开展各类警示宣传教育92场次，4800余人次受到教育；制作警示教育展板128块，组织举办警示教育展览48次，发放宣传资料22400余份。强化基地建设，共组织各类人员参观警示教育基地28批次，1200余人次参观学习。创制宣传海报，共制作公益广告31幅，其中淇滨区院的《自身难保》、淇县院的《抉择》、浚县院的《防患于未然》3幅作品，被省检察院评为优秀作品。五是以强化行贿档案查询为抓手，着力推动查询结果的合理应用。全市两级院共开展行贿犯罪档案查询5432次，涉及单位5431个次、个人12760人次。经查询发现有1个单位、5名个人有犯罪记录，并依据相关规定作出妥善处理，强化社会诚信体系建设。

（李艳芳）

审　判

【概况】 2013年，全市审判机关在市委的正确领导、省法院的监督指导下，在市人大的有力监督和社会各界的大力支持帮助下，全面贯彻落实科学发展观，围绕市委中心工作大局，充分发挥审判职能作用，各项工作都取得新进展，为全市经济发展、社会进步提供有力的司法保障。全年共受理各类案件14512件，审执结13346件，结案率为91.97%。其中鹤壁中院受理各类案件1306件，审执结1126件，结案率为86.22%。

【刑事审判】 严厉打击危害社会治安、破坏金融秩序等各类犯罪，保护人民生命财产安全，维护经济秩序和金融安全。全年共受理各类刑事案件1239件，审结1061件，结案率85.63%。

【民商事审判】 妥善处理各类传统民事纠纷及涉企民商事案件，促进和谐社会建设，维护良好市场秩序。结对联系企业，扎实开展“服务三化协调科学发展主题实践活动”，为企业宣讲法制课，帮助企业防范经营风险，护航经济健康发展。全年共受理各类民商案件11250件，审结10316件，结案率91.70%。

【行政审判】 试行“行政案件相对集中管辖制度”，合理配置审判资源，及时有效化解行政纠纷。完善行政案件协调处理机制，通过司法建议等形式，有效促进行政机关依法行政。全年共受理各类行政案件102件，审结101件，结案率为99.02%。

【执行工作】 创新执行理念，灵活运用各类执行措施，与银行、土地、社保等系统建立征信信息和执行案件信

开展普法宣传活动　　市中院　供稿

息共享机制，提升执行效率，压缩规避执行空间，有效化解执行难题，净化社会信用环境。努力保障当事人的合法权益。全年共受理执行案件1916件，结案1864件，结案率为97.29%。

【司法为民】　一是深入开展“无诉讼村庄、无诉讼社区、无诉讼企业”创建活动，与社会法庭、指导民调、诉前调解、法制宣传、司法建议等工作相结合，将矛盾化解在基层，营造无诉讼的良好社会氛围。试点法院鹤山区法院帮助乡村、社区、企业化解矛盾纠纷584件，辖区内40.5%的基层单位实现无诉讼的目标，案件发生率和受理率大幅下降，维护社会稳定，得到省法院和市委的充分肯定和支持。二是大力开展“三同步两公开”活动，实现庭审过程同步录音录像、庭审笔录同步电脑记录、对当事人同步显示庭审笔录、公开庭审中所适用的法条、公开认证过程，充分保障当事人的诉讼权利。全面落实“阳光审判”，实现从立案、庭审到执行的司法过程全公开，落实重大事项的公开听证制度，及时公开裁判文书，客观真实公开审务，充分保障人民群众的参与权、知情权和监督权。三是积极开展“五联两帮一化解”活动。全市两级法院通过帮扶困难群众，走访当事人，开门纳谏，提升干警为民服务意识和为民服务能力。自9月份活动开展以来，两级法院干警先后联系群众352人次，征求意见和建议241条，化解社会矛盾189起。得到省法院张立勇院长的批示表扬。连续五年推出便民利民“十件实事”，打造综合性诉讼服务平台，为群众提供“一站式”服务。加大司法救助力度，依法缓减免交诉讼费用，让经济困难的群众打得起官司。

（刘　静）

司法行政

【概况】　2013年，全市司法行政机关在市委、市政府的正确领导下，以科学发展观为指导，围绕全市中心工作，立足职能，积极作为，努力为鹤壁市

局党组书记、局长王永秋（中）在浚县调研社区矫正工作　　市司法局　供稿

在中原经济区建设中先行先试走在前面和打造“两个构建”升级版作出积极贡献。在年度全省法治环境满意度调查中，鹤壁市在全省省辖市中排名第一位，已连续两年排名全省第一位，淇县和鹤山区分别在全省县（市）和城区中排名第一位。3月，鹤壁市被表彰为全国法治城市创建活动先进单位（全省仅3个市）。市司法局被表彰为2012年度全市综合目标考评先进单位、平安建设先进单位。市法律援助中心被表彰为全省司法行政系统先进集体，被省总工会评为全省工会职工法律援助维权服务示范单位；淇滨区法律援助中心被表彰为全国法律援助便民服务示范窗口；淇滨区牟山社区人民调解委员会被表彰为全国模范人民调解委员会；山城区鹿楼乡小庄社区被表彰为全省“十佳民主法治社区”；鹤山区鹤壁集镇东头村等7个村被表彰为全省“民主法治村”；淇滨区黎阳路办事处福源社区被表彰为全省“民主法治社区”；市劳教（戒毒）所被司法部表彰为全国“四无”劳教（戒毒）所，并多次受到省司法厅通报表扬。

【监狱工作】　一是加强监狱劳教（戒毒）管理。强化狱所内侦查，坚持每月对狱所政设施进行安检，对查出问题和隐患及时整改；深入开展“双节、两会”百日安全竞赛、安全隐患排查整治、违禁品专项治理等活动，开展应急演练5次。二是提高教育改造质量。扎实开展教育质量年活动，对罪犯开设文化扫盲教育班，组织开展个别教育研讨会、罪犯团体心理咨询、“争当个别教育专家”、“监区文化推进月”和“放飞梦想、重塑新生”系列活动。与鹤煤技校联合办学，进行计算机等专业技术培训，在劳动部门组织的职业鉴定考核中，市监狱参加了59名罪犯，通过考核57人。三是严格文明廉洁执法。积极推进执法规范化建设和狱所务公开，认真开展监狱长劳教所长接待日活动，始终坚持“三公开、两公示、一监督”、减刑四级审核制度，监狱长办公会主动邀请检察人员现场监督。今年以来，监狱劳教（戒毒）执法未发现一起违法违纪事件，市监狱、市劳教（戒毒）所分别顺利实现19周年、6周年安全监管无事故。

【依法治市】　一是健全创建体系。立足全省先进、全国一流，高标准出台《法治鹤壁建设实施方案》、《鹤壁市法治城市创建评估指标体系》等8个文件，从城市到农村，从单位到家庭，从领导干部到普通群众，都明确创建标准，形成完备的法治建设体系。二是完善基础设施。建成法治文化主题公园4个、法制宣传一条街或法治文化

长廊3个；购置大型多屏幕法制宣传车，定期在全市主要街道开展流动法制宣传。三是丰富宣传形式。在京深高速鹤壁入口处设立固定法治公益广告牌；与《鹤壁日报》、鹤壁电视台等主流媒体合作，定期播发“以案说法”和“法治纵横”、“法在身边”等法治栏目；开通了“鹤壁法治信息”手机短信平台，向全市各界定期发送法治短信；购置制作一批法制宣传公益广告视频资料，利用公共场所电子显示屏定期播发。组织知名专家学者、各级领导干部、广大政法干警和法律工作者，开展“法律大讲堂”、“法律宣讲团”、“千名干警千堂法制课”系列活动，被上级领导和新闻媒体称为普法“三驾马车”。3月23日《河南日报》和4月17日《法制日报》均在头版头条介绍本市做法，省委常委、政法委书记刘满仓先后2次作出批示，要求全省推广学习。7月30日，法治河南建设座谈会在鹤壁召开，鹤壁市作典型发言，省委常委、政法委书记刘满仓出席会议并讲话，对鹤壁市普法做法再次给予充分肯定。四是开展多种形式的依法治理活动。会同有关部门，先后开展安全交通、打击违法制发发票和互联网制假售劣行为等专项整治活动，开展依法行政示范单位、诚信守法示范企业、法治学校和法治城市、法治县区、法治乡镇、民主法治示范村（社区）等创建活动。有1个社区被表彰为全省“十佳民主法治社区”，8个农村（社区）被表彰为全省民主法治村（社区）。

【律师工作】 一是认真抓好律师行业管理教育工作。组织律师开展十八大精神和律师法等行业法律法规学习教育活动和“恪守廉洁诚信，严格行业自律”专项活动，推进法律服务行业诚信体系建设。2013年，本市律师有1人参加全国“1+1”法律援助中国行活动，1人入选省律师协会第七届理事会成员，入选省律师协会工作委员会委员达17人次。二是深入开展律师行业服务发展、便民利民活动。组织开展“律师工作下基层，法律服务为民生”活动，走进产业集聚区和农村社区，实行“1+1+1”和“1+2+2”结对帮扶服务（每名律师结对服务1个村社区、1个企业，每个律师所建立2个村社区、2个企业为联系点），通过开展“法律体检”、举办法律培训讲座、提供法律咨询等形式，解决企业、农村和社区群众法律需求。三是组织律师参与全市特殊群体维权和服务社会稳定活动。指导律师协会与有关部门联合，成立鹤壁市军人军属法律维权中心和企业法律维权中心，发挥业务优势，服务特殊群体；积极参与全市信访接待、疑难复杂案件的协调处理工作，为全市和谐稳定作出积极贡献。全市律师共为224家政府、企业担任法律顾问，担任市县两级人大代表、政协委员11人，为顾问单位挽回经济损失5000余万元；共代理诉讼案件1410件，代理非诉讼案件1575件，业务收费439万元；共举办企业用工合同签订法律风险的分析与防范类讲座80余场次，出具法律意见书1000余份，解答法律咨询2500余次，参与项目谈判20余起，主持调解220余次，化解矛盾纠纷1100余起；参与信访接待300余人次，参与信访论证、听证案件25次，开办“消费大讲堂”访谈栏目3期。

【公证工作】 一是加强公证队伍的管理教育。坚持公证队伍每周半天政治学习制度，组织开展十八大精神、公证法和《公证员职业道德基本准则》等行业法律法规学习教育活动，积极组织公证员参加业务培训，组织对公证业务新情况、新问题进行研讨，全市公证员业务素质进一步提升。二是积极服务全市中心工作。组织各公证机构紧紧围绕全市中心工作，在重点工程建设、国有土地使用权及国有资产出让转让、企业改制、拆迁改造、城中村建设等事项中，主动跟进，积极服务，在做好传统的民事、经济公证业务外，积极拓展公证领域，依法办理大量房屋买卖、股权转让、摇号现场监督、贷款合同等公证事项和淇县淇园路北延保全、山城区搬迁分房公证等重大项目公证事项。三是开展多种形式的便民利民活动。利用节假日开展公证义务咨询活动，通过悬挂横幅、发放宣传资料等形式，向群众宣传公证有关法律知识。共开展义务咨询10次，发放宣传品近万份，接受群众咨询2000余人次；开设便民服务窗口和公证服务热线电话，为困难群众开辟绿色通道，并对零就业家庭、残疾人、老年人开展上门服务，减免公证收费，主动下乡入户、进企入厂，现场公证。四是推进文明公证。建立《公证法律服务承诺制度》，公开办理程序、收费标准、办理时限，印发公证服务意见反馈卡，向社会公布了监督电话，并对公证人员的从业情况进行规范，推行文明用语，全市公证人员服务意识得到进一步提升。五是提升公证质量。定期不定期开展公证质量检查活动，通过自查、互查等方式全面检查公证卷宗质量、公证瑕疵等方面存在的问题。全年各公证机构共受理公证事项14508件，公证业务收费77.9万元，办理上门服务20余件，减免残疾人、下岗职工收费8.2万余元，开展义务咨询10次，接受群众咨询2000余人次。

【法律援助】 持续提升服务能力，法律援助民生工程全面落实。一是加大援助宣传。在《鹤壁日报》、鹤壁网等主流媒体长期刊登法律援助公益广告，组成法律援助进乡村进社区流动台，在全市范围内发放雨具、手提袋等法律援助主题生活用品和宣传资料。二是降低援助门槛。在2012年4次降低援助门槛的基础上，2013年第5次降低法律援助门槛，逐步将法律援助覆盖人群从低保群体拓展至低收入群体，全市免予审查的援助事项由5项增加到10项，法律援助服务已覆盖全市87.7万人，占全市总人口的54.8%。三是完善服务网络。市县政府两级全部设立临街一楼法律援助接待室，看守所、市县两级法院全部设立法律援助值班律师办公室，在市军分区、县区武装部均设立法律援助工作站，依托律师事务所、基层司法所、法律服务所设立47个法律援助受理点。全市已构建起“城区半小时、乡村一小时”法律援助服务网络，开通12348法律援助专用咨询电话，实行一周七天早8：00至晚8：00律师座席制，群众就近获得法律援助服务更加方便快捷。四是畅通

"绿色通道"。畅通农民工、残疾人、老年人、妇女儿童四大"绿色通道"，对于此类案件，实行优先受理、优先指派、优先办理"三优先"服务。五是提升援助水平。科学界定受理站点和值班室工作制度和受案范围，选派优秀律师指导其规范开展工作，并对各受理站点和值班室实行动态管理。组织专家律师和资深法律援助人员，进一步规范业务流程和接待行为。与县区司法局签订目标责任书，实行案件定期督导检查制度，在月督导评比的基础上，组织开展年度"精品案件"和"为民服务优秀案例"评选等活动，完善激励机制，强化质量监控。六是开展分析研判。及时归纳总结倾向性社会动态，提出合理化建议对策，为党委政府及有关部门依法行政、科学决策提供参考。全年共办理法律援助案件1721件，接待咨询9158人次，受理农民工案件832件，挽回经济损失761万元。

【仲裁与司法鉴定】 一是做好司法鉴定机构登录、初审工作。对4家鉴定机构延续申请、4家鉴定机构变更地址或名称申请进行认真核对、实地考察，组织专家组对2家鉴定机构仪器设备进行了核查，对3名司法鉴定人执业申请进行初审，均按要求向省司法厅上报审核材料，完成13家司法鉴定机构和全市司法鉴定人登录工作。二是加强司法鉴定人协会建设。按照"两个结合"管理体制，组织开展为期一个月的"规范执业树形象"主题教育活动，完善行业管理机制，规范司法鉴定行业秩序，提高规范化执业水平。三是加强司法鉴定机构的规范化建设工作。开展司法鉴定规范执业专项检查活动，督促指导各司法鉴定机构抓好规范执业的软硬件建设，对各鉴定机构执业场所、案卷质量和鉴定人执业情况进行考核，促使各鉴定机构依法鉴定、公正鉴定、科学鉴定，提高司法鉴定的公信力。全市各仲裁机构共接待当事人仲裁咨询50余人次，受理仲裁案件10件，已办结仲裁案件10起；全市司法鉴定机构共办理司法鉴定案件788起，为残疾人、下岗职工等困难群体减免鉴定费用7.4万元，鉴定采信率99.7%，继续保持司法鉴定行业"零投诉、零信访"。

【司法行政】 一是深入研究部署。专门下发《关于深入开展规范化司法所创建活动的通知》，对司法所规范建设工作进行安排部署，建立司法所建设领导责任制，实行领导干部基层建设工作联系点制度，并将司法所建设纳入全市平安建设年度工作目标，与平安建设工作同部署、同考核。二是充实基层力量。坚持新进人员优先向司法所调配、办公设施优先向司法所装备、业务经费优先对司法所保障"三个优先"，充实司法所力量。三是加强协调沟通。沟通协调乡级政府为司法所配备一名工作人员，协助司法所长开展工作。在此基础上，整合力量，在相邻的司法所之间建立联动机制，解决人员不足这一困难。

（郭　峰）

典型案例

【"2013·1·2"系列杀人案件】 2013年1月2日19时许，春雷派出所接市民毕某报警称：其姐姐毕小红（化名）（女，汉族，32岁，安阳市人）于2013年1月1日离家后至今未归，1月2日曾经和报案人通过两次电话，有人会来找他取钱，之后便了无音讯。根据多年办案经验，民警分析这绝不是一起简单的绑架案，极易引发命案的发生，立即向上级领导汇报。周连根副市长指示迅速启动命案侦破工作机制，成立命案侦破指挥部，调集精干警力对毕小红被绑架案展开调查。经过专案民警耐心细致的侦查工作，于1月3日、4日，相继将犯罪分子段某、田某和陈某抓捕归案，经讯问，犯罪嫌疑人田某供述，其伙同段某、陈某将毕小红骗出工作地点实施绑架，因害怕事情败露，又将毕小红杀害后抛尸于山城区一废弃矿井。经进一步工作，专案组又相继侦破2011年10月和2012年8月发生的两起杀人碎尸案，以及该团伙自2011年以来，在鹤壁、安阳等地先后盗窃面包车、摩托车30余辆的系列盗窃案。

【2013·1·11"特大入室抢劫杀人案】 2013年1月11日0时4分，鹤山派出所接到市局110指令：鹤壁集镇中马驹河村村民王某报警称其妻子杜某和女儿王小丽（化名）被人砍死家中。接报后，鹤山派出所立即组织警力迅速赶赴现场。副市长、市公安局局长周连根指示立即启动命案侦破机制，成立命案侦破指挥部，由郝军副局长统一指挥。1月13日，省公安厅副厅长李法正带领刑侦总队总队长朱海军等同志组成的"冬季行动"督导小组专程到专案指挥部，实地查看案发现场，研究指导命案侦破工作，对侦查工作提出指导性意见和具体要求。通过现场勘查和紧锣密鼓的排查、筛选工作，于1月13日晚，锁定重点犯罪嫌疑人王某，1月15日凌晨2时许，专案民警在鹤壁集镇贾家村将犯罪嫌疑人王某抓获归案。经审讯，王某交待1月10日晚，窜入受害人家中抢劫钱财。因杜某强烈反抗，王某持刀将杜某及其女儿残忍杀害的犯罪事实。

【"2013·1·26"特大杀人案】 2013年1月26日早晨7点30分，淇县公安局接到110报警：北阳镇南阳村村民刘某将其妻子高某及其两个孩子杀害后逃跑。市局副局长兼淇县公安局局长张建明立即组织警力赶赴现场，并及时向副市长、市公安局局长周连根进行汇报。周连根立即安排市局副局长郝军、赵玉峰带领精干力量第一时间赶赴淇县公安局，迅速成立命案侦破指挥部。案件侦破期间，周连根副市长专门亲临专案指挥部听取工作情况汇报，对案件侦破提出明确要求，深入一线看望参战民警，鼓舞士气。按照指挥部部署，专案民警在全市及周边县市的汽车站、火车站等重点部位设卡布控，1月27日清晨，抓捕组民警在林州市长途汽车站附近一电话亭内将犯罪嫌疑人刘某抓获。经讯问，犯罪嫌疑人刘某对杀害高某及两个孩子的犯罪事实供认不讳。

（毋晓林）

综合经济管理

发展和改革

【概况】 2013年，全市发展和改革工作坚持"持续创新、提升发展"工作总基调，围绕加快打造"两个构建"升级版，努力建设生态之城、活力之城、幸福之城总体部署，积极发挥规划、参谋、协调、服务的职能作用，着力抓好项目建设、招商引资、争取资金、运行调节、循环经济、物价管理等工作，努力确保全市经济持续平稳较快发展，较好完成全年各项工作和任务。做好宏观规划工作，组织实施2013年国民经济和社会发展计划，编制完成《鹤壁市服务业发展规划（2013～2020年）》。完善协调服务工作机制，强力推进项目建设，全市260个重点项目全年完成投资345亿元、为年度投资计划的101.5%。积极争取上级资金，全年争取各类上级资金6.46亿元，对已下达投资计划的项目开展督促检查，确保项目进度和资金使用安全。协调推进产业集聚区建设，建成区面积达到49.2平方公里，全年完成固定资产投资270亿元；浚县产业集聚区被评为省"十快"产业集聚区，金山产业集聚区入选省第一批专业示范产业集聚区名单，被认定为河南省环境友好型示范集聚区。积极发展循环经济，全力推进国家循环经济示范市创建工作，2013年12月31日，国家发改委正式确定我市列入国家首批循环经济示范市创建名单；加快推进循环经济项目建设，30个循环经济项目累计完成投资15.6亿元，其中新开工项目9个、竣工项目4个；节能工作稳步推进，协调推进6个节能技改项目，全年万元生产总值能耗下降2.5%左右，超额完成省定下降1.5%的目标。大力发展社会事业，深入推进医药卫生体制改革；加强物价监管调控，促进民生持续改善。市发改委被市委市政府评为综合考评先进单位、争取资金先进单位、企业服务先进单位。

宝山循环经济产业集聚区　　　　袁国强　摄

【宏观经济管理】 研究制订2013年国民经济和社会发展计划，定期检查计划执行情况。完善经济运行监测机制，推动日报告、旬碰头、月协调、季分析等机制常态化，及时掌握用电、投资、工业等运行情况，进一步提高经济运行分析中提出问题的针对性和解决问题的有效性，有力地促进全市经济平稳运行，多项指标增幅位居全省第一方位；收集并整理国家宏观经济信息和产业政策情况，定期编撰《决策参考》等刊物，及时为领导决策提供参考；搜集并整理国家、本省和本市近年来主要指标发展情况，编印《鹤壁市经济社会发展主要指标（1992～2012）》，明晰全市主要指标发展位次。围绕全市工作大局，深入调研并起草《关于加快我市汽车零部件产业发展的对策与建议》、《关于我市新型物流产业发展的调研报告》、《加快现代农业发展，强力支撑新型城镇化》

精细化工项目建设座谈会　　市发改委　供稿

等多篇文章，研究制定了《鹤壁市融入对接郑州航空港经济综合实验区行动方案（2013～2015年）》、《鹤壁市以智能手机为重点的电子信息产业集群发展2013年实施方案》、《鹤壁市产业集聚区建设行动方案（2013～2015年）》、《鹤壁市发展现代农业三年推进计划（2013～2015年）》、《支持老城区统筹发展的若干意见》等措施建议，切实有效解决各项难题。

【争取资金和融资】　根据2013年国家资金支持方向，及早动手，超前运作，在农林水利、交通、能源、社会事业、结构调整与自主创新、节能减排、城镇基础设施及保障性住房、服务业、公检法司等方面积极开展项目策划包装，全年共筛选上报349个争取上级资金项目，共争取各类上级资金6.46亿元。

【项目建设及产业体系】　全市重点项目260个，总投资1471亿元，全年共完成投资345亿元，其中，新开工项目160个，竣工项目52个。工业方面，出台实施了电子信息产业集群发展、科技创新、融入对接郑州航空港经济综合实验区等十多个方面的系列行动方案，进一步明确主导先导产业的主攻方向，工业结构调整深入推进，现代煤化工、汽车及零部件、食品、电子信息、金属镁精深加工等特色产业集群发展态势良好，主导先导产业增加值占规模以上工业增加值的76.2%，支撑带动作用进一步增强。一批具有战略支撑意义的重大项目取得实质性进展，煤化一体化项目完成资源配置和厂址论证，公司组建和项目核准工作有序推进；富士康科技园一期部分投产；聆海家居产业园建设进展迅速；华塑高分子新材料产业园、荣兴科技产业园等一批投资超20亿元的大项目签约落地，产业链进一步向高端、终端和高附加值产品延伸。服务业方面，编制《鹤壁市服务业发展规划（2013～2020年）》，出台《关于加快服务业发展的实施意见》和《2013～2014年鹤壁市加快现代服务业发展行动方案》，进一步明确休闲旅游、新型物流两个服务业发展重点，发展思路逐步明晰；商务中心区和特色商业区发展规划除鹤山区正在报批外、其余均获省批复，市商务中心区10个标志性建筑签约面积达到50%以上；华漫文化旅游城、豫北煤炭物流储备加工基地、闽商国际建材城、升龙广场、东方银座城市综合体等一批龙头项目签约落地。扎实推进国家新增千亿斤粮食项目，建成高产稳产田3407公顷。

【产业集聚区建设】　产业集聚区建设扎实推进，抓住省调整产业集聚区规划机遇，主动对接、积极争取，4个省级产业集聚区规划调整方案均获省批复，新增规划面积23.43平方公里。2013年全市产业集聚区完成投资270亿元，占全市的51.5%，规模以上工业企业237家、占全市的45.1%，规模以上工业增加值187.8亿元、占全市的48.1%，已经成为全市经济发展的主力军。其中，基础设施和公共服务设施完成投资60多亿元，新建标准厂房约40万平方米，完善道路约50公里，仓储物流、环卫设施、特勤消防站等一批公共服务设施相继建设。浚县产业集聚区被评为省“十快”产业集聚区，金山产业集聚区被确定为河南省环境友好型示范集聚区。

【物价工作】　加强物价监管调控。严格落实主要商品价格监测日报制度和价格信息发布制度；认真落实居民阶梯电价和低收入家庭优惠用电等政策；上报第七批县域产业集聚区内享受优惠电价企业名单并获批，累计为50多家企业节省电费支出1800万元。结合市“改作风、转职能、优环境”活动，全面落实有关收费减免政策，先后四次取消、降低城市房屋鉴定费等20余项收费项目，全年减轻企业和群众负担600余万元。组织开展涉农、涉企、教育等多次专项价格检查，共计查处各类价格违法案件65件，查处违法金额215万元。抓好价格调节基金征收工作，全年共征收价调基金120余万元。完善价调基金补贴机制，支出200万元用于菜篮子工程补贴。

（宋冰勇　杨丽娟　刘晓宇　张国平）

附：

2013 年鹤壁市重点建设项目一览表

单位：万元

序号	项目名称	项目单位	总投资	2013 年投资
合计		260	14711518	3402167
市直		26	1423083	392755
1	老城区集中供热项目	鹤壁盾安供热有限公司	50000	20000
2	鹤壁市图书馆建设项目	市文广新局	6075	900
3	鹤壁市人民医院病房楼建设项目	鹤壁市人民医院	28200	15000
4	南水北调中线（鹤壁段）工程项目	市南水北调办公室	165000	22800
5	鹤壁市南水北调配套工程建设项目	市南水北调办公室	118400	118300
6	盘石头水库移民工程	盘石头水库建管局	31365	18365
7	火龙岗高效节水示范基地项目	市水利局	29700	100
8	南水北调中线（鹤壁段）生态走廊项目	市林业局	8000	100
9	鹤壁市农业科技园项目	市科技局	65000	1000
10	鹤壁能源化工职业学院建设项目	鹤壁能源化工职业学院	35000	10000
11	黄河科技学院汽车学院建设项目	黄河科技学院	30000	8500
12	鹤壁市兰苑中学新建项目	市教育局	6000	4000
13	鹤壁市职教园区公共实训中心项目	市教育局	3200	3200
14	鹤壁职业技术学院新校区建设项目二期工程	鹤壁职业技术学院	30000	7000
15	鹤壁市综合培训实践活动中心建设项目	市代建办	22000	200
16	鹤壁至辉县高速公路项目	河南鹤辉高速公路建设有限公司	388036	100000
17	G107 鹤壁境段改建工程	市公路局	31497	12739
18	S305 浚南线滑浚界至国道 107 段改建工程	市公路局	112740	3000
19	S222 大海线上曹至浚滑界段改建工程	市公路局	107935	3000
20	鹤壁 500 千伏输变电工程	鹤壁供电公司	46384	500
21	220 千伏浚县变电站扩建项目	鹤壁供电公司	2000	1500
22	鹤壁市实施全国新增千亿斤粮食项目	两县发改委	2551	2551
23	鹤壁国际物流综合服务设施建设项目	鹤壁海关筹建处	9500	5000
24	鹤壁出入境检验检疫综合实验中心项目	鹤壁出入境检验检疫局筹建处	9500	5000
25	山西中南部铁路通道（鹤壁段）项目	山西中南部铁路通道河南筹备组	70000	20000
26	锦州—郑州成品油管道（鹤壁段）工程项目	中国石油天然气股份公司	15000	10000
浚县		55	2050575	668084
1	火龙岗风力发电项目	中国风电集团	50000	43000
2	河南贝迪塑业有限公司年产 8 万吨塑钢型材项目	河南贝迪塑业有限公司	50000	20000

续表一

序号	项目名称	项目单位	总投资	2013 年投资
3	河南平顺汽车配件有限公司年产 20 万套汽车零部件法士特缓速器项目	河南平顺汽车配件有限公司	37000	15000
4	河南六和至真公司食品工业园项目	河南六和至真公司	100000	20000
5	中鹤集团年加工 100 万吨小麦项目	中鹤集团	90000	25000
6	河南谷夫有限公司年产 40 万吨谷物早餐饮料项目	河南谷夫有限公司	68000	15000
7	中鹤品鲜食品有限公司年产 20 万吨速冻调理食品项目	中鹤集团	50000	25000
8	鹤壁超汇食品有限公司年产 20 万吨烤肠项目	鹤壁超汇食品有限公司	20000	10000
9	天绒大豆纤维有限公司年产 4500 吨大豆纤维项目	天绒大豆纤维有限公司	36000	10000
10	河南瑞贝特兔业有限公司年产 1 万吨兔肉食品加工项目	河南瑞贝特兔业有限公司	19000	10000
11	中鹤制麦有限公司 5 万吨麦芽及饮品项目	中鹤制麦有限公司	19000	10000
12	聆海建筑装饰工程有限公司年产 190 万套高档家居生产线建设项目一期工程	聆海建筑装饰工程有限公司	68000	15000
13	河南省得邦利达家俱有限公司家俱产业园项目	河南省得邦利达家俱有限公司	160000	30000
14	御生堂工业园建设项目	北京御生堂投资集团有限公司	50000	20000
15	宜兴陶都中原建材商贸城建设项目	卫溪办事处	33000	10000
16	河南麦多商业有限公司购物广场建设项目	河南麦多商业有限公司	16000	6000
17	浚县文化艺术中心建设项目	浚县政府	15000	5000
18	S219 永定线汤浚界至浚延界段改造工程	浚县公路局	17084	15084
19	中鹤新城新型社区建设项目	浚县王庄镇政府	300000	30000
20	善堂镇中心社区（贾胡庄）一期工程项目	浚县善堂镇政府	51200	20000
21	捷恩家食品有限公司年产 6 万吨烘焙食品加工建设项目	捷恩家食品有限公司	130000	28000
22	鹤壁百翼蜂业有限公司年产 18 万吨蜂饮料项目	鹤壁百翼蜂业有限公司	38000	10000
23	大瑞贺食品有限公司年产 5 万吨饮品及花生制品项目	大瑞贺食品有限公司	32000	32000

续表二

序号	项目名称	项目单位	总投资	2013 年投资
24	河南省伟一速冻食品有限公司年产 5 万吨无公害速冻调理肉制品加工项目	河南省伟一速冻食品有限公司	21000	11000
25	浚县精实电子厂年产 10 万只耐环境高密度圆型连接器项目	浚县精实电子厂	10000	8000
26	贝迪塑业年产 4 万吨塑钢型材三期建设项目	河南贝迪塑业有限公司	30000	8000
27	河南贯通钢构有限公司年产 10 万吨钢结构件项目	河南贯通钢构有限公司	18000	12000
28	鹤壁长丰彩钢有限公司年产 300 万平方米彩钢板项目	鹤壁长丰彩钢有限公司	17000	10000
29	河南舒美沙发有限公司年产 3 万套中高档沙发项目	河南舒美沙发有限公司	16500	16500
30	河南省神农机械制造有限公司年产 15000 台神农中小型联合收割机项目	河南省神农机械造有限公司	12000	12000
31	河南给力软管有限公司年翻新 10 万套工程轮胎项目	河南给力软管有限公司	12000	12000
32	河南亿联钢构工程有限公司年产 10 万吨钢构件建设项目	河南亿联钢构工程有限公司	10000	8000
33	河南士邦彩钢有限公司年产 100 万平方米彩钢板项目	河南士邦彩钢有限公司	9000	6000
34	河南环燕轮胎股份有限公司年产 2 万吨复原胶项目	河南环燕轮胎股份有限公司	6000	3000
35	鹤壁市秀田牧业有限公司年出栏 50 万头生猪养殖及无公害蔬菜基地建设项目	鹤壁市秀田牧业有限公司	67000	20000
36	鹤壁市大安现代农业有限公司现代设施农业和生态休闲农业项目	鹤壁市大安现代农业有限公司	22000	10000
37	浚县土地整理项目	浚县国土局	20000	5000
38	浚县紫金湖引黄调蓄工程	浚县水利局	15075	5000
39	荒山绿化及尾矿整理项目	浚县屯子镇政府	15000	5000
40	卫贤镇生态休闲农业项目	浚县卫贤镇政府	8000	3000
41	浚县 5 万亩高标准农田建设示范工程	市农开办	6000	6000
42	精品绿色蔬菜种植项目	浚县跃民牧业有限公司	5000	5000
43	浚县小型农田水利重点县建设项目	浚县水利局	4500	4500
44	新大陆绿色农产品物流港项目	河南新大陆农业科技有限公司	100000	20000
45	大运河浚县段环境整治项目	浚县卫溪办事处	22000	4000

续表三

序号	项目名称	项目单位	总投资	2013 年投资
46	鹤壁市第二电视转播台搬迁项目	市文广新局	4670	2500
47	浚县善堂镇第一初级中学项目	浚县教体局	2128	500
48	中鹤铁路专用线项目	中鹤集团	33900	3000
49	东上线改建项目	浚县公路局	24000	4000
50	浚五线改扩建项目	浚县公路局	20000	8000
51	浚县城市道路建设项目	浚县住建局	27000	20000
52	南水北调浚县城区供水一期工程	浚县住建局	8200	3000
53	王庄镇及中鹤集团污水处理厂建设项目	中鹤集团	5048	2000
54	黎阳污水处理厂升级改造项目	浚县住建局	2270	2000
55	浚县产业集聚区集中供热项目	郑州力威燃气热力有限公司	28000	5000
淇县		40	1988475	502735
1	鹤淇电厂项目	河南投资集团	498000	120000
2	河南宇风汽车有限公司年产 5 万辆专用车项目一期工程	河南宇风汽车有限公司	80000	27000
3	河南大用实业有限公司年产 50 万吨中式营养快餐项目一期工程	河南大用实业有限公司	90000	30000
4	河南永昌飞天淀粉糖有限公司年产 80 万吨专用小麦精深加工项目	河南永昌飞天淀粉糖有限公司	74000	30000
5	郑州恒云食品有限公司年产 6 万吨系列速冻食品项目	郑州恒云食品有限公司	30000	8000
6	河南省强正棉纺有限公司 30 万锭纺纱项目	河南省强正棉纺有限公司	78000	25000
7	土地综合整治项目	淇县国土局	30800	7000
8	淇县灵山综合开发项目（文化产业园区）一期工程	河南富鹤实业有限公司	50000	20000
9	朝歌新区核心区商业综合体项目	鹤淇产业集聚区	35500	15000
10	朝歌新区核心区 6 幢标志性建筑项目	鹤淇产业集聚区	76000	20000
11	朝歌新区核心区市民活动中心建设项目	鹤淇产业集聚区	15000	5000
12	淇园新型社区一期工程	鹤壁润淇投资发展有限公司	60000	10000
13	淇水公租房示范小区二期廉租房项目	淇县鹤淇经济建设投资有限公司	18900	6900
14	鹤壁市第四水厂项目	市住建局	20600	3000
15	金马墙体材料有限公司新型节能建筑材料生产线建设项目	金马墙体材料有限公司	21000	10000
16	河南中之禾面业有限公司年产 3 万吨中式养生快餐项目	河南中之禾面业有限公司	60000	3000

续表四

序号	项目名称	项目单位	总投资	2013 年投资
17	浙商食品产业园项目	天盛食品有限公司	50000	8000
18	河南飞天淀粉股份公司年产 10 万吨果葡糖浆和 3 万吨功能性糖生产线建设项目	河南飞天淀粉股份公司	35000	19000
19	河南长远有限公司年产 10 万吨小麦淀粉深加工项目	河南长远有限公司	21000	8000
20	天香食品工业园项目	河南天香食品有限公司	8000	8000
21	合基电讯（河南）高新产业园高端精密无线射频网优设备生产研发基地项目	合基电讯（河南）技术有限公司	74000	10000
22	大连奥博特模塑技术有限公司中空成型制造项目	大连奥博特模塑技术有限公司	150000	20000
23	鹤壁市加怡轻工实业有限公司彩印包装项目	鹤壁市加怡轻工实业有限公司	46000	4800
24	新亚卫星工厂项目	新亚公司	25000	3000
25	新纯服装有限公司年水洗 500 万件服装项目	新纯服装有限公司	8000	8000
26	河南中艺农业科技有限公司 2000 亩现代农业示范园项目	河南中艺农业科技有限公司	12000	2000
27	北阳镇高效农业示范园区建设项目	河南王臣置业有限公司	9500	5500
28	淇县源鑫食用菌有限公司利用农业废弃物工厂化生态养殖生产项目	淇县源鑫食用菌有限公司	6000	6000
29	淇县小型农田水利重点县建设项目	淇县水利局	5000	5000
30	淇县朝阳区水土保持项目	淇县水利局	3675	735
31	朝歌综合商贸城建设项目	淇县朝歌办事处	45000	15000
32	淇县影视文化广场建设项目	鹤壁影美置业有限公司	17000	6000
33	淇县朝阳山基础设施建设项目	淇县文物旅游局	8500	1800
34	大用研究院装备及养殖技术分院项目	河南大用实业有限公司	12000	3000
35	淇县云梦山基础设施建设项目	淇县文物旅游局	23000	2000
36	淇县古灵山基础设施建设项目	淇县文物旅游局	12000	2000
37	北阳云梦新型农村社区一期项目	淇县北阳镇政府	32000	8000
38	西岗镇淇水湾新型农村社区一期建设项目	淇县西岗镇政府	25000	3000
39	盛世豪门小区项目	淇县朝歌办事处	63000	8000
40	鑫苑·桂花城住宅小区项目	新大地置业有限公司	60000	6000

续表五

序号	项目名称	项目单位	总投资	2013 年投资
淇滨区		36	1990293	485893
1	中国（鹤壁）农业硅谷产业园项目	北京农信通科技公司	80000	25000
2	鹤壁绿城农业园林生态园项目	北京诚丰和泰投资管理有限公司	38000	18000
3	龙门大厦项目	鹤壁市盛翔置业有限公司	45000	20000
4	天津渤海交易所大厦项目	鹤壁渤海华中物流股份有限公司	35000	15000
5	镁大厦及配套建设项目	青岛地恩地集团	30000	12000
6	鹤壁远洋汽车城项目	河南远洋汽车销售服务有限责任公司	30000	15000
7	帆旗大厦项目	鹤壁盛典置业有限公司	25000	8000
8	光明大厦及配套项目	鹤壁市龙泰置业有限公司	20000	8000
9	嘉联朝歌大厦项目	香港嘉联集团和鹤壁朝歌纺织集团	20000	15000
10	鹤壁公路运输综合客运枢纽站项目	北京城建道桥建设集团有限公司	25000	15000
11	淇滨区保障性住房项目	淇滨区住建局	21893	13893
12	钜新社区项目	淇滨区钜桥镇政府	171000	35000
13	大赉店社区项目	东方峰兆置业有限公司	106100	30000
14	刘庄中心社区项目	中辰公司	88000	25000
15	中央公园高端综合休闲商业区项目	东方银座集团	250000	20000
16	高铁广场综合商业区项目	福建泉舜集团	200000	12000
17	亚洲闽商（鹤壁）国际建材城项目	亚洲闽商投资集团（香港）有限公司	80000	1100
18	鹤壁科技综合服务园项目	百盈公司	70000	20000
19	黎阳商苑升级改造项目	河南省正道实业有限公司	50000	2000
20	淇滨区明达中学建设项目	淇滨区中小学建设办	10000	5500
21	淇滨区城市道路建设项目	淇滨区政府	13000	13000
22	淇滨区淇河西岸绿化整治及朝歌路等路段绿化提升工程项目	淇滨区园林局	15000	15000
23	唐庄社区项目	淇滨区钜桥镇政府	55000	10000
24	大辛庄社区项目	淇滨区长江路办事处	44000	12000
25	西郭庄社区项目	淇滨区九州路办事处	28000	6000
26	牛庄社区项目	淇滨区长江路办事处	16300	6400
27	书香铭苑小区项目	鹤壁宏翔置业有限公司	100000	14000
28	诚城・卢浮宫小区项目	鹤壁诚城房地产开发有限公司	65000	15000
29	御景城邦小区项目	鹤壁新世纪置业有限公司	60000	10000
30	桃花源小区项目	鹤壁诚诚房地产开发有限公司	50000	12000
31	珠江小区项目	鹤壁天润置业有限公司	30000	12000
32	御水苑建设项目	鹤壁天润置业有限公司	25000	8000
33	黎阳宏宇片区改造提升项目	淇滨区黎阳路办事处	25000	5000

续表六

序号	项目名称	项目单位	总投资	2013 年投资
34	橡树湾小区项目	鹤壁盛典置业有限公司	25000	10000
35	豫鹤华城项目	鹤壁基磊置业有限公司	24000	12000
36	龙门印象城项目	鹤壁盛翔置业有限公司	20000	10000
山城区		26	1807621	302607
1	鹤壁宝马集团年产 5 万吨煤制乙二醇工业示范项目	鹤壁宝马集团	40000	8000
2	河南省富盛陶瓷有限公司新建 9 条中高档陶瓷生产线项目	河南省富盛陶瓷有限公司	160000	50000
3	鹤壁大鸿图建材有限公司新建 6 条 3D 喷墨抛光砖生产线项目	鹤壁大鸿图建材有限公司	110000	25000
4	鹤壁瑞腾建材有限公司年产 800 万平方米陶瓷墙砖项目	鹤壁市瑞腾建材有限公司	33000	12000
5	鹤壁万里建材有限公司年产 6 万平方米泡沫玻璃项目	鹤壁万里建材有限公司	13000	4086
6	河南德亿电器有限公司年产 150 万套美的空调继电器等配套项目	河南德亿电器有限公司	20000	6000
7	鹤壁市盛达矿山设备有限公司年产 80 台多绳摩擦绞车项目	鹤壁市盛达矿山设备有限公司	35000	10000
8	河南宏昌陶瓷物流项目	河南宏昌物流有限公司	45000	7000
9	鹤壁山城·印象新城商业广场建设项目	深商投商用置业有限公司	25000	12000
10	红旗街东延工程	山城区交通局	12644	10644
11	石林新城项目	广东佛山新中源集团、汇诚集团	600000	50000
12	山城区元泉社区建设项目	山城区鹿楼乡政府	30000	12000
13	福建奥邦建材有限公司鹤壁分公司年生产 900 万平方米轻质节能复合墙板项目	福建奥邦建材有限公司鹤壁分公司	100000	10000
14	鹤壁盛泰节能环保建材有限公司年产 30 万立方米农作物秸秆保温墙材项目	鹤壁盛泰节能环保建材有限公司	20000	5000
15	河南格罗普斯新能源有限公司年产 13 亿立方米有机物快速分解合成燃气项目	河南格罗普斯新能源有限公司	160000	10000
16	鹤壁天汽模公司汽车模具研发及制品件项目	鹤壁天汽模公司	30000	10000
17	河南泛华有限公司年产 100 万套汽车整车线束及汽车配件项目	河南泛华电器有限公司	25000	15000
18	鹤壁市丰汇通用设备有限公司年产 2 万吨有色金属项目	鹤壁市丰汇通用设备有限公司	10000	2000

续表七

序号	项目名称	项目单位	总投资	2013 年投资
19	河南柳江生态牧业股份有限公司年存栏90万只绿色蛋鸡生产示范基地项目	河南柳江生态牧业股份有限公司	15000	1000
20	广源·新都汇城市综合体建设项目	鹤壁市广源置业有限公司	65000	15000
21	龙湖明珠商业广场建设项目	鹤壁卧龙腾飞置业有限公司	80000	10000
22	鹤壁时丰宝铁路专用线项目	河南投资集团有限公司	107000	5000
23	山城区垃圾收运系统项目	山城区环卫处	3000	800
24	山城区城区基础设施建设项目	鹤壁市市政管理处	9977	5577
25	山城区西交头社区建设项目	河南升融置业有限公司	50000	5000
26	山城区大峪社区建设项目	山城区张庄大峪改造办公室	9000	1500
鹤山区		22	701792	191993
1	鹤壁瑞达生物科技有限公司年产10万吨橡胶促进剂项目	鹤壁瑞达生物科技有限公司	50000	20000
2	鹤壁市海格化工科技有限公司年产10万吨离子交换树脂项目	鹤壁市海格化工科技有限公司	20000	10000
3	鹤壁泰润达生物油脂有限公司航空润滑油及添加剂项目	鹤壁泰润达生物油脂有限公司	20000	10000
4	河南太行全利重工股份有限公司智能化节能环保型废金属破碎分选设备项目	河南太行全利重工股份有限公司	20000	15000
5	鹤壁市第二水厂改扩建项目	北京北方骏港投资公司	15000	5000
6	鹤山区2012年保障性住房项目	鹤山区政府	22500	15000
7	杨邑片区整体开发项目	鹤壁祥发房地产开发有限公司	60000	15000
8	鹤壁市元昊化工股份有限公司年产5万吨橡胶助剂项目	鹤壁市元昊化工股份有限公司	30000	7000
9	鹤壁市赛科化工有限公司年产5万吨2－甲基吡啶项目	鹤壁市赛科化工有限公司	30000	8000
10	鹤壁明远轻合金科技发展有限公司年产5.5万吨高精度镁合金塑性加工材料项目	鹤壁明远轻合金科技发展有限公司	150000	30000
11	鹤壁市普鑫镁制品工贸有限公司年产2万吨新型节能螺旋式换热器镁合金管材项目	鹤壁市普鑫镁制品工贸有限公司	12000	3000
12	平顶山市旭龙再生资源有限公司年综合利用100万立方建筑垃圾项目	平顶山市旭龙再生资源有限公司	57000	6000
13	鹤钢铸造有限公司年产3万吨机械铸件精深加工项目	鹤钢铸造有限公司	6500	4500
14	鹤壁地恩地新材料科技有限公司金属镁还原渣生产有机肥产业化示范项目	鹤壁地恩地新材料科技有限公司	5000	1800

续表八

序号	项目名称	项目单位	总投资	2013年投资
15	上海同业煤化集团年运销500万吨、洗选120万吨煤炭项目	上海同业煤化集团	95000	16000
16	鹤山区特色商业区建设项目	江苏王房集团	60000	1000
17	鹤山区化工园区综合服务及仓储物流项目	鹤壁市中联仓储物流有限公司	10000	5600
18	五岩山景区综合开发项目	河南宏阳建设集团	8000	5000
19	王东线（后蜀村至大峪村）延伸改建工程	鹤山区交通局	5827	2027
20	鹤山区城市道路打捆建设项目	鹤山区城管局	7965	5035
21	姬家山园区污水处理厂建设项目	北京北方骏港投资公司	12000	4000
22	鹤山区中山城区供热管网工程	鹤山区城管局	5000	3031
开发区		37	2039500	436800
1	北京尼克斯科技有限公司年产1万吨汽车工程材料项目	北京尼克斯科技有限公司	50000	25000
2	河南创世电机科技有限公司年产150万台小型发电机组项目（二期）	河南创世电机科技有限公司	58000	25000
3	中恒有色金属科技有限公司高强度镁合金材料生产项目	中恒有色金属科技有限公司	51700	20000
4	河南明镁镁业科技有限公司年产1万吨高强韧镁合金项目	河南明镁镁业科技有限公司	50000	25000
5	河南捷美特镁科技有限公司年产100万套镁合金磁动电动自行车叉架及整车项目	河南捷美特镁科技有限公司	22000	17000
6	鹤壁航盛实业发展有限公司年产300万套汽车仪表、200万套车载视听娱乐系统及50万套高端汽车线束项目	鹤壁航盛实业发展有限公司	100000	25000
7	深圳海能达通信技术有限公司军工电子产业基地建设项目	深圳海能达通信技术有限公司	78000	20000
8	河南仕佳光子科技有限公司年产400万片硅基二氧化硅PLC型光分路芯片生产线项目	河南仕佳光子科技有限公司	65000	15000
9	河南华中星电子科技有限公司年产2亿只高性能电容器二期项目	河南华中星电子科技有限公司	20000	8000
10	鹤壁腾天光通信有限公司年产2亿个光纤连接器及无源器件项目	鹤壁腾天光通信有限公司	18000	13000
11	河南昱科新能源科技有限公司年产60万台（套）太阳能采暖一体化设备项目	河南昱科新能源科技有限公司	70000	20000

续表九

序号	项目名称	项目单位	总投资	2013 年投资
12	河南景典钢结构有限公司年产 1000 座智能车库项目	河南景典钢结构有限公司	65000	25000
13	中科院过程研究所鹤壁能源研发中心及脱硝催化剂项目	中科院过程研究所	50000	20000
14	鹤壁中杰制动器有限公司年产 10 万台（套）新型高效制动器项目	鹤壁中杰制动器有限公司	18000	6000
15	上海博昊机电有限公司年产 36 万套比亚迪汽车发动机线束项目	上海博昊机电有限公司	12800	8000
16	河南茂隆物资有限公司年产 5000 吨镁合金挤压型材项目	河南茂隆物资有限公司	20000	2500
17	河南大华电力设备制造有限公司年产 4000 吨变压器用镁合金片式散热器项目	河南大华电力设备制造有限公司	12000	10000
18	鹤壁市柳江专用设备有限公司新型镁合金恒温专用设备生产项目	鹤壁市柳江专用设备有限公司	10000	4000
19	侨兴鹤壁科技产业园项目	广东侨兴集团	200000	1000
20	快意电梯中原生产基地项目	东莞快意电梯有限公司	96000	1200
21	通讯电子产业园二期	鹤壁天海电子信息系统有限公司	80000	20000
22	深圳航盛机电科技有限公司年产 100 万套五金、注塑件项目	深圳航盛机电科技有限公司	50000	10000
23	上海航盛实业有限公司年产 200 万套车载终端电子设备项目	上海航盛实业有限公司	50000	6000
24	鹤壁优普物联网技术有限公司物联网应用终端项目	鹤壁优普物联网技术有限公司	20000	20000
25	河南省卓特立体科技有限公司年产 12 万台 3D 柱镜显示器 120 万张 3D 光栅项目	河南省卓特立体科技有限公司	20000	10000
26	台湾首林企业股份有限公司年产 5000 万只小型变压器项目	台湾首林企业股份有限公司	23000	4000
27	鹤壁帅美镁业科技有限公司年产 2 万台智能化养殖设备及 4 万套植保机械项目	鹤壁帅美镁业科技有限公司	20000	8000
28	河南沃德新能源股份有限公司年产 30000 套平板太阳能热水器系统项目	河南沃德新能源股份有限公司	20000	8000
29	河南金山环保科技工业园有限公司年产 10000 立方米脱硝催化剂建设项目	河南金山环保科技工业园有限公司	16000	6000
30	鹤壁宏博无缝钢管制造有限公司年产 10 万吨无缝钢管项目	鹤壁宏博无缝钢管制造有限公司	8000	5000

续表十

序号	项目名称	项目单位	总投资	2013 年投资
31	鹤壁威佳汽车园区项目	鹤壁威佳泰利贸易有限公司	48000	1500
32	渤海路西延工程	开发区管委	12000	1600
33	金山北园基础设施项目	金山园区管委会	20000	2000
34	鹤壁飞杨开发公司节能环保产业标准厂房建设项目	鹤壁飞杨开发公司	16000	2000
35	兴隆标准厂房建设项目	鹤壁市兴隆商贸有限责任公司	8000	2000
36	电子新城核心区建设项目	中国安防集团股份有限公司	500000	30000
37	中鹤国际建设项目	鹤壁市中鹤地产有限公司	62000	10000
	宝山集聚区	13	2395179	227800
1	河南煤化精细化工有限公司年产 5 万吨聚四氢呋喃项目	河南煤化精细化工有限公司	97318	25000
2	河南煤化精细化工有限公司年产 10 万吨 1，4－丁二醇二期项目	河南煤化精细化工有限公司	80000	50300
3	鹤壁博文科峰催化技术有限公司年产 5000 吨改性分子筛、15000 吨 ZMS－5 分子筛催化剂项目	鹤壁博文科峰催化技术有限公司	39000	15000
4	宝山产业集聚区中部组团路网工程	宝山产业集聚区	50000	18000
5	中国石化－河南煤化鹤壁煤化一体化项目配套基础设施建设项目	宝山产业集聚区	55000	40000
6	宝山产业集聚区污水处理厂及中水回用工程	康达环保（鹤壁）水处理有限公司	25000	10000
7	宝山产业集聚区（中部、南部组团）给水工程	鹤壁康达水务有限公司	13643	5000
8	中国石化、河南煤化 180 万吨/年甲醇制烯烃项目	中国石化、河南煤化	1729627	20000
9	20 万吨/年乙二醇项目	合资公司	210000	10000
10	河南煤化集团年产 5000 吨丁二酸酐工业示范项目	河南煤化集团	12000	2500
11	鹤壁同力发电有限责任公司 2×300MW 机组烟气脱硝技改工程	鹤壁同力发电有限责任公司	13524	6000
12	丰鹤电厂烟气脱硝工程	丰鹤发电公司	10067	6000
13	宝山集聚区北部组团路网项目	宝山产业集聚区	60000	20000
	鹤壁新区	5	315000	193500
1	富士康（鹤壁）科技园项目	富士康集团有限公司、鹤壁市城市建设投资有限公司	136000	133000

续表十一

序号	项目名称	项目单位	总投资	2013 年投资
2	淇河高村坝以下段综合治理工程	市城投公司	64000	15000
3	南海路南片区道路基础设施工程一期	市城投公司	22000	17000
4	淇水湾片区泰山路淇河桥建设项目	市城投公司	5000	3500
5	淇水湾两岸生态风貌带工程	市城投公司	88000	25000

国土资源管理

【土地基本情况】 2013 年，鹤壁市土地总面积为 2140.4303 平方公里，其中耕地 122237.03 公顷，园地 1312.49 公顷，林地 10526.83 公顷，草地 2137.64 公顷，城镇、村工矿用地 30390.98 公顷，交通运输用地 6148.94 公顷，水域和水利用地 8433.27 公顷，其他土地 32855.84 公顷。

【耕地保护】 严格落实耕地保护责任目标，耕地保护列入各级政府责任目标，强化各级政府耕地保护责任，完善市县乡村四级监控网络，实现了辖区动态巡查全覆盖，全市耕地面积稳定在 10.52 万公顷以上，基本农田面积稳定在 9 万公顷以上。严格落实先补后占制度，连续 16 年实现耕地占补平衡有余。

【规划管理】 加强土地利用总体规划和相关规划的实施与管控，严格按照年度利用计划批准使用土地。紧紧围绕鹤壁济社会发展的布局，完成土地利用总体规划调整对接和数据库备案工作，为全市产业和城市建设调出 27 平方公里的土地空间，为新型农村社区调出备用土地约 20 平方公里，基本保证本市经济社会发展 5－8 年不受空间限制。稳步推进城乡建设用地增减挂钩和人地挂钩试点工作，以内涵挖潜保障发展用地，抢抓机遇，协调争取使用“三项整治”指标政策支持，通过增减挂钩备案建设用地指标 1203.6 公顷，解决备用地指标不足的问题。围绕农业增收和农业生产条件改善，积极推进农村土地综合整治和土地整理，整治农田 22133 公顷，土地整治项目总规模 10440 公顷（4）个乡镇土地整理项目总规模 6793.3 公顷，（4）个乡（镇）土地整治项目总规模 5080 公顷。

【土地利用管理】 推进国土资源节约集约利用，加强土地供应管理，出让国有建设用地使用权 144 宗，出让面积 658.25 公顷及公益性设施用地 20 宗，面积 66.6 公顷。重视建设用地批后监管，积极开展囤地圈地违规用地土地闲置浪费问题专项治理，清查闲置土地 24 宗、面积 91 公顷。闲置 20 宗、面积 69 公顷。盘活一大批闲置、低效利用土地，处理历史遗留问题 38 宗，补缴土地出让金 8293 万元。2013 年 6 月，被省政府评为专项治理工作先进单位。大力推进项目上山，坚持向荒山要土地、要发展空间，加强“低效土地”有效利用，受到省国土资源厅和济南督察局的充分肯定。

【地籍管理】 加强地籍管理，按照省定进度，全面完成集体土地所有权确权登记发证工作，9 月底前全部通过市级验收，浚县、淇县、鹤山区通过了省厅的验收；积极推进宅基地和集体建设用地使用权地籍调查工作，截至 2013 年底各县区已开展招投标工作；按时完成 2013 年度土地利用变更调查任务；严格土地登记审批，无违法违规发证行为。

【矿产资源管理】 以资源整合促规范，加快推进非煤矿产资源整合后续工作，严格按要求完成省下达整合任务。积极开展矿业权核查监管，全面完成实测核查任务，有效遏制各类矿产资源违法违规行为。进一步完善矿产资源储量动态监测工作制度，加强

国土资源执法现场　　　　市国土资源局　供稿

储量动态监测管理，全市甲类矿产矿山储量动态监测率100%。

【地质灾害防治】 全面实施矿山地质环境治理恢复保证金制度，指导各县区建立矿山环境治理和生态恢复责任机制，各级发证矿山共缴存保证金1.425亿元。积极推进矿山生态环境治理，实施山城区西山采石场、浚县白寺灰岩矿环境恢复治理工程，年底前将完成鹤壁市煤矿塌陷区、黑山头玄武岩矿区和淇县南四井矿区环境恢复治理项目的勘察设计评审工作；编制老城区采煤沉陷治理区域地质环境恢复治理规划，申报老城区采煤沉陷矿山地质环境治理项目。加强地质灾害群测群防体系建设，完善各类预案，建立地质灾害气象预警预报系统，组织地质灾害防治专家对36处地质灾害隐患点现场落实防范措施，开展地质灾害应急演练活动，全市没有因地质灾害导致人员伤亡及重大财产损失。

【执法监察】 完善《国土资源违法案件动态巡查实施和考核办法》，严肃查处国土资源违法案件。发现和制止违法用地行为35件，挽回经济损失150多万元，结案率达到100%。土地矿产卫片执法工作顺利通过验收，全市年度违法占用耕地面积比例为1.79%，全年无重大国土资源违法违规案件发生。

【测绘管理】 进一步加强测绘地理信息管理，全面完成“数字鹤壁”地理空间框架建设，顺利通过以中国科学院院士、解放军信息工程大学教授高俊为组长的验收组验收。加强市、县测绘行政能力建设和地理信息执法监管，积极开展地理信息市场专项整治，提高地理信息市场监管能力。

【依法行政和信访工作】 全面落实依法行政责任制，从完善制度入手，积极推进依法行政制度体系建设，建立行政行为许可、重大事项集体决策、社会监督等制度。落实规范性文件备案制度，国土资源管理规范性文件合法性审查备案率达到100%；年内行政应诉案件2起，出庭应诉、胜诉率达到100%；受理行政复议案件共2起，依法办结率达到100%；行政处罚案件合法性省厅督办、交办信访事项结案率达到100%；未发生较大影响的行政复议、行政裁决和行政诉讼案件。积极推进阳光行政，全面执行政府信息公开制度，及时向社会公开有关信息，并开通局长领导信箱、信访之窗专栏，畅通监督渠道。信访稳定工作扎实有效，省厅督办、交办信访事项结案率达100%，进京群体访、重复访和越级访总量不超过全年信访总量的10%，办结信访案件的群众满意率达到95%以上；信访事项复查复核维持率100%；全年未发生较大影响的进京、赴省群体性上访和非正常上访事件。

（张成岭）

工商行政管理

【概况】 2013年，全市工商管理系统牢固坚持“服务、监管、建设”六字方针，全面落实市委“1123”的总体部署，扎实推进法治工商、服务工商、责任工商、现代工商、和谐工商“五个工商”建设，各项工作取得显著成绩。市工商局先后荣获“全国消协组织消费教育引导先进集体（2012～2013）”、“河南省促进全民创业先进单位”、“河南省廉政文化‘六进’活动优秀示范点”、“2013年度完成责任目标先进单位”、“2012～2013年度全市政风行风建设先进单位”等26项市级以上荣誉。市长范修芳、省工商局副局长雷生云等领导同志先后12次对工商工作作出批示肯定。10月29日，副省长王艳玲专程到市工商局调研指导工作，对全市工商工作给予肯定和表扬。

【各类市场主体发展情况】 全市新登记注册各类市场主体9930户，同比增长30.7%，增幅居全省第5位。截至12月底，全市登记实有各类市场主体39242户、资本总额615.25亿元。其中：内资企业1726户，注册资本192.26亿元；外商投资企业155户，注册资本3.52亿美元；私营企业6975户，注册资本334.33亿元；个体工商户29257户，资金数额23.42亿元；农民专业合作社1129户，出资总额43.64亿元。

【服务经济发展】 深化行政审批制度改革，共取消、下放、合并行政审批事项16项，转行政服务8项，进一步提高服务效率。紧紧围绕全市中心工作，先后制定出台《关于服务创新型城市建设的意见》和《关于进一步促进民营企业发展的实施意见》，提出一系列创造性、突破性的服务措施。市长范修芳专门就《关于进一步促进民营企业发展的实施意见》做出批示给予肯定。全面落实税费减免、准入便捷等优惠政策，积极支持和引导个体工商户实现转型升级和小微企业提升发展。围绕招商引资和项目建设，积极落实各项优惠政策措施，强化与当地政府及相关部门的沟通联络，对项目落地中的疑难问题及时协调解决。同时，开辟绿色通道，指派专人提供政策咨询、办照流程介绍、指导填写表格等全程服务，促进项目落地生根，开花结果。先后帮助富士康、鹤淇电厂等一批重大项目快速落地，并为鹤壁煤化一体化项目注册登记做出大量的前期准备工作。充分发挥职能优势，加大与建设银行、工商银行等金融机构的合作力度，为全市各类市场主体累计融资59.29亿元。深化信息服务，充分利用市场主体登记数据和市场监管信息，高质量完成《关于我市非公有制经济的调查与建议》、《关于对担保投资类公司注册登记及监管情况的报告》等多篇专门分析报告，为市委、市政府和有关部门掌握情况提供决策服务。

【服务新农村发展】 研究出台《关于支持农民专业合作社联合社快速健康发展的意见》、《关于进一步推动农民专业合作社的意见》和《关于大力支持家庭农场发展的意见》等三个文件，持续推进“合同帮农”、“商标富农”、“经纪活农”、“红盾护农”工程，积极扶持农民专业合作社和家庭农场发展。截至2013年12月底，全市登记农民专业合作社1129户，家庭农场30户。开

假冒伪劣商品展示　　市工商局　供稿

展“打假冒保春耕”、“打假冒保三夏”及“打假冒保秋播”中原红盾护农行动，严厉打击销售假冒伪劣农资违法行为，查办各类农资案件120起，为农民挽回经济损失150多万元。

【食品流通监督管理】 突出抓好流通环节食品安全这项“天字号”工程，在实践中进一步丰富和完善德治、法治、自治“三位一体”的食品安全工商监管“鹤壁模式”。加大食品安全监管执法力度，组织开展一系列不合格食品的清查活动，深入开展节日期间及农村食品市场、食品违法添加和滥用食品添加剂等多项治理整顿，共检查食品经营户18930户次，查处各类食品违法案件100起，有效维护全市食品安全稳定形势。加强流通环节食品质量检测，对婴幼儿奶粉实行严格的周检制度，并对批发市场、集贸市场、小超市、食杂店、零售商等进行经常性抽验。抽检食品193个批次，合格188个批次，合格率97.4%。加强食品安全宣传教育，发放食品安全“良心工程”宣传年历5000份、食品安全“良心工程”宣传手册6000份；组织开展食品经营户培训58次，培训人员4986人次。

【商标管理】 召开全市实施商标战略工作会议，对实施商标战略进行动员部署；市政府出台《鹤壁市人民政府关于实施商标战略的意见》，明确驰名、著名商标和地理标志证明商标奖励政策；出台《鹤壁市知名商标认定和保护办法》，对知名商标的申请、认定、保护和管理提出了具体办法和措施。全市上下高度重视商标、主动注册商标、用好管好商标的社会氛围初步形成。全市包括“永优”在内的20件商标被认定为省著名商标，认定量为历年之最。全市注册商标总量达2125件，其中，省著名商标50件、中国驰名商标2件。深入开展打击侵犯知识产权和制售假冒伪劣商品专项行动，持续做好商标打假维权工作，捣毁制假售假窝点3个，查处各类商标侵权假冒案件91件，同比增长35.8%。

【广告监管】 以直接关系人民群众健康安全的医疗、药品、保健食品广告，危害未成年人身心健康的非法涉性、低俗不良广告以及扰乱公共秩序、影响社会稳定的严重虚假违法广告作为重点整治对象，采取日常监测与集中整治相结合、联合监管与明察暗访相结合的方式，严厉打击各类虚假违法广告。全年开展固定形式印刷品广告、非法集资广告、虚假违法药品广告等专项整治8次，查处广告违法案件36件，同比下降14.3%。加大广告监测力度，共监测各类媒体广告40万条次，发现违法广告256条次，同比下降75.48%。重点监测医疗、药品、保健食品、化妆品和美容服务五大类广告2227条次，严重违法率为零，走在全省工商系统的前列

【直销监督管理】 创新打击传销宣传方式，制作打击传销系列宣传动漫，走在全国工商系统前列。进一步加大打击传销宣传教育力度，通过短信、资料、横幅、标语、宣传车、宣传栏等方式，推进反传销宣传进社区、进农村、进市场、进校园。发出警示提示16次，发放宣传资料3.1万份，刊发公益广告5次，发送手机短信30万条。始终保持对传销的高压严打态势，扎实开展“打传销反欺诈促和谐”执法行动，捣毁传销窝点3个，遣返传销人员60余人次，查处传销案件1件，促进了社会和谐稳定。加强直销监管，对全市直销企业服务网点、经销商的网点建设、招募、培训、计酬等重点环节进行摸底检查，召开全市直销企业行政约谈会议，有效规范直销企业经营行为，促进直销市场健康发展。

【市场主体监督管理】 加强年检验照工作，应检企业7620户，通过年检确认企业6233户，年检率81.8%；全市应验照个体工商户21797户，通过验照个体工商户20790户，验照率95.38%。全市共注、吊销各类市场主体8993户，其中注销6573户，吊销2420户。开展查处取缔无证无照经营工作，建立查处取缔无证无照定点督导联系责任制度，加强了对各县区查处取缔无证无照工作的督导检查力度。充分发挥查处取缔无证无照经营工作联席会议制度的作用，联合质检、药监、安监等26个职能部门及各县区政府，开展了规模空前的查处取缔无证无照经营综合治理月活动。全市工商系统共查处取缔无证无照1972户，引导办理营业执照1576户，立案查处290宗。

【整顿和规范市场经济秩序】 集中开展为期两个半月的中原红盾“消费维权行动”，共检查各类经营主体13375户，立案查处各类案件225起；对932户市场主体开展行政指导，命名63户

食品经营户为“食品安全示范店”，与5666户食品经营户签订食品安全承诺书。组织开展中原红盾市场巡查行动，制定巡查制度，规范巡查行为，对全市市场主体全部巡查一遍，对部分重点区域和重点行业巡查二次以上，共下达行政指导书1579份，开展行政约谈299次，查处各类案件658起，夯实监管基础。扎实推进网络商品交易监管，对22户网络交易市场主体进行备案及加贴电子链接标识。切实加强对投资类公司的属地监管，对全市192户投资类公司建立监管预警台账。尽职尽责加强市场应急管理，为配合做好H7N9禽流感防控工作作出贡献。围绕全市大局，尽心尽力服务全市迎接省级卫生城市复查验收工作。

【消费者权益保护】 大力推进12315行政执法体系建设，建立健全12315快速反应机制，进一步提升消费维权工作水平。组织开展12315公众开放日活动，树立开放工商新形象。组织开展12315中心电话接听（诉）率、案件处理率、消费者满意率等指标的量化考核，不断推进12315中心制度化和规范化建设。坚持社会化维权的思路，在全市招募消费维权志愿者180名，已成为工商部门消费维权的得力助手。不断探索并逐步完善消费争议行政调解、人民调解和司法调解的衔接机制，实现了信息互通和资源共享。加强消费教育引导，针对与消费者日常生活关系最密切，与生命健康权、财产权关系最紧密的日常生活用品、家居用品等商品和服务领域的热点问题和消费难点及时发布消费警示和提示，引导消费者安全、合理消费。全年发布各类消费警示25期，联合鹤壁电视台《有忙就帮》栏目录制“消费维权指南”7期，联合鹤壁日报社录制《消费教育大讲堂》2期。加强流通领域商品质量检测，共开展商品质量检测48批次，合格47批次，合格率为97.9%。

【法制建设】 加强法制宣传教育，深入学习宣传商标法、广告法、公司法、食品安全法、反垄断法、反不正当竞争法等工商行政管理法律法规，为服务全市经济发展营造良好的法治环境。认真落实《鹤壁市工商局查处经济违法违章案件备案管理办法》和《鹤壁市规范案件管辖权、审批权限的规定》，进一步促进执法的规范性和严肃性。规范执法主体，组织系统行政执法人员参加执法证资格考试，严格执法证管理，确保执法人员主体资格合法有效。集中清理对公民、法人或其他组织具有普遍约束力的规范性文件，规范工商实施行政强制措施依据，保证执法依据合法性。强化执法监督，通过强化案件核审、行政复议、听证和行政诉讼工作，及时发现和纠正不规范的执法行为。全年查处各类经济违法案件871件，无一出现行政复议撤销、行政诉讼败诉问题。组织开展行政处罚案卷评查活动，解决存在问题，提高执法质量。深入推进规范行政处罚自由裁量权工作，制定《鹤壁市工商行政管理局进一步推进规范行政处罚裁量权工作实施方案》，在全系统组织开展规范行政处罚自由裁量权自查活动，促进系统公开、公平、公正、合理地行使行政处罚自由裁量权，保障公民、法人和其他组织合法权益。

（董会举）

统　计

【概况】 2013年，全市统计工作以科学发展观为指导，深入贯彻落实党的十八大精神，紧紧围绕全市“加快两个构建、实现率先崛起”的奋斗目标，按照“持续创新、提升发展”的工作总基调，以提升统计服务水平和统计数据质量为抓手，强化统计基础建设，巩固四大工程建设成果，积极推进第三次全国经济普查前期准备工作，完成2013年的各项统计任务。为全面贯彻落实党的十八大和十八届三中全会精神，市统计局多次召开党组、干部职工会议，认真谋划部署，通过集中学习与个人学习、通读文件与专题讨论、公务员职业道德培训与基层调研实践相结合的方式，进一步激发干部职工干事创业的激情。先后印发《关于深入学习宣传贯彻党的十八大精神的通知》、《鹤壁市统计局关于深入学习习近平系列讲话的通知》等文件，通过学习教育活动的开展，统一思想，凝聚共识，切实提高领导班子和全体干部职工的思想政治素养。

【统计服务】 1. 完善目标监测体系。对2012年县（区）目标完成情况进行认定，提出2013年市对县（区）目标建议，对2013年省对市、市对县量化指标进行测算，为科学制定2013年量化指标提供依据。做好统计监测评价工作，适时调整统计监测重点，扎实推进城市新区、产业集聚区、商务中心区、特色商业区、妇女儿童发展规划、国家和省重点服务业企业的统计监测工作，积极参与修订完善政府责任目标考核体系，统计服务能力明显提升。2. 加强统计分析研究工作。年初，出台统计信息（分析）工作目标管理考核办法，任务分解到每个科室，按时进行督导检查。结合全市重点工作，每季度开展全市经济形势监测分析，信息《7月份鹤壁市工业增加值增速17.4%》被市委书记魏小东作出批示，完成市委政研室重点调研课题两个，四篇信息被国家统计局网站采用，共撰写统计分析报告106篇，被市委办、市政府办、省统计局采用统计工作信息1200余条，政务信息采用量位居市直单位第七名。3. 做好统计资料的编辑工作。每月及时向市委、市政府上报全市主要数据，发布《2012年鹤壁市国民经济和社会发展统计公报》，编辑印发《鹤壁统计月报》、《鹤壁统计简明资料－2013》。编辑2013年统计年鉴，搜集整理资料，制作网页，为省市人大、政协“两会”提供优质服务。4. 拓宽统计服务内容。开展第三产业发展速度和水平调研工作，撰写调研报告，认真分析本市三产之间特别是生产性服务业与工业之间的关系、第三产业增加值占生产总值的比重低于全国平均水平的原因，找出存在的问题，提出切实可行的意见和建议。为满足市直有关部门、企业、社会公众的统计信息需求，市统计局定期在报刊、网络等媒介发布更新与国民生活息息相关的经济数据，深入基层企业，宣传统计政策和统计方法，配合发改委、环保局等有关部门做好数据的收集整理和测算考核工作。向群众宣传统计知识，开展第四届“中国统计开放日”系列庆祝活动。

【第三次全国经济普查】 根据全省统一进度完成第三次全国经济普查各阶段工作，单位核查结果位居全省前列。组建普查领导机构，成立由常务副市长任组长，27个市直部门分管负责人为成员的领导小组，由市统计局分管负责人任主任的三经普办公室；抽调人员，对本市第三产业情况和第二产业法人单位附属产业情况进行初步摸底；组织普查骨干人员学习第三次经济普查相关文件、方案、制度（草案）；研究制订普查领导小组办公室内设机构及职责分工等相应制度及工作规范；完成普查区划分和电子地图绘制工作，制定《综合试点方案》；完成普查员和普查指导员的选聘，完成普查区电子地图绘制；对全市各县区“四落实”情况、普查区电子地图绘制和部门资料整理比对情况、单位核查进行现场督导和检查；做好第三次全国经济普查宣传工作，印发《鹤壁市第三次全国经济普查宣传工作方案》、《关于认真做好第三次经济普查宣传周活动的通知》等文件，宣传周期间通过悬挂条幅、发送短信、电视问答等多种方式宣传普查工作，为顺利开展普查登记奠定坚实基础。

【统计调查】 1. 完成基本统计调查任务。按时完成月报任务，加强2013年月度、季度定期报表的组织领导和督促检查力度，全面完成2012年年报工作，确保统计数据能够全面地反映本市经济社会发展情况。坚持科学统计、依法统计，对全市统计数据质量进行审核与评估，保证县区数据与全市数据的有效衔接，认真落实数据联审和“下管一级”的数据管理制度，加大对主要经济指标的评估和监控办法，加强对年报、定报的组织领导和督促检查力度，准确、及时、全面地反映了鹤壁市经济社会发展情况，统计职能作用得到有效发挥。2. 各项专项统计调查任务高质量完成。做好鹤壁市第六次全国人口普查收尾工作，完成普查资料的编印工作。围绕经济社会发展需求，扎实开展乡镇基本情况调查、生猪生产趋势调查、粮食产量调查、河南省人口与城镇化抽样调查、全国人口变动抽样调查、劳动力调查、民用车辆调查、投入产出调查、文化产业统计、服务业统计、物流统计、保障性安居工程统计等各项工作。为38家外资企业开展年检工作。3. 稳步推进城乡住户调查一体化改革工作。明确城乡住户调查一体化工作领导小组和办公室的主要职责，促进分县区住户调查工作的管理和协调。建立与国家统计局鹤壁调查队工作协调机制，局队联合发文，形成责任义务明确、沟通渠道畅通的协作机制。前往县区开展业务指导，抽取调查户记账本进行检查，了解账本记账质量和编码情况，确保住户调查源头数据真实可靠。

【数据质量管理】 1. 加强对企业的督导检查力度。加强对基层企业数据的审核查询，努力减少企业数据逻辑性错误和录入性错误，把好源头数据关，切实把握好宏观统计数据相互之间的协调性和匹配性，保证主要统计指标真实、可信。加强新开工项目入库管理工作，坚持“先入库申请、再统计数据”的新开工项目管理原则，建立月度新开工项目会审制度，定期到县区对新开工项目进行抽查核实，确保入库项目数出有据。2. 强化数据审核评估工作。健全完善市、县统计数据审核评估制度，实施专业季度联审和会审制度，加强报表上报企业单位数与企业名录库审核比对，严格评估审核GDP、农业、工业、投资等主要统计指标数据。

【统计执法】 1. 积极开展统计法制宣传教育。组织全局干部职工参加学法用法集中学习，增强依法领导和依法统计的能力和水平。通过扎实开展征文、书画摄影、演讲比赛、知识竞赛、制作版面、公益广告等形式多样的活动宣传鹤壁市统计法制建设，扩大影响，提升统计法治意识。做好基层统计工作人员的培训工作，举办两县三区3个统计从业资格培训班，培训人数近150人，有效地提高基层统计人员的统计法律知识和业务知识水平。2. 加大执法检查力度，查处统计违法行为。在全市范围内开展房地产业统计数据质量全面检查和工业、贸易等“三上”企业统计数据质量重点检查，共抽查企业577家；对农村统计调查基础工作和数据质量进行检查，共抽查3个县区的5个乡镇，涉及各类调查指标两万多个；在全市范围内开展“三查”工作，对全市基本单位名录库真实性、企业联网直报数据质量以及统计“四大工程”建设贯彻落实情况进行全面检查，通过检查增强基层统计人员依法统计的观念，统计数据质量管理水平进一步提高。3. 扎实开展服务型统计执法建设工作。成立推进服务型统计执法建设领导小组，建立完善行政处罚事前提示、重大统计处罚备案制度、文明执法制度等三十多项规章制度，定期对检查单位开展回访，推进服务型统计执法建设，规范统计执法行为。4. 加强统计基础建设。加强系统网络的整体安全，建立长效机制，对网络内的安全设备进行系统升级，统计信息化建设得到进一步完善。加强机构体系建设，实现市、县区普查中心（计算中心）全面覆盖。积极规划实施高清视频会议系统建设。

（王亚磊　王雪红）

审计监督

【概况】 2013年，全市审计机关不断加大审计执法力度，全年完成审计和审计调查项目195个，查出违纪违规问题资金23984万元，管理不规范资金594215万元，应上交财政9892万元，应调账处理资金1590万元，审计发现侵害群众利益2905万元。通过审计，已上交财政6056万元，已调账处理资金1356万元。全市审计机关对81名领导干部进行了经济责任审计，共查出违纪违规问题资金2154万元，管理不规范资金19290万元。年内，市审计局获得全省档案管理最佳系统，全省审计机关文明单位创建工作先进单位、鹤壁市“廉政文化进机关”先进单位、

2012年度完成责任目标先进单位等荣誉。

【财政预算审计】 全市审计机关积极关注财政政策的贯彻落实，注重揭露、揭示、反映影响和制约经济社会发展机制性缺陷以及制度性漏洞，深入分析原因，提出建设性意见，促使政府部门依法行使权力、认真履行职责，建立完善有利于科学发展的机制。共审计和审计调查单位19个，查出未按规定征收缴纳预算收入9203万元，未按规定纳入预算管理3755万元，违规改变资金用途15000万元，资金滞留闲置5705万元等问题。向市政府提交的同级审结果报告和向市人大提交的同级审工作报告，得到市委、市人大、市政府领导的高度重视。

【财政决算审计】 全市审计机关审计和审计调查单位17个，审计查出主要问题资金62362万元。重点揭露和查处决算编制不真实、不完整，财政收支管理不规范、虚收虚支、截留滞留、挤占挪用专项资金、资金体外循环、损失浪费等问题，有效促进地方政府部门严格执行财经法规，规范财政资金管理。

（孙亚楠）

质量技术监督

【概况】 鹤壁市质量技术监督局机关内设12个科室，分别为：办公室、法规宣传科、人事教育科、计划财务科、机关党委、纪检监察室、质量科、产品质量监督科、标准化科、计量科、食品安全监管科、特种设备安全监管科。辖二级机构6个，分别是稽查大队、检验检测中心、锅炉压力容器检验所、特种设备检测检验所、纤维检验所、机关事务服务中心。其中，市局稽查大队、市质量技术监督检验测试中心为副处级。下设浚县、淇县2个县局和山城区分局、鹤山区分局、淇滨区分局3个区局和经济技术开发区分局。3月30日，国家镁中心顺利通过国家认监委“三合一”认证现场审

全市质量工作会议　　市质监局　供稿

查。6月，国家镁中心顺利取得“三合一”认证证书。9月12日，鹤壁通过国家标准委考核组验收，成为全国首个通过考核验收的农业综合标准化示范市。与中国标准院合作开展的“园区和企业循环经济重要标准研究”科研课题通过考核验收，2项国家标准正在鹤壁市试点企业试运行。智慧鹤壁和鹤壁东站获批创建省级行政服务标准化试点单位。

【标准化工作】 1. 循环经济标准化工作。一是与中国标准院合作开展的“园区和企业循环经济重要标准研究”科研课题顺利通过考核验收，二项国家标准正在本市试点企业试运行。二是11月在山西太原召开的全国循环经济标准化会议上做典型发言。2. 农业标准化工作。一是组织制定鹤壁市地方标准规范35项，制修订农业地方标准规范18项，建立10种主导农产品标准体系，全市标准化种植、养殖率分别达到78%和90%以上；建立大宗农产品从产地、生产、加工、储存到流通等各环节的标准体系及食品加工产业链全程资源节约、综合利用标准体系，标准覆盖率达到98%，贯标率达100%。二是顺利通过国家标准委考核，成为全国第四家农业综合标准化示范市。三是“世界标准日”期间，国家标准委推荐鹤壁市为第一产业代表，范修芳市长与国际标准化组织现任主席、候任主席等一同作为特邀嘉宾参加央视《对话》栏目——“标准改变世界”专题节目，介绍鹤壁市农业标准化工作经验；刘文彪副市长也在中国经济网“标准改变世界”专题节目中介绍本市农业综合标准化工作经验；11月在杭州召开的全国农业标准化工作会做典型发言。3. 办理企业标准备案38个。4. 服务标准化工作。市行政服务中心－智慧鹤壁和鹤壁东站获批创建省级行政服务标准化试点单位。

【计量监督】 5家企业获得计量合格确认证书，12家计量合格确认企业通过复查换证；开展加油机专项监督检查工作，共检查加油站40家，涉及加油机100余台，受检率达到100%；在元旦、春节期间，组织各有关单位开展对流通、生产领域定量包装商品净含量和集贸市场的计量监督检查，累计检查定量包装生产企业6家，涉及水泥、肉制品等6类产品6个批次，合格率为100%；开展了重点领域安全用计量器具专项监督检查工作，，涉及辖区15家企业，安全防护用计量器具7082件，未发现违反规定情况；组织18家重点用能单位的19名能源计量管理人员参加能源计量培训。

【质量监督】 补充完善工业产品、食品、特种设备三大安全风险预警机制，

建立工业产品和食品监督检查机制、分类监管机制、督查督导机制，特种设备安全监管“五落实”、“三定”、“三跟踪”工作机制以及执法打假区域责任制、部门的协作机制，有效提升了安全监管效果；坚持事前把关、事中严管、事后整改原则，累计受理食品生产许可申报73家，不予许可7家，受理企业申请10家，通过审查8家；制定下发定期监督检查计划6次，约谈企业法人30余人次，工业产品和食品合格率分别为100%和97.3%；相继开展双节、春秋季产品质量安全大检查等综合整治和饮用纯净水、肉制品、电梯、游乐设施、农资专项检查60余次，查处各类违法案件39起，涉案货值36.88万元。

【质量管理】 1. 全国质量强市示范城市创建工作。一是进一步完善质量强市示范市创建工作机制。起草并以市政府名义印发《鹤壁市创建全国质量强市示范城市工作实施方案》，制定质量强市示范市创建工作联席会议制度。二是进一步细化“创建”工作任务目标。对《细则》的各项任务目标进行认真研究和分解，形成《鹤壁市创建全国质量强市示范城市任务目标分解》。三是进一步丰富创建载体。积极创建“全国知名品牌示范区”，确定由开发区申报；积极争创国家级和省级“中小学质量教育基地”，2家企业被确定为第一批河南省中小学质量教育基地；在部分企业推行“首席质量官”制度并组织相关培训；修订《市长质量奖管理办法》，并确定天淇模具有限公司获2013年度市长质量奖，全新金属有限公司、佳吉轮胎有限公司等5家企业获提名奖。四是进一步营造创建氛围。在《鹤壁日报》刊发“政府质量奖巡礼”专版，刊载获得市长质量奖企业经验；在全国征集鹤壁质量精神、邀请市民进行投票评选，确定10条入围主题语。经市政府常务会议研究确定将“信立鹤壁、质赢未来”作为鹤壁城市质量精神主题语；出台《关于贯彻豫政〔2012〕103号文件精神建设质量强市的实施意见》，并依托“消费者权益保护日、世界计量日、质量月”等活动开展了系列宣传。2. 质量管理工作。3家企业成功申报2013年质量信用A等工业企业；指导企业开展全市QC小组活动，21个QC成果荣获2011年度河南省质量管理小组成果奖；5家企业的6个产品获得河南省名牌产品称号（河南大用实业有限公司生产的大用速冻调理禽肉熟食品和清真鸡肉、河南飞天农业开发股份有限公司生产的飞天鹤结晶糖、鹤壁飞鹤股份有限公司生产的飞鹤反光药物工矿胶靴、河南省同力水泥有限公司生产的同力通用硅酸盐水泥、河南佳吉轮胎有限公司生产的佳吉丁基橡胶内胎）。

【检验检测】 累计检定、校准计量器具34597台件，完成各类产品检验2516批次，检验、检测机电类及承压类特种设备3147台件，完成中纤局委托的1510个批次47328吨国储棉公正检验任务。办理业务8400多件，其中新增、换证1458家、年检6343家。

【特种设备安全监察】 一是围绕“元旦”、“春节”、“五一”、“中秋”、“十一”等重要节日，春、秋季开展集中整治和餐饮场所燃气安全、电梯安全、游乐设施、涉氨制冷企业液氨使用等专项整治活动15次，共出动检查人员728人次，检查特种设备企业241家，检查特种设备1018台件，发现安全隐患93处，发出安全监察指令49份。二是加强日常监管，完善生产安全事故应急救援预案，共组织5次应急演练；积极开展隐患排查和治理活动，建立健全重大事故隐患挂牌督办制度，重大事故隐患整改率100%；全市23家特种设备重点监控单位，118台重点监控设备注册登记率、持证上岗率、定期检验率均达到了100%。三是开展一系列特种设备安全宣传活动，举办培训班30期，培训特种设备作业（管理）人员1239人次，确保特种设备作业人员持证上岗率达到100%。四是在淇滨区推行电梯安全监管改革试点工作，进一步理顺电梯安装、维保、使用、管理等各环节之间的权责关系，基本构建起权责清晰、职责明确的电梯安全运行责任链条，形成以电梯安全主体责任落实为核心，电梯使用、管理单位人员安全意识增强，社会救助及时，各方监督有力的运行机制。

【食品安全监管】 2013年本市食品生产环节未出现食品质量安全事故。一是严把企业许可关，受理并组织审查申请食品生产许可企业91家，经省质监局审核不予许可7家。全市共有177家食品生产企业获得219张食品生产许可证。二是共监督检查企业478家次，对在检查中发现问题的企业进行了整改复查，下达抽查计划3次，2013年抽检食品622批次，合格608批次，产品合格率为97.7%，较2012年增长7.3个百分点，产品覆盖率达到100%。三是在节假日、季节性、敏感时段等特殊时期，开展以小麦粉、白酒、速冻食品、饮用纯净水、食品添加剂等食品为重点产品、以查处非法添加和滥用食品添加剂行为为重点内容的各项专项整治工作30余次，检查食品生产企业356家次。四是引导全市食品生产企业全面推进先进质量管理模式，全市已有28家企业实施先进质量管理模式，推动食品产业优化结构、转化升级和健康发展。五是积极普查登记小作坊，对县区局开展相关业务培训，做好备案监管的前期准备。对省质监局确定的14种生产品种的小作坊实行“应备尽备”，备案工作稳步推进。

【执法检查】 全市系统稽查机构共出动执法人出动执法人员655人次，车辆230多辆次，检查各类企业318家，共查处各种违法案件55起，涉案货值37.97万元；12365质监热线受理各类电话220余次，提供各类服务100余次，协调疑难问题和纠纷60余次，受理并协调处理各类举报投诉案件36起。

（胡永奇）

安全生产监督

【概况】 2013年，全市安全生产监督管理部门坚持以人为本、安全发展，牢固树立安全生产“从零开始，向零奋斗”的理念，深化安全河南创建，夯实安全生产基层基础，构建安全生产长效机制，有效防止较大以上事故的发生。全市共发生各类安全生产事故36起、死亡10人，事故起数和死亡人数分别比2012年减少190起、12人，分别下降84.1%、54.5%，在全省安全生产责任目标综合考评中列全省第一名。自2009年~2013年连续5年被评为全省安全生产责任目标考核优秀市。

【安全责任制度】 制定出台《鹤壁市进一步落实企业安全生产主体责任的规定》、《鹤壁市关于推行安全生产"一岗双责"进一步完善安全生产责任制的实施意见》和《鹤壁市各县区人民政府和市各有关部门安全生产工作职责规定》等规范性文件，完善安全生产责任体系。建立督查通报制度，强化"四个督查"（对各县区履行安全生产工作职责情况进行督查，对各行业主管部门落实安全生产监管职责情况进行督查，对重点企业执行安全生产法律法规、排查整治隐患等情况进行督查，对重点时段重点单位的防范措施落实情况进行督查），坚持"四个一律"（工作措施不到位一律追究、责任落实不到位一律追究、隐患整改不到位一律追究、包矿驻矿干部不到位一律追究）。严格实行事前责任追究和倒查机制，在安全监管措施上实现由事后责任追究向事前预防性惩治转变，改出问题后追责为发现责任不落实就进行追责。

【安全创建】 出台《安全河南创建鹤壁市2013年行动计划》，将有关目标任务逐项分解落实到县区和部门，确保创建工作有序展。6月5日，在淇滨区召开创建省级安全和谐型社区（村）工作现场会，各县区、有关单位、有关乡镇和社区共90余人参会先后参观淇滨区怡乐园社区、湘江社区、九州路办事处消防体验中心，详细了解创建省级安全和谐型社区（村）的建设情况及做法。按照"成熟一个，验收一个"的工作要求，在全市范围内选择5个创建完成比较好的社区，重点提升创建水平，打造成精品社区，申报省级安全社区。加强督查全面推进，确保创建落实。利用开展"5+3"的督查形式，成立5个督查组和3个明查暗访组，将开展安全创建工作做为督查的重点内容，每月进行一次督查，每季度进行一次通报，督促各县区、各单位加大创建力度，全面开展安全创建活动。

【安全生产检查】 根据全国、全省集中开展安全生产大检查的安排部署，严格按照"全覆盖、零容忍、严执法、重实效"的工作要求，认真组织开展全市安全生产大检查。一是利用网格化管理模式，做到安全检查全覆盖。依托安全河南创建工作开展，借助市、县、乡、村（社区）四级安全监管网络，充分利用网格化管理体系，从最基层的社区开始，对安全检查定职责，定任务，实行全方位网格化的安全检查，实现安全检查处处有人抓，层层抓落实的工作格局。同时，市公安交通工信住建旅游等各部门按照全市统一安排部署，结合各自实际，组织专项检查组，有针对性地开展安全检查。二是狠抓事先预防性控制，做到对隐患零容忍。对查出的隐患实行"零容忍"，能立即整改的及时予以整改；一时难以整改的，列出整改计划，落实资金和责任，限期整改，并制定应急预案，加强监控；对存在重大安全隐患，严重威胁安全生产的，坚决停产停业整顿。市安委办每月对隐患排查整改不到位、措施不得力的县区进行全市通报。全市共查出隐患3604条，已整改3555条，整改率99.1%。四是认真督导检查，注重大检查实效。督查组采取"四不两直"（不发通知、不打招呼、不听汇报、不用陪同和接待，直奔基层、直插现场）的工作方法，每周至少深入基层督查一次。督查组每半月向市安委会汇报一次督查情况，市安委会根据督查情况，及时明确阶段性督查重点。督查组在督查期间，如果被督查的县区和单位出现问题，督查组和被督查单位同责。建立督查通报制度，2013年共向县区、局委下发62份督查通知单，对2个县区进行全市通报。

【重点监督】 针对煤矿、危险化学品、非煤矿山、道路交通、建筑施工等重点行业领域，把安全检查和"打非治违"结合起来，加大执法检查力度，分行业制定安全检查表，详细列出检查事项。全市共组织检查人员3273人次，监督检查企事业单位和场所3723家，责令改正、限期整改、停止违法行为13572起，责令停产、停业、停止建设57家。突出重点行业，强化安全专项治理。深入开展长途客运、旅游包车、渡口、渡船以及危险化学品运输的专项整治。强化工程建设施工和公路桥梁设施安全管理，加大农村公路安保、危桥改造和渡改桥等工作力度。相继开展平安万家、消防产品、人员密集的居住场所、餐饮场所、建筑施工工地、人员密集场所、"平安2013"等一系列专项治理活动，全面排查整治火灾隐患。全市共检查单位场所4877家，整改火灾隐患6290处，责令三停单位127家，临时查封单位69家，行政拘留49人。组织开展建设系统节后复工复产、"除火患、保平安"、汛期及高温天气等专项安全生产大检查，及时发现和消除安全隐患，保证工程质量和施工安全，确保安全生产。对冶金、铸造、电池生产企业、煤气发生炉、水泥、使用易燃易爆气体企业、使用液氨企业、门窗制造企业燃油炉等行业企业进行调查摸底，彻底摸清企业数量。组织专家开展对冶金、使用液氨、使用煤气发生炉等行业企业安全专项检查。联合县区对31家使用液氨企业、4家冶金企业、2家使用煤气发生炉等行业企业安全专项检查，下发督查通知单38份。

【职业卫生监督】 做好培训指导服务工作，帮助企业掌握申报的具体操作流程，对于个别申报存在困难的企业进行指导。对已完成申报的企业开展"回头看"。在检查过程中，核查企业已申报的危害因素与实际存在的危害因素是否符合，确保应报尽报，避免遗漏。认真排查，确保申报数量。对涉及职业病危害的企业，对各县区需要进行职业病危害申报的企业进行全面排查，力求存在职业病危害因素的单位全部进行申报。全市已有286家企业顺利完成作业场所职业病危害申报与备案管理系统中的申报备案工作。

【宣传教育】 以开展“安全生产月”活动为载体，积极开展安全宣传教育活动。针对不同行业特点，对企业法定代表人、安全管理人员、特殊工种人员分类进行培训，提高从业人员安全生产技能。邀请专业文工团编排一批小品、歌曲、舞蹈、戏曲等形式多样的安全文艺节目，在世纪广场进行演出，使广大群众在娱乐中受到安全教育。利用电台、电视台和广场大屏幕，采取播放公益广告、安全警示语等形式，加大对安全生产法律法规和安全常识的宣传力度，共设置咨询点88处，悬挂横幅、标语382条，制作展板657块，出动宣传车45辆，发放宣传图片3000余张，安全知识手册3000余册，宣传单近10万余份。

【安全监管机制】 建立安全生产风险评估机制。根据本市实际，在全省率先开展安全生产风险评估工作。并将各个企业的风险评估情况输入电脑，形成台账，要求企业从领导到具体操作人员做到应知应会、手指口述。全市共有144家企业完成风险评估工作。建立隐患排查治理制度。企业每10天进行一次隐患排查，将《安全生产隐患排查治理表》报到县区安监局。县区安监局汇总后，将《安全生产隐患排查治理汇总表》上报到市安委办。市安委办将各县区上报的《安全生产隐患排查治理汇总表》进行分析整理，每季度进行一次通报。建立安全生产例会和分析研判制度。市安委会每月召开一次例会，对全市安全生产形势进行分析研判，找出安全生产重点监管行业、县区和工作中的薄弱环节，对隐患和非法违法行为突出的乡镇和企业，实施联合执法，重点打击。建立安全生产约谈制度，强化责任落实。对在落实党政同责、一岗双责和贯彻执行有关决策部署等方面存在问题的下级政府、有关部门和单位，约见其主要负责人和分管负责人，进行安全生产问责告诫谈话，督促其加强安全生产工作。建立源头控制和严格准入制度。对新建项目严格把关，凡是不经过安全“三同时”的高危企业一律不予审批，凡是不进化工园区的化工项目一律不予审批。建立优化服务环境机制，提高行政许可效率。将所有行政许可项目全部放到行政服务中心窗口，并且“让有权人坐窗口，让坐窗口人有权”，以许可为常态，以不许可为特例，凡是材料齐全、程序合法的申请，即来即办，随报随批，创造良好的服务环境。

（刘勤升　李昕动）

食品药品监督

【餐饮环节食品安全及保化品监管】 一是全面规范行政许可。进一步规范餐饮服务行政许可审批程序，明确标准、条件、时限和责任，严把资料审核关、现场审查关、审批发证关，共发放《餐饮服务许可证》1536份，餐饮服务从业人员的依法、守法经营意识全面增强，小餐饮单位的持证率由上年不足40%，当年提高到90%以上。二是推行量化分级管理。对全市1693家应量化分级的餐饮单位全面实施量化分级管理，其中，A级20家，B级1088家，C级585家。三是开展食品安全专项整治。围绕“省级卫生城市”复检，全面整顿规范小餐饮秩序，联合公安部门开展查处取缔餐饮服务环节无证经营集中整治的“雷霆行动”；针对重点品种，开展食品添加剂、“地沟油”、酒类、“瘦肉精”及“四大放心工程”等专项整治；针对重点单位，开展学校食堂、企业职工食堂、建筑工地食堂、旅游景区饭店的专项整治；针对重要节日和重大活动，开展餐饮服务食品安全保障专项行动。共立案78起，结案76起，罚款43.4万元，罚没收不合格食品105公斤，进一步规范餐饮经营秩序，净化食品市场，解决一些突出问题，全市未发生一起重大食物中毒事件。四是开展食品安全监督抽验和食品安全宣传教育活动。对全市五县（区）学校食堂、大型餐馆等重点餐饮单位的10大类500批次高风险食品及餐具进行监督抽验，对不合格产品进行严厉查处，消除风险，提升监管效能。对全市食品药品监管系统200余名执法人员进行2期集中强化培训；举办3期由1600名餐饮单位负责人、食品安全管理人员参加的培训班；向社会公众发放《食品安全知识宣传册》等资料30000余份。五是启动“透明厨房”建设试点。通过设立“厨房开放日”、鼓励“明厨亮灶”、实行“阳光公示”，督促餐饮单位严格落实食品安全第一责任人的责任，加强食品安全管理，守法诚信经营，为群众营造安全放心的餐饮消费环境。成功试点透明厨房108家，举办厨房开放日103次，参观人员达1136人次。六是稳步推进保健食品、化妆品监管。以打击保健食品“四非”（非法生产、非法经营、非法添加、非法宣传）专

食品药品检验监测暨培训中心启用仪式　　市药监局　供稿

项行动为突破口，对本市254家保健食品经营单位进行全面检查，对5起涉嫌非法经营行为进行立案，向工商部门移交涉嫌非法宣传行为2起、涉嫌无照非法经营行为1起，涉案金额7.14万元。七是积极创建餐饮服务食品安全示范店、示范街。全市申请创建示范街7条，示范店56家。

【药品生产及流通监管】 巩固和完善药品生产企业质量受权人制度，积极推进新版GMP（药品生产质量管理规范）实施，开展药品生产工艺和处方核查，监督企业严格按审批标准组织生产，对本市基本药物生产企业在产基本药物品种实施全覆盖监督抽验，对基本药物生产企业实施电子监管，实现基本药物赋码上传、核注核销率达到100%，确保不向外输出一粒、一片、一支不合格药品。依托医疗机构药房托管托供，扎实推进“规范药房（药店）”建设。首先是结合本市两县已经实施医疗机构药房托管托供，指导药品批发企业对医疗机构药房加大投入，达到“规范药房”建设标准，使其托管药房、药库100%符合规范化建设要求。其次是开展药品“零售药店示范店”创建工作。结合新的GSP（药品流通质量管理认证规范）标准的实施，制定创建方案，搞好宣传和发动，创建一批“零售药店示范店”，带动本市零售药店管理水平迈上一个新台阶。加强重点地区，重点品种，重点环节监管，以发现和控制风险为主要内容。加大含麻黄碱复方制剂等易制毒药品、终止妊娠药品等高风险药品的监督检查力度，杜绝假劣药品流入本市市场。

【稽查打假】 始终保持药械稽查打假高压态势，认真开展药械质量大检查行动，以农村为重点地区，以药械流通和使用为重点环节，以基本药物、非药品冒充药品、擅自添加药物活性成分产品、假冒知名品牌药械产品、虚假广告药品、超方式或超范围经营等为重点检查内容，严厉查处药品生产流通领域违法违规行为，震慑制假售假犯罪行为，净化药械市场。从8月开始，集中半年时间，在全市范围开展以严厉打击药品违法生产（包括医疗机构制剂配制）、严厉打击药品违法经营，加强药品生产经营规范建设和加强药品监管机制建设为主要内容的“两打两建设”专项行动。全年共立案382件、结案379件，向公安机关移交案件3起。本市破获的“河南鹤壁胡某某网络销售假药格列卫案”，被国家食品药品监督管理总局列为“药品两打两建”专项行动十大典型案件之一，该案一举捣毁涉及全国20余省、市、自治区的特大销售假药“格列卫”销售网络，抓获犯罪嫌疑人19人，涉案假药货值金额5982.8万元，相关消息被央视新闻、中国医药报等多家媒体报发报道。

（丁　磊）

市场管理

【概况】 2013年，全市建成各类农贸、专业市场23个。其中：农副产品批发市场4个，农贸市场19个。（淇滨区11个，山城区8个，鹤山区1个，浚县2个，淇县1个）其它专业性市场32个（不含两县）：建材市场4个，古玩艺术品市场1个，汽车配件交易市场3个，二手车交易市场2个，旧货交易市场4个，花、鸟、鱼、虫临时市场5个，步行街市场2个，特色小吃市场1个，家居市场7个，家电市场2个，工业品市场1个。

【市场建设】 建设福源农贸市场、丰源农贸市场、鹿楼菜市场迎宾农贸市场、淇滨蔬菜水果批发市场、丰泽园农产品批发市场6个。改造升级的市场9个：古玩艺术品市场、华森数码市场、锦绣园农贸市场、淇园农贸市场、淇滨农贸市场、九州农贸市场、市农产品批发市场、鹤壁集农贸市场、天森家具市场。（1）丰源农产品蔬菜市场位于九州路与泰山路交叉口西南角。总投资2000余万元、占地1.2公顷，该市场的运营将缓解新区东北部居民买菜难问题。（2）福源农贸市场于5月动工建设，投资200多万元，10月开始营业，从而使华山路北段福源小区南门多年来占道经营马路市场得到彻底解决。（3）山城区鹿楼农贸市场位于山城区长风路南段，占地面积2752.41平方米，新建面积2900平方米，总投资560万元，9月底投入试用，使长风路南段多年占道经营得到缓解。（4）前进路农产品批发市场位于山城区红旗街，投资10万元，新建农产品交易大棚200余平方米，市场硬化地面260平米。（5）华森数码广场位于淇滨区兴鹤大街与淇河路交会处东南角建筑面积近33万平方米，楼高7层，主要经营手机、数码产品、品牌电脑、组装电脑、电脑配件、电脑维修、电脑桌椅、办公耗材、安防监控等产品，9月1日试营业。（6）古玩艺术品市场于3月22日开业，总投资300余万元，占地5000多平方米。配套有电梯、中央空调、消防、全天电子监控、电子自动防盗门等设施。市场位于淇滨区商业核心地段，是集观赏、交流、购物于一体的多功能市场，填补了全市古玩艺术品市场的空白。（7）锦绣园农贸市场位于大坯路北段，投资300余万元，近3000平米的农产品交易大棚改造工作于3月26日竣工，已投入试用。（8）福田农贸市场已确定投资商，土地正在挂牌，投资商取得土地后按有关程序报批方案。（9）牟山一区东侧农贸市场因临近高铁，按高铁安全管理规定不宜建农贸市场，建议调整到牟山一区北侧建临时农贸市场。牟山一区南侧农贸市场正在规划设计。（10）华夏农贸综合市场200余间营业门面房已建好，市场内地面正在施工建设，开始招商运营。（11）崔庄农贸市场主体框架已经完成，蔬菜粮油区年内开始招商营业。（12）落实省市文件要求，打造城市居民一刻钟生活圈，建设社区蔬菜便民店6个，全市已建成23个。

（孙小海）

财政·税务

财　　政

【概况】　2013年，全市各级财政部门认真落实市委、市政府决策部署，积极应对困难和挑战，强化收入征管，加快支出进度，着力保障民生，促进经济发展，经济社会保持良好发展势头，预算执行总体情况较好。全市公共财政预算收入完成39.6亿元，增长21.4%，增幅居全省第8位，较上年提升5个位次。全市公共财政预算支出完成86.9亿元，增长4.1%。与民生相关的支出达到67.9亿元，占公共财政预算支出的78.1%。财政科学化精细化管理、精神文明建设和干部队伍建设等工作得到市委、市政府的充分肯定。

【财政预决算】　全市公共财政预算收入合计36亿元，公共财政支出预算合计57.2亿元。执行中，使用中央代发地方政府债券、上级新增补助、本年超收等，公共财政支出预算调整为87.3亿元。2013年全市公共财政预算收入完成39.6亿元，为预算的110.2%，增长21.4%。全市公共财政预算支出完成86.9亿元，为调整预算的99.5%，增长4.1%。

【加大支持经济发展力度】　推进"营改增"试点工作，落实税收优惠政策，抵扣、减免和退付企业税收37374万元；筹资7359万元，支持企业研发和科技创新，为企业发展创造良好环境。筹资9450万元，支持成立河南镁业集团，推动本市镁产业加快转型升级。落实财政激励政策，筹资4870万元支持产业集聚区建设，产业集聚发展水平进一步提高。筹资3.1亿元，支持山西中南部铁路、快速通道北延二期、葛嘴线中段改建、海关和检验检疫局大楼、武警机动大队、殡仪馆改造、烈士陵园等基础设施和重点项目建设。筹资2.7亿元支持节能减排、林业生态建设和千鹤湖湖泊生态保护，淇河流域环境治理及生态保护亚行1.5亿美元贷款项目进展顺利，生态环境持续改善。

【提高民生水平】　促进教育优先发展，全市教育支出21.8亿元，增长22.3%。支持学前教育发展。提高市直义务教育学校生均公用经费标准，实现城市义务教育阶段学生免费提供教科书，改善农村义务教育薄弱学校办学条件，义务教育经费保障机制日臻完善。支持引进高校联合办学，职教园区建设不断加快，职业院校办学水平不断提高。提升医疗卫生水平，全市医疗卫生支出7亿元，增长7%。新农合和城镇居民基本医疗保险财政补助标准由每人每年240元提高到280元，人均基本公共卫生服务经费补助标准由每人每年25元提高到30元，支持市人民医院主病房楼等医疗卫生设施建设，提升公共卫生服务水平。强化社会保障和就业，全市社会保障和就业支出10.4亿元，增长10.4%。企业退休人员基本养老金水平提高到月人均1613元，城乡低保对象月人均补助水平分别提高到320元和150元，五保集中和分散供养年标准分别提高到3200元和2200元，886名孤儿、700余名流浪乞讨人员享受救助，优抚对象抚恤补助标准进一步提高。拨付小额担保贷款财政贴息1262万元，扶持2868人实现自主创业，带动就业和吸纳就业1万余人；筹资875万元，支持

市长范修芳（右二）在市财政局调研　　市财政局　供稿

完成职业技能和农村劳动力培训5万余人。筹资6.9亿元，支持建设保障性住房1.7万套，改造农村危房4500户。支持文化事业发展，全市文化体育与传媒支出1.4亿元，同比增长2.3%。支持公共文化设施免费开放，继续实施重点文化惠民工程，改善城市社区公共文化服务设施条件。安排专项资金1500万元，支持文化产业发展，完善旅游基础设施建设，支持举办第五届中国鹤壁民俗文化节。保障群众生产生活安全，全市公共安全支出5.1亿元，增长7.2%。落实政法经费保障机制，增强了基层政法部门公共安全服务能力。加大经费投入，促进安全生产、产品质量和食品药品监管。

【落实强农惠农富农政策】 全市农林水事务支出10.7亿元，增长23.4%。提升农业生产能力。争取资金1.05亿元，支持本市国家现代农业园区项目建设。筹资9713万元，支持82个万亩高产示范片创建，改造666.7公顷中低产田，完成1333公顷高标准农田建设。筹资3000万元，改善农田水利基础设施条件。争取资金5965万元，对产粮大县进行奖励。筹资1160万元，支持农业产业化龙头企业和农民专业合作组织发展。改善农村生产生活条件。投入2217万元，支持276个行政村开展村级公益事业一事一议。争取3500万元，用于美丽乡村项目建设，灵山小镇列入全国美丽乡村项目建设试点。筹资1.2亿元，支持盘石头水库移民搬迁和后期扶持，推进10个贫困村扶贫开发整村推进项目，改善移民和贫困村群众生产生活条件。筹资3366万元，解决4.6万农村居民和1.5万农村学校师生饮水问题，新建2000个户用沼气、13个沼气工程及服务网点。促进农民增收，兑现惠农补贴2.1亿元，筹资1172万元支持农业综合开发产业化经营项目，带动农民增收。投入农业保险补贴资金2303万元，增强农户抗灾能力。

【财政管理改革】 推进预决算公开，向社会公开市级财政预决算、汇总“三公”经费预决算和市中级法院、检察院及政府组成部门预决算。乡镇一级全部纳入国库集中支付系统，县区零余额账户管理进一步规范。市级推行公务卡强制结算目录，公务卡支出增长39%。政府采购公开招标全部实施合理低价摇号方式，全市政府采购17.2亿元，增长18.3%。评审政府投资项目1233个，审减资金8.6亿元。开展会计监督、财政专项资金等检查，严肃财经纪律。

【住房公积金管理】 扩大住房公积金缴存覆盖面，适时调整贷款政策，加强信息化建设，住房公积金归集、贷款和管理工作进一步加强。2013年归集住房公积金7.7亿元，为年目标的152%，同比增长20.2%；为2000多人发放住房公积金贷款3.9亿元，为年目标的182%，同比增长40.4%；为1.23万多人支取住房公积金3.6亿元，同比增长49.9%，最大限度满足职工对购房资金需求。

【市直部门争取资金情况】 全年市直部门共争取上级资金349327万元，完成全年目标的262.9%。市财政局共争取资金51341万元，完成目标的254.16%，主要是淘汰落后产能、成品油价格和税费改革补助、省财力性补助、津补贴补助和产业集聚区奖励补助等资金。

（苏文武　付金华）

税　　务

·国家税收·

【概述】 2013年，全市国税系统坚持“聚财为国、执法为民”的税收工作宗旨，把“收好税、带好队、优服务、严执法”作为税收工作的出发点和落脚点，提升站位，履职尽责，服务发展，有力推动各项工作的开展。面对复杂多变的宏观经济形势，全市国税系统真正把思想统一到市委、市政府和省局对税收工作的决策部署上，坚定信心，积极应对，坚持分析所指、工作所向，不断通过强化分析抓收入，努力实现管理增收、堵漏增收、挖潜增收。全年累计组织各项税收收入20.36亿元，同比增长7.51%，增收1.42亿元。其中，地方级收入完成5.08亿元，同比增长8.89%，增收4148万元；市本级收入完成3.2亿元，同比增长14.05%，增收3947万元。在做好组织收入工作的同时，市国税局以地方经济社会发展为己任，努力当好党委政府的参谋助手，多次站在税收角度向市委、市政府提出工作建议，上报国税专报10期，所提意见建议引起相关部门高度重视。市委书记魏小东、市长范修芳等领导先后对国税工作作出批示，对全年国税工作予以评价。扎实的工作业绩得到上级部门和社会各界的充分肯定：2013年市国税局先后被评为全省税收目标管理先进单位、全市完成责任目标先进单位、全市政风行风评议第一名、全市党风廉政建设优秀单位、全市优质服务先进单位等多项荣誉称号，全系统有12个基层税务分局和办税服务厅荣获省级群众满意的基层站所，全市6个县区局办税服务厅均荣获“河南省优质服务窗口”荣誉称号。

【税收征管】 在全系统组织开展“强征管、防风险、促收入”百日专项检查活动，发挥“团队式”评估的优势，抽调市局业务骨干组成检查组直接入户检查，进一步查漏补缺。全系统共组织258人次成立38个评估小组，评估涉及风险企业602户，评估入库税款5048万元，拉动税收收入增长2.49个百分点，成效率位居全省第6名。同时，继续落实向管理要收入、要质量、要效益的思路，出台制定并认真落实《增值税一般纳税人分类管理指导意见》和《企业所得税分类管理指导意见》两个管理办法，通过分类管理，增强了税种整体管理水平。加强非居民企业所得税管理，全年入库非居民企业所得税1387万元，同比增收1257万元，增长9.25倍。发挥信息化管理优势，做好大企业税务风险管理和个性化服务工作。以纳税服务为主线，认真执行税收政策，加强车购税征管，全年入库车购税2.11亿元，同比增收

4966万元，增长30.61%。重点做好“营改增”改革试点和“金税三期”上线前的准备工作。8月1日全市“营改增”工作顺利上线运行。此次改革共确认450户纳入“营改增”试点，认定增值税一般纳税人63户，涉及税款2219万元。截止12月底，共计623户试点纳税人完成纳税申报，累计入库增值税961万元。

【纳税服务】 主动站位鹤壁经济社会发展大局，牢固树立“服务至上、纳税人至上、企业至上”的理念，创新服务方式，努力为纳税人提供更加优质、高效的服务。积极开展税收宣传月活动，加强税收政策宣讲，及时解答纳税人关于“营改增”等热点、难点问题。坚持对重大项目、重点行业、重点企业实行定点联系服务制度，提供“一对一”的服务，努力为企业排忧解难。加强与全市7个产业集聚区、产业园区的主动联系，专门成立协调服务小组，送政策上门。推进办税服务厅的规范化建设，进一步完善“一窗式”服务等一系列纳税服务措施，坚持定期对办税服务厅的巡查督导，切实推动例征期局长带班、大厅主任值班等服务制度的落实。通过简化办税流程、推行网上审批系统、安装自助办税终端等措施，办税服务厅的服务质量有了明显提升。始终坚持“不落实优惠政策也是收过头税”的理念，共落实一般纳税人申报抵扣固定资产进项税1.69亿元，资源综合利用企业减免退税、安置残疾人就业企业退税等7056万元，审批出口退（调）税1.01亿元。

【税收执法】 2013年作为“依法行政推进年”，努力规范执法，切实维护纳税人合法权益，防范各类行政风险。继续坚持以计算机考核为依托，加强对依法行政工作的考核，加强预警和事前预防，及时发现并纠正执法过错，同时建立预防机制，防止同类问题反复发生。认真开展疑点数据核查，全年共接收省局下派疑点数据21类472条，全部核查完毕，核查率为100%。认真开展全局6个基层单位的税收收入质量检查工作，针对存在的具体问题，提出意见和建议，促进收入质量的提高。加强重点税源企业检查、税收专项检查和打击发票违法犯罪等工作。全市共检查纳税人308户，累计入库查补税收6800万元，拉动税收增长3.34个百分点。同时，加强重案审理工作，不断提高案件审理质量，全年审理重大案件11起，占全年查结案件的11.46%。

（王青岩）

附：

鹤壁市2013年国税税务登记纳税户一览表

单位：户

单位	年初户数	注销户数	新开业户数	年末户数	其中			其中
					一般纳税人	小规模纳税人	个体	未达起征点户
浚县局	2289	210	558	2637	310	352	1975	1425
淇县局	2052	380	903	2575	249	180	2146	1493
淇滨区局	3800	660	1886	5026	513	976	3537	2113
山城区局	2283	97	558	2744	706	427	1611	1283
鹤山区局	584	12	152	724	275	154	295	59
开发区局	488	72	132	548	321	143	84	17
合计	11496	1431	4189	14254	2374	2232	9648	6390

·地方税收·

【概况】 2013年，全市地税系统牢牢把握“创先争优、创新提升、增光添彩、争创一流”工作基调，继续深化创先争优，持续创新提升，先后荣获全国税务系统先进集体、河南省模范职工之家、全国税收宣传月活动优秀项目，被推荐为河南省人民满意的公务员集体河南省学雷锋先进单位、全省行政事业资产管理工作先进单位、河南省扶残助残先进单位、河南省工会经费代收工作2012年度优秀单位、河南省档案工作规范化管理特级单位、省级卫生先进单位，全省地税系统目标管理优秀单位、党风廉政建设责任目标管理优秀单位、2010～2012创建“群众满意的基层站所”工作先进单位、大企业及国际税收管理先进单位、耕地占用税管理先进单位、稽查工作优秀单位、全省打击发票违法犯罪活动先进单位、税收科研工作先进单位，全市完成责任目标单位、反腐倡廉建设工作优秀单位、平安建设先进单位、信访稳定优秀单位、法制宣传教育和依法治理工作先进单位、依法行政示范单位、政府法制工作先进单位、党委督查工作先进单位、政府系统公文处理工作先进单位、政务信息工作先进单位、全市先进党组织、档案工作先进单位、行政服务中心系统优秀服务窗口等荣誉。契税分局荣获全国巾帼文明岗，淇县地税局获河南省五一劳动奖状，浚县地税局获全省巾帼文明岗，淇滨区地税局被推荐为全国税务系统先进集体、办税服务厅荣获全市第二批创先争优金牌窗口。

【组织收入】 全年地税收入总量达到25.7亿元，税收收入达到24.5亿元，地方级达到22.6亿元，市级收入达到8.2亿元，为鹤壁经济社会发展提供了强有力的财力支撑和保障。全市地税部门组织入库各项收入256985万元，同比增长19.6%，增收42106万元。其中税收入库244904万元，同比增长24.2%，增收47718万元；地方级税收入库225650万元，为年计划198500万元的113.7%，提前一个月超额完成地方级收入目标，同比增长27.1%，增收48182万元。市级收入完成82410万元，为年计划79540万元的103.6%，为调整后奋斗目标81540万元的101.1%，同比增长18.1%，增收12632万元。

【税收征管】 一是加强重点税源管理。落实税收管理员制度，加强对重大建设项目、新兴产业等重点税源的监控，对投资超千万项目开展专项调查，着力分析税收实现与投资进度匹配程度，明确专人管理，跟踪服务问效。二是强化纳税评估。健全纳税评估指标，组建纳税评估人才库，分行业开展纳税评估，深化纳税评估和税收风险分析监控，入库税款3495万元。三是加强纳税人户籍管理。积极开展纳税户清理检查，减少漏征漏管户，认真做好工商部门获取下发的工商登记及股权转让信息比对工作，查找差异，充分利用第三方信息加强税收征管。四是开展征管质量考核。认真落实《河南省地方税务局税收征管质量考评办法》，依托税收征管管理系统和设定的考核指标体系，按季通报税收质量监控分析情况，形成征管质量的持续提升机制。五是进一步加强普通发票管理。认真落实免收发票工本费政策，大力推行网络发票，7月1日后全面取消手工发票，并开展发票专项检查，规范发票管理和发票使用行为。六是积极推进金税三期工程试点推广工作。认真落实《金税三期工程推广上线实施工作方案》，加强对基层技术人员培训，完成业务需求差异分析，完善技术基础，为实现“全系统、全功能”上线目标提供技术支持。顺应国家税制改革进程，严格按照本省“营改增”实施方案和省局工作部署，做好相关行业税款清缴、税控器具及发票收缴和征管资料清理工作，向国税部门移交交通运输业和部分现代服务业纳税人647户，铁路运输业、快递服务业和邮政服务业纳税人17户，顺利完成2013年“营改增”工作。同时摸清移交户数及影响税款情况，研究对税源及税收管理的深层次影响，认真搞好“营改增”的其他行业调查研究和收入测算工作。明确普通住宅容积率、单套面积和实际成交金额三个标准，进一步规范普通住宅税收管理。着力解决土地面不清、纳税人申报不实和欠税清理难度大等问题，土地使用税增幅连续10个月保持全省第一。开展对企业或个人转让上市公司限售股行为、新农村建设中涉及的营业税应税行为、中央“八项规定”出台后中小餐饮户和部分服务行业税收管理等专项调研，持续跟踪商品储备企业政策执行情况，认真做好营业税政策的贯彻落实及后续管理工作。规范中介机构鉴证和核定征收审批，有效加强土地增值税管理。做好《车船税法》及《实施条例》的贯彻落实工作，建立与市保险公司自律共同体的定期信息交流反馈机制，配合公安交通管理部门落实修订后的机动车登记规定，做到“先税后检”。积极落实企业所得税优惠政策，实施部门联合抓好高新技术企业认定管理工作。开展企业备案事项的核查，重点加强对取消行政审批事项的企业所得税后续管理。扎实推进个人所得税全员全额明细申报，继续加强高收入个人税收征管，重点关注股权转让、利息股息红利等非劳动所得管理，完善征管手段。加强与工会、残联协调配合和信息沟通，做好工会经费、残保金代征工作，征收工会经费1172万元、残保金862万元。统一完善“两税”税收政策，制定《推进农用地转用审批文件中未标明建设用地人耕地占用税征收工作的实施方案》，进一步规范税政管理。强化政策变化的解释宣传，稳妥做好滞纳金加收工作。认真做好“两税”收入报表编报和分析工作。

【服务经济发展】 超进度完成地方级税收任务，按时向市委、市政府报送收入旬报、月报、季报，定期开展经济税收调研、预测、分析，及时报告政策调整、产业税收变化和经济形势对税收的影响等情况，为党委政府科学决策提供参考依据。用足、用好、用活税收政策，认真落实支持第三产业、上市后备企业、中小企业发展的实施意见、加强税源建设的意见等一系列规范性文件，突出“解难、减负、提效”，持续提升企业服务质效，突出杠杆调节作用发挥。扎实开展改进作风优化服务百户企业大走访、“与纳税人同行”纳税服务主题实践活动，落实2013年企业服务行动计划，完善企业服务直通车、税收政策大讲堂等制度，落实领导分包、税收管理员定点联系、现场办公等措施，各级领导干部走访企业近210户次，举行税企座谈100余场、参与1500余人次，征求意见和需求5类25条；完善纳税需求收集、分析、响应制度，建立企业服务工作台账，突出4个省级产业集聚区和3个市级工业园区的个性化服务工作质效。认真执行结构性减税政策，加强审核把关和备案管理，办理各类减免税126户4137万元，确认企业所得税免税收入11户1亿元、加计税前扣除30户2339万元，受理资产损失税前扣除申报8户789万元。创新立体服务框架模式。在12366热线服务的基础上成立全省地税系统首家税法援助中心，落实集中受理、分级处置、统一反馈、市县联动工作原则，免费为纳税人提供税收政策咨询解释、一般涉税争议调解，形成由“你求”变“我送”、“被动语音服务”变“主动上门服务”、“单纯政策服务”变“政策与支持发展信息服务”、“政策遵从指导服务”变“纳税人合法权益维权服务”的新格局。融合办税服务厅、12366纳税服务热线、地税门户网站、税法援助中心、税信通短信平台、流动纳税服务车等资源，构建点线面立体交叉、功能完备、运转协调的立体服务平台。创新服务评价机制建设。建立健全涉税服务回访制度，采取热点回访、随机回访、上门回访等措施，对100余户纳税人进行满意度调查，有效实施电话回访评价?。深化办税服务厅效能管理系统运用，定期考核通报，规范办税服务行为，有效实施了信息化指标评价。创新窗口服务能力建设。开展“增光添彩纳税文明服务”专项治理和“创经典话单”活动，进一步规范窗口工作人员和12366服务人员办税行为。建立健全办税服务厅突发事件预警机制，落实办税服务厅领导带班和主任值班制度，提高网络、设备、信息系统故障处置能力，全面加强办税服务厅人员业务技能、文明礼仪、突发事件应对和舆情处理的培训和指导。

【防控体系建设】 大力开展理想信念教育、党的优良传统和作风教育、反腐倡廉法规教育、先进人物示范教育以及反面素材警示教育，邀请省局和省税校专家授课讲解，深入学习贯彻《税收违法违纪行为处分规定》。坚持廉政教育无形渗透与廉政文化有形建设相结合，积极开展“清风地税·廉洁节日”廉政集中教育系列活动，相继开展廉政格言、廉政亲情寄语创作征集活动，制作《微笑人生清白税官——郭付英同志先进事迹专辑》图册。5月21日，中国纪检监察报刊登长篇人物通讯《清白税官的微笑人生——追记河南省鹤壁市地税局原税收管理员郭付英》，被河南省纪委评为全省廉政建设好新闻一等奖。编撰的《党员干部廉政格言集锦》，已经中国税务出版社审定出版。制定《反腐倡廉建设活动重点任务分工》，共梳理制度文件45个，查找出需要完善的制度9个，拟制定和完善制度11个，省纪委督导组莅临检查给予充分肯定。以廉政风险防控为重点，深入推进内控机制建设，列出权力事项117项，绘制运行图145幅，制定防控措施2600余条。创新廉政风险预警管理机制和廉政监督绩效机制，在系统内部人财物管理、执法执纪、税政管理、内部审计和税收计统等岗位确定廉政风险信息员58名，聘请人大代表、政协委员、特邀监察员、行风监督员138人担任外部廉政风险信息员。深入开展行政效能监察，制定《关于进一步加强全市地税系统作风纪律建设的通知》、《机关工作人员效能告诫制度》等多个规范性文件，对基层站所、重点部门效能建设进行明察暗访，进一步规范机关工作人员从政行为，优化政务环境。加大自查和案件督办力度，完善信访举报、网络举报受理机制，全系统实施责任追究共计2件5人次，给予行政警告处分2人，诫勉谈话1人，通报批评2人，信访件办理率达到100%。制定并落实《民主评议政风行风意见建议整改工作实施方案》，进一步完善组织领导机制、分工协作机制、宣传引导机制和监督检查机制，及时解决纠风工作中的新问题，坚决纠正损害纳税人利益的行为，畅通税务行政救济渠道。坚持开门纳谏，市局领导参加“政风行风面对面”节目3期解答纳税人提出的热点难点问题10余条。加强涉税舆情监测和引导，探索建立应对和处置机制，积极给予正面回应和疏导，营造良好的税收舆论环境。

（贾朝晖）

附：

鹤壁市2013年地方税收户数注册类型统计一览表

单位：户

序号	税务机关	合计	国有企业	集体企业	股份合作企业	联营企业	有限责任公司	股份有限公司	私营企业	其他内资企业	个体工商户
1	合计	14389	72	146	27	3	3554	132	271	48	9567
2	鹤壁市经济开发区地方税务局	465	1	3	1		383	5	22	5	41
3	盘石头水库税务分局	93		1			41	1	4	1	2
4	鹤壁市地方税务局直属税务分局	177	8	5			88	45	2	1	1
5	淇县地方税务局	3345	8	9	3	1	457	18	10	3	2795
6	浚县地方税务局	4173	25	20	9	1	460	18	33	10	3531
7	鹤壁市淇滨区地方税务局	3530	15	13	1	1	1310	18	118	11	1869
8	鹤壁市山城区地方税务局	2077	13	62	12		668	24	67	15	1071
9	鹤壁市鹤山区地方税务局	529	2	33	1		147	3	15	2	257

金融·保险

金融管理

【中国人民银行鹤壁市中心支行概况】 2013年，中国人民银行鹤壁市中心支行在鹤壁市委、市政府的正确领导下，认真学习贯彻党的十八大和十八届三中全会精神，以强化作风建设为主线，坚持稳中求进，强内控促安全，重党建保纯洁，推创新求突破，全面落实全市经济工作会议、金融工作会议各项部署，认真执行稳健货币政策，着力维护全市金融稳定，不断优化金融管理与服务，有效履行基层央行职责，支持全市经济金融的持续健康发展。年末，全市金融机构人民币各项存款余额4260040万元，较年初增加593143万元，增长16.18%。各项存款余额中，单位存款余额1589270万元，较年初增加189909万元，增长13.57%；储蓄存款余额2571375万元，较年初增加367297万元，增长16.66%。金融机构人民币各项贷款余额3895691万元，较年初增加507143万元，增长14.97%。各项贷款余额中，短期贷款余额2179910万元，较年初增加295739万元，增长15.70%；中长期贷款余额1597627万元，较年初增加202126万元，增长14.48%。

【货币政策】 一、保持货币信贷总量持续增长。出台《关于认真贯彻落实稳健货币政策促进经济发展的意见》，引导金融机构正确把握信贷投放力度和节奏，保持全市信贷总量的合理适度增长，年末，余额存贷比、新增存贷比分别达到91.5%和85.5%，两项指标均居全省第一。二、着力推进辖区金融生态环境建设，实施民生金融工程。加大金融支持小微企业和实体经济力度。年末，小微型企业贷款余额112.6亿元，较年初增加23.4亿元，增长26.2%，高于各项贷款增速8.4个百分点。通过“一对一”银企对接活动，搭建政银企沟通桥梁。积极开展“小巨人”信贷培育工程，筛选43家小微企业加入河南省“小巨人”信贷培育计划。加强债券市场培育管理，今年新确定辖区6家企业为银行间市场融资后备企业。推进小额担保贷款工作，全市小额担保贷款余额2.38亿元。确保外汇管理各项政策有效落实，支持涉外经济健康发展。全年实现跨境外汇收支申报3874笔、金额3.97亿美元，在省分局历次通报中零差错。跨境人民币业务量6.91亿元，达到去年全年业务量的38.3倍。三、金融支持现代农业发展成效显著，推进辖区“三农”经济快速发展。引导辖区涉农金融机构积极开展农村金融产品和服务方式创新，辖区六项涉农金融创新产品贷款余额3.18亿元。探索开展“支农贷款示范户”创建活动，调剂使用支农再贷款限额。年末，全市涉农贷款余额196.3亿元，较年初增加29.6亿元，增长17.8%，高于各项贷款增速2.8个百分点。

【金融稳定与改革】 一、维护金融稳定，坚守不发生系统性、区域性金融风险的底线。认真履行金融稳定职责，做好地方法人机构风险监测，全省首家对证券业金融风险状况进行现场评估，密切监测民间借贷、银行表外业务和具有融资功能的非金融机构风险，出台《银行业金融机构重大事项报告制度》，完善金融突发事件应急体系，坚决守住不发生系统性、区域性金融风险的底线。二、不断完善制度建设，建立健全金融综合管理服务体系。初步构建出金融“两管理、两综合、一保护”制度框架，制定《金融机构综合评价内部操作流程》，有效提升了金融管理效能。召开全市金融机构参加的“两管理、两综合、一保护”工作会议，联合市金融办共同通报评价结果。全年受理加入人民银行金融管理与服务体系申请6家，接收重大事项报告16项，开展综合执法检查3次，综合评价制度实现全覆盖。金融消费者权益保护范围稳步扩大，消费者投诉受理机制进一步完善。

（邓　阳）

【中国银行业监督管理委员会鹤壁监管分局概况】 2013年，鹤壁银监分局不断提升银行业整体实力和服务水平，在有效防范风险、合规建设明显提升的前提下，支持实体经济效果显著，为鹤壁市在中原经济区建设中先行先试走在前面提供有力金融支撑。截至年末，鹤壁市银行业机构各项存款余额426亿元，比年初增加59.31亿元，增幅16.18%；各项贷款余额389.57亿元，比年初增加50.71亿元，增幅14.97%，高出全省贷款平均增幅和本市GDP增幅；域外银行业机构对鹤壁市的贷款余额较年初增加17.4亿元；小微企业贷款余额129.51亿元，比年初增加21.14亿元，增幅19.51%；涉农贷款余额195.33亿元，比年初增加28.61亿元，增幅17.16%，实现两个高于目标。1. 加强对宏观调控政策的研判，提升金融对经济的服务水平。一是强化责任落实，细化工作目标。对《国务院办公厅关于金融支持经济结构调整和转型升级的指导意见》、马凯副总理在全国小微企业金融服务经验交流电视电话会议上讲话任务进行分解，并与年初重点工作任务分解实现对接，做到工作内容、完成时限、承办部门三落实。二是专题调研，改进作风。围绕当前金融对经济发展支持、三农金融服务、小微企业、城镇化建设、金融风险防范等重大课题开展专题调查研究活动，切实解决金融服务实体经济中的困难的问题。2. 积极引进域外金融机构，加大对鹤壁市的信贷支持。积极引进周边地市的银行信贷资金来支持鹤壁市经济发展。促进辖内、外的银行间的“银银合作”，大力推进银行间债券市场融资工具的运用，对大额度贷款项目，积极协调各银行采取银团贷款、社团贷款的方式解决。3. 突出五个监管引领，创新小微企业贷款模式。一是监管引领内部机制建设。建立完善的内部组织机制，内部指导机制和正向激励机制，在内部形成支持小微企业的常态化监管机制。二是监管引领联动机制建设。积极协调社会资源联手推动辖区小微企业金融服务工作的开展，建立政府支持机制、多部门联动机制、信息服务平台机制等多种机制。三是监管引领专营机制建设。已有7家银行机构向下延伸小微企业服务网点30个，40余家银行机构及专营服务网点专设了200多名小微企业信贷客户经理，建立一支与之相适应的小微企业金融服务专营机构和专业人才队伍。四是监管引领对接机制建设。积极推动搭建各类小微企业金融服务交流平台建设，加强宣传，促进互动，缓解政银企信息不对称问题。五是监管引领服务机制建设。积极开展多样化的服务方式，积极推广灵活高效的贷款审批模式，以创新为核心，开发适合小微企业经营特点的金融产品，有效满足小微企业多层次金融服务需求。4. 着力“五个”强化，提升对三农的信贷支持。一是强化信贷投放监管。按照区域制定有差别的涉农和小微企业信贷投放监管政策，提高分类监管和分类考核的针对性。二是强化重点领域金融支持。在确保分散农户小规模生产的金融服务力度前提下，突出加大对规模化种养殖户、农民专业合作社、农业产业化龙头企业的信贷支持，推动农业向机械化、规模化、产业化方向发展。三是强化支农服务长效机制。引导农合机构建立适合“三农”发展的内生机制，把服务“三农”的工作要求嵌入到股权结构设置、股东审查、治理机制建设上，严格实施支农服务承诺制度，引导农合机构构建适合“三农”的信贷文化。四是强化以客户为中心，认真探索改革组织架构和管理模式。针对“三农”和小微企业金融服务需求“短、小、频、快”的特点，以满足客户需求和有效防控风险为出发点，探索实施组织架构和业务流程变革，对管理层级进行纵向压缩，对营销、风险和运营职能进行横向集成，提高服务效率。五是强化差异化考核标准，提升农户贷款和农村贷款在涉农贷款中的比重，对涉农贷款占比低的县域机构采取必要的监管措施。

2013年监管工作会议　　　　市银监局　供稿

【银行业改革】　1. 督导鹤壁银行提升抵御风险能力。一是加强政策引领，引导城商行在资本持续补充过程中优化股权结构，进一步改善股权结构，扩充资本金，提升支持实体经济发展的能力。二是找准建设“精品社区银行”的切入点、着力点和突破点，加快建设精品社区银行。三是根据省、市政府组建中原银行的安排部署，积极指导鹤壁银行改革重组工作顺利实施，为全面实现城商行快速发展奠定基础。2. 鹤壁农商行组建工作取得实质性进展。一是筹建工作获得银监会核准，7月24日收到《中国银监会关于筹建鹤壁农村商业银行股份有限公司的批复》。二是组织召开鹤壁农商银行业开业前准备工作动员会。对农商银行的筹建工作提出科学规划，确保各项开业准备工作有序、强力推进。三是督促鹤壁农商银行筹建工作领导小组办公室设立综合组、业务组、机构组、审计组、规制组等五个工作小组，列出工作路线图和时间表，明确任务分工，确保在规定期限内达到开业前的各项条件和标准。3. 积极推进域外股份制银行和村镇银行引进工作。一是加大沟通协调力度，促请政府加大与拟引进银行的沟通力度，推介鹤壁。二是积极向省局进行专题汇报。多次向省局主要领导和分管领导及相关处室的工作汇报，争取省局的政策支持，持续完善引进股份制银行的工作。三是加强与市金融办的配合联系。积极配合市政府金融办及相关部门，按照确定重点引进对象，开展多种形式的对接活动，及时通报工作情况及进度，简化审批程序，提高办事效率。

四是重视村镇银行组建。主动联系发起行在浚县设立村镇银行，先后沟通联系的有建设银行、台湾银行等发起行，该项工作正加紧推进。

【提升金融服务】 一是切实做好整治银行收费活动。采取下发监管通报、实地访查、现场检查、监管会谈和约见谈话等方式，进一步规范银行业机构经营行为，有效防范法律风险和声誉风险。二是配合做好严厉打击非法集资工作。理顺处置非法集资工作机制，配合好政府做好打击和整治非法集资工作。三是切实加强银行业安全保卫。加强与公安部门的联动，组织开展安全风险排查，进行安全评估达标，巩固对ATM机安全检查成果，把安保工作落到实处，确保银行业机构安全无事故。四是加大理财业务监管，切实维护群众利益。对鹤壁银行、建行进行了重点专项检查，督导加强理财业务合规，规范商业银行理财产品销售行为。五是加强对消费者权益保护，规范金融运行秩序。积极开展"金融知识进万家"银行业金融知识宣传服务月活动。宣传服务月活动期间，全市234个网点均参与了宣传，共出动宣传人员1000余人次，设置户外集中宣传点36个，发放宣传资料10万余份，接待消费者1万余人次。鹤壁电视台、《鹤壁日报》等鹤壁市主流媒体对活动进行了专题采访、报道。《东方今报》刊登鹤壁银监分局党委书记、局长沈幸福的署名文章。鹤壁银监分局荣河南银监局评为宣传服务月活动先进单位、信息宣传先进单位和先进个人全部三项荣誉。六是积极推动银行业发展环境的改善。继续推进金融司法合作，充分发挥好金融审判庭、执行庭的作用，有效打击违约失信行为，配合鹤壁市法院开展"诚信宣传见证执行宣传月"活动。争取社会各界对金融诚信环境建设和金融安全区建设工作的支持，发挥政府、媒体、企业、银行等方面合力作用，共同营造良好的信用环境，实现多赢局面。

（白 静）

银 行 业

·政策性银行·

【中国农业发展银行鹤壁市分行概况】 2013年，中国农业发展银行鹤壁市分行各项贷款余额61.07亿元，较年初增加3.93亿元，人均贷款余额6940万元，比全省平均水平3977万元高出2963万元。全部贷款中，传统政策性贷款业务余额27.38亿元，占比44.83%，新业务贷款余额33.70亿元，占比55.17%。正常贷款60.96亿元，占比99.82%，不良贷款1130.08万元，占比0.18%。全年投放各项贷款47.16亿元，收购小麦14.91亿斤，收购玉米3.35亿斤。约占全市粮食商品量的71.25%和25.69%。建设农民安居住房80.43万多平米，配套生产生活设施近17.09万平米，复垦旧村址4859亩，增加国有建设用地80公顷，使4350多农户、2万余农村人口居住条件得到改善，在农村金融中的骨干和支柱作用明显增强。年末实现账面利润1.44亿元，完成年度利润计划。人均利润163.84万元，比全省平均水平81.42万元高出82.42万元。收入成本比12.92%，全年经营绩效位居全省系统内第8名。

【合规管理】 开展"合规建设深化年"活动，完善合规检查评价等制度，全年开展合规评价6次。制作下发各专业条线、各岗位员工岗位职责及合规应知应会标准；在县级支行开展创建"合规达标行"活动；积极配合完成审计署广州特派办现场审计检查，没有发现大的违规问题。

【支农业务】 一是确保收购资金及时足额供应。全年投放收购贷款17.88亿元，有力支持鹤壁市托市收购和市场化收购，确保主体业务没有出现大的问题。二是保续贷，强管理，稳妥支持农业农村基础设施建设。三是大力支持实体经济，全年投放农业产业化龙头和加工企业贷款15.36亿元，促进了农业产业化经营和科技进步。四是持续做好财补资金管理工作，粮棉政策性挂账地方贴息到位率达到82.9%。

【信贷风险】 一是加强行业分析。加大对粮油、纺织等行业运行状况分析，主动防控行业与市场风险。二是严格贷款准入。积极应对形势变化和行业调整，商业性贷款提高准入标准，严控涉及房地产、高息民间借贷等客户，从源头控制风险。三是强化风险监测预警。充分运用各类信贷风险预警系统，强化对借款人和第二还款来源的风险监测。全面加强或有负债管理，将贷款客户的对外担保单位和本贷款担保人纳入监管视野，对互保客户按月监测分析，及时揭示风险。四是开展风险排查。组织开展信贷管理、合规管理、收购库存等风险排查，对发现的风险及时进行化解。

（李 军）

·国有独资银行·

【中国农业银行股份有限公司鹤壁分行概况】 2013年，中国农业银行股份有限公司鹤壁分行秉承"面向三农、服务城乡"的历史使命，以"诚信立业、稳健行远"为核心价值观，以支持地方经济发展为己任，坚持发展与管理并重，不断强化重点业务发展，加强基础管理和内控管理，狠抓队伍建设，各项业务实现稳健发展，经营风险得到有效控制，经营效益实现稳步提高，全年实现安全经营无事故，社会形象明显提升，地方经济发展做出了积极贡献。截至年末，全行人民币各项存款余额43.77亿元（不含同业存款），较年初净增0.31亿元。其中：储蓄存款余额27.28亿元，对公存款余额16.49亿元。各项贷款余额44.9亿元，净增7.21亿，同比多增1亿多元，其中：法人客户贷款余额35.22亿元、较年初增加5.13亿元，个人贷款余额9.68亿元、较年初增加2.08亿元。全行实现中间业务收入4131万元，完成省分行计划的127.26%，计划完成率全省排名第一。其中：对公中间业务收入2384万元，完成省分行计划的152.23%；个人中间业务收入1747万元，完成省分行计划的103.99%。全行实现委托资产清收446.2万元，完成省分行计划的106.29%；自营不良贷款清收704.85万元，完成省分行计划的293.69%。全行核销不良贷款189.3万元，完成省分行计划的189.3%。全行实现拨备前利润1.55亿元，计划完成率95.55%，居全省第7位，同比上升7个位次；实现拨备后利润1.39亿元，计划完成率95.34%，居全省第10位，同比上升5个位次。实现人均拨备前利润53.35万元，位居全省第3位，同比增加14.41万元；实现人均拨备后利润48.13万元，位居全省第4位，同比增加17.12万元。在全省农行2013年度综合绩效考评中，鹤壁分行名列全省地市分行第四名。在省分行“五大板块”业务考核中，鹤壁分行荣获“对公中间业务收入市场份额先进单位”和“中间业务收入先进二级分行”；所辖淇滨支行荣获城市业务“城区多点支行先进单位”和“人均中间业务收入先进城区支行”；淇县支行、浚县支行分别荣获“人均中间业务收入先进县域支行”。2013年度被市政府评为“金融工作先进单位”。

【信贷业务】 全行信贷工作认真贯彻落实省、市分行工作会议精神和银监会“三个办法一个指引”要求，坚持审慎、规范、稳健的信贷工作理念，切实增强风险控制与化解能力，加大信贷投放力度，持续优化信贷结构，促进信贷工作的健康发展。一是紧紧围绕鹤壁市委、市政府经济及产业发展规划，坚持服务“三农”及地方经济发展，全力支持地方产业化龙头企业、特色农业集群、城镇化建设及小微企业发展。二是切实用好信贷规模存量，抓好到期贷款收回，为优质贷款投放腾出信贷规模，努力调整信贷收入结构。三是完善贷后管理责任约束机制，加大到、逾期贷款风险防控，开展农户贷款风险专项治理活动，严格执行农户贷款停复牌管理制度，从严防控信贷业务风险。四是创新工作模式。市、县两级行领导、前后台信贷部门及客户经理组成联合服务工作组，深入大型企业，现场观摩、调研并座谈，主动前移工作流程，切实增强服务企业的意识和效率。全年累计投放各项贷款22.17亿元，其中：法人客户收回再贷13.66亿元、新增信用投放5.64亿元、新增客户投放0.79亿元，个人贷款（含农户贷款）净增2.08亿元。全年本外币小微企业贷款净增8011万元，实现“两个不低于”，信贷扶持小微企业力度不断加大。

【“三农”业务】 坚持面向县域、服务“三农”的市场定位，按照“服务到位、风险可控、发展可持续”的原则，采取切实有效措施，以产业集聚区为重点，积极开展对县域产业集聚区发展的摸底调查，做好项目储备；以法人客户为抓手，认真做好涉农中小企业、农业产业化龙头企业等直管客户的营销工作；以农户贷款为补充，积极推动县域农户发展致富，促使全行县域业务加快发展，提高农行服务县域经济水平。截止2013年末，县域本外币各项存款余额15.16亿元，其中县域储蓄存款余额9.5亿元，县域对公存款余额5.66亿元。县域各项贷款17.38亿元，较年初增加4.14亿元，县域贷款增幅31.22%。贷款投向上，在重点支持全市国家级、省级农业产业化龙头企业的同时，围绕县域产业集聚区，积极扶持中小企业发展，助推县域畜牧产业、粮食精深加工等企业快速发展。当年新增县域优质法人客户6户，新投放县域贷款35330万元。此外，河南飞天农业开发股份有限公司6000万元固定资产贷款、河南辛安面业有限公司1800万元流动资金贷款授信顺利通过审批。

【零售业务】 鹤壁分行坚持将零售业务提升到战略主体地位，全力打造区域主流银行和精品银行新形象，切实加快零售业务转型步伐。一是加快网点建设。截止年末，全辖区已完成装修、翻新网点13个，占全行网点总量的86.7%。统一规范的网点新形象，展示了农业银行的新风貌，为社会公众前来农行办理业务提供清新、靓丽、舒适的服务环境。二是加快“软转”步伐。通过举办零售业务转型讲座、标准化服务导入、柜员及大堂经理营销服务技能培训等多种形式，增强了干部员工的思想认识、业务知识及服务技能。三是推动服务转型。确立淇滨支行为试点行，成立组织，完善制度，现场指导，分工协作，抓好落实，在全省率先推行了“6S”标准化管理模式，得到省分行及农总行检查组的好评。此外，本行坚持开展网点文明标准化服务情况检查及“神秘人”暗访，并通过情况通报会、问题分析会、服务培训会等形式，进一步提升全行的服务质量和服务水平。四是加快零售业务营销平台建设，积极构建完善全方位、分层次、多渠道的“大零售”营销服务体系。重点推动零售业务产品及电子银行业务营销，加大全行自助设备投入，加快自助银行建设，提升农业银行服务广大客户的能力，同时零售业务中间业务收入实现较快发展，进一步增加对全行利润的贡献度。2013年新增ATM机15台、自助设备终端4台，全行ATM机及达到66台，自助设备终端37台，智付通（转账电话）1200多部，POS商户350部，全行电子渠道金融性交易占比达75.3%，位居全省前列。

【风险防控】 在加快推进各项业务快速发展的同时，鹤壁分行重视加强基础建设，深化合规理念，强化风险管理，全行风险控制能力不断提升。一是以推广实施合规管理体系为抓手，以扎实开展基础管理提升、五大领域精细化管理为带动手段，继续坚持“一把手”负责制，认真组织，扎实宣传，强化基础管理，落实监督检查、整改纠偏和合规考核机制，积极开展“合规长效机制建设年”活动。在2013年度全省农行内控综合评价中，鹤壁分行持续保持“一类行”水平。二是完善贷后管理责任约束机制，加大到、逾期贷款尤其是农户贷款清收力度，严格执行农户贷款停复牌管理制度，从严防控信贷业务风险，并对新发生不良贷款还原责任，严肃追究。三是完善落实“大内控”运行机制，注重各类检查成果运用，把问题整改纳入大内控检查重要内容，建立整改台账，落实整改责任，并持续加大整改纠偏和责任追究力度。此外，针对近年来内外部检查发现问题，举办重大问题和典型事例解析培训班，进一步增强全行员工的合规意识。四是深入开展“三化三铁”活动，不断提高柜面业务标准化、规范化、制度化建设。所辖浚县支行营业部、北华支行被总行评定为“三铁”单位。五是构建“大保卫”防控体系，构建“人防、物防、技防+制度制约”的“大保卫”机制，扎实开展“平安农行”创建。2013年，所辖山城支行营业室荣获“总行级平安农行”荣誉称号，市行中心金库、山城支行获2013年度“省分行级平安农行”先进称号。六是认真做好信访维稳和舆情控制工作。加强信访维稳工作，提前化解矛盾纠纷，强化舆情监测，完善应急处理机制，有效防范声誉风险，全年未发生协解人员上访及负面报道事件。

（谢　辉）

·股份制商业银行·

【中国建设银行股份有限公司鹤壁分行概况】 2013年，中国建设银行股份有限公司鹤壁分行在市委、市政府和上级行党委的正确领导下，积极把科学发展观的要求贯穿于改革发展、经营管理的全过程，认真开展党的群众教育实践活动，牢牢把握“加快发展”和“风险防范”两个主题，坚持以市场为导向，以客户为中心的经营理念，在经营能力、客户服务等方面取得了长足进步，关键业绩指标、资产质量、存贷款新增等主要经营指标位居同业或系统内先进位次，从而较好的体现科学发展观和上级行的战略要求，为鹤壁市经济发展提供有力地支持。截至2013年12月底，各类贷款余额44.53亿元，较年初新增7.43亿元。其中：公司类贷款余额31.11亿元，较年初新增3.89亿元；个人类贷款余额13.42亿元，较年初新增3.54亿元。贷款新增市场占比40%，居同业第二位，完成市政府下达新增计划8亿元目标的92.88%。一般性存款余额57.62亿元，较年初新增8.72亿元，市场占比40%，余额和新增均居同业第一位。其中：对公存款余额24.69亿元，较年初新增4.66亿元，市场占比44%，居同业第一位；个人存款余额32.92亿元，较年初新增4.56亿元，市场占比36%，居同业第一位。中间业务收入完成5782万元，市场占比39%，位居同业第一位。

【服务小微企业】 善融贷是建行新推出的业务，小微企业在建行开户两年以上，年结算量100笔以上、年结算额200万元以上，无不良信用记录均可申请。打破常规，不依赖于企业财务报表，以“结算即信用”为核心，依据其交易结算及结算账户活跃程度，对结算稳定并形成一定资金沉淀的小微企业主动授信。对于申请信用贷的小企业，无须提供抵押、质押品或担保，而是以企业持续有效的结算量、日均金融资产为依据，为企业提供单笔额度最高为200万元、期限最长为一年的可循环贷款。本行现在‘预授信’的客户已经有100多家，特别是对单户授信50万元以下的客户，系统自动审批，网点直接销售，手续齐全最快两天便能拿到贷款，充分发挥大银行的资源和技术优势。与地方政府联手打造“助保贷”平台 。小微企业“助保贷”业务，是建设银行与地方政府部门合作，借助政府组织增信，搭建政、银、企三方合作平台，对优质小企业客户批量化营销，实现企业、政府和银行三方共赢的创新产品。助保贷业务针对建行和县区政府共同筛选的小微企业客户，邀请他们加入助保金池，缴纳一定的助保金，由县区政府拿出铺底资金提供增信，为助保金池内企业发放贷款，解决小微企业无抵押、无担保的难题。本行已与山城区、浚县政府成功搭建合作平台，县区政府均拿出铺底资金，通过该平台已为20多家小微企业累计提供1.62亿元的贷款支持。为小微企业铺就成长之路 。成长之路业务是建设银行鹤壁分行对信息较充分、信用记录较好、持续发展能力较强的成长型小企业，在进行客户信用等级评定并经授信后办理的信贷业务。本行积极打造信贷工厂专业化经营模式，从贷前调查、授信审批到贷后管理等全流程的经营管理模式，提高效率，满足小微企业客户融资需求。通过加大资源投入、加强分类指导推进、深化数据分析等措施，确保实现小微企业贷款“两个不低于”增长，完成市委市政府下达的责任目标。

【创新金融服务】 一是把惠民服务作为立行之本，发展之基，以关注民生、改善民生、服务民生为切入点，加快自助设备布局投放，优化业务办理环境，提高服务效率和服务质量，主动承担企业公民社会责任，提升客户满意度、信任度，促进业务持续、稳健、快速发展。优质高效的自助服务。随

建行鹤壁分行与鹤壁新区管理委员会签订合作框架协议　　市建行　供稿

着本市经济发展、社会进步，自助金融服务需求渐趋强烈，本行紧跟城乡建设规划，优化自助设备布局，在新设、扩建网点增设附行式自助设备，在主干道路口、人群集聚地设置离行式自助银行，加大在大型商场、住宅小区的布放跟进。先后铺设69台自动取款机，19台多媒体终端，16家24小时自助银行，是鹤壁市自助设备最多，分布范围最广的商业银行。针对两县营业网点少的情况，在两县开通在行式自助银行，并在淇县开通离行式自助银行、离行式ATM，极大地拓宽两县客户办理业务的渠道。同时，持续拓展设备功能，丰富自助查询机办理非现金业务的功能，如代理缴纳水费、电费、电话费等，方便客户使用自助设备办理业务。二是细致便捷的服务环境，为客户提供整洁、舒适的业务办理环境是本行一项惠民重要措施。投入资金对网点硬件设施进行改造，迁址扩建、装修改造营业网点，购置LED门头显示屏、液晶电视等配套设施，为客户提供最新金融产品介绍，提高客户理财能力。还增加复印机、点钞机、老花镜、手机充电器等便民服务设施，从细微之处关爱客户，延伸服务内涵。三是深化前后台分离，优化岗位设置，以“三综合”改革（综合功能网点、综合柜员、综合营销服务）为契机，本行对不同业务系统进行整合，开发出更加人性化的操作界面，减少员工切换系统的时间，提高系统支持效能，促成“新一代”核心系统上线，持续深化前后台分离，全面优化业务办理流程。通过区分设置立等窗口、综合窗口，引导客户使用自助设备，实行“八步法”服务标准，减轻柜面压力，提高服务效率，规范服务礼仪，缩短客户等待时间，赢得客户的满意和称赞。四是优化人力配置，充实一线需求，在人力资源配置方面，把高学历、高素质的业务骨干和年富力强、从业经验丰富的管理人员充实到基层网点，新入行的青年员工大多数分配到基层一线，改善窗口形象，提高经办效率，激发网点活力，成为同业内优质服务的示范榜样。五是从民生金融需求出发，面向住房、医疗等民生最关注的领域，提供积极的金融服务。（一）成功实现鹤壁市住房公积金管理中心系统与本行信息系统直连。10月11日，鹤壁市公积金管理中心系统与建行信息系统直连项目一期成功切换上线，充分利用个人信贷业务系统和企业现金管理系统的先进性与灵活性，满足中心公积金缴交、公积金支取代发、公积金委托贷款资金划拨、公积金贷款还款、财务日常业务与建行的实时交互，保证资金划转的实时性和安全性，减轻公积金管理中心与银行经办人员的工作压力；同时实现公积金贷款查询、公积金贷款回盘、联名卡签约查询等业务功能，为满足新形势下客户业务需求提供的有力支持和保障。（二）代收暖气费项目成功上线。代收暖气费项目于11月3日成功上线，实现全辖网点统一办理。该项目的成功上线，大大提高暖气费业务的收取效率，是全省建行系统内第一家实现代收暖气费，实现电子渠道代收，客户可以通过网上银行、手机银行等电子渠道缴费既方便客户又减轻柜台压力。（三）为医疗企业提供信贷支持，大力推进居民健康卡发放，构建人民健康服务平台。本行向浚县人民医院等多家医疗机构授信并投放固定资产贷款和流动资金贷款，用于医院扩建诊室病房、采购医药设备、改善医疗条件，为解决群众看病难的问题伸出金融援手。居民健康卡建设项目是实现卫生信息化“3521工程”的关键环节，是促进医改任务落实、提升管理水平的有效手段。本行发行的居民健康卡为金融IC联名卡，集银行卡、诊疗卡、新农合卡功能于一身，实现多卡合一、一卡多用的功能。7月3日，实现鹤壁市淇滨区居民健康卡批量制卡申请，首批申请成功卡数1.4万多张，是继郑州地区1.3万张、濮阳地区1.2万张后的再次突破，本行已成功制卡40969张。11月8日，与鹤壁市卫生局在鹤壁市淇滨区钜桥镇邢庄村进行第一批居民健康卡的实验性发放工作，现场发卡850张。第一批居民健康卡的顺利发行，为下一步大规模发卡工作积累宝贵的经验，剩余的4万余张也将陆续发放到居民手中。

（季　伟）

【中国银行股份有限公司鹤壁分行概况】　2013年，中国银行股份有限公司鹤壁分行围绕市政府下达的全年目标任务，按照市委、市政府的战略部署，以支持地方经济发展为己任，以贷款业务为抓手，全力支持企业发展和民生消费，该行贷款余额始终走在全市四大国有商业银行前列。截至2013年12月底，各项贷款余额为51.49亿元，市场份额29.76%，居四大行第一位。累计投放贷款19.16亿元，支持中小企业23户，公司贷款余额37.38亿元（不含票据），居四大行第一位，消费贷款新增2.79亿元。人民币存款51.56亿元，较年初新增6.09亿元，四大行市场份额28%。不良贷款率0.62%，完成市政府下达不良贷款率控制在3%以内的目标；做到安全管理，安全运营无事故。

【业务发展】　围绕市委、市政府的发展战略，本行优化贷款结构，密切关注鹤壁市项目建设情况，积极支持重点企业和重点项目，服务项目建设做到营销快、决策快、项目发起快、贷款审批快。强化项目服务做到项目、单位、领导、客户经理四落实。结合企业情况，加强短期授信和单一贷款的替换和转化，引导在一般流动贷款额度内大力叙作票据、货物等质押贷款，加大产业链、供应链、销售链等融资产品使用。为我市民生工程河南宝基置业发放4000万元固资贷款；为本市重点企业鹤壁市玖泰经贸有限公司5000万元流资贷款。为重点企业鹤壁鹤淇电厂项目出具44.75亿元营销性贷款承诺函，为该项目顺利通过核批提供保障；完成市招商引资重点企业富士康发起上报总量2亿元核定报批工作；扶持本市民生工程为保障性住房（公租廉租）房项目核批1.5亿元总量，在两县三区实现投放达9700万元，支持重点项目和重点企业。为缓解中小企业融资难问题，加强中小企业项目库建设，深入中小企业进行调研，加强同上级行沟通，争取项目早批早放。结合中小企业实际情况，创新服务中小企业的金融产品，以创新产品支持企业发展。服务招商引资，支持招商引资落地项目。围绕市政府项目建设这个主抓手，该行积极支持招商引资落地项目，以实际行动支持本市招商引资工作。该行向中小企业推广使用的新产品有：融货通、质押通等，支持鹤壁鹤源电力（集团）有限公司1500万元；为本市金属镁行业鹤壁昌宏镁业有限公司投放900万元；扶持县域企业鹤壁黎源电工有限公司1500万元；河南恒瑞橡塑科技股份有限公司1000万元；鹤壁市江浪金属有限公司发放流资500万元。通过贸易融资业务支持鹤壁市玖泰经贸有限公司5000万元；鹤壁市淇滨区昊洋有限公司2000万元；鹤壁豫锋物资有限公司1000万元。创新产品由中原宝隆提供连带责任保证担保、企业间互保的形式制定“互助通宝”产品，为鹤壁市丰源煤炭运销有限公司发放1000万元；鹤壁市天宜商务有限公司1000万元；鹤壁市聚鑫经贸有限责任公司1000万元。发挥国际结算优势，为河南永达清真食品有限公司续做国内商贴业务1500万元。

开展金融知识宣传　　市中行　供稿

【关注民生】　大力发展居民消费贷款，着力改善民生，认真研究发掘居民消费需求，开辟零售贷款新领域。开发贷款联动，大力推进个人住房贷款增长，积极推进个人循环贷款、投资经营贷款、汽车贷款、居民住房装修、个人信用贷款等新的消费贷款品种满足市民需求，着力改善民生。全年发放个人贷款4.83亿元，发放地区主要有开发区、浚县、淇县，支持本市28家房地产开发企业，其中浚县发放8366万元、淇县3142万元，一定程度上支持县域经济的发展。在支持房地产行业的同时，该行也支持其他行业的发展，向汽车插接件协会下属10余家企业发放贷款4000万元、黄金协会下属6家个体户1300万元、温州商会3家个体户830万元。

【个金业务】　一级战略指标“单位基本结算账户”绩效考核口径实现新增89户，增幅12.35%，增长率在全省小组排名第二。产品带动前三季度现金管理客户完成7户，年计划完成134%，带动公司存款新增1.85亿，完成存款年计划的185%。客户数量、存款绩效考核均为封顶值。单位结算卡发卡量为752张，完成全年计划的188%，全省排名第二。单位结算卡网点覆盖率为100%，为对公业务渠道分流、提升客户服务体验、减轻前台柜台压力等方面起到积极作用。人民币储蓄存款市场份额快速提升，当年网均新增、市场份额提升比例两项指标均取得四家行排名第一的好成绩；其中市场份额提升比例全省排名第三。连续两个季度获得省行通报表扬。四大银行个贷余额占比和新增占比四家行排名均为第一。在贷款业务快速扩张的基础上，个贷业务的资产质量也呈现双降趋势，关注和不良占比大大低于全省平均水平，受到省行通报表扬。个金条线中业收入实现2435万元，完成全年计划113.76%，提前一季度完成计划目标，全省排名第一。银行卡业务开速发展，多项指标名列全省前列。2013年，信用卡发卡6251张，完成率59.7%，列全省第二位。信用卡业务完成中业收入1606万元，时间完成进度率153.27%，列全省第一位。信用卡激活全省第二位。

【合规建设】　结合“合规建设机制建设年”活动，建立案防工作责任制，严格落实“双十禁”和“六个严禁”，对重大违规问题“零容忍”，与员工签订“合规责任书”，深入开展风险排查，重点关注员工非生活需要的“大额内外部借款”、“经商”等异常行为，消除各类不稳定因素和风险隐患。强化内控防案，强化民间借贷风险防控，加大排查力度，加大大额资金异动帐户分析，实现全年“零发案”。

（张克忠）

【中国工商银行股份有限公司鹤壁分行概况】　2013年度，中国工商银行鹤壁分行认真贯彻总省行的各项工作部署，坚定不移走内涵式可持续发展之路，高扬加快发展主旋律，有效推进经营转型和结构调整，着力提升服务管理品质和风险防范水平，各项工作取得较好进展，精品银行建设迈出坚实步伐，较好实现年度目标。一是主要发展指标取得明显突破，实现“两个高于”目标。主要业务新增市场占比高于余额市场占比。各项存款新增6.9亿元，创本行历史新高，市场占比30.8%，高出余额市场占比10.54个百分点。各项贷款新增10.17亿元，增幅46.12%，全省排名第一，同比多增11.6亿元。二是渠道结构持续优化。年内2个支行顺利开业、2个离行式自助银行投产。经过公开选拔、增设16名客户经理，使我行客户经理队伍达到104人（占全员比重26%），中高端客户专属服务能力得到加强。三是业务运营质量和风险管理状况不断好转。通过综合治理和加强考核，业务运营质量取得明显成效。扎实深入开展管

市委书记魏小东（右一）到工商银行鹤壁分行指导工作　　柴亚南　摄

理品质提升年、合规长效机制建设、员工行为规范教育、风险隐患排查活动，全行员工案件和风险防范意识不断增强。四是内外部形象持续提升。通过党的群众路线教育实践活动的有效推进、通过各项业务新成效的不断展现，全行干部员工的经营理念得到更新，加快发展的责任感和使命感得到增强，全员士气得到提升，工作作风得到改变，精神面貌焕然一新，各项工作呈现出好的趋势、好的态势和好的气势，得到省行党委、省行领导和各部门的肯定和好评。同时，积极履行社会责任，加强与地方政府沟通，年内先后与市工商局、本地零售龙头企业裕隆百货签订全面战略合作协议，进一步密切银政、银企关系，贷款新增额高于其他国有商业银行之和。

【存款业务】　储蓄存款持续增长。积极开展金融服务“进社区、进企业”活动，在做大存款规模的基础上，由单纯的揽存向经营存款转变。同时做好各类产品的多种形式、多角度宣传，将工行金融产品送到千家万户；对公存款同业排名持续领先。深入贯彻大对公指导思想，对公业务本外币联动、有贷无贷联动、公私联动、全产品联动得到有效执行，为全行对公存款的稳步增长奠定了基础；抓存量客户分层维护，促重点客户存款保持稳定增长势头；同业存款市场竞争力逐步加强。同业存款4325万元，较年初新增4210万元，增幅全省排名第一。同业市场存量占比、新增占比均排第一位。

【贷款管理】　贷款投放实现新突破。年初准确定位资产业务发展方向，加强与企业对接，密切跟踪贷款规模配置情况，加大信贷投放。全年累计投放各类贷款30.5亿元，完成市政府下达年度目标计划的104%。各项贷款增幅46.98%，全省工行系统排名第一。9月份刘新勇副市长代表市委市政府到郑州对中国工商银行河南省分行给予鹤壁社会经济发展的支持表示感谢。一是加大市重点项目支持力度。加大对全市重点企业、重点项目以及中小企业的信贷支持。12月31日，法人客户贷款较年初增加8.9亿元，累计投放28.2亿元。二是创新型信贷业务取得新进展。针对贷款规模偏紧的全国金融形势，大力拓展表外业务融资，拓宽企业融资渠道，签发银行承兑汇票6.3亿元，有效解决企业的燃眉之急。着力推动贸易融资类产品，积极培育拓展新客户，发展壮大客户群，针对中小企业特点，开办商品融资、发票融资、国内保理业务等业务品种，为中小企业拓宽融资渠道，取得中小企业融资品种营销实效。全年累计办理贸易融资业务14.5亿元。三是积极扶持小微企业发展。围绕金属镁产业基地、建材产业、食品加工产业、八个产业集聚区等招商引资企业进行调查，发展一批市场发展潜力大的目标客户。全年新增小企业融资9423万元，新增贸易融资5711万元，新增小企业客户6户。四是个贷业务取得新进展。个人贷款较年初增加1.66亿元，增幅27.3%。建立健全制度，提高风险防控能力。制定下发《鹤壁分行信贷业务违规经济处罚办法》和《鹤壁分行信贷业务联动管理实施细则》两个办法。不断加强信贷资产管理，资产质量进一步提升，压缩潜在风险贷款14650万元，完成全年任务的104.64%；压降逾期贷款552万元，完成年度目标任务的184%；贷款不良率较年初下降0.41%，其中个人贷款实现不良贷款0余额。

【金融改革】　发展理念深入人心，效率指标得到较大提升，突出可持续、内涵式发展，注重经营效率和质量。制定完善《支行绩效考核办法》、《部门绩效考核办法》、《产品计价办法》、《明星员工评选办法》等一系列制度办法，从机制制度上加强激励约束。在支行推行行长坐班制度和行长热线电话联系制度，强化客户服务快速响应；市行本部则公布各部室内部承诺，不断提升本部服务基层能力；同时要求市行机关部室对基层行反映的问题实行限时办结制。实行督查督办制度，及时将年度工作会议安排事项，明确分管领导、牵头部门和配合门，按季通报工作进度；坚持月度经营分析会制度，及时总结经营发展中取得的成绩，剖析经营发展中存在的不足，及时制定采取针对性推进措施。深入开展“管理品质提升年”、“员工行为规范常规教育”活动，坚持季度“合规标兵”“合规明星”评选表彰机制。

【创新发展】　坚持创新用新，转型发展取得新的突破。投资银行业务工作跃入全省系统先进行列，年度考核排名全省第5位。信用卡发卡量22993张，较年初净增2855张，完成年度目标任务的143%；信用卡直接消费额9.4亿元，完成年度目标任务的110%。累计销售个人理财产品11.68亿元，累计销售法人理财产品12.53亿元，9个支行实现了法人理财产品销售，网点覆盖率达到60%。全年实现私人银行产品配置4.74亿元，是去年同期的20倍。新增资产托管规模16.21亿元，完成年度目标任务的135%。票据池业务首次在二级支行得到推广，全年新增票据池业务3户。贵金属预售业务在全行全面推广，黄金递延类贵金属交易量2632千克，完成年度目标任务的329%，系统排名第1位。由于票据池业务和黄金租赁业务推广应用工作突出，2013年荣获总行新产品推广进步奖。

（柴亚南）

【鹤壁银行股份有限公司概况】 2013年，鹤壁银行不断健全管理体制和经营机制，完善组织架构和业务流程，增强业务创新和竞争发展能力，提升运行效率和发展质量，较好的完成各项主要工作任务，经营发展呈现企稳向好、逆势上扬的良好态势，主要指标达到监管要求，各项业务安全稳健运行，资产规模和存款余额均居全市第一。截止2013年末，全行合并报表后资产总额96.60亿元，较年初增加8.36亿元，增长9.48%。合并报表后各项存款68.41亿元，较年初增加7.53亿元，增长12.37%。合并报表后各项贷款47.94亿元，较年初增加7.86亿元，增长19.61%。

【公司治理】 一是开展换届工作。应当前金融发展形势需要和市政府相关要求，召开股东大会，合法产生第二届董事会、监事会和经营班子。并加强“三会一层”的建设，全年共组织召开22次董事会、5次监事会和年度股东大会，审议研究30多项重大议题，强力推动全行的战略执行和经营发展。二是积极推动制度建设和舆论监管，健全完善经营班子和高管考核标准，维护和谐的投资者关系。制定下发利率定价、风险管理、授权方案等一系列重大制度，明确全行运行管理中相关主体职责权限和高管考核标准，创新实施按季考核办法，进一步强化董事会对高管的激励约束机制，逐步构建符合现代企业制度和股份制商业银行治理要求的制度体系。

【风险管理】 不断改进和加强流动性管理，坚守住风险底线，确保不发生系统行风险和区域性风险。制定并完善信贷业务制度和流程，实施不良贷款集中管理，基本实现对全行信贷业务的全流程监管，信贷风险明显下降。全年新发放贷款28.84亿元，当年新增贷款不良率和欠息率均为零，杜绝发放问题贷款1.52亿元，清理担保公司等潜在风险贷款2.21亿元，收回不良贷款本息614万元、账销案存资产1839万元，有效的净化信贷资产质量，支持全行盈利水平大幅提升。2013年末，不良贷款率1.77%，较年初下降0.05个百分点。强力推进制度建设，深入开展“合规长效机制建设年”活动，加大检查力度，强化整改落实，初步建立合规管理长效机制，有效地提高全行的合规经营能力。完善利率管理办法，有效地遏制利率管理中的“跑、冒、滴、漏”问题发生。加强运行管理，严格支付结算业务流程，确保运营业务零事故。总体上看，2013年全行各类风险管控能力普遍提高，风险抵补能力也明显增强，拨备覆盖率231.65%，资本充足率15.41%，达到监管要求。

【公司业务】 至年末，该行发放对公贷款26.37亿元，较年初增加4.65亿元；银行承兑3.37亿元，其中，小微企业贷款14.83亿元，占全行各项贷款的70.02%。重点支持本市大新区建设、产业聚集区建设、城镇化建设、县区重点项目、重点产业、三农、小微企业等行业的金融需求。

【个人业务】 全年发放个人贷款5.84亿元，贷款余额5.62亿元，全力加大小微贷款支持力度，全年发放宣传小微贷款4.74亿元，发放小微企业贷款3.76亿元。加大对行政事业单位职工贷款、住房按揭贷款、下岗失业贷款、个人经营和消费性贷款的个人贷款力度，重点投向三农、制造业、个人、批发零售业、水利环境和公共设施管理业。大力支持食品加工、深加工个人企业和农户养殖业的发展。极大地满足了广大居民百姓，特别是中低收入人群的多元化经营和消费需求，增强市场活力。

【贷款融资】 全年贷款累计投放95亿元，较上年增加21.3亿元。全年新增融资服务12.9亿元，全年新发放贷款28.84亿元，全年累计纳税8889万元，较上年增加2921万元。累计贷款投放、新增融资和纳税金额均居全市首位，有力地支持鹤壁市社会经济的发展。

【资金清算】 严格支付结算业务流程，确保会计核算安全。全年共提出同城清算资金近1500亿元，清算大额资金980亿元，开立、变更会计账户3400多个，会计业务笔数20万多笔，出入库98次、金额5亿多元，实现零差错。加强运营管理，全年共进行8次突击检查，强化对空白凭证、印鉴密押、内控制度和流程执行情况等进行全面检查；组织4次季度查库，纠正问题15项，确保运营业务零事故。并规范内部管理类账务核算和零余额清算工作，及时解决零余额垫款问题，规避潜在的资金和核算风险。

【内控管理】 全年共开展2次常规稽核和5次专项稽核，开展支行行长离任审计、不良贷款责任认定、风险检查等8次稽核检查，全年共查出30个问题，提出14项整改建议，并督促整改落实，进一步强化内控制度的执行力。深入开展“合规长效机制建设年”活动，通过采取逐级、逐层签订“合规执行责任与承诺书”、“岗位合规责任书”和“案件防控责任书”，开展自查自纠等方式，提高合规经营能力。并加强合规文化建设，定期进行合规评价，初步建立合规考评长效机制。

（赵　乾）

·信用合作金融·

【鹤壁市农村信用社概况】 鹤壁市农村信用社现辖浚县联社、淇县联社、淇滨区联社、山城区联社四家县级联社，共有营业网点122个，在岗员工1376人，是鹤壁市金融覆盖面最广、从业人数最多、支农实力最强、存贷款规模最大的银行业金融机构。2013年，在鹤壁市委、市政府和上级主管部门的大力支持和正确领导下，继续坚持“三个打开，五个围绕”的总体工作思路和方法，以业务经营为中心，打基础上台阶，抓存款促发展，抓信贷谋效益，各项业务继续保持平稳较快发展。7月24日，中国银监会正式批准淇滨区农信联社、山城区农信联社合并组建鹤壁农商银行，标志着鹤壁市农村信用社深化体制机制改革取得突破性进展和阶段性成果。组建鹤壁农商银行得到鹤壁市委、市政府的大力支持，是鹤壁市2013年重点工作之一，鹤壁农商银行组建后，股权结构将进一步优化，经营机制更加灵活，信贷投放能力将显著增强，对增强地方金融实力、促进鹤壁经济社会全面发展具有重要意义，开业前的各项筹备工作正在加紧推进。

【业务发展】 截至年末，鹤壁市农村信用社各项存款余额127.79亿元，较年初增加29.34亿元，增幅29.81%，增量和增幅均创历史新高，存款占全市金融机构市场份额的30.13%，较上年同比增加3.23个百分点。各项贷款余额101.98亿元，较年初增加19.49亿元，增幅23.64%，贷款余额占全市金融机构市场份额的26.18%，贷款增量占全市金融机构贷款增量的38.45%。存贷规模双双突破100亿元大关。

【支持“三农”】 坚持以“服务三农、改善民生”为己任，充分发挥农村金融主力军作用，积极围绕政府产业导向和企业资金需求，按照“围绕政府、围绕项目、围绕企业、围绕产业、围绕社区”开展工作的理念，不断加大信贷投放力度，全力支持“三农”发展和地方经济建设。2013年新增各项贷款19.49亿元，贷款余额达到101.98亿元，其中涉农贷款余额98.56亿元，较年初增加17.7亿元，增幅21.89%；引进域外资金6.39亿元；因信贷规模控制，新发放贷款进置换不良贷款科目7.34亿元，实际完成信贷资金投放总计33.22亿元，完成市政府下达目标任务12亿元的276.83%，居全市金融机构首位。一是加大对返乡创业人员、村干部、致富能手、大学生村官等信贷支持力度，助推更多农民自强致富，2013年累计发放农户贷款10.53亿元，较年初增加3.98亿元。二是积极支持农业生产、畜牧养殖、农业机械等各类农民专业合作社发展，借助专业合作社的力量，加大对当地农业生产、畜牧业发展的信贷支持，使其加快集约化、市场化步伐，2013年，共支持农民专业合作社4个，贷款余额3680万元。三是高标准、高起点地参与农业产业化发展，从农业产业化龙头企业项目库中筛选、支持一批涉农龙头企业。2013年全市农信社新投放该类贷款14.32亿元，重点支持了以永昌、大用、中鹤等国家级农业产业化龙头企业和规模化标准化养殖基地为支撑的畜禽产品精深加工农业产业化集群，以益民面业、淇花食用油等省市级农业产业化龙头企业为支撑的粮食精深加工产业化集群。四是积极同资金相对富余的地市进行对接，通过委托贷款、社团贷款等方式引进域外资金6.39亿元。五是加大“金燕快贷通”小额信贷投放。2013年，共收集“金燕快贷通”客户基础信息4003户，信用评级4003户，授信3772户，授信金额4.68亿元，较年初增加3.97亿元，发放金燕快贷通卡3800张，发放贷款3699笔、3.91亿元，较年初增加3.3亿元。

【创新工程】 一是加大金融创新，着力解决小微企业贷款难、担保难的问题。全市农村信用社结合“惠民富农金融创新”工程建设，创新担保方式，推行“信用共同体”联贷联保业务有效缓解中小企业抵押难、担保难问题。2013年共发放共同体贷款8个，为40家小微企业发放贷款12800万元。被鹤壁银监分局授予“2013年度小微企业金融服务工作先进单位”荣誉称号。二是大力推进“金融服务进村入社区”工程。鹤壁市农信社结合自身实际，按照“贴近行政区划、贴近社区、贴近重点单位”的原则，合理优化网点布局。2013年以来，已完成改造和搬迁网点83个，在社区新增网点4个，优化原社区网点19个，改造、搬迁和新设网点占总网点数的71.31%。截至2013年末，全市农信社共布放各类自助设备107台，其中：布放ATM自动取款机、存取款一体机76台、多媒体自助终端31台，自助设备乡镇覆盖率达到90%以上；布放POS机具1249台，较年初增加524台，增幅72.28%，新增覆盖行政村196个；增设助农取款服务点523个，完成了全市重点行政村的全覆盖。三是规范流程制度，大力推行“阳光信贷”工程。重点加大信贷服务大厅建设，2013年，全市农信社统一规范设置34个信贷服务大厅，设置信贷客户经理公示牌1790个，增设服务承诺公示320个。实行信贷制度、流程、联系方式、服务时限、监督方法、贷款行为等信贷服务六公开，提高信贷业务透明度，规范信贷操作流程，畅通办贷“绿色通道”，对授信咨询贷款保证一周内办结。

（卢学伟）

保　　险

·人寿保险·

【中国人寿保险股份有限公司鹤壁分公司概况】 2013年，中国人寿鹤壁分公司继续以科学发展观为统领，按照省公司“三大一强”的总体要求，紧紧围绕“两个坚定不移”、“两个战略”的发展思路，以人为本，创新务实，团结奋进，真抓实干，积极应对复杂多变的经营局面，集中精力谋发展，突出重点抓落实，在危机中抢机遇，在困境中寻突破，不断增强公司可持续发展能力。全市系统完成保费总收入4.56亿元。其中，个险完成首年新单保费4828万元、同比增长12.9%；首年期交保费4826万元，同比增长14.1%；10年期以上首年期交3320.1万元，同比增长7.5%；首年标准保费3063.8万元、同比增长7.8%，全省排名第三。团险完成短险保费1571.79万元，完成率119.1%；其中意外险

1183.4万元，完成率137.6%，同比增长45.2%，全省系统名列第一。银保完成首年保费11750.5万元，完成率91.8%，同比增长13.8%。2013年公司主要发展指标较上年均有显著提升。特别是个险和团险渠道主要业务发展指标均提前达成全年计划，位居全省前列。截至12月底，本公司总保费市场份额为51.26%，居全省第一位，领先主要竞争对手32个百分点，继续保持在鹤壁寿险市场的绝对竞争优势。

【风险管控】 一是开展“诚信我为先”主题教育活动，“诚信5分钟”职场早会教育活动和“6·16诚信服务日”活动，举办诚信合规知识考试。二是大力开展重点风险排查活动。开展“集资诈骗风险排查”，重点风险排查等专项自查自纠活动，发现问题及时整改，规避风险，为建立和完善风险管控长效机制奠定坚实基础。全年公司无发生重大违规违纪行为。荣获鹤壁市金融机构综合评价“先进单位”、“政风行风建设先进单位”、“反洗钱先进单位”等荣誉称号。2013年被省公司评为“先锋，2013”业务推动综合奖。

【保险“三进入”活动】 为有效践行党的群众路线教育实践活动，在全市系统开展以“保险 让生活更美好”为主题宣传实践活动，以进机关、进企业、进社区为形式的保险“三进入”活动，进一步改变系统员工工作作风，贴近群众，充分征求意见，提高全体员工市场拓展和服务客户的意识。全市共召开保险宣讲会32场，发放健康手册及保险宣传资料5种共三千余份，赠送保险卡600份，收集建议卡1086份，联系准客户354人；通过保险三进入活动，“送保障、送健康，走出去、请进来”，拉进保险与公众距离，使更多的客户对保险有深层次的了解，有效提升公众的保险意识，收到良好的效果。

【客户服务】 按照总公司“牵手中国人寿，共建和谐生活”客户服务活动的统一安排，公司于2013年3月15日举办以“诚信、沟通、维权”为主题的3.15消费日诚信服务活动，现场为广大市民免费发放各类宣传资料，解答相关保险知识咨询，吸引众多市民现场积极参与。同时公司还积极开展客户服务节活动。“6.16国寿客户节”期间全市统一开展客户大拜访和大型咨询活动，并举办“国寿大讲堂”，聘请省内著名医学专家为客户举办健康知识讲座，提升健康理念。每逢重要节日和客户生日之时利用祝福短信、送鲜花、送蛋糕等形式进行慰问，进一步提高公司服务满意度和市场影响力。2013年本公司在全省率先试点实行“综合柜员制”服务，缓解柜面服务压力，提高工作效率，优化保险服务，进一步提升窗口形象。

【理赔工作】 公司共处理赔案6240余件，累计支付赔款3035.75万元，全年支付各类赔款2923万元；满期给付1.39亿元。为6000多人次提供保险赔付等服务。

（杨 超）

·财产保险·

【中国人民财产保险股份有限公司鹤壁市分公司概况】 2013年，人保财险鹤壁市分公司求真务实，努力工作，保持业务的稳步发展，队伍的团结稳定，经营的依法合规，较好地完成上级安排的各项工作任务，为地方经济发展和人民生活安定作出贡献。全市系统实现保费收入1.22亿元，占省公司下达计划目标的102.9%，在全省率先完成年度计划目标，同比增长22.01%，业务增速全省系统第一，高于鹤壁财险市场平均增速，在鹤壁财险市场占比份额40.11%。

【支持地方经济发展】 承保车辆、企业、家庭个人财产38754户，为社会承担各类风险保障230.74亿元，人保财险鹤壁市分公司共处理各类赔案11850起，支付赔款6347.62万元，为地方贡献税金560余万元，代收车船使用税接近700万元。继续保持人保财险作为国有商业保险公司在鹤壁财产保险行业的主渠道地位。

【健全农网服务】 人保公司作为国有控股的商业保险公司，带头贯彻执行党的路线方针政策，配合政府落实中央关于加快社会主义新农村建设的工作部署，积极开展保险下乡活动，推进农村保险服务体系建设，在重点乡镇村设立保险知识宣传栏，方便百姓的投保、索赔，扩大对农民群众的保险宣传和知识普及，增强农民在致富过程中的风险意识，有效防止农民因灾致贫、因灾返贫，有利于保持农村的社会稳定和农民的生活稳定，促进农村经济发展，加快社会主义新农村建设步伐。政策性农业保险是中央支农、惠农政策的重要组成部分，人保财险公司作为国内唯一的国有控股商业非寿险公司自然成为国家农业保险政策的落实主要承担着。全年共承办政策性小麦保险63240公顷，政策性玉米22127公顷，政策性能繁母猪6.97万头。处理涉农出险案件2648余件，支付赔款1136余万元，进一步健全农业风险保障和救助体系，为农民也为政府解除后顾之忧。

【风险管理】 加强承保风险管控，认真做好承保前的风险评估和标的检验，合理确定承保条件，严把承保关口。继续深化理赔队伍人力资源改革，开展理赔人员工作作风整顿活动，严肃工作纪律，强化工作责任，提高工作技能，重视数据管理、单证管理，开展反洗钱、反欺诈专项活动，打击保险诈骗，积极发挥行业主导和表率作用，保持全市金融保险市场的稳定。

（孙炳志）

【中保人寿财险鹤壁市中心支公司概况】 2013年，中国人寿财产保险股份有限公司鹤壁市中心支公司在市委、市政府和上级公司的正确领导下，秉持“强化‘双育’、开拓渠道、服务领先、创新发展”的主基调，团结一心、戮力拼搏，使业务得到较快发展，市场份额稳中有升。实现保费收入4919.78万元，同比增长23.75%，市场份额14.6%，同比提升0.31个百分点，稳居市场第二位，被省公司授予“2013年度市场领先奖”。共承保车辆、企业、家庭个人财产19305户，为社会承担各类风险保障77.94亿元，为地方贡献税金275.51万元，为地方税务局代收车船使用税444.02万元。

【客户服务】 创新客户服务，促进能力提升。实行优化流程、简化手续，小额人伤和车损案件自主查勘24小时赔付；上门办理索赔手续，协助客户审车入户、免费拖车救援、免费接电送油等服务项目。荣获2013年度全省“客户服务运营管理提升竞赛”第一名。普通车险出单时长承诺达成率、车险赔付时长承诺达成率等指标全省名列前茅。总公司服务品质暗访检查，本公司查勘服务被作为“规范案例”通报表扬；优化培训模式，加大培训力度。在参加省公司窗口服务人员等级考试的14人中，考试合格11人，合格率78.57%，全省领先；报高了位；车险数量结案率91.29%、金额结案率70.06%，非车险数量结案率95%，均位列全省第三。

（李　英）

·证　　券·

【民生证券有限责任公司鹤壁营业部概况】 2013年，民生证券鹤壁营业部在公司各级领导的正确指引和各兄弟部门的大力支持下，努力夯实基础业务，大力开拓创新业务，规范管理，锐意进取，依靠全体员工的共同努力，取得一些成绩，（一）内部管理。1.规范管理制度，深化精细化管理，执行力得到有效提升。营业部建立健全职责分明、流程清晰、执行迅速的权限授权体系，执行力明显加强。完善现场与非现场客户精细化管理，投资咨询业务人员精细化管理，员工日常行为精细化管理，员工、客户培训精细化管理及后台保障人员分工精细化管理流程。通过梳理工作流程，明确责任分工，确定核心环节，明确工作质量标准、完成时间和责任人，工作效率得到有效提升。2.“以制度促规范，以执行推发展”为出发点，先后修订完善《2013年员工考核办法》、《员工考核补充办法》、《开户奖励办法》、《营业部移动电话管理办法》、《营业部会议制度》等相关配套措施，从建章立制入手，狠抓规范化管理的落实。3.强化风险控制，建立督导环节。为防范风险，将风险降到最低，营业部建立了从立项、决策到执行、反馈的科学流程与一体化风险控制体系，使风险控制覆盖各项业务的事前、事中、事后各个环节，在实际工作中收到一定成效。4.注重成本管理、强化员工节约意识。根据公司倡导的“我为公司多赚一分钱，我为公司多省一分钱”的价值理念，营业部在不影响业务正常开展的情况下，本着可花可不花的不花，可多花可少花的少花原则，在费用支出的合理性、合规性、必要性方面进行严格审查。特别是在营销费用支出方面严格审查，了解每一笔营销费用的支出。5.配合鹤壁市地税局完成营业部2011年~2012年涉税情况检查工作。

【理财服务】 1.管理客户服务。截止11月12日，投资顾问在管理客户的相关指标中均已按其等级提前完成考核指标。每位投顾与其管理的大部分客户均建立起日常服务关系，在管理客户的日常维护及创新业务的推广工作中发挥突出的作用。持续不断地做好重要客户回访工作。及时、全面、准确地向客户提供公司财富管理部和研究所推出的相关理财产品；将所对应的服务产品发送至相关客户，作后续跟踪回访，提升客户满意度，维护良好的客户关系。随着创新业务的增多，员工培训和投资者教育工作也就显得日趋迫切，为及时推进，迎合客户需求，营业部仍然坚持每周六的股民学校和周四的员工培训以及不定期的新业务推介工作。针对市场实际情况及当前环境，因时制宜地开展股民培训，有效了解客户需求，改进营业部服务措施，推动多方共赢。使客户与员工都能及时解到最新的市场动向。公司成功推出综合服务平台一期。在期间管理客户平台导入、签约客户的录入以及服务佣金的录入方面均走在其他营业部的前面。

（陈淑霞）

【中原证券股份有限公司鹤壁营业部概况】 中原证券鹤壁兴鹤大街营业部经中国证监会河南证监局（豫证监发〔2009〕543号文）批准成立，于2009年10月18日正式开业，是鹤壁市唯一一家综合类券商营业部。营业部位于兴鹤大街与淇河路交叉口向北20米路西新华大厦一楼、二楼。营业面积达1000多平方米。2013年，A股基金交易量40多亿元，开户4000多人。

【客户服务】 为适应市场变化，营业部推出投顾业务服务模式。开设投资学院、股市沙龙讲座，免费开通客户每日短信服务和模拟盘操作概况等，覆盖营业部客户需求。提供的信息及时、精炼，内容涉及大势分析和个股点评及投资报告，自投顾业务服务推广以来，运行效果得到客户的高度赞扬。为适应投资者需求，营业部推出融资融券业务、约定购回式交易业务，解决客户融资、融券、双向获利、杠杆效应、避险、对冲等需求；同时还具有客户参与门槛较低，融资、融券利率低等特点，便于广大投资者培养参与。

（介积武）

农　　业

综　述

【概述】　2013年，全市农村和农村经济工作在市委、市政府的正确领导下，全面贯彻十八大精神，中央、省、市农村工作会议和中央一号文件精神，围绕省委、省政府提出的“两不三新四化”协调发展要求，按照“持续创新，提升发展”的总基调，以粮食增产、农业增效、农民增收为目标，坚持用产业化思路发展农业、用精品理念来推进农业，突出重点，狠抓落实，各项工作进展顺利。粮食生产能力明显提高，高产创建再创6项全国高产记录、累计25项，粮食总产连续5年总产稳定在110万吨以上；农业产业化经营得到快速发展，新增市级龙头企业22家，初步形成农业产业化集群12个，其中省级农业产业化集群7个；农产品质量安全得到有力保障，农产品总合格率稳定在98%以上；农民收入快速提高，2013年农民收入达到10608.4元，比2012年增加1220元，增长13%。

【农业信息化】　按照《全国农业农村信息化发展“十二五”规划》的总体要求，围绕当前农业农村经济发展中心任务和“三农”发展的突出问题，结合鹤壁实际，在全面开展需求分析的基础上，坚持“顶层设计、整体规划，分步实施、注重应用”的原则，围绕农业生产信息化、农业经营信息化、农业管理信息化、农业服务信息化为主要建设内容，制定以“一个综合管理平台、三个支撑平台、四个应用领域、十六个管理系统、五个保障体系”为框架的农业信息化顶层设计方案。已初步完成综合管理平台和六个农业管理系统的建设，并在农业生产、农业经营、农业管理、农业服务四个方面得到应用。通过积极努力，6月18日在江苏省宜兴市召开的全国农业信息化工作会议上，鹤壁市被认定为“全国首批七个整体推进农业农村信息化示范基地”，为河南省唯一一家，并在农业信息化成果展中，作为全国唯一地市级单位参加展览，为鹤壁农业信息化建设实现新的跨越。

【粮食高产创建】　规划建设万亩以上粮食高产创建示范片81个，其中小麦42个、玉米39个，示范总面积68667公顷，示范总面积首次超百万亩；经农业部组织的专家组实打验收，实施建设的8000公顷小麦、玉米高产创建示范片，小麦平均亩产633.7公斤、玉米768公斤，创同期、同域、同面积高产记录；再创6项全国高产记录，累计创25项全国高产纪录；42个小麦示范片平均亩产583.8公斤，39个玉米示范片平均亩产718.8公斤，超额完成全国粮食整市推进高产创建试点市创建目标。在粮食高产创建的带动下，全市粮食得到持续增产，总产117.74万吨，增幅1.22%；亩产463.2公斤，增幅1.09%，连续5年总产稳定在110万吨以上。

【高标准粮田】　坚持科学布局项目地点，统筹协调实施单位，合理组织人员力量，加快工程建设，各项目田间工程在上半年已基本完工，共完成高标准粮田建设1173公顷，其中高标准农田项目1333公顷、中低产田改造项目867公顷、现代农业项目667公顷、

整建制小麦验收新闻发布会　　　　市农业局　供稿

土地综合整治项目4266公顷、小农水项目1533公顷、新增千亿斤粮食3067公顷，超额完成10667公顷的建设任务，比2012年增加近667公顷。在项目建设中，强化田间工程和抗灾能力建设，项目区井、渠、路、电、林配套齐全，建成一批“田成方、林成网、渠相通、路相连、旱能浇、涝能排”的高标准粮田，生产条件显著改善，建设进度快，标准高，形象好，展现出现代农业的新气象。

【农业产业化】　农业产业化集群培育进展顺利。已初步形成农业产业化集群12个，其中省级农业产业化集群7个，12个集群累计销售收入448.16亿元，关联企业128个，带动农户52万户，吸纳农民就业4.8万人，形成种植加工链条7个，养殖加工链条5个。农业龙头企业不断壮大。新认定市级农业产业化龙头企业22家，鹤壁市市级以上龙头企业达到185家，其中国家级4家、省级32家。农民专业合作社快速发展。新发展农民专业合作社122家，全市农民专业合作社达到903家，市级以上示范社140家，其中国家级示范社1家、省级19家。新增土地流转面积1367公顷，全市土地流转面积达到14000公顷（浚县10647公顷、淇县3533公顷），占总面积的14.8%。

【农业标准化】　修订完善种植业技术规程、规范10项，鹤壁制定地方标准达到56项；培育、新建蔬菜标准园6个，全市蔬菜标准园达到27个，其中千亩以上标准园5个；新认证无公害农产品产地3个，新认证无公害农产品5个，全市无公害农产品产地达到31个，无公害农产品达到36个，地理标志农产品2个。通过制定标准，开展示范等措施，推进农业标准化建设，标准化水平明显提升。全市标准化种植率达80%以上，农产品标准化覆盖率达85%以上，高产创建示范区相关技术标准落实到位率达100%，2013年9月鹤壁市成为全国首个通过考核验收的农业综合标准化示范市。

【农产品质量安全管理】　全市切实加强农资市场监管和农产品质量安全监管两项工作。在农资经营市场日常监管的基础上，先后开展春季农资市场执法检查、“放心农资下乡进村”宣传周、夏季农资打假百日行动、农资市场整治秋季行动等专项整治活动，把好农产品质量安全“源头关”。全市共出动执法人员906人/次，检查农资生产和经营单位731个/次，整顿市场78个/次，印发宣传资料7万余份，没有发现制售甲胺磷等5种高剧毒农药行为，未发生重大坑农害农事件。在每日例行监测工作的基础上，围绕重要节日和活动，开展农产品质量安全专项整治活动，重点在四季青农产品批发市场、裕隆超市、20个蔬菜生产基地进行专项抽检。鹤壁市共抽检48个蔬菜品种，26124个样本，合格样本25680个，合格率为98.3%，未发生严重的农产品质量和安全事件。

【为农服务】　鹤壁市把农技推广区域站建设作为健全农业技术推广体系的重中之重来抓，积极推进11个农技推广区域站建设，截止2013年底，6个已基本完工，1个正在实施，4个正在招标，区域站建设健全乡镇农技推广机构，有效率提高鹤壁市农业科技服务能力。完成阳光工程、雨露计划培训任务13690人。继续开展“千人包千村”、科技下乡等活动，选派农业科技人员，深入田间地头，面对面、手把手，开展农业科技服务。深入基层指导农民7500人次，直接指导农户5.8万户次，培训农民11.8万人次，发放农业技术明白纸9.5万张。

【扶贫开发】　争取各类扶贫开发项目资金1491万元。其中扶贫开发整村推进村10个，实施项目13个（村内道路项目10个、人畜饮水项目3个），修建村内道路33.833公里，建生活污水处理站1处，新建桥涵3座，蓄水池2座，铺设管道3.08公里，解决2863户、11964人的行路难问题；实施科技扶贫项目6个、搬迁扶贫项目1个、产业扶贫贷款贴息项目3个。

【沼气建设】　新建农村户用沼气2000余户，大中型沼气工程10处，沼气村级服务网点13处，“全托式”沼气村级服务网点10处，圆满完成政府目标。同时，对2012年农村沼气建设国债项目的实施进行督导检查，确保项目资金不挪用、不滞留。

（李保安）

林　业

【概况】　2013年，全市林业工作以创建国家森林城市为中心，以加快转变林业发展方式为主线，以淇河绿化为龙头，以山区营造林，高速、高铁两侧绿化，农田林网、林业产业建设等为重点，开展大规模的植树造林活动，全力打造生态之城、活力之城、幸福之城。完成各项责任目标，荣获市政府2013年度完成责任目标单位称号。淇县森达木业有限公司、鹤壁市鹤山区隆鑫生态园、鹤壁紫晨农牧开发中心入选省林业产业化重点龙头企业。淇河国家级湿地公园获河南省生态文明教育基地称号。

【造林绿化】　全市以河南林业生态省提升工程和创建国家森林城市为契机，以建设美丽鹤壁为切入点，按照《鹤壁森林城市建设总体规划》的要求，积极抓住春季植树造林的大好时机，科学规划、提前部署、及早安排、常抓不懈，确保全面完成创建国家森林城市各项任务。全市共完成造林面积32.5万公顷。其中完成林业重点工程退耕还林3.286万公顷、太行山绿化1.9万公顷、飞播1.3万公顷。

【创建国家森林城市】　协助市委、市政府相继召开全市创建国家森林城市汇报会、推进会、现场会、观摩会等6次会议，市委、市政府和创森指挥部印发一系列文件。召开大型创建国家森林城市报告会。11月18日召开高规格的全市创建国家森林城市暨今冬明春造林绿化攻坚动员大会，印发《鹤壁市林业生态建设提升工程规划（2013－2017年）》和《创建国家森林城市今冬明春造林绿化和宣传工作要点》。

【资源林政管理】 认真开展第八次森林资源清查，高质量完成外业调查和内业整理工作，顺利通过省厅和国家林业局的检查验收。大力发展林下经济，全市发展林业经济利用林地面积6.14万公顷，产值17356万元，涉及农户数0.8万户。加强林业专业合作社建设，全市林业专业合作社共计58家，其中新增8家，变更法人1家。严格规范森林采伐限额管理，全市2013年采伐限额为37842.36立方米，全年实际采伐2793.22立方米，各县区均未发生超限额采伐现象。

【森林防火】 全市森林防火工作，认真贯彻落实“预防为主，科学扑救，积极消灭”的方针，落实防火责任，强化火源管理，积极组织开展“森林火灾隐患排查”专项行动和“森林防火宣传”活动，取得仅发生一般森林火灾24起，过火面积147.5余公顷，没有发生一起重大森林火灾事故；森林公安工作在全体森林公安民警的共同努力下，牢固树立“立警为公，执法为民”的思想，开展“规范执法行为，促进执法公正”活动，狠抓队伍建设，思想作风建设和内部执法监督机制，全体民警立足本职、扎实工作，用实际行动维护全市的生态安全，积极参与创建国家森林城市各项工作，确保辖区内森林资源和野生动植物资源的安全。

【林业有害生物防治】 2013年发生的主要林业有害生物有美国白蛾、杨小舟蛾、杨扇舟蛾、春尺蠖等病虫害。全市强化森防目标管理工作，实行松材线虫病月报制度，开展美国白蛾专项普查工作，进行美国白蛾、杨树食叶害虫等12余种病虫害的防治工作，组织开展飞防工作。全市共发生林业有害生物23.02万公顷，其中美国白蛾发生12.05万公顷，杨树食叶害虫发生5.446万公顷。共防治各类病虫害34.726万公顷。组织3次飞机喷药防治林业有害生物，共飞防265架次，作业面积14.133万公顷，防治重点是美国白蛾和杨树食叶害虫，飞防效果达95%。

【林木种苗和科技兴林】 全市林业育苗完成374公顷，为任务3333.3公顷的112%，完成园林花卉苗木3927公顷，完成容器育苗70万袋。在林技推广工作中，新技术重点推广果树无公害栽培管理、低产林改培、核桃青枝芽接等11项新技术，推广面积达200万余公顷，造林成活率和精品林成活率均达95%以上。新品种重点引进、推广了绯红晚樱、普贤象等9个新品种，推广杨树新品种107、108杨、日本甜柿、哈密梨、云南黄馨花卉、薄壳核桃（辽核1号、辽核2号）突尼斯无籽石榴等10余个新树种、新品种，面积达6667公顷。开展森林保险工作。全市两县三区15.37万公顷公益林全部参加森林保险。在经济林花卉工作中，2013年新发展经济林1.48万公顷，新发展花卉面积3333公顷。完成市政府创建农业标准化示范市有关林业方面的工作，制定10项生产技术规程、规范。建立大枣、核桃、梨等林产品标准体系及生态林建设和林业有害生物防治标准体系，并编制《鹤壁市适生树种造林技术手册》。全市组织培训林业技术人员和林农共3000人次，发放资料7000份。全市林业总产值达128924万元。豫北最大牡丹产业基地在浚县建成，种植牡丹667余公顷450余万株。

（马淑芳）

水　利

【概况】 2013年，全市水利工作抓住国家加快水利改革发展、大力推进生态文明建设的战略机遇，加大水利项目资金争取力度，全年争取上级资金1.08亿元，占目标1800万元的600%。同时，落实各项水利投入政策，多渠道筹措水利建设资金，引导社会力量参与水利建设，全市水利投入达到3.85亿元。全年新增节水灌溉面积4086.67公顷，占目标2666.67公顷的153%；解决13.26万农村居民和农村在校师生的饮水不安全问题，占目标5万农村居民的265%；治理水土流失面积36平方公里，占目标26平方公里的138%；征收水资源费300万元，占目标290万元的103.4%；招商引资到位资金4600万元，占目标4600万元的100%；南水北调中线工程鹤壁段受水区配套工程进展顺利；水产品质量安全监管进一步加强，全年未发生水产品安全事故。圆满或超额完成各项目标任务。

【基础设施建设】 充分利用国家加大水利建设投入的有利时机，坚持稳中求进、好中求快、统筹协调、全面推进，切实加快水利基础设施建设步伐，不断提高防洪减灾能力。一是积极开展中小河流治理。投资5698万元，对淇河、羑河、刘洼河等河流的重要河段进行治理，提高河道防洪减灾能力，完善城市水系，改善城市生态环境。浚县浚内河城区段河道治理工程开工建设。二是抓好病险水库水闸除险加固。投资384万元，对靳庄水库和余洼水库进行除险加固。三是新谋划浚县柳围坡、共渠西、长虹渠、白寺坡和淇县良相坡蓄滞洪区安全建设应急工程三期4个蓄滞洪区安全建设项目，总投资2.3亿元，已上报海河水利委员。

【农田水利】 突出抓好与群众利益密切相关的农田水利问题。一是着力抓好农村安全饮水工程。投资5865万元，完成2012年第二批农村安全饮水工程和2013年农村安全饮水工程，共解决13.26万农村居民和农村在校师生的饮水不安全问题。二是积极推进农田水利基本建设。认真实施浚县、淇县小农水重点县、专项县追加项目建设，完成投资7975.8万元，新增节水灌溉面积4086.67公顷。总投资3806万元的淇县小型农田水利重点县项目开工建设，完成总投资的30%。截止11月18日，全市节水灌溉面积累计达到6.87万公顷，占全市耕地面积的68.7%。在2012年度农田水利基本建设“红旗渠精神杯”竞赛活动中，河南省人民政府连续19年授予浚县“红旗渠精神杯”竞赛活动先进集体。三是积极推进全国农业综合标准化示范市创建。起草《鹤壁市高标准粮田田间工程建设标准》，统一、规范高标准

放养鱼苗　　　　市水利局　供稿

粮田建设田间工程标准。7月，市政府以鹤政办〔2013〕30号文予以转发实施。

【生态水利】　以淇河为龙头，以山丘区小流域为单元，以发展生态文明和建设秀美山川为目标，集中连片开展水土流失综合治理，治理水土流失面积面积36平方公里，同时强化预防监督，严格水保执法，防止发生新的水土流失，优化山丘区生态环境，为山区群众发展致富创造条件。积极推进水生态文明城市建设，11月，河南省水利厅确定鹤壁市为4个省级水生态文明建设试点之一。

【南水北调】　一是中线工程建设顺利推进。截止12月3日，鹤壁段全线渠道衬砌全部完成，62座建筑物基本完工，累计完成工程投资14.9亿元，为合同投资的137%，超额完成计划投资。征迁安置任务超额完成，为中线工程顺利建设营造良好环境。二是配套工程建设总体进度位居全省前列。配套工程总投资11.8亿元，涉及全市4个县区，线路全长60.64公里，分三座分水口门，向6个供水目标供水，年均分配水量1.64亿立方米。截止12月3日，完成投资6.58亿元，占总计划的97.4%。单元工程合格率100%，优良率86.02%。在11月28日召开的全省南水北调领导小组会议上鹤壁市作典型发言。

【防汛抗旱】　立足于防大汛、抗大灾、抢大险，认真落实以行政首长负责制为核心的各项责任制，采取加强防汛抢险队伍建设、落实防汛物资储备、加强重点部位防汛检查、加强防汛值班、完善山洪灾害防治预警体系建设等7项措施，确保全市安全度汛。3月1日，鹤壁市监测站土壤相对湿度为51%～57%，鹤壁市水文局墒情测报新村站10cm土壤含水率为9.9%，属轻度干旱，旱情一直持续到5月7日。8月13日以来，全市气温持续偏高，降水量较常年同期偏少9成，旱情日趋严重。10月8日，鹤壁市监测站土壤相对湿度为33%～37%，为严重干旱。境内10条河流中有8条断流，全市38座水库有12座水库干涸无水，中小型水库蓄水量只有490万立方米，比常年同期减少4成。据10月15日统计，全市105066.7公顷麦播面积中有29880公顷耕地受旱，有6.33公顷耕地因旱没有播种，有320人发生吃水困难。旱情一直持续到10月底才得以缓解。针对3～5月、9～11月出现的旱情，鹤壁市迅速落实市委书记魏小东等领导批示，及时召开专题会议安排部署抗旱工作，加强指导、督导、引导，科学调度水资源，充分发挥水利部门抗旱服务组织骨干作用和水利工程减灾效益，全力抗旱。累计投入抗旱资金5963.3万元，临时解决饮水困难0.48万人，浇灌面积1738870公顷次，挽回粮食产量31.55万吨，减少旱灾损失5.76亿元。

【水政水资源管理】　按照国家实行最严格的水资源管理制度工作要求，进一步细化水资源管理“三条红线”措施，强化水资源论证、取水许可、水资源有偿使用、节约用水和水资源保护等各项水资源管理制度，规范水资源管理秩序，全面推进节水型社会建设。在第21届“世界水日”、第26届“中国水周”期间，突出“节约保护水资源，大力建设生态文明”这一主题，采取多种形式大力宣传节约用水，为推进节水型社会营造浓厚的社会氛围。2月25日，省水利厅授予鹤壁市水政水资源监察支队“2011～2012年度全省水利系统水政监察执法工作先进集体”荣誉称号。通过加强水资源综合配置、节约和保护，强化取、用水管理，全市节水型社会建设进一步推进。万元工业增加值取水量下降至36吨/万元，工业用水重复利用率提高至72.5%，农业灌溉水有效利用系数提高至0.595。

【工农渠管理】　一是按照“一生活、二工业、三农业”的供水原则，切实加强工程维修、养护和供水管理，为重点企业和城乡生活生产用水搞好供水服务。全年供水量5132万方，其中向工业企业供水2752万方，生活供水1708万方，农业用水672万方。二是工农渠基层管理站视频监控系统实现全覆盖。11月，工农渠灌区管理处在鹤壁市水利局、财政局的大力支持下，新上现代化网络远程监控系统，能在50余公里外的调度中心监控到工农渠的渠道、渡槽、水工建筑物、水源水质、水量及各供水管理站的安全情况，确保山城区居民饮水安全，保证各供水管理站的安全，也大大减少弃水现象发生。三是工农渠北干渠南荒提灌站至胜利提灌站段修复工程开工建设。

（秦光萍　毕晶爽）

畜 牧 业

【概况】　2013年，全市畜牧工作按照“持续创新、提升发展”的总基调，把“全面规范、全面创新、全面提升”作为畜牧工作总的指导思想，坚持一手抓发展、一手抓安全，全面提升规模化、产业化、组织化、生态化、品牌化、信息化水平，确保全市无重大动物疫情和重大畜产品质量安全事故发生，畜牧业保持健康发展态势。全年畜牧业产值、畜产品加工业产值分别达到63.1亿元、105亿元，同比增长3.2%、5%；肉、蛋、奶产量分别达到25.9万吨、15.8万吨、10.6万吨，同比增长3.3%、2.2%、4.1%。按人均畜牧业产值、肉蛋奶产量四项指标综合评定，连续23年位居全省首位，成为河南省乃至全国重要的优质畜产品生产、加工和出口基地。鹤壁市畜牧局被农业部评为“全国农业先进集体”，在全省畜牧系统中，是唯一一家获此荣誉的单位；被市政府评为“2013年度完成责任目标先进单位”。

【产业集群建设】　按照“基地支持、龙头带动、流通服务、特色高效”的原则，选择基础条件好、比较优势强、发展潜力大的畜产品集中产区，通过建设规模化、标准化、专业化和集约化原料生产基地、壮大龙头企业、培育知名品牌、完善现代物流体系等措施，着力打造一批“全链条、全循环、高质量、高效益”的畜牧产业集群。永达畜禽产业化集群、大用畜禽产业化集群被省政府认定为省级农业产业化集群，柳江蛋鸡产业化集群、浚县超汇生猪产业集群等5个产业集群列入《河南省畜牧产业化集群建设规划》。在抓好现有产业化集群建设的基础上，全力推进中鹤集团肉羊产业园、谊发公司现代畜牧业循环产业园、秀田牧业生猪产业园、百瑞公司畜牧业生态循环产业园和柳江公司绿色蛋鸡产业园等5个总投资26亿元的现代畜牧业产业园区建设。全市畜牧产业集群建设处于全省领先地位。10月，在省政府召开的全省畜牧产业化集群建设工作会上，鹤壁市市长作典型发言，介绍经验和做法。

【标准化规模养殖】　按照畜禽良种化、养殖设施化、生产规范化、防疫制度化、粪污处理无害化的要求，积极开展国家、省、市级示范场“三级联创”活动，大力发展畜禽标准化规模养殖。新建标准化规模养殖场65家，新增畜禽存栏37.1万头（只）；组织65家企业开展畜禽养殖标准化示范场创建，20家生猪场、1家奶牛场完成了标准化改造。新增国家级畜禽养殖标准化示范场1家、省级2家，全市畜禽养殖标准化示范场达到56家，其中国家级11家、省级5家、市级40家；谊发、跃民、恒田3家生猪养殖企业获得“河南省食品安全放心工程示范单位”称号，维尔牧业公司获得“河南省十佳奶牛场”称号。

【“龙头带动”战略】　积极实施“龙头带动”战略，加大扶持力度，精心培育龙头企业，全力支持龙头企业发展。新增市级畜牧龙头企业11家，全市市级以上畜牧龙头企业达到109家，其中国家级3家，省级15家。大用、永达公司被省政府评为“河南省2013年度百强企业”。

【畜牧专业合作组织】　按照“发展、规范、提升、壮大”的目标要求，坚持多元发展，典型引路，以点带面，整体推进，大力发展畜牧专业合作组织，全市畜牧专业合作组织达到213个，带动农户1万余户。在市畜牧局的大力推动下，鹤壁市养猪行业协会成立，拥有会员115个；浚县被确定为全省畜牧专业合作组织整体推进试点县。

【良种繁育体系建设】　坚持育、繁、推、改相结合，加快高代次、高水平种畜禽场建设，提高制种供种能力，进而提升产业发展层次。新增市级种畜禽场4家、省级种猪场1家，谊发公司被确定为“国家生猪核心育种场”。全市各类种畜禽场达到41家，其中省级种畜禽场5家。发放奶牛良种补贴冻精1.7万剂，奶牛性控冻精800剂。

【动物疫病防控】　一是抓强制免疫。制定《2013年动物强制免疫计划实施方案》，对规模养殖场实行自免承诺制和旬报月查制，对散养畜禽实施片警式管理，集中免疫，做到应免尽免，不留空档。全市共免疫口蹄疫286.8万头次，猪瘟285.1万头次，高致病性蓝耳病261.5万头次，禽流感2388.8万只次，鸡新城疫3833.3万羽次，应免畜禽免疫密度达到100%。二是抓监测预警。加强免疫效果监测和疫情监测，共对1036家养殖场户开展7种动物疫病监测，监测样品25662份。三是开展流行病学调查。全市共设183个二级调查点，完成了对高致病性禽流感、口蹄疫等47种主要动物疫病常规流行病

河南科技大学教学实习基地授牌仪式在鹤举行　　市畜牧局　供稿

学调查，为科学防控动物疫病提供强有力的技术支撑保障。四是开展高温季节查源和消毒灭源。从5月上旬至8月底，在全市开展高温季节查源和消毒灭源专项行动。全市排查养殖场（户）4591家次，屠宰场12个，动物及动物产品中转站2个，消毒猪93.9万头、牛3.2万头、羊18.5万只、禽1996.26万羽，消毒场区面积达3638.3万平方米。五是强化检疫监管。认真落实《动物检疫管理办法》和检疫规程，严格实行检疫申报制度，严格官方兽医和检疫合格证明出证管理，规范检疫行为。产地检疫环节，共检疫生猪85.2万头，牛羊2.4万头（只）、禽类7279.6万羽；屠宰检疫环节，共检疫猪肉产品769.8吨、禽肉产品8351.8吨、牛羊肉产品12.4吨；无害化处理病死猪0.7万头，病死家禽4.1万只。申报检疫率、耳标回收率、出场动物产品持证率、检出的染疫动物和病害动物产品无害化处理率均达100%。六是抓应急管理。制定下发《重大动物疫情应急预案》及《节假日专项应急预案》，市县两级畜牧部门认真做好资金、技术、物资“三项”储备。市级落实应急储备资金50万元，每个县区10万元，并按应急储备规范的要求，对消毒药品和防疫物资市县两级做到足额储备、规范管理；市重大动物疫情控制预备队定期举行集中培训和模拟演练；严格节假日24小时值班制和领导带班制度，一旦发生疫情，确保早发现、早处置。八是积极组织开展H7N9禽流感防控工作。人感染H7N9禽流感疫情发生后，按照市政府和省畜牧局统一部署，市畜牧局采取多种措施积极应对。从4月8日开始，对全市禽类养殖场户、加工企业和禽鸟交易市场进行全面排查，实行日报制度，并组织开展疫情监测和流行病学调查；加强检疫监管，严防疫情传入。共排查养殖场户3176家次、屠宰场21个次、禽交易市场9个，排查鸡1427.6万只、鸭12.8万只、其它7.2万只，未发现可疑情况。采集血清学样品4938份，咽喉和泄殖腔拭子样品各4938份，环境样品336份，血清学监测结果全部为阴性。全市畜禽没有发生H7N9禽流感疫情。

【质量安全监管】　一是认真组织开展专项整治行动。加强兽药、饲料、瘦肉精、生鲜乳、肉品安全监管，开展专项整治。在兽药专项整治行动中，全市共出动执法人员5682人次、执法车辆875台次，检查兽药生产企业8家次、兽药经营企业560家次、饲料生产企业52家次、养殖企业12445家次、动物诊疗企业9家次，发放宣传资料8770多份、告知书960份，签证承诺书960份，责令整改企业199家，纠正不规范填写用药记录111户，纠正违规使用兽药行为5起。在饲料专项整治行动中，共检查饲料生产经营企业59家次、养殖场户10家。在瘦肉精专项整治行动中，共检查养殖场户4372家次、屠宰厂12家，现场抽检尿样13446份，盐酸克伦特罗、莱克多巴胺、沙丁胺醇三项指标均未检出阳性。在生鲜乳专项整治行动中，开展4次拉网式检查，检查生鲜乳收购站52家次、生鲜乳运输车辆12台次。二是加强畜产品质量安全监测。共抽检饲料、兽药、畜产品等样品580批次，合格率98%。三是开展监管对象信息备案。对全市具备备案条件的畜牧生产经营企业开展信息备案。共备案监管对象899个。四是落实企业主体责任。下发《关于进一步强化畜牧行业生产经营单位主体责任的通知》和《鹤壁市畜牧局关于实行畜牧行业生产经营单位履责报告制度的通知》，成立落实企业主体责任工作领导小组，开展落实畜牧行业生产经营单位主体责任宣教月活动，实行畜牧行业生产经营单位履责报告制度，全市发放《畜牧行业生产经营单位主体责任》宣传册3000份，与畜牧业行业生产经营单位签订主体责任书1535份。6月，在全省落实畜产品质量安全主体责任现场会，本市做典型发言。五是完善执法体系，加大执法办案力度。制定畜牧兽医日常管理规范，对监管人员进行法律法规培训，对监管对象实行量化分级管理，开展饲料、兽药二维码追溯信息化管理工作。开展执法办案，共查处畜牧兽医违法案件113起，查处不合格畜禽产品16000多公斤，查处假劣兽药粉剂33.4公斤、针剂1100支、水剂2300毫升，查处不合格饲料12吨，有效打击逃避检疫、加工贩卖病死畜禽、违法经营使用违禁物质的不法行为。六是认真组织开展“规范、提升”专项整顿行动。按照《鹤壁市人民政府关于进一步规范养殖企业生产经营行为提升全市畜牧业发展水平的实施意见》（鹤政〔2013〕3号）要求，及时印发《畜牧行业生产经营单位专项整治行动实施方案》（鹤牧〔2013〕14号），在全市扎实开展专项整顿行动。共培训畜牧养殖场户负责人10590人次，培训畜牧行业加工、经营企业负责人413人；排查畜禽养殖场户10590家次，畜牧加工、经营企业413家次，送达告知书11003份，签订承诺书11003份；下达整改通知书1002份；成立五个督导组，对各县区实行定点联系一天一个督导重点，一天一总结，一天一汇报，共向市政府上报整顿专报13期。组成4个检查验收组，对各县区专项整顿工作进行检查验收，并向市政府呈送《鹤壁市畜牧局关于规范养殖企业生产经营行为提升全市畜牧业发展水平专项整顿工作情况报告》，魏小东书记作重要批示。此项活动也得到省畜牧局的充分肯定，在全省畜牧系统推广。

（雷　岩）

农机服务

【概况】　2013年，全市农业机械管理工作在市委、市政府的正确领导和省农机局的科学指导下，落实农机购置补贴政策，加速调整装备结构，推进各项农机化事业又好又快发展。各项年度责任目标超额完成。全市农机总动力达到235.05万千瓦，大中型拖拉机达到7750台，增长2.3%，配套农具达到21.19万台，增长1.12%，大型农机具配套比达到1：2.6。联合收获机7283台，比上年增长10.14%。其中玉米收获机械2030台，比上年增加254台，增长10.9%。农业机械原值达到21.2亿元。积极引导推广增产增效农机化技术，机耕面积完成910万公顷，机播面积完成158.7万公顷，机收面积完成159.3万公顷，保护性耕作完成5.3万公顷，化肥机械深施完成

87.3万公顷。全市耕种收综合机械化水平达到80%，比上年提高3个百分点，农业机械化生产方式的主导地位进一步增强。全年共完成机电灌溉面积101.3万公顷次，机械化植保面积56万公顷次，防灾减灾能力不断提高。并在薄弱环节机械化持续突破，玉米机收实现大幅提高，机收率达到70%以上，较上年提高6个百分点。

【农机专业合作社】 在农机合作社建设方面，围绕市委、市政府要求，认真贯彻《鹤壁市人民政府关于加快发展农机农技专业合作社意见》，加强建设，注重立制，拉长链条，增加活力，不断加快农机合作社的发展。通过农机购置补贴政策的实施，培育和壮大农机合作社等一大批新型农业生产经营组织。全市农机合作社138个。新型农业生产经营组织的蓬勃发展，推动农业技术集成应用、农业节本增效和土地规模经营，为构建集约化、组织化、社会化相结合的新型农业经营体系，加快农业现代化进程发挥重要作用。不断引导农机合作组织依法经营、规范运作、诚信服务，创建服务品牌。建立统一开放、竞争有序的农机作业、维修、中介、租赁服务等市场。努力打造农机合作社支撑下的现代农业，提高农业比较效益和市场竞争力。浚县裕丰、淇县利民、淇滨区聚喜来3个农机专业合作社已建成全市明星农机专业合作社。裕丰农机服务专业合作社还购买2架农用植保飞机，可为农业林业提供植保服务，是全省农机合作社购买植保飞机第一家。通过对合作社的不断支持和培育，初步形成以农机服务合作社为龙头、以农村种植大户为骨干、以农机户为主体的功能健全的农机服务组织体系。

【农机购置补贴】 全市各级农机部门认真落实农机购置补贴政策，把农机购置补贴作为支持"三农"的一项重要工作来抓，市农机部门强化领导责任制和工作机制，实行一把手负责制，主要领导要亲自抓，分管领导具体抓。针对补贴工作的各个环节制定切实可行的方案，明确具体工作目标、内容和时限，落实到具体单位和责任人。切实做到"四个到位"，即机具到位，培训到位，服务到位，监督到位。把惠农政策落到实处，让政府放心，农民满意。全年安排全市农机购置补贴资金2118万元，已全部实施完成。补贴各种农机具3621台，受益农户3600户。在农机购置补贴政策的推动下，农民购机用机积极性持续高涨，农机装备水平、作业水平和服务水平快速提升，农机化新技术新机具加快应用，为实现全市粮食产量"十连增"提供有力的物质装备支撑。

【农机服务】 "春耕"、"三夏"、"三秋"农业生产是农机工作的重头戏，为此，适时掀起春耕农业生产热潮，组织以小麦机收、玉米机播为重点的"三夏"农机生产，实施以玉米机收、小麦机播为重点的"三秋"战役。全市农机部门进一步强化责任意识，加强统筹工作，努力确保农机各项措施落实到位。以农机补贴和奖补政策突出重点，优先补贴玉米还搂获机械、大中型拖拉机及其配套的深耕深松机具，加大力度，专项补贴粮食烘干机械，力求在农机生产中发挥作用；确保技术服务到位。全年组织农机服务队38个，抽调190名管理技术人员，指导农民对重要作业机具进行普遍检修、维护和保养，提高完好率，增强安全性；积极组织农机跨区作业。根据不同区域作业时间差，科学制定机具调度方案，以小麦、玉米跨区机收为重点，做好机具供需协调、技术指导和组务，促进机具快速转移，作业秩序良好。（宋长山）

国营浚县农场

【概况】 2013年，国营浚县农场全面完成各项目标任务：1. 实现农业增加值5232万元，完成市目标任务5100万元的102.6%。全场小麦总产达到609.7万公斤，较上年增长6.5%，高产开发方亩产610.3公斤，增幅5%；玉米总产780万公斤，增长6%，高产开发方亩产720.2公斤，增幅5.8%；畜牧业生产稳步增长。年出栏商品猪31000头，种猪9420头，分别同比增长9.2%、11%。2. 工业企业着重搞好技术改造和产品更新，不断提高产品质量和经济效益。全年完成工业增加值3471万元，完成市下达责任目标的102.1%。3. 通过政策扶持和服务，鼓励家庭农场发展高效农业和第三产业，积极组织农业分场剩余劳动力和场办企业下岗职工自主创业。职工人均收入6020元，同比增长10.3%，超额完成10%的目标。4. 随着谊发、燎原、兴达等改制企业经营规模壮大，已安置下岗职工再就业82人，超额完成80人的目标。5. 招商引资工作完成目标任务。谊发牧业公司种猪场二期工程项目，引进郑州客商投资4680万元已全部到位入帐。6. 争取资金工作成效明显。年争取上级财政资金6655万元（其中中央和省财政6268万元），涉及转移支付、"一事一议"、"普九"化解债务、社会保险补贴、乡村道路建设、危房改造、良种补贴、农机补贴、农技推广补助、测墒及滴灌项目、抗旱补助、粮食高产创建补助等12个项目，并全部落实到位。7. 住房保障工作顺利推进，完成责任目标。争取国有农场危房改造资金5000多万元。1130套危房改造项目完成主体施工，680套已全面开工。8. 农垦小区（AB区）住宅楼陆续竣工交房，年底已交房36栋。C区完成工程设计、地面附着物清理和工程招标，已具备正式破土动工条件。9. 高度重视安全生产工作。围绕"治理隐患、防范事故"的主题，重点做好"三夏"护麦防火、秋作物秸秆禁烧和农机安全生产工作。全场各类安全生产事故、重特大事故、经济损失均为零。10. 全面完成前五个农业分场土地人员情况调查摸底和土地调整工作，为向第三期移民及时提供生产用地做好了准备。11. 国有农场办社会职能改革取得重大突破，按照上级要求，结合本场实际，实行内部分离。

（李玉文）

工　业

综　述

【概况】 2013年，认真贯彻落实党的十八大和十八届二中、三中全会精神及省委、省政府的决策部署，按照市委八届四次全会和市九届人大八次会议的要求，紧抓全省实施粮食生产核心区、中原经济区、郑州航空港经济综合实验区等国家战略规划的机遇，加快构建新型产业基础和新型城市骨架，落实完善一系列政策措施，积极实施10多个专项行动方案，重点打好项目建设、招商引资、企业帮扶三大攻坚战，强化组织领导和要素保障，持续创新，提升发展，经济社会保持良好发展态势。

（一）全市重点项目260个，总投资1471亿元，当年计划投资340亿元；与上年相比，项目个数增加40个，总投资增加49亿元，计划投资增加80亿元。完成投资299亿元，占年度投资计划的88%，同比增加59亿元。全年全市生产总值622.12亿元，比上年增长12.5%。其中，第一产业增加值61.04亿元，增长4.0%；第二产业增加值446.26亿元，增长14.7%；第三产业增加值114.82亿元，增长8.0%。三次产业结构为9.8∶71.7∶18.5，二、三产业比重比上年提高0.8个百分点。全部工业增加值413.69亿元，比上年增长14.6%。其中，规模以上工业增加值390.32亿元，增长16.0%。在规模以上工业中，轻工业129.16亿元，增长16.2%，重工业261.14亿元，增长15.9%，轻、重工业比例为33.1∶66.9。产品销售率97.7%，比上年降低0.3个百分点。规模以上工业36个大类中，增加值居前10位的行业为：农副食品加工业70.31亿元，增长11.9%；煤炭开采和洗选业60.37亿元，增长17.2%；非金属矿物制品业56.86亿元，增长24.9%；专用设备制造业21.56亿元，下降0.2%；化学原料及化学制品制造业17.52亿元，增长32.7%；食品制造业16.88亿元，增长24.1%；橡胶和塑料制品业15.90亿元，下降0.7%；有色金属冶炼及压延加工业15.15亿元，增长23.5%；汽车制造业14.34亿元，增长13.3%；金属制品业12.64亿元，增长25.5%。

（二）五大主导产业完成增加值297.58亿元，增长17.7%。其中，煤电化材完成增加值165.34亿元，增长18.4%；食品加工完成增加值94.34亿元，增长15.4%；汽车零部件完成增加值14.34亿元，增长13.3%；金属镁精深加工完成增加值15.15亿元，增长23.5%；电子信息完成增加值8.41亿元，增长26.2%。

（三）全年新批外商投资企业21家；合同利用外商直接投资51975万美元，比上年下降0.1%；实际利用外商直接投资55783万美元，增长26.8%。引进省外资金204.5亿元，增长25.4%。全年对外承包工程、劳务合作合同金额2065万美元，比上年增长5.9倍；营业额258万美元，增长22.9%。进出口总额26419万美元，比上年增长41.1%。其中，出口总额23181万美元，增长40.9%；进口总额3238万美元，增长42.5%。在出口总额中，一般贸易21807万美元，增长39.9%；加工贸易1374万美元，增长59.7%。在出口产品中，机电产品出口15049万美元，增长48.6%；高新技术产品出口792万美元，增长1.7倍。

（四）主要工业产品产量中，原煤产量增长3.9%，发电量下降1.7%，畜肉制品产量比上年增长13.4倍，电子元件增长6.4%，水泥增长8.4%。全年全市规模以上工业主营业务收入1547.67亿元，比上年增长15.7%；实现利润85.64亿元，增长32.2%；税金总额39.42亿元，增长7.5%。分行业看，利润总额居前10位的行业为：农副食品加工业22.97亿元，增长12.6%；非金属矿物制品业19.08亿元，增长23.6%；化学原料和化学制品制造业5.24亿元，增长20.7%；食品制造业5.13亿元，增长19.0%；金属制品业5.08亿元，增长17.9%；电力、热力生产和供应业4.51亿元，增长1.1倍；橡胶和塑料制品业3.04亿元，增长7.3%；纺织业1.86亿元，增长1.1倍；计算机、通信和其他电子设备制造业1.86亿元，增长34.3%；汽车制造业1.84亿元，下降22.5%。工业企业亏损面3.6%，增长1.4个百分点；亏损企业亏损额1.60亿元，下降81.5%。应收帐款净额60.98亿元，增长18.0%；年末产成品存货22.27亿元，增长14.0%。全年全市建筑业增加值32.57亿元，比上年增长16.1%。全市具有资质等级的建筑企业83家，实现总产值49.33亿元，增长17.4%。

（五）全社会完成固定资产投资523.42亿元，比上年增长22.6%。其中，固定资产投资512.01亿元，增长23.2%；农户投资11.41亿元，增长

0.8%。全年施工项目549个，增长6.4%，其中：新开工项目313个，亿元及以上在建项目293个，亿元及以上项目投资额366.72亿元，增长25.1%。在固定资产投资中，国有及国有控股单位投资101.41亿元，下降16.8%；民间投资410.60亿元，增长39.7%。第一产业投资29.41亿元，增长105%；第二产业投资278.19亿元，增长37.4%；第三产业投资204.40亿元，增长2.8%。批发和零售业增加值26.59亿元，比上年增长8.4%；住宿和餐饮业增加值11.41亿元，增长3.7%。全年全市社会消费品零售总额142.98亿元，比上年增长13.9%，扣除价格因素，实际增长11.9%。

（六）全力推进国家循环经济示范市创建工作，12月31日，国家发改委正式确定鹤壁市列入国家首批循环经济示范市创建名单；加快推进循环经济项目建设，30个循环经济项目累计完成投资15.6亿元，其中新开工项目9个、竣工项目4个；节能工作稳步推进，协调推进6个节能技改项目，全年万元生产总值能耗下降2.5%左右，超额完成省定下降1.5%的目标。

产业集聚区建设

【概况】 全市4个省级产业集聚区和3个市级产业园区规划面积为103.01平方公里。抓住省调整产业集聚区规划机遇，主动对接、积极争取，4个省级产业集聚区规划调整方案均获省批复，新增规划面积23.43平方公里。建成区面积达到49.2平方公里，全年完成固定资产投资270亿元；浚县产业集聚区被评为省"十快"产业集聚区，金山产业集聚区入选省第一批专业示范产业集聚区名单，被认定为河南省环境友好型示范集聚区。2013年全市产业集聚区完成投资270亿元，占全市的51.5%，规模以上工业企业237家、占全市的45.1%，规模以上工业增加值187.8亿元、占全市的48.1%，已经成为全市经济发展的主力军。

·省级产业聚集区·

【宝山循环经济产业集聚区概况】 位于鹤壁市西部浅山丘陵地带，规划面积27.64平方公里。按照市委、市政府提出的"工业上山、农民进城、林水绕园、循环生态"的发展理念，集聚区积极探索"两不三新"、"三化"协调发展的路径，立足鹤壁丰富的煤、水、电、环境容量等比较优势，在充分利用荒地尽量少占耕地的前提下，高起点规划、高标准建设，重点发展煤炭、电力、化工、新型材料四大循环经济产业。2013年全年完成规模以上工业增加值65亿元；实现主营业务收入335亿元；税收收入15.2亿元；固定资产投资达到61亿元；招商引资到位省外资金18.6亿元。鹤壁宝山循环经济产业集聚区是河南省首批确认的重点发展和对外开放的产业集聚区、循环经济试点单位、国土集约节约达标单位，2013年被授予省人社厅授予"河南省博士后研发基地"，被省政府表彰为省2013年度对外开放先进单位、2013年度招商引资和对外贸易先进单位。

【项目建设】 按新调规后空间布局可分为一区三园，即：北部的姬家山传统化工产业园、中部的煤化工产业园和东部的石林陶瓷产业园，重点建设的是煤化工产业园区。依据调规后的产业规划，集聚区将以煤化工为主导，以氯碱循环项目为补充，生产甲醇、烯烃、乙二醇、电石、1，4－丁二醇、聚四氢呋喃、氨纶、聚乙烯、聚丙烯、塑料制品及后端衍生品，同时将产生的固体废弃物生产新型建材，将排放的二氧化碳用于生产可降解塑料和油田驱油。煤化工产业园按区域划分为北部、中部、南部三个组团。南部组团主要是建成区，重点发展电力、建材产业。已入驻的企业有鹤壁丰鹤发电有限公司、鹤壁同力发电有限公司，总装机容量180万千瓦；鹤壁同力水泥有限责任公司、豫鹤同力水泥有限公司，年产优质水泥400万吨；鹤壁宝马集团，已拥有年产40万吨甲醇和30万吨二甲醚生产能力，同时，该集团与中国五环工程有限公司、湖北华烁科技股份有限公司投资5亿元建设的5万吨/年乙二醇工业示范项目正在进行设备安装，计划年底竣工投产；鹤壁水务集团，年供水6万吨。中部组团主要发展煤化工和精细化工。已建成投产的项目有60万吨/年甲醇、10万吨/年1，4－丁二醇项目一期，总投资63亿元。正在建设的项目有6万吨/年聚四氢呋喃，总投资近10亿元。计划近期建设的项目有中国石化－河南煤化180万吨/年甲醇制烯烃、5000吨/年丁二酸酐、5万吨/年聚丁二酸丁二醇酯（PBS）、5000吨/年对位芳纶、2万吨/年氨纶等，总投资近200亿元。其中，180万吨/年甲醇制烯烃项目总投资173亿元，由中国石化集团和河南煤化集团合资建设，该项目是"十二五"期间河南省上报国家发改委最大的工业项目，也是河南省中原经济区建设重大战略支撑项目。2月6日正式拿到国家发改委"路条"，3月13日签定合资公司合同章程，前期正在推进，年底项目开工建设，项目建成后年实现销售收入63亿元，税后利润16.35亿元。北部组团重点发展盐氟化工和煤化工。已建成项目有年产45万吨电石、年产2万吨催化剂，总投资14亿元。近期计划建设的项目有20万吨/年乙二醇、煤焦油深加工及焦炉气综合利用、丙烯酸、醋酸乙烯、氟烃制冷剂等，总投资约80亿元。同时，提前在北部组团为煤化一体化项目二期、三期预留用地267公顷，为后续煤化工产业发展预留空间。

【跟踪服务】 为尽快拿到国家发改委"路条"，宝山集聚区会同市发改委派专人常驻北京，并多次向国家发改委、能源局进行专题汇报，做好跟踪服务。经过积极对接沟通，2月6日，国家发展改革委办公厅印发《关于同意河南煤制烯烃升级示范项目开展前期工作的复函》。合资公司组建是推进项目前期工作的关键，积极邀请中国石化长城能化、省推进办、河南能源化工集团领导到鹤壁市进行现场调研，对项目合资公司组建进行深入协商。3月13日，省委书记郭庚茂与中石化集团董事长傅成玉等领导在京共同见证长城能化公司同河南能源化工集团签订项目合资合作合同。同时，河南省国资委以豫国资文〔2013〕36号、37号文件批复同意鹤煤投资公司与长城能化公司合资设立中豫合璧煤业有限公司和中豫合璧能源化工有限公司，标志着河南能源在国有资产有关手续上已经完备，已具备与长城能化组建合资公司的必要条件。落实煤炭资源是中国石化－河南能源煤化一体化项目合作的主要基础条件，直接影响到合资公司的成立和整个项目的推进，是中国石化集团、河南能源化工集团高度关注的核心问题。为加快问题解决，多次赴郑州与省能源局、国土资源厅、河南能源等单位对接沟通，召开会议进行专题研究，现煤炭资源已按中石化集团和河南能源化工集团生产要求进行调配，小里河、计河、石林北、薄壁、马头、马厂北、马厂南等7个矿井，埋深1200米以浅的煤炭储量共计20亿吨配置给合资公司。因多数核准要件都是以可研报告为基础的，没有可研报告的支持，相关要件无法进一步完善，以至于影响整个项目的推进。为此，赴京与中国石化长城能化有限公司、中石化工程建设有限公司（SEI）进行沟通对接，期间按照“路条”要求反复认真修改完善。项目化工板块可研报告编制已基本完成，煤炭板块预可研报告已完成编制，并通过河南能源的评审，长城能化正在组织专家进行评审。煤化一体化项目核准共需准备19个要件。为保证项目合资公司注册后能够马上开工，制订工作计划和工作节点。同时积极与市有关部门沟通对接，派专人负责紧盯，加大协调、敦促力度，力争有关要件的编制、评审、上报批复能够如期完成。地震评估报告批复、地质灾害备案、集聚区总体规划批复、城市规划意见、项目建设征地补偿方案、文物审查意见6个要件已完成；压覆矿产资源备案、水资源论证、水土保持方案、安评4个要件已完成初稿，正在结合新可研修改完善；项目环评、能评、社会稳定风险评估3个关键要件正在抓紧编制；用地预审意见、划定矿区范围批复、营业执照、自有资金证明、银行贷款承诺函和煤炭储量评审备案证明6个要件待合资公司成立后即可开展工作。

【基础设施建设】 为项目配套的道路、供电、供水、污水处理、地下管网、煤炭储运场等基础设施建设进展顺利，已完成投资10亿多元；项目用地130公顷省国土资源厅已批复，待合资公司组建后即可挂牌出让；项目建设涉及的凉水井、张庄、大峪3个村庄已完成搬迁。随着集聚区项目建设和基础设施建设的全面展开，部分区域的建设时序、土地性质、边界条件等均需要做出调整，为确保规划的指导性、科学性和适用性，对相关规划进行修订、调整、完善。一是开展宝山集聚区总体发展规划修编工作。集聚区规划面积由17平方公里调整为27.64平方公里，纳入石林陶瓷园区、姬家山化工园区两个专业片区，调整方案已获省发改委正式批复。集聚区总体发展规划、空间发展规划和控制性详细规划、区域环境影响评价修编已全部完成。二是根据集聚区规划的调整，完成相应的土地利用规划调整工作，为项目建设进一步拓展发展空间。三是完成集聚区管网规划、中水回用等专项规划编制，园区基础设施建设日趋完善。四是完成电石炉气及煤焦油多联产项目规划，重点规划了9个循环经济项目，总投资25亿元，园区循环链条更加完善。项目全部建成后，可实现销售收入90亿元，利税10亿元。

【项目服务】 精细化工产品种类多、附加值高、用途广、产业关联度大，对上下游产业有较强的促进和带动作用。为此，宝山集聚区确定以1，4－丁二醇产品为龙头，建设聚四氢呋喃、丁二酸酐、氨纶、芳纶等下游产品项目，加快推进精细化工园区建设。一是全力服务年产10万吨1，4－丁二醇项目二期项目建设，在项目前期和建设过程中，实行县级领导干部分包项目制度，全程跟进、现场督办，定期会商项目建设中遇到的问题，为项目实施提供优质服务，项目提前1个月建成投产。二是协调推进年产6万吨聚四氢呋喃、年产3000吨丁二酸酐项目，会同有关专家多次和河南能源化工集团投资部、化工事业部负责人进行探讨、论证，提出一系列可行性建议，做了大量具体工作，为项目开工奠定了坚实的基础。经过多方努力，总投资13亿元的年产6万吨聚四氢呋喃、3000吨丁二酸酐项目已于分别于9月、10月开工建设，精细化工产业链条效益与规模效益逐步显现。集聚区立足产业规划，结合市场发展导向，谋划包装煤制烯烃下游、精细化工、电石下游等一批有竞争力、吸引力、特色鲜明的近30个重点现代煤化工项目，总投资约290亿元，正在与有关央企和重点煤化工企业进行积极推介。一是围绕煤化一体化项目，谋划包装烯烃下游项目并把它作为招商推介的重点，已与中国化学集团、中煤能源集团等央企就丙烯腈、苯乙烯等烯烃下游项目进行初步沟通，正在积极推进。二是紧盯河南能源投资建设的精细化工项目，重点围绕丙烯酸、醋酸乙烯、聚丁二酸丁二醇酯（PBS）、氨纶、芳纶等项目，派专人定期与河南能源进行对接，适时跟踪项目投资动向，力争明年部分重点项目开工建设。三是拓展电石上下游，谋划包装煤焦油深加工、焦炉气及电石炉气加工等项目，项目建议书已编制完成，正在与上海同业煤化集团、河南能源化工集团协调项目报批工作。四是与中远化工物流有限公司就危化管控及物流项目进行多轮洽谈，合作协议已起草，正在协商合同细节。五是与中国化学工程集团就投资建设年产20万吨乙二醇项目进行洽谈，做好协调对接工作，力争项目早日开工建设。全年招商引资到位省外资金18.6亿元，完成年度目标的105%。

【鹤淇产业集聚区概况】 鹤淇产业集聚区于2008年12月经省政府批准正式成立，位于鹤壁市区与淇县县城之间，规划面积25平方公里，涉及3个乡镇办、18个行政村，约5万人。集聚区建成区面积达16.7平方公里，入驻企业83家，累计完成固定资产投资214.5亿元。2013年，完成固定资产投资61.2亿元，主营业务收入204亿元，工业总产值245.1亿元，实现税金总额1.8亿元，就业人口达2.7万人。先后被确定为全省对外开放重点产业集聚区、最具投资法治环境产业集聚区、新型工业化产业示范基地、创新型产业集聚区、节约集约用地示范产业集聚区和省级高新技术产业开发区。鹤淇产业集聚区已逐步成为淇县发展的“主战场”和县域经济发展的主要增长极。鹤淇产业集聚区内设6个机构，分别是办公室、发展招商科（局）、规划建设科（局）、鹤淇担保中心、鹤淇投资有限公司、鹤淇土地开发储备中心。鹤淇产业集聚区暂定编制40名，工作人员30名，内设机构规格为正科级，现内设机构领导职数为5正6副。

【产业发展】 鹤淇产业集聚区主要以鹤淇大道为中轴线向两侧辐射开发建设，重点发展现代装备制造（汽车及零部件和金属镁精深加工）、纺织服装两大主导产业，兼顾食品加工等传统产业。工业方面共入驻项目90个，总投资322.7亿元，累计完成投资119.4亿元，主导产业发展水平有了新提升。世界500强企业富士康落户鹤淇产业集聚区，将带动镁锭、镁合金板材、压铸件、镁合金应用等项目的入驻，构建从镁锭生产到汽车、手机零部件应用终端的系列产品体系。国内500强企业华晨汽车、宇风汽车等2个整车项目和鹤壁万丰等12个汽车零部件项目的入驻，使未来集聚区的产能达到25万辆整车、1000万台（套）零部件，形成产值超百亿集群。以纯服装、强正棉纺、万家欢乐服装家纺、布丽斯服装等项目的入驻使集聚区形成纺纱—织布—辅料—服装—家纺完整的产业链条。还依托集聚区内的大用、永达、永昌等一批国家级农业产业化重点龙头企业，建设大用50万吨中式营养快餐、永昌80万吨小麦精深加工、巴蜀食品工业园、恒云食品等项目，构建从田园到餐桌的产业链条。

【设施建设】 实施基础设施项目41个，累计完成投资46.3亿元，建设道路91公里，集聚区承载能力进一步提高，“九纵十六横”路网格局已经形成，形成“九纵十六横”的路网格局；同步建设11万和22万两个变电站、日供水3.5万吨的水厂、日处理6万吨的污水处理厂一期工程和45万平方米的标准厂房，供水、天然气、通信等管网已随道路铺设，实现“七通一平”全覆盖，集聚区承载能力不断增强。特色商务区商务中心、商业综合体正在加紧建设，市民文化中心主体已竣工，物流园区及实验学校、县医院新院等一批文化、教育、卫生项目相继建成投用，集聚区的承载力达到进一步提升，发展框架已经形成。鹤淇产业集聚区坚持以人为本，在建设中统筹考虑、产城互动，将集聚区内的18个行政村统一规划整合为3个社区，分别是阳光社区、朝阳社区和淇园社区，总投资规模约40亿元，建筑面积242.8万平方米，可安置人口5万多人。朝阳社区一期、阳光社区一期已搬迁入住，淇园社区一期年内达到入住条件，实现产城互动融合发展。

【金山产业集聚区概况】 金山产业集聚区位于鹤壁新区北部，规划面积17.99平方公里，已建成8.6平方公里。跻身国家级经济技术开发区行列，入选省第一批专业示范产业集聚区名单，被认定为河南省环境友好型示范集聚区。2013年完成固定资产投资91亿元，完成主营业务收入168亿元。主导产业为金属镁精深加工和电子信息产业。电子信息：依托鹤壁国家经济技术开发区，培育了以光电子、汽车电子为特色的电子信息产业集群，已经形成包括消费类电子、光电子、汽车电子、植保电子等在内的较为完善的产业结构。中科院PLC光分路器芯片项目填补国内空白，航盛汽车电子产业园、海能达军工电子产业基地等重点项目正在加快推进。金属镁精深加工：形成从铸造、挤压到金属镁零部件和成品制造的完整产业链。明镁镁业、捷美特、创世电机等一批项目加快建设。中远（香港）集团鹤壁金属镁产业园、香港运豪集团等项目正在推进。

【浚县产业集聚区概况】 浚县产业集聚区位于浚县县城北部，规划面积为16.53平方公里。已建成面积9平方公里。被省政府评为2013年度全省十快产业集聚区。2013年完成固定资产投资69.6亿元，完成主营业务收入148亿元。主导产业为食品加工、家居用品制造业。食品加工：充分利用浚县及周边农业资源优势，形成面制品、肉制品、饮品、速冻调理食品等四大类食品产业集群。中鹤集团年加工100万吨小麦、六和至真食品工业园、捷恩家食品有限公司年产6万吨烘焙食品等一批项目正在加快建设，联合利华工业园项目、福建福派园焙烤食品等重大项目正在积极推进。家居用品制造：已入驻家居用品制造企业19家，产品涉及塑钢门窗、沙发家具、板材加工、室内木门、整体装饰等。聆海年产130万套高档家居生产线、贝迪塑业年产4万吨塑钢型材三期等项目正在加快建设。

·市级产业园区·

【鹤山产业园区概况】 位于鹤山区，主要由韩林涧、姬家山两部分组成，总规划面积7.74平方公里（姬家山园区2.8平方公里已纳入宝山产业集聚区），主导产业为煤炭物流、机械制造、金属镁冶炼加工、精细化工产业。2013年完成固定资产投资25.3亿元，规模以上工业主营业务收入59.9亿元。截至年底建成区面积4.6平方公里。

【山城区陶瓷产业园区概况】 位于山城区石林乡东北部，总规划面积12.3平方公里（园区6.4平方公里已纳入宝山产业集聚区），主导产业为陶瓷产业。2013年完成固定资产投资21.3亿元，规模以上工业主营业务收入18.1亿元。截至年底建成区面积4.4平方公里。

【浚县粮食精深加工园区概况】 位于浚县王庄乡北部，总规划面积5.5平方公里，主导产业为粮食精深加工产业。2013年完成固定资产投资4.1亿元，规模以上工业主营业务收入28.6亿元。截至年底建成区面积1.6平方公里。

（市发改委）

工业和信息化

【概况】 2013年，全市工业和信息化工作认真贯彻落实市委、市政府的决策部署，紧紧围绕“持续创新、提升发展”的总基调，以提高工业经济增长质量和效益为中心，以稳增长、促转型、解难题为着力点，抓班子、带队伍、强素质、搞服务，忠实履行职责，狠抓工作落实，全市工业经济保持良好的发展态势，为在中原经济区建设中先行先试走在前面做出贡献。工业经济主要指标增速均位列全省第一方阵，规模以上工业完成增加值390.3亿元，同比增长16.0%；实现利润总额85.6亿元，同比增长32.2%。

【深化企业帮扶】 按照“分类分级、深层帮扶”的思路，创新工作方式、方法，促使企业正常生产、扩大生产。完善长效机制。提请市政府印发《鹤壁市2013年企业服务工作实施方案》，完善联席会议、问题台账等服务机制，开通企业服务专栏和“鹤壁市企业服务”新浪微博平台，建立畅通的企业服务网络、服务热线和政策宣传等便捷高效的政企沟通和政策导向机制。已发布涉企政策120多条，利用网络产销对接平台帮助200余家企业发布销售信息400余条。开展帮扶攻坚。8月启动企业帮扶攻坚战，成立由主管副市长任组长的市企业帮扶工作领导小组，组建由县级领导干部带队的7个企业帮扶工作组，深入县区、企业开展一对一帮扶，建立例会、督导交办和定期汇报通报等制度。帮扶组积极搭建银企对接、用工对接平台，帮助企业解决了融资、用工难题，对重点企业实施重点帮扶，着力协调解决企业反映的诸如污水排放、天然气供应等难点问题。构建服务平台。为搭建运作有序的常态化企业服务平台，一方面推进“助保金”贷款工作，制定《中小企业助保金贷款管理暂行办法》和《鹤壁市中小企业池管理办法》，拟发挥2000万元财政资金的引导作用，撬动2亿元的贷款规模。一方面积极与省中小企业发展服务中心对接，筹建市中小企业发展服务中心，拟依托市工信局中小企业信用担保服务中心，整合全市公共服务资源，构筑一站式综合服务功能平台。加强监测分析。完善运行监测平台，强化重点行业、重点企业监测分析，坚持旬报告、月分析制度，深入开展调查研究，科学研判经济走势，及时提出措施建议。制定《鹤壁市工业百日攻坚行动方案》，成立百日攻坚活动协调小组，明确目标、强化措施、跟踪落实，确保工业运行继续保持良好的发展态势。通过帮扶工作的开展，为企业平稳生产运营提供了坚实保障，4家企业荣获省百强百高企业称号，8家企业入选2013年度省“百家成长企业”，全年梳理并解决企业问题159个。

【项目建设】 围绕改造升级特色主导产业的目标，按照发展大产业、推进大项目和建设大基地的思路，加快煤化一体化、汽车及零部件和食品加工产业转型步伐，特色主导产业地位更加突出。前10个月，三大特色主导产业增加值占规模以上工业企业增加值比重达70.9%。煤化一体化产业，积极与晋能有限公司洽谈对接，成功促成市政府与晋能有限公司签订建设豫北煤炭物流储备加工基地项目框架协议，总投资35亿元年经营煤炭2000万吨的豫北煤炭物流储备加工基地项目落地；加快兼并重组煤矿验收，市许沟煤矿恢复生产，解决煤化一体化产业对煤炭能源的需求。汽车及零部件产业，重点推动关键零部件规模化总成化发展，发展汽车整车和专用改装车，推进总投资27亿元宇风公司年产5万辆专用车项目、总投资2亿元钜锐公司年产100万件高档铝合金轮毂项目等一批重点项目建成投产，汽车及零部件产业发展基地正在形成。食品加工产业，围绕深加工、上档次、创品牌，大力发展速冻调理、快餐休闲食品，加快建设超汇食品年产20万吨肉类加工、谷夫食品年产40万吨谷物早餐食品饮料等项目，永达集团14种食品再上“神十”服务航天，全省重要食品加工基地地位更加稳固。

【产业优化升级】 加快引智引资步伐，推进金属镁精深加工和电子信息产业做大做强，全力打造“中国镁谷”，建设全省电子信息产业基地。金属镁精深加工产业，成功举办第五届中国镁应用新产品新技术博览会，来自德国、美国等10个国家和地区以及北京、广东等20多个省市的科研院所和企业代表近400人，国内外知名专家、学者60余位应邀参会，会上发布国内外最新技术成果500余项，展出镁应用新产品1000余件，国家镁工程中心鹤壁研发中心等11个项目签约，其中5个投资类项目总投资32.8亿元，成为历届镁博会规模最大、层次最高、

建设新型煤化工产业座谈会　　市工信局　供稿

产品最新、技术最精的一次会议。同时，为推动金属镁产业优化升级，加强与北京大学、北京夏唐资本投资中心沟通对接，促成市政府与北京大学经济学院、北京夏唐资本投资中心签订组建镁业投资发展集团、镁产业投资发展基金项目协议。电子信息产业，围绕全省打造全球最大的智能终端（手机）产业基地的战略部署，鹤壁市列入全省智能终端产业“一区七点”产业布局，获得省产业专项支持资金4100万元。主动融入，借势发展，以市政府文件印发《鹤壁市以智能手机为重点的电子信息产业集群发展2013年实施方案》，编制《电子信息产业资料汇编》和《手机测试机构介绍》等资料，科学绘制智能终端（手机）产业链发展路线图和产业链图谱，加快电子信息产业集群引进，推进总投资89.6亿元的22个项目建设，富士康鹤壁科技园一期项目投产，总投资30亿元的荣兴鹤壁科技产业园等一批电子信息产业项目相继落地。

【民营经济发展】 认真贯彻落实国家、省促进民营经济发展的政策措施，坚持毫不动摇地鼓励支持引导民营经济发展，着力发挥民营企业在经济增长和转变发展方式上的生力军作用。强化政策支持。提请市政府印发《鹤壁市促进民营企业发展行动计划（2013—2015年）》，设立扶持发展专项资金，召开全市民营经济工作会议，对民营经济工作进行动员和部署，市委书记魏小东就会议专门批示要创造民营经济发展壮大的良好氛围。缓解融资难题。规范担保小贷行业发展，加强对担保机构和小额贷款公司日常监管，为民营经济发展提供融资服务。前10个月，15家融资性担保公司为379家企业提供担保15.75亿元，小贷公司为47家企业发放贷款7286万元。积极开拓市场。组织企业参加第十届中国国际中小企业博览会和豫粤“家居、建材”产业对接洽谈会、产业合作项目洽谈会、“小家电”产业对接洽谈会，现场签约项目6个，投资总额18.2亿元；对接洽谈项目6个，意向金额31.8亿元，签订产品销售合同3.71亿元。签约项目个数、投资总额居全省前列。同时，联合百度公司开展电子商务应用“翔计划”活动和“搜索营销体验车”活动，300多家企业从中受益。提升管理水平。制定《鹤壁市企业培训三年行动计划》，通过邀请国内外知名经济学家来鹤或到高校参加短期培训等方式，加强企业管理人才和实用型人才的培养。全年已举办企业家高端培训讲座、“企业执行力”专题培训等各类培训班5期，培训企业家570余人，企业家队伍素质进一步提升。

【工业转型升级】 坚持壮大规模与提升层次、优化结构并重，推动产业集聚集群发展。在项目建设上，完善企业技术改造项目管理体系、统计指标体系和服务体系，实施产业结构调整和技术改造项目，重点推进总投资224.4亿元的31个产业项目和总投资82.8亿元的24个技术改造项目。在技术创新上，抓住国家、省支持企业技术改造的机遇，加大企业科技成果培育力度，扶持技术创新示范企业，开展以“树标杆、学标杆、超标杆”为主题的质量提升活动，鹤壁市福源精煤有限公司的“重介选煤工艺综合效能提升技术研究”等5项科技成果荣获2013年河南省工业和信息化科技成果奖。在产业集群上，充分发挥新型工业化产业示范基地的示范引领作用，积极推进金山和鹤淇的省级新型工业化示范基地建设工作，培育宝山创建省级新型工业化示范基地。金山集聚区成功入选河南省第一批承接产业转移示范区培育对象。在低碳节能发展上，推进节能服务体系建设，强化工业节能减排、清洁生产等工作，促进资源综合利用；开展淘汰落后产能企业设备拆除情况监督检查，大力淘汰落后设备、落后工艺和落后产能。

【提升信息化水平】 以加快推进信息化进程、促进“三化”协调发展为核心，着力提升信息化应用水平。深化两化融合。浚县产业集聚区被评为第二批河南省信息化与工业化融合试验区，大用集团被评为河南省物联网十强企业。组织企业参加电子商务培训和“创新中国行”中小企业信息化推广活动，帮助企业加快建立和创新电子商务应用模式。统筹社会信息化。编印《鹤壁市智慧城市建设实施方案》，成功创建为河南省“智慧城市”建设试点市，智慧鹤壁指挥中心投入使用，推进了3G网络建设、2G网络升级改造等信息化基础设施建设，成功申报全国首批农业农村信息化示范基地。强化信息安全保障。制定《鹤壁市网络与信息安全事件应急预案》，推进重点隐患部门信息安全整改，适时组织应急演练，增强应对网络与信息安全事件的能力。

（黄进东）

煤炭工业

【河南煤化鹤煤集团有限责任公司概况】 2013年，鹤煤（集团）公司面对错综复杂的经济形势，在河南能源集团的正确领导下，牢牢把握“持续提升，稳中求进”的总基调，坚定不移抓安全夯实发展根基、降成本提高经济效益、调结构转变发展方式、重民生构建和谐矿区，各项工作稳中有进、稳中向好，持续保持平稳发展态势。全年安全生产实现“零”死亡目标。煤炭产量完成1369.15万吨，同比增加1.45万吨。精煤产量：计划370万吨，完成398.58万吨，超计划28.58吨；同比增加49.6万吨，增幅14.21%。掘进总进尺计划79377米，完成84715米，超计划5338米，同比增加3915米，增幅4.85%。其中开拓进尺计划21298米，完成23128米，超计划1830米。煤炭销售1422.47万吨，同比增加93.63万吨，增幅7.05%。其中精煤销量397.24万吨，同比增加47.94万吨，增幅13.72%。营业收入计划202亿元，完成213亿元，超计划11亿元，同比增加10亿元，增幅4.93%。8个重点项目计划投资19.18亿元，完成20.65亿元，超计划1.47亿元。

【安全管理】　按照“抓系统、系统抓”的安全工作要求，强化区域瓦斯治理和防止煤与瓦斯突出、防治水关键环节的管理和技术应用，做到抽采不达标不生产、区域不消突不进煤巷和有掘必探、先探后掘、先治后采，从源头上杜绝重大事故的发生。加强安全督导、驻矿包保，加大隐患排查治理和责任追究力度，切实抓好重要地点和时段的安全管理，严格重组小煤矿、非煤企业安全监管和环保工作，做到铁制度、硬执行。强力推进安全“双基”建设，在进一步规范标准和考核方式的同时，依靠“三化”安全管理强基础，深化“平安区队”建设抓基层，出台了精细化检查细则，切实对安全八种行为和现象实行零容忍，安全管理水平进一步提升。强化机电运输设备管理，开展主提升系统、斜巷运输、井下供电、特种设备专项检查和整治，提高设备安全运转效率，为矿井安全高效提供有力保障。扎实推进风险预控管理体系建设，组织各项应急救援演练67项次，开展各类安全资格培训、专项和实操培训近9.3万余人次，职工安全素质明显提高。

【经济运行】　坚持以经济效益为中心，以内部市场化为主线，大力开展“节支降耗，提升管理”对标活动，切实发挥业务系统的经营管理职能，全面加强成本管理和资金管控，努力实现增收节支，全年同比压减非生产性支出8500万元、降幅达21%、吨煤制造成本下降9.42元/吨、利润减亏1.84亿元；废旧物资修复再利用价值7179万元。积极拓宽融资渠道、优化债务结构，续借到期贷款68.45亿元，净增贷款39.71亿元，确保公司资金链安全。加大应收款清欠和存量资产盘活力度，全年应收款同比下降8%，储备资金同比下降9%，盘活存量资产4300万元。严格审核“矿、土、安”三类工程项目，审减资金1618万元。积极研究国家财税政策，争取国家补助项目资金7232万元、各类财政补贴7005万元，税收减免2194万元。

【煤炭生产】　一是精心组织保接替。以抓好采掘接替为重点，深入现场进行摸排与落实，及时掌握各采掘工作面接替进度，合理安排正常接替顺序，为矿井实现均衡生产、持续稳产提供保障，在政策性限产的情况下，完成全年生产任务。二是强化瓦斯治理破瓶颈。六项指标均超额完成任务，其中瓦斯抽采量7900.24万m^3，完成计划103%，同比增加423.68万m^3，有效降低了瓦斯对安全生产的影响，达标煤量853.51万吨，完成计划的107%，同比增加197.62万吨、增幅30.13%。三是发展机械化提效率。中泰矿业3307B薄煤层综采工作面及悬臂式半煤岩掘进机、八矿3004、九矿3100首套综放设备相继投运。公司采煤、掘进机械化率分别达到85.9%和38.01%、同比提高5.3%和2.95%。四是积极推进矿井系统优化工作，二、五、九矿在一井一面生产模式下，较好地完成全年产量任务；八矿通过优化设计，减少搬家倒面和煤柱丢失，增加可采储量4.3万吨。五是积极开展岩巷掘进劳动竞赛，岩巷进尺完成29514米，超计划889米，公司8个队31次实巷单进超百米。其中，中泰矿业四一队连续6个月单进超百米，最高单头实巷进尺达225米，创公司岩巷掘进机械化月度单进新纪录。

【结构调整】　在产业结构调整方面，在经济困难压减70个项目的情况下，鹤煤集团公司千方百计筹措资金，保证8个重点项目建设需要。1，4－丁二醇项目二期于9月底产出合格产品，12月顺利达产；聚四氢呋喃项目主要设备订货基本完成，地面土建工程已完成70%；丁二酸酐项目按计划有序推进；党家河煤矿自2011年12月开工以来，精心组织、全力推进，井巷工程完工，首采工作面已形成，4月联合试运转，创公司建井史上的新纪录；十一矿已完成三个井筒地面预注浆，主副井掘砌到达井筒揭煤位置；12处重组小煤矿进入复工复产程序，19处已关闭退出到位或签订关闭协议。产品结构调整方面，继续实施精煤战略，优化洗选结构，原煤入洗率达89.81%，高附加值产品销售比率达64.36%、同比提高3.72%，产品结构调整效益明显。人力资源结构调整方面，稳妥推进机构改革和定编定岗工作，预计本部矿井、地面单位机构总数平均减少38.69%、23.51%，机关科室平均减少49.15%、27.13%；加大劳动组织整顿力度，清理不合理用工1628人，职工总量同比减少5405人，完成年度人力资源调整目标。薪酬结构调整方面，全面推行矿、厂岗位效益工资制度，科学调整工资结构和分配比例，井下直接、辅助和地面职工的分配比例更趋合理。

【非煤产业】　扎实开展生产经营调研，严细内部市场化和对标管理措施，强化经济运行分析，非煤产业再创佳绩。供应公司、供电处、热电厂同比分别增利3438万元、1854.3万元和1476万元。化工企业围绕扭亏增盈目标，加强督导考核，整体协同生产能力进一步提高，精细化工项目一期生产BDO产品5.35万吨，实现利润5542.6万元；煤化工和电石厂进行试生产，全面检验了设备运行状况，锻炼了职工队伍，并分别实现销售收入3.57亿元和2.7亿元。全年11个骨干非煤企业实现营业收入13.74亿元、同比增长103.1%，利润6091.25万元、同比增利5170.71万元，创近年来最好水平。

（侯秀云）

电力工业

【发电量】　2013年，鹤壁市发电量106亿千瓦时，同比减少1.7%。丰鹤电厂累计完成发电量58.9亿千瓦时，较上年同期减少发电量1.96亿千瓦时，同比下降3.2%。同力电厂累计完成发电量31.2亿千瓦时，较上年同期减少发电量1.5亿千瓦时，同比下降4.5%。

【工业用电量】　2013年，鹤壁市工

业用电量累计完成36.5亿千瓦时，同比增长12.8%，增速居全省第3位。全年工业用电量占全社会用电量的73.7%。农村用电量230141万千瓦时，同比增长0.4%。煤化工行业新增用电成为支撑2013年鹤壁市工业用电量较快增长的基础。2013年全年累计，鹤煤集团精细化工公司、宝马集团工业用电量分别为5.84亿和2.20亿千瓦时，较2012年分别增加3.82亿和1.30亿千瓦时，拉动全市全年工业用电量增速11.8和4.0个百分点。

（市统计局）

【电力供应】 2013年全市售电量完成41.04亿千瓦时，同比增长15.92%，增幅位列全省第二。售电均价完成562.7元/千千瓦时。线损率完成4.25%，同比降低0.25个百分点。销售收入实现23.1亿元，同比增长14.92%。全员劳动生产率完成339.2万元/人·年，同比增长8.4%。目标利润完成7453万元。农网还贷资金实现7718万元。电费回收率100%，电费余额为零。

【电网建设】 2013年，充分利用“一体化电网规划设计信息平台”，超前开展各级电网规划工作。全面完成鹤壁“十二五”220千伏及以上电网规划、2014－2020年配电网滚动规划和多项专题调研报告。500千伏输变电工程通过省发改委核准，220千伏开关站将先期开工。110千伏王庄、大河涧输变电工程、凤泉山风电厂接入系统工程的可研报告获省公司批复。220千伏蓝旗线路工程、浚县变扩建，110千伏方华输变电、锦绣站综自改造等工程成功投运。110千伏思德、崔庄输变电工程有序推进。配网状态检修高质量通过国网公司达标验收，夺取省公司状态检修调考总分第一，建成投运配网自动化试点工程，配网运维工作步入全新阶段。全省首个“物联网”应用示范工程成功上线，全面开启鹤壁电网“智能模式”。2011年和2012年农网改造升级工程顺利通过省发改委验收，完成新一轮农网改造升级工程建设任务。两县35千伏及以下工程分别授予“省级安全管理流动红旗”和“省级质量管理流动红旗”。

（于秉艺）

食品产业

【概况】 2013年，全市规模以上食品加工企业完成食品工业总产值431.9亿元，同比增长14.86%，占全市工业总产值27.7%，连续七年居全市工业之首；完成食品工业增加值94.34亿元，同比增长15.4%，高全国食品工业平均6个百分点，占全市工业增加值24.2%；完成食品工业主营业务销售收入384.7亿元，同比增长23.25%，高全省食品工业平均5.5个百分点，高全国食品工业平均9个百分点；实现利润总额29.5亿元，同比增长15.37%，高全省食品工业平均1个百分点，上缴税金8.6亿元，同比增长11.85%。高全省食品工业平均2个百分点。食品工业总产值占农林牧渔业总产值的比重达到3.96∶1，比2005年1.04∶1增长2.8倍，居全国、全省平均水平领先地位。全市农副食品工业产值331.5亿元，同比增长12%，占食品工业产值76.9%；食品制造业产值达到72.3亿元，同比增长22.5%，占食品工业产值16.7%；饮料制造业产值达到28亿元，同比增长29%，占食品工业产值6%。增速分别高农副食品加工业10个和17个百分点。食品工业结构持续优化。

全市食品总产量达到752.6万吨，同比增长21%，其中粮食制品产量468.8万吨，同比下降4%；小麦粉产量236.1万吨，同比增长6.5%，其中专用粉已占面粉总量的60%；营养挂面、速冻面食品、饼干、面包、糕点、小麦淀粉、谷朊粉、面包糠等面制品产量达到67.8万吨，同比增长42%，占面粉产量28.7%；玉米淀粉及制品产量137.7万吨，同比增长38.5%（其中玉米淀粉及制品60万吨，小麦淀粉及淀粉糖77.7万吨；饲料165.2万吨，同比下降19.6%；冻鲜肉28.4万吨，同比增长9.7%，肉制品产量42.3万吨，同比增长85.4%，乳制品21.7万吨，同比下降17.9%；饮料酒21万吨，同比下降51.8%；软饮料18.3万吨，同比增长101%；食品添加剂1.1吨，同比增长14.9%。食用油13.87万吨，同比增长56.1%。全市食品生产实现产销两旺，产销率达到97%。已成为全省6个食品加工重点市之一。

（冯增智）

汽车及零部件产业

【概况】 鹤壁市有汽车及汽车零部件生产企业120余家，其中规模以上生产企业30家，从业人员15000余人，固定资产27亿元。鹤壁市现有汽车及汽车零部件企业100多家，其中规模以上企业32家，从业人员10000余人，固定资产25亿元，2013年完成汽车制造业产值1.84亿元，同比下降22.5%；完成增加值14.34亿元，同比增长18.4%。生产汽车配件5469万件，同比减少75.1%；改装汽车1388辆，同比增长3.4%；生产汽车轮胎外胎791万条，同比减少29.6%；主要产品有：移动通讯车、改装车、电动车、连接器、线束、模具、汽车中间配电盒、车用电线、农用车轮胎、半轴、刹车片、镁合金零部件等。主要企业有：天海集团、无线电四厂、安黎环燕轮胎有限责任公司、天淇汽车模具有限公司、金山镁业有限公司等。2013年，家用汽车市场的强劲增长，尤其是农村中低端市场的繁荣，拉动汽车零部件行业不断发展。企业订单普遍较足，生产饱满，效益较同期明显好转。天海集团实现产值12.9亿元，同比增长20.6%，实现销售收入7.7亿元，同比增长10.8%，实现利润7130万元。天海一汽集团新能源客车高压电器盒、美国通用的铝电瓶线、菲亚特线束、克莱斯勒线束、福特线束项目的开发量产，企业产能进一步扩大。

电子信息产业

【概况】　2013年，鹤壁市电子信息产业发展态势良好。电子信息产业增加值8.14亿元，同比增长26.2%。电子元件生产1268765万只，同比增长6.4%。通过项目带动战略，已形成光电子、车载视听类电子、军工电子、消费电子等电子信息产业发展方向。光电子方面，河南仕佳光子科技有限公司一期项目实现量产，二期部分生产线投产。但由于新产品开发周期长，成本高，加之芯片价格受日韩老牌企业打压，企业利润较低。当年企业营业收入863万元，亏损1802万元。车载视听类电子方面，航盛汽车电子工业园项目已建成2条SMT自动生产线、4条产品装配线，具有年产60万台套车载娱乐系统生产能力。全年实现产量40万台套、产值2亿元。军工电子方面，鹤壁天海电子信息系统有限公（海能达）实现营业收入1.85亿元，实现利润6393万元。海能达（鹤壁）军工电子产业基地项目厂房建设已基本完成，部分设备已订购。消费电子方面富士康一期A区部分厂房于11月27日正式生产，企业完成产值2650万元。总投资30亿元的荣兴鹤壁科技产业园项目12月正式落户鹤壁市，将带动8～10家电子信息配套企业落户鹤壁市。

煤化工产业

【概况】　2013年，鹤壁市抓住建设中原经济区的机遇，根据自身优势，大力发展现代煤化工产业，并提出打造全国重要的煤化工基地的奋斗目标。宝山循环经济产业集聚区经过多年的发展，集聚区内年产60万吨甲醇、年产10万吨1，4－丁二醇一期、年产45万吨电石项目等已建成投产，年产10万吨1，4－丁二醇二期、年产5万吨聚四氢呋喃、年产5万吨乙二醇、年产2万吨催化剂等项目正在加紧建设。总投资310亿元的中国石化河南煤化鹤壁煤化一体化项目在全市以及全省经济发展中的地位举足轻重。是省政府与中国石化集团的战略合作项目，是“十二五”期间河南省上报国家发改委最大的工业项目，也是中原经济区建设重大战略支撑项目。该项目将煤炭转化为附加值高的化工产品，能够优化鹤壁市资源配置，调整产业结构，把资源优势转化为经济优势，为全市的可持续发展提供战略支持，对鹤壁市长远发展具有强大的推动作用。项目包括煤炭开采板块和煤化工板块，其中煤化工板块总投资170多亿元，主要生产甲醇、聚丙烯和聚乙烯等产品。依据项目可行性研究报告，年实现销售收入63亿元，年利税26亿元，带动下游产业及周边相关产业的发展，新增就业岗位1万个以上。

河南煤化鹤煤集团年产60万吨甲醇项目是鹤壁市第一个现代煤化工项目。经过近5年的建设，项目已经投产。甲醇是煤化工产业链中第一环节的产品，其下游可延伸多种化工产品。以甲醇为原料可以生产1，4－丁二醇、二甲醚等产品。其中鹤壁市的中国石化河南煤化鹤壁煤化一体化项目将生产烯烃，并不断向下游产品延伸；鹤壁宝马集团二甲醚项目已经投产；河南煤化精细化工公司年产10万吨1，1，4－丁二醇项目二期建设正在协调大型吊车进入施工现场。钢结构已经完成60%，钢筋混凝土铺设也基本完成，设备安装已于4月初开始。二期工程要在8月底单机试车。设备正在陆续到位。在向下游产品发展上，河南煤化精细化工公司启动年产5万吨聚四氢呋喃项目。为1，4－丁二醇项目提供原料之一的河南煤化鹤煤集团氯碱循环经济项目也已投产；同样以煤为原料的鹤壁宝马集团煤制乙二醇示范项目也在年底投产。围绕煤制烯烃及其下游乙二醇、精细化工、电石下游煤化工主导产业，不断延链补链，形成产业集群，进一步做大做强现代煤化工产业。　（市发改委）

金属镁产业

【概况】　2013年，鹤壁市通过调整结构和拉长产业链条，整体保持较好的发展态势。金属镁精深加工完成增加值15.15亿元，同比增长23.5%。镁粉、镁粒企业运行较为平稳。镁合金终高端产品、高性能镁合金和镁牺牲阳极企业形势较好。镁产品配件生产110万件（套），同比增长47.6%。综合产量20.5万吨，其中镁粉（屑、粒）约占全国总产量的50%以上，镁牺牲阳极约占世界总产量的40%以上，已逐渐成为中国乃至世界最大的镁粉、镁屑、镁粒加工出口基地和镁牺牲阳极系列产品生产加工出口基地，中国高品质镁及镁合金系列生产加工出口基地，中国钙镁系列产品生产加工基地，中国硅热法炼镁清洁化生产及综合利用生产示范基地。金属镁加工能力占河南省的90%以上。被中国有色金属工业协会镁业分会命名为中国镁加工产业示范基地，被河南省政府认定为河南省镁深加工特色产业基地、河南省有色金属材料生产基地。全市现有金属镁骨干企业17家，多家企业在同行业具有较高知名度。威尔斯（鹤壁）科技有限公司、鹤壁市维多利镁业有限公司、鹤壁格兰达镁业有限公司分别位居中国镁协会员企业销售收入排行榜第4位、第7位、第8位。创世电机等镁合金终端产品生产企业订单充足，产销两旺，全年实现营业收入1.03亿元，利润887万元。11月27～28日，鹤壁市举办第五届中国（鹤壁）镁应用新产品新技术博览会，会议共展出1000余件镁应用新产品，邀请300余家企业代表，近百位知名专家、学者参会，发布国内外最新技术成果500余项。由鹤壁市经济建设投资集团有限公司、市城市建设投资有限公司和市淇滨开发投资有限公司共同出资成立的河南镁业有限公司成立，将促进鹤壁市镁产业逐步向规模化、集团化、集约化发展。　（市发改委）

大中型企业

河南煤化鹤煤集团有限责任公司

【概况】 河南煤化鹤煤集团有限责任公司是一家有50余年开采和经营历史的大型企业集团，系国家520户重点企业、全国工业企业500强、国家大一型企业、河南工业综合实力百强企业之一。鹤壁矿区和荥巩矿区煤炭地质储量80亿吨，可采储量38亿吨，拥有10对生产矿井、一对年设计能力180万吨和两对年设计能力60万吨的在建矿井，另有2×13.5万千瓦循环经济热电厂和2×60万千瓦火电厂及在建的年产60万吨甲醇工程，年低灰、特低硫、高发热量优质环保动力煤和冶炼精煤800多万吨；主要煤种有冶炼精煤、高炉喷吹煤、筛混末煤等，年入洗能力465万吨，“鹤翔”牌筛混煤和瘦精煤分别被评为“全国用户满意产品”、“河南省名牌产品”。除煤电主业外，辅业涉及中外合资的医疗、医药、医疗器械等高新技术企业，以及建筑、建材、铁运、化工、火工、机械制造、文化旅游等领域。2013年，鹤煤（集团）公司面对错综复杂的经济形势，在河南能源集团的正确领导下，牢牢把握“持续提升，稳中求进”的总基调，坚定不移抓安全夯实发展根基、降成本提高经济效益、调结构转变发展方式、重民生构建和谐矿区，各项工作稳中有进、稳中向好，持续保持了平稳发展态势。安全生产实现“零”死亡目标。煤炭产量完成1369.15万吨，同比增加1.45万吨。精煤产量计划370万吨，完成398.58万吨，超计划28.58吨；同比增加49.6万吨，增幅14.21%。总进尺计划79377米，完成84715米，超计划5338米，同比增加3915米，增幅4.85%。其中开拓进尺计划21298米，完成23128米，超计划1830米。煤炭销量销售1422.47万吨，同比增加93.63万吨，增幅7.05%。其中精煤销量397.24万吨，同比增加47.94万吨，增幅13.72%。

按照“抓系统、系统抓”的安全工作要求，强化区域瓦斯治理和防止煤与瓦斯突出、防治水关键环节的管理和技术应用，做到抽采不达标不生产、区域不消突不进煤巷和有掘必探、先探后掘、先治后采，从源头上杜绝重大事故的发生。加强安全督导、驻矿包保，加大隐患排查治理和责任追究力度，切实抓好重要地点和时段的安全管理，严格重组小煤矿、非煤企业安全监管和环保工作，做到铁制度、硬执行。强力推进安全“双基”建设，在进一步规范标准和考核方式的同时，依靠“三化”安全管理强基础，深化“平安区队”建设抓基层，出台精细化检查细则，对安全八种行为和现象实行零容忍，安全管理水平进一步提升。强化机电运输设备管理，开展主提升系统、斜巷运输、井下供电、特种设备专项检查和整治，提高设备安全运转效率，为矿井安全高效提供了有力保障。扎实推进风险预控管理体系建设，组织各项应急救援演练67项次，开展各类安全资格培训、专项和实操培训近9.3万余人次。

在产业结构调整方面，保证8个重点项目建设需要。1，4-丁二醇项目二期于9月底产出合格产品，12月顺利达产；聚四氢呋喃项目主要设备订货基本完成，地面土建工程已完成70%；丁二酸酐项目按计划有序推进；党家河煤矿自2011年12月开工以来，精心组织、全力推进，井巷工程完工，首采工作面已形成，创公司建井史上的新纪录；十一矿已完成三个井筒地面预注浆，主副井掘砌到达井筒揭煤位置；12处重组小煤矿进入复工复产程序，19处已关闭退出到位或签订关闭协议。产品结构调整方面，继续实施精煤战略，优化洗选结构，原煤入洗率达89.81%，高附加值产品销售比率达64.36%、同比提高3.72%，产品结构调整效益明显。人力资源结构调整方面，稳妥推进机构改革和定编定岗工作，预计本部矿井、地面单位机构总数平均减少38.69%、23.51%，机关科室平均减少49.15%、27.13%；加大劳动组织整顿力度，清理不合理用工1628人，职工总量同比减少5405人，顺利完成了年度人力资源调整目标。薪酬结构调整方面，全面推行矿、厂岗位效益工资制度，科学调整工资结构和分配比例，井下直接、辅助和地面职工的分配比例更趋合理。

围绕生产经营积极开展管理创新，全年共评选创新成果30项，涉及安全、煤质、财务、人力资源、信息技术和工程预算等各个方面，整体管理水平明显提高。引导职工广泛参与小改小革活动，推出五小成果230项、评选表彰98项，4项荣获省煤炭系统经济技术创新优秀奖。

（侯秀云）

鹤壁供电公司

【概况】 2013年，鹤壁供电公司在市委、市政府和省电力公司的正确领导下，围绕“精品企业”目标，实施“两大战略”，全面落实“二十四节气表”，扎实开展“勤勉、务实、荣誉”主题教育活动，务实进取，转变作风，各项工作取得新进展。安全生产突破5100天。售电量完成41.04亿千瓦时，同比增长15.92%，增幅位列全省第二。售电均价完成562.7元/千千瓦时。线损率完成4.25%，同比降低0.25个百分点。销售收入实现23.1亿元，同比增长14.92%。全员劳动生产率完成339.2万元/人·年，同比增长8.4%。目标利润完成7453万元。农网还贷资金实现7718万元。电费回收率100%，电费余额为零。其他各项指标均可控在控。公司获得省公司综合业绩考核A级，年度同业对标综合排名第六，业绩排名第四，首次荣获年度业绩标杆，检修管理和配套保障管理喜获专项标杆。先后荣获“全国安康杯优胜企业”、“国家电网公司工会工作先进单位”、“全省党的十八大精神集中宣讲活动先进集体”等多项荣誉称号。

以“安全管理提升”活动为主线，扎实开展春、秋季安全大检查、安全日活动，夯实安全生产基础。围绕安全生产5000天举办系列活动，强化全员安全意识，培育特色安全文化，参加国家电网公司安规调考获得个人并列第一。强化现场标准化安全监督和反违章纠察，深化变电站“三卡一表”管理模式，加强“两抓一建”安全风险管控，全面巩固“大安全”格局。在夏季网供负荷突破77万千瓦和日最大供电量突破1565万千瓦时的情况下，全市电网安全平稳运行。积极推进状态检修，深化扩展集中检修和工厂化检修，全方位开展深度隐患排查，提高设备健康水平。解决历史遗留树线矛盾问题，完善市县安全警示标示，充分利用3G在线视频监控系统，有效开展“四防一治”工作。建立安濮鹤应急救援协调联动机制，突出应急和保电常态化建设，应急保障能力明显提升。完成全国“两会”和十八届三中全会等重要保电任务，协同高效处置110千伏灵海、灵卫线外力破坏事件，得到市委市政府及社会各界的高度赞誉。12月31日，公司实现连续安全生产5171天，继续保持长周期安全局面。

密切跟踪产业聚集区及大新区项目进展情况，充分利用“一体化电网规划设计信息平台”，超前开展各级电网规划工作。全面完成鹤壁“十二五”220千伏及以上电网规划、2014－2020年配电网滚动规划和多项专题调研报告。500千伏输变电工程通过省发改委核准，220千伏开关站将先期开工。110千伏王庄、大河涧输变电工程、凤泉山风电厂接入系统工程的可研报告获省公司批复。220千伏蓝旗线路工程、浚县变扩建，110千伏方华输变电、锦绣站综自改造等工程成功投运。110千伏思德、崔庄输变电工程有序推进。配网状态检修高质量通过国网公司达标验收，夺取省公司状态检修调考总分第一，建成投运配网自动化试点工程，配网运维工作步入全新阶段。全省首个“物联网”应用示范工程成功上线，全面开启鹤壁电网“智能模式”。2011年和2012年农网改造升级工程顺利通过省发改委验收，完成新一轮农网改造升级工程建设任务。两县35千伏及以下工程分别授予“省级安全管理流动红旗”和“省级质量管理流动红旗”。

注重发挥同业对标抓手作用，定期开展指标分析，查找薄弱环节，逐项制定改善措施，分解落实对标责任，多项指标实现新提升，编写上报典型经验18篇，入选率位列全省第三名。科标信通工作硕果累累。全年累计申请专利137项，发表科技论文26篇，2项班组创新成果在系统推广应用，承担和参与制定省公司技术标准2项。成功争取国网公司物联网建设试点和省公司4G通信建设试点单位。全省率先完成PTN综合数据网样板站建设。有序推进县公司农电信息网络建设工作。QC小组活动取得全国电力行业优秀成果奖等省级以上奖项十余项。公司连续4年获得“河南省质量管理小组活动优秀企业”称号。

（于秉艺）

鹤壁同力发电公司

【概况】 2013年，鹤壁同力发电公司完成发电量31.2亿千瓦时，同比减少1.5亿千瓦时，下降4.5%。机组平均利用小时5455.81小时，在全省同类型机组中名列第一。公司被河南省能源规划建设局授予“全省能源系统先进单位”荣誉称号。公司安监部被河南省总工会、河南省发展和改革委员会、河南省环境保护厅评为“河南省节能减排竞赛先进班组”。公司设备管理部被河南省总工会、河南省安全生产监督管理局授予2011年度河南省“安康杯”竞赛优胜班组。公司发电部运行一值被鹤壁市总工会评为“工人先锋号”荣誉称号。公司被鹤壁市质量技术监督局授予“特种设备安全管理优秀单位”。截止2013年12月31日，公司实现全年安全生产366天，累计实现安全生产3032天。

（刘新峰）

河南省豫鹤同力水泥有限公司

【概况】 河南省豫鹤同力水泥有限公司成立于2004年6月，公司总投资39620万元人民币，是由河南省建设投资总公司和鹤壁煤业（集团）公司按照现代企业制度共同投资组建的具有独立法人资格的大型现代化水泥熟料生产企业。公司于2005年7月建成投产一条日产5000吨新型干法熟料生产线，年产硅酸盐水泥熟料150万吨，并在濮阳配套建设一条年产100万吨的水泥粉磨生产线，是豫北地区技术装备水平最先进、生产规模最大、自动化程度最高、环保水平最先进的水泥生产企业。公司直接生产的原料石灰石和石英砂岩均利用本地矿山资源，混合材料煤灰和硫酸渣就近取材，就地使用鹤壁低挥发烟煤为熟料烧成燃料。

公司有高管6人，正副职中层管理人员15人，业务主管级管理人员13人。2013年，生产熟料180万吨，销售熟料130万吨，年产水泥70.5万吨，销售水泥68.8万吨，实现工业总产值7.2亿元。公司先后被评为"河南省文明单位"、"河南省节能减排竞赛先进单位"、"全国建材行业优秀化验室"、"全国水泥品质指标对比检验先进单位"等荣誉称号。

（豫鹤同力水泥有限公司）

河南天海电器有限公司

【概况】 河南天海电器有限公司位于鹤壁市淇滨大道215号，东临京珠高速公路，西跨京广铁路，是全国最大的连接器科研、生产基地和新兴的汽车电子产品生产基地，河南省优秀民营企业、河南省50户高成长型高新技术企业、河南省出口重点企业，50家大型企业集团之一、国家大型二类工业企业、中国汽车零部件骨干企业。职工总数4600人，工程技术人员782人。公司产品遍布国内外，在全国各地拥有17家分子公司和15个销售办事处。资产总额7.8亿元，其中固定资产6.5亿元。集团公司占地面积13.5万平方米，建筑面积7.2万平方米。2013年，公司销售收入增长近50%，生产经营跃上一个新台阶，其中主营业务收入34亿元，同比增长50.6%。公司主要生产经营汽车用连接器；保险丝盒、中央配电装置、保险片；机动车、家电用电线束；电线压接机、剪剥机、电线束流水线等线束生产专用设备；汽车电子产品，共五大类5000多个品种。产品分别为一汽、东汽、上汽、奇瑞、陕汽、长安等汽车厂家以及科龙、海尔、新飞、格兰仕等厂家配套服务，产品出口美国、澳大利亚、韩国等国家。先后从美国、德国、日本、瑞士等国家进口慢走丝切割机床、数控精密电火花机床、数控精密成型磨床、数控冲压加工中心、全自动数控注塑成型机床等先进工艺设备及三坐标测量仪、拉力试验机、高低温冲击柜、台驾实验室等精密实验设施，为保证产品质量提供了坚实的基础。公司产品分别荣获省优、部优称号。主导产品连接器，在民族品牌市场占有率为15%，排名第一；总部及分子公司汽车电线束市场占有率为6.5%，排名第五；公司所有产品综合排名第五。公司引进Pro/E、UG等技术，并对工程技术人员进行培训。在新产品研发方面公司自主研制双层连接器、防水连接器，同时也启动汽车CAN总线连接器，在线束方面成功配套了日本大发、美国通用、澳大利亚矢崎等。多年来天海的THB品牌享誉国内外，被授予知名商品、THB著名商标、质量信得过单位、AAA企业、诚信单位、守合同重信用企业，并被许多厂家列为指定产品。天海集团通过改制和战略重组，于2007年8月在新加坡上市，并在2008年2月收购美国kensa公司，实现跨国经营。集团自1979年研制开发机动车用连接器，1986年起草《车用线束连接器》国家专业标准，2004年起草《车用中央电气接线盒》、《汽车用熔断器》国家专业标准。集团运用CAD，PRO/E，UG技术，实现与主机厂的同步开发。集团主要生产经营汽车用连接器、保险片、机动车用电线束、电线束生产专用设备、汽车电子产品，共5大类。产品为国内主要主机厂配套服务，并出口美国、澳大利亚、意大利等国家。集团先后从美国、德国、日本、瑞士等国家进口的慢走丝切割机床、数控精密电火花机床、数控冲压加工中心，全自动数控注塑成型机床等先进工艺设备及三坐标测量仪、拉力试验机等精密实验设施，为保证产品质量提供了坚实的基础。

（金松涛）

河南大用实业（集团）有限公司

【概况】 河南大用（集团）实业有限公司创建于1984年，注册资本金1.5亿元，是一家集畜禽良种繁育、养殖、饲料生产、食品研发加工、冷链销售、物流配送、兽药疫苗研发生产、包装彩印为一体的特大型民营企业集团。集团下设河南大用实业有限公司、北京大风家禽育种有限公司、濮阳泓天威药业有限公司、河南大用邦杰食品有限公司、焦作大用实业有限公司等9家控股子公司及1330多个网络销售点。现拥有总资产35.60亿元，员工2200多人。2013年集团销售收入98.1亿元，出口创汇25000万美元。大用公司是国家八部委认定的农业产业化国家重点龙头企业，是中国肉类50强企业，全国优秀家禽企业，全国食品工业百强企业，中国肉类食品行业强势企业，全国肉鸡行业排首位。公司已全面通过HACCP食品安全体系、ISO9001质量管理体系认证、ISO14001环境管理体系认证、原产地标记准用证和QS市场准入证。公司先后被认定为"国家认定企业技术中心"、"国家级龙头企业技术创新中心"、"国家十五重大科技专项食品安全关键技术应用综合示范企业"、"全国农产品加工出口示范企业"、"全国少数民族清真食品定点生产企业"、"河南省百户重点工业企业"、"河南省重点出口企业"、"河南省制造业信息化重点示范企业"等。拥有国家级、省部级荣誉50项，市县级荣誉100多项；拥有发明专利14项，其它专利35项，河南省科技进步奖5项，国家、省、市级科技成果5项，连续13年被农业银行评为"AAA级信用企业"。大用食品是"全国肉类工业影响力品牌"、"河南省出口名牌"，大用商标是"河南省著名商标"。肉鸡存栏35万套和存栏60万套的美国罗斯308祖代肉种鸡场各一座，年产父母代肉种鸡2500万套。淇县存栏55万套父母代肉种鸡场一座；焦作存栏45万套父母代肉种鸡场一座；周口存栏200万套的父母代肉种鸡场一座；商丘柘城存栏100万套父母代肉种鸡场一座。淇县400万枚蛋位的孵化厂一座；焦作450万蛋位的孵化厂一座；周口800万蛋位孵化厂两座，年生产鸡苗4亿羽。淇县年出栏30万只的商品肉鸡场108座；焦作年出栏60万只的商品肉鸡场20座；周口年出栏300万只的肉鸡养殖小区70座；开封年出栏300万只的肉鸡养殖小区50座，年出栏肉鸡4.5亿只。淇县时宰10000只肉鸡加工厂一座；焦作时宰20000只肉鸡加工厂一座；周口时宰40000只肉鸡加工厂两座，年屠宰肉鸡能力42000万只，生产冰鲜、冷冻、快餐、出口四大类230多个品种，690多种规格的产品。熟食深加工食品厂六座，其中淇县四座，焦作、周口各一座，年生产预炸快餐、炭烧熏烤、蒸煮酱卤、西式火腿、香肠、丸子等六大类70个品种、160多种规格的速冻调理食品。年产30万吨预混、配合、浓缩动物饲料厂二座，其中淇县、焦作各一座，周口年产80万吨预混、配合、浓缩动物饲料厂一座，生产包括鸡饲料、猪饲料、鸭饲料和鱼饲料等四大类60多个品种、130多种规格的产品；年产1.8亿㎡纸箱和1.8亿㎡的塑料彩印的包装厂一座。高标准配置的马杜霉铵预混剂和国家二类新兽药安普霉素的原料药、饲料预混剂及可溶性粉生产线各一条，年产原料药80吨、可溶性粉1500吨、预混剂5000吨。建立药残控制、疫病防治、卫生质量三个保证体系，成立检测中心，加强企业的自检自控能力。

（张相生）

河南永达食业集团

【概况】 河南永达食业集团是集肉种鸡繁育、饲料生产、商品鸡养殖、屠宰加工、熟制品生产、冷藏配送、商业连锁、国际贸易为一体的肉鸡产业化外向型企业，是“农业产业化国家重点龙头企业”、“国家扶贫龙头企业”、“全国少数民族特需用品生产定点企业”、“全国民族团结进步模范集体”、“全国食品工业百强企业”、“中国肉类食品行业五十强企业”、首批“国家农业综合开发财政投资经营试点项目企业”、国家首批中西部唯一一家“出口食品农产品免验企业”、“全国食品安全示范单位”，是全国最大的“农业标准化国家级肉鸡养殖示范区企业”，永达食品荣获“中国名牌产品”、“出口食品农产品免验产品”、“中国名牌农产品”等荣誉称号，永达商标被认定为“中国驰名商标”，企业技术中心是“国家认定企业技术中心”。集团下辖16个分子公司，现有员工8900多人。公司拥有肉鸡生产线4条，年屠宰加工肉鸡规模6500万只；出口注册鸡肉熟食加工厂3座，年加工能力5万吨；熟食生产厂2座，年加工能力1.5万吨；速冻面食生产厂1座，年加工能力7000吨；肉种鸡场8座，年存栏种鸡60万套，与其配套的孵化厂2座，年孵化能力7500万羽；饲料生产线4条，年加工能力50万吨；拥有“永达放心鸡”连锁店150多家；年出栏30万只现代化商品鸡场103座，年出栏毛鸡3600万只；公司社会养鸡遍及豫北5市20个县（市）及河北省邯郸市5个县，联接农户2300多家社会养鸡，年出栏肉鸡1500多万只；带动农户建设标准化养殖小区50多座，年出栏肉鸡1800多万只。每年为农民增收1.88亿元。公司先后通过HACCP、ISO9001、ISO14001、ISO22000、GAP、QS、无公害农产品、无公害畜产品等国际国内产品质量保证及环境保护体系认证，化验检测中心通过国家合格评定委员ISO/IEC17025认证。永达食品畅销国内30个省、市、自治区和香港特别行政区，公司是肯德基、麦当劳等国际快餐连锁企业的“十大供应商”。在国际市场，出口到日本、韩国、南非、中东、东南亚等十个国家和地区。2013年，完成销售收入29亿元，实现利税9700万元，出口鸡肉产品10000吨，出口创汇9900万美元。

（永达公司）

河南中鹤集团

【概况】 河南中鹤集团位于鹤壁市浚县王庄工业区，地处京港澳高速公路与鹤濮高速公路交汇处，占地面积600亩，总资产9.8亿元，员工1500人，其中各类大、中专技术人员210人。是河南省农业产业化重点龙头企业和全国食品工业优秀龙头企业。由河南中鹤纯净粉业、河南淇雪淀粉、河南淇淇食品、浚县中鹤粮油贸易等四家子公司组成，是全省规模较大的大型农产品加工基地，集团以玉米淀粉深加工、小麦专用粉加工、高中档系列糖果加工和粮食存储于一体，进一步拉长产业链条，实现粮食就地转化增值，年加工转化原粮（小麦、玉米）80万吨。主导产品有食用玉米淀粉、麦芽糖、麦芽糊精、高中档糖果和小麦专用粉系列产品，年产值39亿元，利税3800万元。逐步培育发展玉米、小麦种植基地40万亩，采用公司+基地+农户的农业产业化经营模式，带动了浚县、汤阴、内黄、濮阳等周边地区种植业的发展，通过订单种植等利益联结机制，有效地促进农民增收，企业增效，实现公司农户双赢的目的，同时还带动当地运输、养殖、食品加工等行业同步发展。2013年，集团依托当地丰富的农产品资源，加大农副产品加工基地建设力度，实现投资2.8亿元，新建年产30万吨小麦专用粉生产线，产品定位于肯德基、麦当劳等专用粉高端市场。投资4000万元，与国家中储粮合作新建大型多功能仓库10座，总库容量30万吨，已为中储粮代收小麦18万吨；投资2200万元新建污水处理场一座，日处理能力3000吨。扩建30万吨淀粉精深加工项目，总投资4.2亿多元，投产后年加工转化玉米能力达到70万吨，新增工业产值24亿元，新增利税2亿元，新增就业岗位1000个。新建年产10万吨方便食品生产线，总投资1.6亿元，年产值4亿元，利税3700万元，新增就业600人。2013年，中鹤集团销售收入21亿元，生产淀粉30万吨，淀粉糖22万吨。

（冯增智）

河南沃德新世纪能源股份有限公司

【概况】 河南沃德新世纪能源股份有限公司是北方沃德（北京）散热器有限公司的生产基地。公司位于鹤壁市国家级经济技术开发区，紧邻京港澳高速公路和京广高速铁路，地理位置优越，交通条件便利。公司创建于2006年，占地面积150亩，建筑面积5万余平方米，总投资1.3亿元人民币。现有员工408人，其中专业技术人员

46人。公司拥有多项国家专利，主要产品为钢制、钢铝复合、铜铝复合、铜管对流等系列散热器，PE－RT地暖管、PP－R和PV－C管材管件以及燃气采暖热水炉。沃德以科学发展观为指导，积极响应国家节能减排保护环境的号召，向全行业发出“生产绿色生态产品、构造绿色生态体系、践行绿色生态责任”的绿色宣言。公司的决策者自觉用低碳和节能的眼光审视自己的产品，按照技术可行、经济合理的原则调整产品结构体系，投巨资购置德国汉高、德国瓦格纳、荷兰阿克苏等世界500强企业的先进设备和优质原料，引进了美国的硅烷技术，精心打造中国第一条生态散热器生产线，逐步形成采暖散热器行业的低碳化发展模式，创造中国低碳优质轻型散热器的新概念：生产过程对环境无任何伤害，使用过程无有害物质释放。公司还自主研发厚壁钢管散热器自动化内焊设备，为产品质量提供了保障。在企业管理中，采用先进的ERP企业管理信息系统，从订单录入、订单复核、物料配比、财务审核、生产确认、进度跟踪、条码分配、扫码入库、出库到售后服务，对产品的生产和合同的执行情况进行全程控制，实现对整个企业资源的一体化管理。沃德散热器的营销划分为中原、华东、北京、东北和西北五大区域，销售网络覆盖全国主要采暖区。在销售渠道上，一是以各地代理商为主的零售方式，二是以项目经理跟踪开发商、承建商为主的工程销售方式，三是以整合行业营销资源为主的“厂商联销体”方式。2008年5月投产以来，当年实现销售收入1500万元，2009年达到3000万元，2010年达到6000万元，2011年突破8000万元，2012年达到1.2亿元，2013年达到2.3亿元。沃德公司以“丰沃共赢，德行天下”为经营理念，提出“创采暖散热器行业发展最快企业，创采暖散热器行业社会责任力最强企业，创采暖散热器行业文化营销顶尖企业，创采暖散热器行业最佳雇主企业”的发展目标，从过去与传统能源的被动衔接，变为向新能源领域、向环保领域的主动对接；从单项产品的制造商变为全产业链系统集成方案的提供商。2009年9月，沃德钢制多管柱形散热器通过国家住建部”建设行业科技成果评估”，沃德散热器系列产品被中国中轻产品质量保障中心确认为中国市场公认品牌、中国消费者满意名特优品牌、全国质量信得过产品、中国著名品牌。2010年7月沃德被评为“中国散热器行业十佳经销商信赖品牌”（中国采暖十佳）。2012年8月河南省质量技术监督局授予公司“河南省质量诚信A级工业企业”称号。2012年12月河南省名牌战略推进委员会又授予沃德散热器“河南省名牌产品”称号。

（沃德公司）

鹤壁市四季青集团有限公司

【概况】 鹤壁市四季青集团是股份制民营企业，始建于2005年，现有8个子公司，资产总额已突破10亿元，年销售额20多亿，安排就业5000余人。集团是集农贸物流、房地产开发、农业开发、融资担保、餐饮服务、家居建材等为一体的综合性企业集团，下属子公司有：河南四季青农产品批发有限公司；鹤壁市四季青农产品批发市场有限公司；鹤壁市四季青农产品批发市场、鹤壁市四季青农产品物流配送有限公司；鹤壁市食尚餐饮有限公司；鹤壁市东信投资担保有限公司；鹤壁市四季青置业有限公司；河南林豫建筑公司鹤壁分公司。集团自成立以来，以“超越自我、合力图强”的发展理念，以“拼搏进取、追求卓越”的企业精神，始终遵循“忠实诚信、优质高效、务实创新、和谐共赢”的核心理念；坚持“企业集团化、产品名牌化、管理科学化、技术现代化、行业多元化、经营国际化”的发展战略；以先进的企业文化为引领，认真贯彻落实科学发展观，努力打造企业特色品牌，实现了跨越式可持续发展。集团致力于社会民生，努力构建“现代农贸物流体系”，积极推进“菜篮子”工程，创新“农超对接”模式，探索新时期我国农产品批发市场转型，打造“四季青农产品超级市场”，在促进区域经济发展、调整农业产业结构、增加农民收入、扩大再就业等方面取得突出成就，受到国家、省、市有关部门和领导的好评。四季青集团在做好农产品批发市场的同时，延伸产业链条，2013年，“四季青国际家居广场”项目竣工，总建筑面积12万平方米，开业面积5万平方米，是豫北最大的家居市场。鹤壁市四季青集团先后荣获2011中国中小企业成长力100强企业、河南省服务业百户高成长性企业、中国诚信示范单位、中国最具社会责任感民营企业、中国服务行业十佳先进单位、中国农产品流通领域十大最具竞争力品牌、全国农产品百强批发市场等荣誉。

（四季青公司）

建设与环保

城乡规划管理

【概况】 2013年，全市城乡规划管理工作围绕加快推进新型城镇化、打造两个构建升级版，编制完善各层次的城乡规划，进一步优化城乡空间布局，科学指导城乡建设发展；强化行政服务效能提升，全面服务项目建设；加强规划实施监管，保障规划刚性实施和城市建设有序执行。先后获得省、市集体荣誉7项，获得省、市个人奖项8人次。市城乡规划管理局被省住建厅授予2013年度全省村镇规划建设先进单位、2013年度依法行政先进单位等称号，2013年度全市行政服务中心系统优质服务窗口等荣誉。鹤壁市城乡一体化规划、新区“十五分钟便民生活圈”发展规划等规划获得2013年度河南省优秀工程勘察设计三等奖。

【规划面积】 根据鹤壁市城市总体规划，2020年全市城市中心城区规划建设用地规模90平方公里，其中新城区用地规模65.00平方公里，老城区用地规模25.00平方公里。至2013年，全市建成区面积63.76平方公里，其中新区（淇滨主城区和开发区城北园区）城市建成区面积37.92平方公里，老区建成区面积25.84平方公里。

【规划管理】 （1）强化行政许可效能建设，全力服务招商引资项目、工业项目、省市重点项目建设和保障性安居工程、重大民生工程，除认真落实好行政审批力量下沉集中、在市行政服务中心召开局长业务例会制度，一次性告知等便民服务的规定，并通过加强与回访服务对象座谈交流、对重点项目超前介入、清理精简行政审批等措施，进一步为建设项目提供方便快捷的行政审批服务。认真执行市大项目建设联审联批工作要求，对招商引资项目、工业项目和重点项目及保障性安居工程等实行“并联”审批，采取提前发放“路条”并预留规划许可证件，加快项目规划许可进度。全年共接待社会各界规划政策咨询4500余人次，受理办结事项640余件，其中出具建设项目总图方案、建筑方案、市政设施方案等审查意见368件，办理行政许证件类275件。核发建设项目选址意见书25件；许可建设用地规划73块，总用地面积568.13公顷，比上年增加141.6公顷；许可建设工程103件，总建筑面积225万平方米；核发市政类建设工程规划许可证4件，规划竣工核实70件。至11月底，新区（淇滨主城区和开发区城北园区）城市建成区面积累计达37.9平方公里，比上年增加2.92平方公里。通过“急事急办、并联审批”等措施，办理39个省市重点项目以及保障性安居工程相关规划手续。（2）规范行政行为，提高依法行政水平。严格规划许可重要问题执行市规委会决策制度、重大项目专家论证制度、局业务办公会集体研究和“批、管、验”三分离制度，保证规划正确执行、民主决策。积极推行阳光规划，依法对编制的规划和建设项目许可情况通过新闻媒体、规划网站、施工现场等进行公示，鼓励社会公众参与。2013年共公示重要建设项目151个，充分

召开城乡规划研讨会　　市规划局　供稿

征求利害关系人意见。不断规范完善配套管理规定。按照城市发展要求，邀请本市有关专家对《鹤壁市城乡规划技术规定》草案提出意见建议，并进行修改完善，已经市规委会研究并原则通过。正在对《鹤壁市城乡规划管理办法》等一系列规范性文件进行修订，促进城乡规划依法行政。（3）加强城市规划批后管理和违法建设查处，保障城市建设有序执行。通过城市规划监察网格化管理、批后工程动态全程监控、温情执法等手段和措施加强规划实施监管检查。县区建立城市规划综合执法机制，市城乡规划管理局将“城中村乱搭乱建”违法行为查处等规划监察执法权下放到淇滨区综合执法管理局，完善城市规划监察机制，加大违法建设综合整治力度。2013年，共下发停止违法建设通知书96份，下发限期拆除或整改通知59份，强制拆除或配合区政府拆除违法建设21起，立案查处16起，有效遏制违法建设行为的发生，对290余个批后建设项目进行日常跟踪管理，维护城市建设、产业集聚区（园区）建设秩序和形象。对容积率、用地性质、日照间距、绿地率等房地产项目开发强度控制指标实行严格管理，对建筑体量、色彩、风格等加强核查，加强城市规划精细化管理。

（牛登奎　李立法）

城市建设

·综　　述·

【概况】　2013年，全市住房和城乡建设系统围绕打造“两个构建”升级版，统筹城乡发展的工作要求，拼搏进取，扎实苦干，各项工作取得新进展。市政府下达的年度目标全部完成，荣获省市各项荣誉20余项，成功再创省级文明单位，为鹤壁市成功争取国家智慧城市试点和中美低碳生态城市试点示范作出贡献，进一步提升鹤壁的知名度。

【窗口建设】　城建服务窗口以创建优质、高效、廉洁、便民的服务窗口为目标，把窗口服务效率和服务质量放到首要位置，开展跟踪服务、代办服务、上门服务等一系列优质服务活动，严格落实首问负责制。对招商引资项目和市重点项目，住建局窗口会同局有关科室到建设项目工地，现场办公，上门发证，及时解决有关问题。按照市政府“两集中、三到位”的要求（即许可和服务事项向一个科室集中，科室向服务中心窗口集中，确保事项到位、人员到位、授权到位），对行政服务中心住建局窗口的进驻事项、进驻人员以及工作制度进行一次全面规范和整理，尽可能地减少工作程序和环节，压缩工作时限，为办事群众提供方便、快捷的服务，确保窗口的各项工作规范、有序。住建局窗口共计办理审核、审批项目2002件，办结率100%，被市政府授予2013年度全市行政服务中心系统优质服务窗口。

【城建执法】　加强执法队伍规范化建设，提高干部队伍素质。做好执法案卷整理等行政执法日常工作。以查处工程建设领域违法违章行为为重点，不断加大执法力度，整顿规范建筑市场秩序。共检查新建、在建工程547个，下达限期整改通知书35份，下达行政处罚决定书16份。以第五届中国鹤壁民俗文化节、省级卫生城市创建工作为抓手，大力开展市容和环境卫生整治工作，加大对各区环卫设施建设、改造的指导，改善城市环境，确保本市顺利通过省级卫生城市复验。

【房屋征收和补偿管理】　制订完善房屋征收补偿配套政策，实现依法征收和补偿。共启动国有土地上房屋征收项目21个，征收房屋建筑面积89万平方米，涉及被征收户数6200户，完成20个项目征收任务，占征收项目的95%，未发生违规强征案件。

【项目建设】　代建工程6项，总投资约3.83亿元，建筑面积10万余平方米。截至年底，数字鹤壁综合服务中心工程完成竣工验收和移交，全面展开工程结算评审工作。鹤壁国际物流综合服务设施项目和出入境检验检疫中心项目已开工建设，正在加快工程主体施工。市纪检监察宣教基地办案业务用房改造项目、武警支队机动大队项目和新体校项目开工建设。

·建　筑　业·

【概况】　2013年新增各类企业44家，全市建筑企业达197家。全市市属建筑业企业完成建筑业产值50亿

市长范修芳（左二）调研城建工作　　市住建局　供稿

元。荣获省 QC 成果一等奖 3 个，二等奖 7 个，优秀奖 2 个。

【行业管理】　一是加强招投标监管。积极探索招标新模式，强力推行摇号招标，从制度上保证招投标活动的“阳光操作”。全年有 168 个项目（或标段）实行摇号招标，节约财政资金 3.245 亿元，节约率 13.94%。国家、省市多家新闻媒体对此做法进行宣传报道，多个地市慕名前来学习。二是全面提升建筑工程质量。累计监督工程 1691 项 1103 万平方米；其中新开工工程 554 项 327 万平方米；竣工验收工程 295 项 219 万平方米。新开工受监工程质量监督覆盖率、竣工工程主体结构验收合格率、竣工工程竣工验收合格率均达到 100%。共创“结构中州杯”工程 3 项，市“优质结构工程” 32 项，“兴鹤杯”工程 3 项。三是安全生产继续保持平稳态势。加强保障性安居工程质量和安全专项检查。开展安全生产应急演练，加强对重点部位、重点设备的安全检测。创建省级文明工地 3 个，市级文明工地 41 个，安全监督覆盖率 100%，受监工程项目安全施工措施备案率 100%，全年无等级以上安全事故发生。四是加强勘察设计和建筑装饰装修行业管理。严格资质管理，发展专业队伍，规范市场秩序，保持良好发展态势。积极开展繁荣建筑设计系列活动，严格施工图审查，保障勘察设计质量。五是加强标准定额管理。及时发布各类造价信息，协调处理工程造价纠纷。六是做好城建档案工作。市城建档案馆全年新接收整理工程档案 305 项 1 万余卷，馆藏各类档案达 7 万余卷。

【绿色建筑、节能】　完善闭合式监督管理模式，建设工程节能设计率和施工实施率均保持 100%。推动可再生能源示范项目实施，国家分两次下达本市城市示范任务 502 万平方米，截至年底共实施项目 86 个示范面积 514 万平方米，城市示范整体验收工作基本完成。本市已基本形成一整套科学有效的可再生能源建筑应用示范管理制度体系。完成既有建筑热计量改造约 60 万平方米。有序开展大型公建和机关办公建筑能耗监测平台建设，向省住建厅申请新增 25 栋办公建筑和大型公共建筑作为扩展项目，已完成项目招标，年底前完成安装及数据上传。大力推进绿色建筑发展。提请市政府出台绿色建筑行动实施方案，召开绿色建筑推进会。自 9 月 1 日起，在全市新建保障性住房、各类政府投资的公益项目以及全市城市规划区内所有新建项目中全面执行绿色建筑标准，鼓励房地产开发企业建设绿色住宅小区。市体育馆项目被评为国家二星级绿色建筑。推动中美低碳生态城市试点示范。结合淇水湾商务区特点，向美方提出了包括绿色建筑技术体系在内的低碳生态城区建设需求。积极组织鹤壁新区核心区（淇水湾商务区）申报国家绿色生态城区。

·公用事业·

【城市供水】　2013 年，水务（集团）有限责任公司完成供水总量 2612 万吨，实现水费收入 5086.5 万元。投资 1162 万元铺设供水管网 23 公里，完成鹤淇大道等管网铺设，与淇县供水管网连通，实现向富士康项目供水。对东鹿楼村、鹤壁集曹家工人村漏失进行了治理，有效的降低了漏失率。在全市开展以“优质服务进万家”为主题的服务活动，发放宣传单 5000 余份，接受用户咨询 1000 余次，上门义务维修 32 余次，得到广大用户好评。通过省住建厅城镇规范化和供水安全管理体系考核。一是第四水厂开工建设，该项目总投资 1.6 亿元，日供水规模 5 万吨，主要满足鹤壁新区用水需求，年底完成土地等前期审批手续和部分管网铺设，正在进行清水池施工。二是收购淇县水厂。4 月 19 日，水务（集团）有限责任公司斥资 4400 万元正式签订收购淇县供水项目合同。同月 27 日完成资产移交，并正式介入生产和经营。接收之后，完成主管网普查、绘图、测漏，完成主管网 DN100 以上闸门维修和更换，清理、维修表井 500 余座，更换周期表 200 余块；收回水费欠款 18 万元；规范抄表收费，抄表量已由过去的每月 5 万吨提高到 6 万吨；实现城北新区部分单位全天 24 小时供水。三是投资建设浚县王庄水厂。投资 750 万元对浚县王庄水厂完成土建、设备安装、厂区管网建设，于 9 月 30 日投入试运行。四是开工建设姬家山水厂项目。该工程总投资 5200 万元，日供水规模 10 万吨，一期建设规模日供水 3 万吨。完成 4600 立方米的高位水池施工，主管网前期设计和源水泵房改造。五是筹建石林污水处理厂。总投资 2000 万元，该项目为 BOT 建设模式，运营期 30 年，设计一期工程日处理 0.5 万吨。六是筹建宝山水厂。该项目总投资 1.2 亿元项目，日供水规模 12 万吨，项目一期前期日供水规模 3 万吨，投资 4000 万元。

【城市供热】　2013 年，新区热电联产供热入网面积 665 万平方米，实际供热约 460 万平方米。地源热泵可供热面积 200 万平方米，实际供热 130 万平方米。新区改造完善老旧供热管网 5 公里，完成 20 个换热站远程自动化控制改造，加强供热设施检修维护，供热质量不断提升。把老城区供热工作作为统筹新老区发展的重要工作，组织精锐力量，加大协调力度，逐个破解供热项目建设中的难题，截至年底，累计完成投资 3 亿元，铺设供热主管网 8.5 公里、支线管网 13 公里；完成供热首站和 10 个小区换热站建设。老城区集中供热实现历史性突破，实现供热约 110 万平方米，实现市委、市政府对老区人民的承诺。

【城市供气】　2013 年，全市共购进天然气约 3500 万立方米，销售天然气约 3400 万立方米，较上年增长 22%；共铺设城网 30 余公里，庭院管网约 70 公里，鹤壁市已拥有长输管线及城市管网近 160 余公里，天然气用户已达 110000 余户，庭院管网约 500 余公里。鹤山区燃气主干网实现全线通气。9 月 11 日，鹤山区二矿小区天然气置换顺利完成，鹤山区居民正式用上天然气，同年底，鹤山区馨苑十区也用上天然气，市天然气管网由淇滨区覆盖至山城区进而延伸鹤山区。2013年，为平衡供气压力，并为鹤壁市9+1重点工程进行供气，特铺设天山西路、漓江路、南海路等路段管网，并逐步连成环网，为大新区建设提供安全用气保障。

（天伦新能源有限公司）

【城市绿化】 完成城市绿地系统规划，开展市区绿化亮化提升工程，重点指导推进淇河风貌带绿化建设。淇河乐园获得省级“绿化达标公园”，华夏南路等2条道路获得省级“绿化达标道路”称号。全市人均公共绿地面积14.40平方米，绿化覆盖率40.56%。成功举办鹤壁市第28届菊展。

【污水垃圾处理】 全市污水集中处理率达到83%以上，垃圾处理率达到88%以上。淇滨污水处理厂中水回用项目通过环保验收；蔡庄生活垃圾处理场沼气发电项目5月建成实现并网发电；完成了蔡庄生活垃圾处理场渗滤液处理项目和闽江路污水提升泵站项目。加快实施中心城区排水项目，投资3900万元完成33公里的雨水管网铺设和6.6公里沟渠治理。全市污水、垃圾处理企业规范运营，在全省污水处理、垃圾处理行业年度绩效考核中位居前列。

·村镇建设·

【小城镇建设】 加强对本市小城镇试点建设工作的督导和帮扶，加快小城镇建设步伐，推动全市城乡经济社会协调发展。浚县王庄镇、新镇镇配套建设日趋完善，居住小区建设已见成效；善堂镇小城镇建设已进入高潮；屯子镇政府服务中心、社区建设正在进行；石林新城建设已初具规模。

【农村危房改造】 向省住建厅争取农村危房改造任务4500套，争取资金3532万元，通过周密组织，强化督导，完成改造任务。

【传统村落调查工作】 通过组织调查，鹤山区九矿街道办事处龙宫村等19处村落入选河南省首批传统村落名录，鹤山区姬家山乡王家站村等5处村落入选国家级传统村落。

（赵　敏　武海艳　姬军民）

环境保护

【概况】 2013年，全市环境保护系统在市委、市政府、省环保厅的正确领导和社会各界的关心支持下，坚持以服务招商引资和大项目建设、促进经济发展为中心，牢固树立“厚德崇法，友好和谐”的生态文明理念，以“为鹤壁发展服好务、为党委政府守好责、为区域环境护好家”为己任，全面实施环境综合整治，严厉查处违法排污行为，扎实开展环境安全隐患治理，切实保护人民群众环境权益，努力为鹤壁的项目建设和经济社会发展履职通关，为全市人民群众创造天蓝水清地绿的美丽环境。良好的空气质量、100%达标的饮用水源、洁净美丽的淇河，已成为享誉省内外的鹤壁名片。鹤壁市环保工作评价连年位居全省前列，在1月21日召开的全省环保工作会议上，本市分别被省政府和省环保厅评为完成环保目标优秀单位，位列全省第一名。

【污染减排】 全年化学需氧量、氨氮、二氧化硫、氮氧化物减排目标分别为800吨、210吨、400吨、1800吨。根据本市调度，截止12月底，化学需氧量、氨氮、二氧化硫、氮氧化物分别减排2616吨、226.67吨、2566.35吨、6560.3吨，超额完成减排目标。全市3个河流出境断面中2个（卫河王湾、汤河耿寺）综合达标率100%，另1个（卫河五陵）综合达标率70%；城市集中式饮用水源地水质达标率保持100%；全市优良天数299天，优良率83%，居全省第二位。

【服务经济发展】 围绕项目建设，创新和优化环评审批、监测的各个服务环节。年初确定重大项目进入重点服务专题，对重要项目，局长总抓，成立专门小组，县级干部专职负责，全程跟踪，每周一例会优先调度。建立现场办公工作机制，每月由局长带领各业务科室和有关部门主要负责人深入县区、产业集聚区现场办公，及时高效解决项目环评和各类污染问题。成立了局长负总责的鹤淇电厂环评工作推进组，进行大量艰苦细致的协调沟通工作，妥善解决铁路专用线环评审批、雾霾天气对项目影响、排污总量核定等突出问题，自2012年12月18日环保部受理至2013年3月20日拿到环保部正式批文，期间经过元旦、春节假期和全国两会，历时92天，速度之快在全国少见，为项目建设提供有力支持。对煤化一体化项目进行协调通关推进的全面部署，与国家部、省厅和司处有关领导，第一时间汇报进展，对项目容量从全省调配，对选址、环评以及水、气、声的现场监测做了前期工作。多方协调沟通富士康项目环评，将制约省批生产项目的锅炉等基础设施项目和生活配套区项目分类市级审批，为项目顺利审批奠定基础。努力争取鹤壁市千鹤湖生态环境保护试点项目中央环保专项资金约1.2亿元，已到位2200万元。在服务产业集聚区发展和其他重点项目建设中，环保部门创新环评机制，开辟绿色通道，全力搞好服务。2013年已有286个项目通过环评审批，其中国家环保部审批1个，省环保厅审批8个，市环保局审批277个。

【环境监管】 一是严格淇河水资源保护。在饮用水源一、二级保护区内，禁止新上任何污染项目，取缔所有向淇河排污的工业排污口，从源头控制淇河污染。据监测，本市淇河水质指标常年达到国家地表水Ⅰ、Ⅱ类标准，为全省最清洁的河流之一。二是积极推进农村环保工作。大力开展生态创建和农村环境综合整治，创建完成省级生态乡镇2个，省级生态村12个，市级生态村16个；扎实推进农村环境综合整治项目，本市2013年农村连片整治项目1个，即淇县新型农村社区示范区项目，总投资1100万元。包括5个子项目，分别为淇县桥盟街道办阳光社区、淇县灵山街道办风情小镇社区、淇县西岗镇臧口村养殖小区、淇县高村镇镇区、淇县庙口镇老庄村环境连片综合整治工程。均完工并通过验收。三是加强畜禽养殖污染治理。督促8家畜禽养殖企业建设沼气工程+沼肥水综合利用的污染防治项目，保障农业源污染减排的顺利实现。严格执行《环境影响评价法》和《建设项目环境管理条例》等法律法规，在新区周围、淇河两岸、高速公路两侧、快速通道及大白线两侧、风景名胜区周围等区域严格禁止新建污染企业。针对项目类别、分布区域和涉及总量，严格把好环保准入关。严格实行建设项目“三同时”制度，项目环评执行率和“三同时”率达到100%。全面排查环境隐患，全市未发生因企业违法排污造成的重大环境污染事故，没有因环保问题发生大规模群体上访事件。恪守“心中有源、手中有法、掌控无死角、全域无事故”，确保辐射安全，加强对放射性同位素和射线装置的安全监管，及时督促涉源单位落实辐射防护措施，全市放射源已全部列入监管范围，辐射事故保持零发生，废旧放射源及放射性废物送贮率达到100%。

（王玉伟）

【环境质量状况】

水环境质量

地表水水质　2013年鹤壁市地表水水质级别为中度污染，主要河流污染程度由重到轻依次为卫河 > 汤河 > 淇河。

淇河：淇河水质级别为优，与2012年相同。

汤河：汤河水质级别为重度污染，其主要污染物为氨氮、总磷、化学需氧量，与2012年相比，污染级别不变。

卫河：卫河水质级别为重度污染，其主要污染物为氨氮、石油类、总磷，与2012年相比，污染级别不变。

地下水质量　市区地下水质量总体评价为良好。与2012年相比，水质级别无变化。

城市饮用水源　地全市集中式饮用水源地取水水质达标率为100%，与2012年持平，两个地表水饮用水源地（盘石头水库、寒波洞）和一个地下水饮用水源地（鹤壁集井）水质级别均为优。

地表水责任目标　断面全市地表水责任目标断面水质累计达标率为91.7%，与2012年相比下降8.3个百分点。

大气环境质量

城市环境空气质量　2013年全市城市环境空气质量的首要污染因子由上年的二氧化硫转变为可吸入颗粒物。全市城市空气质量优、良天数为299天，优、良天数的比例为81.9%，较2012年下降9.1个百分点。

二氧化硫　全市二氧化硫年均值浓度为0.046毫克/立方米，年均值达到国家二级标准。与2012年相比，全市年均值由0.064毫克/立方米下降到0.046毫克/立方米，下降28.1%。

二氧化氮　全市二氧化氮年均值浓度为0.038毫克/立方米，年均值达到国家一级标准。与2012年相比，全市年均值由0.036毫克/立方米上升到0.038毫克/立方米，上升5.6%。

可吸入颗粒物　全市可吸入颗粒物年均值浓度为0.110毫克/立方米，年均值达到国家三级标准。与2012年相比，年均值由2012年的0.094毫克/立方米上升到2013年的0.110毫克/立方米，上升17.0%。

大气降水　全市没有发生酸雨，与2012年相比大气pH值年均值由6.77变为6.76，下降0.01个单位。酸雨发生率为0%，与2012年相比无变化。

声环境质量状况

城市建成区噪声　市区建成区环境噪声平均等效声级48.1分贝（A），满足《“十一五”城市环境综合整治定量考核指标实施细则》中区域环境噪声平均值≤56分贝（A）的要求，声环境质量评价级别为好，平均等效声级较2012年下降3.8分贝（A）。

功能区噪声功　能区噪声监测结果显示，按照《城市区域环境噪声标准》（GB3096－2008）评价，所监测的四类功能区的噪声中存在程度不同的超标现象。全市城市功能区噪声测点达标率为87.5%，较2012年下降3.1个百分点。

道路交通噪声　城市道路交通噪声昼夜平均等效声级为59.3分贝（A），声环境质量为好，与2012年持平。满足GB3096－2008中所规定的70分贝（A）的标准要求及《“十一五”城市环境综合整治定量考核指标实施细则》中城市道路交通噪声昼间平均值≤68分贝（A）的满分要求。

辐射环境质量状况

电离辐射环境质量　全市电离辐射环境γ空气吸收剂量率连续监测结果在96.01～115.02纳戈瑞/小时之间，平均值为101.25纳戈瑞/小时。与全市天然放射性本底调查结果（47.6～175.0纳戈瑞/小时）相比，处在天然辐射本底正常波动范围内。

电磁辐射环境质量　全市综合电场强度连续监测结果在0.37～1.02伏/米之间，平均值为0.57伏/米；功率密度范围在0.04～0.28微瓦/平方厘米之间，平均值为0.09微瓦/平方厘米。满足《电磁辐射防护规定》（GB8702－88）规定的公众照射导出限值12伏/米和40微瓦/平方厘米的要求，电磁辐射环境质量状况良好，环境电磁辐射水平低于国家标准规定的公众限值。

生态环境状况

气候　全市年平均气温14.1（浚县）－15.1℃（淇县），与历年同期相比浚县偏高0.1℃、淇县偏高1.0℃。年极端最高气温为38.7℃，出现在6月27日（浚县），年极端最低气温为－14.2℃，出现在1月3日（鹤壁农试站），年内日最高气温≥35℃的日数为23天，≥38℃的日数为1天。全年总降水量348.5mm（浚县）—485.5mm（淇县），较历年同期相比浚县偏少42%，属于偏少，淇县偏少21%，属于正常。一日最大降水量72.8mm，出现在淇县的8月1日。日照总时数为2085.9～2096.1小时，较历年同期偏少1%～3%，属于正常。全年降水日数79天，降雪10天，积雪6天，大风7天，大雾27天，霾88天，雷暴17天，结冰80天，年无霜期244天。2013年先后出现低温、干旱、初霜冻、雷雨大风、暴雨、高温等灾害性天气。从全年来看，气象条件对工农业生产和居民生活利弊兼有。

森林 全市以创建国家森林城市为契机，以淇河绿化为龙头，按照打造覆盖全域的林业生态体系要求，抓好城市防护林、太行山绿化、农田林网、通道绿化、社区绿化林业产业及森林抚育等重点林业生态建设工程，共完成造林48万亩，林业生态建设呈现出良好的发展态势。全市现有省级森林公园7处，总面积14010公顷。淇县云梦山省级森林公园3000公顷；淇县黄洞省级森林公园7500公顷；鹤山区黄庙沟省级森林公园，面积2000公顷；鹤山区南山省级森林公园550公顷；淇滨区七里沟省级森林公园599公顷；淇滨区金山省级森林公园230.7公顷；山城区枫岭省级森林公园130.3公顷。全市进一步加大森林资源保护力度，森林资源得到有效保护。森林防火工作成效显著，未发生一起重大森林火灾；全市共发生各种林业有害生物面积34.5万亩，防治林业有害生物作业面积52.0万亩。通过层层签订防治目标责任书，对以美国白蛾、杨树食叶害虫为主的林业有害生物采取飞机防治和人工防治相结合的防治方法等一系列措施，有效遏制林木病虫害的危害和蔓延，保护了森林资源的安全。

湿地 全市湿地面积7482.9公顷，主要为河流和水库。其中淇河国家湿地公园面积332.5公顷。

物种 全市共有维管束植物61科348种，约占全省植物总种数的11.8%。脊椎动物共有265种。其中，鸟类156种、鱼类64种、兽类20种、爬行类19种、两栖类6种。此外，还有昆虫约800多种。

农业生态 全市农作物病虫草害发生面积622万亩次，防治1013万亩次。农药使用量1103.5吨，其中杀虫剂764吨，占总量的69.25%；杀菌剂95.5吨，占总量的8.64%；除草剂244吨，占总量的22.11%。

土地 坚守耕地“红线”，严格落实耕地保护责任目标，进一步强化了各级政府耕地保护责任，完善了市县乡村四级监控网络，实现了辖区动态巡查全覆盖，全市耕地面积稳定在10.52万公顷以上，基本农田面积稳定在9万公顷以上。

城市绿化 新建公园2个，增加园林绿地面积242公顷，全市城市建成区园林绿地面积2443公顷，建成区绿化覆盖面积2700公顷，建成区绿化覆盖率42.35%，城市公园绿地面积653公顷，人均公园绿地面积14.39平方米。

污染物排放状况

废水及主要污染物排放情况 全市工业、城镇生活及集中式污染防治设施废水排放量为9478万立方米，其中工业污水排放量3874万立方米，生活污水排放量5602万立方米，集中式污染防治设施污水排放量2万立方米；全市主要污染物化学需氧量排放总量为4.177万吨（含工业、生活及农业，下同），氨氮排放总量为0.3948万吨。

废气及主要污染物排放情况 全市工业废气排放量1164亿立方米，二氧化硫排放总量4.787万吨，氮氧化物排放总量5.830万吨，烟（粉）尘排放量1.534万吨。

固体废物 全市一般工业固体废物产生量729.31万吨，综合利用量687.45万吨（其中综合利用往年贮存量5.33万吨），综合利用率94.24%，处置量0.0005万吨，贮存量47.2万吨。

主要污染物总量减排 2013年鹤壁市精心部署，制定《鹤壁市2013年度主要污染物总量减排实施方案》，将省政府下达的主要污染物总量控制指标分解到各县区及重点企业，开展“鹤壁市重点环保项目推进年活动”，强力推进火电企业烟气脱硝、脱硫设施改造工程、城镇及产业集聚区污水处理厂建设工程及工业源、畜禽养殖业污染减排工程建设，对不能完成总量减排目标和重点减排工程任务的县（区）政府实施一票否决、责任追究和区域限批；严格控制外地老旧机动车进入我市，推进“黄标车”淘汰工作；不断完善重点企业自动监测体系建设和考核，通过科学高效的在线监测数据使环境管理部门及时掌握企业排污动态，促使企业加强污染治理设施的运行管理，污染物达标排放；严格环境监管和减排核查，核查结果与县区政府、市管企业环保责任目标、减排目标挂钩，推动污染减排工作的开展。截至2013年底，全市化学需氧量排放量4.177万吨，比2010年（4.53万吨）下降7.79%，2013年完成总减排量0.384万吨；全市氨氮排放量0.3948万吨，比2010年（0.434万吨）下降9.14%，完成总减排量0.0502万吨；全市二氧化硫排放量4.787万吨，比2010年（5.12万吨）下降6.53%，完成总减排量0.255万吨；全市氮氧化物排放量5.83万吨，比2010年（6.50万吨）下降10.4%，完成总减排量1.2万吨。2013年，全市建设项目环境影响评价审批工作严格执行总量预算管理制度，新、改、扩建设项目批准新增化学需氧量排放量0.060万吨，新增氨氮排放量0.005万吨，新增二氧化硫排放量0.0262万吨，新增氮氧化物排放量0.0377万吨，新增排放总量控制在省政府规定的预支增量范围以内，全面完成省政府下达的总量减排目标。

生态环境保护工作

淇河水资源保护 在饮用水源一、二级保护区内，禁止新上任何污染项目；争取国家水质良好湖泊生态环境保护资金2200万元，用于盘石头水库至寒波洞饮用水源地生态环境保护与污染防治，从源头控制淇河污染。据监测，鹤壁市淇河水质指标常年达到国家地表水Ⅰ、Ⅱ类标准，为全省最清洁的河流之一。

农村环保工作 大力开展生态创建和农村环境综合整治，创建完成省级生态乡镇2个，省级生态村12个，市级生态村16个；扎实推进农村环境综合整治，淇县新型农村社区示范区项目通过验收，总投资1100万元，包括5个子项目，分别为淇县桥盟街道办阳光社区、淇县灵山街道办风情小镇社区、淇县西岗镇臧口村养殖小区、淇县高村镇镇区、淇县庙口镇老庄村环境连片综合整治工程。

畜禽养殖污染治理 40家规模化畜禽养殖企业建设了畜禽粪便污染防治设施，达到养殖废水零排放、粪便综合利用的要求，保障了农业源污染减排的顺利实现。

辐射环境管理 全市应用放射源单位21家，共计125枚源，其中Ⅰ类源1枚、Ⅱ类源2枚、Ⅳ类源68枚、Ⅴ类源54枚；全市共有射线装置使用单位71家，共计射线装置125台，其中Ⅱ类射线装置17台，Ⅲ类射线装置108台，全部处于受控状态。2013年，全市共转入19枚放射源，其中9枚Ⅳ类源，10枚Ⅴ类源，新转放射源均在我市核技术利用监管系统上同步备案；新产生废旧放射源5枚，已全部送贮，送贮率达到100%。

清洁生产审核 对全市8家企业进行强制性清洁生产审核，通过技术升级改造、设备更新等措施，达到节能、降耗、减污、增效的目的，有效促进了节能减排工作开展，进一步削减污染物排放量。

（资料来源：2013年鹤壁市环境状况公报）

【环境综合整治】 鹤壁市列入国家重点流域“十二五”水污染防治规划治理项目共计18个。截至2013年底，全市已完成治理项目3个，调试项目2个，在建项目5个，前期项目6个，未动工2个；围绕国家《重点流域水污染防治规划（2011－2015年）》，先后出台《加强环保工作打造美丽鹤壁的意见》、《主要污染物总量减排实施方案》等8个环保方面的文件。在严把建设项目源头审批关的同时，坚持铁腕执法，对环境违法行为零容忍。全年集中部署排查整治8次，检查企业744家次；开展暑期汛期环境安全、化工医药行业等专项水污染执法检查，对敏感性强、群众关注、拒不整改的污染企业坚决实行挂牌督办或“黑名单”制度。全年对2家企业实行“黑名单”制度，7家企业实施挂牌督办，有效震慑了违法排污行为的发生。

【环境法制与信访】 确保环境安全，健全环境预警应急机制，严厉查处环境违法行为，保证环境污染案件事故零发生。全市未发生因企业违法排污造成的重大环境污染事故；针对群众反映的环境热点问题，高度重视，按照程序进行处理，不留后遗症，切实站在民生高度解决污染问题，真正落实党和政府关注民生、解决民生的政策决定。严格实行信访责任制，拓宽环保举报渠道，认真为群众解决实际问题。全年共接待来访36件，其中受理省厅交办件15件，市委督查室政府督查室交办件4件，市长热线17件，来访19批29人次，均及时受理和办理，及时反馈，案件办结率100%。全年未发生因环境问题越级上访、集体上访、赴京赴省越级上访、恶性事件群众上访等事件。

【建设项目环境管理】 加强建设项目“三同时”管理，强化项目建设期监管和试生产前核查，严格限制涉及到饮用水水源保护区、自然保护区、风景名胜区以及重要生态功能区的项目；严格控制高能耗、高物耗、污染物排放量大的项目审批；继续坚持“四个不批，三个严格”，对于国家明令淘汰、禁止建设、不符合国家产业政策的项目，一律不批；对于环境污染严重，产品质量低劣，高能耗、高物耗、高水耗，污染物不能达标排放的项目，一律不批；对于环境质量不能满足环境功能区要求、没有总量指标的项目，一律不批；对于位于自然保护区核心区、缓冲区内的项目，一律不批。严格按照污染物总量控制要求，把总量减排作为项目审批的前置条件，按照我省主要污染物预支增量核定要求，所有建设项目审批前，全部通过主要污染物预支增量核定。全年共审批各类环评文件共计275件，其中环境影响报告书12件，环境影响报告表143件，环境影响登记表120件。创新和提升建设项目“三同时”监管和验收工作。创新监管机制，由单一监管向综合监管转变，实现专项检查、重点检查和后督查相结合。全年受理并完成验收项目51个，其中市批报告书类4个，市批报告表类31个，登记表类16个。

【环境宣传教育】 为增强全民环保意识，养成良好的保护环境爱我家园的行为习惯，利用“地球是我家，保护靠大家”绿色出行、“生态文明进工业园区”、“环境大接访”、“鹤壁环保世纪行”、“环境教育案例评选”、“全市重点企业节能减排竞赛”、“千名青年环境友好使者行动”等各种宣传教育活动，将环保理念渗透到全社会。在“环境大接访”宣传活动中，全市共出展板60余块，拉横幅标语25条，出动宣传车3辆，散发宣传单1万余份，《环保知识手册》6000余册，接待受理群众投诉7件，咨询143次。民盟、民革、九三学社、农工党等民主党派人士、环保志愿者，学校学生组成的环保社团组织、企业代表、机关工作人员、学生和市民群众积极参与，表达自己关注环保事业的热情，赢得社会公众好评，树立环保良好形象。

【环境统计工作】 2013年环境统计年报包括工业源、农业源、生活源、集中式污染治理设施及机动车污染物排放情况，共发表调查统计工业源231家，集中式污染治理设施9家，农业源653家，建立全市各类重点污染源档案和污染源信息库，为本市环境管理和污染减排工作提供数据保障。

【环境监察】 围绕全市经济社会发展中的重大问题和人民群众普遍关心、迫切需要解决的环境难点、热点问题，尽职履责，持续深入开展专项执法行动，先后组织开展整治违法排污企业保障群众健康环保专项行动、大气污染专项执法检查行动、排污企业地下水污染专项执法检查行动、河流断面超标涉水污染源专项行动、水泥行业环境专项执法检查行动、危险化学品生产企业专项执法检查、医药行业专项执法检查、暑期汛期环境安全大检查、春风行动、环境隐患排查行动、减排防霾等12个主题专项执法行动。全市累计出动执法车辆500余次，出动执法人员2100余人次，检查企业320余家。累计查处环境违法案件55起，依法关闭企业9家，切实保障环保政策、法律法规和治理措施的落实，提高了各级政府和企业的环保责任意识，树立了环保部门多管齐下、严查重管的形象，切实维护群众的环境权益。

（王玉伟）

房地产业

【概况】 2013年，市房管局围绕民生工程和重点项目建设，以住房保障、房地产开发管理、房地产市场管理、物业管理、便民服务等工作为重点，全面完成各项工作任务。全市24个保障性安居工程项目、17258套全部开工，项目、套数开工率均为100%；基本建成（含竣工）13161套，为年目标的101%。全市完成商品房开发投资37.15亿元，其中土地投资12.60亿元，工程建设投资24.55亿元，商品住宅完成工程建设投资20.76亿元。全市商品房开发施工面积336.20万平方米，其中商品住宅施工面积279.04万平方米。商品房新开工面积171.50万平方米，其中商品住宅累计开工面积149.34万平方米。商品房竣工面积150.97万平方米，其中商品住宅竣工面积109.01万平方米。全市销售商品住宅77.49万平方米、销售金额达27.05亿元。全年归集维修资金2240万元，累计归集1.45亿元。新创建市级物业管理优秀住宅小区3个。协助征收房产契税9792.46万元、个人所得税4130.95万元。2013年先后荣获全省保障性安居工程工作先进单位、住建系统精神文明建设工作先进单位、住建系统职工职业技能竞赛优秀组织单位、全市综合考评优秀奖、全市先进党组织、完成责任目标先进单位、项目建设先进单位、信访稳定工作优秀单位等省、市级荣誉称号20余项。

【住房保障】 制定《鹤壁市2013年保障性安居工程建设管理工作方案》、《鹤壁市新建住房项目配建公共租赁住房办法》，出台《鹤壁市保障性安居工程工作领导小组关于调整市区保障性住房申请条件的通知》，编制《鹤壁市城市和国有工矿棚户区改造五年规划和年度计划（2013－2017）》。印发《鹤壁市保障性安居工程工作领导小组关于调整市区保障性住房申请条件的通知》，将外来务工人员、新就业大学生、农业转移人口纳入城镇住房保障范围。全市廉租住房补贴发放范围由家庭人均年收入12960元以下、人均住房建筑面积16m^{2}以下的城镇低收入住房困难家庭，扩大到家庭人均年收入15360元以下（即最低生活保障4倍以下），人均住房建筑面积16m^{2}以下的中低收入群体，发放户数达11800户，创历年之最，提高廉租住房补贴资源配置效率。全年争取上级保障性安居工程建设专项补助资金5.46亿元，为年目标的218%。

【房地产开发管理】 每月统计分析房地产交易、开发、房价等市场信息，搞好市场监测。严格执行房地产开发企业申报资料“三审查”制度，即接件审查、主管审查和结论审查，确保审批程序的规范性、透明性。加强商品房销售现场巡查，规范市场秩序。建立风险提示制度，针对共性问题和容易出现纠纷的环节，发放风险告知单，预防房地产领域矛盾纠纷。严格执行《鹤壁市住宅小区竣工综合验收试行办法》，对新建成的一品香江、锦绣江南等18个小区进行综合验收，验收面积60余万平方米。全年为35家房地产开发企业办理暂定开发资质，为15家房地产开发企业办理四级开发资质，为10家房地产开发企业办理三级开发资质，为2家房地产开发企业办理二级开发资质，为49家房地产开发企业办理资质变更及延续手续。全年受理群众对房地产开发企业投诉、信访案件、政府督查事项等60余件，有效化解社会矛盾，保障人民群众的利益。

【物业管理】 开展全市物业服务企业资质动态考核，对68家物业服务企业进行资质动态考核。建立网上综合管理平台，加强日常监管和业务指导，全年新审批登记备案24家物业企业。每季度对物业管理小区从环境、绿化、秩序、服务态度等5个方面进行综合评比，同时开展群众满意度测评。开展物业优质服务月活动，广泛宣传法律法规、政策，整治小区环境，维修共用设施设备，拆除乱搭乱建，提升物业服务水平。举办物业服务企业经理继续教育和物业服务企业基层从业人员技能培训班，全市90家物业企业的180名经理及200名管理员参加培训，提高从业人员职业素质和业务技能。与市财政局联合出台《鹤壁市住宅专项维修资金管理暂行办法》，加强维修资金管理。

【房地产市场管理】 认真贯彻国家房地产市场调控政策，严格商品房预售管理。协助做好商品房交易中差别化信贷税收政策，保护和鼓励合理住房需求，遏制投机、投资性购房需求过快增长。严把房产交易环节资料审核关，预防违法违规行为发生。协调有关部门，妥善处理房屋登记遗留问题，为新城花园、职业技术学院等小区的群众解决十几年来无法办证的难题。积极服务重点企业，全年为富得陶瓷有限公司、永达康食源有限公司、江苏王房集团等40余家企业办理各项房产手续。进一步加大房屋租赁法律法规和相关政策宣传力度，不断扩大房屋租赁备案管理面积。制定《关于清理整顿房地产中介机构工作方案》，联合市工商局对全市房地产中介服务机构经营行为进行清理整顿，严肃查处房地产中介机构和经纪人员的违法违规行为，有效地维护全市房地产中介市场秩序。全年为8家房地产经纪机构办理年度审验手续，为新成立的4家房地产经纪机构办理备案手续，办理房地产估价机构异地执业留存手续114起。全年完成房产交易成交金额33.25亿元，同比增长30.40%，为年目标的13.3倍；办理房地产抵押登记216.94万平方米，贷款金额44.93亿元。

【便民服务】 “国五条”调控政策出台，二手房交易业务量急剧增加，日办件量是平时的7倍。为满足群众办证需求，在市行政服务中心窗口采取多项便民举措：一是拨出专门经费，增加办公设备；二是从机关抽调十多名工作人员，充实到服务窗口接待群众；三是延长服务时间为群众办理房产手续；四是增设房产档案查询业务窗口，认真做好个人住房信息查询服务和出具房产证明工作。 （孙爱兵）

交通·信息产业

铁　路

【概况】　2013年，鹤壁车站秉承“大气包容、创新超越”的文化理念，始终坚持“高标定位，严格管理，实干落实，创新发展”的工作思路，把握安全、稳定、效益三个工作重点，狠抓安全管理和现场作业控制，不断完善车站各项制度和措施。同时，深入挖掘内部工作潜力，充分发挥好党员青年和班组长的带头作用。在全站干部职工的共同努力下，实现铁路运输安全畅通、生产任务全面完成、职工队伍进一步稳定的工作目标，截止12月31日，实现连续安全生产5919天。

【安全管理】　始终坚持“安全大如天，万事排在先”的管理理念，“安全重于泰山，安全来不得半点松懈”已深入到每个人心中，安全不是口号，安全需要广大职工在平常作业过程中，严格按照作业标准，不简化作业程序。安全是铁路的生命线，安全需要严格的制度、严格的管理来保障。鹤壁车站根据上级文电精神和日常的安全生产实践，制定一系列比较完善的管理办法和细化措施。首先，根据施工、调图等实际情况，及时组织召开班组长会议和全站职工大会，修订和完善《车站行车工作细则》、《动车组应急预案》、《防洪预案》、《除雪预案》、《接发动车组列车组织细化措施》、《人身安全细化措施》、《防错办细化措施》、《鹤壁车站工资总额与经济效益挂钩试行办法》、《鹤壁车站行车安全奖惩办法》以及车站的学习、会议、请消假等制度，如《各岗位工作责任制》、《货运管理细则》、《客运管理制度》、《车站班组长考核制度》、《行车职工演练制度》、《救援备品管理制度》。其次，结合《中间站管理办法》，车站指定专人对照要求，进一步修订了《车站会议制度》、《业务学习制度》、《行车台帐管理细化措施》、《各岗位文电管理制度》等一系列管理制度，有效促进了中间站管理规范化。形成逐级负责、层层抓落实的管理机制，有效促进了车站安全管理的实施。牢固树立“以制度管人、靠制度理事”的工作思路。全年到达汽、柴油891车，由于油专线路短，每次只卸8车而且作业难度大，对卸一批油需7钩才能完成，每次对位需要切割三次正线，作业时间长。考虑到既是危险品又是支农物质，必须做到快送快卸和日常检查巡视，确保重点物质的运输安全。其次是电厂用煤运输，电厂是鹤壁市重点企业，又关乎国家电网工程和人民生活用电及企业用电，2013年到煤29435车。面对卸车不产生效益的现实没有消极抵触而是顾全大局，千方百计为电厂运输创造条件，取得好的社会效益。

（王福明）

【鹤壁东站概况】　鹤壁东站位于新区南部朝歌路与泰山路交汇处，京港澳高速公路西侧约200米，浚大公路以北、牛庄东侧、姜庄南侧。车站性质为中间站。鹤壁东站站中心里程为557K+269米，站房位于线路的左侧。车站性质为中间站。站中心里程处轨顶标高89.429米，站台标高90.679米。车站设2条正线，4条到发线，车站采用横列式布置。设2座岛式站台，站台长度450.0米，宽12.0米。车站设旅客地道2处，地道宽8.0米，站台上设双向出入口，宽5.5米，旅客地道与站房接通。站台上设置宽于站台的无站台柱雨棚。站房为“线侧下式”站房，站房主体为1层，两侧局部为3层，总建筑面积为13900平方米。建筑主体高度为23.8米，总长173.4米，总宽47.6米。鹤壁东站停靠列车44列，最高时55列，日均发送旅客2000人左右，单日最高发送人5084人。车站现有员工44名。其中管理干部7名，站长1名、书记1名、副站长2名、工程师2名、安全员1名。职工37名。车务应急值守人员4名，客运人员33名。

【客运信息系统】　包括售票与检票、旅客服务系统，旅客服务系统包括：综合显示、广播、视频监控、时钟、查询、旅客携带物品安全检查设施等子系统。售票与检票：人工售票窗口6个，自动售票机4台（2卡2钞）。进站自动检票机8台，出站自动检票机7台。应急检票机进、出站各1台。自动查询机4台。综合显示：进站地道编组屏2个，站台信息屏一站台、二站台各一个。售票厅设有票额屏1个，售票窗口屏1个。一层候车厅进站大屏2个，出站大屏1个。广播为分区广播。分别安装在一、二站台、候车厅及售票厅、进出站通道及旅客服务区。

【安检监控查询系统】　一、监控系统：二站台云台摄像机各5个、售票厅3个、候车厅7个、进出站通道6个、出站厅2个、一层外墙5个。枪机分别安装在票据室、进款室共计10个。二、查询系统：分布在售票厅和候车厅两侧，共计4台。三、安检系统：在进站广厅安装两套旅客携带物品安全检查设施，以及防爆毯、防爆罐等。

（孙俊鹏）

【鹤壁北站概况】 2013年，鹤壁北站结合安全大检查、“严、肃、强、保”百日安全整治等一系列活动的具体要求，找准症结。以职工思想调查问卷、中层干部座谈会、班组长座谈会等形式，征集管理干部、班组长、一线职工对现场作业、生产管理存在问题的看法、意见和建议；每周一召开活动推进会，问询活动进展、问题解决等情况，协调部门之间活动相关工作处理情况；每个阶段坚持召开阶段部署会以及阶段推进会，总结阶段工作，部署下步重点，督促问题整改。建立挂牌督办制，专人督导，限期整改。大检查期间，共解决和整改120多件问题；形成机制。将安全生产大检查“回头看”与“卡控安全关键、全力冲刺安全年”活动相结合，统筹抓好当前安全重点工作，以接发列车安全、调车作业安全、车辆防溜安全、货装安全检查为重点，组成4个专业检查组，深入现场，加大作业过程盯控力度，确保安全有序可控。截至12月31日，实现安全生产5551天。

【运输生产】 面对煤炭市场经营形势萧条，由卖方市场转向买方市场，再加上鹤煤公司高瓦斯、高粉尘、深巷道矿井，生产成本高、与山西、内蒙等地煤炭在价格上不占优势，造成客户流失，给公司运输任务带来很大的影响。面对巨大压力，公司通过召开大宣讲、大谈心活动，向每一名干部职工谈现状、谈发展、谈前途，使干部职工从思想上真正认识到大河有水小河满、大河没水小河干的道理，发挥出主人翁意识，变压力为动力，人人为增运增收出主意想办法。提高服务质量，积极探索运输新途径，增强优质服务意识，加强与客户联系，对货主的需求，在符合规定的情况下，尽量满足需求。加强与鹤煤公司联系，针对鹤煤公司精煤百分之百入洗，带来的原煤货源不足，装车时间较长的现象，利用多种形式进行交流，采取有效措施，提高工作效率。

【货运组织改革】 货运组织改革实施的开局之年，也是经营压力最大的一年。占生产经营外运量99%以上的运输大户鹤煤集团由于受经济危机以及自身是深矿井挖掘，生产成本较高，加上煤质是高粉尘、高瓦斯等方面的影响，不仅流失一批客户，也造成产量呈逐年递减趋势。过去买煤的大户如：蓝星星火化工股份有限公司到站南昌局的杨家岭，中国石化集团经营管理有限公司巴陵石化分公司到站云溪等这些收货人往年同期至少发送280车以上，而2013年则一车也没有发运。面对如此大的经营压力，迅速行动，以货运组织改革为契机，一是强化自身、做强“前店”。成立货运营销中心，合理选配营销人员；制定工作标准，投资装修办公场所，美化工作环境，打造规范、标准的营销中心。制定“汤鹤支线公司五统一管理办法”，对“前店”的作业流程、服务标准、服务标识、工作着装、服务用语、行为规范以及货运服务中心（货运营业厅）的揭挂等进行规范。二是走出家门、深挖细访。不仅定期由主管货运、运输副职带队，组织客户经理按照对口、对人的原则，进行货源调查，深挖客户潜力，建立客户飞信平台，利用飞信对既有客户、潜在客户进行交流，培养感情、互通信息、相互解。同时，借助12306受理平台、12306受理电话等，及时解客户产销情况以及发货需求。三是绩效挂钩、激发动力。将区域客户经理、专兼职客户经理、站区客户经理、客户服务经理以及货运营销科管理人员按照绩效考核目标100%进行考核。每月任务量分劈，每旬对照、每月考核。党政正职亲自参与每周一次的专题会议进行研究部署，亲自上企业、进矿区、找门路。使原有的货运工作体系有质的变化，电子商务平台、全新的货票系统以及物流、客服等工作提出的全新要求，对干部职工的业务技术能力也有更高的标准。使干部职工能够适应当前形势需要，加大对干部职工的业务培训，组织业务骨干参加路局举办的电子商务、货票系统等学习培训班，并组织相关工作人员学习“接听电话用语规范”，并专门利用电话进行抽查，对通话不标准、用语不规范行为进行纠正。科室坚持每周一早8点的碰头学习会制度，一方面对上周工作进行总结，查找工作中是否存在疏漏的地方，分析货装安全、设备管理、货运营销等方面存在的问题，制定针对性的检查、整改措施，做到工作有的放矢。另一方面组织科室人员认真学习总公司、铁路局、公司下发的各种文电精神，使大家对上级要求有深入的了解和掌握，确保工作进度与上级安排吻合一致，不出现与上级精神相悖的情况。根据科室职能变化、管理业务范围、车间岗位调整等实际情况，制定货运营销科工作制度、货运营销科各岗位工作职责，明确货运营销科对货运、物流、营销、运条运价等方面管理职能。确保货运组织改革工作顺利推进，制定实货制运输的暂行办法、“门到门”服务的暂行办法、装卸机械管理细则、抑尘设备管理制度、轨道衡管理细则等规章制度，货运组织改革后各项工作顺利推进奠定良好基础。在原货运营业厅的基础上，设立货运客服中心，按照岗位设置，制定客户中心客户人员管理实施细则、货运服务质量投诉处理管理办法等制度，对客服人员工作流程、工作标准以及“前店”与“后厂”间的工作协调方面的工作进行明确。并按照路局关于规范货运营业厅的要求，对货运营业厅的揭挂、服务标识、着装标准等内容进行更新和完善，并对摆放位置、注意事项进行规定。按照客户经理制的要求，从原货运、物流部门中抽调工作经验丰富、素质形象较好的人员担任客户经理，负责对客户全程货运服务。

（王红兵　张　娥）

【鹤煤集团铁运处概况】 2013年，鹤煤集团铁运处围绕全年各项目标任务，以扎实稳健、锐意奋进的精神，以安全管理为重点，以加强党建为抓手，从作风抓起，齐心协力，务实创新，经济发展出现总体平稳、稳中有进、稳中有升、稳中向好的态势。经营总额、利润等经济指标高于上年同期，内部市场化工作保持在鹤煤集团第一方阵。运量完成543万吨。经营总额实现5183.85万元。利润实现30.11万元，安全生产杜绝重伤、一般C类及其以上事故，全年安全生产实现零事故。

【安全管理】 安全是保障生产运输的前提。工作中每月初召开一次安全生产及路矿协调会，分析、处理安全生产过程中存在的问题，部署下阶段的安全工作。从根本上查找安全管理的薄弱环节，强化作业标准，确保各项制度落实到实处。杜绝伤亡和一级非伤亡事故，实现连续安全生产7663天。继续保持全国煤炭铁路同行业安全生产领先水平。在日常生产管理工作中。一是年初下发铁运处安全一号文件，制定安全奋斗目标和控制目标，指导全处2013年安全工作。修订《铁路运输处职工违章作业范围》、《铁运处安全奖惩办法》、《安全结构工资考核办法》。把工程质量、机电设备、雨季、冬季“三防”等工作纳入到综合考核当中，同时，每季度按《铁运处安全奖惩规定》进行安全风险抵押金考核。全处各级管理人员加大对“三违”的查处力度，对查处的“三违”人员进行严肃处理。二是坚持周三安全办公检查、月底安全生产综合检查、春秋两季设备专项检查。全年共开展周三安全办公32次，共计查出436条问题，整改率100%。冬春季设备检查各1次，月度安全生产大检查12次。并依据有关规定，对隐患责任人进行了处罚。三是加大线路维护力度，更换道枕2035根，综合维修线路3700米，补充道碴7341立方米，保证线路品质，确保行车安全。四是加强安全培训。按照铁路现代化发展对技能人才的需求，结合生产实际、注重提升员工操作能力，坚持职工提职、定岗实操考试和半年职工考核。每月组织1次安检员安全培训。每月出1期《安全简报》。不断加强职工教育培训考试工作。全年共举办安全技能培训班12个，共计420人次参加。五是强化各级责任主题。对安全风险级别较高的岗位、时间段和作业环节由值班干部进行重点卡控和检查。确立值班干部日常检查、添乘及跟班作业检查的安全风险关键点。利用电子添乘系统对生产运输各环节作业情况进行抽查，发现问题及时处理并与相关单位沟通，加强运输环节监管，提高运输工作质量。工程施工中严格安全技术措施审批，强化现场安全管理，加强事故应急救援预案演练。全面提高从业人员的安全素质。

【经济运行】 坚持以经济效益为中心，以“三化”管理为主线，全面加强成本管理和资金管控。开展“节支降耗，提升管理”对标活动。一是在中铁二十局施工鹤大线改线工程结束后，及时组织人员回收钢轨、轨枕、扣件、夹板、轨距杆和道碴等旧料，回收价值约40多万元。二是主动与丰鹤、同力电厂协商，将鹤大线货车延时费由1.1元/吨调整至0.8元/吨，每年减少支出50余万元。三是自己设计加工混凝土整体道口铺面板，已在五矿、大白道口使用，逐步在全处道口推广应用可节约资金近百万元。四是实施鹤壁市南水北调配套工程36号分水口下穿鹤大铁路工程、中水十二局临时道口、四矿道口拓宽和六矿站内道口铺设等工程，为本处增收100余万元。五是创新建立材料计划平衡会制度，召集生产、供应、企管、财务等相关部门对次月材料计划逐项论证，压缩非生产及不必要的材料购置计划，强化物资储备，降低库存积压。六是加强设备管理，督促指导基层单位对机车、车辆、信号设备、线路、维修设备等日常检查保养维修，减少设备故障率，减少不必要材料支出。七是自行更换机车润滑油，回收使用过的润滑油涂抹线路螺丝。清洗内燃机车增压器滤芯符合二次使用，利用暖气管道收集蒸馏水，在三台机车上使用。八是机关各科室也专注本岗位的一点一滴、一丝一毫，从各个方面入手开展节能降耗活动，全年节约资金50余万元。

【优化机制】 在鹤大铁路运量受控外部环境的情况下，采取一系列举措，提高运输质量。一是在外部方面采取加强与国铁沟通协商、缓解车辆集中到达和交接场股道紧张等运输过程中的矛盾，发挥联运办协调作用等方式理顺外部环节。二是内部结合火车延期费增加和计费方式改变等实际情况，经济合理地优化机车、车辆运输方案，充分利用通过能力及运输设备，编制运输工作计划，组织行车部门协同动作，优化运输环节，压缩停时，提高行车效率，加速机车车辆周转率。三是加大打击力度，对易发被盗地段蹲点守候，加大巡逻次数等方式，杜绝矿区铁路沿途被盗现象的发生，确保矿区运输途中的煤炭完整。

（郭军利　秦备战）

交通运输

【概况】 2013年，全市交通运输系统围绕全市中心工作，积极作为、实干争先，交通运输继续保持快速发展。全年交通基础设施建设完成投资20.5亿元。招商引资到位市外资金2.58亿元，为目标的5倍。争取上级资金2.1亿元，为目标的161%。107国道升级改造、永定线改建、快速通道北延二期、葛嘴线中段改建、浚南线淇县高村至夺丰水库哑口段大修、大海线浚县段大修等6个项目完工通车，鹤辉高速、大海线浚滑界至上曹段、东上线鹤壁境改建、浚南线、浚县黎阳产业集聚区至107国道改建工程项目积极推进。农村公路超额完成任务。道路运输快速发展，公路养护、管理全面加强。实施“依法治交”战略，规范行政执法行为，严明执法风纪，增强行业公信力和凝聚力，被评为全市“六五”普法中期先进单位；推进“质量立市”战略，全市工程项目监督覆盖率和监督合格率均达到100%；开展交通运输业经济统计和城市客运交通线路及站点专项调查，为全面了解交通运输经济规模结构和城市客运发展水平、开展地方规划和信息化服务奠定了基础；搞好保密工作，突出重点，加强防范，提升水平；加强交通战备工作，认真开展国防潜力调查，组织实施军演交通保障；老干部、共青团、工会等工作都取得了新进展、新成绩。被市政府评为完成责任目标单位，被市委、市政府、军分区评为关心支持国防建设先进单位。

【高速公路】 鹤辉高速积极推进，项目累计完成投资11亿元，重要节点跨京广铁路和南水北调协调工作、以及鹤壁和安阳土地组件已经完成，路基挖填方完成总量的63%，全线最长的淇辉隧道提前贯通。

【干线公路】 107国道升级改造、永定线改建、快速通道北延二期、葛嘴线中段改建、浚南线淇县高村至夺丰水库哑口段大修、大海线浚县段大修等6个项目完工通车；大海线浚滑界至上曹段和东上线鹤壁境改建工程实现开工建设，分别完成投资1.38亿元和7800万元；浚南线浚县黎阳产业集聚区至107国道改建工程用地、环评等10种报件已编制完成并上报，省发改委已允许开展前期工作，征地放线已经结束，正在推进拆迁工作。

【农村公路】 全年建设143.1公里，完成投资1.2亿元，为政府目标的179%；建设农村公路桥梁3座、122.3延米，完成投资356万元。

【场站建设】 鹤壁公路运输综合客运枢纽站司乘中心地上三层框架已封顶，交通服务中心和配套设施完成地上一层，站房楼完成东半部框架封顶，累计完成投资1亿元；宏昌物流园区完成投资1亿元；盘石头水库港监站房主体完工。

【路政管理】 加强路政管理，保障公路完好、安全、畅通。全市高速、干线和农村公路查处路政案件36起，拆除广告牌和非公路标牌200块，拆除市域高速公路沿线新建违章广告塔2处，清除违章占道365处，制止违法建筑施工16处，查处损毁公路设施20处。完善京港澳高速鹤壁段10块标志标识。

【公路养护】 实施周期性、预防性日常养护，统筹安排大中小修、危旧桥加固等工程，完成东大线后营汤河大桥改造和永定线屯子桥抢修工程，实施东大线、大海线、浚南线淇县夺丰水库垭口段边坡处治工程。全年挖补坑槽5300平方米，铣刨3万平方米。保持西南线、善大线、鹤上线等90公里的农村公路安保工程。

【超限超载治理】 市公路局对所辖干线公路治超站实行领导包站并兼任第一站长制度；路政处认真落实高速入口劝返责任和措施，全年劝返超限超载车辆387辆，实现辖区高速公路入站口每天超限车辆上站不超过一辆；运管处严把货运市场准入关，并实行“黑名单”制；交通与公安、工商等部门通力协作，联合行动，严厉打击超限超载行为。全市治超检测站共检测车辆15.3万余辆次，卸货9.7万余吨，超限超载率3.1%，控制在省、市4%的目标以内。

【道路运输】 全年完成货运量7520万吨、货运周转量184.67亿吨公里、客运量8026万人、客运周转量18.77亿人公里，分别为政府目标的109.3%、109.9%、105.9%和106.1%。一是圆满完成春运、五一、十一等重点时段的运输保障工作；二是积极推进客运市场发展。配合京广高铁开通，增设临时汽车站，开通鹤壁至滑县、新镇、善堂等3条客运班线，调整了通达高铁鹤壁东站的鹤壁至濮阳、南乐、王庄等14条客运班线400余班次，22、28、102路公交线路向高铁鹤壁东站进行了延伸。开通通达会展中心的公交线路。新增山城区至许沟、新区至石林等4条农村客运班线；三是完善公交基础设施，公交公司在经营极度困难的情况下，投资665.2万元，新建改建公交港湾40个，完善路沿式公交站点102个；四是开展道路运输市场清理整顿活动，查处违法违规车辆和三轮500余台次；五是加强道路运输信息平台建设，全市两客一危车辆安装了GPS监控系统并与省平台对接；六是搞好优质服务，高考期间300余辆出租车参与“爱心送考”活动，免费接送考生1000余人次。

【春运工作】 春运期间，全市投入运力660台，日均发车2630班次，开行加班车133个班次，包车28班，共计运送旅客约203.3万人次，没有出现旅客滞留现象，没有发生运输安全事故。成立春运工作领导小组，召开春运工作会议，制定春运工作方案和应急预案。根据本市客流构成、流量、流向、流时等基本情况，科学组织运力，合理调度车辆，及时安排车辆加班、包车。加强安全管理，对所有参运车辆进行摸排检查，确保技术状况良好。各汽车站实行封闭式管理，严格执行“三不进站、六不出站”，落实车辆出站门检、报班、安全例检等制度，认真开展“三品”查堵，杜绝超载客车出站。利用GPS先进科技手段，加强车辆动态监控工作，防止驾驶员疲劳驾驶，防止车辆超速、超载，监督落实车辆停车休息、接驳运输制度。整治运输秩序，严厉查处私涨票价、倒客、甩客、超载违规包车等违章行为，春运期间共查处违规经营车辆10余台次。积极开展“情满旅途”活动，汽车站增加售票窗口并延长售票时间，开放候车室直到最后一名乘客离开。主动上门提供包车业务，针对富士康公司放假人员比较集中的特点，主动为他们提供包车服务。在客车上提供饮用水，播放音像视频，让出行轻松愉快。

【节能减排】 积极推进交通清洁化，努力构建资源节约型、环境友好型交通行业。实施公共交通优先战略，减少社会车辆出行率，全市万人拥有公交车4.86标台，公交出行分担率达到6%。推进车辆“油改气”工程，全市拥有天然气营运车辆775台。在工程设计、建设、运营、管理等环节强化交通清洁化工作，交通建设项目100%开展环评、100%实现环保设施与主体工程“三同时”。采用旧水泥路面碎石化技术和旧路基层冷再生技术，减少施工量，节约能源。开展节约型机关建设，局机关办公楼用电、用水、局机关公务车用油同比分别下降6.6%、7.4%和7.5%，超额完成下降4%的目标任务。

【交通安全】 严格落实企业和行业主管部门的主体责任，推进“一岗双责”，强化目标和职责。一是认真开展“安全生产大检查”活动，对全市5个客运站、5家危货企业、2家客运企业、1家城市客运企业进行3轮30多次的安全生产检查。二是全面深化“道路客运安全年”活动，对全市123家运输企业开展质量信誉考核和安全生产评价。三是积极推进隐患排查治理工作，全年组织整治活动7次，下发整改通知书11份，查出各类安全隐患58起，整改率100%。四是切实搞好“打非治违”工作，下达限期整改通知16家。五是积极推进交通运输企业安全生产标准化，开展本市客运企业、危险品运输企业两个专业的达标考评工作。

【行业稳定】 严格执行稳定工作分级负责、领导包案、信访办理等制度，切实加强重点群体、重点单位、重点人员的排查工作，妥善化解矛盾纠纷。全年受理来访案件12起，结案率100%；化解6起不稳定因素。企业军转干部连续10年未发生进京、赴省上访现象。

（王 楠）

公路管理

【概况】 2013年，全市公路管理系统实施公路项目11个。其中，完工项目7个：分别为S302葛嘴线中段改建工程、Z001快速通道北延二期新建工程、G107京深线二级升一级改建工程、S219永定线浚县段改造工程、S305浚南线淇县高村至夺丰水库垭口段大修工程、S222大海线浚县段大修工程、G107京深线与淇滨大道平交道口改造工程。在建项目2个：分别为S222大海线浚滑界至上曹段改建工程、S215东上线鹤壁境段改建工程。准备开工项目2个：分别为G342（原S305）浚县黎阳产业集聚区至G107段改建工程、S222大海线淇县形盆至上曹段大修工程。2013年度共完成建设投资5.473亿元。争取上级计划项目总投资11.7亿元，其中部省补助资金3.78亿元。具体如下：1. 完工项目Z001快速通道北延二期工程：是重点民生工程，全长3.921公里，总投资13400万元，6月24日建成通车。S302葛嘴线中段改建工程：是重点民生工程，全长8.379公里，总投资9347万元，7月31日建成通车。G107线二级升一级改建工程：是重点民生工程，全长33.5公里，总投资31497万元，10月30日建成通车。S219永定线浚县段改建工程：全长48.849公里，其中改线路段长9.8公里，总投资17084万元，年11月底主体工程完工。S305浚南线淇县高村至夺丰水库垭口段大修工程：全长9.704公里，总投资1680万元，4月15日开工，6月30日建成通车。S222大海线浚县段大修工程：全长10.048公里，总投资2785万元，5月16日开工，8月12日完工通车。G107京深线与淇滨大道平交道口改造工程：总投资450万元，9月1日开工，11月25日完工。2. 在建项目S222大海线浚滑界至上曹段改建工程：是重点民生工程，全长40.146公里，采用一级公路标准，总投资9.5818亿元。工程可行性研究报告、初步设计、施工图设计已经批复，年度资金计划已经下达。其中：浚县段长18.113公里，总投资4.95亿元；淇县段长22.033公里，总投资4.97亿元。11月开工建设，完成部分地面清表、部分路基土石方，累计完成投资13800万元。S215东上线鹤壁境段改建工程：是重点民生工程，全长30.6公里，总投资1.77亿元，7月23日开工。老路加宽段11.34公里和老路补强段4.46公里主体完工，新建段14.34公里正地面清表和填前碾压，累计完成投资7820万元，占总投资的44.2%。3. 准备开工项目G342（原S305）浚县黎阳产业集聚区至G107段改建工程：是重点民生工程，全长36.946公里，总投资70693万元。其中：浚县境26.508公里，淇滨区9.145公里，淇县1.293公里。9月，省发改委批复路条（允许开展项目前期工作的函）市局与浚县、淇滨区政府共同完成测放征地线工作。S222大海线淇县形盆至上曹段大修工程：全长16.216公里，总投资1750万元。施工图设计已获得省公路局批复，准备施工、监理招投标。

【公路养护】 第四季度全市干线公路实际评定里程273.093公里，优良路率为74.8%。全市干线公路评定桥梁78座，其中一类桥梁75座，二类桥梁2座，四类桥梁1座，一、二类桥梁占桥梁总数99%。鹤林隧道技术状况无异常。2013年完成S221后营汤河大桥危桥改造工程，桥长105.6米，投资127万元；完成S219永定线电子桥抢修工程，桥长118.06米，投资288万元。对干线公路灾害防治工程采取综合措施进行整治，完成S221东大线、S222大海线和S305浚南线淇县夺丰水库垭口段边坡处治工程。完成路面灌缝70公里，处理网裂坑槽1.2万平方米，铣刨路面3万平方米。完成S221东大线简易中修，填筑砂砾石1.47万立方米，确保公路正常通行。开展“基层、基础、基本功”创建活动，对公路道班进行排查摸底分类创建，G107京深线高村道班、S215东上线黄辛庄道班和S221东大线庞村道班完成规范化建设，马庄道班建设初步启动。

【路政管理】 坚持路政巡查制度化，切实维护路产路权，平均每月上路不少于22天，强化违章建筑案件的控制管理。对南水北调工程穿越本市干线公路工程进行协调、督导，保证工程期间干线公路安全畅通。开展行政执法考核评议工作，进一步规范路政超限案卷制作。根据市政府治理经济环境要求，对公路行政许可审批项目进行梳理。全市共依法查处路政案件24起，索赔路产损失16.8万元，破案率、结案率和索赔率均为99%以上，清理广告牌及非公路标志200块，拆除违章建筑1处，搬迁集市贸易1处。

【超限超载治理】 治理超限工作。坚持执法与服务并行，构建和谐执法氛围。公路超限站点实施“三公开、一监督”制度，严格执法、文明规范，自觉接受社会和群众监督。创建公路治超季刊和超限治理简报，丰富职工文化生活，增强凝聚力。向厂矿、运输企业和过往车辆印制发放治超宣传单5万份，并在省、市级媒体刊物宣传治超政策。落实信息抄告制度，建立信息抄告工作专项档案，积极联系相关治超单位，有效治理超限超载车辆。加强超限站“四统一”标准化建设，展现良好窗口形象。全市共查处超限车辆总数125138辆次，卸货88556吨，控制路段超限超载率控制在3.15%，低于省定不超过4%的目标要求。

（逯　亮）

邮　政

【概况】　2012年11月20日，鹤壁市邮政管理局正式挂牌成立，管理体制由中央和地方双重管理。主要职责：（一）贯彻执行国家邮政法律法规、方针政策和邮政服务标准。（二）研究拟订本地区邮政发展规划。（三）监督管理本地区邮政市场以及邮政普遍服务和机要通信等特殊服务的实施。（四）负责行业安全生产监管、统计等工作。（五）保障邮政通信与信息安全。（六）承办省（区、市）邮政管理局及市（地）人民政府交办的其他事。2013年是地市邮政管理局落实政府监管责任，加强邮政行业管理和市场监管的开局之年，更是为今后各项工作正常运行奠定坚实基础的起步之年。为迅速提升整体形象，通过开展日常检查、专项整治活动等工作，使各企业认识到提升企业形象的重要性，各企业均不同程度对营业场所进行修整。鹤壁局在省邮政管理局统一安排部署及地方政府的大力支持下，依法行政，真抓实干，有效提高市场监管水平，规范行业市场秩序，提升行业综合服务能力，积极融入地方，取得政府大力支持，市局领导班子就地市邮政管理局组建基本情况，工作职责和需求等情况多次向市主要领导进行汇报，各项工作均得到地方政府的大力支持，鹤壁邮政企业监控基本到位，较好地完成各项工作任务。

【快递企业管理】　根据国家邮政局《关于规范和清理快递企业经营范围的通知》和省邮政管理局《规范和清理快递企业经营范围工作实施方案》的文件精神，鹤壁局积极部署，认真落实，制定并下发《关于规范和清理快递企业经营范围工作的实施方案》，成立“规范和清理快递企业经营范围专项治理活动”领导小组，主要负责活动的安排部署和督导检查工作。召开快递企业座谈会传达文件精神，安排工作进度。按照《河南省规范和清理快递企业经营范围核查表》的内容要求，分步骤进行核查。按照省局相关文件要求，结合鹤壁市工作实际开展寄递信息安全专项整治活动。首先建立健全相关制度，开展法律法规知识培训。其次指导寄递企业完善相关规章制度，包括寄递服务信息安全管理责任制、安全生产责任制及自我排查工作机制，成立寄递信息安全领导小组、安全生产领导小组，并对分支机构和加盟企业提出相关工作要求。通过规范和清理快递企业经营范围、规范快递业务经营专项活动等工作的开展，整个鹤壁市快递企业无论是在资质还是经营方面都得到很大提高。鹤壁市快递企业备案工作开展迅速，有6家法人企业，分支机构21家，应该备案14家（7家新设立未取得营业执照，已经督促办理），已经备案14家，备案进度100%。快递企业台账基本建立。各家快递公司，无论规模大小，基本上也能做到营业场所布局合理、店面整洁，制度齐全，着装统一、车辆封闭。特别是鹤壁市中通、顺丰能够严格按照市管局要求创建标准营业场所，鹤壁市圆通、韵达也分别建成自己的分拨中心。制作发放《快递人员实战手册》，开展话务人员和投递人员培训。通过开展培训，鹤壁市快递从业人员在工作中基本能做到使用普通话跟客户交流，并使用“您好”、“谢谢”、“再见”等礼貌用语。把2012年最新修订的《中华人民共和国邮政法》和《河南省邮政条例》送进快递企业，并和他们一起学习，在快递企业掀起学习行业法律法规的热潮，进而引导企业依法经营。通过收集报刊、杂志和向行业内部有经验的人员取经等方式，把快递行业好的工作方法和工作经验整理成册，发放给快递企业工作人员，以便于行业内部的学习交流，从而提高快递行业的服务质量、服务水平和工作效率。三月底，组织快递企业对新修订的《邮政法》、《河南省邮政条例》、《快递市场管理办法》等法律法规开展知识竞赛活动，检查2月份开展的送“法”进企业活动学习效果，并督促各快递企业更好的了解和熟悉掌握行业法律法规，从而能够做到依法经营。评选出优秀的个人和集体，并于6月初召开表彰大会进行现场表彰。通过开展“走访用户”主题活动，了解快递服务过程中存在的热点、难点问题，掌握社会对快递业的需求，加强对快递服务质量监督管理，促进快递企业采取有效措施，提高服务质量，提升服务满意度，扎实推进快递行业行风建设。为逐步建立旺季服务保障长效机制，指导快递业务旺季期间工作有序开展，鹤壁局及时将国家局制定的《旺季指南》转发给各企业，并提出以下几点要求：一是要建立旺季服务保障工作沟通联系机制。要做好旺季服务保障工作的沟通联系工作，熟悉和了解辖区内快递企业旺季服务保障工作情况，督导快递企业做好旺季服务保障各项工作。遇有特殊和重大问题要及时上报省局，建立起省局、市局和快递企业旺季服务保障工作沟通联系机制，上下协调，三级联动，确保快递业务旺季服务保障工作万无一失。二是要加强旺季服务保障工作督导检查。要加强对本辖区快递业务旺季服务保障工作的督导检查，密切关注旺季服务工作运行情况，加大检查频次，查漏补缺，确保快递旺季服务顺利运行。三是要落实旺季服务保障工作值班制度。按照国家局要求，在快递业务旺季期间，邮政管理部门实行值班制度，保持上下内外联系，及时处置各种突发事件。根据前期省局和省快递协会联合下发的《关于深入开展“创先争优、转型升级”活动创建快递标准化营业场所和规范化分拨中心工作的通知》，向各快递企业详细讲解相关创建标准，对各快递企业2013年度创建目标逐个进行细化。并组织召开快递标准化营业场所创建工作现场推进会，实地察看中通、顺丰等快递企业在建或已建成的标准化营业场所，圆通、韵达等分拨中心的建设情况。根据国家邮政局、公安部、国家安全部《关于印发〈寄递渠道治安检查工作规定〉的通知》和省局豫邮管联〔2013〕1号文件相关要求，结合鹤壁工作实际，与鹤壁市公安局、鹤壁市国家安全局等单位相关部门协商相关事宜，联合下发《关于成立鹤壁市寄递渠道治安管理协调小组的通知》，在6月初与鹤壁市国家安全局联合召开快递行业《快递市场管理办法》宣贯的专题会议。为落实省局《关于转发国家邮政局贯彻实施快递市场管理办法加强快递业务经营活动管理的通知》（豫邮管〔2013〕27号）文件精神，加强快递市场的监督管理，促进快递行业健康有序发展，鹤壁局下发《鹤壁市邮政管理局关于开展规范快递业务经营专项活动的通知》，制定《关于开展规范快递业务经营专项活动的实施方案》，在全市开展“规范快递业务经营专项活动”，取得良好效果。

（王　宁）

通　信　业

·中国联合网络通信有限公司鹤壁市分公司·

【概况】　2013年，中国联通鹤壁市分公司以份额提升、业绩至上为工作导向，以打造“中国联通标杆本地网公司”为奋斗目标，聚焦经营业绩持续、健康、稳定、快速增长，务实推进运营体制与机制改革，不断释放和激发员工活力，不断提升企业运营和管理水平，公司整体延续良好发展态势，在河南联通内部保持市场份额和收入份额的领先地位，在本地通信行业内，保持新增市场份额和新增收入份额的领先地位。按照“紧贴市场、快速响应”的要求，3G建设细分网格，农村按照“双高选优”，完成45个农村“双高”基站建设。全年新建57个移动基站，扩容46个移动基站，加大分组传输网络建设，完成全市3G基站的HSPA+升级改造。宽带接入建设细分场景，全年新建和改造光网小区44个。紧密结合市场需求，启动二期宽带扩容工程，共完成1.75万线宽带端口扩容。开展基站断站专项整治活动，基站断站次数得到有效控制，公司基站断站排名列全省第2名，移网投诉下降41%。开展移动网络分场景监控，实施2G/3G协同优化、校园优化、天馈整治、交通干线优化、工程优化等专项优化，完成38个问题基站的天馈整改，完成19个3G基站小区合并和双载波异频组网，完成57个W网新建站、33个双高站和35个双载波扩容站点的测试优化工作。先后完成市检察院信息工程、市政府信息化工程等信息化工程，累计建设完成大客户接入286个项目，使用投资550万元，支撑鹤壁市信息化建设的快速发展。

【3G网络】　3G业务坚持以流量经营为核心，以合约计划为发展重点，发挥终端、渠道和应用“三驾马车”的拉动作用，实现3G用户规模翻番。宽带业务通过组织开展规范化、常态化的“橙色风暴沃进社区”活动，实现宽带业务宣传、体验和受理的一站式服务，通过精确定位宽带驻地网，开展光纤小区改造和声势浩大的免费宽带提速活动，有效传“联通宽带又好又快”的用户口碑。社会渠道建设取得历史性突破，战略渠道从无到有，商圈店由弱到强，乡镇店与其他运营商旗鼓相当，村级代理点基本覆盖全市农村，公司普遍社会服务能力显著增强。

【营销机制改革】　根据市场实际情况，进一步深化营销体制、机制改革，在坚持专业化营销的基础上，重组成立淇滨营业部，统筹各渠道在淇滨区域的协同发展，推动网格化、精细化的管理理念落到实处。优化重组市场线的管理组织架构，理顺公众各专业中心和集团各专业中心的关系，精简人员，减少层级，提高工作效率。成立宽带办和智慧鹤壁办公室，有效统筹各方资源，推动跨部门协作和相关工作开展。开展乡镇支局长竞聘工作，选拔一批具备能力、思路清晰、干劲十足的优秀人员到支局长岗位任职，进一步优化基层队伍管理人员架构，为县区收入的持续攀升奠定坚实的人力基础。制定市公司本部员工下基层挂职锻炼实施方案，选拔业务素质过硬、责任心强、执行力强的十位本部骨干员工到县区挂职，在向一线充实力量的同时，有效提高市公司本部的工作效率和执行力。

（刘增强）

·中国移动通信集团河南有限公司鹤壁分公司·

【概况】　2013年，中国移动通信集团河南有限公司鹤壁分公司在市委、市政府的正确领导和社会各界的关心支持下，紧紧围绕加快打造两个构建升级版、努力建设生态之城活力之城幸福之城的目标，结合自身实际和用户需求，不断加快发展方式转变，优化经营机制，提升营销能力与管理水平，将信息化建设、网络优化与建设、客户服务作为重点工作进行推进，全年计费用户数超过80万户，创公司发展历史新高。

【无线城市建设】　鹤壁移动公司开展无线城市旧版门户的全面优化及新版门户的构建工作，旧版门户经过应用优化及内容丰富，并积极与政府行业、公共服务行业、教育行业、交通行业、医疗行业等紧密联系在一起，应用数量达到100多项，应用覆盖面广，打造无线城市生活服务一站式平台的坚实基础；三季度鹤壁移动公司自行建设鹤壁商家优惠专区，在帮助商家宣传同时推动本地用户发展。已有国美电器、开心园蛋糕房、祥隆蛋糕、尚尚KTV等20多家商家优惠信息上线，正在洽谈发展的有裕隆超市、沃尔玛、四季青等商家。通过推送信息等方式推动客户登陆无线城市商家优惠专区，提升影响发展更多商家上线。

【创新服务模式】　“流程穿越”活动，由机关人员深入到营业厅和网络维护等一线，获得流程现状的真实感受，收集客户声音、把握客户需求，找出问题并传递到相关部门解决，努力为一线做好后台支撑，完善客户导向工作流程和机制；对省际跨区补卡、国际漫游规范、紧急业务热线办理流程、服务密码规范、透明消费五个方面开展“客户服务流程优化”工作，提升客户服务感知；通过开展“内部员工意见征集”、“服务明星及明星班组评选”等活动，提高员工专业服务水平的同时，激发员工的工作热情，提高员工责任感和企业凝聚力。

【网络建设】 持续开展网络质量提升活动，从保安全、优质量、提效率等多个方面，开展各项专项工作，全面提升网络质量。鹤壁移动公司开展重点区域网络质量专项提升工作，开展弱覆盖整治，针对投诉热点、重点区域网络质量提升，合理规划基站，加快建设开通，共新增各类基站75个。积极加快推进中国自主知识产权的第四代移动通信技术LTE制式的网络建设，建设LTE演示站，8月完成对重点高校、营业厅体验点的网络建设，在鹤壁职业技术学院新校区及九州路营业厅已经实现LTE网络覆盖。启动LTE一期工程建设，在城区及县城区域内开始进行基站建设的前期准备工作。

【社会责任】 2013年，鹤壁移动公司主动承担社会责任，积极争做企业公民，组织爱“心”行动，共计为90名儿童进行免费筛查，并为21名先天性心脏病患儿提供医疗手术和后续保障；8月，组织全体员工开展“爱心接力”捐款活动，共筹集捐款7400余元，为贫困大学生奉献一份爱心；先后多次组织志愿者在春节、重阳节、儿童节等节日到福利院看望孤寡老人和失学儿童，为特困妇女儿童家中送去慰问物品，以实际行动践行企业社会责任，展现中国移动“正德厚生、臻于至善”的核心价值观。

（马　宁）

·中国电信集团河南省鹤壁市电信分公司·

【市场发展】 2013年，中国电信集团河南鹤壁分公司根据省公司的战略思路，结合鹤壁经济社会面临的竞争形势和发展机遇，统一思想，确立以移动业务、宽带业务为重点，围绕城市公众、中小学校、农村、政企行业应用等市场，精耕细作，狠抓渠道建设和服务，分阶段开展以开展劳动竞赛和营销活动，聚集重点产品，加快发展。收入市场份额达到8.70%，较去年提升1.66%（提升值全省第4位）；移动用户份额达到5.04%，较去年提升0.36%（提升值全省第8位）；宽带用户份额达到21.67%，较去年提升-1.40%（提升值全省第17位）；增量收入份额达到了30.70%，位于全省第1位。增量收入份额的提升说明本公司在新增收入市场上基本和另外两家友商实现“三分天下有其一”的地位。

【客户服务】 在服务方面，继续秉承“用户至上，用心服务”的企业服务理念，坦然接受客户对服务质量等方面的“挑剔”，能够主动吸取丰富的“社会营养”，将其变成企业的内动力，转换成为企业发展的外动力，全面落实“首问负责制”、“营业厅服务规范”，积极设立“消费者投诉站”和“12315投诉站”，严格履行“全业务客户服务标准136项”和“五个一服务承诺”，积极开展“多说一句话，多推荐一项业务”、“24小时自助查询缴费服务”、以及“消费积分兑换回馈”等活动，并向社会聘任社会监督员，在全市范围内对本公司的网络、服务、价格、诚信和管理进行监督，为客户提供全方位、多层次的服务感知，解除客户消费的后顾之忧，全面提升了服务触点客户感知度，赢得了客户的认可和好评。截止11月，本公司在河南电信整体服务排名全省第2，用户申诉率全省最低。以“政风行风评议”和“省级文明单位复验”活动为契机，提高工作效能，进一步深化精确管理，加强对支撑服务人员的培训力度与沟通技巧，有效提高支撑服务人员业务素质，提升与各经营单位之间的沟通力度；优化各项工作流程，快整提升工作时效性，为员工提供一个良好的精神文明氛围。

（车　坦）

电子政务

【概况】 2013年，市政府门户网站共发布各类政府信息5200余条，其中采用县区政府信息1149条，采用市政府部门信息1256条。淇县、浚县、鹤山区、山城区、淇滨区、市商务局、市教育局、市质监局、市气象局、市发改委等单位信息采用较多。通过市政府门户网站受理政府信息公开网上申请11件，内容涉及市公安局、市建设局、市国土资源局、开发区管委、市交通局、市人力资源和社会保障局，已全部办理完毕。

【市长信箱、政务论坛】 办理市长信箱信件939件。其中报市政府领导13件，电子政务办办理29件；转县区政府和市政府部门办理897件，已回复882件，回复率98.3%。浚县、淇县、淇滨区、山城区、鹤山区、开发区管委、市教育局、市人力资源和社会保障局、市建设局、市交通局等单位回复及时，回复率较高。办理政务论坛网友帖子186件。其中电子政务办办理18件；转县区政府和市政府部门办理办理168件，已回复162件，回复率96.4%。浚县、淇县、淇滨区、山城区、开发区管委、人力资源和市社会保障局、市教育局、市房产管理中心、市建设局、市交通局等单位回复率较高。市财政局等单位回复率较低。

【信息网栏目保障】 市政务信息网共发布各类信息1475条。浚县、淇县、山城区、淇滨区、鹤山区在市政务信息网县区动态栏目发布信息数量较多、内容丰富。其中浚县发布208条，淇县发布206条、山城区发布182条、淇滨区发布192条、鹤山区发布300条。市政府各部门栏目内容保障工作差别较大。内容维护及时、信息数量较多的单位有：市人力资源和社会保障局、市审计局、市统计局、市信访局等。

（市政府电子政务办公室）

内外贸易

综　　述

【概述】 2013年，全市商务工作按照“持续创新、提升发展”的总体要求，深入实施开放带动主战略，强力推进招商引资工作，在国内经济增速放缓、全球经济不确定性增加等不利情况下，对外开放、招商引资工作呈现出好趋势、好态势、好气势，对外贸易、内贸管理、商务执法等工作进展顺利。全市引进省外资金204.5亿元，同比增长25.4%，完成省定目标的104.5%，增幅和完成目标比例均居全省第2位。全市实际利用外资55783万美元，同比增长26.75%，完成省定目标的110.7%，增幅和完成目标比例均居全省第1位。全市进出口26419万美元，同比增长41.1%，完成省定目标的122.7%，增幅和完成目标比例均居全省第3位。全市社会消费品零售总额完成142.9亿元，增长13.9%。征收散装水泥专项资金42万元，完成市政府下达目标40万元的105%。全年争取商务促进资金906万元。

【项目招商】 围绕省委、省政府打造全球最大的智能终端（手机）产业基地和全国重要的电子信息产业基地的战略部署，由1名副市长带队，组织专职队伍赴深圳等地区坐地招商，电子信息产业招商取得突破。总投资30亿元的荣兴（鹤壁）科技产业园、总投资11亿元的快意电梯中原基地、总投资5亿元的鼎华科技公司智能手机等项目签约落地，总投资10亿元的东莞沃凯德公司、深圳希尔克公司智能手机项目达成合作意向，广东好帮手集团、索菱实业公司等8家企业达成投资汽车电子项目意向。7月30日，市里成立由3名市委常委和2名副市长任组长的4个专题招商组和1个综合督导组，各专题招商组分别以京津、长三角、珠三角、福建为招商区域，围绕主导先导产业和优势产业，深入开展专题招商活动。专题招商工作实行日总结、周例会、月通报制度，每周向市主要领导报送工作开展情况。市委每月召开常委会议听取专题招商汇报，研究部署专题招商工作。市委、市政府主要领导亲自洽谈推进重大招商项目，专题招商活动成效显著。8月以来，专题招商组拜访企业1050家，与中国电子科技集团、北京三聚环保新材料公司、中洲国际控股集团公司、华强集团、北京店连店科技股份有限公司等1000多家重点企业，洽谈对接一批电子信息、煤化工、商贸物流、电子商务等产业项目，北京三聚环保公司煤焦油综合利用示范项目、荣兴（鹤壁）科技产业园项目、辽宁华塑（鹤壁）高分子新材料产业园、河南小樱桃集团华漫文化旅游城项目等项目成功签约，深圳慧江集团、厦门宝晖集团、大润发集团等290多家企业来鹤实地考察，洽谈推进合作项目。专题招商工作开展以来，全市新签约亿元以上项目116个，总投资843亿元，其中超10亿元项目25个，总投资529.4亿元；新落地亿元以上项目95个，总投资528.6亿元，其中超10亿元项目14个，总投资245亿元，开放招商工作呈现前所未有的好态势。

【商贸流通】 深入推进“万村千乡市场工程”，对97家“农家店”进行信息化改造，80家POS机已安装完毕，受到省商务厅的通报表彰。认真做好市场监测工作，为居民生活和企业生

市长范修芳（前左二）参加经贸洽谈会　　市商务局　供稿

产提供服务。积极开展农产品流通体系建设，组织商贸流通企业和万村千乡市场工程承办企业参加第八届中博会跨国零售企业采购论坛，与13家农业产业化龙头企业和农民专业合作社签署采购意向。积极组织农产品网上购销对接活动，受到省商务厅通报表彰。电子商务企业和项目发展势头较好，电子商务示范项目中国（鹤壁）农业硅谷产业园、河南宏昌物流第四方现代物流平台已投入使用，新大陆集团河南物流港项目已开工建设。

（周永利）

粮油购销

【概况】 2013年，全市粮食系统认真落实粮食购销政策，积极推进粮食依法行政，着力加强粮食流通市场监管，大力发展粮食流通产业，有效地推进全市粮食经济平稳较快发展。全年共完成夏粮收购52377.4万公斤（由于托市收购启而未动，主要为社会商品粮收购），销售139629.2万公斤，粮食购销合计192006.6万公斤，占市定目标15000万公斤的12.8倍；全市库存粮食数量真实、质量良好、储存安全；“四无”粮油率达到95%以上，“一符三专四落实”率达到100%；争取上级资金完成1906万元，占目标1800万元的105.7%；招商引资到位市外资金4600万元；完成市政府下达的食品安全、信息化建设、节能减排、依法行政工作等责任目标。被省粮食局评为“2013年全省粮食流通工作责任目标完成先进单位为”，并在全省粮食流通工作会议上作典型发言。

【夏粮收购】 按照《2013年小麦最低收购价执行预案》的要求，积极采取有效措施，指导协调企业做好收购准备。做好粮食收购资格审核工作，共审核粮食收购资格证234家，通过204家，取消收购资格30家，新审批收购主体66家。托市启动后，小麦价格涨势迅猛，很快超过最低收购价，导致小麦最低收购价执行预案启而未动。市、县（区）粮食部门动员一切力量，及时指导、协调各购销企业与大型粮食企业集团、大型加工企业开展合作，以代收代储等形式，按照不低于《预案》的价格，积极开展商品粮收购，大量收购种粮农户的余粮，确保国家强农惠农富农政策落到实处。全市夏粮共收购小麦5.2亿公斤，收购价格比上年每公斤提高0.3元左右，仅此一项使种粮粮农民增收1.5亿余元。

【主食产业化】 按照省、市人民政府关于大力推进主食产业化和粮油深加工的《指导意见》要求，积极推进主食产业化工作。充分发挥粮油资源优势，做大做强做优粮食加工企业，打造粮食产业集群，构建从田间到餐桌全产业链的主食产业化和粮油精深加工发展模式，实现粮食经济跨越发展。对全市主食产业化情况进行专项调研，撰写《我市主食产业化发展的前瞻性研究》报告，进一步认清现状、明晰思路、确定方向、提出建议。围绕主食产业化和粮油深加工发展，协调粮食购销企业、物流企业、质检机构、银行等开展联合与协作，帮助企业协调解决发展过程中遇到的各种困难和问题，积极争取到省里对主食产业化建设项目财政贴息资金1113万元；积极推动银企对接活动，为主食产业化和粮油深加工项目提供贷款支持，打造以粮食收储、加工、物流配送为一体的主食产业集群。以中鹤集团为依托的浚县主食产业集群，年产20万吨营养强化挂面扩建项目。年产10万吨速冻调理食品项目；河南帮太食品有限公司年产20万吨杂粮营养米深加工项目；鹤壁市豫光面粉有限公司总投资2.1亿元的的巴蜀食品工业园项目；河南飞天农业开发股份有限公司年转化80万吨专用小麦精深加工项目；鹤壁市金磨坊食品有限公司日产10万个工业化馒头项目；河南省益民面业有限公司年产1万吨多微面包糠项目等，一大批主食产业化项目分期投产运营。全市的主食主业化发展规模大、后劲足，走在全省前列，作为全省三个主食产业化发展较好的地市之一，向省政府做专题座谈汇报。

【宏观调控】 认真落实储备粮规模指导性计划，增强粮食宏观调控的物质基础。严格落实政府和粮食部门“双线”安全储粮责任制，加强对最低价收购入库粮食、地方储备粮及其他政策性用粮的监管。加强地方储备粮轮换管理，按要求定期对储备粮进行轮换。按照《鹤壁市粮食应急预案》粮食预警调控标准，进一步明确责任单位和应急保障企业职责，健全应急工作机制，完善粮食应急保障网络，保证紧急状态下粮食市场正常供应和粮食态势的基本管理，确保粮食安全和社会大局稳定。充实调整价格监测点，认真做好粮油市场价格的监测工作，坚持监测的月报、周报和夏收、秋收五日报制度，全面监控市场粮油价格，为政府宏观调控粮食供需提供基础依据。

【信访稳定】 把信访稳定工作列入重要议事日程，从讲政治、保稳定、促发展的高度，重视和加强信访工作的领导，强化“一把手”负总责、一级抓一级、层层抓落实的信访领导责任制，对不稳定因素和信访件明确办理单位及包案领导和责任人，直至案件办结。坚持领导挂牌接待日制度，重大节日活动期间实行局领导天天接待信访制度，处理局属一库和康健面粉厂职工集体上访的长年积案。共受理群众来访13批次，163人次，均较为妥善的把矛盾化解在基层，未发生赴京、赴省、赴市集体访和个人访，有效地稳定粮食系统的改革发展局势，促进社会大局的政治稳定。

（李法彬）

供销合作社事业

【概况】 2013年，全市供销社系统围绕打造全新供销合作社的总体目标，以“新网工程”建设为主线，以服务“三农”为宗旨，以发展新型农业经营主体为载体，以招商引资为突破口，坚持“五个强化”，努力实现“五个提升”。全市供销社系统年购销总额实际完成27.8亿元，占目标的102.7%；

全年供应化肥33.4万吨，农药767吨，农膜310吨，确保农资商品供应，提高为农服务水平；规范农村合作经济，促进农民增收7924万元；招商引资到位资金实际完成5000万元，占目标的109%。

【新网工程】 通过加强“新网工程”建设，网点覆盖率明显提高，着重在“三个规范”方面下功夫，努力构建农村现代流通网络。一是规范经营，培育“诚信供销”品牌。在全系统开展“诚信经营，优质服务”活动，采取“统一标识、统一制度、统一管理、统一质量、统一服务”的措施，规范网点的经营，坚决打击经营假冒伪劣产品，把供销社的“新网工程”建设成政府的民心工程、农民的贴心工程、供销社的振兴工程。二是规范服务，提升形象。对现有的农村超市、连锁店、农资农家服务店的经营骨干进行业务培训，印发《供销社业务知识培训手册》，改善经营设施环境，提升店面档次，完善服务功能，提升供销社的整体形象。三是规范管理，发展连锁配送。在全系统推广浚县供销社农资连锁经营的典型做法，发展连锁配送业务，县、乡、村三级流通网点紧密连接，以连锁经营为纽带，强化区域性网络连锁，开展直供直销、连锁配送业务，通过农资行业协会的行业约束，与工商部门联合加强市场监管，实行网格化管理，从社会层面加强对农资经营户的监督，形成农资监管群防群治的格局。

【新型经营主体】 中央一号文件提出，要加快培育新型农业经营主体，不断提高农业生产经营组织化程度，鼓励农民兴办专业合作和股份合作等多元化、多类型合作社。采取“边规范，边发展，强监管，多探索”的工作机制，一是规范农民专业合作社。通过开展“五有”农民专业合作社示范社评比活动，依托现有的专业合作社，采取完善工商登记、统一规章制度，健全财务管理等办法，推动专业合作社规范化建设。2013年，全市2家专业合作社被评为“五有”农民专业合作社示范社。二是发展农民专业合作社。结合农村土地流转和特色农产品的特点，引领发展农民专业合作社，重点发展蔬菜和养殖专业合作社，全年新发展农民专业合作社6个，实现助农增收8517万元。三是依托行业协会，强化行业监管。新发展行业协会3个，充分发挥农产品、农资、烟花爆竹、再生资源等行业协会的作用，倡导有序竞争，规范行业经营秩序。四是探索新型农村社区服务的新途径。紧跟新农村发展的步伐，围绕高效农业创建活动和兴建的44个新型农村社区，深入到农业高效示范区和两县三区的新型农村社区开展调研，积极探索服务“三农”和建设社区服务中心的新模式。

（王建武）

物资流通

【报废汽车回收拆解】 一是加强报废汽车回收拆解政策宣传和市场摸底排查工作，回收报废汽车900余辆，超额完成年度目标任务。二是做好大型货车、城市公交、农村客运以旧换新补贴工作。主要采取以下措施：1. 出台《鹤壁市报废汽车回收拆解管理办法》，做到有章可循，实现科学化、规范化管理；2. 建立完善网络和网点建设；3. 利用多种形式加强政策宣传；4. 完善服务功能，每周三、周五专人解答有关政策、提供咨询服务，严格审查、规范办理程序和手续；5. 认真落实补贴政策。

【民爆物品供应】 一是努力搞好供应和服务，在地方煤矿关停并转的情况下，确保重点工程民爆物品的供应工作。全年销售炸药2150吨，销售额2400万元，销售雷管15万发，完成集团下达的目标任务。二是为南水北调鹤壁段工程提供优质服务，指定专人专车全方位、全天候配送。三是加强内部各个环节的安全管理，确保安全无事故。

【市长联席会议】 参加2013年中原经济协作区第二十四届市长联席会，物资集团作为主要承办单位，积极联系，加强沟通，强力推进区域经济合作。6月，在市政府领导的大力支持下，成功举办中原经济区首届羽毛球公开赛，既拓宽合作领域，提升合作水平，增进友谊，又起到宣传鹤壁，推介鹤壁，扩大鹤壁的知名度。

【信访稳定工作】 集团党委对信访稳定工作高度重视，健全组织，采取有效措施，杜绝“三访”（越级上访、集体上访、重复上访），确保集团大局稳定，不给市委、市政府添麻烦。集团成立防范邪教工作领导小组，与基层单位签订防范处理邪教工作目标责任保证书，明确职责，措施到位。对原“法轮功”练习者等重点对象，采取明查暗访、电话联系等稳控措施，落实到分包领导和责任科室，确保万无一失。春节期间，走访慰问特困党员、老党员30余户，发放慰问金8800元。同时，对企业军转干部、部分下岗失业人员及困难退休职工认真落实有关政策，该享受的各项规定，全部落实到位。集团对在职干部的工作、生活也十分关心，11月，经与河南大明建筑设计有限公司协商，集团搬迁至该公司二楼办公，解决冬天取暖问题，为大家提供舒适的办公环境。

（魏光军）

烟草专卖

【概况】 鹤壁市烟草专卖局、河南省烟草公司鹤壁市公司成立于1983年12月。下辖城区、浚县、淇县3个县级烟草专卖局（分公司）和1个卷烟营销配送中心。2013年，全市烟草专卖系统实现卷烟销售收入105014万元，同比增加10661万元，增幅11.30%；实现税利23043万元，同比增加2258万元，增幅10.86%；三项费用率为6.62%，同比下降0.45个百分点。销售卷烟49798箱，增幅3.74%；实现单箱销售收入21575元，同比增加1919元。《车载保险箱》、《香烟托盘》两项成果被国家知识产权局授予“实用新型专利证书”。

【零售渠道建设】 稳步开展现代卷烟零售终端建设，制订《2013年现代卷烟零售终端建设工作实施方案》、《现代卷烟零售终端建设规范》，建成现代卷烟零售终端示范街3条，现代卷烟零售终端客户402户。持续提升网上订货率，丰富网订平台，发展网上订货客户5373户，占全市零售客户的82.93%。积极推进物流中心项目建设，完成投资1386万元。

【打假及安全生产】 强化卷烟打假，以雷霆系列活动为契机，充分发挥烟草、公安联合打假制度的作用，破获符合国家局标准的网络案件4起，其中部级督办案件1起，千万元网络案件1起，五百万元网络案件1起，百万元网络案件1起，共拘留、逮捕、判刑45人。开展安全生产标准化达标创建工作，被河南省安全生产监督管理局授予“工贸行业企业（二级）安全生产标准化企业”称号。

【公益活动】 资助乡村建设，帮扶浚县善堂镇白毛管理区开展新农村建设，捐款15万元；扶贫济困，向贫困儿童和福利院捐款6500元，在中秋之际为困难群众捐赠价值1万元的慰问品。

（游兴文）

食盐专营

【概况】 2013年，鹤壁市盐业管理局按照市委提出的“率先崛起”的总体目标，坚持“立足盐业干工作，跳出盐业谋发展”，围绕全年目标任务，突出重点，强化管理，开拓创新，扎实工作，认真履行食盐专营职责，大力发展非盐经济，保证了食盐、工业盐供应，确保了食盐安全。全年超额完成市委、市政府和省盐务局下达的各项目标任务。全年食盐购进9320吨，占年计划7700吨的121.04%；销售9406吨，占年计划7700吨的122.16%。工业盐购进3634吨，占年计划2000吨的181.7%；工业盐销售4028吨，占年计划2000吨的201.4%；实现利税78万元，占年计划40万元的195%。非盐经济2014年实现毛利46万元，占全年计划45万元的102.22%。被河南省盐务管理局评为2013年度目标管理先进单位、食盐专营先进单位。

【盐政宣传】 盐政宣传坚持日常宣传和重大节日宣传相结合。5月6日~15日，市盐业局开展“防灾减灾日”主题宣传周食盐安全科普宣教活动。在第20个“防治碘缺乏病日”前后，市盐业局组织开展以“科学补碘，保护智力，成就梦想”为主题的防治碘缺乏病日宣传活动，多部门共同参与，利用电台、电视、报纸等媒体，采取进社区等形式，形成多层次、立体式宣传格局。5月14日同市卫生疾控部门到淇滨区钜桥镇红星学校，举办“科学补碘，保护智力，成就梦想”主题教育讲座；5月16日副局长孙振峰做客市广播电台“政风行风热线”栏目；组织开展碘盐知识进社区活动。6月17日，参加由市食品安全委员会办公室在新世纪广场举办的以“社会共治，同心携手维护食品安全”为主题的食品安全宣传周暨放心主食工程活动启动仪式，并设立咨询台。6月20日，在淇滨区曹洼村开展应急演练活动，活动中入户调查并宣传食用私盐的危害。在盐政宣传中全年共设置咨询台16个，悬挂横幅20条，展出版面32块，发放宣传资料800份，散发宣传单22000余份。

【盐政执法】 在盐政稽查工作中，开展一系列食盐安全整治活动。一是开展“元旦”、“春节”期间食盐安全专项整治活动；二是开展禁止餐饮行业采购、储存、使用工业用盐专项整治行动；三是开展查处取缔无证经营专项整治活动，规范零售环节；四是6月13日联合市教育局印发《关于加强对全市各类学校幼儿园食堂食盐安全监管的通知》（鹤盐〔2013〕19号），强化对学校学生集体用餐食盐安全的监管；五是开展了“中秋”、“国庆”期间食盐安全整治活动；六是落实盐业公安协作机制，深入治理食盐市场，刑拘一批危害食盐安全的犯罪分子，查办一批大案要案。特别是《最高人民法院、最高人民检察院关于办理危害食品安全刑事案件适用法律若干问题的解释》出台后，市盐业局以该解释为抓手，以确保食盐安全为目的，同市公安局各分局密切协作，严厉打击危害食盐安全的犯罪分子。1月8日，在淇河桥南路东查扣一辆解放牌货车，查获湖北大包装高级精制盐28吨；1月12日，淇县盐业局在淇县107国道查扣一辆解放牌加长货车，查获无标识大包装工业盐39吨；4月6日，市局在一处废弃的面粉厂内查获湖北大包装高级精制盐1525公斤；11月13日，淇县盐业局在淇县高村镇某村查获10.75吨工业盐，查扣运输车辆一辆。全年，市、县盐业局移交公安部门各类盐业违法案件100起，41名违法经营者被刑事拘留，提请逮捕2人，判刑4人。开展推进服务型行政执法活动，确保盐业行政执法行为更加文明、规范。

（吴 阵 王丽莎）

石油购销

【概况】 2013年，鹤壁市石油公司以提高发展质量和效益为中心，以全面改善管理为主线，持续推进结构调整、有效发展、挖潜增效、队伍建设和党建工作，深入开展党的群众路线实践教育活动，认真剖析“四风”问题，坚持立查立改；完成历时四年、涉及600多人的职工住房补贴资金发放，继续开展对未退休协解人员生活资助发放；成立“乐之家”协会，开展职工文艺演出、登山、猜灯谜等活动，修建职工食堂，解决机关及部分加油站员工就餐问题；在技术比武活动中，信息专业、物资供应分获省团体一等奖，合同管理、零售客服专业分获省团体三等奖。公司党委获省党建先进单位。较好完成各项目标任务。

【经营与管理】 在经营上，兼顾配置与自采，提高物流在低库存运作下的资源保障能力；大力优化品种结构，促汽油、高标号汽油零售，提前完成国Ⅳ乙醇汽油升级推广，积极开拓新能源市场，新投营加气站两座；强化客户开发维护，开展“人人争创万吨站”等活动；优化非油品结构，加大重点商品营销，提高重点商品比例。在管理上，持续推进加油站、便利店、营业室、油库标准化管理；强化小站管理，对34座小站站房、围墙、厕所、场地、出入口等进行改造；整合农网14座和低效站7座；对41座加油站站长实行轮岗竞聘；加强四级循环督查，明确安全、数质量、资金、发票等为督查重点落实整改措施；强化内控，严格费用预算管理，重点加强财经纪律及“八项规定”的七项费用监管。

【石油购销】 全年进货总量13.94万吨。销售总量13.57万吨，其中零售量10.64万吨，直批量2.93万吨。天然气122万方，非油品销售额1463万元。

（张瑞平）

对外经贸

【对外招商】 一批重大招商项目取得突破。一是与中国石化河南能源合作的总投资340亿元的煤化一体化项目拿到国家“路条”，围绕“建公司、抓核准、促开工”的要求，有序推进前期工作。二是与中科院合作的光分路器芯片项目技术填补国内空白，成为全省首个列入国家863计划的电子信息类项目，当年已进入量产阶段。三是总投资50亿元的富士康鹤壁科技园项目2013年一期部分投产。四是投资50亿元的2×600兆瓦鹤淇电厂、海能达鹤壁军工电子产业园等一批重大项目加快建设。五是总投资60亿元的华漫文化旅游城、总投资55亿元的淇水湾升龙广场复合区、总投资50亿元的淇河生态区、总投资50亿元的辽宁华塑集团（鹤壁）高分子材料产业园、总投资35亿元的红星美凯龙集团鹤壁高铁城市生活广场综合体、总投资35亿元的豫北煤炭物流储备加工基地、总投资30亿元的荣兴鹤壁科技产业园、总投资22.5亿元的闽台食品工业园等一批重大项目2013年正式签约落地。2013年，全市新落地亿元以上项目198个，投资总额936亿元，其中10亿元以上项目24个，投资总额382.67亿元。全市新签约亿元以上项目188个，投资总额1310.58亿元。其中10亿元以上项目39个，投资总额820.4亿元；5～10亿元项目60个，投资总额337.75亿元。

【经贸活动】 积极组团参加国家和省举办的第八届中博会、第十七届中国国际投资贸易洽谈会、2013中国（河南）日韩经贸交流活动、第十届中国国际中小企业博览会等高层次经贸活动，全市签约项目45个，合同总额401.22亿元。全市组织举办第五届中国（鹤壁）民俗文化节经贸洽谈活动、“百名浙商鹤壁行”活动、鹤壁市闽商投资合作项目签约仪式，共签约项目30个，合同总额289.87亿元。

【对外贸易】 一是加大外贸型项目引进和培育力度，培育外贸发展增长点。把引进出口型项目工作纳入年终综合考核指标，引导鼓励县区大力引进出口项目，全市新增仕佳光电子、天淇模具、奥博汽配、安特博镁业、罗格普斯新能源、方周瓷业、炜烨贸易有限公司等一批预计年进出口额超百万美元的外贸项目。二是强化服务，不断提高企业开拓国际市场的能力。先后邀请郑州海关、省出入境检验检疫局、中国出口信用保险公司河南分公司等单位对60余家外向型企业相关人员开展自营进出口业务知识和政策培训，进一步增强企业开拓国际市场的信心。三是对外经济技术合作不断加强。积极帮助太行全利公司争取对外承包工程项目信贷支持，确保太行全利伊朗总投资1500万美元节能炼钢项目的签约。帮助天伦燃气在香港设立香港信融有限公司。积极开展对外合作，组织企业参加境外国家和地区投资说明会，鼓励企业“走出去”做大做强。鹤壁海关、鹤壁出入境检验检疫局正在加快建设，投入使用后，全市对外开放平台将得到有力加强。电子商务企业和项目发展势头较好，中国（鹤壁）农业硅谷产业园、宏昌物流第四方现代物流平台等对外开放载体正在加快建设。

（周永利）

附：　鹤壁市2013年出口目标完成情况统计表

名　称	出口完成	同比增减%
全市	23181	40.9
1. 淇县	2548.2	60.3
河南大用实业有限公司	867.6	-11.6
鹤壁市永达食品有限公司	56.2	71.1
河南百禾源生物科技公司	32.1	-60.1
河南欧迪艾铸造有限公司	50.8	-29.8
河南殷都化工有限公司	94.7	1048.7
淇县东方化工有限公司	83.7	23
河南淇县永达实业有限公司	0	
河南天之水化工有限公司	120.9	102.3
鹤壁朝歌纺织有限公司	0	
河南布丽斯服装有限公司	0	
鹤壁市瑞丰物流有限公司		
鹤壁景华商贸有限公司	67.2	
鹤壁市淇滨区新顺程商贸有限公司	1175	0
河南永昌飞天淀粉糖有限公司	0	
2. 浚县	2947.3	174.3
浚县亚都服饰有限责任公司	528.8	42.5
河南兴鹤电子有限公司	1919.9	235.2
浚县瑞黎发制品有限公司	337.2	182.7
河南环燕轮胎股份有限公司	3.6	-66.4
鹤壁市恒瑞橡塑材料有限公司	0	-100
河南省得邦利达家俱有限公司	1.5	
河南佳吉轮胎有限公司	3.2	
河南省百翼蜂业有限公司	107.3	
鹤壁市农林制药有限公司	45.8	
3. 山城区	2633.3	31
鹤壁祥龙有色粉业有限公司	4.8	-79.2
鹤壁华夏助剂有限公司	162.4	26.9
鹤壁博大电子科技公司	22.1	-69.8
鹤壁物华镁加工有限公司	161.6	-48.6
鹤壁市德政气体检测有限公司	2.5	125.6
鹤壁市巨星树脂有限公司	95.5	2.9
鹤壁康博橡胶助剂化学厂	250.3	-26.1
鹤壁市华德钢丝制品有限公司	26.4	70.8
鹤壁市荣欣助剂有限公司	0.6	-66.1
鹤壁市山城区金城橡胶辅料厂	0.8	
鹤壁市亿欣仪器仪表有限公司	1.4	-53.6
鹤壁市山城区维鹤丽特商贸有限公司	0	-100

名　称	出口完成	同比增减%
鹤壁市淇滨区新顺程商贸有限公司	1904.9	
4. 鹤山区	612.6	53.1
鹤壁维恩克镁业科技有限公司	0	-100
河南太行全利重工有限公司	317.1	124.6
鹤壁市太行进出口有限公司	295.5	649
5. 淇滨区	986.5	37.4
鹤壁市海富商贸有限公司	60	-87.8
鹤壁市乾通商贸有限公司		-100
河南省瑞创化工有限公司	83.4	-24.5
鹤壁市安特博镁业有限公司	167.4	541.4
鹤壁百成化工有限公司	30.4	-62.9
鹤壁市天新电器有限公司	0.3	
鹤壁市新锐科技有限公司	0	-100
鹤壁市淇滨区新顺程商贸有限公司	645	
6. 开发区	13453.1	26.2
鹤壁市维多利金属有限公司	966	-43.9
鹤壁昌宏镁业有限公司	225.1	69.6
鹤壁联昊化工有限公司	636.2	52.7
鹤壁格兰达镁业有限公司	0	-100
鹤壁市东昇制果有限公司	0	-100
河南天海电器有限公司	0	
鹤壁海昌专用设备有限公司	108.5	35.1
鹤壁天海环球电器公司	6668.7	46.8
鹤壁佳多科工贸有限责任公司	23.8	1119.3
鹤壁市淇滨区展翔金属制品厂	293.4	-63.8
鹤壁富迈特镁科技有限公司	888	60.9
鹤壁市热工仪表仪器厂	0.2	-92.9
河南创世电机科技有限公司	357.8	53.2
鹤壁市江浪金属有限公司	1556.7	462.9
鹤壁天淇汽车模具有限公司	213.8	
河南鑫科分析仪器有限公司	1.2	
鹤壁市郎迪雅服饰有限公司		-100
河南沃德新世纪能源有限公司		-100
鹤壁万德芙镁科技有限公司	13.7	
鹤壁景华商贸有限公司		-100
鹤壁市淇滨区新顺程商贸有限公司	1500	
河南仕佳光电子科技有限公司	0	0

注：2013年1-12月全市进出口累计完成26419万美元，比上年同期的18724万美元增长41.1%，完成省定目标21533万美元的122.7%。其中：出口累计完成23181万美元，比上年同期的16451万美元增长40.9%；进口累计完成3238万美元，比上年同期的2273万美元增长42.5%。

市场、超市选介

【鹤壁市四季青农产品批发市场】 鹤壁市四季青农产品批发市场位于九州路西端，全国最大的以蔬菜和果品批发为主农产品批发市场，其中蔬菜、果品、禽蛋三大项供应量分别占到全市需求量的85%、80%、60%。2013年交易量为12亿元。市场不仅有地产瓜果蔬菜，还有河北、山东、山西、安徽等地的瓜果蔬菜，以及两广、海南、新疆、四川、陕西等地的特色瓜果蔬菜，固定客商480多家，蔬菜品种110多种，水果品种86多种。市场采取“市场+基地+农户”的运作模式，形成向外年销售各类农副产品36000吨的营销规模，直接带动农户3000余户，增加农民收入1000余万元，年新增利税5000余万元，为安置农村剩余劳动力和促进城市下岗失业人员再就业提供就业岗位5000余个。当年重点推出“四季青国际家居广场”项目，该项目总建筑面积12万平方米，开业面积5万平方米，是豫北最大的家居市场。鹤壁市四季青集团先后荣获2011中国中小企业成长力100强企业、河南省服务业百户高成长性企业、中国诚信示范单位、中国最具社会责任感民营企业、中国服务行业十佳先进单位、中国农产品流通领域十大最具竞争力品牌、2011年全国农产品百强批发市场等荣誉。

（李东顺）

【鹤壁裕隆商贸有限公司】 鹤壁裕隆商贸有限公司成立于2002年1月，公司共有10家连锁店，总经营面积5万平方米，经营品种近8万余种，并有农家店208家，现已发展为集超市、百货、房地产、餐饮、信息服务等多业态的集团化公司。并率先成立首家私营工会组织和党支部。2009年被授予“最具活力民营企业”称号。2013年，经营面积约9万平方米的裕隆时代广场正式奠基。裕隆多功能一体化的独特经营模式，正引领鹤壁零售行业跨入一个新纪元。

（郭鹏程）

【地王广场】 地王广场位于山城区红旗街与长风路交叉口，该项目投资1.1亿多元，占地面积4万平方米，商业建设面积6万多平方米，由鹤壁市新金榕房地产开发有限公司投资开发。整个购物中心由三个区域主体组成。A区地下一层，地上四层的大型主力店。B区和C区是由地下一层，地上两层的连廊式商铺组成，间隔自由灵活。后面的第三部分主体，由三层独立式商铺组成。主入口由长风路和奔流街连汇贯通，为山城区最大的商业消费圈。联华名品百货，肯德基，珠宝行业的

市民在选购蔬菜　　　　市场中心　供稿

周大生，日化行业的宝洁、羽西，服装行业的百丽、达芙妮等100多个国内外知名品牌先后签约入驻，6个区的临街商铺于2007年8月陆续对外试营业，从业人员1500余人，其中安置下岗再就业人员800人，成为山城区劳动再就业基地之一。全国五强商业企业联华百货入驻山城区地王广场的，联华地王百货总投资5300万元，营业面积达2.36万平方米，各类商品近万种。中国商业零售界骨干企业、位列全国商业20强的山东银座集团整体收购联华地王百货。鹤壁银座商城总投资1.2亿元，总经营面积2.36万平方米，经营品种涵盖8大类1万多个品种，是全市经营品种最全、购物环境最好、营业面积最大的购物场所。2013年销售额10亿元。

（郭鹏程）

【龙升超市】 鹤壁市龙升超市有限公司成立于2003年8月27日，总部位于山城区红旗街中段，是市内大型商品零售企业之一。下辖龙升生活主场、龙升超市金泰店、龙升大酒店。龙升生活广场位于山城区红旗手街中段，营业面积6000多平方米，员工190人，主要经营百货、服装、鞋类、化妆品、小包装食品、散装熟食及制品、生鲜肉类、小家电、通讯器材、零售粮食等近三万种商品。2007年11月，收购家世界金泰店，组建营业面积1600平方米员工80余钟摆龙升超市金泰店。龙升大酒店位于山城区春雷路中段，建筑面积3500平方米，员工90多名，可同时容纳600人就餐。龙升超市有限公司先后被河南省消费者协会评为“商品企业诚信单位”，被市工商局评为“文明诚信市场”等。2013年销售收入4500余万元。

（郭鹏程）

【鹤壁市蔬菜果品批发市场】 鹤壁市蔬菜果品批发市场位于山城区前进路与红旗街交汇处，始建于1997年，总投资659万元，1998年1月正式运营，是全市大型综合性农贸批发市场之一，是山城区最大的蔬菜交易集散中心和价格信息采集中心。市场占地面积1.15万平方米，建筑面积4670平方米，营业库房110间，3个宽16米、长64米的钢架交易大棚，摊位450个，从业人员600人。建有综合办公楼和检测中心。市场设有市场管理处，管理人员50名。市场主要经营蔬菜、果品、种子、粮油、副食、肉、蛋、奶等40多个农副产品。国内20多个市、县的蔬菜果品来此交易，日平均成交果蔬30万公斤左右，交易高峰期日平均成交果蔬12万公斤左右，交易高峰期日均车流量达600辆次，客商流量17000人以上。2013年，交易额达12亿元。

（郭鹏程）

【迎宾标准化净菜市场】 2012年5月13日，迎宾农贸市场开业，该市场总投资3500万元，营业面积1100多平方米，主要经营蔬菜、肉类、熟食、冷冻品、水产、家禽等农副产品。系全省首家净菜农贸市场，体现以人为本、绿色健康、放心安全的理念，缓解新区南部两万多人买菜难的问题，还吸纳70多个经营商户，为200多名下岗职工提供良好的创、就业平台，使黄山路两侧脏乱差的环境和马路市场得到有效治理和改善。2013年蔬菜瓜果销售额3.1亿元。

（孙小海）

枫林公园小巷

教　育

综　述

【概况】　2013年，全市教育系统深入学习贯彻落实党的十八大及十八届三中全会精神，进一步强化科学管理，深化作风转变，优化教育资源，改善办学条件，推动教育教学改革，提高教育教学质量，努力办好人民满意的教育，各项工作取得明显成效。全市共有各级各类学校（机构）824所，其中：幼儿园352所，小学365所，初中71所，普通高中13所，中等职业教育9所，高等教育2所，特殊教育1所，职业技术培训机构11所。另有小学教学点192个。教育人口37.6万人，其中在校生35.4万人，教职工2.2万人，教育人口占总人口的23.3%。小学净入学率100%，普通初中净入学率99.97%。

【主要成效】　一是精心打造“生命课堂”，构建中小学生健康成长教育体系。不断深化课改实验，积极做好义务教育新课标和普通高中课程改革实验，教师驾驭教材的能力进一步提高。建立典型引领机制，充分发挥76个市“生命课堂”实验基地和24所市级“生命课堂”示范学校的辐射带动作用，广泛开展“生命课堂”实验研究活动。《构建中小学健康成长教育体系研究》课题被确立为河南省重大课题。鹤壁市被省教育厅评为教研工作先进单位。二是扎实推进三年行动计划，提高学前教育发展水平。全年新建改扩建幼儿园项目17个，陆续投入使用，受到省学前教育管理办的通报表扬。切实加强学前教育教学改革与创新，通过教师培训、论文优质课评比、观摩学习等形式，不断提高幼教师资素质。深入推进示范性幼儿园创建活动，5所幼儿园被授予“市级示范性幼儿园”称号，2所幼儿园迎接省级示范性幼儿园验收。三是全面提升义务教育均衡发展水平，大力促进教育公平。强力推进义务教育学校标准化建设和薄弱学校改造。全市中小学65%的班级配备多媒体远程教学设备，实现“班班通”；新建农村中小学实验室308个，新增教学实验仪器、体音美器材价值2400万元；市直中小学更新课桌凳1.1万套，更新图书10万册。坚持统筹新老区教育发展，推进老区市直初中教育联盟。做好进城务工随迁子女就学工作。鹤山区、淇滨区、淇县通过国家义务教育发展基本均衡县区验收，全市义务教育均衡发展水平在全省居领先地位。四是深入推进普通高中内涵式发展，全面提高素质教育水平。严格执行“三限政策”，认真做好普通高中招生工作。完成普通高中改制学校清理整顿工作，进一步规范办学体制机制。普通高考取得历史性突破，全市报考10577人，其中一本上线人数为1590人，比上年增加710人，增幅80.7%，高于全省10个百分点；二本及其以上上线人数比上年增幅13%。17名考生被清华大学、北京大学录取，取得历史性突破，在全省产生较大影响。五是强力实施职教攻坚，努力构建现代职业教育体系。鹤壁能源化工职业学院通过省政府高校设置委员会专业评估验收。校企合作更加深入。基础能力建设成效显著，全年共投资4000万元用于改善办学条件。在鹤壁工业中专、鹤壁市机电信息工程学校、淇县职业中专被评为国家级教改示范校的基础上，特色建设、品牌发展上取得新的突破，鹤壁工业中专评为省职业教育品牌示范校，鹤煤高级技工学校、鹤壁职业技术学院评为省职业教育特色院校，鹤壁职业技术学院获全省职业教育品牌示范校立项，浚县职业中等专业学校、鹤壁高级技工学校、鹤壁汽车工程职业学院获全省职业教育特色学校立项。举行学生素质能力大赛，参加全省中等职业学校学生技能大赛并取得历史最好成绩。六是认真抓好教育民生工程，大力改善办学条件。市直优质教育资源扩容工程成效显著。市淇滨中学新增教学楼、市实验学校新增教学楼、市湘江小学新增教学楼、市实验幼儿园新增教学楼等项目主体已完工，新建兰苑中学教学楼、综合办公楼项目顺利开工建设。县区新学校建设和校舍维修改造成效显著。农村薄弱学校改造工程的教学装备类项目全部配货到位。全市校安工程30个项目全部按期开工。七是切实加强师德建设和教师培训，不断提高教师队伍整体素质。开展“学习身边的‘张丽莉’，做人民满意的教师”师德教育活动，2位教师评为河南省“张丽莉”式的优秀教师典型，马保全老师评为省师德标兵；召开全市师德标兵师德先进个人表彰暨巡回报告会。市委书记魏小东、市长范修芳在教师节看望慰问离退休教师和一线教师，听取教师代表的意见和建议，现场协调解决有关问题。认真抓好教师培训工作。选派2000余名教师分别参加各级各类培训。面向社会为市直教育系统公开招聘70名新教师，为浚县、淇县招聘112名特岗教师。八是紧密结合教育工作实际，超额完成争取上级资金和招商引资任务。结合教育工作实际，突出教育项目引资和招商，全年共争取资金15660.23万元，超额412.11%完成目标任务。招商引资5290万元，超额15%完成招商引资任务。共获得国家、省、市级表彰50多项。连续13年被市委、市政府评为年度综合考评优胜单位。

【学校管理】　切实加强师德建设和教师培训，不断提高教师队伍整体素质。一是切实加强师德建设。在全市开展"学习身边的'张丽莉'，做人民满意的教师"师德教育活动，山城区实验小学李新梅、鹤山区鹤壁集镇毕吕寨小学马保全两位教师被评为河南省"张丽莉"式的优秀教师典型；马保全老师和陈海兵老师分别被评为省师德标兵和省师德先进个人。召开全市师德标兵师德先进个人表彰暨巡回报告会，隆重表彰10名市师德标兵、49名师德先进个人；组织12名省市级师德标兵在全市进行六场巡回报告，参与教师达2000余人次，将师德主题教育活动推向高潮。二是隆重举行教师节庆祝活动，召开全市庆祝教师节暨表彰大会，隆重表彰91名优秀教师、24名优秀教育工作者。三是认真抓好教师培训工作。选派2000余名教师分别参加下乡支教培训、班主任远程培训班、骨干教师培训、班主任高级研修培训、心理健康教师实务操作技能培训、中小学校（园）长培训、名师高级研修培训等。四是面向社会为市直教育系统公开招聘70名教师，为浚县、淇县招聘特岗教师112名。

【教学改革】　深入推进素质教育。精心打造"生命课堂"，构建中小学生健康成长教育体系。一是不断深化课改实验。积极做好义务教育新课标和修订教材的解读、跟进培训和研讨工作；巩固深化普通高中课程改革实验，组织教师参加国家、省级学科培训活动，教师驾驭教材的能力进一步提高。二是建立典型引领机制。充分发挥76个市"生命课堂"实验基地的领航作用，确定了首批24所市级"生命课堂"示范学校，辐射和带动全市中小学校广泛开展"生命课堂"实验研究活动；举行"生命课堂"优质课评选观摩活动，小学、初中、高中三个学段25个学科66名教师现场作课，4900余人次听课观摩。三是切实加强课题研究。在全省教科研课题评选中，全市35项课题立项，并有13项结题，3项课题获成果一等奖；组织申报省"十二五"教育科学规划立项课题33项，结项课题5项，其中《构建中小学健康成长教育体系研究》课题被确立为河南省重大课题，5项课题被确立为省重点课题。

成人教育与民办教育

【成人教育】　2013年，全市成人中学5所，结业人数670人次，注册学生670人次，教职工11人，专任教师11人。

【民办教育】　2013年，全市各级各类民办学校357所，比上年减少11所，在校生总数89529人，比上年减少4122人。其中，民办幼儿园308所，在园幼儿49617人；民办普通小学30所，在校生20848人；民办普通初中15所，在校生11518人；民办普通高中3所，在校生5764人；民办普通高等学校1所，普通专科在校生713人，中等职业教育在校生1069人。

基础教育

【学前教育】　2013年，全市幼儿园352所，与上年持平；入园幼儿31892人，比上年增加971人；在园幼儿61584人，比上年减少638人；离园幼儿22041人，比上年增加1299人。幼儿园教职工4830人，比上年增加248人，其中园长和专任教师3493人，比上年增加172人。代课教师216人，兼任教师45人。园长和专任教师中学前教育专业毕业2030人，占总数58.12%。

【小学教育】　2013年，全市有义务教育阶段学校436所，在校生22.54万人，教职工1.39万人，专任教师1.25万人。小学365所，比上年减少52所；教学点192个，比上年增加41个；招生20777人，在校生152586人，毕业生31283人。校均规模418人，平均班额36人。小学大班720个，占16.86%；超大班395个，占9.25%。小学教职工8292人，专任教师7662人。专任教师学历合格率99.99%，比上年提高0.04个百分点；专任教师中具有专科及以上学历比例88.88%，比上年提高2.63个百分点。生师比20∶1，低于上年的23∶1。小学代课教师1158人，兼任教师3人。

【初中教育】　普通初中71所，比上年减少6所；招生26258人，在校生72843人，毕业生25569人。校均规模1026人，平均班额40人。普通初中大班650个，占35.89%；超大班486个，占26.84%。普通初中教职工5595人，比上年减少22人；专任教师4813人，比上年减少140人。专任教师学历合格率达99.61%，比上年提高0.46个百分点；专任教师中具有本科及以上学历的比例64.39%，比上年提高5.84个百分点。生师比15∶1，低于上年的17∶1。普通中学代课教师530人，兼任教师29人。全市小学和普通初中学校占地分别为357.11万平方米和215.8万平方米，校舍建筑面积分别为101.19万平方米和83.4万平方米，生均图书分别为15.89册和19.55册，生均教学仪器设备值分别为323.66元和681.75元。全市义务教育阶段农民工随迁子女在校生4149人，比上年减少253人，其中小学阶段2771人，初中阶段1378人，农民工随迁子女占义务教育阶段在校生总数1.84%。义务教育阶段农村留守儿童在校生21266人，比上年减少237人，其中小学阶段13228人，初中阶段8038人，农村留守儿童占义务教育阶段在校生总数9.42%。

【普通高中】　2013年，全市普通高中13所，比上年增加1所；招生10543人，比上年增加496人；在校生28907

人，比上年增加915人。校均规模由上年的2332人减少到2224人。普通高中教职工1581人，比上年减少35人，专任教师1304人，比上年增加51人。生师比22:1，与上年持平。专任教师学历合格率100%，比上年提高6.38个百分点；专任教师中具有研究生学历占总数的5.6%，比上年提高1.85个百分点。普通高中占地120.54万平方米，校舍建筑面积46.28万平方米，图书藏量38.78万册。

【特殊教育】 2013年，全市独立设置的特殊教育学校1所；特殊教育学校和普通中小学随班就读班共招收残疾儿童59人，比上年减少13人；在校残疾儿童381人，比上年减少221人；残疾儿童毕业54人，比上年增加26人。特殊教育学校教职工44人，专任教师38人。专任教师中受特教培训的有26人，占总数81.82%。

【中等职业教育】 2013年，中等职业学校9所（包括普通中专1所，职业高中6所，成人中专2所）。国家级重点中等职业学校3所，国家示范性中等职业学校3所，省部级示范性中等职业学校3所。招生10297人，在校生26897人。中等职业教育的招生数和在校生数分别占高中阶段教育的49.41%和48.20%。中等职业学校教职工1068人，专任教师884人（其中双师型专任教师183人），学历合格率100%，具有研究生及以上学历占总数4.86%。中等职业学校占地82.6万平方米，校舍建筑面积29.44万平方米，图书藏量38.74万册，教学仪器设备值6662.86万元。

（董民全）

高等职业教育

【鹤壁职业技术学院概况】 2013年，鹤壁职业技术学院占地面积84公顷，建筑面积37.2万平方米。拥有集教学、科研、培训、考证等功能于一体的校内实验实训中心（基地）29个，校外实习实训基地199个，其中，中央财政支持的实训基地2个，省级示范性实训基地5个。现有固定资产总值5.3亿元，教学科研仪器设备总值8384.87万元，馆藏图书90.28万余册，电子图书1330G，各类期刊1196种。现有教职工779人，其中副高以上职称262人，教授40人，具有硕士学位和研究生学历教师288人，“双师型”教师217人，现拥有国家综合改革试点专业2个，省级特色专业6个，省级精品课程14门，省级教学团队3个，全国优秀教师6人，河南省学术技术带头人19人。设医学院、护理学院、机电工程学院、人文教育学院、电子信息工程学院、经济管理学院、建筑设计与工程学院、化工与材料工程学院（2013年12月更名为交通与材料工程学院）、食品工程学院、继续教育学院（鹤壁广播电视大学）、中专部、思想政治教育研究部、公共体育教研部、公共基础教研部等14个院部，开设高职专业46个。学院启用新的校训、校徽、校旗、校歌。学院被批准立项建设河南省职业教育品牌示范院校，学院工会荣获“全国模范职工之家”称号，学院成功创建“河南省节约型公共机构示范单位”，获得“河南省高校基本建设管理先进单位”等省级以上荣誉称号40余个。学院100余人次获得市级以上荣誉表彰。

【新校区建设】 新校区二期工程于2013年9月30日开工建设，包括学生宿舍C区、第二学生食堂、医学院、护理学院、公共教学楼B等工程项目，建筑面积合计10.84万平方米，预计2014年8月底全部竣工，届时学院全部搬迁至新校区办学。新图书馆、主大门、学术交流中心、大学生创业中心、水源热泵中央空调系统等工程项目建设方案正在积极推进。

【人才培养】 新增物联网应用技术、食品药品监督管理、工程造价3个专业，全年新增新创建省级示范性实训基地、专业综合改革试点、特色专业等项目3个。在全国高等职业院校技能大赛中，荣获国家级二等奖1项、三等奖3项，在全省高等职业院校技能大赛，荣获一等奖3项、二等奖8项、三等奖3项。

【招生就业】 学院全日制大专第一年实施单独招生，全年完成各类招生6441人，其中全日制专科和五年制大专普通专科和五年制大专4235人。持续加强校企合作，拓展就业渠道，提高就业质量，2013届毕业生就业率达到96.72%。

【师资队伍】 新晋升教授1人、副教授13人。先后选派486人次到顺德职院、广东轻工职院以及企事业单位进行在职培训和实践调研，3名教师获得省骨干青年教师资助计划项目资助。

【教育科研】 结合鹤壁市产业发展重大需求，组建“先进镁合金结构材料与装备”和“粮油食品加工与安全”两个校级协同创新中心，打造协同创新平台，提升学院科研创新能力。依托省教育厅和校本研究项目，完成10余项服务文化繁荣和旅游开发研究项目的申报和立项工作。全年完成省级研究教学改革项目3项，获准立项省厅级以上教育科研课题75项，完成课题结项32项，公开发表论文466篇，出版教材96部。

【社会服务】 组织开展鹤壁市专业技术人员公需科目继续教育培训，行政事业单位工人技术等级培训，技能鉴定考核培训，产业聚集区、招商引资企业以及区域知名企业各类技能和实用人才培训1万余人次。游泳馆、体育馆承办大型社会文化体育活动40场次，丰富广大市民对文体生活的需求。

（高忠波）

【鹤壁汽车工程职业学院概况】 鹤壁汽车工程职业学院是2011年经河南省人民政府批准、国家教育部备案的一所汽车工程类普通高等职业院校，由中国汽车工程学会主办、鹤壁市政府公助、天海集团承办（投资），位于省级示范性职教园区——鹤壁市职业教育园区。学院规划占地面积66.7公顷，总投资约3亿元，其中一期购地32.6公顷，投资约1.2亿元。2013年，学院设有电子工程系、汽车工程系、机械工程系、建筑与管理工程系4个二级院系，思政部和基础教学部2个公共基础教学部、1个培训中心、1个国家职业技能鉴定所，开设有汽车检测与维修技术、汽车检测与维修技术（电动汽车方向）、汽车制造与装配技术、汽车技术服务与营销、汽车电子技术、汽车电子技术（线束设计方向）、模具设计与制造、机械制造与自动化、材料工程技术、电子信息工程技术、电机与电器、物流管理、会计电算化、计算机辅助设计与制造、计算机网络技术、建筑工程技术、航空服务等17个专业（方向），拥有15个校内实验实训室，22个校外实习实训基地，10个多媒体教室，8个校企一体化教室，纸质图书17万册，教学仪器设备总值达3000万元。学院各类在校生3000余人。

【校企一体办学】　推行工学结合人才培养模式。开设有“宇通班”、“天煌班”、“航盛班”等“订单式”培养班。运用顶岗实习、工学交替、“教、学、做”一体化等多种理论与实践相结合的教学模式，全面培养学生的社会能力和职业能力。12月10日，省教育厅副厅长、党组成员尹洪斌莅临鹤壁汽车工程职业学院调研。深入学院实验实训场地实地察看学院办学条件，听取学院工学结合、校企一体开展情况的介绍，充分肯定本院“一体三合四双”取得的成绩。

【合作专升本】　学院自成功筹建和启动办学以来，合作升本就是学院自始至终的重点工作。7月15日，鹤壁市人民政府与黄河科技学院在鹤壁汽车工程职业学院基础上合作共建鹤壁市第一所本科院校——黄河科技学院汽车学院成功签约。黄河科技学院汽车学院项目建设已列为鹤壁市重点项目，筹建工作正有序开展。

【特色院校建设】　根据《河南省教育厅、河南省人力资源、社会保障厅、河南省财政厅、河南省发展和改革委员会关于编制2012～2015年河南省职业教育品牌示范院校和特色院校建设项目规划的通知》精神，学院积极进行河南省职业教育特色院校建设项目的申报工作。经专家组严格的评审认定，学院被河南省教育厅、河南省人力资源、社会保障厅、河南省财政厅、河南省发展和改革委员会批准列入2012～2015年河南省职业教育品牌示范院校和特色院校建设项目规划。3月7日，经省教育厅综合评定，鹤壁汽车工程职业学院被评定为2013年高等职业院校单独招生改革试点院校。具备单独招生资格的院校均为国家示范性高等职业院校（含骨干校）、省级示范性高等职业院校（含骨干校）和招生管理规范且具有办学特色的高职院校。根据河南省人民政府《关于全面提高高等教育质量的若干意见》和《关于印发河南省职业教育校企合作促进办法（试行）的通知精神，按照《河南省教育厅关于申报2013年度河南省高等职业教育示范性实训基地建设项目的通知》要求，经省教育厅专家组评审，鹤壁汽车工程职业学院汽车检测与维修技术专业实训基地被确定为本省2013年度高等职业教育示范性实训基地建设项目。7月4日，河南省教育厅公布2013年度河南省高等学校“专业综合改革试点”项目，学院汽车检测与维修技术专业获得批准立项建设。这标志着学院汽车检测与维修专业进入省级综合改革项目行列。

【特色专业】　学院始终坚持以特色专业建设为抓手来提升和发展内涵。汽车检测与维修专业和汽车电子技术专业分别获得河南省“专业综合改革试点”项目立项及品牌专业和特色专业；紧盯市场和社会需要，当年新增建筑工程技术专业，计算机网络技术、航空服务和计算机辅助设计与制造等4个专业，使学院专业（含方向）达到17个。学院已建立天海集团、航盛电子、鹤壁富士康、郑州宇通等10多个人才培养基地，已建成汽车电子实验室、汽车发动机实验室、富士康机器人实验室等10多个校内一体化实验室；制定创业型人才培养方案，探索创业型人才培养模式，依托天海集团等企业培养一定比例的“小老板”。2013年学院教育教学和教改取得多项成绩。学院党委书记、院长李敏教授撰写的论文《提高民办高校毕业生就业质量浅析》、《基于科学人才观的高职院校人才培养研究》分别被评为河南省社科联二等奖、鹤壁市科学人才观征文二等奖；党委委员、副院长齐建民主持的《高职院校学生干部如何处理突发性事件研究》获省教育厅结项；副院长侯守明博士主持的《高职学生就业教育模式研究》、孙现国讲师主持的《高职学生国际化就业能力培养研究》等9个省级课题已获准立项。

【对外合作交流】　在市委、市政府和学院董事会的大力支持和帮助下，与富士康科技集团签订校企合作协议，在学院成立富士康班，为富士康项目落户鹤壁提供全力支持，为富士康（鹤壁）科技园项目及全市经济建设和发展提供人才支撑。与河南工业大学共同举办在职工程硕士研究生班，联合培养适应本市经济发展方式转变和产业结构优化升级所需的高层次工程技术人才。认真贯彻落实中央新疆工作座谈会和全国对口援疆工作会议精神，承办新疆学员班。

【科研工作】　学院结合鹤壁市产业现状，启动“超微光谱技术的食品安全和健康管理检测课题”项目研究。赵平堂博士后主持的《复合镀层的制备及组织性能研究》、刘哲博士主持的《高职院校物流专业“校企一体、工学结合”人才培养模式的实践研究》等9个省级科研课题已获准立项；电动汽车研究工作也取得理论性进展；完成创新设计14项，其中发明专利5项，实用新型专利9项；汽车拆解再制造中心开始投入生产，紧密结合教学所生产的设备吸引不少高中职院校；院刊水平逐渐提高，所刊论文已为多家报刊杂志采用。

（张　华　申　圣）

科　　学

自然科学

·综　　述·

【概况】　2013年，全市科技工作围绕煤电化材、食品加工、汽车零部件、电子信息等重点产业，通过国家、省、市科技计划的支持，一批促进产业升级和结构调整的共性关键技术研究开发取得突破性进展，成为科技支撑重点产业发展的亮点。新启动实施重大科技专项6项，涉及项目总投入5.1亿元，研发投入3200万元，可新增销售收入7.9亿元，攻克"烟气脱硝SCR催化剂"等一大批核心关键技术，加速"阵列波导光栅芯片"等一大批成果的产业化，培育形成一大批新的经济增长点。实施高新技术产业化项目6项，总投资近3.4亿元，带动项目单位研发投入2200万元，可新增销售收入5.9亿元。组织实施国家农转资金重大项目"鸡肉安全生产质量监测技术示范应用"等一大批农业科技项目，取得良好的经济和社会效益。继续实施国家粮食丰产科技工程，再创高产纪录6项，累计创纪录25项，形成栽培技术集成化、生产管理标准化、指导服务信息化的小麦玉米一年两熟丰产均衡增产高效利用技术体系。通过实施创新主体培育工程，新培育鹤壁市帅特电气有限公司等12家市创新型试点企业，总数达到73家；新培育高新企业5家，高新技术企业后备企业6家。加强研发中心建设。依托河南恒瑞橡塑科技股份有限公司等单位新建25家市工程技术研究中心，70%建在产业集聚区。引导、扶持和培育产业技术创新战略联盟。上报了肉禽、高性能镁及镁合金、汽车电器等3家省级产业技术创新战略联盟，新组建了肉禽加工、金属镁、汽车零部件3家市级产业技术创新战略联盟。国家可持续发展实验区申报成功；国家农业科技园区申报成功，创建工作经验在全国农业科技园区培训会上进行了交流；全年争取上级资金1675万元，为目标任务的335%；招商引资到位资金5550万元，为目标任务的121%；承担重大科技专项6项；承担863计划项目1项，列入后备库1项；承担创新基金项目8项；高新技术产业化项目6项，项目承担数量继续在全省处于领跑地位；全市五个县区和市本级顺利通过2010~2012年度国家科技进步考核；全市规模以上高新技术产业增加值占工业增加值的比例增长23.7%；专利申请量达到550件，国际PCT专利申请实现突破，成功申请3件国际PCT专利，标志着企业自主创新能力在快速增强，企业国际市场竞争能力和全市的知识产权保护意识在不断提高。召开高规格的全市科技创新大会，出台《鹤壁市科技创新计划2013—2015年》。《计划》着重以促进科技与经济紧密结合为突破点，以引进消化吸收再创新为主要途径，以集中资源实施重大科技项目为重要抓手，突破关键核心技术，解决本市经济社会发展中的突出难题和技术瓶颈，为全市在中原经济区建设中先行先试走在前面提供强有力的科技支撑。荣获市综合考评优秀奖、市政府目标管理先进单位、招商引资先进单位等荣誉。

市科技局内设办公室、计划和条件财务科、高新技术和国际合作科、农业和社会发展科技科、科技成果和技术市场管理科5个科室。局机关编制为17名。其中，局长1名，副局长3名，纪检组长1名；正副科级领导职数8名。下辖市知识产权局、市地震局、市科技情报研究所。

【科技情报研究所工作】　2013年，鹤壁市科技情报所坚持以"如何把情报工作的重要性在全局工作中突显出来、如何使科技情报工作在服务科技创新体系建设中有所作为"为主题，面对科技、经济和社会发展的新形势，坚持以解放思想为先导，以改革创新为动力，以强化技术咨询、信息服务和科技宣传为抓手，以实现服务社会化、结构网络化、管理规范化为目标，围绕市委、市政府及科技管理部门宏观战略决策，主动为领导决策服务，为全市主导产业服务，为企业技术创新与产学研结合服务，在科技信息资源共享、信息服务、情报技术咨询、科技宣传、实用技术推广等方面取得显著成绩。全年共收录专家信息300余条。提供博士信息200余条，为市委组织部提供专家信息80余条。提供"秸秆实现100%转化，助推循环经济"、"改变人类生活的十大生物技术"、"十二五我国轮胎行业七大发展趋势"等技术信息26条。结合产业创新计划的实施，编印"迈向健康城市化的新型模式与政策建议"和"农民工家庭城市融入的制约因素与对策分析"、"河南省科技金融发展现状及对策"等科技信息24期。"鹤壁科技信息网"更名为"鹤壁科技网"，下载适合经济发展的技术情报信息180余条，对外宣传科技成果、技术需求36项。

【科技服务】　一是技术政策服务。利用国家2008年修订《高新技术企业认定管理办法》的各项优惠政策，先后争取15家企业被认定为高新技术企业；为36个科技项目进行研发费用认定，认定研发费用3186万元，为企业申报国家、省各类科技项目和不断提高科技自主创性能力奠定基础。二是创新平台服务。帮助企业组建和申报工程技术研究中心、重点实验室、院士工作站等研发平台。认定省级工程技术研究中心14家，市级工程技术研究中心104家，市级重点实验室家4家，省院士工作站2家。三是科技项目服务。抓住国家和省调整提升产业结构，大力发展战略性新兴产业的有利机遇，向上级部门争取，通过调研论证先后推荐66个项目申报国家863计划、国家科技型中小企业创新基金、省重大科技专项、科技计划等项目。其中，河南仕佳光子公司"宽带光网络用硅基PLC型AWG与VOA集成芯片关键技术研究与开发"项目列入国家863计划专项，408万支持资金已到位；2个省重大科技专项支持资金400万元，2个省高新技术产业化项目支持资金266万元；来恩伟业（鹤壁）电子科技公司的"站内轨道电路系统专用耐高温直流脉冲电容器"等6个项目列入2013年国家科技型中小企业技术创新基金计划，获支持资金400万元。四是技术创新服务。鼓励企业技术创新，不断提高企业市场竞争力。在省级产业集聚区内开展消除企业"零专利"专项行动，共帮助企业申请专利448件；根据企业技术、人才需求，实施2013年"科技特派员行动计划"，选派25名市内外科技人员，深入基层和企业，通过采取现场技术指导、举办技术骨干培训班等形式，为企业提供科技服务；实行企业分包服务，局机关各业务科室对口联系若干家重点企业，帮助企业充分利用好科技政策，协调解决企业在技术创新中遇到的实际困难和问题，不断提高科技发展服务水平。

【科技活动周暨科技教育日】　按照省市的安排部署，鹤壁市第十三届科技活动周暨鹤壁市第二届科技教育日于5月17日~23日在全市举行。科技活动周暨科技教育日围绕"科技创新·美好生活"这一主题，及时部署，迅速行动，组织开展一系列内容丰富、形式多样的科技活动。期间，组织市、县区各类科技专家参加科技咨询活动116余人次，解答各类科技咨询5410余人次；举办科技讲座6场，参加人员1320余人；举办青少年科技创新大赛1场，74个学校代表队800余名学生参加；集中组织科技下乡15次，科普进社区12次，科普进校园6次；展出科普展板2730余块、挂图560余张，悬挂标语横幅43余条；发放科技图书8410余册，各类宣传资料64550余份；出动车辆81余次；各类新闻报道12次；全市在活动周期间投入科普经费9万余元；直接参与科技活动的群众达37900余人。主要特点：一是针对性强。除举办常规的科普活动外，还针对减灾防灾、食品卫生安全、生态环保、应急避险、低碳节能、健康生活等百姓生活密切相关的热点问题，组织科学使者开展科普进校园、进社区活动，普及科技知识，增强科技意识。二是形式新颖。在科技活动周暨科技教育日期间举办青少年科技创新成果和科学探究竞赛活动，通过科研机构和重点实验室向社会开放活动，让干部职工、学生和人民群众走进科学殿堂，近距离接触科研活动，感受科技创新的魅力。三是参与度高。参与科技活动周暨科技教育日的市直部门达到64个、企业23个、学校74个，参与群众和学生达到4万余人次，均比往年有较大幅度增长。

【召开全市科技创新大会】　6月7日，市委、市政府召开2013年全市科技创新大会，贯彻落实全国、全省科技创新大会精神，回顾总结2008年以来科技工作，表彰先进，安排部署国家可持续发展实验区和科技创新计划等重点工作，加快建设创新型鹤壁。市委书记魏小东出席会议并作重要讲话，市长范修芳主持会议，副市长高雅玲通报全市科技创新工作。市人大常委会主任李连庆、市政协主席张俊成、市委常委、宣传部长李军等领导参加会议。各县区党委、政府主要负责同志和分管负责同志、科技局局长、市有关单位和产业集聚区、重点企业、高校及部分科研机构负责同志等260人参加会议。会上宣读《鹤壁市人民政府关于2012年度鹤壁市科学技术奖励的决定》，对荣获2012年度鹤壁市科学技术奖的单位进行表彰。对获得省工程技术研究中心、高新技术企业、创新型企业、创新型试点企业、知识产权优势企业、节能减排示范企业等荣誉的企业进行颁奖。各县区、市直

举办知识产权培训班　　市科技局　供稿

单位代表向副市长高雅玲递交《国家可持续发展实验区目标责任书》。

【3项目获省科技成果转化项目支持】 省科技厅下发《关于下达2013年河南省科技成果转化项目经费预算的通知》，浚县丰黎种业有限公司的“浚研158玉米杂交种的中试与示范”、鹤壁市宝发能源科技股份有限公司的“甲醇合成放空气分离回收车用天然气技术集成及产业化”、河南沃德新世纪能源股份有限公司的“高效节能复合新材料对流散热器中试”3个项目获省科技成果转化项目经费支持各30万元。

【签订战略合作框架协议】 2013年，在满洲里举行的中国北方国际科技博览会（第十届中俄蒙科技展暨高新技术产品展览会）上，鹤壁市的河南东大高温节能材料有限公司与俄罗斯科学院西伯利亚分院签订战略合作框架协议，双方将在新产品研发、人才培养、科技平台建设、高新产品推介等方面进行深度合作交流，推动等离子技术与热工等高新技术成果转化，打造高温节能材料新高地，在高温节能材料领域开启互利共赢新篇章。

【获批国家农业科技园区】 9月5日，科技部批准鹤壁市省级农业科技园区正式成为国家级农业科技园区。自2012年4月，鹤壁市抓住创建国家农业科技园区的有利机遇，启动鹤壁国家农业科技园区建设工作，全力做好园区申报材料、园区规划材料的组织编写等申报筹备工作。2013年8月，参加科技部国家农业科技园区的专家评审会，完成申报的答辩工作。获批后的鹤壁国家农业科技园区，其核心区面积3613公顷，示范区面积8000公顷，辐射区面积20万公顷，计划总投资规模为5.3亿元。鹤壁国家农业科技园区将依托中国农业大学、中国农科院、河南农业大学、河南工业大学、河南省农科院等高等院校、科研院所的技术优势，充分利用鹤壁市农业科研实力较强、农业产业化较强等优势，以粮食产业为主导，通过技术创新和体制创新，建设拥有新型农业生产经营模式的现代化农业科技园区，进而示范和辐射带动全省现代农业跨越式发展。

【省高新技术企业认定】 11月27日，鹤壁市煤化机械有限责任公司、鹤壁市双力橡塑有限公司、鹤壁联昊化工股份有限公司、河南沃德新世纪能源股份有限公司、河南省恒隆态生物工程股份有限公司等5家企业通过省高新技术企业认定专家评审，被省高新技术企业管理领导小组批准为高新技术企业，享受国家和省对高新技术企业给予的优惠政策，从2013年起的3年里，可享受15%企业所得税税率的优惠政策。河南永达食业（集团）有限公司被确定2013年度河南省创新型企业；鹤壁佳多科工贸有限责任公司、河南飞天农业开发股份有限公司被确定为河南省创新型试点企业。至此，鹤壁市的省创新型企业已达3家，省创新型试点企业达8家。

附：

2013年度鹤壁市高新技术企业一览表

序号	企业名称	所属领域	认定时间
1	河南天海电器有限公司	改造传统产业	2008年
2	鹤壁海昌专用设备有限公司	改造传统产业	2009年
3	河南省恒隆态生物工程股份有限公司	生物与新医药	2010年
4	鹤壁百运佳印务有限公司	新材料	2010年
5	河南仕佳通信科技有限公司	电子信息	2010年
6	鹤壁天汽模汽车模具有限公司	改造传统产业	2011年
7	鹤壁佳多科工贸有限责任公司	生物与新医药	2011年
8	河南永昌飞天淀粉糖有限公司	生物和新医药	2011年
9	鹤壁宝发能源科技股份有限公司	资源与环境	2011年
10	维恩克（鹤壁）镁基材料有限公司	新材料	2011年
11	鹤壁天淇汽车模具有限公司	改造传统产业	2012年
12	鹤壁市煤化机械有限责任公司	改造传统产业	2013年
13	鹤壁市双力橡塑有限公司	新材料	2013年
14	鹤壁联昊化工股份有限公司	新材料	2013年
15	河南沃德新世纪能源股份有限公司	新材料	2013年

【科技创新人才计划项目】 2013年，鹤壁市无线电四厂工程技术中心刘旭生主持的“SZ/1008宽频域多制式大区机动通信系统”项目被列入2013年河南省科技创新人才计划项目，并获50万元资金支持。这是鹤壁市首次获得该项目资金支持。河南省科技创新人才计划重点资助在豫工作的国内外优秀科技创新人才，开展自然科学和工程技术领域的科技创新活动，解决经济和社会发展中的关键共性技术问题以及基础研究与前沿技术问题。

【中国（鹤壁）农业硅谷产业园开园】 7月，中国（鹤壁）农业硅谷产业园一期工程完工，标志着硅谷产业园投入使用。200多名来自全国各地的农业科技专家参加中国（鹤壁）农业硅谷产业园开园仪式暨联合实验室启动仪式，并参观硅谷产业园的智慧农业展示大厅、物联网研发基地等项目。农业硅谷产业园是北京农信通科技有限公司投资建设的以农业信息技术为主题的研发、中试、培训、推广服务基地，该项目分四区六园多中心，一期工程占地5.6公顷，完成投资7800万元，建设了云计算、大数据中心、呼叫中心、智慧农业展示大厅等项目。硅谷产业园宗旨是以高科技支撑农业，以信息技术服务农业。硅谷产业园项目整体建成后，可安排高端就业人员5000余人，年产值达到20亿元，增加社会收入200亿元。

【承担重大科技专项】 河南仕佳光子科技有限公司的“光分路器及阵列波导光栅芯片产业化”项目和河南东大高温节能材料有限公司的“宽温度低成本烟气脱硝SCR催化剂成套生产技术产业化研究与示范”项目分别获2013年省重大科技专项200万元资金支持。省重大科技专项实施以来，鹤壁市已有5个项目列入其中，数量位居全省各省辖市前列。4月21日，鹤壁市首次承担的国家863科技计划“光电子集成芯片及其材料关键工艺技术”主题项目启动仪式在河南仕佳光子科技有限公司举行。“光电子集成芯片及其材料关键工艺技术”为鹤壁市承担的第一个863计划项目，项目总经费预算1828万元，其中863计划专项经费预算828万元，项目牵头单位为河南仕佳光子科技有限公司。本项目面向宽带光网络应用，针对光子集成中的关键问题，发展新的器件结构及集成方法，寻求高性能光电子集成芯片及其材料关键工艺前沿技术的解决方案，实现由分立器件向光子集成芯片的突破。项目下设两个课题，“100Gb/s多波长并行高速光探测集成芯片”和“宽带光网络用硅基PLC型AWG与VOA集成芯片关键技术研究与开发”，分别由中国科学院半导体研究所、河南仕佳光子科技有限公司承担。当年，国家科技部批准鹤壁市的“计量防遥控作弊监控仪”等6个项目获得国家创新基金立项，获国家级科技财政资助400万元。

【工程技术研究中心】 2013年，市科技局组织专家对申请市级工程中心的单位进行评审论证，批准鹤壁腾天光通信技术有限公司、河南恒瑞橡塑科技股份有限公司等25家符合条件的单位建设鹤壁市工程技术研究中心。全市已建成市级工程技术研究中103家，省级工程技术研究中心14家。

附：

2013年度荣获河南省科学技术进步奖一览表

奖项	项目名称	完成单位	获奖人员名单
三等奖	HB/2012型基于频谱监测移动信息系统关键技术应用与研究	鹤壁市无线电四厂工程技术研究中心	刘旭生 贾卫红 陆 敏 王玉磊 刘永凯 齐文洲 黄光琪
三等奖	高产多抗小麦新品种鹤麦1号的选育及应用	鹤壁市农业科学院	苌收伟 臧 鑫 郭民华 梁增灵 何爱丽 程玉红 郭太忠

2013年度鹤壁市科学技术进步奖表

奖项	项目名称	完成单位	奖励人员
一等奖	新型大直径通道密集型多孔陶瓷膜及组件的研制与产业化	河南方周瓷业有限公司 清华大学	汪长安 王永斌 王迎祥 刘瑞平 王迎奎 付一磊 周 晨 黄 勇 袁待群
一等奖	基于卫星平台的双频动中通信息交换系统关键技术应用与研究	鹤壁无线电四厂工程技术研究中心	刘旭生 杨国平 陆 敏 王玉磊 袁 广 齐文洲 高全胜 李景玉 周俊平 汪军秀 杨淑霞 刘永凯

续表一

奖项	项目名称	完成单位	奖励人员
一等奖	多酶协同法生产小麦高F值低聚肽	河南飞天农业开发股份有限公司	李林海 董得平 李文科 冯军伟 苏雪锋 侯银臣 陈金强 苗文革 邵金海 高素珍 苏万峰 张巨强
二等奖	汽车CAN总线车身控制系统	河南天海电器有限公司	张景堂 李海方 张玉平 贾天阳 丁元淇 谷孝卫 王贺飞 张 义 周 萍 张 星
二等奖	传统酱卤类肉禽调理食品工业化关键技术	河南大用实业有限公司	张相生 白艳红 张 萍 赵慧娟 王珂 何雷堂 吴晓丽
二等奖	双螺杆挤压营养早餐谷物食品研究与应用	河南帮太食品有限公司 鹤壁市环境保护监测站 鹤壁市质量技术监督检验测试中心 河南非凡食品有限公司	秦令祥 孙学思 高愿军 赵伟民 董社菊 刘 萍 隋志方 师玉忠 赵 源 尹万里
二等奖	5000吨熟料生产线窑尾回灰系统研究应用	河南省豫鹤同力水泥有限公司	悦 伟 冯士国 朱瑞琴 赵子良 孙建勇 王 娟
二等奖	活性益生菌在鹤壁畜禽生产上的应用研究和示范推广	鹤壁市饲草饲料站	何雷堂 吴树文 杨叙国 郑丽敏 卢明维 卢明艳 张艳瑞 张保平 李金喜 李淑沛
二等奖	矿用隔爆型变频调速器	鹤壁市金飞龙电子科技有限公司	王海平 王丽明 琚海涛 王长明 王小波 朱安豫 赵学清
二等奖	铁型覆砂合成铸铁变速箱壳体的研制	鹤壁市亚鹤汽车零部件有限公司	赵守海 马 尧 赵靖宇 李 静 赵 彬 李凤玲 杨志华 苏晓华
二等奖	移动资产盘点管理系统	国网河南省电力公司鹤壁供电公司	段玉峰 赵新甫 李保荣 王凤英 梅林常 夏传鲲 白 璐 乔淑贤 刘云飞 咸 辉
二等奖	鸡肠毒综合症病因及防控技术研究	鹤壁市雨田畜牧兽医技术研究所	何雷堂 杨叙国 卢明艳 张艳瑞 石 华 李淑沛 于瑞敏 张 帆
二等奖	矿井斜巷运输安全监测监控系统研究与应用	鹤壁煤业（集团）有限责任公司 鹤壁华盛监控设备制造有限公司	郭学功 孙成群 闫 军 王国保 陈 达 王文涛 石志强 赵红杰 杨永强 胡恩翰
二等奖	较软煤层大孔径深钻孔高效抽采技术研究	鹤壁煤电股份有限公司第三煤矿	尚云杰 吴海军 杜良荣 熊现国 许鹏飞 许 萍 李学军 王祥涛 周 军 朱海印
二等奖	强流变大断面硐室围岩控制技术研究	鹤壁中泰矿业有限公司	吴振林 张会斌 张启林 王文选 马佃健 芦付松 冯志彬 卢 雨 勾攀峰 韦四江
二等奖	鹤壁矿区深部软岩巷道矿压特征与支护技术研究	鹤壁煤电股份有限公司第十煤矿	朱 江 皮大峰 刘志国 黄枋庆 敖 峰 赵 磊 王 凯 孙庆坤 张付强 张敬伟

续表二

奖项	项目名称	完成单位	奖励人员
二等奖	矿井风门自闭、易开、减震装置的研制	鹤壁煤业（集团）有限责任公司煤炭科学研究所	苏 毅 靳光法 孟 震 张文东 王 逸 王素枝 王改娟 董 勃 张卫华 李 鹤
二等奖	水力冲孔增透卸压防突技术研究	鹤壁煤电股份有限公司第六煤矿 河南理工大学	张志林 秦龙头 张敬书 郭奉贤 张冠军 李 震 朱建安 王云广 张志勇 牛现伟
二等奖	矿井井下主排水地面实时监测、监控、自动排水系统应用	河南金宏煤业有限公司	贾永建 薛佩峰 李现民 杜志清 李焕民 杨 鸣 杜天泽 周艳钦 赵红军 朱嘉玮
二等奖	缬沙坦联合辛伐他汀对颈动脉粥样硬化的治疗作用研究	鹤壁市人民医院	李云富 刘 鹏 李惟国 杨建峰 郭文涛 党彦平 乔社卿 张淑梅 耿秀双 李北方
二等奖	高龄股骨转子间粉碎性骨松骨折的治疗研究	鹤壁市人民医院	王 博 葛邦新 段军富 马平叶 张小冰 姚用花 陈光霞 郑成胜 李 扬 赵自彪
二等奖	儿童呼吸道混合感染的研究	鹤壁市人民医院	徐静鸿 刘明强 李树林 崔清洋 王云花 侯占英 张灵敏 申绍夫 贾金华 侯宁宁
二等奖	火龙灸治疗消化性溃疡的临床研究	鹤壁市中医院	任建坤 牛胜利 丁庆学 葛梅凌 李艳霞 王 斌 牛栋良 王德学 李凯歌 白 玲
三等奖	汽车电器盒隔板总成整体热铆接工艺装备	河南天海电器有限公司	张景堂 王荣喜 王文玲 王武军 王冠军 张义林 丁元淇
三等奖	可膨胀水凝胶弹簧圈栓塞颅内动脉瘤的临床应用	鹤壁市人民医院	李利中 杨东斌 胡成杰 李玉红 杜吴杰 杨 建 吴文甫
三等奖	后路全脊椎截骨术在小儿脊柱侧后凸中的应用研究	鹤壁市人民医院	张康鑫 孙 超 任志娟 尹清力 李荣强 姚志喜 邢 震
三等奖	针刺哑门等穴配合 Vocastim – Master 吞咽治疗仪治疗中风后吞咽困难的临床研究	鹤壁市中医院	邢志强 宋俊建 徐 晔 王建国 薛永杰 王素彦 段秀梅
三等奖	不同数量的椎弓根螺钉在下腰椎融合术中的作用比较	鹤壁职业技术学院	董银平 何光明 牛学义 王跃强 申保国
三等奖	黄淮海夏玉米生态区高产杂交种形态生理特征研究	鹤壁职业技术学院 鹤壁市农业科学院	马守富 王存纲 李银魁 郭太忠 张素娟 王九娣 许 真
三等奖	河南省鹤壁市气象灾害防御规划	鹤壁市气象局	陈海明 邢用书 孙日丁 靳冰凌 芦阿咪 陈道培 常 江

续表三

奖项	项目名称	完成单位	奖励人员
三等奖	鹤煤二矿井田地质构造规律分析研究	鹤壁煤业（集团）有限责任公司第二煤矿	徐 伟 杜良荣 牛孟海 刘贯安 姚六周 游治宏 柴天凯
三等奖	风井压风机余热应用	鹤壁煤电股份有限公司第八煤矿	许留印 吕继峰 孙成群 郭学功 王章利 李平安 刘顺法
三等奖	高强高韧等温淬火球墨铸铁独立悬架系统控制臂	河南欧迪艾铸造有限公司	张国雷 张民堂 杨文清 刘文清 王成亮 贾祥才 王慧民

【科技计划项目申报】 2013 年，全市共 33 个项目被列入国家和省科技计划项目支持，共争取上级资金 1339 万元。其中，河南仕佳光子科技有限公司的“宽带光网络用硅基 PLC 型 AWG 与 VOA 集成芯片关键技术研究与开发”项目列入国家 863 计划项目，获资金支持 408 万元；河南太行全利重工股份有限公司的“清洁化连续冶炼装置产业化”项目和鹤壁佳多科工贸有限责任公司的“鳞翅目、鞘翅目害虫频振生物诱控技术集成熟化及产业化开发”项目被列入河南省高新技术产业化专项资金项目，分别获 200 万元和 180 万元资金支持；河南仕佳光子科技有限公司的“光分路器及阵列波导光栅芯片产业化”项目和河南东大高温节能材料有限公司的“宽温度低成本烟气脱硝 SCR 催化剂成套生产技术产业化研究与示范”项目分别获 2013 年省重大科技专项 200 万元资金支持。

附：2013 年鹤壁市国家科技发展计划项目简表

国家 863 计划项目（1 项）

单位：万元

项目名称	承担单位	主管单位	经 费
宽带光网络用硅基 PLC 型 AWG 与 VOA 集成芯片关键技术研究与开发	河南仕佳光子科技有限公司	开发区科技局	408

2013 年国家中小企业创新基金（11 项）

单位：万元

项目名称	承担单位	主管单位	经 费
YL60－1000L 型车载智能远程风送式喷雾机	河南万丰农林设备有限公司无偿资助	开发区科技局	42
镁合金用高效纳米熔剂	鹤壁市恒丰化工有限公司	淇滨区科技局	56
站内轨道电路系统专用耐高温直流脉冲电容器	来恩伟业（鹤壁）电子科技有限责任公司	开发区科技局	49
计量防遥控作弊监控仪	河南兴德电子科技有限公司	淇滨区科技局	42
高效率高除尘裂化气电滤器	河南绿源新星环保设备有限公司	开发区科技局	42
全封闭清洁生产 2－巯基苯骈噻唑	河南恒瑞橡塑科技股份有限公司	浚县科技局	49
YL60－1000L 型车载智能远程风送式喷雾机	河南万丰农林设备有限公司无偿资助	开发区科技局	10
站内轨道电路系统专用耐高温直流脉冲电容器	来恩伟业（鹤壁）电子科技有限责任公司	开发区科技局	10
计量防遥控作弊监控仪	河南兴德电子科技有限公司	淇滨区科技局	10
高效率高除尘裂化气电滤器	河南绿源新星环保设备有限公司	开发区科技局	10
全封闭清洁生产 2－巯基苯骈噻唑	河南恒瑞橡塑科技股份有限公司	浚县科技局	10

附：2013 年河南省科技发展计划项目简表

2013 年河南省科技成果转化项目（3 项）

单位：万元

项目名称	承担单位	主管单位	经　费
浚研 158 玉米杂交种的中试与示范	浚县丰黎种业有限公司	浚县科技局	30
甲醇合成放空气分离回收车用天然气技术集成及产业化	鹤壁市宝发能源科技股份有限公司	山城区科技局	30
高效节能复合新材料对流散热器中试	河南沃德新世纪能源股份有限公司	开发区科技局	30

2013 年高新技术产业化专项资金项目（2 项）

单位：万元

项目名称	承担单位	主管单位	经　费
清洁化连续冶炼装置产业化	河南太行全利重工股份有限公司	鹤山区科技局	140
鳞翅目、鞘翅目害虫频振生物诱控技术集成熟化及产业化开发	鹤壁佳多科工贸有限责任公司	开发区科技局	126

2013 年省重大科技专项（2 项）

单位：万元

项目名称	承担单位	主管单位	经　费
光分路器及阵列波导光栅芯片产业化	河南仕佳光子科技有限公司	开发区科技局	200
宽温度低成本烟气脱硝 SCR 催化剂成套生产技术产业化研究与示范	河南东大高温节能材料有限公司	开发区科技局	200

2013 年河南省科技攻关项目（3 项）

单位：万元

项目名称	承担单位	主管单位	经　费
即食早餐谷物片关键技术研究（科技攻关）	河南帮太食品有限公司	鹤山区科技局	10
废金属破碎分选技术及设备的研究与开发（科技攻关）	河南太行全利重工股份有限公司（河南省炼钢节能设备工程技术研究中心）	鹤山区科技局	10
水生植物抑藻剂的研究与开发	河南金山环保科技工业园有限公司	开发区科技局	10

2013 年河南省科技型中小企业创新资金项目（8 项）

单位：万元

项目名称	承担单位	主管单位	经　费
裸眼 3D 立体显示系统	河南三阳光电有限公司	开发区科技局	10
高频高速测硫仪	河南鑫科分析仪器有限公司	开发区科技局	10
高精确新型镭射墨线仪	鹤壁丰元科技有限公司	开发区科技局	10
无缝隙实芯纯钙包芯线	鹤壁市维多利金属有限公司	开发区科技局	10
ST/JC－021 汽车灯具线束检测设备	鹤壁帅特电气有限公司	开发区科技局	10
镁合金折叠智能运动自行车	河南美丽鸟车业有限公司	开发区科技局	10
全时四驱差速传动装置	鹤壁淇林车辆传动有限公司	开发区科技局	10
基于（PLC）新型提升机变频电控系统	鹤壁市金飞龙电子科技有限公司	山城区科技局	10

2013 年河南省科技开放合作项目（3 项）

单位：万元

项目名称	承担单位	主管单位	经　费
关联分析结合连锁分析鉴定玉米产量相关性状 QTL	鹤壁市农科院	市科技局	30
乳酸芽孢杆菌在家禽养殖业中的应用	河南大用实业有限公司	淇县科技局	30
双螺杆挤压营养早餐谷物食品研究与应用	河南帮太食品有限公司	鹤山区科技局	30

（张福林）

·地震工作·

【概况】 2013 年，根据《河南省人民政府办公厅转发省地震局关于 2013 年河南省地震趋势和进一步做好防震减灾工作意见的通知》精神，市地震局紧紧围绕地震监测预报、震害防御、应急救援三大体系开展工作，依照主动防灾、科学避灾、有效减灾的工作思路，各项工作稳步推进，取得较好成绩：（一）围绕震情，强化震情监视跟踪；一是围绕震情制定鹤壁市震情短临跟踪工作方案，明确工作任务，在此基础上，年初又与两县三区签定“鹤壁市震情短临跟踪工作”责任目标，把目标进行细化，强化责任，明确分工，切实把震情短临跟踪落到实处；二是各测报点实行日报告和零报告制度，坚持当天数据当天处理当天上报，不定期对测报点进行检查，及时发现问题，保证数据的连续可靠；三是对测报员进行业务培训；培训采取现场和集中培训两种方式，全年组织开展集中培训 8 次；四是筹措 10000 余元经费，对全市 20 余个测报点的测报人员进行工作补贴，进一步稳定一线工作队伍；五是制定测报点工作和奖惩制度，规范工作程序、责任和要求，增强测报人员的责任感和使命感；六是围绕防震减灾工作三大体系，开展“八库”建设，分别为“建设项目审批管理库、应急预案数据管理库、三网一员管理库、志愿者队伍管理库、灾情速报管理库、示范学校管理库、宣传资料管理库以及文件资料管理库”等八库建设工作，服务社会管理和经济建设更加高效和便捷。积极推进“三网一员”（地震宏观测报网、地震灾情速报网、地震知识宣传网、防震减灾助理员）队伍建设。由过去的以点带面，到现在的全面铺开向纵深发展。“三网一员”由过去的 40 人，增加到近 1000 人，涵盖到全市每个行政村，村支书为第一责任人，从而进一步完善群测群防网络，形成市、县、乡、村四级联动网络，全市共确定乡镇助理员 44 名，宏观观测点 38 个，村级防震减灾联络员 942 名，拓宽灾情信息的获取渠道，为及时发现、认真核实各类异常现象，努力捕捉地震前兆信息提供了保证；七是坚持与周边市的震情会商交流与合作。4 月底和 9 月初参加在邢台和晋城召开的晋、冀、鲁、豫四省联防会，强化资料的分析研判和异常落实，密切跟踪震情趋势变化；八是坚持周、月震情会商制度和 24 小时震情值班制度以及重大震情报告制度；编发月震情报告 8 期，组织月会商 10 次，会同省地震局、安阳地震局落实地震异常 2 次；九是由市政府督查室和市地震局组织开展较大的全市性督导检查 2 次，发现并协调解决问题 3 次；其中，督导协调山城区避险避难场所建设进展明显，淇县地震台站建设积极推进，在协调云梦山风景管理区的基础上，重新启用云梦山地震台建设项目，届时，鹤壁市将拥有浚县豫北中心地震台、淇县云梦山地震台以及鹤煤集团地震台三个多手段的专业地震台。在全省率先实现“一县一台”的建设目标。组织开展 2014 年鹤壁及邻区地震趋势总体研究报告的编写工作，对 2014 年度地震趋势作出初步判断；共组织编写各类综合趋势研究报告 3 篇，专题研究论文 2 篇。

【地震台网建设】 编制完成鹤壁市地震台网规划，统筹市县资源，明确台网布局和建设目标。由国家投资 48 万元用于鹤壁地震台（鹤煤集团地震台）数字化改造项目。9 月中旬，已完成全部设备的安装和调试，进入试运行阶段。

【“5.12”宣传教育活动】 5 月 12 日是全国第五个减灾日大型宣传活动，为切实做好“5.12”期间的各项宣传教育活动，鹤壁市地震局从 4 月初就安排部署。积极与市应急办协调沟通，由市应急办牵头通过政府搭建平台，建立起各县区及市直各部门共同参与的格局。活动现场开展消防救生、医疗救助、民政救灾、专家义诊、志愿者宣传等多种活动，出动应急车辆 10 台次，展板 10 余幅。场面宏大、内容丰富，使得鹤壁市“5.12”防灾减灾日主题宣传周宣传教育活动精彩纷呈、亮丽多彩；已成为本市重大宣传活动的重要平台之一；命名淇滨中学等八所鹤壁市第三批市级防震减灾科普示范学校，10 月，配合省地震局对兰苑中学、湘江中学申报省级防震减灾科普示范学校进行验收；

·知识产权保护·

【概况】 2013 年，市知识产权局深入推进实施知识产权战略，大力推动全市知识产权创造、运用、保护、管理工作全面发展，使本市的知识产权环境建设和管理水平不断提升，知识产权意识大幅度增强，有力促进了企业和产业核心竞争力的增强和可持续发展。1. 专利质押融资再创新高，质押融资达 8400 万元。为解决中小企业融资难，促进专利成果的转化，开展知识产权质押贷款工作。5 家企业专利评估额度达到1.9535亿，贷款8400多万元。永达公司专利质押融资银行贷款4500万元；百运佳专利质押融资银行贷款1500万元；恒瑞橡塑专利质押融资贷款400万元；联昊化工专利质押融资贷款1000万元；佳多科工贸专利质押融资银行贷款1000万元。2. 知识产权优势培育成效显著，培育知识产权优势企业区域11家。大用公司、天海公司荣获国家知识产权优势企业；淇县被评为省级知识产权优势培育区域；宝山产业聚集区被评为为省级知识产权优势培育产业集聚区，佳多公司被评为省知识产权优势培育企业"，鹤壁煤化机械责任有限公司等6家企业被认定为鹤壁市第六批"知识产权示范企业"。3. 专利申请的质量稳步提升，全市专利申请580件。4. 知识产权宣传培训特色鲜明、层次高，进一步提升全市的知识产权意识。举办各类培训班10次，培训各类人员600人次。在全省率先开展《企业知识产权管理规范》（国家标准）培训班，举办效果显著的《知识产权质押融资培训班》、《知识产权维权援助暨法律知识讲座》和《产业集聚区骨干企业知识产权培训班》等培训。组织相关单位在新世纪广场举办4.26知识产权宣传日活动，副市长高雅玲参加活动，展出展板160余块，散发宣传资料30000余份。5. 知识产权执法、维权援助得到强化，获准建立知识产权维权援助中心。经河南省知识产权局批准，成立河南（鹤壁）知识产权维权援助中心，这标志着鹤壁市正式启动知识产权维权援助工作；全市共出动执法人员300人次，对全市涉嫌知识产权违法行为进行检查和集中整治；成功调处专利侵权纠纷案件5起专利侵权纠纷，调处率达到100%。帮助太行重工挫败意大利在华公司诉其专利无效案件，维护企业的合法权益。6. 开展产业集聚区规模以上工业企业消除零专利行动。浚县产业集聚区40家企业参与消零活动，其中36家企业申报专利。7. 在各类媒体发稿20篇、省局网站发稿33篇、征订知识产权报80份。8. 组织企业和单位实施知识产权战略3家。根据《鹤壁市知识产权战略实施意见》，及时发布《关于贯彻落实鹤壁市知识产权战略实施意见2013年年度推进计划》。成员单位、县区根据推进计划，制定工作方案。重点实施以煤电化材一体化产业、机械制造业、食品工业等全市重点产业发展的知识产权战略，强化知识产权法规、规章和政策体系建设，深入推进市场主体自主创新能力建设，强化知识产权保护、管理和执法体系建设。9. 一项专利获得中国专利优秀奖。第十五届中国专利奖11月11日在京揭晓，鹤壁百运佳大豆油墨科技有限公司的发明专利"环保型大豆油胶印金属油墨"（专利号ZL200610008196.4）获得中国专利优秀奖。

【举办"4.26世界知识产权日"活动】 4月26日，鹤壁市知识产权局、公安局、工商局等23个鹤壁市知识产权战略领导小组成员单位、各县区科技局及数十家知识产权优势企业联合在市新世纪广场举行以"培育知识产权文化，促进社会创新发展"为主题的"4.26世界知识产权日"宣传活动仪式。现场展出版面136块，发放《中华人民共和国专利法》、《知识产权基础知识》、《专利对于企业的作用》等宣传资料5000余份，接受咨询100余人次。副市长高雅玲、市人大副主任聂玺以及市知识产权工作领导小组各成员单位相关领导出席活动仪式。

【知识产权质押贷款工作】 为保障有核心技术的中小企业成长，通过鹤壁市知识产权局的不懈努力，鹤壁百运佳印务有限公司有2个发明专利，在上年专利质押贷款1500万元的基础上，农发行又追加1500万元；永昌公司12项实用新型专利在农发行专利质押贷款3000万元。佳多科工贸、士佳通信、东大高温三企业从中行专利质押贷款300多万元。这5家不同程度享受省知识产权局的贴息政策，在全省尚属首次。

【统一配备执法服装】 为进一步加大专利行政执法力度，规范执法行为，提高专利行政执法工作的严肃性，鹤壁市知识产权局按照省知识产权局统一的服装制式为市局以及四区两县局的执法人员配备服装。执法服装分为春秋、夏季和冬季三种款式，藏蓝色的外套显得非常庄重，双肩上配嵌有知识产权徽标的肩章，并配有"知识产权执法"胸牌。

（张福林）

·农业科学·

【概况】 2013年，市农科院围绕市委、市政府的重要工作部署，以强烈的事业心和责任感，奋发有为的精神状态，扎实有效的工作作风，求真务实，敬业实干，开拓进取，奋力拼搏，狠抓各项工作的落实，在科研项目研究、科技成果转化、技术创新、学习型党组织建设、精神文明建设等方面取得显著成效。完成组配浚单509、浚单3136两个优良玉米杂交种并参加湖北、陕西夏玉米区域试验工作；完成组配的6个优良玉米杂交种参加河南、河北省级玉米预备试验工作。完成承担的国家、省级玉米试验任务，并已完成试验的上报总结工作。在农科院示范园区和钜桥万亩核心示范区，集中展示和示范浚单26、浚单28、浚单29等玉米品种，同时展示并向全国发布浚单0898、浚单509、浚单3136、浚单5602等4个永优浚单玉米新品种。浚单98-3玉米新品种选育及应用项目荣获鹤壁市科技进步二等奖。

【小麦新品种选育】 承担完成国家旱地小麦新品种区域试验、河南省旱地小麦新品种区域试验、生产试验、预备试验、河南省冬水高肥小麦新品种区域试验等研究课题。选育的小麦新品种鹤麦801，参加2013年河南省旱地小麦生产试验，表现出较好的抗旱性、抗寒性、抗逆性、丰产性，完成试验程序，通过本年度河南省品种审定，并向农业部申报鹤麦801的品种权保护。鹤麦一号小麦品种选育及应用项目荣获2013年河南省科技进步三等奖。

【承担完成国家相关课题研究项目】 召开海南繁育基地体系开放日观摩会议，全国100多位玉米专家对浚县试验

副省长徐济超（前右三）在农科院调研　　市农科院　供稿

站的试验安排和管理措施给予高度评价。浚县试验站与5个示范县共同配合完成产业体系玉米种植意向备耕备播情况的调研工作。完成承担的玉米新品种展示、筛选、耐密、化控抗倒伏、光热试验、单粒精密播种机试验、山东农科院鉴定、体系田间开放日材料扩繁、主推品种物候期调查等10多项试验的播种、管理、调查、记载工作及总结上报工作。召开国家玉米产业技术体系黄淮海区示范基地建设观摩会暨研讨会，来自全国玉米产业技术体系的专家以及黄淮海各地区的技术骨干共70余名参加会议。完成省超级产粮大省奖励资金项目，包括仪器采购合同签订、仪器接收、安装、调试、验收、培训等工作，正在准备项目验收材料；完成玉米抗倒伏种质改良相关科研工作。包括海南加代种质材料的考种、标记检测，夏播材料筛选、授粉及标记检测工作。已经标记筛选20000个pcr样品，正在筛选海南种植材料。9月15日，河南永优种业科技有限公司“玉米新品种观摩暨信息发布会”召开。来自河南、河北、山东、山西、陕西、内蒙古、江苏、安徽、湖北等省（自治区）的300余名种业企业代表参加会议。

【科技成果转化】 粮食丰产科技工程一万亩核心区小麦、玉米田间管理工作按时、保质、保量完成。6月12日小麦产量经专家实打验收，百亩攻关田平均亩产618.47公斤，万亩核心区平均亩产509.11公斤；9月23日，玉米产量经专家实打测产验收，刘寨万亩核心高产创建示范片平均亩产873.4公斤，全市39个万亩玉米高产创建示范片平均亩产718.8公斤，与2012年的平均亩产715.6公斤相比，高出3.2公斤，再创新高，实现玉米超高产技术模式的创新。安排6名专业技术人员长期在钜桥镇刘寨万亩示范方进行技术指导和技术服务，培训农村科技人员500人次，发放科技宣传资料15000余份。河南永优种业科技有限公司被农业部批准为全国育繁推一体化企业。

【科研项目】 申报的“国家发改委新增千亿斤粮食生产能力规划科技支撑项目－－鹤壁农科院耐密、抗倒、宜机收玉米良种研发基地建设项目”已获得立项，项目资金1400多万元。完成河南省超级产粮大省奖励资金扶持粮油良种培育项目和河南省重大科技专项——玉米耐密株型育种技术研究与超高产玉米新品种选育项目。完成河南省科技成果转化计划（农业）项目——优质广适玉米新品种浚单28综合配套技术研究与示范项目，通过专家组验收。配合市质监局完成市政府下达的创建全国农业综合标准化示范市工作，并被授予“鹤壁市创建全国农业综合标准化示范市”示范单位。

【程相文被推荐为第四届全国敬业奉献模范候选人】 5月23日，根据第四届全国道德模范候选人评选标准和要求，经各市评选活动组委会和社会公众广泛推荐、省有关部门审核、评委会研究，省活动组委会拟推荐鹤壁市农科院程相文等10人为第四届全国敬业奉献模范候选人，并在《河南日报》上进行公示。

（姚金花）

·气　　象·

【概况】 2013年，全市气象工作以需求为引领，坚持“面向民生、面向生产、面向决策”服务理念，扎实推进各项工作进展，气象预报服务水平不断提升，气象为农服务能力持续增强，气象现代化建设进一步加快，全市气象事业呈现良好发展态势，被省气象局评为2013年度综合考评优秀单位，同时荣获创新工作奖；并荣获2013年度完成政府责任目标单位，受到市政府通报表彰。

【气象体系建设】 基层气象预警应急组织体系建设列入市委、市政府2013年鹤壁市十项重点民生工程，以民生工程为载体，全面推进气象预警应急组织体系建设，至11月底，100%乡镇和村实现气象信息服务站的全覆盖。4月14日，由国家卫星气象中心、河南省气象局与鹤壁市政府共建的“鹤壁气象卫星农业遥感应用试验基地”揭牌，正式落户鹤壁。三家共同签署《鹤壁气象卫星农业遥感应用试验基地共建协议》。自2013年1月1日起，中央电视台一套午间《天气预报》节目开始播出鹤壁市天气预报信息。鹤壁的天气情况及城市形象在央视亮相。4月，气象局被市政府确认为市本级行政强制主体，气象行政许可、气象探测环境保护等项目被纳入行政强制执行项目，为实现气象事业全面、协调、可持续发展提供了法治保障。

【为农服务】　浚县、淇县再次被中国气象局确定为中央财政“三农”气象服务专项试点。其中，浚县作为全省唯一的“百县千乡”气象为农服务示范县创建试点，顺利通过中国气象局年度验收，并被认定为全国第一批标准化气象为农服务县；淇县连续三年开展“三农”服务专项试点工作并通过省气象局验收，同时按照“百县千乡”气象为农服务灾害防御示范乡标准，自主实施灵山气象灾害防御示范乡建设。全省首部移动式边界层风廓线雷达观测系统在鹤壁投入业务化运行，进一步提高天气预报的准确率；城镇天气预报、区域气象自动观测站数据等传输及时率等不断攀升，全局通信传输及时率全省排名第二；参加完成《主要农作物遥感监测关键技术研究及业务化应用》项目获2012年度国家科技进步二等奖；自主研发了农情服务手机服务终端。制定《地质灾害防治方案》，联合国土、水利、住建、安监、地震等部门共同建立监测预警体系，完善防治联动机制。新增2套人影移动火箭发射系统，配备4个弹药防爆箱。

【气象资料】　2013年，鹤壁的气候特点是：淇县年平均气温较历年同期偏高1.0℃；浚县年平均气温较历年同期偏高0.1℃。年极端最高气温38.7℃（浚县），年极端最低气温-14.2℃（鹤壁）。淇县年总降水量为485.5毫米，较常年偏少131.0毫米。浚县年总降水量为348.5mm，较常年偏少251.2mm。全市年总日照时数较常年同期相比属于正常。全市12月平均气温0.6到2.1℃，较常年比淇县偏高0.9℃，浚县偏低0.4℃；12月降水量0.0～0.2毫米，较常年比异常偏少。日照时数142.8～155.3小时，较历年均值偏多14.9～16.7小时，属于正常。全市先后出现低温、干旱、初霜冻、雷雨大风、暴雨、高温等灾害性天气。年内雾霾天气较多，对交通运输、空气质量和人体健康有一定不利影响。从农业生产角度看，虽然冬、春、夏、秋均出现旱情，但较好的水利灌溉条件，未给农业生产带来较大影响。全年气温正常、降水正常、日照正常，虽然降水时空分布不均，但由于水利和生产条件的改善，对粮、棉、经济作物等无大影响，使得鹤壁持续着农业丰收的年景。

2013年淇县气象局气象资料

月份 要素	1	2	3	4	5	6	7	8	9	10	11	12
平均气温	-1.7	2.6	10.5	15.0	22.4	26.4	27.6	29.2	22.8	16.9	8.9	2.1
最高气温	10.4	14.6	29.0	31.1	35.2	38.0	36.5	37.4	32.1	33.3	21.9	15.7
最低气温	-10.3	-6.1	-1.0	0.9	13.3	14.4	18.2	18.0	10.0	4.6	-3.4	-9.2
降水量	3.8	16.0	0.6	11.0	53.7	54.5	208.8	90.8	6.8	10.4	25.2	0.0
降水日数	3	7	3	6	11	9	21	6	6	5	7	1

2013年浚县气象局气象资料

月份 要素	1	2	3	4	5	6	7	8	9	10	11	12
平均气温	-2.9	1.5	9.2	13.5	21.0	25.8	27.2	28.3	21.7	15.8	7.4	0.6
最高气温	8.8	15.1	28.9	30.0	33.3	38.7	36.6	37.3	32.4	32.6	21.9	15.6
最低气温	-12.7	-7.7	-6.5	0.2	8.6	11.6	18.1	13.6	7.4	2.5	-6.1	-11.9
降水量	5.2	11.1	1.2	14.5	68.2	18.1	152.7	25.6	14.0	11.5	26.2	0.2
降水日数	3	8	3	6	11	10	20	4	5	4	6	

（李　雯）

社会科学

【课题调研】　1.获得两项省级科研项目资助。与市委宣传部联合申报课题《浚县正月庙会调查》，被列入2013年度河南省社会科学规划项目和河南省非物质文化遗产科研课题，获得资助2.5万元。该课题将采用文字记录、摄影、摄像、录音等手段，调查和记录现今庙会存在状况，特别是民间朝山会和社火玩会的组织和活动情况，建立电子版的浚县正月庙会数据库，并开展相关研究工作，为浚县正月庙会申报国家级和世界级非物质文化遗产提供基础研究成果。2.省调研课题申报再获突破。积极做好2013年度省社科调研课题立项和2012年度结项工作。组织申报课题81项，立项58项，立项率71.6%，同比增加17个百分点；课题结项38项，同比增长52%。课题的立项率和结项率继续高于全省平均水平，再创历史新高。一等奖获奖数量由上年的4项增加到8项。

【社科成果】 组织18项成果参评第六届全省社科普及优秀作品评奖，获得6个重要奖项。其中，由市委书记魏小东任主编、市委宣传部组织编写的《鹤壁概览》获得最高荣誉奖（全省仅4项）；《泥猴张爷爷教我学泥塑》获得特等奖（全省仅10项）；《解读朝歌》、《中国历史文化名城浚县·影踪文迹》、《阳光下的罪恶——侵华日军浚县暴行实录》、《成圣成贤的契遇》获得一等奖（全省共51项）。因组织得力、成绩突出，市社科联被评为全省先进单位。为激发全市社科工作者的积极性与创造性，将精力引导到理论联系实际、关注和研究全市经济社会发展的重大课题上来，组织2011～2012年度社科优秀成果评奖，收到参评作品130余篇，历经组织动员、初评推荐、专家评审、复评审定四个阶段，确定42项社会科学优秀成果，参评质量和数量均有明显提升。

（路佳坤）

附：2011～2012年度鹤壁市社会科学优秀成果名单

序号	成果名称	作者单位	主要参与者
一等奖（7项）			
1	流经浚县的大运河	浚县县委宣传部	马金章　刘会喜　张富民　朱中月
2	中国民间泥彩塑集成——泥咕咕卷	市委宣传部	刘炳强　张　波　刘　青　李文社　周学超　侯士堂　刘会喜　路佳坤
3	奋斗的历程	市委党史研究室	付合林　樊举格　郭树红　王英群　王保军　吴寒寒
4	神州玉牒	鹤壁职业技术学院	隋步景　张新梅　杨用成　张吉生　陈宝霞　田　华
5	阳光下的罪恶——侵华日军浚县暴行实录	浚县党史研究室	侯杏林　和荣华　朱巧英　李全有　何爱军
6	由“合纵”到“连横”——河南应积极参与环渤海区域合作	市财政局	董撵群
7	泥猴张爷爷教我学泥塑	湘江小学	谷朝众　张希和　晁明芳　张国祥　宋宝琴　尚学义　万成云
二等奖（14项）			
1	统筹新老区协调发展科学推进老城区棚户区改造	市委办公室	常玉轩　韩玉生
2	关于老城区统筹建设发展的调研报告	市政府办公室	梁俊涛　刘小军　张雅凌　张艳艳　付海波
3	鹤壁市新型城镇化进程研究	市政府办公室	付渊博
4	智障儿童名动在线加工的实验研究	鹤壁职业技术学院	韩　笑
5	我市民营经济发展调研报告	市政府办公室	徐建民　柯　岚
6	鹤壁市民营企业发展调查报告	市委统战部	冯　奇　梁长来　和　雷　李露露　马鸿宾　付春雨　周位彬
7	浚县大平调	浚县文联	朱中月　李壮丽
8	成圣成贤的契遇	市人大常委会	郭正方

续表一

序号	成果名称	作者单位	主要参与者
9	浅析高职院校音乐教师素养的培养与提升	鹤壁职业技术学院	杨冯圆
10	鹤壁市中小学多媒体教学应用调研报告	市电化教育馆	徐静斌
11	中国模式是充满魅力的发展模式	鹤壁高级技工学校	张新梅
12	先秦墨家生死观探析	市委党校	马吉芳
13	档案管理概论	淇滨中学	孙怡红
14	浅论行政事业单位会计工作中存在的问题	市教育局	李　娟
三等奖（17 项）			
1	关于鹤山区资源枯竭型城市转型情况的调研报告	市委党校	刘亚文
2	矿山生态恢复治理机制探讨	市国土资源局	付鲲鹏　崔建红　常志强
3	大统一理论——与史蒂芬·霍金对话	浚县退休教师	张可海　张林奇　张铜城
4	建立和完善“大学生村官”工作长效机制	市委党校	宋相义
5	十六大以来中国特色社会主义民主理论的新发展	市委党校	梁纪毅
6	关于淇水关遗址有关状况的调查与建议	市委办公室	刘宗国　谷　玮　吕园园
7	高职院校的“三服务”办学模式浅析	鹤壁职业技术学院	查广云
8	浅析鹤壁市“三园一片”生态建设	市委党校	王　凤
9	企业思想政治工作与企业文化互动模式探讨	市委党校	张希中　杜建云　刘芙兰
10	高校档案馆和图书馆信息资源共建共享的实现模式探讨	鹤壁职业技术学院	巩淑芳
11	对《不依赖于人的意识就具有客观性吗》一文的商榷	鹤壁职业技术学院	周位彬
12	高校思想政治理论课实践教学模式改革探	鹤壁职业技术学院	索寇翔
13	当前社区矫正工作中的问题与对策	淇县人民法院	袁希利　胡嘉金　罗　浩
14	河南省农产品检测中心发展现状与建议	市农产品质量安全监测检验中心	刘宏伟　侯睿林
15	鹤壁市现代物流业发展研究	市委党校	郭利军
16	关于我市土地资源管理利用的调查研究	市政府办公室	张志强　付鲲鹏
17	关于进一步促进我市职业教育服务本地企业用工的调查与建议	市委办公室	耿胜勇　张艳艳　王　硕

文　　化

综　　述

【公共文化服务体系】　2013年是市文化广电新闻出版局正常运行的开局之年。全系统在市委、市政府的正确领导和省文化厅、省广电局、省新闻出版局、省文物局的精心指导下，认真贯彻上级各项部署要求，全市文化广电新闻出版及文物工作保持良好发展势头，为鹤壁市在中原经济区建设中先行先试走在前面提供有力支持。一是积极筹建市图书馆新馆项目，与鹤壁职业技术学院对接合建事宜。淇滨区筹措1300万元建设区文化馆、图书馆，主体工程已完工。山城区强化图书馆建设，购置图书架、期刊架、阅览桌椅、报架等物品，完善图书阅览室、期刊阅览室及少儿阅览室。二是浚县文化艺术中心、淇县市民文化活动中心主体框架已竣工。淇县数字影视广场建设项目进展顺利。三是投资101万元，建成3个城市街道文化中心和13个社区文化活动室，配送大量文化活动设备。四是完成市第二电视转播台新址建设，新塔已开始试播。五是扎实推进广播影视事业发展。完成高山无线发射台站建设项目前期准备工作。大力发展有线电视，全市新增有线电视用户10490户，全市广播电视人口综合覆盖率达到100%。市级有线电视数字化整体转换进展顺利，共发放机顶盒45000余台。健全安全播出体系和安全防范体系，确保安全播出万无一失，市第一、第二电视转播台安全播出约11.9万小时。

【文化惠民工程】　一是实施公共文化设施免费开放工程。全市各级公共图书馆、文化馆（群艺馆）、博物馆、乡镇文化站全方位免费对社会开放，全年接待群众42万人次。二是实施重大文化活动工程。举办第五届中国（鹤壁）民俗文化节开幕式文艺演出、全市第五届中青年演员戏曲比赛等文化活动。举办第六届“欢乐鹤壁”广场文化艺术节，开展广场文化活动114场，演出各类文艺节目2000余个，观众46万人次。淇县朝歌风艺术团、朝歌风豫剧团深入乡村、企业、社区和军营开展文化巡演70余场；鹤山区举办首届“寻找鹤山好声音”大型励志音乐秀、“魅力鹤山行”优秀摄影作品展览等特色活动，深受群众欢迎。三是实施公共文化下基层工程。开展百场电影送民工、农村公益电影放映、舞台艺术进基层等活动，已为农民工放映电影100场、放映农村公益电影9888场、开展舞台艺术进基层演出126场。在完成覆盖全市的农家书屋工程基础上，不断深入调研，加强督导、正确引导，使农家书屋在转型城镇化的文化建设中发挥积极作用。四是宣传报道成效显著。坚持正确舆论导向，做好十八届三中全会、中国梦、中原经济区和全市经济工作会议等主题报道。市广播电视台、市经济广播电台发稿9730条、播发专题232个，在省级以上台发稿739条（中央台16条）。五是公共文化服务水平明显提升。市图书馆举办图书服务宣传周等30余项活动，接待读者25.9万人次、借阅图书51.9万册次，新建上峪乡同心点图书室等3个基层图书服务点。市群艺馆举办“庆六一”泥猴张书画陶艺展等活动，承办大型文化活动、广场文艺演出和商业演出46场，开办各类艺术培训班18个，培训700余人次。

民俗文化节灯展　　　　市文广新局　供稿

【专业艺术】　一是拍摄完成戏曲电影《憨憨公子扳倒爹》、《麻风女》和儿童题材电影《彩色的星星》。邀请央视来鹤录制豫剧音乐舞蹈剧《守护者》和新编豫剧《窦娥冤》。淇县投资近百万元创作歌舞《云梦魂》《淇水情歌》，歌曲《朝歌风》《朝歌诵》，情景表演《童年的记忆》等原创优秀作品。二是抓好广播影视创新创优工作，34件广播电视作品荣获“河南省新闻奖”，获奖数量在全省名列第三位。200余件作品或个人在第六届全国少儿书画大赛、河南省“群星奖”优秀公共文化服务评选活动、第七届河南省青年戏剧演员大赛、第七届河南省少儿文化艺术节等赛事中获奖。三是演出市场不断开拓，市豫剧牛派艺术研究院共开展营业性演出260余场，演出市场稳步拓展。

【非物质文化遗产保护】　成立鹤壁市、镇江市“白蛇传传说”城市保护联盟，签署《“白蛇传传说”城市保护联盟盟约》和《白蛇传文化之旅旅游互惠协议》。复排两部非遗类传统豫剧《反五关》和《徐海斗》，录制浚县大平调、山城区《金龟舞》等视频资料。公布第三批市级非物质文化遗产代表性传承人名录。浚县举办民间社火代表性传承人理论培训班和社火技艺传承培训班，共培训300余人，恢复排练12个濒临失传的传统社火项目。

·文化市场管理·

【概况】　一是会同公安、工商、消防部门对全市娱乐、网络、音像、出版物等市场安全情况进行7次拉网式检查，确保全市文化市场平安运营。二是市文化市场综合执法支队及各县区文化市场执法部门先后开展春节和暑期文化市场整治行动、“闪电”系列行动、扫黄打非“净网”“清源”“秋风”等专项行动、违规地面卫星接收设施查处行动、擅自开办互联网视听节目服务网站查处行动等各类整治行动40余次，出动车辆500余台次、人员2500余人次，检查各类文化经营单位1500余家次，查处各类违法违规行为30余次，取缔无证经营的经营单位6个，查处违规网站3家，收缴非法物品2000余件，结案率为100%。三是完成全市政府机关软件正版化工作；开展全市文化市场综合执法大练兵大比武活动，举办各类培训班4期，培训370余人次，提升执法队伍和经营业主整体素质；审批各类文化、出版物经营场所20家；完成《科达教育》等12份连续性内部刊物和《浚县文史资料第九辑》等15件一次性内部资料的审读和审批工作；开展“绿书签行动”、艺术品市场法制宣传周等文化市场法制宣传活动，展出版面、条幅70余块（幅），发放宣传品2000余份。四是加快政府职能转变，深化行政审批制度改革，先后取消审批事项2项、下放管理层次13项、转为行政服务12项，切实提高全局行政审批事项科学化管理水平。

·文化产业·

【概况】　一是产业集聚区建设进展顺利。石雕产业集聚区、泥陶制作基地、柳编基地、泥塑制作基地、鹤山区柏灵陶瓷项目建设进展较快，山城区天乐乐器厂、唐宋老粗布家纺等项目已初具规模。二是河南三阳光电有限公司和鹤壁银兴文化广场管理有限公司入选第五批河南省文化产业示范基地，全市省级文化产业示范基地已达5个。三是广电产业收入再创新高。狠抓广告、节目栏目和活动经济等，经营收入达到4000万元。四是积极发展新闻出版产业。全市出版物发行业年销售额达5778万元，其中批发单位4858万元，零售单位920万元。

文　物

【申遗工程】　完成大运河鹤壁段全面整治工作，浚县开展的河道疏浚、环境整治、运河遗产保护等工作成效显著，顺利通过国际遗产专家组现场考察评估。并入选国家级重点文物10大发现评选名单。

【文物保护】　对全市馆藏文物和田野文物进行5次安全大检查，共发现安全隐患53处，下达整改通知45份，当场纠正安全隐患8处。市文物工作队先后对职业技术学院二期用地等20个建设项目进行文物勘探，勘探面积1300余亩。圆满完成南水北调中线工程受水区鹤壁段文物考古发掘工作，发掘面积1900余平方米，出土器物300余件，使一批地下文物得到有效保护。淇县新建1800平方米文物库房，认真编制《卫国故城遗址保护建设项目规划》。鹤山区开展五岩寺东魏石窟维护整修工程，集中整治险石和风化开裂山体等周边环境。山城区投入大量资金对石林会议旧址、大胡村李家大院等文物遗址进行维修保护。淇滨区大赉店遗址、玄天洞石塔、浚县古城墙及文治阁、碧霞宫、大运河遗址和淇县宋庄东周贵族墓地、田迈造像7处文物遗迹入选第七批国家级文物保护单位，全市“国保”单位已达11处。完成全市可移动文物普查第一阶段工作，全市1287家国有单位共收藏文物数量63641件。

（王欣欣）

图书发行

【概况】　2013年，市新华书店营业总收入2844万元，较上年同期增长67.1%。实现利润251万元，较上年同期亏损的15万元，增加266万元。费用支出457万元，较上年同期的512万元，减少55万元，下降10.7%，费用率为16.5%。八项税费共交纳163.18万元。中原出版传媒集团公司总裁、河南省发行集团董事长李永臻在鹤壁调研时指出：“鹤壁新华书店的改革为全省树立了一面旗帜，鹤壁提出的改革措施、出台的方案非常好，方向非常正确，应该说走出了一条非常成功的道路，鹤壁的改革有更加值得全省学习的经验。”

【三项重点工作】　1. 全面完成新华书店整体上市工作。11月25日，股东大会表决通过率达99%，11月26日，中

河南省发行集团董事长李永臻（右一）在市新华书店调研　市新华书店　供稿

国证监会出具“收到上市相关资料的函”，确定了“上市基准日”。审批后择日上市。2. 在全省率先完成“三项制度”改革。根据集团公司上市要求，上半年开展实质性的干部、人事、工资等“三项制度”改革。改革后清退全部临时工及挂靠人员，先后理顺病休、留职停薪人员关系、办理内退等84人；中层由50多人减至2人，机构精简20个、保留4个，其中三个部门负责人由班子成员兼任，一个部门由经理助理主持，改革后“绩效工资”占工资总额的60%。3. 完成与浙江新华书店的连锁经营。连锁后更新全部信息平台，图书品种将由现在的9400个增加到3～4万个，供货速度将提高3～5倍。经营连续三年实现“四高一低”，全年又有新突破。“四高”是指：（1）营业总收入达到2506万元，同比增长1464万元，创历史之最。10月底已完成当年任务。（2）利润282万元，同比增长251万元，前所未有。（3）交税150万元，同比增加78万元。4. 职工工资同比增加68万元，单月工资总额最高增加10余万元。在岗40人工资超过以前200人工资总额，纪录不断被刷新，职工单月收入5－8千元者不乏其人，同期与2012年比增加24万元。“一低”是：费用率仅14.3%，同比减少55%，低于全省平均水平。而费用总额同比增加45万元中68万元是工资增加。水电费减少7万元、办公费减少5万元、会议费减少3万元、福利费减少10万元、修理费减少3万元、折旧减少7.5万元。

【七项特色管理】　1.“悬浮式”管理，使干部真正实现能者上庸者下。“悬浮式”管理就是对中层实行任务与待遇挂钩：部门任务、个人店外销售任务、营业部任务、教材足额按时回款挂钩，其中一项完不成，当月则不享受负责人待遇。连续3个月或全年完不成约定工作任务，自动解聘职务，下次不得参加竞岗。营业部上半年3个月完不成任务，影响全体职工半年奖，选派优秀人员到营业部负责并实行“悬浮式”管理，将上半年结账时间延长至7月10日，同时要求完成1月～7月10日的所有任务。结果拿到比原来高一倍的奖金。2.“网格式”管理，体现大家是一个利益整体。所有员工“绩效工资”、奖金：与本职工作、个人店外销售、教材足额按时回款、营业部任务、临时性阶段性、专项工作（如房屋租赁、水电费收缴、遗留问题处理等）挂钩，完成某项工作后可得奖励，否则是没有奖励或扣发“绩效工资”。而作为行政后勤部门的综合部、财务部的中层，除与上述任务挂钩外，还与营业部、教材部中层待遇挂钩，业务部门完不成任务，综合部、财务部的中层同样受牵连。3.“绩效工资1/4考核法”，简单可操作，体现多劳多得。“绩效工资”占每人工资总额的60%，它与本职工作、个人外联、教材足额按时回款、营业部任务挂钩。每少完成一项扣个人绩效工资的1/4。逐月兑现，不搞“下不为例”。4.“万元百分”销售积分法，体现销售业绩说话的理念。5. 日常表现“考核积分”法，记录员工的工作表现。6.“叠加式”奖励法。按销售积分、考核积分，逐月、累月奖励。工资多拿，其所缴各项保险、公积金及退休工资都会多拿。7.“公开透明”工作法。推行“阳光作业”。成立“资产管理小组”，负责房屋租赁、资产处置和购买等工作。做到个人销售、考核考勤、业务考试每月“三公示”，坚持政务、财务、业务奖励“三公开”。财务支出实行“预算审批”制，报销实行“四审五签”。外联销售先款有奖、逾期扣款，杜绝死账呆账发生。使员工明白，管事、管钱者清白。“资产管理小组”、公示栏、内部QQ群、职工大会发挥重要作用。

（窦靖华）

报　纸

【概况】　鹤壁日报社是市委直属事业单位，全社现有职工239人，其中新闻专业技术人员136人（高级7人，中级42人）。报社内设办公室，人力资源部，新闻研究室，鹤壁日报出版部、政文部、经济部，淇河晨报出版部、记者部，网络部，发行部，财务部，经营策划中心，广告监管部，印刷厂等26个部室（厂），拥有较先进的新闻采编网络和印刷设备。2013年，鹤壁日报社党委提出二次创业、跨越发展的战略目标，在持续发展中逐步实现媒体多样化、经营多元化、技术创新化、管理精细化。按照二次创业目标要求，深入贯彻落实科学发展观，紧紧围绕全市中心工作，唱响主旋律，打好主动仗，改革创新、拼搏进取，新闻宣传和各项事业取得长足发展。已拥有《鹤壁日报》、《淇河晨报》、《鹤壁网》、《鹤壁手机报》、户外高端党报阅报栏、《掌上鹤壁》、官方微博微信等“三报一网一户外＋新媒体终端”的全媒体格局。其中《鹤壁日报》为周六刊，对开8版为全省一级报纸；《淇河晨报》为周五刊，四开16版。报社先后荣获省、市各种荣誉90多项，连续两届被省委、省政府命名为省级文明单位。在全省新闻界最高奖项“河南新闻奖”评选中，报社每年都有10篇左右的作品获奖，获奖档次及数量在全省18地市中位居前列。《鹤壁日报》的“以案说法”栏目还被评为“河南新闻奖名专栏”。2013年，在市委、市政府的正确领导下，鹤壁日报社深入贯彻落实科学发展观，认真学习贯彻落实党的十八大和十八届三中全会精神，紧紧围绕本市在中原经济区建设中先行先试走在前面的战略定位，按照持续创新、提升发展的全年工作总基调，全力打造“两个构建”升级版，努力建设生态之城、活力之城、幸福之城的工作总要求，紧紧围绕各个阶段的中心工作，牢牢把握正确舆论导向，强化主流声音，提升引导能力，创新主题报道，打造优势品牌栏目，开展活动经济，不断寻求新的商机，持续提高广告增量，促进报业全面发展。经过全社职工的共同努力，报社各项工作健康、平稳、有序向前发展，鹤壁日报社所属的《鹤壁日报》、《淇河晨报》、《鹤壁手机报》、《鹤壁网》和《掌上鹤壁》、官方微博微信的竞争力、影响力、公信力、引领力持续提升。

【宣传报道】 （一）服务大局，做好重大主题宣传。1. 改进新闻报道，进一步做好中央大政方针、重大决策部署的宣传报道，做好省领导莅鹤、市领导政务活动和重要会议的宣传报道。开办《学习贯彻十八届三中全会精神，建设生态之城活力之城幸福之城》栏目，及时报道全市各县区各部门学习贯彻三中全会精神情况。按照中央八项规定精神和省市相关要求，制定《鹤壁日报社改进新闻报道的若干规定》，进一步改进新闻报道。鹤壁日报、淇河晨报的指导性、可读性、服务性进一步增强。完成全国两会、党的群众路线实践教育活动工作会议的报道。三报一网充分结合各自特点，突出重点，各有侧重地对全市“两会”、市委经济工作会议、鹤壁重点项目建设开放招商会、全市重点工作推进会等重要时政活动进行宣传报道。2. 围绕全市中心工作策划重点宣传，为“持续创新、提升发展”全年工作主基调营造浓厚舆论氛围。一是做好“持续创新、提升发展”的宣传。鹤壁日报制订《持续创新，提升发展——扩投资、促转型、抓改革、惠民生》栏目贯穿全年，先后刊发《让软环境成为硬实力》等30余篇长篇报道。二是做好《项目建设进行时》栏目的宣传。全年共刊发200多篇反映鹤壁市项目建设成就的稿件。三是做好“以实干作风开启鹤壁人民圆梦之旅”的宣传。策划《以实干作风开启鹤壁人民圆梦之旅》重点栏目，推出《实干是“王道”》等7篇系列评论和体现市直各部委、各县区典型做法的报道共40多篇。四是推出《认真学习贯彻党的十八大精神，努力在中原经济区建设中先行先试走在前面》、《招商在行动》等栏目，刊发《深入推进粮食高产创建，保持全国先进位次》等40余篇报道。五是围绕全市推进文化旅游产业发展工作，先后开办《寻访鹤壁古民居古建筑》、《非遗视界》、《走近“国保”》、《每日一诗》、《行走古村落》等栏目，对全市古民居、古建筑、古村落、非物质文化遗产、有关鹤壁的诗词等进行刊发宣传和深度挖掘，共刊发各类稿件（图片）140余篇。其中鹤壁日报推出的《震古烁今的浮山魏碑》系列报道得到市委书记魏小东的批示肯定。六是组织参与晋豫鲁铁路通道沿线地市党报联合采访活动。联合采访团对沿线10个城市进行采访和集中展示。鹤壁日报社先后抽调十余名记者参与采访，开办《他山石》栏目，刊发整版20个，鹤壁日报推出的介绍本市情况的两个专版在其他9家兄弟报社的党报上刊发。七是围绕中心工作策划开办多个栏目，亮点纷呈。鹤壁日报先后开办《走进哈密，感受鹤壁援疆》等十多个栏目；淇河晨报先后推出《罕见冻雨冰封鹤城》、《书香鹤城》、《给新区花树挂牌》等40多个策划；鹤壁网策划推出《郑州航空港经济综合实验区》、《打击网络谣言》、《鹤壁新区：充满活力的幸福之城》等栏目（专题）。3. 浓墨重彩推出先进典型，掀起学先进、学英雄高潮。策划《学习敬业奉献楷模程相文》栏目，对程相文获“全国道德模范提名奖”进行多视角报道，鹤壁日报先后刊发相关报道30余篇，并推出感悟程相文系列评论。鹤壁日报、淇河晨报、鹤壁网及时推出《用生命唱响青春之歌》和《关注救人英雄邢二朋》等栏目，对吕俊峰、邢二朋英雄事迹进行全方位报道，共推出系列报道60余篇，尤其是在对吕俊峰的报道中，淇河晨报还与《楚天都市报》等外地媒体联手对英雄人物的故事进行充分挖掘，稿件跟进及时受到媒体同行的好评，整个报道受到市委书记魏小东的批示肯定。（二）贴近社会、贴近生活，做好民生宣传报道。1. 办好关注民生、贴近读者的栏目和策划，形成宣传亮点。鹤壁日报、淇河晨报先后开办的《共同关注》、《以案说法》、《创业与财富》、“讲述在国外过年和打拼的故事”、“留守儿童和他们的新年愿望”、“老物件”等栏目和新闻策划贴近性、实用性、可读性强，推出《快速通道私自开口，惹祸之口何时能闭上》等报道。淇河晨报强化新闻热线值班制度，做到件件有回音，先后帮读者解决户籍、孩子上学、噪音污染、住房裂纹等涉及群众切身利益的问题60余件。2. 关注热点难点问题，创新舆论监督报道，搭建市民和政府的沟通桥梁，推动问题解决，服务百姓民生。针对新世纪广场步行街脏乱差、京港澳高速鹤壁段路标标识的不规范、外地乘客反映鹤壁高铁东站难找等问题，鹤壁日报记者深入调查采写《淇滨区新世纪广场步行街，环境脏乱差，市民盼整治》等舆论监督报道，引起有关部门和领导的高度重视，并采取措施进行治理，效果明显。淇河晨报先后刊登《压力罐渐成农村隐性炸弹》等舆论监督稿件60余篇，促使问题得到及时解决。

（叶晓伟）

卫生·体育

卫生事业

【概况】 2013年，全市卫生工作以为人民提供更好的医疗卫生服务为目标，以深化医药卫生体制改革为动力，抢抓机遇，开拓创新，狠抓各项工作落实，完成市委、市政府下达的24项目标任务。其中城乡居民健康档案建设、村级标准化卫生室建设、新农合实施、疾病防控、基本药物制度等多项工作走在全省前列。

【体制改革】 按照“保基本、强基层、建机制”的总体要求，坚持“统筹安排、突出重点、循序推进”的原则，创新思路，全面抓好各项医改任务的落实，重点工作实现新的突破。一是基本药物制度进一步完善，在全省率先实现县、乡、村全覆盖。7月24日，由国家卫计委和省卫生厅领导参加的全省巩固完善基本药物制度和基层运行新机制现场会在我市召开，会后，国家卫生计生委药政司郑宏司长又专程到鹤壁市调研，对鹤壁市实施国家基本药物制度情况给予充分肯定，省内外100多个市县先后到鹤壁市参观学习。在落实基本药物制度过程中，严格执行全省药品统一招标各项政策，杜绝非正规渠道采购药品，药品采购实现三个100%：临床用药100%参加药品招标；采购的药品100%是省中标药品；执行的价格100%不超过省药品中标价格。同时严格落实“零差率”销售的要求。为确保基本药物制度的落实，积极协调市、县财政落实对基层医疗机构的各项补偿政策，调动了各基层医疗卫生单位和干部职工的积极性。基层医务人员工资得以保障，平均工资达2193.34元，位居全省较高水准，并呈递增趋势。乡村医生收入得以保障，队伍得以加强。同时为326名到龄退休的乡村医生发放生活补助。基本药物制度得到群众、医院和医务人员普遍认可。二是持续保持新农合工作在全省先进位次，连续五年无投诉、无信访。2013年，全市参合农民105.07万人，参合率99.68%，位居全省前列。总筹资额3.58亿元，人均筹资额提高到340元。政策范围内住院费用补偿报销比例提高到70%左右，门诊费用补偿比例也得到进一步提高。在继续实施新农合“总额预付”制度基础上，全面推进全市各级医疗机构落实临床路径，实行“按病种付费”工作，减轻患者就医负担，减少补偿报销环节。推行完善重大疾病医疗保障机制，3月、9月分两批实施35个病种的重大疾病医疗保障工作，提高实际补偿比例。开展对全市定点医疗机构的专项检查，帮助医疗机构解决存在的突出问题，规范其诊疗服务行为。以参与全省“参合农民最满意医疗机构”创建评选活动为契机，以实际住院补偿比、次均费用增长幅度、即时结报病人所占比例等指标为重点，从组织保障、政策落实、费用控制、保障水平、服务效率等方面进行量化规范，推动各级新农合定点医疗机构树立大局意识、责任意识、服务意识，提高为参合患者服务的质量和水平。三是为城乡居民均等化提供的12项基本公共卫生服务能力得到有效提升，农村孕产妇住院分娩补助工作等受到省卫生厅的表扬。人均基本公共卫生

举办医疗急救知识竞赛　　市卫生局　供稿

服务经费由25元提高到了30元，村卫生所的分配比例不低于40%。坚持年中（终）绩效考核与年初谋划落实并重，制定操作性强、易落实的基本公共卫生实施方案，明确各级卫生单位在基本公共卫生服务中的职责。加大对公共卫生服务的绩效考核，确保各个项目的落实。已为城乡居民建立健康档案147万人份；发放健康教育资料36万余份，举办公众健康教育咨询和讲座3458场（次）；新建预防接种证（卡）15799人；0~6岁儿童健康管理151570人；孕产妇健康管理23058人；65岁以上老年人健康管理119399人；高血压患者健康管理108569人；2型糖尿病患者健康管理28735人；重性精神疾病患者管理2018人；传染病疫情报告例数3561例；卫生监督巡查3897次；免费婚检5805对。同时，认真做好重大公共卫生服务项目，农村孕产妇住院分娩补助11279人，补助资金338.37万元。叶酸普服13144人。"两癌检查"项目宫颈癌检查10000人，乳腺癌检查了1000人，圆满完成省卫生厅下达的目标任务。城乡居民基本公共卫生服务均等化的差距进一步缩小，城乡居民的健康水平进一步提高。

【疾病预防控制】 以加强免疫规划为基础、以重大传染病和慢性病防控为重点、以全面提升疾控能力为主线，扎实开展全员岗位练兵和技术比武活动，持续提高疾病防控能力。全年免疫规划、结核病防治、艾滋病防治、手足口病防控、慢性病管理、地方病防治。1. 慢性病防控和示范区创建工作全面展开。在各县区积极推进全民健康生活方式活动，创建一批示范单位、示范社区、示范食堂。在淇滨区启动慢性病综合防控示范区创建工作的基础上，淇县正式启动创建工作。肿瘤登记和食管瘤早诊早治工作稳步推进。成功举办全省上消化道癌早诊早治项目内镜下治疗培训班，受到国家、省级专家的认可和好评。2. 坚持预防为主，综合防治，在全省持续保持艾滋病疫情低发态势。持续加强高危人群的监测、干预工作，共干预公共娱乐场所60家，检测各类人群82838人次，对发现的HIV阳性者进行现场干预和转介服务，有效避免其社会传播。加强单阳配偶管理及HIV阳性育龄妇女管理，使得本市连续多年单阳配偶阳转率为"0"，对感染艾滋病病毒的孕产妇全部采取预防母婴传播干预措施。加强HIV检测网络建设及疫情报告管理工作，保证全市15家HIV初筛实验室检测工作的制度化和规范化。预防艾滋病母婴传播工作有序开展，有效避免母婴传播的发生。高度重视对艾滋病患者的救治工作，切实提高患者的生活、生命质量。以12月1日世界艾滋病日为契机，通过举办培训班和专题讲座等形式，针对不同群体广泛开展宣传教育，普及艾滋病防治知识，努力减少社会歧视。积极主动配合搞好艾滋病患者信访工作，为全市社会稳定做出应有贡献。通过采取综合预防控制措施，保持本市艾滋病的低发态势。3. 免疫规划基础更加巩固，在全省率先建成数字化预防接种门诊。开展省级示范化预防接种门诊创建工作，积极协调资金，全市各预防接种门诊的软硬件建设普遍得到加强，流程管理进一步规范。同时，进一步强化免疫规划的基础管理工作。基础免疫、扩大免疫、强化免疫工作扎实有效，疫苗接种率均达到了95%以上；本市已连续20年未发现脊灰野毒株病例，继续保持无脊灰状态，多次受到省卫生厅表扬。儿童乙肝发病率大幅下降；无本土麻疹病例发生。全市37个预防接种门诊已有15个正式通过省级示范化门诊验收，预防接种服务质量得到明显提升。2013年共为全市适龄儿童免费接种一类疫苗44万余剂次，疫苗接种率均在95%以上。4. 结核病防治工作进展顺利，在全省率先推行疾病预防控制、定点医疗机构和社区管理相结合的三位一体防治模式。截至11月底，全市累计发现活动性肺结核患者987例，完成省卫生厅下达全年计划任务的93.11%。结核病人系统规范管理率达97.29%，治愈率达97.46%。落实结核病归口转诊管理目标责任制，强化督导检查，全市综合医疗机构结核病归口转诊率达95%以上；1-3季度市对县区督导27次，市辖区督导区乡54次，县督导乡105次。进一步加强学校结核病的防控工作，有效处置学校结核病疫情，维护学校正常教学秩序。

【卫生监督执法】 组织开展"四季风暴"专项"扫黑"行动，严厉打击非法行医，减少因非法行医引起的纠纷，为全市社会稳定做出贡献。实现"三个100%"，即对基层医疗卫生机构监督覆盖率达100%，违法违规行为查处率100%，无证行医取缔（停业）率100%。努力做好职业卫生、放射卫生、生活饮用水卫生、公共场所卫生和学校卫生等监督管理工作。大力开展公共场所卫生监督示范区创建工作。全年共出动卫生行政执法人员5000余人次，监督检查单位2643户次，立案查处140余起，已结案108起，取缔110余户次。2013年，本市卫生监督覆盖率和网络培训工作位居全省第一。

【医院管理】 开展医疗护理核心制度讲评年活动，成立核心制度讲评专家组，建立"核心制度"考核评价及医疗质量月通报制度等。在市、县二级以上医院持续实施以"十大指标"为主的宏观监管。强化医院感染管理，对基层医务人员和卫生监督员进行医院感染培训工作。推进医师多点执业工作，制定了《鹤壁市医师多点执业试点工作方案》。积极推进医院评审工作，全力推动市人民医院三级甲等医院创建。协助指导市直医院通过多方联系与"名院"合作提升医疗服务水平。省肿瘤医院依托其品牌、学科、技术、医院管理等优势，整体托管鹤壁京立肿瘤医院，由营利性转为非营利性医疗机构。市中医院与北京中医药大学东方医院签署合作办院协议，授权市中医院挂北京中医药大学东方医院协作医院铭牌，并在人员学习、进修、培训、疑难病例、重症病例网络会诊、转诊治疗及医院管理等方面开展合作。强化血液管理，继续保持医疗用血100%来自街头自愿无偿献血。全市一级以上医疗机构和部分卫生室实现医疗废物无害化集中处置。加快中医建设步伐，积极探索"治未病”的服务模式，全面提高中医药服务水平。

【人才强卫】 坚持把卫生人才的引进、培养、使用放在突出重要的位置来抓。经过多方努力，争取市政府制定招聘高层次人才优惠政策，凡是在2013年各医疗卫生单位公开招聘限额内的符合招聘岗位要求的研究生，可通过面试直接择优签定用人协议。已有17名研究生到局直医疗卫生单位工作，是历年来卫生系统公开招聘高层次人才专业技术岗位最广、签约力度最大的一年。加强对现有人才培养，对市管拔尖人才、市级“111”人才、省级青年骨干实行目标责任管理，采取定目标、给任务等措施，积极选派业务骨干到国内外知名的大医院学习和进修，提高本市诊疗水平和学术能力。2013年选派技术骨干外出学习进修300余人次，共获得市级科研成果二等奖3项。同时，通过省卫生厅“51111”、“512”、“515”、“522”、“533”、“534”等人才培养工程，共为县乡培训各类专业技术人员5239人次。

（刘小军）

爱国卫生

【省级卫生城市复验】 2013年，鹤壁市省级卫生城市届满，市委、市政府把巩固省级卫生城市成果作为重点工作，专题研究、专题部署、全面推进。首先是加强领导，完善机制。根据领导分工及人员变动情况，及时调整、充实爱国卫生运动委员会成员，第一次由市长担任市爱卫会主任，各县区、市直各单位也都相应作出调整；制定并印发《鹤壁市迎接省级卫生城市复查验收工作方案》、《鹤壁市卫生城市复审工作责任目标》、《鹤壁市省级卫生城市暗访考评工作安排》，把卫生城市创建列入市委、市政府政府重要日程，对各城区、各有关单位实行目标管理；市委、市政府多次召开动员会、协调会、督导会等，实行市区联动、部门协同的定期督导工作机制，及时研究解决卫生城市创建中存在的困难和问题。其次是广泛宣传，创建浓厚氛围。鹤壁电视台设立“聚焦卫生城市创建”栏目，《鹤壁日报》开设“争创卫生城市、建设美丽家园”专栏，对不文明行为曝光。各城区、各部门、各企事业单位，采取开设创建专栏、板报、发放宣传单和张贴宣传标语等方式，深入宣传创建卫生城市的意义和作用；市卫生部门通过开展“健康生活方式在行动”和世界卫生日、世界无烟日、世界高血压日以及4月爱国卫生月等主题活动，设立咨询台、张贴通告、召开儿童家长会等形式，倡导科学、文明、健康的生活方式，宣传创卫知识。第三是加强督导，跟踪问效。市委专门成立了以市委副书记为组长，市人大副主任、市政府副市长、市政协副主席为副组长的迎接省级卫生城市复查验收工作领导小组和市人大、市政府、市政协领导分别牵头的创卫工作督导组，每周1—2次进行督导检查，发现问题现场协调、限期解决、跟踪问效；对于因历史原因久拖不决的问题，由市政府督查室下发通知单挂牌督办。各城区、各单位均积极采取有力措施，强化督导检查，确保完成创卫目标任务。第四是加强管理，严格执法。根据《河南省商品交易市场监督管理条例》规定，对不达标项目监督市场开办单位限期整改，及时消除隐患；对店外经营、马路市场加大清理力度；对户外广告规范管理；对城市牛皮癣大力整治；对建筑工地开展文明卫生工地创建活动；对公共场所和生活饮用水卫生加强管理。第五是综合治理，严控“四害”密度。依靠科学技术，实行专业队伍防治与群众运动防治相结合，春、冬季节在社区、农村开展大规模灭鼠，夏、秋两季消杀蚊蝇、蟑螂，使鹤壁市城区“四害”密度均控制在国家规定范围以内。省级卫生城市复创显著改变鹤壁市城乡环境卫生面貌，在河南省爱卫办组织的省级卫生城市复查验收随机问卷调查中，居民对城区卫生状况满意率达91%。《河南省爱卫办关于鹤壁市巩固省卫生城市工作的评审意见》中对鹤壁市省级卫生城市届满复审工作给予充分肯定：鹤壁市十分珍惜省级卫生城市荣誉，持续完善环境卫生基础设施，注重环境卫生治理工作，不断加强日常监督管理，使城市功能更完善，城区环境更加宜居，城市管理更加科学，城区整体卫生水平达到《河南省卫生城市标准》要求，建议通过评审。12月27日，河南省爱卫会下发《河南省爱卫会关于2013年省级卫生城镇复审情况的通报》，重新命名鹤壁市为省级卫生城市，并颁发省级卫生城市奖牌。

【卫生创建】 围绕省级卫生城市复查验收，全市上下联动，极大地提高全民创建意识和工作责任感。当年共创建省级卫生城市1个，省级卫生先进单位14个、省级卫生村5个，市级卫生先进单位28个、卫生居民小区8个、卫生乡镇11个、卫生村275个、无吸烟先进单位2个，健康生活方式行动先进单位16个（其中示范单位10家、示范食堂2家、示范餐厅3家、示范超市1家）。市级卫生村占全市行政村比例由18%提高到32.6%，市级卫生乡镇占全市乡镇比例由5%提高到55%。

【农村改厕】 2012年省下达鹤壁市农村改厕任务7000户，其中6000户为新型农民社区（即村改居）改厕，1000户为传统改厕。按照项目要求，2012年底以前已经全部完成，2013年5月上旬，顺利通过省爱卫办组织的考核验收。根据全国爱卫办2013年农村改厕项目管理方案安排及河南省爱卫会《2013年河南省农村改厕项目实施方案》精神，2013年省下达鹤壁市农村改厕任务8000户，每户补助500元。改厕类型要从省爱卫办推荐的完整下水道水冲式、三格化粪池式、双瓮漏斗式和三联沼气池式等4类中选择适宜类型。河南省爱卫办于2013年12月召开活动启动会，要求2014年4月底之前完成工程建设任务。鹤壁市爱卫办已及时成立领导小组、技术小组，制定实施方案，召开启动会和项目负责人培训会，与各项目县区签订目标责任书。各项目县区按照时间节点组织实施该项工作。

（冯金环）

体育事业

【概况】 2013年，全市体育工作在市委、市政府的正确领导和省体育局的关心支持下，认真学习贯彻党的十八大精神，努力构建全民健身公共服务体系，不断深化竞技体育改革和机制创新，全面提升体育管理水平和服务能力，各项体育工作成效明显。群众体育发展基础不断夯实，大群体发展格局初步形成。以签订贯彻落实全民健身实施计划目标责任书为抓手，持续推动各级政府履行公共体育服务职能，市本级在实现全民健身工作“三纳入”基础上，又将体育用地纳入城乡建设总体规划，各级党委、政府开始重视全民健身工作，人大、政协等部门进一步加强对体育事业的督导，社会力量参与体育活动积极性不断提高，全民健身工作行政力和推动力进一步增强。全民健身活动的影响力和吸引力不断增强，全年共举办各类体育健身活动90余次，涵盖健身项目30余个，沿淇河自行车赛、朝阳山登山节暨全民登山健身大会越办越红火，已发展成为具有鹤壁地域特色的全民健身品牌赛事。全民健身生活化、社会化、科学化水平大幅提高，新成立5个市级单项（行业）体育协会、换届4个；新培训发展二级社会体育指导员633人，组织开展“科学健身大讲堂”进社区、进乡镇、进学校、进企业等健身指导活动；城市社区全部建有体育健身辅导站（点），60%以上的乡镇、80%以上的街道办事处建有体育组织；国民体质监测共抽样监测3514人，鹤壁市国民体质达到国家A类标准。2013年，市体育局被评为“全国群众体育先进单位”、“全国全民健身工作先进单位”，一批基层单位受到省局表彰。竞技体育优势项目成绩突出，赛事承办能力显著提高。全市业余训练队伍不断扩大，管理更加规范，重新认定部署省级体育传统项目学校16所，市级体育传统项目学校17所，举办全市体育教练员培训班，市体校、重点项目训练单位、体育传统项目学校、国家级和省级体育后备人才训练基地管理更加规范，竞走、拳击、地掷球、航模等重点项目在全省优势明显。全市共注册省十二运会参赛运动员223人，有78名运动员达到国家二级运动员标准，有17名运动员入选省集训队、4名运动员入选国家集训队，省十二运会参赛队伍基本形成，参赛项目包括田径、拳击、举重、摔跤、柔道、武术套路等9个大项，前期参加全国比赛带入省运会金牌达14枚，为夺取省运会好成绩奠定坚实的基础。重大体育竞赛成绩优异，本市运动员共夺得全国比赛金牌16枚、银牌16枚、铜牌18枚，获得省级比赛金牌22枚、银牌17枚、铜牌15枚。体育赛事组织能力进一步提升，有效推动城市发展，成功举办“四国”（美国、立陶宛、黑山、中国）男子篮球对抗赛，承办全国女子垒球锦标赛、全国中学生棒垒球锦标赛、全国软式垒球嘉年华活动等3场国家级赛事和首届中原经济区羽毛球公开赛、全省青少年游泳锦标赛2场省级赛事，举办中国·鹤壁首届体育舞蹈邀请赛。体育场地设施建设有序推进，群众健身环境不断改善。体育用地纳入城乡建设总体规划，在城市规划“一个市级体育中心、两个区级体育中心、四个健身带、九个社区体育中心、十四个社区健身园、多个健身点”的空间布局，构建由市级、区级、社区级、小区级四级系统组成的体育设施服务网络。基层健身设施日益完善，新建成农民体育健身工程100个、乡镇体育健身工程2个、社区全民健身活动场所13个，启动全民健身活动中心暨体育公园建设项目筹建工作，确定规划选址位置，完成用地预审和项目立项等工作。以培育本体产业为主，体育竞赛表演、体育健身培训、体育用品销售、体育俱乐部等产业有序发展，四国男子篮球对抗赛、沿淇河自行车赛、登山健身节等体育活动吸引大量社会资金投入，文化、旅游、媒体等相关产业和社会中介机构积极与体育融合发展，为体育产业发展注入新的活力。体育彩票市场占有率和销量稳步增长，销量首次突破1亿元，同比增长22.66%，高于全省平均水平。在全省全市体育比赛中没有出现赛风赛纪、兴奋剂等违反体育道德事件。依法行政、依法治体方面，组织服务型行政执法宣传月活动，规范全市体育系统行政审批项目，严格规范行政处罚裁量权，取消行政审批事项9项、下放县区1项，废止体育类规范性文件5个、修订3个，配合省、市人大对《体育法》和《河南省体育发展条例》贯彻落实情况进行检查。与新疆哈密市、山东阳谷县等地市开展地掷球项目交流，组织豫北四市篮球比赛、中原经济区羽毛球比赛等。体育系统全年无信访案件发生，无安全责任事故发生，没有出现违规违纪情况。在全市年终考评中，市体育局被评为2013年度责任目标完成先进单位。

【体育设施建设】 建成农民体育健身工程100个（浚县55个、淇县15个、淇滨区10个、山城区10个、鹤山区10个）、乡镇体育健身工程2个（浚县浚州办事处、鹤山区鹤壁集镇）、社区全民健身活动场所10个（浚县4条、淇县1条、淇滨区3条、山城区1条、鹤山区1条）。市全民健身活动中心暨体育公园建设项目筹建工作全面启动，完成规划选址、用地预审和项目立项等工作。全市61%的社区和60.6%的行政村已建有健身场地。对淇县黄洞乡全寨村、鹤山区姬家山乡竹林学校开展体育扶贫，帮助部分群众解决健身难题。联合市规划局，修订完善城区体育场地规划建设布局方案，在城市规划“一个市级体育中心、两个区级体育中心、四个健身带、九个社区体育中心、十四个社区健身园、多个健身点”的空间布局，构建由市级、区级、社区级、小区级四级系统组成的体育设施服务网络。

【体育协会成立】 1月10日，市社会体育指导员协会成立大会暨第一届会员代表大会在市体育局会议室举行。会议审议通过《鹤壁市社会体育指导员协会章程（草案）》，选举产生市社会体育指导员协会第一届委员会领导机构。1月26日，鹤壁市自行车运动协会成立大会暨第一届会员代表大会在市体育局会议室举行。会议审议通过《鹤壁市自行车运动协会章程（草

四国男子篮球对抗赛在鹤壁举行　　　　市体育局　供稿

案)》，选举产生鹤壁市自行车运动协会第一届委员会领导机构。3月30日，市航空运动协会成立大会暨第一届会员代表大会在河南帮太食品有限公司会议室举行。会议审议通过《鹤壁市航空运动协会章程》，选举产生市航空运动协会第一届委员会领导机构。

【全民健身活动月】　5月11日，中国·鹤壁第二届沿淇河自行车赛暨全市全民健身活动月“全民健身3510大行动”主题活动启动仪式在市会展中心广场举行。本届大赛由省自行车运动协会、市体育局、市体育总会主办，市旅游局、市淇河生态保护建设办公室、市自行车运动协会、市登山户外运动协会和河南省领跑体育文化产业有限公司承办，来自黑龙江、广东、上海等省内外的1320名运动员参赛。市政府副市长高雅玲出席开幕式并宣布开赛。本次自行车赛为山地车计时赛，共设男子甲组32公里、男子乙组32公里、女子甲组16公里、女子乙组16公里和男子大众体验组16公里、女子大众体验组16公里等6个组别。大赛以“魅力鹤壁，‘淇’乐无穷”为主题，除自行车比赛外，还加入绿色出行宣传、自行车会展、体育旅游推介和大赛摄影展等活动，将自行车运动的激情、时尚、环保、健康与淇河优美的自然风光、深厚的人文底蕴和沿岸现代化的城市形象融为一体。

【四国男子篮球对抗赛】　5月31日～6月2日，“淇河酒业”杯四国男子篮球对抗赛在市体育馆举行。美国菲尼克斯腾飞明星职业男子篮球队、立陶宛雅丽格斯篮球俱乐部代表队、黑山KK中央比耶洛波列篮球队和中国新疆广汇篮球俱乐部代表队4支劲旅轮番上阵，两两碰撞、捉对厮杀，为万余名观众奉献6场重量级比赛。本次比赛由市篮球协会主办，淇河酒业有限公司承办。

【国际武术文化交流大会】　7月16日～20日，2013第三届“全球功夫网杯”北京国际武术文化交流大会暨国际功夫交流大会在北京昌平体育馆举行。鹤壁市运动员参加陈式太极拳、杨式太极拳、形意拳、昆仑掌、徒手对练和器械等6个项目，共夺得13枚金牌和3枚银牌。北京国际武术文化交流大会作为一场国际性的武术赛事，已成功举办两届，深受各界的好评。本届大会由中国武术协会、北京市体育局作为支持单位，北京武术院、北京市体育竞赛管理中心作为指导单位，全球功夫网、全球创业网共同主办，国际功夫联合会、北京少林武术学校承办，设武术套路比赛、散打比赛、跆拳道比赛、太极推手比赛、摔跤以及各种民间传统武术项目。共有来自美国、英国、俄罗斯等60多个国家、国内31个省市自治区及港澳台地区的近200支代表队6000余名运动员参赛。

【全国软式垒球锦标赛在鹤举行】　7月27日～31日，2013年全国软式垒球嘉年华活动暨全国软式垒球锦标赛在鹤壁市举行。国家体育总局手曲棒垒球中心副主席任、中国垒球协会副主席谈莺，副市长朱言志，中国教育学会体育与卫生分会秘书长陈永利等出席开幕式。本次锦标赛由国家体育总局手曲棒垒球中心、鹤壁市人民政府、中国垒球协会、中国教育学会体育与卫生分会主办，省球类运动管理中心、市教育局、市体育局承办，鹤壁高中、鹤壁市高中青少年体育俱乐部协办。全国各省、自治区、直辖市的60支代表队1000余名运动员参赛。本市共有7支代表队参赛，其中鹤壁高中代表队获得高中女子组实验基地组第2名，淇滨区湘江中学代表队获得初中男子组实验基地组第2名，市第十八中学代表队获得初中女子组实验学校组第3名。

【体育彩票销售过亿元】　认真贯彻《彩票管理条例》，体育彩票市场占有率和销量稳步增长，高频游戏、超级大乐透和即开型彩票三大类游戏产品市场销售不断攀升。全市体彩销售网点发展到133个，2013年体育彩票销量额为1.14亿元，销量首次突破1亿元，同比增长22.66%，高于全省平均水平。

【体育宣传】　全年在市级新闻媒体上刊发体育信息253篇次、市级各类网络网站154篇次、省级以上媒体26篇次，市人民广播电台《跨越半个世纪的体育梦想》获得河南省体育好新闻二等奖，淇河晨报《我的太极我的团》、鹤壁电视台《NBA明星中国挑战赛在我市举行》获得三等奖。

（梁希俊　孙　艳）

旅游与淇河开发

旅　　游

【概况】　2013年，全市旅游工作在市委、市政府的正确领导下，围绕“两个构建”、“四个统筹”重点工作，以“引团入鹤”为重点，以“美丽鹤壁节庆游”为引领，以“三大突破”和“三大提升”为抓手，克难攻坚，开拓进取，完成各项工作任务。全市接待游客人数1196.3万人次，同比增长16.8%，收入45.6亿元，同比增长22.6%。

【旅游提升与发展】　1. 空前重视。中纪委驻国家旅游局纪检书记刘金平、国家旅游局祝善忠副局长、中国国旅总经理王为民、中国康辉总裁李继烈和省旅游局相关领导先后考察鹤壁市旅游业。市委书记魏小东、市长范修芳对《鹤壁旅游网》、高铁宣传、大社合作等给予重要批示。特别是十一前召开“全市文化旅游产业发展提升动员会议”，下发《鹤壁市文化旅游产业发展提升三年行动方案》。营造重视旅游、发展旅游的浓厚氛围。2. 高端宣传。在中央电视台一套、四套新闻频道和国际频道全年宣传、广告《老家河南》，增加对鹤壁和鹤壁旅游的宣传，提高鹤壁的知名度美誉度，使鹤壁享誉全国。3. 大社合作。促成与中国康辉、中国国旅、北京快乐假期等大型旅行社的签约和合作，提高鹤壁游客的档次和高端游客数量。4. 机构突破。市委、市政府成立“鹤壁市文化旅游发展委员会”，并积极组建“鹤壁市旅游投资发展有限公司”，两个机构的成立，在全省唯一，在全国少有。5. 平台突破。鹤壁旅游网政务版、资讯版增设栏目、丰富内容，年底前可上线，手机版已着手设计。谋划商务网、体验网、年票网等，实现“智慧鹤壁旅游”的超越。6. 境域突破。已与韩国、台湾、加拿大等国家和地区多次沟通联络，达成初步合作意向，逐步签订战略合作协议，实现“让鹤壁旅游走向世界”的梦想。7. 历时三个月的“美丽鹤壁旅游形象大使”活动覆盖范围广、选手素质高，通过郑州、安阳、新乡20多所高校、景区对2000多名选手的的层层选拔，提升本市的影响力。8. 聘请国内知名旅游专家对《浚县古城保护与旅游发展总体规划》制作和评审，协调和设计《鹤壁市文化旅游发展提升总体策划方案》，提升本市旅游管理营销水平。9. 鹤壁市旅游服务中心的开工建设，河南豫旅投资公司“自驾车连锁营地”在鹤壁市的选址等将大大提升本市的接待能力和服务水平。

【行业管理】　狠抓管理，提升水平。1. 安全为先。年初与行业单位签订2013年旅游安全、消防工作责任保证书，认真做好各个时期的安全督导检查工作，与市安监、工商等部门联合排查，发现问题及时整改，确保给游客提供安全的旅游环境。2. 宣贯《旅游法》。学习贯彻《旅游法》，积极参加省里组织的各类《旅游法》培训班50人次，参加全省《旅游法》知识竞赛荣获第四名。3. 整合提高。认真做好“美丽鹤壁旅游形象大使”选拔大赛，经过3个月四个赛区20多所高校参与2300人得海选、预赛、初赛、半决赛、总决赛五层筛选，评选出20史“政务讲解员”和10名形象大使，受

市长范修芳（前中）调研旅游工作　　市旅游局　供稿

到中原名市的广泛关注；督导迎宾馆五星级整改，确保国家旅游局验收达标；督导迎宾馆做好标准化中期评估工作；强化培训，对全系统进行正规化培训，开展"岗位练兵"活动，加强旅游市场监管，与相关部门共同建立旅游市场监管联动机制，有效监管旅游市场。积极推进鹤壁市旅游服务中心开工建设。

【规划建设】 科学规划，注重建设。1. 协同浚县共同完成《浚县古城保护与旅游发展总体规划》专家评审工作。《鹤壁市文化旅游发展提升总体策划方案》即将定稿；指导云梦山编制《旅游集聚区发展规划》；指导鹤山区开展《五岩山旅游区总体规划》编制评审工作；2. 积极培育多元化旅游区，开展河南省乡村旅游"十（示范村）百（示范户）千（带头人）"创建工作；开展国家生态旅游示范区创建工作；配合河南豫旅投资公司考察了5个"自驾车连锁营地"建设备选点；开展"老家河南、美丽中原"六个"十佳"评选活动，重点推荐云梦山、古灵山参加其中的"十佳景区"评选；全力推进景区"创A升级"，策划2013年度本市重点旅游建设项目，指导淇滨区旅游局制定淇河天然太极图景区整改方案；指导山城区深入挖掘红色旅游资源，与市委党研室联合启动《中国红色旅游指南－河南省》（鹤壁市）编撰工作。3. 强力开展招商引资工作。编制鹤壁市2013年旅游招商项目册》，积极联系国内外有实力的企业、财团来本市考察旅游资源；为天然太极图景区争取到100万河南省旅游业发展专项资金；开展2012年河南省旅游业发展专项资金绩效评价工作；参加第八届中国中部投资贸易博览会。4. 积极组织参加2013中原旅游商品博览会暨旅游商品设计大赛，朝歌陶艺品有限公司的"民族一家亲"获银奖，浚县杨玘屯泥塑艺术发展有限公司的"泥咕咕"获铜奖。

（王怀青）

【旅游区景点选介】 大伾山旅游区 位于豫北国家级历史文化名城浚县，西临京广铁路、京珠高速公路，南傍黄河故道，距鹤壁市区25公里。1987年被省政府批准为省级风景名胜区，2003年被国家旅游局评定为国家4A级旅游区。旅游区内山城相依，城水相连，古刹林立，风光壮美。大伾山历史悠久，因大禹治水六临此山被载入中国最早的史书《尚书·禹贡》，故被后人称为"禹贡名山"。大伾山上有国保级文物7项、道观佛寺古代建筑群7处、名亭8座、石窟6处、各式古建筑138间，且随山筑势，错落有致，各具特色。其中有：后赵时依山凿就与周围的摩崖石刻一起被国务院公布为国保单位的大石佛，高22.29米，为"全国最早，北方最大"，因佛足在佛楼地面下丈余，故"八丈佛爷七丈楼"成为奇观；始建于北魏的天宁寺，规模宏大，年代最早，其内的藏经阁原藏明代南藏经6053卷，为宗教典籍珍品；宋代徽宗皇帝钦封为"康显候"的龙洞；清代的万仙阁，集中国道教文化之大成，被专家誉为"华北道教艺术殿堂"；宋代的天齐庙和太平兴国寺，元代的观音岩，明清的阳明书院、吕祖祠、禹王庙、张仙洞等一处处佛寺道观，为大伾山增添古老而又神秘的色彩。帝王将相、文人学士登山揽胜者代不乏人。魏文帝曹丕到此写《黎阳作》四首；刘桢作《黎阳山赋》；汉光武帝刘秀，唐代李世民、骆宾王、王维、洪经纶、岑参、贾岛、杨巨源，宋代范成大，明代王阳明、王越、卢楠、李攀龙、王铎、卢象升，清代程涝等，皆曾登临大伾山吟诗作赋，挥笔题记。今山上有摩崖碑刻460余处（块），历史价值和艺术价值颇高。

云梦山旅游区 位于淇县城西15公里处的太行山中。1999年被省政府公布为省级风景区，2003年被国家旅游局评定为国家4A级旅游区。该旅游区自然景观优美，文化遗迹丰富。游览面积20多平方公里，主峰高584.5米，层峦叠嶂，鬼斧神工，山起云浮，飞瀑流泉，气象万千，素有"云梦仙境"之称。区内有鬼谷子隐居处，被称为中国历史上第一所古军校——战国军庠。鬼谷子名王禅，又名王诩，战国时卫国人，长于持身养性和纵横术，著有《鬼谷子》十四篇传世，传说战国时期的孙膑、茅蒙、徐福等政治家、军事家皆出其门。现存鬼谷洞、太阳洞、孙膑洞、毛遂洞、鬼谷墟、孙膑墓、舍身台、道教石塔、五里井、算壁、桃园等文化遗迹和云梦草原、龙泉、云梦飞瀑、五里鬼谷等自然景观达50余处。桃园在云梦山东侧，分为南、北两个桃园，是太行山区罕见的一个山顶盆地，骏马秋风，大漠风光。相传，桃园是鬼谷子观星象、看日出的地方；又传说，是苏秦、张仪苦练说服术的场所。桃园内有14座石屋，屋名与《鬼谷子》十四篇篇名相吻合。

灵山寺旅游区 灵山寺旅游区位于淇县西北8公里处，游览面积约10平方公里，包括灵山寺、朝阳寺、清凉寺。1999年被省政府公布为省级风景名胜区，2003年被河南省旅游局评定为2A级旅游区。灵山寺坐落在群山之中，寺西北为灵山，海拔337米；东南为馍头山，海拔465米；东为龙山，海拔400米；西南为虎山，海拔385米。灵山寺创建于南北朝年间，取心诚则灵之意。旅游区在群山环抱之中，峰峦拱翠，曲溪流泉，峰回路转，绿树名花，百鸟欢歌，可谓"灵山抱妙寺，神泉涤心坎"，自古就是群仙聚汇的风水宝地。灵山寺四周十景闻名遐迩：一曰危岩少进，二曰群峰耸翠，三曰列柿流丹，四曰一径蓬壶，五曰半岩风雨，六曰九天鸣佩，七曰巨崖走蛟，八曰双剑横秋，九曰东海龙吟，十曰西山虎啸。另有女娲峰、古佛洞、玉带河、黑龙潭、大佛殿等40余处自然人文景观。雄浑秀丽的山水景色与千年古迹、优美传说融为一体，是人们观光、朝拜、探险的好地方。朝阳寺在灵山寺南，始建于东魏武定七年，依山建造，遥望如空中楼阁，又称悬空寺，这里四季向阳，冬日阳光普照，暖意融融，有诗赞曰：千峰浮晴霭，飘飘蔽云空，登高时寓目，身入碧云中。清凉庵在朝阳寺西碾沟顶端，壁立千仞之下，绿树成荫，静净凉爽；庵对面壁下有6个石洞，洞内塑像、摩崖题记众多，妙趣横生。

五岩山旅游区 五岩山位于鹤壁

市鹤山区姬家山乡，因山有五谷，突起五峰，故曰五岩。五岩山旅游区峰峦叠嶂，云蒸霞蔚，风景宜人，历代志书及碑刻均有记载。大唐药王孙思邈曾在此隐居，悬壶济世，完成《千金要方》、《千金翼方》两部医学巨著。另有史载，三国魏人孙登也曾隐居此山。五岩山旅游区文化遗迹丰富，现存药王洞、孙登洞、修真洞、东魏石窟和宋代及金代摩崖石刻等主要景点30余处。氛围浓厚的中医药文化和源远流长的宗教文化构成了五岩山旅游区的突出优势，具有极好的发展前景。

金山游览区　金山游览区位于鹤壁市淇滨区庞村镇西北。占地面积20万平方米，因春秋战国时期著名的思想家、政治家、教育家、墨家创始人墨子曾在此居住多年，故当地又有人称金山为“墨山”。始建于宋朝嘉佑年间的“金山嘉佑寺”便座落于此山。据史书记载，金山寺兴盛时期，高僧云集，僧人数百，庙产千顷，香烟缭绕五百里，寺内至今仍完好保存着被誉为豫北第一的大雄宝殿、独具特色的卧佛殿以及其它建筑群。金山游览区植物繁盛，冬季瑞雪覆盖，怡静宜人；春季万物复苏，绿叶滴翠。金山寺晨钟暮鼓，化人心灵。据专家考证，流传千年的《白蛇传》的传说就诞生于金山，雷峰塔遗址、金山寺、淇河、许家沟村、青岩绝白蛇洞构成了传说中的相关要素。金山游览区是人们静化心灵、寻访探秘、共结连理的最佳之地。

天然太极图景区　天然太极图景区位于鹤壁市淇滨区上峪乡境内，淇河南山段，占地200万平方米。秀丽的淇河水在这里呈“S”形绕南北两架山梁而过，两岸青山酷似古太极图中的阴鱼阳鱼，天然形成一幅神奇的阴阳太极图。远远望去，淇水幽柔似情，怀抱阴府，背负阳宫，太阳朝阳含露、拜月藏风，太极纵横坎离，定位乾坤，蔚然天成。相传周文王被禁青岩绝，观此太极神图演绎《周易》太极八卦。天然太极图阴阳分明，幽柔含神，为国内罕见。阳鱼之首有省级重点文物保护单位青岩寺、千佛洞以及北魏群佛石雕、绍圣摩崖留笔、元代参天古柏、明代玲珑石塔、清代古寺楼阁等。天然太极图景区是淇河旅游风光带的核心旅游资源和开发龙头。

三兴康乐村旅游点　三兴集团淇滨康乐村位于鹤壁新区西5公里处。南依悠悠淇水，西枕巍巍太行，四季气候宜人；周围有云梦山——中华第一古军校、大伾山名胜风景区、天然太极图等；毗邻京广铁路、京珠高速公路、107国道，距首都北京仅6个小时车程，去省会郑州仅需2个小时，交通便利，2003年被河南省旅游局评定为2A级旅游点。总面积13.3公顷，依鹤壁市的特有地貌丘陵地带而建，整体西高东低，呈阶梯形式，2平方公里内无工厂噪声或其他污染排放源，周围阡陌交错，一派田园自然景象，是喧嚣都市中难得的一方清静之地。淇滨康乐村内绿树成荫、鸟语花香，是本市乃至周边地区唯一一所集休闲、娱乐、餐饮、服务、旅游为一体的大型娱乐场所，内设大型温泉洗浴中心、室内旅游馆、大型健身房、餐饮部（以蒙古包为特色，共计13个）、水上乐园（标准池、冲浪池、儿童池、环流池、高空滑道）、客房部、三兴旅行社，形成了吃、住、行、游、娱一条龙的服务体系。2004年被国家旅游局命名为第一批全国工（农）业旅游示范点。

（王怀青）

淇河开发

【概况】　2013年，市淇河生态保护建设办公室认真贯彻落实“保护第一、恢复生态，合理利用、促进发展，适度开发、造福群众”的淇河保护利用开发工作方针，围绕市委、市政府关于淇河生态保护建设的总体部署，坚持以淇河为龙头建设生态城市，科学推进淇河生态区、生态带规划建设，提高生态层次和水平，打造生态宜居城市，推进国家森林城市创建，落实《鹤壁市淇河保护实施办法》，强化淇河生态保护管理，各项工作取得明显成效。全市共完成淇河生态绿化3876公顷，为下达任务3755公顷的103.2%，苗木成活率为90%以上。

【体制机制建设】　进一步加强淇河生态保护建设的组织领导，健全完善工作体制机制。一是推动省人大尽快研究通过淇河保护立法，使淇河全流域保护有法可依，积极加强与省、市人大的沟通联系，做好协助配合和相关准备工作，多次参加《河南省淇河流域饮用水源保护条例（草案）》的讨论修改完善，按照市人大常委会要求报送加快淇河保护立法的意见建议，代市政府起草《关于将〈河南省淇河保护条例〉列为省人大常委会2014年～2018年拟提请审议法规项目的建议》。二是淇河生态保护管理组织机构建设及经费落实到位，市县乡村四级淇河保护管理体系有效运转。通过和市政府督查室进行全面督查，浚县、淇县、淇滨区相关组织机构人员及其经费待遇基本落实到位。淇滨区、淇县成立专职办公室，固定编制人员和办公场所，机构领导、人员均到位开展工作。淇滨区淇河执法工作已列入区城管局职责，由其综合执法一个大队具体负责。浚县、淇县也都组建淇河综合执法队伍。市淇河生态保护建设领导小组印发《淇河护河员管理办法》，淇河管护效果初步显现，沿淇卫生环境明显改观。三是印发《2013年淇河生态保护建设责任目标》（鹤淇保领〔2013〕1号），对2013年管理体系建设等任务进行细化分解，纳入市政府目标考核管理体系。市淇河生态保护建设办公室会同市政府督查室和市直相关职能部门定期进行跟踪督查问效，经常性开展淇河管护督促检查，推动工作顺利开展。

【生态保护】　一是通过召开协调推进会、现场办公会、工作汇报会等，狠抓淇河卫生管理和环境问题整治。督促协调有关县区积极搞好淇河日常巡河和执法检查，护河员分河段进行全天候管护，执法队定期进行巡查。市淇河生态保护建设办公室积极加强督导检查，发现问题迅速处理解决。全年沿淇县区共拆除和规范整治沿淇饭店、违规建筑25处，查处河道采砂、乱砍乱伐、洗车洗衣、电鱼炸鱼等问题38次。二是在认真调查研究的基础上，采取措施对市区以上河段沿淇步道进行管控，限制外来机动车辆通行，改变沿淇步道机动车辆通行、乱停乱放、随意碾压绿化苗木、影响游人安全的状况。三是强化市区段淇河沿岸综合管理，对沿淇机动车辆违规行驶停放及摊点、游船经营存在问题进行规范整治，建立长效管理机制。四是加强卫生设施配套建设。积极筹措资金在淇河步道边设置200余个垃圾箱，有效解决垃圾处理问题。市水库建管局严格库区生态保护管理，市环保局进一步规范饮用水水源环境监管，加强源头控制，严格建设项目环境管理。2013年淇河水质始终保持二类标准以上，盘石头水库水质29项检测指标中28项属国家一类标准。五是组织各县区积极开展淇河生态保护建设宣传活动。全年共向居民群众印发《致沿淇河居民一封信》2万多份，发放宣传单1.4万余份，制作墙体标语90多条，悬挂横幅100余条，出动宣传车120余辆次，人民群众爱护淇河保护淇河的意识明显增强。

【项目建设】 一是利用亚洲开发银行1.5亿美元贷款的“河南鹤壁淇河流域环境治理及生态保护项目获国务院批准列入国家计划，顺利通过亚行项目鉴别团对项目的鉴别。二是淇河生态区项目签约。淇滨区政府与河南省国土建设发展有限公司签订项目投资建设协议。项目总投资约50亿元，项目区域自寒坡洞沿淇河至天然太极图景区约37平方公里，定位为建设全国乃至世界一流的生态、休闲、旅游目的地，国家级生态休闲旅游度假区，国家级绿色、低碳、循环发展实验区，国家级湿地公园，国家级森林公园，中原经济区城乡统筹发展示范区。三是加快推进盘石头水库湖泊生态环境试点项目申报。4月，聘请省环科院编制千鹤湖（盘石头水库）环境保护总体方案。8月，完成总体方案的技术评审，并呈报省环保厅、财政厅审查，报省政府审批。9月国家财政部已下达专项资金2200万元。

（牛克锋）

青草绿水淇河风景　　市淇河开发办　供稿

鹤壁经济技术开发区

【概况】　鹤壁经济技术开发区位于于豫北城市群和晋冀鲁豫十四地市经济协作区的中心地带，1992年11月经省政府批准建设省级经济开发区，2010年11月经国务院批准，鹤壁经济开发区成为国家级经济技术开发区，对河南扩大对外开放，提升对外形象，吸引境内外投资，承接国内外产业转移，加快中原经济区建设发挥了积极作用。开发区紧紧围绕建设独具特色先进制造基地的目标，以电子信息、金属镁深加工、智能装备为主导产业，坚定不移地把招商引资、项目建设作为工作的重中之重，强化谋划运作，集中资源和力量，全力推进龙头项目和品牌企业的引进。工业总产值、规模以上工业增加值、固定资产投资等主要经济指标年均增长保持在30%以上。2013年，在市委、市政府的正确领导下，紧紧围绕电子信息、金属镁精深加工、智能装备三大主导产业，抓招商引资不放松，推进项目建设不停步，统筹推进企业服务、基础设施建设、财税金融、安全生产和信访稳定等工作，经济社会发展呈现良好的态势。地区生产总值完成50.5亿元，增长17.2%；规模以上工业增加值完成40.1亿元，增长19%以上；规模以上工业主营业务收入完成160亿元，增长23%以上；高技术增加值完成5.5亿元，增长20%；规模以上工业实现利润4.3亿元，增长25%；对外贸易进出口完成1.58亿美元，增长25%；固定资产投资累计完成91.5亿元，增长26.2%；公共财政预算收入完成1.68亿元，增长30.9%；城镇居民人均可支配收入达到21350元，增长10.5%。2012年，开发区紧紧围绕建设电子新城和镁业基地的目标，积极承接沿海产业转移和高新技术成果转化，新签约亿元以上项目20个，总投资193亿元，PLC光分路器芯片、航盛电子工业园、海能达军工电子产业基地等一批具有示范带动效应的项目开工或建成投产，创世电机镁合金发电机二期、华中星高性能电容器、明镁高强韧镁合金、景典智能车库等项目加快建设。全区实际到位省外资金25.3亿元，同比增长27.8%，完成年度目标的106.3%，于2013年2月20日在全省10个国家级开发区和高新区2012年实际到位省外资金评比中排名第一。2013年，开发区建成松江路、华夏北路等道路7条段、5公里，配套管网8条段、5.5公里；绿化道路15条段、21.5万平方米；完成卫生城市创建、绿化造林工作和金山枫岭、永通河综合治理。项目建设和产业发展的承载能力进一步增强。总投资10亿元的开发区航盛电子工业园项目实现量产；河南天海电器有限公司和河南仕佳光子科技有限公司入选河南省2013年度百高企业；河南仕佳光子科技有限公司“宽带光网络用硅基PLC型AWG与VOA集成芯片关键技术研究与开发项目”正式列入国家863计划；比亚迪汽车发动机线束项目落户开发区；快意电梯中原电梯基地项目签约；鹤壁德雷克电气有限公司项目一期工程竣工；鹤壁航盛汽车电子科技有限公司顺利通过法国BV公司ISO/TS16949质量体系认证；河南创世电机科技有限公司获批建立河南省博士后研发基地；鹤壁腾天光通信到英国参展；河南金山环保科技工业园有限公司太阳能发电项目顺利并入国家电网；鹤壁航盛汽车电子科技有限公司顺利通过郑州日产异地生产认证；开发区河南创世

市委书记魏小东（前左二）到开发区调研　　开发区　供稿

电机科技有限公司获批建立河南省博士后研发基地。开发区被授予全省招商引资和对外贸易工作先进单位、对外开放工作先进开发区、首批环境友好型示范集聚区、5A最佳投资环境产业集聚区。

2013年国民经济主要指标

项目	数量
全社会固定资产投资	91.5亿元
地区生产总值	50.5亿元
对外贸易进出口	9.63亿元
规模以上工业增加值	40.1亿元
公共财政预算收入	1.68亿元
城镇居民人均收入	21350元

【城北工业园区概况】 下辖大八角、小八角、刘长屯、侯小屯四个行政村，北至小八角，东至京港澳高速公路，西至107国道，南至黎阳路。园区明确以电子信息产业为主导，以电子元器件、汽车插接件为特色，以消费电子终端产品、汽车电子、光电子产业为发展方向，依托天海、无线电四厂、仕佳光子、佳多、科王等现有骨干电子企业，着力打造鹤壁电子信息产业园区。2013年全年完成工业总产值108.9亿元，完成全年任务的122.3%；工业企业增加值29亿元，完成全年任务的126%，较去年同比增长34.3%；规模以上工业企业实现利润2.53亿元，完成全年任务的101%；区级税收完成9844.6万元，完成全年任务的130%；招商引资到位资金10.5亿元。2013年园区主动抓住沿海电子产业转移的机遇，强化招商队伍建设，积极采取走出去，引进来的方式，多措并举，以商招商，产业招商，扩大企业上下游产业链，吃准目标，把握尺度，详细摸清对方商情，认真理清园区底数，建立了招商引资台帐。加强商源的培养和巩固，多次到长三角、珠三角、京津冀等地与电子信息类企业开展招商引资活动10余次。全力配合市招商领导小组、开发区招商局积极对接品牌和龙头企业，围绕主导产业和落地项目，分别与上海航盛、深圳航盛进行对接，洽谈上下游配套，深圳航盛机电科技有限公司投资5亿元的年产100万套五金注塑件项目成功入驻航盛电子工业园；侨兴集团投资30亿元的荣兴鹤壁科技产业园落地园区；投资50亿元的辽宁华塑（鹤壁）高分子新材料产业园项目已签约；进一步洽谈英姿高级印务项目，已签订框架协议。园区新建海能达、卓特、中鹤地产、宏博、深圳航盛、优普、淇花、三阳、金山环保、鼎华科技、华中星超级电容器等11个省市重点项目，为加快项目按时间节点有序推进，依托管委设立的重点项目指挥部，园区积极配合，安排专人全程代办手续，力保重点项目按时间节点顺利完成。海能达军工电子产业基地项目三栋厂房竣工，已经开始搬迁入驻；航盛电子工业园项目在确保已投产项目正常生产的前提下，成功引进深圳航盛机电项目，已经试生产；仕佳光电子产业园项目PLC光分路器芯片一期一条生产线扭亏正常生产，客户数量、市场份额正在逐步扩大；二期新建3条生产线已调试生产，1栋科研楼和1栋光纤生产线标准厂房已经竣工。电子新城核心区规划设计完成，一条主干道正在建设。华中星超级电容器项目车间已竣工，机电安装调试完成，主机设备已到场安装，伺服电机系统装置设备已经订购。金山环保年产12000立方米脱硝催化剂建设项目一期四条生产线已投产。扎实开展各项企业服务工作，努力为企业提供良好的发展环境和优质高效服务，营造了政企和谐共建的良好局面。积极整合资源，引进战略合作伙伴实现重组。自3月起，对园区闲置厂房摸底排查，排查出闲置厂房15家共5.5万平方米，为招商引资、腾笼换鸟做好准备。其中鹤壁恒力汽车配件有限公司厂房长期闲置，已被鹤壁宏博无缝钢管制造有限公司年产10万吨无缝钢管项目收购，诺华美（鹤壁）生物科技有限公司被恒通收购，实现了资源的合理配置，扩大了产业规模。已与投资1.1亿美元的英姿约翰波特项目签订投资合同。全力扶持企业上市。省证监会已到佳多进行实地考察，该企业正在接受民生证券、亚太（集团）会计事务所有限公司、兢天公诚律师事务所中介机构对企业上市筹备工作的各项指标进行审核认定。同时培育百运佳等企业做好上市工作。对园区重点企业进行跟踪服务。积极与企业沟通，及时将上级各项申报信息通知企业，达到了企业及时知晓，工作按时开展的目标。积极联系银行和企业，着力促进银企对接，已帮助园区企业贷款共计5.3亿元，市场融资4.72亿元。组织企业申报上级扶持资金，其中仕佳、百运佳共计申请上级资金1530万元，海能达动态保军项目2亿元。以生态化、现代化的理念，积极推进园区基础设施建设，加强城市管理，完善项目建设和企业发展所需硬件环境。一是道路建设为项目打前战，园区共新建道路5公里，松江路、华夏北路、泰山路北延工程，为新项目落地提供有力保证。二是提升绿化档次。新增和完善绿化面积21.06万平方米，绿化覆盖率达到17%。积极响应市委、市政府创建森林城市的号召，将3月定为园区的“绿化攻坚月”，圆满完成京珠高速、京广高铁绿化，园区市政绿化和36家企业庭院绿化，有效助力鹤壁市“创建森林城市活动”。为美化园区环境，形成园区特色，在渤海路种植西府海棠1000余棵，打造园区的景观路。三是环境卫生整治工作效果明显。充实环卫队伍，使环卫工作长效化，有效服务园区接待招商和观摩。四是为辖区人车安全护航。为保证辖区行车、行人安全，在兴鹤大街等六处道路交叉口安装交通信号灯。五是大力推进新村建设。大八角新村总投资1.3亿元，共建17栋楼房，561套住房，总建筑面积为79224m^2。其中一期共建8栋楼房245套，主体已封顶。刘长屯新村共建30栋住宅楼、854套，地暖和外墙保温已全部完工，部分楼房已完成外墙粉刷，正在进行内部布线工作，小区外网工程已正式启动。

【金山工业园区概况】 下辖杨小屯、扈堂、后小屯3个行政村和滨水兰亭社区。建园以来，园区坚持高标准配套、高品位建设，不断加快基础设施建设，完善配套服务功能，形成以金属镁精深加工产业为主导的特色产业园区，是全国唯一以发展金属镁精深加工为主导产业的特色园区。园区拥有金山镁业、创世电机、格兰达、维多利等多家知名镁加工企业，基本形成了以金属镁精深加工、电子电器、汽车零部件、机械加工为主导的产业集群。实现了从初级产品向高附加值精深产品的转变，从镁粉生产到镁牺牲阳极、挤压型材、镁合金压铸汽车零部件、交通工具、消费类电子壳体等多种产品生产的转变，形成产业链条长、循环利用的良性发展局面。园区完成固定资产投资32.7亿元，完成全年目标任务的102%；园区规模以上企业完成总产值59.7亿元，完成全年目标任务的101%；规模以上工业企业增加值完成15.8亿元，完成全年目标任务的101%；规模以上工业企业利润1.36亿元；组织税收2574万元，其中建筑营业税174万元；对外出口贸易6035.5万美元；资本市场融资1.538亿元；招商引资市外到位资金10.1亿元；实际利用外资5630万美元。园区招商引资、项目建设成效显著。新落户项目3个：（1）由北京爱得天公司投资建设镁合金自行车电动车生产项目，一栋生产车间、一座办公楼及精品展厅主体完工；（2）河南茂隆公司投资5000吨镁合金型材加工项目，目前已购买原海立信公司厂房进行改造，正在办理前期手续；（3）河南柳江公司投资的镁合金畜禽专用设备生产项目，一栋5200平米标准厂房钢构主体完工。同时，落实金山园区领导分包企业责任制，全力做好重点项目的跟踪服务和协调工作，有力有效推进项目开工建设、投产达效。认真组织参与筹备第五届镁应用新技术新产品博览会，邀请中科院院士及知名院校专家参会，并到园区指导工作，同时邀请重点跟踪在谈15家企业、客商积极参会，取得良好的效果。明镁公司3号车间已建成投入使用，新进850、630吨挤压机生产线安装调试完毕开始试生产；1号合金车间主体封顶；2号车间主体钢架已完工，正在进行面板施工，4条合金生产线设备已经订购；5层科研楼正在内部装修及配套设施完善。一期顺利在镁博会前实现试产；中科院项目的五层办公楼已建成。煤和生物质气化平台在做实验的同时对平台进行改进；中恒公司项目一栋厂房建成生产，科研楼竣工，二期四栋标准厂房地槽已开挖，明春即可掀起施工高潮；捷镁特公司已开始生产镁合金车架、镁合金行军床等系列民用军用产品，对外合作取得新进展，与深圳尚彩（香港）科技公司联合生产电动滑板车项目已启动试产；美丽鸟公司投产后，产销两旺，全国营销网络布点有序推进。园区下步争取协调公司北侧用地，邦助企业做大做强，实现规模化；亿鑫公司高档次规范性标准化车间已具备投产条件。香港运豪集团环保真空喷涂项目，运豪方面正在就设备适合园区镁合金产品进行改进；北京四方公司超强度高分子金属防护材料项目，已达成合作意向，待部分细节具体沟通后即可签约；浙江盾安集团、新界泵业、利欧集团、西安蛟大投资等一批国内上市企业、知名企业，园区已建立联系沟通渠道。园区与汤阴县宜沟镇联合建设金山北园项目正在加快推进，项目初步规划占地334公顷，规划实现路网互通、基础设施配套共建，形成资源共享、优势互补，努力打造相邻区域合作共建示范。园区积极推进产学研一体化发展模式，已与上海交大、重庆大学、吉林大学、郑州大学等科研院所建立合作关系，园区成立有金山镁业与上海交大的轻合金研究中心鹤壁分中心、明镁公司与吉林大学技术合作共建产品研发基地、万德芙公司与重庆大学建立的成果转化基地等一系列研发和技术推广平台，在镁行业前沿技术研发中具有较强优势。东大高温公司与白俄罗斯国立工艺大学、兰大公司与中科院过程所、德雷克公司与华北水利水电大学、帅镁公司与中国农业科学研究院等技术合作正在深度对接。园区狠抓配套设施建设，已完成新建清江路、龙岗路北延道路及污水管网建设，进一步拉大园区框架，为联合办园搭建招商引资平台，提供发展空间；开工建设丹霞路挡土墙、栖霞路护坡、文明路排水改造工程；铺设栖霞路、丹霞路供水管网800米，铺设通淇大道通信管网700米，铺设渤海路东段燃气管网300米；与市供电公司多次协调，仅用10天就完成栖霞路400米10kv高压线路架设，为企业提供可靠的用电保障；积极协调督促园区开闭所工程加快建设进度，该工程完工后可充分解决园区未来5－8年内用电问题。园区绿化目前种植乔木609株，灌木12556株，绿篱6270平方米，草坪23000平方米，挖填土方量2.7万立方米，新增绿化面积33500平方米。园区的综合配套服务项目—镁业国际主体完成，9层写字楼正在做楼体外饰。通过开展“项目服务月”活动，为新入驻企业开辟“绿色通道”，组织召开服务重点项目建设现场办公会，邀请市行政服务中心、发改委、工商、质监、环保、国土、规划、建设、消防等部门窗口工作人员对企业从申报材料的准备、办理各部门手续时间节点的把握等方面进行了业务指导，针对企业在办环评、规划、土地、消防手续时的共性问题进行了梳理汇总，并帮助企业制定推进项目审批计划时间表。对重点项目、重点工作实行即来即办，特事特办、跟踪服务。园区共为18家企业全程代办60余项手续，为30家企业补办100多项手续，为4家企业争取各项扶持资金1000多万元。解决了困扰园区经济发展的两大瓶颈——供电双回路线路架设和部分企业国有土地证办理。目前双回路用电线路部分正在加紧施工中，建成后可大幅提高园区的供电能力和运行质量，使园区和企业在未来6～8年内没有用电后顾之忧。由于改制问题，园区有36家企业多年没有办理国有土地证和房产证，为彻底解决这一困扰企业发展的难题，经过多次沟通协调，市纪委、土地相关地部门已为多年无证企业办理国有土地证，园区的36家无证企业现已先后拿到土地证。实行银企对接制度，定期举办银企座谈会，帮助企业解决融资困难，积极推动金融系统与园区企业的沟通合作，拓宽企业融资渠道，搭建与银行互动、互信、互赢的合作平台。通过召开银企洽谈会三次，全年帮助园区企业融资贷款、争取扶持等资金累计突破3亿多元。坚持统筹兼顾，圆满完成了防汛、“双禁”、征兵、民政优抚、新农合、精神文明建设等各项社会事业工作。禁烧工作中，党员干部日夜坚守在田间地头，辖区内未发生一起火情。计生工作连年受到市委、市政府表彰，成为全市计生系统的标兵单位。全年新增就业220人，下岗失业人员再就业120人，其中困难群体再就业59人；再就业培训86人，其中创业培训35人；农民工技能培训190人；共发最低生活保障资金413000元；大病救助5人，发放15100元；享受抚恤救助6人，发放抚恤金15500元。通过层层签订目标责任书，强化落实安全主体责任；创新安监工作方式，建立相邻企业安全联防机制；突出强化宣传教育培训，强力推进安全生产标准化，筑牢基层安全基础；不断完善应急管理方案，组织应急演练，增强处置能力；强化高危行业日常监管，现场检查整改。严格实行网格化监管，实现了安全生产全覆盖、无缝隙，全年没有发生一起安全生产事故。实现辖区内亿元GDP死亡率为零，工矿商贸企业从业人员10万人死亡率为零；持续深化安全河南创建工作，开展安全和谐型社区（村）创建示范；持续加强监管队伍和能力建设；强力推行企业安全生产标准化；开展全民安全理念教育、警示教育和常识教育；开展夏季、冬季2次安全生产应急救援演练。

【东杨工业园区概况】 下辖杨庄、申屯、周庄、曹洼4个行政村。园区紧紧围绕智能装备产业定位，以新能源、新材料、新装备为主攻方向和着力点，全年招商引资到位市外资金11亿元；实际利用外资共6385万美元；组织税收2900万元；规模以上工业总产值完成17.5亿元，同比增长26.2%；规模以上工业增加值完成3.3亿元，同比增长23%；规模以上工业企业利润完成4100万元，同比增长13.5%；固定资产投资完成31亿元，同比增长109.9%；对外贸易出口完成600万美元；新增各项贷款完成3.02亿元；资本市场融资完成1.85亿元。

2013年，园区招商引资工作成效显著。围绕智能装备产业定位，以新能源、新材料、新装备为主攻方向和着力点，引进一批投资大、科技含量高、产业带动作用强的项目。全年新落地10亿元以上工业项目1个：总投资11亿元的快意电梯中原基地项目，5亿元以上工业项目2个：总投资5.8亿元的河南创世电机科技有限公司年产150万台小型发电机项目和总投资7.07亿元的河南昱科新能源科技有限公司年产60万台（套）太阳能采暖一体化设备项目，圆满完成全年招商引资落地项目责任目标。重点项目建设快速推进。牢固树立“功坚克难，只争朝夕”的意识，集中人力、物力、财力资源，狠抓重点项目建设。创世电机二期项目1号厂房主体完工，消防、用电施工基本结束，办公区二次装修基本结束，4、5号厂房正在砌筑内部墙体，科研楼主体砌墙完毕；景典项目一期1万平方米车间已投产，二期约4万平方米车间主体钢构已安装完毕，顶板铺设90%，围护墙施工70%，智能车库安装完毕；汽车工程材料产业园项目一期厂房、办公楼主体竣工，正在进行消防、地板、管网等施工；昱科新能源一期4栋3－4层标准厂房总建筑面积15000平方米主体已完工，科研办公楼5000平方米已正式启用，二期年产60万台太阳能采暖一体化设备项目已办理用地规划许可证、土地使用证，围墙已拉建；沃德二期项目4号厂房主体完工，外墙粉刷完成，门窗开始安装，5号厂房四层主体完工；永安标准厂房项目1号、4号厂房门窗安装90%，2号、5号厂房正在安装钢构，围护墙开始施工，厂区内2条道路正在路基施工；博昊科技年产36万套比亚迪汽车发动机线束项目已进行试生产。企业服务工作快速提升。一是大力推进政务服务，坚持项目分包制度，明确责任领导和科室，全程跟踪服务，协助办理备案、环评、工商登记、建设等手续。重点办理了快意电梯的备案、环评及土地相关手续，目前A地块土地款收据已出具，平面设计方案正在进行，B地块增减挂钩征收用已批复，正在准备挂牌。二是实行重点项目建设督办制度，对重点项目建设节点进行督查考核，确保了重点项目按照时间节点顺利推进。同时，实行项目推进联席会议制度，定期召开项目分包领导、项目业主单位、施工单位等参加的联席会，及时研究解决项目建设中存在的困难和问题。三是是拓展服务内涵，在争取上级资金、银行融资、用工等方面全方位对项目和企业进行帮扶，促进在建项目建设快速推进，建成项目生产上规模。全年共为企业争取资金550万元，招工230人，协调贷款2.7亿元，帮助沃德、仕佳等12家重点投产企业和创世、昱科等6家重点在建项目制定提档升级方案，有效帮助企业突破发展瓶颈，探索新的道路。

【招商引资】 全年签约亿元以上项目24个，总投资227亿元；利用省外资金31亿元，增长23%；实际利用外资1.7亿美元，增长18%。总投资50亿元的辽宁华塑高分子新材料产业园、总投资30亿元的广东侨兴科技产业园、总投资11亿元的广东快意电梯中原基地、总投资1.1亿美元的英国英资约翰波特高科技研发基地等项目实现签约。

（朱瑞涵）

县区概况

浚　县

【概况】　浚县位于河南北部，卫河蜿蜒纵贯全境，淇河沿西部边界南流，处于安阳、濮阳、新乡、鹤壁等市辐射带的中心位置。京珠高速公路穿境而过，鹤濮高速公路横贯县北，境内公路四通八达。是国家级历史文化名城、国家级小麦原种生产基地县。全县总面积966平方公里，其中耕地面积6.1万公顷；总人口66.5万人，其中乡村人口48.5万人。人口自然增长率为5.08‰。辖浚州、黎阳、卫溪、伾山4个街道办事处，善堂、王庄、屯子、卫贤、新镇、小河6个镇和白寺1个乡。

2013年国民经济主要指标

项目	数量	比上年%
生产总值	136.3亿元	14.0
全社会固定资产投资	97.1亿元	25
社会消费品零售总额	35.4亿元	13.8
公共财政预算收入	4.3亿元	31.7
全社会用电量	7.3亿度	13.1
工业用电量	3.74亿度	13.7
金融机构存款	85.4亿元	19
贷款余额	79.9亿元	26.7
城镇居民人均收入	16851元	10.5
农民人均纯收入	10507元	11.2

2013年，在市委、市政府的正确领导下，按照“持续创优势、提升促发展”的总体要求，在拼搏中前行，在实干中奋进，全力以赴抓项目、创优势、惠民生，各项工作成效显著，经济社会发展继续保持好趋势、好态势、好气势，完成县十四届人大二次会议确定的各项目标任务。经济形势总体向好。突出抓好经济运行，强化调度，统筹施策，各项指标协调发展。全年生产总值完成136.3亿元，同比增长14%。全社会固定资产投资完成97.1亿元，增长25%，增速位居全省第13位。在全市年度综合目标考评中，浚县排名第一。

坚持把招商引资和项目建设作为重要抓手，带动整体工作提升，促进经济社会健康发展、快速发展。突出开放招商主渠道，实施驻地招商、以商招商，招商实效明显提高。全年到位省外资金36亿元，外贸进出口完成3019万美元，增长292%，位居全市第一，被评为全省对外开放先进县。国梦食品、利华厨乐等一批项目落户浚县。总投资54亿元的国际文化旅游产业园项目，落地实施后将带动整个三产提档升级。

突出项目建设主抓手，争取上级项目239个，资金8.6亿元。新开工项目72个，总投资142亿元。在建项目达到113个，完成投资103亿元。项目数量和投资规模均创历年之最，在全市重点项目观摩活动中，再次位居第一，实现“四连冠”。总投资13亿元的捷恩家食品项目建成投产后，将成为全国规模最大的烘焙食品生产企业。总投资22亿元的聆海整体家居项目建成投产后，将成为全省最大、全国知名的家居用品生产企业。同时，鹤浚快速通道、中鹤铁路专用线等一批打基础、利长远的大项目进展顺利，古城保护开发、至真食品工业园等一批战略支撑项目快速推进，谷夫食品、贝迪塑业等一批重点项目竣工投产，为经济社会发展注入新的活力。坚持在发展中调整、在调整中提升，产业结构逐步优化，经济发展质量和效益明显提高。

规模以上工业增加值完成68.4亿元，增长18.1%。新增规模以上企业22家，全县达到105家。浚县产业集聚区，主导产业由食品加工调整为以食品和家居用品制造为主的轻工业，建成面积8.5平方公里，入驻企业96家，总投资130亿元；被评为全省十快产业集聚区、最具创新型产业集聚区，是全省180个产业集聚区中，连续5年受到省政府表彰的3个集聚区之一。粮食精深加工园区，建成面积3.5平方公里，入驻企业18家，总投资35亿元。产业园区承载能力更加凸显，已经成为重要的经济增长点。

现代农业巩固提升。粮食生产再获丰收，总产达到103万吨，被评为全国产粮大县。高产创建扩面提标，高标准粮田建成面积达到22867公顷，8000公顷示范区小麦、玉米平均亩产分别达到633.7公斤、768公斤，整建制粮食高产创建已成为闻名全国的“靓丽名片”，被确定为全省6个高标准粮田建设提升县之一。国家农业综合开发现代农业园区、国家农业科技园区落户我县。全国“防病虫、促春管、保丰收”现场会、全国粮食高产攻关技术模式现场会在浚县召开。水利建设进一步加强，实现“红旗渠精神杯”十九连冠。畜牧业健康发展，再次被评为全国生猪调出大县。林业生态建设扎实推进，继续保持省林业生态县荣誉。

服务业快速提升。古城保护建设快速推进，《浚县古城保护与旅游发展总体规划》得到省旅游局批复，将浚县纳入全省旅游发展规划。大运河浚县段申遗顺利通过专家评估。总投资50亿元的古城保护开发项目全面启动，古城墙、西城门、角楼、县衙、古运河橡胶坝等重点工程顺利推进，东大街、浮丘山广场、城隍庙广场、怀禹路改造等工程建成使用，山、水、城交相辉映的古城形象逐步展现。商贸物流业稳步发展，《浚县特色商业区发展规划》获得省发改委批复，宏基商贸城、浙江商贸城建成投用，中原综合建材城加快推进，商贸物流、餐饮住宿等服务业快速发展，城市活力明显提升。旅游综合收入达到7804万元，增长18.3%。三产增加值达到29.9亿元，增长9.5%。

城乡建设统筹推进。以县城建设为重点，加快城乡一体化发展，城镇化率达到35.7%，提高2.4个百分点。城市建设全面加快。《浚县城乡总体规划》、《浚县历史文化名城保护规划》通过省专家评审。总投资4700万元的卫河路北段、霄河路南段等5条城区道路竣工通车，初步形成“5纵6横”城市路网，县城面积拉大到20平方公里，人口16万。浚州公园一期建成投用，公安技侦大厦、卫生防疫科研大楼主体竣工，文化艺术中心、教育园区等重点项目顺利推进，黎阳污水处理厂升级改造项目正在加快建设，城市功能不断完善。投资3000万元，对城区道路进行了绿化美化，城区绿地率达到19.5%，人均占有绿地面积3.2平方米，主要道路绿树成荫，重点街区亮化成景，城市品位全面提升。小城镇建设稳步推进。王庄、新镇、善堂、屯子4个重点镇建设加快推进，王庄镇已成为全省闻名、全国知名的“三化”协调科学发展典范，新镇镇被确定为全国美丽乡村建设试点，善堂镇被命名为国家级环境优美小城镇。16个在建的新型社区稳步推进，已累计完成投资33亿元，开工建设住宅楼542栋，竣工405栋，入住群众1100户。交通路网优化升级。永定线、浚南线、东上线升级为国道，结束本县没有国道的历史。投资14亿元，开工建设5条干线公路，其中，永定线改建、浚南线东延工程主体竣工，鹤浚快速通道、东上线改建、大海线升级改建工程正在顺利推进。投资3700万元，修建乡村道路42公里。以国道省道为主，乡村道路为辅，四通八达、宽阔通畅的公路网络基本形成。

·黎阳街道办事处·

黎阳街道办事处下辖4个管理区，19个自然村。2013年，财政收入完成2200万元，占年目标的123%；招商引资到位省外资金3.2亿元，占年目标的128%。固定资产投资完成5.5亿元，占年目标的110%。先后被评为“国家级生态乡镇”、“省级文明单位”。党工委书记李德顺，主任李德义。

规划实施重点项目23个。累计完成投资8.2亿元，超额完成年度投资计划。其中，工业项目13个，总投资18.28亿元。总投资3亿元的10万吨休闲食品、1.2亿元的鹤壁益生庄园食品等5个项目已竣工；总投资1.2亿元的15万吨BOPP封箱胶带、1.2亿的黎鑫铸业年生产8000吨汽车配件等4个项目进入建设高潮；总投资1.7亿元的年产300万平方米彩钢复合板加工、1亿元的亿联钢构等4个项目正在加紧建设。农业项目3个，总投资5.06亿元。总投资1.16亿元的鹤舞天香牡丹园、总投资1.5亿元的富乐现代农业园、总投资2.4亿元的河南盛方园绿色蔬菜产业示范区3个农业项目正在开工建设。民生项目7个，总投资20.67亿元。总投资12亿元的黎阳社区、2.67亿元的毕加索小镇、2.4亿元的浚县第二实验中学等7个民生项目进入建设高潮。签约项目1个，总投资3.2亿元黎阳10兆瓦光伏农业项目12月份开工建设。

总投资1.2亿元的马村社区完成5栋114套多层住宅楼已建好达到入住条件，10栋棚改房主体已全部封顶；黎阳社区棚改房共15栋，2栋三层已封顶，4栋做桩基。10栋1000套公租房桩基施工已完成，正在做基础坑槽；黎阳社区标准化小学主体已封顶。加大道路建设力度，争取马村社区道路建设资金50万元，完成下酸线黄新庄至迎阳铺段620米空挡段建设任务。着力改善饮水条件，为北马村等3个村新打深水井3眼，解决4000多人的安全饮水问题。投入30多万元对敬老院全面整修，更新和添置床被、衣柜、电视、炊具等生活设施，改善供养老人的生活环境。对全办事处2068户失地农民和农村、城镇居民低保户进行核查、清理、整顿，为387户贫困家庭发放救济金4.2万元。争取资金47万元，为59户低保和优抚对象进行危房改造。

办事处依托区域资源优势和传统产业基础，不断加大农业结构调整力度，在区域范围内流转土地333.3公顷，积极开展农业项目招商引资，推进高效农业规模化。初步形成西部牡丹园，中部光伏农业，东部绿色蔬菜产业园的示范带，现代农业发展速度明显加快。投入40多万元，流转土地53.3公顷，完成鹤濮高速两侧4.7万株植树造林任务，成活率达到95%。

创新社会管理，加强硬件建设，投资10万元建成社会管理综合服务中心，实现综治、信访、民政、社保等“一站式”服务。加大不稳定因素排查化解工作力度，共解决疑难信访案件42起，东沙地村成功实现由乱到治，全年无因征地、拆迁、非正常死亡、非法集资等问题引发信访案件，实现无赴县以上集体访和非访“三零”目标，4月，被县委、县政府授予信访“流动红旗”。强化治安巡逻、矛盾排查、四级调解、普法宣传等措施，全年无重大刑事案件、治安案件、安全事故发生，保持辖区社会大局稳定。5月20日，省委常委、政法委书记刘满仓到黎阳办事处调研，对平安建设给予高度评价。

·善　堂　镇·

善堂镇位于濮阳、安阳、鹤壁三市辐射的中心地带，处于滑县、浚县、内黄三县交界，濮鹤高速公路横贯东西，230国道纵穿南北，镇区内公路交通网络四通八达，地理位置优越，区位优势明显，善堂镇共辖62个行政村，区域面积178平方公里，镇区面积5.2平方公里，人口9.4万人，8000公顷耕地，是全市第一面“积大镇”、“人口大镇”、“油料大镇”，是远近闻名的“瓜果之乡”。镇党委书记孙现民，镇长郭志忠。

2013年，在县委、县政府的正确领导下，坚持以科学发展观统领经济社会发展全局，不断提升发展思路，创新发展举措，聚精会神搞建设，继续开展精神文明建设月活动，以“五个评选”为主题，评选出11个“文明卫生村”、83个“文明新风户”、83个“好媳妇、好婆婆”、10个文明工商户、10名优秀企业员工，进一步倡导文明新风，推动经济发展，促进和谐。先后获得“全国小城镇建设试点镇”、“全国小城镇经济综合开发示范镇”、“中州名镇”、“全省综合改革试点镇”、“全省百家重点镇”、“全国群众体育运动先进单位”、“全国文明村镇”、“国家级生态镇”等多项荣誉。全镇实现地区生产总值16.73亿元，同比增长15%；固定资产投资完成5.6亿元，占年任务的102%；财政收入完成1297万元，占年任务的118%；引进市外资金2.23亿元，占年任务的112%；农民人均纯收入8962元，同比增长10%。

引进省外投资项目24个，其中已投产项目7个，在建项目7个，签约项目5个，在谈项目5个。摆放在黎阳产业集聚区的项目2个（总投资2.08亿元、年产10万吨高档营养饼干的富达食品已建成投产；总投资3.7亿元、年产20万套电涡流缓速器汽车零部件项目已开工建设）；摆放在镇域内的项目22个。经市、县有关部门认定省外到位资金2.23亿元。年初，得邦利达家俱产业园被确定为河南省第一批A类重点建设项目。已投产项目4个，分别是总投资3.84亿元，年产6万套红木仿古家具项目；总投资2.4亿元，年产6万套办公家具项目；总投资2.88亿元，年产60万套民用家具项目；总投资2.88亿元，年产9万套实木门项目。在建项目2个，分别是总投资2.4亿元，年产1万套钢琴项目；总投资4.8亿元，年产3万套中高档沙发项目。注册成立河南省丰盛农业开发有限公司，成立善堂镇花生批发市场建设办公室，规划总投资3亿元的丰盛现代农业科技产业园和总投资19.6亿元的河南省豫北农副产品批发市场，现代农业科技产业园已流转土地200公顷，豫北农副产品批发市场已经立项，2014年将开工建设。通过整合全镇物流资源，大力扶持商贸物流业的发展，全镇共有利通物流、长城物流等物流企业近30家，大型运输车辆600余辆。按照东上线建设指挥部要求，积极做好征地、清障、拆迁等各项工作，9公里的加宽段建设工程已基本完工，4.7公里的改线段共涉及善堂镇5个村，征地11.3公顷，路面已平整结束。

·王 庄 镇·

王庄镇位于浚县城北11公里处，镇域面积100平方公里（其中耕地面积6000公顷，人均1.29亩，基本农田4800公顷，一般耕地1200公顷，园地16.26公顷，林地288.5公顷。村庄建设用地1733.3公顷；工业等用地353.3公顷；四荒四边、坑塘、道路、河流等土地1913.3公顷），辖42个行政村、4个居委会，总人口7万，16978户。其中非农业人口7278人（加上四个居委会人口），占总人口的10.4%。全年完成生产总值23亿元，增长19.8%。规模以上企业完成增加值3476万元，增长26%，实现利润1528万元，增长79%。固定资产投资7.5亿元，增长78.6%。全年完成财政收入3000万元，增长20.4%。镇党委书记刘文合，镇长姚永军

全年引进省外资金5亿元，占全年任务的166.7%。新开工项目13个：其中工业项目8个，农业项目3个，社区项目1个。①投资2.1亿元的中鹤集团20万吨营养挂面2期已竣工投产。②投资2.5亿元的珍源食品年5万头肉牛及肉制品加工项目已竣工投产。③投资2.3亿元中鹤制麦5万吨麦芽及饮品项目已竣工投产。④投资1.9亿元的大康食品年加工1万吨兔肉制品项目生产车间主体竣工。⑤总投资1.8亿元的豫强新型衣架厂建设项目生产车间主体竣工。⑥投资3亿元的大瑞贺饮品及花生制品建设项目生产车间主体竣工。⑦投资3.6亿元的中鹤集团80万吨粮食储备与物流建设项目进展顺利。⑧投资9亿的中鹤集团100万吨小麦精深加工项目进展顺利。⑨投资1250万元的全国新增千亿斤粮食规划生产能力，浚县田间工程建设项目已竣工。⑩投资750万元的浚县现代农业生产发展资金粮食产业类项目田间工程已竣工。⑪投资2500万元的中鹤绿化公司苗木基地建设项目正在进行。⑫投资4.8亿元的中鹤社区二期托斯卡纳小镇建设项目进展顺利。

新架高压线4条全长3900米，改造老线路4000米，三纵一横4条工业区道路已全部建成通车，园区排污管道近期开工，园区规划布局更加合理、动力供应日益充足、配套设施不断完善，为企业入驻、项目建设创造有利条件。香樟林社区一期22栋住宅楼已竣工；新装景观路灯420盏；所有镇区道路两侧全部绿化到位；住宅小区一区、二区绿化完成；社区公园绿化完成100%。高标准完成3333公顷示范方4.8公里路肩陪护。进一步完善方案，细化措施，积极稳妥推进群众搬迁的各项工作。首批搬迁的四个村报名搬迁的农户均达到98%以上，社区人口聚集近万人，年底小齐村搬迁完毕，尽快在旧村复耕上出形象。小学9月份实现招生，在校生2046人；社区幼儿园在园幼儿168人；中小学体育场正在抓紧建设；自来水厂10月1日正式供水；天然气站正在调试；商业街店铺正在对外招租。中鹤新城社区已开工建设180栋多层住宅，共计7334套新型农村社区住宅，总开工面积达到72.63万平方米，累计完成投资9.49亿元，2013年累计完成投资9850万元。其中91栋多层住宅已达到入住条件，已搬迁入住500户，1460人，已拆迁房屋户数429户，已腾退土地21.3公顷；89栋多层住宅主体已封顶，正在进行内外粉刷或配套设施建设。总投资4.8亿元、占地40公顷的中鹤社区二期建设项目——托斯卡纳小镇22栋住宅楼主体封顶，正在内外装修，已完成总工程量85%，首批搬迁的四个村报名搬迁的农户均达到98%以上，社区人口聚集近万人，年底小齐村搬迁完毕。组织申报的浚县农业综合开发现代农业示范园区已通过国家评审，同时被确定为鹤壁国家农业科技园区的核心建设区，两个国家级农业园区

成功落户王庄。坚持“突出重点、打造亮点、强化措施、确保实效”的原则，构筑点线面相结合的综合林业生态体系，一是社区绿化，投资600万元，造林面积50.7公顷、植树110万株，品种有石楠、木槿、法桐、松树、国槐、女贞等，二是土地流转方绿化，投资900万元，造林面积160公顷、植树90万株，品种有经济林木白蜡、国槐、梨树、桃树等，全年共投资3000万元，造林面积533余公顷、410万株，是历年来投入人力、物力、财力最多的一年，也是成效最显著的一年。

·屯 子 镇·

屯子镇位于浚县西北部，镇域面积125平方公里，耕地7333公顷，全镇辖52个行政村，人口7.26万人，省道永定线与濮鹤高速、善大线交汇贯穿全境，境内有三山、两河、两水库和古顿丘城遗址，石灰岩、紫砂页岩、膨润土储量丰富，盛产优质小麦、玉米、小杂粮，石雕石刻闻名遐迩，石雕石刻产业、粮食深加工已成为全镇主要经济支柱，是典型的历史文化艺术名镇、传统农业大镇、交通重镇，是文化部命名的“中国民间文化艺术之乡”。2013年，在县委的正确领导下，认真落实科学发展观，结合屯子镇实际，以项目建设为总抓手，强组织，抓纪律，做好硬活，办好民生实事，全面推动“三化”建设，各项工作目标顺利完成，取得一定成效。全年地区生产总值完成15.24亿元，固定资产投资完成5.1亿元，财政一般预算收入完成1113万元，社会消费品零售总额增长16.3%；农民人均纯收入达到9395.93元，比上年增长18.35%。镇党委书记李英峰，镇长李利君。

全年引进项目14个，引进省外资金12亿元，其中产业集聚区落地3个；在屯子镇落地5个，分别是总投资5亿元的风电一期建设项目、6700万元的永定线屯子段改线工程、投资5000万元的兴鹤牧业（养驴厂）、投资6000万元的开泰种羊养殖厂、投资5000万元的犍鑫牛业。签约项目6个。在谈的项目10个。实际利用外资450万美元，出口创汇完成133万美元。

积极发展第三产业，一是依托鹤濮高速与省级永定公路交汇穿境和石雕、小麦、玉米基地优势，以石雕产业市场和屯子、裴庄粮食储备库为平台，鼓励、引导群众成立农业合作社、协会和配货中心各类物流组织，大力发展物流业。二是依托石雕文化优势，推进石雕园区建设，大力发展文化产业。三是引导流动商户定期到商贸业基础好的蒋村、钊寨、裴庄等中心村庄开展商贸活动，构建镇村商品服务网络，大力发展农村商品服务业。全镇共有各类合作社、协会10余个，各类物流组织8家，发展商业服务网点中心村27个，年交易额2.5亿元。

多项民生实事工程顺利实施，群众生产生活条件得到改善。一是全年共修道路29.22公里，分别是干线公路永定线12.42公里，永定线屯子段改线段6.6公里，县道门村——开发区地界2.4公里、老郭线2.8公里，村道5公里，以及白刘线两座中小型桥，改善5万余名群众的出行条件。二是南部实施万亩土地整理项目，改善钊寨、席营等10个村1000余公顷耕地的灌溉条件。三是西北部万亩节水灌溉小区已竣工，改善郭庄村等3个村467公顷耕地的灌溉条件。四是孙庄村、郭庄村、侯胡寨、盐土庄安全饮水工程陆续竣工，改善4200余名群众的饮水条件。五是春季造林植树18.55万棵，高速两侧等廊道绿化73公顷，荒山造林80公顷。六是认真进行文化信息共享工程、农家书屋等农村文化建设项目申报，举办石雕技艺培训班，完成石雕产业集聚区项目规划、申报和省级文化遗产申报工作，正在申请国家级非物质文化遗产。七是投资20万元对敬老院进行修缮，积极配合县民政局做好投资1500余万元的烈士陵园建设。八是申报危房改造资金78.5万元，改造农村危房户100户。九是申报“一事一议”资金80万元，修建道路3公里。

·白 寺 乡·

白寺乡东距浚县县城10公里，西距鹤壁新区10公里，是连接鹤浚、承东启西的中心点，位于45里火龙岗上，总面积106.7平方公里，辖43个行政村，人口5.3万，耕地6867公顷，浚大公路、濮鹤高速横穿东西，共产主义渠纵贯南北，是豫北闻名的小杂粮之乡、畜牧强乡、国家级群众体育先进乡和婚育新风进万家活动先进乡。2013年，全乡完成财政收入676万元，固定资产投资7.85亿元，地区生产总值增长18%，规模以上企业增加值增长20%，利润增长13%，利用外资438万美元，出口创汇60万美元，农民人均纯收入达到8162元，同比增长10%。乡党委书记张太胜，乡长王文杰。

围绕国家产业政策，全力搞好服务，营造良好发展环境，促进投资项目的顺利实施。全年到位市外资金5.45亿元，开工及续建项目12个，其中工业项目4个，农业项目3个，基础设施和民生工程项目5个。项目的实施，拉动了经济发展，为白寺发展注入了活力。总投资3.9亿元的万华板业项目，占地11.4公顷，已建成126米×18米宽的厂房4栋，总建筑面积达2万平方米，厂区内18米宽的主生产路已完工，累计完成总投资1.8亿元。总投资1亿元的亿联钢构建设项目，年产10万吨钢结构件，厂房及办公楼已全部竣工并投入生产。总投资2.8亿元的蓝天无碳复写纸项目，位于白寺乡张七营村北，占地8公顷，年产无碳复写纸1.5吨，项目建设已经完工，正在进行设备安装，累计完成投资2.1亿元。总投资1.4亿元的安泰阀门项目，占地6.7公顷，已经全部完工，并投入生产。鹤浚快速通道白寺段建设项目，东西贯穿白寺全线，白寺境内全长12.23公里，占全线的85%，涉及9个行政村，总占地63.8公顷。乡境内涉及地款已全部兑付完毕，清表工作也已结束，共伐树9000多棵、迁坟286座，做到补偿兑现无差错，征地拆迁无信访，开工建设无事故。两万亩高标准农田示范方项目，总投资3000万元，在白寺、李庄、姜营等村进行打井、修路、地埋管铺设等基础设施建设。电视转播台建设项目，位于白寺乡前岗村，总投资6000万元，已建成投入使用。白寺山灰沙岩治理项目，投资680万元，重点对矿山开采后遗留的问题进行综合治理，正在施工。

农林水牧。1. 加大投入，改善农业生产条件。全乡累计投入6000万元，打配机电井332眼，其中220米深井252眼、浅井80眼，配套高压、地埋管、地埋线等基础设施已全部到位。修建田间水泥道路45.3公里，使4000公顷农田基础条件得到极大的改观。全乡60%的土地达到高标准良田标准，为2000公顷增产、增收奠定良好的基础。2. 抓住鹤壁市争创国家级森林城市的机遇，采取“政府引导，公司主导”的模式，以濮鹤高速为轴，两侧各50米，大力实施土地流转，规模化种植景观林、效益林。2013年春全市濮鹤高速植树现场会在白寺乡凌湖村召开，得到市县领导好评。建立西徐庄、刘皮洼两个育苗基地和生态园，依托2667公顷土地整理、高产创建示范方，规划林网1333公顷，改善白寺乡生态环境，提高生态效益。树木成活率达到98%，全乡共植树7800亩，植树造林工作居全县前列。圆满完成省市县检查验收。巩固两山六线，植树173公顷。白寺山、同山北坡植经济林87公顷，巩固浚南线、王小线、郭大线、余刘线、张刘线、东岗线生态防护林47公顷。3. 发挥畜牧优势，进一步做强畜牧业。以谊发、燎原、兴达3家规模养猪企业为依托，打造生猪规模养殖示范基地，年出栏生猪6万多头；以燎原牧业为龙头，借助沼气发电项目，利用沼渣沼液，结合土地流转，发展循环经济和生态农业；以谊发牧业3万头原种猪厂为龙头，采用国内一流的养猪设备和技术，实现自动加料、温度控制、污水处理、母猪智能化饲养，打造全国一流的原种猪生产基地。

·卫　贤　镇·

卫贤镇位于浚县西南部，总面积91.9平方公里，5467公顷耕地，现有农业人口6.4万人，城市人口3000人，全镇划分为7个管理区，辖48个行政村，55个自然村，总人口6.7万人。2013年，全镇地区生产总值完成9780万元，增长14%；财政收入完成590万元，占年度目标的100%；引进市外资金3.9亿元，占目标任务的195%；人均纯收入达到8009元，同比增长10%。镇党委书记侯宝华，镇长张进黎。

招商引资。卫贤镇坚持以“招商引资”和“大项目建设”为突破口，不断强化借力发展思想，依托资源优势和产业基础，充分发挥政府主导、企业主体、协会主流作用，切实加强与大企业、大集团的沟通和联系，全力引进战略投资者和战略支撑项目。卫贤镇共有招商引资项目9个，其中在建项目7个，在谈项目2个。实际到位市外资金3.9亿元。在建项目7个：总投资1.13亿元的浚县给力软管有限公司年产1000万标米高压液压软管生产项目，全年投资6000万元；总投资6500万元的浚县精实电子厂年产10万只耐环境高密度圆形连接器生产项目，全年投资3000万元；总投资1.6亿元的华彩彩印项目，全年投资1亿元；总投资1亿元的鹤壁中源黎盛贸易有限公司杜仲种植及加工项目，全年投资2000万元；总投资1亿元的兴旺饲料项目，投资8000万元；总投资7800万元的盛世佳苑房地产项目，已投资5000万元；总投资5000万元的氨基酸水溶肥项目。在谈项目2个：总投资2亿元的海风牧业肉牛养殖基地项目、总投资5亿元的甲醇燃料项目。劳务经济迅速提升，全镇完成劳务输出18236人，为250名返乡创业人员提供创业培训，新增就业人员827人，为富士康招工350余人。大海线扩建项目进展顺利。大海线扩建卫贤段全长8公里，总投资2亿多元。为确保大海线扩建项目顺利实施，卫贤镇专门成立大海线建设办公室，由主管道路建设的副职任办公室主任，专职负责征地和拆迁工作，自工作开展以来，机关干部丈量土地、测量房屋、逐户讲解国家政策，说服拆迁户，历时一个半月。征地33.3公顷，涉及农户650户，拆迁建筑物1万多平米，涉及农户56户，发放补偿资金2270万元，圆满完成拆迁征地任务，没有发生一起上访事件。

社区建设。卫贤镇盛世佳苑1000套公租房项目，位于卫贤镇卫东新型农村社区，占地4公顷，建筑面积6万平方米，总投资7800万元。自6月开工以来，已完成投资4700万元，15栋楼房五层已封顶，在全县公租房建设中审批手续第一、建设投资额度第一、形象进度第一。

·小　河　镇·

小河镇面积116.7平方公里，辖62个行政村，人口7.3万人，耕地7200公顷。属于农业大镇，是全国优质蔬菜基地。河南省粮食生产百强乡镇。2013年荣获“全市民政工作先进集体”、“河南省阳光计生行动示范单位”、“省文明乡镇”等称号。镇党委书记张艳，镇长孙天葆。

2013年，全镇生产总值完成11.3亿元，比上年增长15%；规模以上工业增加值完成3.3亿元，同比增长21%；镇财政一般预算收入完成681万元，同比增长8%；全社会固定资产投资完成6.2亿元，同比增长15%；农民人均纯收入达到8610元，同比增长10%。招商引资到位省外资金3.6亿元，落地在建超亿元项目4个，在建5000万元项目5个，在谈项目3个。在建超亿元项目4个：即鹤壁景秀园林项目，计划总投资1亿元，占地87公顷，落地小河镇张刘庄村，主产优质苗木、花卉；鹤壁鹤伟木业项目，计划总投资1.5亿元，占地3.3公顷，落地浚县工业集聚区，建设规模年产300万张环保板材；河南派思生物工程技术有限公司项目，计划总投资1.6亿元，占地30亩，落地浚县工业集聚区，建设规模年产3000吨生物医药制剂；河南丰顺蔬菜种植有限公司项目，计划总投资2亿元，占地66.7公顷，10月份落地小河镇饭店村，主要经营高效蔬菜、水果种植、储藏、加工、销售、信息咨询服务等。在建5000万元项目5个：即千亩芦笋种植基地项目，总投资8000万元，占地67公顷，落地小河镇侯刘庄村，主产优质芦笋、冬桃等农副产品；河南永时健食品有限公司项目，计划总投资8000万元，占地1.7公顷，落地小河镇饭店村，建设规模年产15万箱手工挂面和3万吨饼干；河南美德家私木业有限公司项目，计划总投资6000万元，占地1.3公顷，落地浚县产业集聚区；鹤壁康益佳装饰材料有限公司项目，计划总投资6000万元，占地1.3公顷，落地浚县产业集聚区；鹤壁康迪尔饲料有限公司项目，总投资6000万元，占地1.3公顷，落地浚县产业集聚区。

镇区建设。小河镇王小公路张庄卫河桥位于小河镇张庄村，跨越卫河，新建张庄卫河桥投资375万元，桥长110.12米，宽7米，桥梁结构形式为预应力混凝土空心板，桥梁墩台均采用双柱式墩台，钻孔灌注桩基础，卫河桥按50年一遇洪水设计，通过水文计算桥面设计标高确定为67.30米，梁底标高66.160米，设计水位63.12米。桥头设计过渡平台，平台宽6米，长25米，两侧以5.2%和6%坡度顺坡，确保防洪抢险的车辆顺利通过。该工程于3月20日开工建设，10月4日竣工通车，解决卫河东岸14个村2万多群众的出行问题。在省道永定、大海两线小河段修建改道工作中，小河镇全力配合上级交通有关部门积极做好前期准备及协调配合工作，永定线小河段修建改道工作完成，大海线小河段改道建设征地工作共涉及小河镇12个行政村，693户征地户，98户拆迁户。成立小河镇大海线建设工程指挥部，抽调镇班子成员和管理区总支书记成立工作组驻村工作，全面负责征地、拆迁、附着物清理及资金兑付、群众安置、信访矛盾调处稳控工作。大海线征地工作基本结束，征地及附着物补偿款已向被征地户发放到位，发放金额3000余万元。美景丽城社区作为小河镇新型农村社区试点工程，小河镇将美景丽城社区建设摆在重要工作日程，加大质量、进度、监管工作力度，采取可行措施，积极稳妥推进项目建设。全年累计完成投资1.2295亿元，已开工建设多层住宅16栋，共计703套，逐步达到入住条件；美景丽城社区E区领航幼儿园项目已竣工，累计完成投资110万元；美景丽城社区广场项目，累计完成投资150万元，广场地面平整硬化已全部完工，路灯已安装完毕；美景丽城社区主干道迎宾路和永安路、建设路项目已竣工，累计完成投资709万元；社区一期直接配套基础设施项目，累计完成投资1085万元，完成给排水管网8600米，热力设施铺设管网4673米，燃气设施铺设供气管道2713米，电力设施电网架设5500米，社区道路建设12000平方米。

·新　镇　镇·

新镇镇位于浚县、滑县、延津县、淇县、卫辉市五县一市交界处，总面积129.7平方千米，耕地8400公顷，辖50个行政村，9.2万人，是传统的农业大镇。境内卫河、淇河、共产主义渠三河交汇，历史文化积淀深厚，形成丰富的“商贸文化”、“河流文化”、“重教文化”、“庙会文化”等特色文化，彰显“文化之乡”无穷的魅力。新镇镇素有“文化之乡”、“商贸古镇”之美誉，是鹤壁市小城镇建设重点镇。镇党委书记李清杰，镇长逯世飞。

2013年，引进市外资金2.5亿元，占年目标2亿元的125%，其中省外资金2亿元；实际利用外资完成450万美元，浚县宏贸机械铸造厂出口创汇60万美元。规模以上工业企业增加值完成4.07亿元，同比增长20%，利润完成1.3亿元，同比增长18%。全镇总产值实现20.7亿元，同比增长13.5%；规模以上工业增加值实现4.8亿元，增长36%；全社会固定资产投资完成6.5亿元，增长122%；社会消费品零售总额实现3.1亿元，增长30%；引进市外资金2.5亿元，占年目标2亿元的125%，其中省外资金2亿元；城镇居民人均可支配收入实现10500元，增长12%；农民人均纯收入实现9030元，增长9.5%；人口出生率控制在10‰以内。财政收入完成781万元，占年目标的100%；完成全社会固定资产投资完成6.5亿元，占年目标的119%。地区生产总值完成14亿元，同比增长14.1%。农民人均纯收入达到9030元，同比增长11.5%。2013年，新镇镇经济建设进入快速、稳定、健康发展的新阶段，社会各项事业也得到较快的发展，综合实力稳步提升，成为鹤壁市小城镇建设重点镇，鹤壁市卫生乡镇。人口出生率控制在10‰以内。

镇区建设。美丽乡村建设试点项目2013年11月由《鹤财办预〔2013〕1290号》批准建设，投资总额为2927.3万元，其中：中央和省补助资金1500万元，市、县配套资金642万元，镇政府自筹配套资金120万元，整合专项资金665.3万元。主要项目工程有：文化艺术广场和4条社区道路，其中：新镇文化艺术广场项目，总投资1332.25万元，占地48945平方米，共分为大型聚会、演艺、娱乐三个功能区，是一个集大型集会、文艺汇演、休闲娱乐为一体的大型综合文化广场。新丰社区总投资6.5亿元，占地84公顷，新丰社区路网项目，总投资1595.05万元，总长度2334米，包括淇枋路、宏基路、长虹路、卫水路4条社区道路。规划住宅楼76栋，住宅面积38万平方米，可安置居民3200户。主要工程有：文化艺术中心、大型购物商场、中小学校、景观大道、绿色生态长廊、老年公寓、幼儿园、电影院、农民创业园等。2013年新丰社区累计投入资金4.35亿元，建成居民住宅楼37栋1864户，已入住107户；8万平米的大型商贸城正在进行室内外装修；36米宽景观大道、新老镇区7公里雨污水管网已建成投入使用；建成日供水2200吨自来水厂一座，已投入使用；标准化中小学教学楼、宿舍楼各建成一栋，社区幼儿园主体竣工；亮化及绿化工程按照规划建成区已实施到位；电影院主体竣工。

·浚州办事处·

浚州办事处位于浚县新城中心地带，总面积22.39平方公里，耕地1910公顷，下辖28个村（居）委会，总人口51010人，其中农业人口27200人。人口出生率控制在10‰。党工委书记杜建林，主任郭瑞锋。

2013年，浚州办事处在县委、县政府的领导下，各项工作取得显著成绩，财政收入完成1190万元，是目标的132%，其他各项工作均按目标或超额完成。全力做好城市建设服务工作，全年共征地117.74公顷，拆迁房屋420余间，养殖场15家。分别是：征地19.73公顷，完成永定线改建；征地6.87公顷，完成宵河路北延；征地14.53公顷，完成卫河路北延；征地27.53公顷，完成鹤浚快速通道浚州段前期工作；征地6.07公顷，完成尚城中央公园小区用地；征地17公顷，完成御金湾小区建设用地；征地1.53公顷，完成宏瑞园小区建设用地；征地9公顷，完成清华园小区用地；征地8.3公顷，做好翰园小区征地；永定线高速路口至纬四路拓宽绿化工作，需拆迁49户，征地8.3公顷，已完成征地工作，拆迁42户；征地0.93公顷，完成西王桥教堂搬迁和长江路（浚州大道至长丰大道段）建设。

社区建设。浚州社区一期投资3亿元，共开工建设31栋住宅及商住楼，共计1438套（安置房738套、廉租房700套）住宅，总开工建筑面积达15万平方米。5栋廉租房、18栋安置房和幼儿园正在竣工验收中，8栋正做后期室内装饰，健身广场正做地下管网，社区道路完成95%，基本达到入住条件。浚州社区二期项目总投资2亿元，规划面积占地8.67公顷，建筑面积9.4万m^2。26栋住宅楼正在进行基础施工。祥和三区：10栋住宅楼已全部完工。

项目建设。到位省外资金3.5亿元，占县下达目标2.5亿元的140%。新开工项目7个，其中产业集聚区6个：分别是总投资3.7亿元的东风铸造汽车配件项目，2栋车间主体已完工；总投资1.15亿元合金钢铸件项目正在建设厂房；总投资1.8亿元的华灿钢结构建设项目，厂房已经封顶，正订购机器设备；总投资5750万元的鑫美门业和中农农机建设项目已在标准厂房区拉好围墙，厂房已封顶；总投资1.3亿元的浚县食品物流城仓储仓库已经封顶；农业项目1个：总投资1亿元、规划133.3公顷的明昌无公害蔬菜基地建设项目。续建项目3个：田园牧歌生态园建设项目，2013年扩大有机蔬菜、种苗种植区面积，新建餐饮服务区；麦多购物广场项目主体已封顶，正在进行室内装修；德曼斯金车轮有限公司车毂项目已经投产。高速植树树木成活率86.55%，位居全县第一；清洁家园工作全面铺开，在年终清洁家园活动评比中位居全县第一；城区禁晒工作被评为第一名；2013年全县作风建设评议中位居全县第3名、乡（镇、办）第1名。完成上级领导160多次调研环境卫生整治任务；清理各种“两违”建筑30多处。

·伾山街道办事处·

伾山街道办事处位于县城东南侧，辖区总面积30.1平方公里，辖18个行政村、1个居委会，总人口5.03万，耕地2800公顷。辖区地势平坦，资源丰富，交通便利，通讯捷达，自古就是文化旅游胜地和商贾云集之地。境内水源丰富，土地肥沃，物产富庶，主要盛产小麦、玉米、棉花、蔬菜、水果等；是省商品粮基地和种子基地。工业迅猛发展。辖区内的橡塑工业园区，规划面积9.8平方公里，主要以新型塑钢型材、橡胶轮胎、机械制造等为主导产业，全年社会生产总值达30多亿元，安置社会就业人数约15000人。园区内基础设施完善，发展环境优美，已逐步成为众多有识之士投资兴业的热土。旅游资源丰富。境内有国家级4A景区—大伾山风景名胜区、有“全国最早、北方最大”的北魏大石佛、隋代国仓—黎阳仓遗址及紫金山民俗文化生态观光园等。民俗文化和民间艺术源远流长，柳编、泥塑、石雕石刻、木雕等民间工艺品久负盛名，民间作坊遍布乡间。2006年“泥咕咕”被国务院列入第一批非物质文化遗产名录。以出品“泥咕咕”而闻名的西杨玘屯村被省政府命名为“特色文化产业村”、“十佳文化产业村”。党工委书记刘广云，主任王俊红。

2013年完成财政收入410万元，实现招商引资10.7亿元，分别是去年同期的121%、428%；新引进超亿元项目3个，在建项目5个，实际利用外资890万美元，社会固定资产投资18.8亿元，完成规模以上工业产值32.8亿元。

项目建设。坚持以城南工业园区为依托，围绕主导产业，强力招商、上项目，努力培植新的经济增长点。已新引进超亿元项目3个，实现招商引资10.7亿元，同比增长428%；在建项目5个，竣工项目4个，再谈项目4个，实际利用外资890万美元，固定资产投资18.8亿元，完成规模以上工业产值32.8亿元，园区建设已成规模。新引进项目3个，分别是投资8亿元的钢带缠绕管项目，正在征地，设备已订购；投资1.7亿元的利康新型医用卫生材料项目，围墙已拉好，正在进行地探、物探工作；投资1.2亿元的佳吉轮胎二期扩建项目，围墙已经拉好。竣工项目4个，分别是：投资2.8亿元的贝迪科研中心及广场、投资2.1亿元的年产1000台220kv变压器项目、投资2.1亿元的恒瑞橡塑二期扩建项目、投资3.1亿元中翼型材二期扩建项目，均已开始试产。在建项目5个，分别是：投资4.2亿元的御生堂中草药生产基地项目，已建好3座草药生产车间、包装车间、办公科研楼，设备正在安装；投资2.5亿元的惠元种猪项目，21栋养殖厂房、办公楼、实验室、培育室已投入使用，新建的13栋养殖厂房年底投入使用；投资3亿元年存栏28万套种鸭项目，已建好10栋养殖厂房、办公楼、培育室、仓库，第一批10万套种鸭元旦之前出栏；投资2.5亿元的中浚压延玻璃项目，设备已安装完毕，12月底试产；投资2亿元的界牌社区已建成10栋住宅楼，正在进行外墙粉刷。在谈项目4个，即投资2亿元的泥塑百工坊项目、投资1.5亿元的生态旅游采摘园项目、投资3个亿的双力橡胶搬迁项目、投资1.4亿元的阜丰生物酶饲料技术改造扩建项目。

·卫溪街道办事处·

卫溪街道办事处总面积46平方公里，辖13个村、13个社区，总人口8.2万，耕地2200公顷。有村委会（居委会）“两委”干部155名，党员1607名。辖5个管理区：八里庄管理区，管辖将军墓、八里庄、秦禹庄、西宋庄、晏庄、付庄、高庄7个行政村；鼓楼管理区，管辖北街居委会、东街居委会、南街居委会；云溪桥管理区，管辖西街居委会、桥西居委会、顺河居委会、杨庄居委会；宏基管理区，管辖西王桥居委会、东长村居委会、西长村、花地、水峪、宏基社区居委会；浮丘山管理区，管辖南关居委会、南关外居委会、菜园居委会、罗庄村、郭庄村、王寺庄村。移民工作完成28.57公顷生产用地的征地，移民村人口排查、清产核资等工作，受到市委市政府的通报表扬。党工委书记靳建安，主任连禄。

申遗工作。作为运河申遗工作的主战场，卫溪街道办事处集中人力、物力、财力，重点抓好名称保护建设工作，累计拆迁群众500多户，各类建筑6万多平米，保证西北角楼、城墙、西城门、县衙、橡胶坝、庙前片区等重点项目的顺利实施。共计拆除各类建筑3万多平米，清理垃圾11万多方，刷墙6.5万平米，保证9月18日，大运河申遗工作顺利通过联合国教科文组织的现场评估。

项目建设。坚持以“三城一港”为支撑，打造豫北区域性商贸物流中心，累计征地85.3公顷，完成投资22亿元。浙江商贸城一期于10月26日正式营业，二期2.47公顷征地工作将完成；中原建材城一期主体全部竣工，二期23.3公顷土地手续正在办理；新大陆物流港顺利开工；南水北调工程管道铺设已完成；新永定线改道工程已通车；鹤浚快速通道征地清障工作已完成。卫溪社区一期22栋住宅楼主体已经竣工，二期39栋住宅楼已经开工，配套“两纵一横”道路已通车，卫溪中学已招生，社区服务中心、幼儿园、小学、派出所达到办公条件，卫生院已开工建设。农业。自筹资金200多万元，对园区内的沟、渠、路、林进行全面治理，打造15平方公里的高标准卫溪示范方，配套建设全省服务面积最大、拥有飞机等先进装备的农机合作社和农技推广站，变卫溪农业短板变为长板，先后赢得两次全国农业现场会的召开。在第六届民俗文化节期间，卫溪街道办事处做到早谋划，早动手，对东西大街、怀禹路西段、碧霞宫广场等进行全面整治，共砌仿古墙5000多米，刷墙6.2万平米，铺花砖7000多平米，制作标准化摊位车，统一规划、规范经营，提升民俗文化节品位。

（朱光临）

淇　　县

【概况】　淇县位于鹤壁市西南部，西与林州市连山，东临淇河与浚县共水，南与卫辉市接壤，北与淇滨区互毗邻，总面积567.43平方公里，其中耕地面积20361公顷。森林覆盖率21.7%。辖黄洞乡、西岗镇、庙口镇、北阳镇、高村镇；及朝歌街道办事处、桥盟街道办事处、卫都街道办事处，灵山街道办事处，177个行政村。年末总人口28万人，人口自然增长率为6.2‰。

2013年国民经济主要指标

项目	数量	比上年增减%
地区生产总值	170亿元	14%
全社会固定资产投资总额	114元	25.5%
规模以上工业增加值	128.4	亿元18%
社会消费品零售总额	31.3亿元	13.4%
城镇居民人均可支配收入	18950.5元	11.4%
农民人均纯收入	10950.3元	12.7%
财政一般预算收入	5.33亿元	27.9%
金融机构各项存款余额	733683万元	14.7%
各项贷款余额	902701万元	12.2%

2013年，在市委、市政府和县委的正确领导下，在县人大、县政协的监督支持下，县政府团结带领全县人民，紧紧围绕“六个突破”工作部署，统筹施策，持续求进，圆满完成县十二届人大二次会议确定的各项目标任务，经济社会继续保持良好发展势头。地区生产总值突破170亿元，增长14%；全社会固定资产投资突破110亿元，增长25%；规模以上工业增加值突破130亿元，增长18%；社会消费品零售总额突破30亿元，增长16%；公共财政预算收入突破5亿元大关，达到5.33亿元，增长27.9%。整体工作亮点纷呈。阳光、朝阳两个社区，成为全市新型社区建设的样板，开辟淇县农民过上城里人生活的先河。灵山小镇、卧羊湾村，被确定为国家级美丽乡村建设试点，分别获得财政部、农业部的项目支持。投资1.5亿美元的淇河生态保护项目，成功列入亚行贷款备选项目，争取金额全国同类项目第一位。投资50亿元的鹤淇电厂、投资12.6亿元的富士康鹤壁科技园进展顺利。投资27亿元的中原地区最大改装车生产基地宇风汽车，即将试生产。投资12亿元的店连店电子商务科技园的落户，实现淇县电子商务发展零的突破。投资28亿元的大用50万吨中式营养快餐项目，在全国首创中式菜肴生产模式的工业流水化作业。永达食品成为中国航天员专用食品，继26种食品随“神九”进入“天宫”后，14种佳肴乘“神十”再度飞天。经济社

市政协主席张俊成（前左二）到淇县调研食品产业发展情况　　淇县　供稿

会各条战线捷报频传，多项工作走在省市前列，先后获得全国科技进步先进县、全国义务教育均衡发展先进县、河南省双拥模范县等国家和省级荣誉10余项。“六个突破”强力推进。鹤淇一体化建设成效明显。县城规划向北扩大至思德河。集聚区形成“九纵十六横”的路网格局，基本实现“七通一平”。107国道升级改造、省道浚南线大修工程竣工投用，省道大海线改建工程启动建设。淇园路、高铁西路即将与市区无缝对接。城区供水管网沿鹤淇大道与市区连为一体。特色商业区发展规划获省审批，建设速度加快。完善铁西工业区基础设施，泰山路、腾飞路等道路改造工程顺利完工。城市管理体制改革启动实施，居民生活环境进一步改善。城乡一体化发展水平显著提高。城区实现成方连片改造，建设项目达到13个，开工面积170多万平方米、住房1万多套，城市容纳能力明显增强。坚持把社区建设与“三农”工作相结合，累计启动新型社区项目7个，开工面积近60万平方米，1000余户群众乔迁新居；新亚卫星工厂安置农民就业700多人；集中打造高标准粮田6667公顷，发展省级农业产业化集群3个；整合涉农资金2.4亿元，加强农业基础设施建设，提高农业生产保障能力，粮食总产实现“十连增”。招商引资和项目建设成绩斐然。签约亿元以上项目60个，争取上级资金8亿元。合基电讯、大用库博瑞等一批大项目落户淇县。到位省外资金、外贸进出口、利用境外资金居全市前列。40个市重点项目完成投资62亿元，永昌80万吨小麦精深加工一期等28个项目竣工。淇县代表全市参加省大项目观摩活动，荣获豫北片区第三名。主导产业发展势头迅猛。围绕四大产业，新上超亿元项目9个，产业链条进一步健全，集群发展态势显现。产值占规模以上工业的比重达到50%以上，占工业对财政贡献的比重达到60%以上，支撑作用日益显著。企业上市形成梯度发展格局。大用等3家公司，被确定为省定首发上市重点后备企业；新亚服装等6家企业，已纳入储备库进行重点培育。文化旅游及现代服务业稳步发展。云梦山和古灵山景区，被评为“河南省生态建设十佳旅游区”，文化旅游知名度进一步提高，全县接待游客数量、实现旅游收入分别增长17%和19%。金融、物流、信息中介等新兴业态快速发展，申通、顺丰等国内知名物流企业网络均覆盖全县。房地产业发展态势平稳，新增竣工面积26.7万平方米。群众幸福指数持续提升。财政用于民生的支出达11.6亿元，占公共财政预算支出的71.6%。城镇居民人均可支配收入接近2万元；农民人均纯收入突破1万元大关。社会事业全面发展。科技兴县战略稳步实施，被命名为省第六批知识产权优势区。完成9所学校配套建设，教育资源配置继续优化，就学水平显著提高。东周贵族墓地和田迈造像碑，被确定为全国重点文物保护单位。县人民医院竣工投用，三级医疗机构严格执行国家基本药物制度，全部实现“零差价”销售，群众看病难、负担重的问题得到较好解决。认真做好人口计生工作，幸福家庭创建活动深入推进。大力实施饮水安全工程，更多群众喝上放心水。西油线竣工通车，解决西部山区部分群众出行难问题。农网改造升级工程完工，农村供电能力显著提升。社会保障能力增强。多渠道开发就业岗位，新增城镇就业5800人，转移农村劳动力6.4万人次。认真组织实施城乡居民低保、养老、医疗、救助等工作，受益范围进一步扩大。新开工保障性安居工程6个、8290套，启动首批廉租房分配安置工作。生态环境进一步改善。落实全市国家森林城市创建部署，高标准完成淇河、通道、林网绿化任务。加大环保执法力度，严厉打击违法排污行为，对破坏山体、污染严重的矿山企业依法进行停产整治。社会治理水平提高。畅通诉求渠道，有效保护群众合法权益。积极创建平安淇县、安全淇县，强化安全生产、食品药品监管，全年无重特大事故发生。深入推进社会治安综合治理，依法打击违法犯罪活动，社会大局和谐稳定。全省公众安全感调查中，淇县公众安全感指数位居全省第四，连续五年位列全市第一。

·朝歌街道办事处·

朝歌街道办事处下辖15个行政村、3个居委会，是淇县县委、县政府所在地，全县的经济、政治和文化中心。辖区面积24.17平方公里，其中耕地913.3公顷。总人口6.1万，其中农村人口2.1万，居民4万人。居民人均纯收入达到12000元。党工委书记刘永华，主任周毅。

2013年，在县委、县政府的正确领导下，紧紧围绕城中村改造这一主题，以实现社会经济大发展、招商引资大跨越、财税收入高增幅、辖区民生大改善、城市形象大提升为目标，克难攻坚、负重奋进、扎实工作，各项社会事业得到全面发展。先后荣获全省民族团结创建活动示范单位、市级文明单位、市县信访维稳工作先进单位、市县平安建设工作先进单位等20多项省、市、县荣誉称号。财政收入累计完成6384万元，占全年目标任务的112%；招商引资强势未减，累计完成3.1亿元，占年度目标任务的115%；固定资产投资、工业企业总产值、工业企业实现利润乘势走高，固定资产投资完成9.35亿元，占年度目标任务的104%；工业企业完成总产值64.8亿元，占全年目标任务的105%；规模以上工业企业实现利润6亿元，占全年目标任务的102%。

城中村改造方面：按照县委、县政府上半年启动4个片区拆迁改造和5个在建项目达到入住条件的要求，3月底完成“国际影视城”项目的拆迁，青年公寓楼主体已经完工。5月初启动“豪门盛世”、“凯中理想城”二期和“朝歌尚都”二期前期工程3个项目的拆迁改造，共涉及上关、下关、西坛714户，已签订协议707户，完成99%。已拆除701户完成98.2%。拆除面积近16万平方米。在建的城中村改造项目共计完成投资6.38亿元，主体竣工建筑面积36.16万平方米，其中13.46万平方米达到入住条件。城建方面：一是三海“海里苑”小区8栋、2.36万平方米已经达到入住条件；二是阁南“淇河佳苑”小区一期3栋、2

万平方米主体已经封顶，正在室内粉刷。三是下关“中山花园”小区16栋、13万平方米主体已经封顶，其中一期2栋、1.2万平方米已经达到入住条件。四是大河朝晖小区9栋、5.9万平方米已全部达到入住条件。五是“朝歌尚都”一期项目开工建设12栋，其中10栋、6万多平方米正在室内外粉刷，2栋已经主体封顶。六是凯中理想城一期2栋、2万平方米已经达到入住条件。七是专业市场建设。玖洲国际商贸城项目一期开工建设15栋2.2万多平方米，主体已竣工；付庄蔬菜瓜果批发市场项目5层、1.7万平方米主体工程已经竣工。

·北 阳 镇·

北阳镇位于淇县西南部，西依太行，南与卫辉市接壤，北临卫都街道办事处，与朝歌街道办事处相邻，东与西岗镇搭界，是淇县下设的一个建制镇，下辖34个行政村，65个自然村。辖区总面积117.2平方公里，耕地4800公顷，总人口4.3万人，京广铁路、107国道、石武高铁、京港澳高速公路、南水北调中线工程纵贯南北，交通条件便利。地貌多资，地形复杂，矿产资源丰富，有着丰富的旅游资源和深厚的文化底蕴。

2013年，坚持以商招商、亲情招商、围绕产业链招商和盘活现有资源招商。新引进项目3个：鹤壁朝歌山科技开发有限公司投资1.1亿元，占地200公顷的生态农业观光园项目；淇县锦日家化有限公司投资1500万元，年产5000吨餐具洗涤剂项目；总投资800万元，占地73公顷的鹤壁市首家金大地家庭农场项目。在建项目7个：鹤鸣高效生态农业园项目已栽植大樱桃6万余棵；汇膳食品年产1.8万吨水产速冻调理食品项目已经投产；盛林菌业高档食用菌项目可日产北虫草鲜草540斤；宇龙玻纤玻璃丝布二期扩建项目正在协调用地；天香食品面食加工项目钢构车间已经完工；格润淀粉年产10万吨小麦淀粉、3万吨谷朊粉项目办公楼主体已经建成；永康玫瑰庄园项目，已建成5000吨的葡萄原酒储存基地。各项经济指标超额完成，财政收入完成2176万元，招商引资市外资金完成2.72亿元，全社会固定资产投资完成9.05亿元，规模以上工业企业总产值完成99亿元，规模以上工业企业实现利润13.2亿元，农民人均纯收入达到10582元。

村镇建设。一是加强农村基础设施建设。西油线道路工程，已全线竣工投用，彻底解决西部深山区群众出行难问题;；南口、武庄、刘庄、段窑、枣生等村的村内街道已经完成硬化；北口文化广场已经投用。审报“一事一议”财政奖补项目10个，争取资金73万元。卧羊湾村成为鹤壁市独家被农业部确定的全国“美丽乡村”创建试点村。二是持续做好非煤矿山和水洗砂厂治理工作，坚决杜绝乱挖乱采现象发生。三是积极开展畜牧养殖企业污染摸底排查工作，对镇域内所有养殖企业按规模大小和排污量分类登记造册，有针对性地逐一进行治理，取得良好成效。四是开展环境综合整治活动，彻底解决农村“脏乱差”问题，使村容村貌全面改善、道路环境明显改观、经营秩序日益规范、交通秩序显著提升。

·高 村 镇·

高村镇古称淇水关，北与鹤壁新区隔河相望，南与县城依依相连，素有“东临淇水观鱼跃，西依太行听鹿鸣”之美誉，先后被国家六部委命名为国家级重点镇、河南省117个小城镇建设重点镇之一、河南省“六好”乡镇党委。全镇总面积81平方公里，耕地面积3933.3公顷，辖4个服务站，28个行政村，52个自然村，161个村民小组，5.5万人，其中，非农业人口3115人，占全镇总人口的5.56%。镇党委书记纪世民，镇长郭建勇。

2013年，招商引资突破3.5亿元，新上项目9个，外贸出口900万美元，全镇完成财政收入1898万元。按照集聚区重点项目推进例会制度，一个重点项目一套人马，建立台帐，明确责任，倒排工期，及时解决项目推进中的各类问题，确保项目建设顺利进行。2013年全镇征地95.5公顷、临时用地164公顷，拆迁286户、16个养殖场，完成599座坟墓的迁移工作，保证鹤淇热电厂、奥博汽车、富士康生活区、民鑫餐饮、宇风汽车配套区、鹤壁市第四水厂、淇河治理、南水北调配套等项目顺利建设，高铁西路、滨河路、纬八路等道路管网已基本完成。社区建设稳步推进，淇园社区已完成拆迁，淇水社区、古城社区、鹤祥社区已完成选址和土地丈量工作。鹤辉高速和谐征地40余公顷，107国道拓宽拆迁房屋12户、1897平方米；永久性关停水洗砂厂2个，集聚区道路摊点清理整治63家；投资220万元完成镇区污水管网建设项目，铺设管道1500米；不断加大违法占地和违章建筑拆除力度，共拆除违章建筑29处。完成土地整治项目和土地占补平衡项目4个，修路37千米，地埋线7.6千米，地埋管36千米，变压器42台，打井209眼，修渠17千米。危房改造70户，发放资金39.3万元。研究出台《关于对高村村、古城村进行综合治理的方案》，成立县乡村三级联合综合治理工作组，坚决依法整治各行政村违章建筑，全面推动高村镇范围内违章建筑的拆除工作，彻底杜绝高村镇境内违章建筑现象发生，并总结工作经验，建立违章建筑综合治理长效机制。

农林水牧。新建农民专业合作组织2个，新建户用沼气池100个，粮食高产示范区建设687公顷。山区造林20.7公顷，廊道绿化103公顷，村镇绿化10公顷，农田林网4万亩2667公顷，水岸绿化33.3公顷。新增有效灌溉面积6.7公顷，新增节水灌溉面积20公顷。生猪出栏13.9万头，蛋鸡存栏103.6万只，畜牧业产值4.9亿元。

·西 岗 镇·

西岗镇位于县城东南部，东邻淇河与浚县隔河相望，南与卫辉市接壤。全镇总面积64平方公里，辖35个行政村，52个自然村，耕地4800公顷，5.1万口人，人口自然增长率4.8‰。是淇县的人口大镇、农业大镇，素有“文化之镇”美誉。镇党委书记任培彬，镇长邢培生。

农林水牧。投资1390万元的土地整理项目新打机井130眼，整修道路15公里，修建下水道3公里，安装变压器23台，铺设地埋线26000米；投资3400万元涉及19个村的土地整理项目已基本完工。全镇新增节水灌溉面积15公顷；建立芦笋种植基地、国旗红花卉种植基地；全镇粮食高产示范区建设面积达到4600公顷；新建立地生芦笋等农民专业合作社9家；全镇生猪出栏22万头；蛋鸡存栏75万只；畜牧业产值达到4亿元；引导群众新建户用沼气池230个；大海线两侧廊道绿化10.7公顷；村镇绿化面积9公顷；农田林网绿化2800公顷；淇河水岸绿化3.3公顷；全镇土地流转面积达到2600公顷；水产品产量达到720吨。

项目建设。海源建材项目、鼎浩机械项目已建成生产；利用农业废弃物工厂化生态养殖生产项目、饲料生产线项目已完成基建工程；华英鸭建设项目主体已完工；淇水湾社区建设项目一期3栋楼房已建成封顶。2013年全镇新开工及续建项目7个，总投资11.05亿元，招商引资完成4.1亿元。限额以上工业总产值达到38亿元；限额以上工业实现利润4.9亿元；新增规模以上工业企业1家；综合能源消费量35820吨标准煤；新增固定资产6.3亿元。

·桥盟街道办事处·

桥盟街道办事处地处淇县腹地，紧邻县城，与全县其它4镇1乡2街道办事处相接壤。总面积34平方公里，共辖12个行政村，18个自然村，4599户，1.73万人，村民小组92个，耕地面积1220公顷。12个行政村分别是：新庄村、古烟村、郭庄村、董桥村、崔庄村、吴寨村、七里堡村、赵沟村、泥河村、余庄村、关庄村、桥盟村。党工委书记张永胜，主任李文山。

2013年，招商引资完成3.3亿元，占目标任务的103%；固定资产投资完成9.2亿元，占目标任务的102%；限额以上工业总产值完成49.6亿元，占目标任务的101%；限额以上工业实现利润4.7亿元，占目标任务的102%；财政收入完成1600万元，占目标任务的112%；农民人均纯收入达到10570元，占目标任务的112%。

农林水牧。新建农民专业合作经济组织1个，占目标任务的100%；建户用沼气池50个，占目标任务的100%；村镇绿化6.53公顷，占目标任务的106%；廊道绿化66公顷，占目标任务的102%；农田林网805公顷，占目标任务的101%；新增节水灌溉面积8公顷，占目标任务的120%；新增有效灌溉面积3667公顷，占目标任务的110%。生猪出栏6.8万头，占目标任务的103%；蛋鸡存栏23万只，占目标任务的102%；畜牧业产值3.2亿元，占目标任务的105%。

社会事业。桥盟初中中心校教育环境进一步优化，桥盟小学新校主体工程已经竣工，教育经费得到有效保证。农村基层卫生医疗条件得到进一步完善。高标准建设阳光社区文化站、就业培训学校。依托农村文化大院，群众文化体育活动蓬勃开展。村级组织活动场所、农家书屋、文化大院等文化阵地进一步巩固。严格将人口出生率控制在11‰以下，自然增长率控制在5‰以内。新增就业人数369人，完成目标任务的105%；劳动力转移6650人次，完成目标任务的102%；农民工培训达408人次，完成目标任务的102%；新增城镇居民医疗保险1210人，完成目标任务的101%。完成鹤淇大道两侧绿化、植树造林、秸秆禁烧、道路清障、新区道路集中拆迁、富士康招工、大项目观摩、危房改造等临时性中心工作。

·庙　口　镇·

庙口镇位于淇县西北部约17公里处，西依太行，北临淇水，北隔淇河与鹤壁市淇滨区相望，东与高村镇毗邻，南与桥盟乡接壤。辖20个行政村，64个自然村，人口4.15万人，91.5平方公里，耕地3088公顷。省道大海线、浚南线穿境而过，交通方便快捷。镇域地貌多姿，矿藏资源丰富，畜牧业发达，旅游文化资源丰富。镇党委书记赵战革，镇长刘新忠。

全年共引进招商项目4个，其中投资1.2亿元的泰瑞牧业年出栏5万头商品猪项目已落户三王庄，投资5000万元的福运建材20万吨石灰项目正在建设，投资1.5亿元的达利石材项目已征地10公顷，投资1.1亿元的万通石材石雕项目正在办理相关证照及手续。规模以上工业企业总产值完成58.2亿元，占年目标任务58亿元的100.3%；规模以上工业实现利税6.8亿元，占年目标任务6.8亿元的100%；固定资产投资完成6.02亿元，占年目标任务6亿元的100.3%；新增规模以上工业企业1个（鹤壁市中鑫砼业），占年目标任务1个的100%。

农林水牧。新建农民专业合作组织8个（1.庙口农民林下经济专业合作社；2.淇县福民苗木专业合作社；3.佳禾果蔬种植合作社；4.地产红农民专业合作社；5.五丰林果农民专业合作社；6.银青农民养殖专业合作社；7.淇县淇丰种植专业合作社；8.顺昌农业专业合作社），占年目标任务3个的267%；新建沼气池120个，占年目标任务100个的120%。山区造林2133公顷，占年目标任务2600公顷的103.6%；廊道绿化80公顷，占年目标任务61公顷的130.4%；村镇绿化8.3公顷，占年目标7.8公顷的107%；农田林网2533公顷，占年目标2487公顷的102%；水岸绿化70公顷，占年目标63.3公顷的111%。新增节水灌溉面积33.3公顷，占年目标33.3公顷的100%；新增有效灌溉面积13.3公顷，占年目标6.7公顷的200%。生猪出栏14.1万头，占年目标13万头的108.5%；蛋鸡存栏63.2万只，占年目标57.8万只的109.3%；畜牧产值3.72亿元，占年目标3.5亿元的106.2%。

安全生产。定期召开安全生产会，对石材加工企业及其他工业企业进行安全生产大检查，共检查80次；按照县安委会要求，政府派出两名责任心强的干部到煤制气项目进行24小时驻矿监管，全年无重大安全生产事故；高度重视食品药品安全工作，签订食品安全目标责任书，抓好食品安全协管员的培训工作，并对相关企业及商户进行不定期抽查，全年未出现一起食品药品安全事故。

·黄 洞 乡·

黄洞乡位于淇县西北部，总面积113.27平方公里，耕地面积605.1公顷，其中水浇地187公顷。辖14个行政村，52个自然村。年末总人口11560人，其中农业人口11033人。乡党委书记魏增胜，乡长冯永军。

招商引资。一是强化领导招商。党政“一把手”做到一人抓日常工作，一人抓招商引资，并成立以纪委书记任组长、一名副乡长任副组长的专业招商队伍，主动出击招商，克服“守株待兔”的招商方式，定任务，定时间，有目的有目标去招商。二是借助平台招商。继续借助省级森林公园这个平台，搞好纣王殿旅游风景区基础设施建设，加大宣传力度，与新闻媒体积极联系，利用多种招商引资方式，广泛招商，取得显著成效。三是搞好服务招商。努力营造良好的投资环境，将“诚信”贯穿于招商引资各个环节，对客商的承诺逐一落实，不作空头承诺；搞好协调服务，着力为投资者排忧解难，对每个重点项目，成立专门服务班子，派专人跟踪服务；简化办事程序，实行全程代办服务，企业办理落户手续都派专人陪同办理。在全乡上下共同努力下，初步形成亲商、安商、富商的良好发展氛围。2013年，全乡招商引资1.1亿元，落地项目3个，分别是投资3.5亿元的鹤壁市中融东方新能源公司风力发电项目、投资8000万元的河南达利石材有限公司精深加工大理石项目和投资3000万元的鹤壁永创石材厂改扩建项目。四是财政收入830万元，完成全年任务。

林业和旅游建设。黄洞乡以实现林果业大乡、生态旅游名乡为战略目标，搞好果园建设和荒山绿化，扩大森林面积，培育旅游资源，形成林果产业和生态旅游相辅相成的发展格局。全乡共种植梨树3000株，无核软枣2300株，薄皮核桃18000株，山区造林3333公顷，廊道绿化10.7公顷，村镇绿化1.7公顷，水堤绿化107公顷，均超额完成预定目标。同时借助省级森林公园这个平台，建立三县脑登山基地和户外活动中心，吸引更多户外团队、登山爱好者到此集结游玩。到纣王店观光旅游、登山健身、住石头屋、吃农家饭的人日益增多，已成为城里人休闲度假的好去处。

社会事业。一是积极争取上级资金，完善基础设施建设。新建农民专业合作社1个，户用沼气池52个；完成黄洞、温坡、东掌、西掌4个村的土地开发项目；完成柳林村2000米地埋管工程、温洞村870米二寸铁管水网改进工程和小柏峪村整村水利设施改进工程，新增有效灌溉面积10公顷，新增节水灌溉面积13.3公顷；争取东掌、西掌村人畜饮水改建工程；完成农村危房改造100户；完成温洞村3公里村村通工程，完成全寨村和纣王殿村整村推进工程，启动石灵线道路建设，位于黄洞乡境内的1.8公里路基已经成形。

·卫都街道办事处·

卫都街道办事处总面积16平方公里，现有建设用地312公倾，耕地660公顷。控制区域为东至京广铁路、西至扶贫路、北至桥盟河、南至南河沟。辖10个行政村，14个自然村，50个村民小组，人口2.6万人，党员423名。耕地保有量1112.83公顷，基本农田保护面积648.76公顷。新增就业人数1900人，劳动力转移2000人，农民工培训350人，新增居民医疗保险809人，新型农村社会养老保险农村居民参保率达到92%，新农合参合率达到100%。党工委书记马跃峰，主任王玉琴。

招商引资完成7.5亿元，财政预算收入完成984.5万元，规模以上工业企业总产值完成52.6亿元，实现利润5.2亿元，新增规模以上工业企业1家，综合能源消费量6750吨标准煤，低于年目标的45%；500万元以上固定资产投资完成7亿元，已投产项目2个：投资10亿元的永昌集团80万吨小麦精深加工一期项目和投资1.3亿元的太仓肉松项目。开工建设项目5个：投资5亿元的浙商食品工业园项目、投资12.9亿元的大用库博机电项目、投资3.6亿元的果葡糖浆项目、投资6亿元的乙二醇项目和投资4000万元的共享牧业项目。改扩建项目2个：鹤祥门业3月份投资8000万元对生产线进行技术改造；欧迪艾公司投资2000多万元新上一条铸造生产线和一个卧式数控加工中心。

新建农民专业合作组织1个，新建户用沼气池50个，廊道绿化4.7公顷，村镇绿化4公顷，农田林网6500亩，新增有效灌溉面积3.3公顷，新增节水灌溉面积6.7公顷，生猪出栏7.1万头，蛋鸡存栏25.5万只，畜牧业产值1.7亿元。

·灵山街道办事处·

灵山街道办事处辖区位于县城以西10公里处，西依太行山余脉，东临卫都办事处，南接北阳镇，北与庙口镇毗邻，总面积48平方公里；辖6个行政村，20个自然村，其中有14个自然村地处深山区；现有农业人口5400余人，耕地面积480公顷，宜林荒山面积2430公顷。2013年居民人均纯收入达到1580元。辖区内山清水秀、植被茂密、风景秀丽，国家AAAA级风景区—古灵山坐落其中，另有纣王采暖处—朝阳寺；纣王避暑处—清凉庵；纣王演兵处—地谷岭；纣王囤粮处—朝歌寨等众多殷商文化遗址。党工委书记张文成，主任耿超。

2013年，招商引资完成1亿元，占目标任务的100%；规模以上工业企业总产值1.3亿元，占目标任务的100%；实现总利润530万元，占目标任务的106%；公共财政预算收入397.4万元，占目标任务的105%；固定资产投资4亿元，占目标任务的100%。2013年被列入河南省两个国家级美丽乡村建设试点之一，引起社会各界的广泛关注。9月4日，省委书记郭庚茂专门对灵山小镇建设项目作出重要批示。

灵山小镇建设。社区31栋楼、125户已经全部完工，基础设施正在建设，已铺设给排水管线3700米，修建道路480米，架设强电、弱电管线2600米，天然气管道1700米，建设污水场1座，日供水500吨深井一眼，供水站1座及30吨压力罐1台，挡土墙540米，容纳80辆车的小型停车场1个，社区一期预计今年4月底竣工交房。办事处已起草群众搬迁入住方案，正在等待县政府讨论批准。4月和10月，小镇商业街区一、二期项目相继开工。一期项目拟建商业楼房12栋，建设面积6000平方米，主体工程已全部竣工。

（高建霞）

淇 滨 区

【概况】 淇滨区位于鹤壁市中部偏西，西部与林州市接壤；北部与鹤山区姬家山乡、山城区鹿楼乡相连；东部与汤阴县宜沟镇、浚县屯子镇相接；南部与淇县黄洞乡、庙口乡、高村镇，浚县卫贤镇、白寺乡相邻。辖钜桥镇、大赉店镇、上峪乡、大河涧乡4个乡镇和金山办事处、九州路办事处、黎阳路办事处、长江路办事处4个办事处，有101个行政村，35个社区居委会（其中15个村改居），总面积349.95平方公里，耕地面积9267.43公顷。总人口25.89万人，人口自然增长率为5.46‰。

2013年国民经济主要指标

项目	数量	比上年+%
地区生产总值	114.47亿元	11.9%
农业总产值	10.94亿元	4%
粮食总产量	11.34万吨	1.1%
全社会固定资产投资总额	72.8亿元	26.2%
农民人均纯收入	9827.3元	12.9%
财政收入	7.4亿元	28.5%
财政支出	11.39亿元	22.2%

2013年，在市委、市政府的正确领导下，全区上下认真贯彻落实党的十八届二中、三中全会精神，以提升发展为主线，以三大集中活动为抓手，稳中求进，克难攻坚，全区经济社会发展保持良好态势。全年实现生产总值114.47亿元，比上年增长11.9%。其中第一产业增加值6.45亿元，增长3.7%；第二产业增加值64.11亿元，增长15.1%；第三产业增加值43.91亿元，增长8%。粮食总产量11.34万吨，增长1.1%。农业总产值10.94亿元，增长4%。公共财政预算收入7.4亿元，增长28.5%。公共财政预算支出11.39亿元，增长22.2%。全社会固定资产投资完成额72.8亿元，增长26.2%，社会消费品零售总额35.77亿元，增长13.8%。商品出口总额986.5万美元。农村居民人均纯收入9827.3元，增长12.9%，农村人均消费性支出7117元，增长11%。城镇居民人均消费性支出13649元，增长8.3%。

年初，为破解土地要素制约，尽快为项目建设腾出土地，在全区开展征地拆迁攻坚战。在拆迁中，严格执行补偿政策，全力保障群众合法权益，得到群众的大力支持，实现和谐拆迁，创造“淇滨速度”。仅用2个多月时间，完成牛庄、大赉店、桃园、姜庄、潘荒、水泉6个重点村和黎阳商苑、高科技园区2个重点区域拆迁任务，涉及8000户2万余人，拆迁面积140万平方米，为红星美凯龙城市生活广场、东方银座城市综合体、海关、检验检疫局、交通客运枢纽中心、大商城市广场等10多个重点项目建设创造有利条件，为宝山产业集聚区建设做出积极贡献。

围绕商务中心区、高铁广场片区、钜桥片区、城市建成区、淇河生态区，组织开展京津冀、苏浙沪、深厦广和总部经济4项集中招商活动。总投资50亿元的淇河生态区、总投资35亿元的红星美凯龙城市生活广场、总投资25亿元的东方银座城市综合体等34个重点项目相继签约。速8酒店、中鹤集团、地恩地公司等100多家总部企业签约入驻商务中心区，签约面积达51%。全年到位省外资金32.8亿元，占市定目标的120%。不断强化项目服务，实行区级领导分包、节点承诺、现场办公、集中研判、观摩点评等工作机制，形成了谋划一批、引进一批、开工一批、梯次跟进的良好格局。重庆颐和泊邸五星级酒店、嘉联朝歌大厦、交通客运枢纽中心、美亚光电研发中心、大商城市广场等65个项目开工建设；四季青国际家居广场、中凯国际商业街、银兴国际广场等22个项目竣工运营。会展中心、莲鹤大厦、金融大厦等5座大厦相继投入使用，帆旗大厦、镁大厦等5座大厦正在装修。农业硅谷产业园被确定为全国首批整体推进农业农村信息化示范基地，省委、省政府和农业部主要领导多次莅临园区调研指导，并给予高度评价。36个市重点项目完成投资55亿元，占年度计划投资的115%。争取上级资金4.05亿元，占年度目标的116%。

城市管理水平不断提高。积极推行城市网格化管理，将城区划分为29个网格，实行区级领导牵头、区直部门分包，动员全区群众广泛参与。针对大型商场、学校、农贸市场、城乡

市委书记魏小东（前右三）在淇滨区调研　　淇滨区　供稿

结合部等区域周边的店外经营、占道经营和脏乱差等问题，大力开展环境卫生、经营秩序、园林绿化、市政维护等专项整治活动，城区面貌显著改善。积极探索城市管理新路子，出台门前“三包”责任制、城市建筑垃圾、物业服务企业资质、建筑工地临时围墙等管理办法，城市管理更加规范。顺利通过省级卫生城市复查验收。积极创建全国和谐社区建设示范单位。城市功能日益完善。建设城市道路15.9公里，铺设污水管网21.4公里，新建和改造人行道11.5公里。开工建设公厕36座，新建和改造垃圾中转站7座，增设新型果皮箱230个。完成LED节能路灯改造6条段，安装路灯12条段，亮化十字路口23处。建成农贸市场3处、护城河桥4座、公交停车港湾40个，完成护城河清淤治理3.6公里。高铁广场配套设施建成投入使用，泰山路隧道主体工程基本完工。

建成社区完成搬迁。顺利完成桃园、姜庄两个村的整村搬迁工作，1099户3700余人迁入新居。续建社区强力推进。大赉店社区、刘庄中心社区、钜新社区、南海社区等4个社区规划村民安置楼261栋，开工建设208栋，其中183栋已封顶。拟建社区顺利启动。大辛庄社区、牛庄社区规划村民安置楼36栋，已开工建设34栋。西郭庄社区、唐庄中心社区和西臣投二期正在顺利推进。

淇河保护开发卓有成效。积极争取亚行贷款，全力推进淇河流域环境治理。启动淇河生态区项目建设，项目总规正在编制。淇河湿地公园列入国家级湿地公园建设试点，绿化景观设计正在编制。规范提升沿淇旅游景区管理，金山、天然太极图景区知名度进一步提升。林业生态建设有序推进。以创建国家森林城市为契机，围绕淇河绿化、通道绿化、荒山绿化等重点工程，大规模开展植树造林，完成造林绿化14万亩。在全市率先创建省级生态区，规划已通过评审。园林绿化品位明显提升。投资3450万元，新增和改造绿地66万平方米，实施4条主干道绿化改造提升工程，打造樱花、紫薇、美人梅等景观大道，顺利通过省级园林城区复查验收。

·长江路办事处·

长江路办事处位于鹤壁市淇滨区南部片区，东临钜桥镇，西临淇县庙口乡和高村镇，南至南海路，北与九州路办事处接界。现辖6个城中村改造社区（淇河社区、祥和社区、牛庄社区、桃园社区、华夏社区、嵩山社区）、4个城市社区（福兴社区、新城社区、和谐社区、华府社区）、1个行政村（吕庄村），辖区面积10.8平方公里，其中耕地面积353公顷。总人口约32000人。京广铁路、107国道、石武高铁、京港澳高速公路纵穿全境，辖区东部鹤壁东站于2012年底建成投入运营。西部淇河东岸金融大厦、莲鹤大厦等10余座鹤壁市地标性建筑群已全部建成。全年一般财税收入完成7450万元，较2012年同比增长84.9%；全社会固定资产投资完成16亿元，较2012年同比增长49.7%。党工委书记黄舒军，主任赵路生。

加快城中村改造社区建设。全面完成桃园、姜庄整村拆迁安置工作，妥善处理牛庄拆迁后村民暂时安置和牛庄城中村改造社区建设问题；大辛庄、牛庄安置小区完成项目立项、规划审批等工作，按照边规划边办手续边施工的原则，两个项目顺利开工建设，桃园、小辛庄二期正在报批手续。加强社区管理，社区网格化建设逐步完善，2013年市爱卫会命名长江路办事处、桃园社区、嵩山社区、淇河社区、华夏社区为市级卫生先进单位，福田六区、天馨中央公园小区、华府天下小区为市级卫生先进居民小区；福兴社区志愿者服务站被评为“鹤壁市第三届志愿者服务先进集体”。服务项目建设。按照淇滨区总体工作部署，分别利用9天完成牛庄整村拆除、28天完成桃园整村拆迁安置、29天完成姜庄整村拆迁安置工作，共拆迁1351户，安置村民5221人，拆除房屋1487座，共计34.95万平方米，实现和谐拆迁并解决大量历史遗留问题，为高铁广场交通客运站、鹤壁海关、检验检疫局、东方银座、中央公园、城市综合体等重点项目顺利开工建设奠定坚实基础。实行项目建设全程跟踪服务制，全年服务重点建设项目59个，拨付征地资金9164万元，征地进地183.46公顷。完成天津渤海交易所大厦、重庆颐和泊邸五星级酒店、明达小学、市职业技术学院、交通枢纽客运站、鹤壁海关、检验检疫局、牛庄安置小区、市公安局第三分局、华山路（朝歌路—南海路段）、泰山路（湘江路－漓江路段）、珠江路（黄山路以西）、朝歌路和黄山路污水管网等重点项目征地、进地工作任务。打造“硬环境逐步提高，软环境客商满意”，逐步形成引商、亲商、安商、富商共同发展的良好局面。全年新签约10亿元以上项目2个，5亿元以上项目7个，1亿元以上项目4个，多次与江苏雨润集团洽谈商贸物流园区项目，对东方银座城市综合体项目进行全程跟踪服务。新开工亿元项目10个，续建项目6个。总部经济招商2家。招商引资到位资金完成4.05亿元，较上年增长16%，进出口贸易100万美元，引进利用境外资金完成1000万美元。城市管理。与辖区内7个网格271个商铺、15家行政事业单位签订“门前三包”责任书，对项目工地进行统一规范化管理；投资305万元，修建华夏南路、广场南路、广场北路及朝歌路高标准景观围墙7000米，制作装设公益广告7000多平方米，喷绘504平方米；快速建成福田临时农贸市场，规范市场管理工作制度，加强巡逻监管，维护市场秩序；对辖区内11个社区（村）、17个小区、17条重点路段进行集中整治和保洁，规范社区管理制度，建立环境保洁长效工作机制。完成省级卫生城市复查验收工作任务。深化社区网格化社会管理模式，形成“办事处、社区、区域、基本”四级管理网格体系，社会管理科学化水平全面提升。

·钜　桥　镇·

钜桥镇位于鹤壁市淇滨区南部，西临淇河，东依火龙岗，南与卫贤镇接壤，北邻大赉店镇。全镇辖35个行政村，37个自然村，4.01万人，3466.7公顷耕地，镇域面积70平方公里。2013年，财政收入完成2844万元，占全镇年目标的125.3%；全社会固定资产投资完成7.0087亿元，占年目标的100.1%；招商引资到位资金3.78亿元，完成年目标的108%；实际利用外资1000万美元；争取上级资金894万元，完成年目标的178.8%；进出口贸易90万美元，各项指标均圆满完成年度目标任务。镇党委书记陈晓杰，镇长李树宽。

社区建设。一、钜桥中心社区。一期钮庄小区占地63.14亩，5栋多层和6栋小高层正在竣工验收，物业楼外墙粉刷已完工。强弱电、给排水等配套设施已完工，供气、供暖等管网已完工，道路道网节后建设。二期赵庄、白庄、姬庄小区15栋楼已主体封顶，10栋正在施工。二、南海小区。总占地面积34公顷，设计建设住宅楼76栋。一期24栋楼已经主体封顶，保温工程、屋面防水已结束，6栋正在做屋面瓦。二期开工41栋楼，其中36栋已完成内外墙粉刷，4栋已完成主体封顶准备验收，1栋暂缓开挖。雨污水管网、社区内道路停车场已经招标结束准备施工，绿化、安防、围墙大门已发布公告。燃气采暖炉、供水消防正招标。天然气、自来水外网已铺设到社区。三、唐庄社区。占地23.4公顷，已完成项目立项、文物勘探、规划设计、地质勘探和建设招标等工作。四是路屯村改造项目。利用10天时间已完成房屋丈量和实物核查工作，初步确定选址位置。实行“二分之一”招商法，突出全员招商、亲情招商、以商招商，形成政府、企业、社会互相联动的招商引资格局，特别是主要领导，多次带队赴北京、天津、深圳等地招商，拓宽引资渠道，招商引资工作取得明显成效。新注册总部经济企业7家，完成上级下达总部经济工作任务。新开工项目10个：其中10亿元以上2个，钜新社区二期、唐庄社区；5－10亿元项目3个，南海社区二期、亚洲闽商国际建材城、鹤壁农业硅谷园二期；1－5亿元项目4个，橡树湾、春晓科研育种中心、武警机动大队训练基地、太平牧业。新签约项目2个：投资5.2亿元的中国（鹤壁）汽车后市场项目、投资6亿元的和颐大酒店项目。续建项目4个：钮庄小区、南海社区一期、喜洋洋现代农业园、鹤壁养老康复中心。3个重点项目钜桥镇集镇改造项目、路屯村改造项目、钜桥镇特色商业街项目正在洽谈。鹤浚大道改建工程西起石武客运专线，东至镇边界，总长6000米。以规划的浚南线中心线为基准，南北各延伸50米。涉及钜桥、钮庄、化皮屯、聂下务、岗坡五个行政村，需征用土地22.8公顷，拆迁房屋623户，总拆迁面积18.5万平方米。一是按照规划先行，招商、拆迁同步进行的工作思路，委托天津大学建筑设计院正在做城市设计，初步选定安置用地与资金保障用地位置及面积，并与君逸集团、天馨集团、中州集团、河南三融科达投资有限公司等多家企业就改造意向正在进行洽谈。二是浚南线沿线附着物清查丈量工作已全部完成，无附着物的土地已全部进地，砍伐树木7000多棵。民政楼、财政所、土地所、教办、机械厂、烟草监督所等单位和企业已拆除完毕。农行、信用社新址正在装修，待装修结束后即可搬迁。三是委托有资质的评估结构对企业单位进行资产评估，待有关数据再次核定后，确定最终评估结果。四是规划选址市里已经批准，已确定资金保障用地及位置，招商公告已在鹤壁日报发布。服务大新区项目涉及淇河风貌带、升龙广场、淇河治理、职教四路、淇水大道、黄山路、天山北路等14个项目，共征用土地196公顷，拆除大棚14552平方米，迁坟656座，清理树木15866棵。淇河治理工程、淇河风貌带绿化已全部竣工，淇水大道、职教四路、泰山路、兴鹤大街已全线通车。

·九州路办事处·

九州路办事处位于湘江路中段，辖区面积16平方公里，其中耕地面积1864亩，常住人口12万余人，辖17个社区居委会，其中城市社区11个，村改居社区6个。现有工作人员165名，其中行政编制14人，事业编制32人，社区干部82人，“4050”人员32名，大学生村官5名。2013年完成招商引资到位资金3.6亿元，争取上级资金362.85万元，新开工（开业）项目9个，其中10亿元以上项目3个，5至10亿元以上项目4个，1至5亿元以上项目2个，续建项目12个；一般预算财政收入完成1.7409亿元；全社会固定资产投资完成19亿元；进出口贸易额完成123.8万美元；人口出生率控制在12.5‰以内；全年无赴市以上无集体信访事项、无非正常信访、无群体性事件；村、社区义务评事会开展义务评事6起，成功率100%。辖区无重大安全事故、重大火灾事故、食品安全事件发生。2013年，先后获得市信访稳定风险评估工作先进单位、市人口和计划生育工作先进乡镇（办事处）、安全创建先进单位、省科普示范社区等11项市级以上荣誉；牟山社区获司法部颁发的全国模范人民调解委员会荣誉称号。工委书记雷建民，主任渠爱英。

重点策划包装古赉城风情文化街、贸易区改造、兰苑商务区、正阳精品商业街等亿元以上项目10个。对辖区闲置商业用房展开二次招商，不断强化措施，确保招商成效。先后引进汉庭快捷酒店、麦当劳、萧记三鲜烩面城、御磨坊酒店、森林雨酒店等30多个品牌商家；总部经济完成注册2家。完成姜庄配地、城投公司、兰苑中学新校址、景祥园配地、西臣投大八角配地、区法院审判庭等19个地块25.8公顷的进地任务；对辖区在建19个项目，建立工作台账，实行每周两督察；建立每周项目进展情况汇报制度，集体对项目推进把脉会诊，克难点全力攻坚。对长时间影响橡树玫瑰城与莲花佳园两处项目建设的食香园食品有限公司进行拆除，拆除建筑面积约2万余平方米，占地0.77公顷。对辖区内注册的2461户工商企业进行拉网式排查，逐一登记造册，对重点企业由办事处一名副科级干部带队进行逐一约谈，加强征管，做到应征尽征，确保税源不流失。社区建设。大赉店村1897户已完成1777户拆迁，拆迁面积约31.9万平方米，完成拆迁总任务的93%，新村安置用地已开工建设26栋楼，其中13栋楼已主体封顶，其余13栋楼已开挖地槽，2013年底前59栋楼全部开工建设。贸易一区428户房屋信息采集和房产价值现场勘查等前期工作已基本完成，正在与中新房集团洽谈，框架协议已拟定。西郭庄一期拆迁10月6日正式启动16日结束，共拆迁69户85座房屋和1家废品收购站，拆迁面积2.7余公顷，顺利完成西郭庄村第一期拆迁任务。先后投入资金5万元，对辖区11个城市社区网格服务工作站进行整修，增配电脑、打印机等硬件设施。印发宣传彩页4500余份，制作宣传栏30多个，张贴公示栏1478块，公益广告175块，使社区网格化管理观念进社区、进楼院、进家庭，做到家喻户晓，全年群发信息38000余条，回复解决群众投诉213条，发布用工信息630余条了，初步构建数字化服务、管理、政务三位一体的社会管理新框架，基本实现人、事、物的全覆盖。

·大河涧乡·

大河涧乡位于淇滨区西北部，西部与林州市接壤；北部与鹤山区姬家山乡相邻；东部和东南部与山城区鹿楼乡、淇滨区上峪乡相邻。全乡面积102平方公里，其中耕地面积627公顷。辖16个行政村（含19个自然村），总人口1.5万人。乡党委书记洪波，乡长郭玉堂。

2013年招商引资完成3.3亿元，占目标的110%；公共财政预算收入完成4247万元，占目标的102%；全社会固定资产投资完成3.7亿元，占目标的112%；进出口贸易额完成200万美元，占目标的167%；争取上级资金完成1033万元，占目标的207%。全年共荣获各类奖项35项，其中省级1项，市级17项，区级17项。完成潘荒旧村拆迁。为服务宝山园区项目建设，按照区委、区政府统一安排部署，于3月28日全面启动潘荒旧村拆迁工作，40天时间，完成拆迁1047户、31.4万平方米，搬迁3700人。强力推进招商引资。一是精心谋划招商项目。围绕宝山园区工业项目，重点谋划“煤、电、化、材”四大循环经济产业，策划包装煤化工产品及其延链配套项目，引进仓储、物流、包装及加工服务项目。围绕西部山水优势，谋划生态农业、观光旅游、体育运动、宾馆餐饮等项目。围绕宝山园区配套服务，规划集镇区改造、宝山园区生活服务区、中心社区、旅游集散中心于一体的综合社区建设项目。二是加大项目推介力度。积极与市、区招商部门对接，收集招商线索620条；乡主要领导亲自赴北京、西安、深圳、杭州、广西等地推介招商项目；借助全区“大招商、大建设”活动，制作发放招商项目册，加大宣传推介力度。三是跟踪服务招商项目。每个项目明确一名科级领导跟踪服务，通过“走出去、请进来”等形式，加大对接洽谈力度，确保项目顺利推进。投资10亿元的风力发电项目、投资5.3亿元的金属镁精深加工项目、投资3.5亿元的兴达煤炭物流项目等16个项目顺利签约，签约资金达30亿元，落地资金3.3亿元。

·大赉店镇·

大赉店镇位于鹤壁市淇滨区东北部，北接汤阴，西邻黎阳路办事处，南与矩桥镇接壤，东与浚县屯子镇相连。京港澳高速、京广铁路、濮鹤高速、石武高铁、107国道穿境而过，辖20个行政村，总人口2.45万人。全域面积48.75平方公里，其中耕地面积2800公顷。镇党委书记王守保，镇长高让然。

2013年全社会固定资产完成4.6亿元，占年目标的107.5%，同比增长142%；招商引资完成3.24亿元，占目标的108%，同比增长24%；公共财政预算收入完成1830万元，占年目标的107%，同比增长70%，其中地税完成1380万元，同比增长82.5%。全镇获区级以上荣誉共23项，其中获省级4项，市级11项，区级8项。招商引资和项目建设。成立都市农业、社区建设、城市服务业3个项目推进组，全力以赴开展大招商大建设活动。截至年底，完成续建项目4个：①总投资1.5亿元的四季青国际家居广场二期项目，入驻皇朝家俬、欧派橱柜等知名商家400多户，已正式营业；②总投资1.1亿元、占地35.3公顷的焦庄常青园蔬菜项目，新建钢结构大棚40个，温室大棚8个；③总投资2亿元、占地16公顷的金羊牧业肉羊养殖精深加工项目，建成现代化羊舍28栋12万㎡，购进澳洲肉羊等6000余只；④总投资1.3亿元的绿森苗木繁育基地项目，已完成土地流转80公顷，栽植木瓜、朴树、西府海棠等26个城市园林树种67万株。新开工（签约）项目5个，其中亿元以上项目3个：①总投资1.1亿元、占地350亩的浩创城市园林项目，已种植国槐、银杏、红花之薇等19个品种40万棵，正在建设16栋温室大棚；②总投资1.1亿元、占地23.3公顷的丛林之秀苗木项目，种植玉兰、五角枫、黄槐等14个品种12万棵；③总投资7500万元、占地53.3公顷的福营麦椒果产业融合示范园项目，种植晚秋黄梨20万株；④总投资2千万元，占地40公顷的侯庄绿之源芦笋种植项目；⑤鹤壁市龙岗花卉苗木交易市场项目，总投资1.2亿元，规划占地40公顷。总部企业注册完成5家。坚持实行班子成员分包联系服务项目、工作台账推进管理、月巡查、季通报、年奖惩等工作机制，全年帮助项目单位解决突出问题56个；争取上级资金20万元帮助常青园、浩创项目修建园区生产路1000米。农业。夏秋粮食生产连续十年实现增产增收，创建小麦、玉米万亩高产示范片8个，全镇农民专业合作社达到24家；完成翟村、葫芦套4个村7300名群众的安全饮水工作；完成鹤濮高速、京港澳高速两侧53.6公顷绿化和管护任务；完成畜牧防疫、瘦肉精检查工作；坚持“宣传引导、科学运作，堵疏结合”，采取签订目标责任书、交纳保证金、加强巡逻督查、召开现场会等过硬措施，完成秸秆禁烧工作任务。社会事业。开展就业技能培训10次1330人，劳务输出3800人，被省政府表彰为“全省就业先进工作单位”。

·金山办事处·

金山办事处辖11个行政村，总面积29平方公里，耕地面积773.33公顷，总人口2.41万，其中农业人口1.2万人，人口出生率为10.6‰。粮食生产以小麦、玉米为主，经济作物有花生、油菜、棉花、蔬菜、药材等。主导产业为生态林业和交通运输业。党工委书记李春林，主任郭琪。

2013年，招商引资到位资金3.5亿元，占年目标的116.7%；财政收入入库完成2249万元，较上年增长66%，增幅全区第一，其中地税入库1639万元，较上年增长72.9%；争取上级资金1398万元，占年目标的280%。服务南水北调工程，拆除南水北调支线工程红线内淇信汽车修理厂、刘庄旧货市场等7家企业，协调解决支线管道与安彩、纵横2个天燃气公司管道交叉施工以及干渠爆破施工影响刘庄村民房屋等问题，征用干支线配套工程建设用地9.4公顷，确保南水北调干支线正常施工。成立刘庄中心社区协调服务工作组，并设立警务室，进驻施工工地，提供24小时全方位服务，潘荒小区征用刘庄中心社区土地15.13公顷，水泉小区征用建设用地7.3公顷，拆除大棚及猪场等大型附着物51座；现场快速处置处理劳务纠纷50人次。2013年底，水泉小区25栋住宅楼主体已建成，正在做外墙保温和其他配套建设；潘荒小区47栋住宅楼主体工程即将完工。生态建设。淇河湿地公园面积245.6公顷，全年造林任务36公顷，完成57.4公顷，投资500余万元，其中农田植物景观林34公顷，河道植物景观林2.6公顷，综合服务区植物景观林2公顷，景观桃园18.8公顷，栽植各类苗木14.5万株，主要有银杏、白皮松、桃、杏、梨、竹子、大叶女贞等40余个树种。2013年底，湿地公园植物景观建设已全部完成，树木成活率较高，生长良好；淇河湿地公园综合服务区道路、停车场、小广场、园路、观景平台、停车场至小广场台阶和上下山台阶等基础建设工程和植物景观绿化工程已全部竣工。依托淇河生态区国家级湿地公园和毗邻新区区位优势，强力推进生态林建设。全年共完成淇河两岸绿化468.1公顷，金山生态绿化79.8公顷，园林花卉苗木建设80公顷；发展林下经济66.7公顷。为保护淇河生态环境。对辖区沿淇路段进行大力整治，先后取消不符合规划的刘庄、下庞经营户5户，规范养殖场的排污设施3个，整改违章建筑2处，制止滥砍滥伐树木行为2起，在沿淇步道新建石墩32个、上下坡台阶3处，新建果皮垃圾箱23个，确保辖区内无破坏淇河生态环境行为，为居民营造生态宜居生活环境。成功引进总投资5.5亿元的光电研发中心、总投资3.8亿元的大易生态园林有限公司和总投资1.5亿元的大运牧业有限公司等亿元以上项目5个；成功引进河南博胜建筑工程有限公司等5家总部企业；投资1.8亿元的四季长青生态园项目已经签约，正在洽谈的总投资2.8亿元豫北广州花卉批发市场近期签约落地。农业。一是在淇河以北、寒坡洞以东、快速通道以南、南水北调以西规划集高效无公害农业种植、观光休闲、运动健身、采摘体验、科普教育和科技示范于一体的333.3公顷金山现代观光休闲农业园区。二是积极探索转包、转让、出租、股份合作多种土地流转模式，组建相关农业合作组织，在“依法、自愿、有偿”的前提下，实现土地连片流转、规模经营，积极发展北部农业规模化经营种植园区，加大农产品深加工项目建设力度，逐步延伸农业产业经营链条，提高农业附加值，转化农村劳动力，带动农民致富。三是依托中部333.3公顷生态林资源，探索“林下立体经济”发展模式，大力发展林下种养，努力打造林业、种植、养殖一体化中部立体农业示范园区，切实增加林农收入。

·黎阳路办事处·

黎阳路办事处西起京广线，东达京珠高速，北与开发区侯小屯毗邻，南至淇滨大道，面积9.0平方公里，耕地面积9.2公顷，总人口5.1万余人。成立于1999年9月，省级文明单位、河南省示范街道办事处。辖原半坡店、大梁庄、祥苑（原棘针庄村）三个村改居社区，黎阳、锦绣园、怡乐园、福源、胜隆、颖秀园、长城、佳和八个城市社区；辖区内有党政机关、学校、医院及各类社会团体73家，103个住宅小区。党工委书记王飞，主任朱江波。

2013年，办事处经济和社会发展取得较好的成绩，共荣获国家级荣誉4项，省级荣誉2项，市级荣誉21项，迎接国家、省、市领导调研、外地考察团62次。2013年，全社会固定资产投资完成14亿元，区本级税收完成6260万元，招商引资到位资金3.8亿元。科学谋划宏宇片区升级改造项目、裕隆购物中心二期项目、华森数码广场、盛世佳苑项目。建立健全科级干部和社区联系分包服务项目、办事处主要领导外出驻点招商的工作机制。总投资12亿元的大商城市广场项目已顺利签约；总投资2亿元的华森数码广场项目、总投资1.5亿元的裕隆购物中心二期项目均已运营；总投资10亿元的火车站北片区改造项目和总投资1亿元的棘针庄改造项目正在洽谈推进。大商城市广场项目，已于11月8日开始清运土方，清运土方30000多立方。火车站北片区改造项目，盛世佳苑小区一期已完成，二期已启动，八栋高层正在开挖地槽；化肥厂家属院和大赉店镇政府家属院改造意向调查已结束，正在与中新房集团洽谈改造模式。天泰建材市场二期项目，7号、8号楼正在办理交工的各项手续，5号展厅已封顶，3号展厅已建至2层，6号展厅即将开挖地槽，1、2号楼正在办理开工前相关手续。裕隆购物中心二期项目，引进了屈臣氏、冰雪皇后、台1线、豪享来等多家国内外知名商业品牌，已试营业。宏宇片区升级改造项目、颖秀园社区服务中心、品味风情酒店、育英幼稚园均已投入使用。华森数码广场项目，入驻全国各类知名数码品牌商户70余家，已试营业。福源农贸市场项目，已投入使用。新型社区建设与管理：社区基础设施进一步完善。8个城市社区中最后一个租房办公的社区进行选址建设，面积1000多平方米的颖秀园社区服务中心已入驻使用。同时，为8个城市社区配备电脑、投影仪等各种自动化办公器材，提高了社区办公服务能力。

·上 峪 乡·

上峪乡位于鹤壁市淇滨区北部，西邻大河涧乡，南接淇县，北与山城区相连，乡政府东邻万和火电厂，北接同力水泥有限公司和自来水公司，境内交通便利，大海线、沿淇公路、快速通道、西南公路、鹿上公路纵横交错。全乡总面积63.4平方公里，耕地面积379公顷。辖18个行政村，35个自然村。年末总人口9476人，人口自然增长率1.3‰。乡党委书记苏波，乡长李学民。

2013年，上峪乡经济继续保持健康快速的发展态势。招商引资到位资金完成3.05亿元，占年目标任务的102%；争取上级资金完成633万元，占年目标任务的211%；实际利用外资完成1000万美元，占年目标任务的100%；新开工项目3个，其中1至5亿元项目1个，续建项目2个；财政入库收入完成3150万元，占年目标任务的100%；固定资产投资完成2.1亿元，占年目标任务105%；进出口贸易额完成120万美元。

招商引资到位资金完成3.05亿元；争取上级资金完成633万元；实际利用外资完成1000万美元；新开工项目3个，其中1至5亿元项目1个，续建项目2个。引进总投资2亿元的龙泰大厦已完成围墙拉建；总投资8000万元的淇水鹿苑项目已完成了架电、引水上山工程及道路整修、土地平整，栽植林木120公顷；总投资8500万元的鹤壁丰源牧业公司，建设标准化猪舍23栋，生猪存栏10000多头。拟投资3.6亿元、占地10公顷的宝山物流园项目，已签署战略合作框架协议。服务宝山园区建设项目。一是完成水泉拆迁。根据市、区统一安排部署，于4月6日正式启动水泉村拆迁工作，80余名干部组成6个拆迁攻坚组，仅用24天时间，拆除各类构建物约11.8万平方米，659户农户全部拆迁完毕，提前一个月实现了圆满、和谐拆迁。二是全力服务项目建设。全年协调宝山园区征地33.3公顷，处理工农关系问题60多起，宝山园区内的聚四氢呋喃、园区水厂、污水处理厂和煤化路等项目顺利落地建设。三是完成水泉村公益性公墓项目建设，先后投资60万元，彻底解决项目区内坟墓重复搬迁问题，为项目建设营造良好的外部环境。生态建设。一是大力植树造林。2013年共栽植黄楝、核桃等各类苗木133万株，绿化面积1267公顷，鱼鳞坑9000余个。二是强化护林防火。成立1支14人的专职护林队，实行防火风险押金、划定区域责任到人制度，加大对火险隐患的排查防范力度，全乡林业生态建设得到加强。三是组建8人的护河员队伍，投资5万元，为护河员购买三轮车20辆、铁锹40把、扫帚100把、队员衣服40套，拆除沿淇违章建筑3座，挖掘入河车道10余处，实行沿淇分段常态化管理，确保淇河两岸干净整洁。

（张玉霞）

山 城 区

【概况】 山城区地处鹤壁市西北部，因辖区西部为太行山余脉，东、南部为岗丘，全区呈山城之貌，故名“山城”。东、北与安阳市的汤阴县、安阳县相接，西、西北与鹤山区接壤，西南、南与淇滨区为邻。辖区总面积197平方公里，耕地面积5330公顷，城镇化率85.86%。山城区区位优势明显，交通通讯便捷。穿越辖区东北部的晋豫鲁铁路通道正在建设，并将设立鹤壁时丰站；汤鹤铁路横贯东西穿越辖区北部，浚鹤（鹤大）铁路纵接南北。省道葛嘴公路由西向东穿境而过，东大线（大白线）、快速通道连接新市区与山城区。鹤壁市宝山循环经济产业集聚区、山城区石林工业集聚区位于辖区西部和东北部。山城区矿产资源丰富，工业门类齐全，驻区鹤煤集团、丰鹤发电、同力水泥等省、市属企业20余家，为全市的煤炭、煤化工、电力、水泥、陶瓷、电子等工业基地。区内人气聚集，物流丰富，是全市的商贸中心。2013年底，全区辖鹿楼乡、石林镇一乡一镇，长风中路、红旗街、山城路、汤河桥、鹿楼5个街道，50个行政村，51个社区居委会，总人口236806人，人口自然增长率为5.92‰。

2013年国民经济主要指标

项目	数量（亿元）	比上年+%
地区生产总值	106	12
限上工业增加值	50.4	18.2
全社会固定资产投资	91.9	25.9
社会消费品零售总额	25.8	13.9
财政一般预算收入	3.93	28.4
财政预算一般支出	6.95	-4.9
农民人均纯收入	10676.8	13
城镇居民人均可支配收入	21523.7	11.8

2013年，全区上下大力弘扬“团结奋进、勇于创新、实干苦干、自立自强”的山城精神，认真落实“发展、提升、惠民”三项任务，全力抓好“做大做强特色产业、加快打造靓丽山城、着力构建幸福城区、持续创优干部作风”四件大事，在攻坚中凝聚合力，在挑战中实干争先，超额完成全年目标任务，其中，规模以上工业增加值、社会消费品零售总额居全市第一位。在全市年度综合考评中，被评为完成责任目标先进县区。增长动力持续增强。坚持投资拉动，81个重点项目完成投资82.6亿元，为年度计划的110.6%，38个计划开工项目全部开工，20个项目竣工。在区域发展竞争异常激烈的情况下，全市两次项目观摩均位居前三位。坚持开放带动，全年落地项目28个，到位资金29.7亿元，占全年目标的105%，特别是引进一批投资超30亿元的战略支撑项目，2013年是本区招商成果最为丰硕的一年。坚持产业集聚发展，石林工业集聚区入驻企业达31家，中小企业创业园签约落地项目10个、总投资25亿元，宝山产业集聚区配套园区规划建设取得积极进展。城区面貌大幅提升。旧城改造攻坚战成效显著。开展为期4个月的旧城改造攻坚戓，由区级领导带队，100多名机关干部组成9个攻坚推进组，完成枫岭嘉城南、博大厂区等9个地块、80多万平方米征收拆迁任务。张庄、大峪分别用3天、2天时间搬迁完毕，创造村庄搬迁的“山城速度”。城市功能持续完善。投资1.2亿元新建、改造红旗街东延、朝阳街

东延、铁东路、牟山大道、小庄桥、垃圾压缩站等道路桥涵和环卫设施。投资1500余万元实施山城路、中原路、红旗街东延等廊道绿化工程，建设4处街心游园，新增绿地面积2.4万平方米。城市管理水平不断提高。整合城市管理执法力量，坚持长效管理与集中整治相结合，开展多轮市容环境卫生集中整治活动，顺利通过省级卫生城市复查验收，城市管理水平得到有效提升。

积极开展多种形式政银企对接活动，引进中信、浦发等域外银行为企业融资，全年新增贷款11.5亿元。助保金业务覆盖范围不断扩大，累计为18家企业融资1.98亿元。土地要素制约在挖潜中得到缓解，被省国土资源厅授予“节约集约模范区”称号，全市仅山城区一家获此殊荣。被国务院列入全国老工业基地调整改造规划，有望获得国家政策和资金扶持。规模以上工业企业实现主营业务收入169亿元，增长11.8%，实现利润2.4亿元，增长20.8%。规模以上重点工业企业用电量逐月提高，全年累计用电量增长34.7%。非公有制经济增加值增长22%，占全区GDP的58%。产业结构不断优化。煤化工、新型建材、装备制造三大主导产业占工业增加值的比重达到76%，其中煤化工、新型建材行业均保持26%以上的增速，主导作用日益突出。科技创新有所突破。市级以上工程技术研究中心达到17家。高技术产业增加值增长15%。科普工作受到全国科协和财政部的表彰。生态环境持续改善。积极推进生态城市和林业生态体系建设，完成造林绿化3867公顷，被评为全省绿化工作先进单位。加大节能减排和环境保护力度，圆满完成市定环境保护目标。

全面完成区十项重点民生工程。民生支出占财政支出的73%。城镇居民人均可支配收入和农民人均纯收入均增长10%以上。社会保障能力明显提高。新增就业15017人，农村劳动力转移9434人。保障城乡低保对象1万余户、2.72万人，发放低保金6462万元，做到应保尽保。城乡医疗和公共卫生服务体系逐步完善，实现村级卫生室基本药物全覆盖，城乡居民健康建档率100%，新农合参保率98.7%。全年竣工保障性住房2838套，改造农村危旧房1000户。集中供热面积超过130万平方米，结束建市56年以来本区没有集中供暖的历史。社会事业全面发展。投资1230万元改扩建部分中小学校舍，学前教育三年行动计划基本完成，中小学艺术展演受到教育部表彰。文体事业不断繁荣，山城区荣获全民健身活动全国先进单位，区文化馆被评为省先进文化馆。建成区计划生育服务站，完成年度人口控制目标。

·红旗街街道办事处·

红旗街街道办事处北起奔流街与汤河、山城两办事处辖区相邻，南至泗河桥，西与鹿楼乡的寺湾、大峪两村相依，东至长风中路，机关位于山城路南段，辖区面积2.5平方公里，辖11个社区居委会，共有居民11390户，常住人口4.9万人，流动人口1100人。党工委书记王爱兵，主任张承国。

（1）旧城改造工作再掀高潮。4月，按照区统一部署，进一步掀起旧城改造新一轮建设高潮，新启动拆迁项目7个，涉及拆迁面积18万平方米，住户2200户。作为攻坚战主战场，抽调机关全体党员干部、社区工作人员投入攻坚战。成立以党工委书记为指挥长的旧城改造拆迁指挥部，组建6个旧城改造拆迁攻坚组，均按照确定的时间节点圆满完成了任务，其中枫岭嘉城南二期、金基铭座项目、博大项目、凯旋城二期分别提前53天、15天、3天、1天完成拆迁任务。已开工建设的17处旧城改造项目顺利推进，涉及拆迁面积22万余平方米，拆迁户数2356余户，已确定新建面积46万平方米。朝阳逸居二期、飞鹤小区、春雷小区、书香苑二期多层等4个棚改项目已竣工回迁入住，朝阳逸居二区房屋已分配；枫岭国际、弘韵新天地、枫岭嘉城、凯旋城、建业桂圆、金基铭座等6个正在建设项目快速推进。（2）经济工作长足发展。辖区7家规模以上工业企业，完成工业生产总值33.10亿元，同比增长14%；实现利润总额2390万元，同比增长71%，产销率达98%，增加值万元能耗同比降低14%，全社会商品零售总额增长25%。固定资产投资投资1000万元以上项目9个，其中3000万元以上8个，同比增长28%，非公有制经济总产值同比增长28%，中小企业总产值同比增长29%，第三产业增加值增长21%。辖区共有招商引资项目19个，总投资56.96亿元。其中：浔兴龙腾时代、枫岭国际小区等续建项目12个，总投资24.96亿元；常绿林溪谷、电子、汽车配件、胶鞋生产线等新落地亿元以上项目7个，总投资32亿元。全年实现枫雅居、育书苑等新签约亿元以上项目3个，总投资8.7亿元；重点洽谈养殖、汽车配件、制药、除尘等项目5个，总投资10亿元。（3）社会事业稳步发展。始终坚持以稳定低生育水平为目标，认真落实“一法三规两条例”，开展元旦、春节正月十三大宣传活动和“5.29”、“7.11”、“9.25”计生大型宣传活动。认真做好康检工作和四项手术工作，共计上站康检人数10000余人次。认真开展扶贫济困活动，筹措资金合计8000余元，购买大米、白面、食用油等物品发放到60户困难群众手中。开展有车有房低保户、廉租房复查、复审、清理工作，取消不符合低保、廉租房条件的100余户。做好重病、重残、特困群众的摸底排查工作，做好退役军人管理工作和民兵工作，加强殡葬改革宣传管理，火化率100%。严格执行国家各项规定，实行目标化管理，做好下岗失业人员、“4050”人员、企业退休人员社会化管理和再就业工作。完成城镇新增就业3425人，下岗失业再就业1293人，再就业培训874人，创业培训307人。为776名60岁以上的居民发放养老保险待遇，为60岁以下居民135人办理养老手续，办理城镇居民医疗参保9275人。

·鹿　楼　乡·

鹿楼乡位于山城区城乡结合部，东邻石林镇，南、西南、西接淇滨区的金山办事处、上峪乡、大河涧乡；

北与鹤山区鹤壁集镇接壤，总面积45.9平方公里，其中耕地1962公顷，总人口5.2万人，其中农业人口1.1万人，城市人口4.1万人。全乡辖12个行政村，12个社区居委会。乡党委下辖村级党委1个（故县党委）、党总支3个（教育总支、企业总支、机关总支），党支部41个。乡党委书记耿心爱，乡长马云。

2013年完成地区生产总值33亿元，同比增长15%；限额以上工业企业增加值完成3.2亿元，同比增长31.1%；固定资产投资完成9.9亿元，同比增长30%；招商引资到位资金6.4亿元，占年任务的102%；农民人均纯收入达到8267元，同比增长14%。全年完成财税收入777.6万元。通过林业、民政、农村危旧房改造、“一事一议”、保障房及配套项目等重点领域，争取上级资金500多万元。

（1）服务大项目建设。全乡共征用土地66余公顷，拆迁830多户，3300多人，拆迁面积约11万平方米。其中，张庄、大峪分别用3天、2天时间完成搬迁，创造村庄搬迁的“山城速度”，大峪村搬迁工作受到市政府主要领导批示表扬。顺利完成葛嘴线、朝阳街东延和战备路征地及施工保障工作，三条道路全部通车。红旗街西延和煤化路项目征地工作已经完成，施工正常推进。集中力量对凉水井范围内6座鸡场和4座鱼塘进行拆除清理。同时，全力服务宝山水厂、宝源路西延、盐化工采石场和南凯置业等项目进地、施工等工作。（2）招商引资和项目建设。2013年，实现招商引资到位资金6.4亿元。其中，通过资本运作使华夏助剂恢复生产，并成为助推全乡经济的增长点；鹿楼煤矿煤质气项目正在办理手续、天津天中福大环保能源设备项目正在积极推进。位于辖区的9个市、区重点项目，其中4个续建项目按时间节点和投资进度稳步推进，5个拟开工项目全部开工，累计完成投资4.1亿元，占计划投资额的103%。（3）农村工作。2013年，新成立农民专业合作社2家，分别是大胡村祥龙湾生态农业合作社，已流转土地66.7公顷，试种晚秋黄梨等优质果木品种已获得成功。后营村鑫茂果树种植专业合作，以土地入股方式种植上海黄桃、日本甜柿等优质果树品种200多亩，经济效益显著提升。全年完成植树造林1067公顷。（4）新型社区建设。2013年，借助全区拆迁攻坚战的有利机遇，强力推进全乡拆迁改造工作。仅用34天就完成西窑头93户，1.3万平方米民房的拆迁任务。该改造项目已建好安置区的建筑围墙、临建房，商品开发区手续正在办理；按照时间节点完成张庄社区整体搬迁；一周时间完成大胡村铁路西896户，18万平方米的丈量工作。成功引进河南天逸房地产公司实施大胡城中村改造项目，已签订安置协议8户；与鹤壁润腾房地产公司合作的汤河时代广场建设项目拆迁已经完成，正在办理相关手续。积极开展张庄、大峪新村征地工作，顺利完成征地范围内附着物清点、补偿款发放、迁坟等工作。张庄新址场地平整工作已经开始，同时在建的鹿楼和谐小区、元泉月亮湾社区稳步推进。

·石 林 镇·

石林镇位于山城区东北部，东、北与安阳市的汤阴县、安阳县接壤，南与淇滨区金山办事处相连，西与鹿楼乡和鹤山区鹤壁集乡相邻。全乡总面积96平方公里，其中耕地面积5054.88公顷，下辖38个行政村，1个社区，年末人口4.33万人，人口自然增长率为4.27‰。镇党委书记苗矿军，镇长康春迎。

全年社会生产总值完成63.25亿元，同比增长22%；限上工业企业增加值完成3.43亿元，同比增长19%；全社会固定资产投资完成8.89亿元，同比增长25%；税收完成438万元，同比增长21%；争取上级资金585万元，是全年目标的105%；农民人均可支配收入达5988.3元，同比增长11%。1.主导产业再显新优势。年末，集聚区累计已签约入驻企业31家，其中规模以上工业企业达17家，签约陶瓷生产线80条，已达产生产线23条，直接安排就业7000余人，带动就业达2.5万人。被命名为河南省矿山机械制造产业集群和河南省中小企业创业培训基地。全年到位招商项目10个，实际到位资金15.3亿元，总投资10亿元，占地9.3余公顷的福建奥邦建材有限公司年产900万平方米复合墙板项目，正在进行厂房建设；总投资10亿元，占地17.3公顷的河南南凯置业有限公司年产2.4万吨的真石漆项目，正在进行土地平整；总投资1.5亿元，一期投资3000万元，占地5公顷的小樱桃动漫集团鹤壁教育基地项目已开工；总投资10亿元，占地15.3公顷的鹤壁盛泰建材有限公司年产120万立方米6条墙体砌块生产线项目，正在平整土地；总投资4亿元，计划新建4座养殖厂房、1座办公楼、1个大型散养场的柳江公司畜禽养殖项目，已完成投资9000万元，4座养殖厂房投入使用。2.大项目建设服务呈现新特色。石林镇辖区内共有拟建、续建、在建大项目28个，其中国家重点项目1个，市重点项目15个，区重点项目12个。全镇共征用土地300公顷，迁移坟墓1300座，涉及全镇12个村约1.7万人。在晋豫鲁铁路主线拆迁全面完成的基础上，对二次、三次红线图进行征拆工作，共拆迁民房57座，养殖场39处，征地7.3公顷，涉及82个农户、619人，拆迁面积4.5万多平方米。3.石林新城展现新风貌。规划建设6～8个小区，安置居民31700人。北部依托中南铁路时丰物流产业，规划建设时丰花园社区4个小区，安置居民1.2万人。其中，时丰花园社区西台小区，已完成五通一平。南部的石林新城陶源社区一区和二区主体工程完工，初步具备入住条件。3月，启动陶源社区三区建设，部分工程已施工至五层。按照强龙头、带基地、联农户的发展模式，加大对农业龙头企业的扶持力度，推进畜牧养殖标准化小区建设，巩固西部生态农业体系建设，抓好南部中药材、花卉基地建设，以创新的理念推进农业产业化可持续发展。全镇已培育1个省级农业产业化龙头企业，6个市级农业产业化龙头企业。

·山城路街道办事处·

山城路街道办事处位于山城区城区西北部，东起春雷路，西至大河涧乡潘荒村，南起奔流街西段，北至鹤山区鹤壁集乡交界的杨邑桥，面积2.4平方公里。辖7个社区居委会，居民10076户，4.1万人。党工委书记张保安，主任杜艳萍。

招商引资和项目建设。先后到广东、深圳、东莞、北京、郑州进行对口招商5次。年初，湖北十堰创凯有限公司成功实现对鹤壁标准件制造有限公司的股权并购，帮助企业走出困境，走出一条通过转让、并购等方式盘活企业新路子。鹤壁天汽模公司与长城汽车合作电动汽车冲压件生产线项目、与天津汽车模具合作年产300标准付覆盖件高精模具项目，河南泛华公司与比亚迪合作环保型汽车线束保护系统项目开工建设。开工项目8个，总投资34.6亿元，分别为总投资3亿元的鹤壁天汽模年产600万电动汽车冲压件生产线项目，总投资8000万元的年产300标准付覆盖件高精模具项目；河南泛华总投资5亿元的年产200万套环保型汽车线束保护系统项目、总投资5亿元的年产200万套汽车电器信号传输单元项目、总投资7000万元的年产20万套轿车线束总成项目；总投资3.1亿元的鹤壁天荣电器年产50万套AMT手柄控制系统项目；总投资6亿元的汽车插接件生产项目。

·长风中路街道办事处·

长风中路街道办事处地处山城区东部，办事处机关所在地位于朝阳街东段。所辖区域南起泗河，北至汤河，东起东岭，西至长风中路，面积6.9平方公里，主要街道9条，辖东一巷、铁西、长风中路、东岭、红二巷、建委、矿口7个社区居委会，居民2.4万人。辖区共有企事业单位192家，个体私营户858户。党工委书记霍林河，主任张建科。

（1）经济工作。全年辖区完成地区生产总值351247万元，同比增长13.7%；规模以上工业企业增加值增长18.5%；规模以上工业企业利润2223万元，同比增长26.5%；非公有制经济增加值增长15%；完成对外贸易出口额360万美元，新增各项贷款1.2亿元；固定资产投资完成73610万元，同比增长30%；第三产业增加值增长12%；高新技术增加值增长17%；社会消费品零售总额10850万元，同比增长28.5%；实际利用外资900万美元，引进省外资金6亿元、境外资金1800万元。（2）招商引资。2013年，长风办共外出招商15次，走访、拜访企业50多家，招商引资落地项目10个，其中5个商业项目、5个工业项目，总投资30多亿元，包括总投资10亿元的永基国际商业广场项目、总投资5.5亿元的印象新城项目、总投资5亿元的龙湖明珠商业广场项目、总投资3亿元的仙鹤新城商住小区二期建设项目、总投资3亿元的南凯世纪建材城项目、总投资5亿元的南凯高档新型建材项目、总投资5.6亿元的德亿电器年产150万套美的空调电源线及继电器生产项目、总投资1亿元的丰汇通用设备有限公司年产2万吨金属钙丝项目、总投资5000万元的永泰电器年产900万件汽车零部件项目、总投资5000万元的河南德亿电器有限公司与味道名厨合资修建的德亿大酒店项目。（3）城市建设工作。城市家园二期、仙鹤新城二期（朝阳街东延置换区）和龙湖明珠三个重点改造项目，共征收面积9.5万平方米。城市家园改造项目，一期158套棚户区改造安置房已竣工验收，两栋高层288套已主体封顶；二期房屋征收工作接近尾声。2013年9月，朝阳街东延全线建成通车。龙湖明珠项目一期二期整合运作，3栋高层安置房开始基础设施建设。仙鹤新城项目一期主体封顶10栋360套，12栋正在有序施工。印象新城城市广场项目一、二层主体施工完毕。5月，投入资金30万余元，出动人员1100人次，清理乱涂乱画7000余处，疏通下水道16条，制作宣传条幅60条，环境卫生版面25块，更换垃圾箱40个，清运垃圾1700立方，新增绿地面积3200平方米，刷新主次干道墙壁4.8万平方米，使辖区面貌明显改观。

·汤河桥街道办事处·

汤河桥街道办事处位于山城区城区东北部，西靠春雷路北段，东临石油仓库一带，南起奔流街中段，北至五矿，面积3.22平方公里，机关驻汤河街中段，辖8个社区居委会，21个企事业单位，有居民6947户，年末总人口2.4万人。党工委书记秦志杰，主任李军。

（1）经济工作。规模以上工业企业增加值增长33%，实现利润增长27.8%。城镇以上固定资产投资增长28.9%。全年完成入库项目5个。新增博尔电器公司、大成公司限额以上工业企业2户，新增服务业企业2户。招商引资目标完成4.28亿元，实际利用外商直接投资1600万美元，（2）项目建设。引进鹤壁市红绣制衣厂服装印花生产项目、博尔电器汽车插接件项目、面粉厂进行技术改造和产业升级项目、华科纸品有限公司纸品深加工项目、鹤龙专用设备有限公司新建成套环保设备项目、新荣汽车电器有限公司年产汽车接插件5000万件环保型汽车线路连接器及25万套环保型汽车线路保护系统项目等6个工业项目。引入注册资金500万元的深圳普莱森进出口有限公司对外贸易出口项目。（3）旧城改造。南苑小区棚改项目，拆除五矿南北单身楼和过街楼。拆迁面积9300平方米，涉及居民108户，门面房27户，9月开工建设，主体工程已基本封顶。福运小区西区拆迁项目，涉及石油公司、盐业公司、五交化家属院等，拆迁面积11000平方米，涉及居民134户，动迁完毕，正在推进加油站的搬迁工作。完成惠德汤河小区、汇丰花园小区居民回迁安置工作。福运小区东区楼房主体已封顶。完成静城、龙城等2家物业公司入驻社区工作。以打造省级卫生城市为标准，加大环境卫生整治。清理河道500余米，清理垃圾320余车；铲除馨苑二区、卫星街、汤河街等小广告40处，8000余块；对汤河街沿街楼体、桥梁栏杆墙、馨苑二区17栋楼体墙面粉刷，粉刷面积近9000平方米。投入8余万元，做好幸福家园小区的路灯、绿化整治工作。

·鹿楼街道办事处·

鹿楼街道办事处位于城区南部，北部以淇河为界，南至淇滨区上峪乡上庄村，东、西至鹿楼乡东、西楼村，面积为1.34平方公里。辖八矿东井、八矿西井、鹿楼南、矿务局电厂、火电厂5个社区居委会，总人口1.8万人。党工委书记李善锋，主任周军。

（1）经济工作。辖区限额以上工业企业增加值完成52206万元，增长18.9%；实现利润3222万元，增长18.8%。招商引资实际到位资金38000万元，实际利用外商直接投资1530万美元。重点在建项目已完成投资8000万元，占年计划的100%。全社会固定资产投资完成119294万元，同比增长40.8%。财税工作已完成协税103万元。（2）项目建设。总投资3000万元的河南省京鹤同力建材有限公司年产120万吨水泥粉磨站项目已完成投资2000万元，达到生产条件。鹤壁标准件制造有限公司年产10万吨高强度紧固件整体搬迁项目，第一车间已建好，6台起重机已安装完毕，钢结构主体及外围主体完成，第二车间钢结构主体及外围主体已完成；办公楼正在进行收尾；机器设备已订购20台。鹤壁市宝发能源有限公司二甲醚充装站工程项目，已完成土建工程，检测车间已建成，相关设备正在安装调试。鹤壁盾安供热有限公司投资5亿元的山城区集中供热项目，已完成投资2.5亿元，实现部分供热。鹿祥五区建设项目已拆迁完毕276户，已完成土地平整，并开挖地槽3栋楼。鹤壁宝马集团年产10万吨煤焦油综合利用工业示范项目，已完成新公司注册，备案、环保、安环等手续正在办理中，工程设备部分已预订。鹤壁宝马集团甲醇合成尾气分离回收天然气项目，已完成投资5000万元，办结备案、环评、安评手续，正在安装压缩机等机器设备。福建客商吕金德投资5000万元建设年产1万套阀门成套设备生产线项目，已完成投资2000万元，钢结构厂房主体已完成，图纸设计、备案已完成，正在办理环评手续。鹤壁市京鹤同力商砼有限公司年产60万吨立方米商品混凝土搅拌站项目，已编制可研报告，已备案，正在办理环评手续。

（郭鹏程）

鹤　山　区

【概况】　鹤山区位于太行山东麓，鹤壁市北半部。北邻安阳，西接林州，东南与山城区搭界，是鹤壁市的三个城区之一，为城乡一体化体制。总面积139平方公里，其中耕地面积2861.33公顷；总人口12.7万，其中乡村人口2万人，人口自然增长率3.95‰。辖鹤壁集镇、姬家山乡、中山街道办事处、中北街道办事处、鹤山街道办事处、新华街道办事处、九矿广场街道办事处。全年地区生产总值完成84.8亿元、同比增长12.3%。其中第一产业增加值3.1亿元，增长4.2%；第二产业增加值72.6亿元，增长13.2%；第三产业增加值9.1亿元，增长6.6%；实现工业增加值70.9亿元，增长12.9%。粮食总产量1万吨，增长4.5%。财政一般预算收入1.6亿元，财政一般预算支出4.2亿元。全社会固定资产投资完成额45.1亿元。社会消费品零售总额13.6亿元。商品出口总额610万美元。实际利用外资5708万美元。城镇居民人均可支配收入20467元。农村居民人均村收入9982元。

产业发展。1. 精细化工产业突起。全年精细化工园区入驻企业15家，其中赛科化工公司2－甲基吡啶项目生产线已建成，海格化工公司离子交换树脂项目厂房在建，瑞达公司橡胶助剂等项目持续推进。区政府积极帮扶、引导、整合，煤炭物流及洗选产业克难稳进。2. 机械铸造产业发展较好，23家企业，订单比较充足。鹤钢公司年产3万吨机械铸件精加工、太行全利公司智能化节能环保型废金属破碎分选设备等项目正在推进。3. 金属镁综合利用产业持续发展，地恩地公司突破竖罐冶炼工艺技改难题，年产4万吨金属镁冶炼及深加工项目即将启动；普鑫镁公司年产2万吨新型节能螺旋式换热器镁合金管材项目完成节能炉研制及专利申报，生产工艺已具备工业化生产条件；明远公司年产5.5万吨高精度镁合金塑性加工材料等项目正加快推进。4. 特色农业全面发展，全区特色种植面积达667余公顷，其中花卉苗木种植规模达334公顷。蛋肉类总产量4.6万吨，畜牧业总产值2.8亿元，畜牧加工业产值1.9亿元。5. 三产服务业发展加快，中山核心城区商业街初具规模，人气渐旺；南山文化生态城核心区基本建成，温泉会所对外开放。五岩山景区、阿斗寨、古瓷窑等综合开发项目全面启动。

招商引资。全年签约项目35个，总投资120亿元，其中超亿元项目27个，到位市外资金16.4亿元。1. 项目建设推进顺利，全年新开工项目46个，竣工项目22个。50个区重点项目完成投资40.8亿元；22个市重点项目完成投资19.6亿元。2. 园区建设进展顺利，鹤壁北站产业园区综合服务中心基本建成，金融、质检中心等投入使用；姬家山产业园区快速通道北延二期和葛嘴线竣工通车，供水、污水处理、电网改造等工程顺利推进，集中供热项目已签订协议。3. 企业帮扶，成立9个重点项目推进组，实行县级领导分包责任制，解决问题156个。开展银企对接活动，累计协调各类资金9.2亿元。

城乡建设。依法、协议拆迁矿业路北段、鹤山街东段等区域，完成拆迁20余万平方米。1. 安居工程强力推进，累计建成保障性住房7048套。2. 基础设施和公共服务设施建设加快，鹤山街东段、中北东二巷、五岩街等道路竣工通车，中山农贸市场建成投用，利民污水处理厂正在调试设备。中山城区实现集中供气，结束本区没有天然气的历史；供暖工程强力推进，主管网正在铺设。3. 新型农村社区建设加快推进，北站花苑社区已基本建成，中马驹河、东马驹河等村360户群众已分房到户；杨邑、中山、惠民3个社区建成住宅楼197栋，竹林社区正在进行主体建设。4. 生态环境持续改善，大力实施城区主干道、单位庭院、荒山荒坡等重点区域绿化，累计完成绿化造林2400公顷，森林、林木覆盖率分别达到48.1%和51.7%。5. 环境治理持续深化，投资2500万元实施羑河一期综合治理工程，投资1600余万元启动省级矿山地质环境治理项目。严把项目准入、建设、验收关，否决污染严重项目3个，查处环境污染问题15起。6. 推进节能减排，全区单位生产总值能耗同比下降2.7%，规模以上万元工业增加值能耗下降13%。同时，以迎接省级卫生城市复查验收为契机，实施城乡环境综合整治行动，辖区卫生环境明显改观。

·鹤壁集镇·

鹤壁集镇位于鹤壁市西北部，北与安阳市毗邻，辖24个行政村，8个居委会，总面积49.33平方公里，人口4万。设党政、社会事务、经济发展3大行政办公室，设农业服务、计划生育、村镇建设、文化服务4个事业服务中心和1个劳动保障所。镇党委书记李树文，镇长王远征。

2013年，全镇社会固定资产投资完成7.8亿元，同比增长28.2%；非公有制经济增加值完成12.33亿元，占地区生产总值比例的16%；非公有制经济占地区生产总值的比重已达到61%；限额以上工业企业总产值完成16.03亿元，同比增长18.1%；限额以上工业企业实现利润2584万元，同比增长20.3%；农民人均纯收入同比增长15%。项目建设。引进新落地项目3个，签约项目1个。其中山西煤炭运销集团鹤壁晋中煤炭物流有限公司投资10亿元的年运销500万吨煤炭物流项目现已投入运营；濮飞化工有限公司与南通市金康泰化学有限公司共同投资5.5亿元的年产1.2万吨塑料添加剂项目正在协调建设用地；鹤壁市辉腾电气有限公司投资1.2亿元的汽车线束项目正在改造现有厂房；鹤山区大润发超级购物中心项目于12月30日签订项目合作合同。在建项目进展顺利。其中，鹤壁市昌泰煤炭铁运物流项目铁路装卸平台已建好，进出煤计量衡已安装；河南豫励商贸有限公司煤炭物流项目场地围墙已建好，正在建设办公楼；鹤壁市鑫鑫合金公司技改扩建项目已办理好土地证，正在平整场地；河南金诺有限公司北方农林牧一体化项目一期已开始养殖，正在建设二期6排猪舍。农业发展。将生态农业建设和环境改善治理有机结合，强化植树造林水平，推进农业产业化建设，提升全镇生态环境质量。一是加大造林绿化力度。利用春季植树造林之际，补植补造荒山荒坡133余公顷，栽种侧柏10万余棵，四旁植树1.5万余棵，超额完成目标任务。二是加快农业基地建设。先后建成东头、南山林药间作示范园、王荒花卉苗木基地、李荒薄皮核桃基地、中杨邑小杂果基地、北街无公害蔬菜大棚和红薯种植基地，全镇土地流转面积达到387公顷，其中耕地353公顷，抛荒地开发利用33公顷。三是加强环境治理。实施羑河综合治理工程，河床护坡清理3000余米，清理河道淤泥2万立方，清除河道障碍树木500余棵，上游河道清淤、护坡、涵洞砌石加固等工程基本完工。以全市创建省级卫生城市为契机，开展城乡环境集中整治活动，出动铲车32台次、运输车辆130余次、人员800余人次清理打扫卫生，清理垃圾120余吨，刷墙1200米，辖区环境面貌明显改观。城镇化建设。坚持把“加快城镇化建设，改善人居生活条件”作为重要任务，配合旧城改造，推进城镇化建设。一是积极服务区旧城改造工程，累计完成曹家、南街、杨庄、北街、孙圣沟、北杨邑等6个村119户近25000平方米的拆迁任务。二是新型农村社区建设进展顺利。南街社区一期工程和杨庄社区已建成，安置1200余户、3800余人。南街社区二期工程和教场社区住宅楼主体已完工，正在分房，可安置600余户、2000余人。杨邑社区、康家社区、孙圣沟社区多数住宅楼主体工程已完工，部分住宅楼建至4－5层。西街社区、曹家社区正在紧张建设，群众已签订改造协议。三是推进道路交通建设。完成葛嘴线、矿业大道、王东线建设项目8.93公顷征地任务。2013年8月，葛嘴线建成通车，矿业大道北段完成拆迁。

·鹤山街街道办事处·

鹤山街街道办事处位于鹤山区北部，东与新华街道办事处相邻，南至鹤壁集乡曹家村，西与姬家山乡接壤，北与鹤壁集乡相连，辖区面积3平方公里，鹤山街办事处共有户籍人口9301人。现辖6个社区居委会，驻街单位有鹤壁中泰矿业公司、鹤煤集团寺湾井、环保建材厂、鹤山移动、鹤山网通、鹤山邮政、市第二水厂、鹤山实验中学、鹤山小学、工业中专等企事业单位13家。党工委书记张晓生，主任耿翩。

2013年，非公企业经济总产值为39137万元，同比增长53%。工业企业产总值为138775万元，同比增长20%。规模以上工业企业实现利润4025万元，同比增长21%。完成本级税收任务60万元，与上年同期相比增长3倍。项目建设。新开工项目2个，一是鹤壁市四达煤机投资5000万元的矿用设备制造项目，到位资金4000万元，项目建设进展顺利；二是鹤壁市禾源科技有限公司投资4亿元的农药中间体项目工程进展顺利。搞好后续服务，推进项目建设，指派专人常驻项目建设工地，为企业发展提供保姆式服务，现场协调解决问题，确保项目顺利推进。海格化工科技有限公司年产10万吨的离子交换树脂项目通过安全设计和安全条件评审，并与郑州大学环科所签订环评委托协议。项目建设完成土地平整5.3公顷，仓库主体、办公用房等设施已建好。

社会事业。办理养老保险354人，为其中一半以上的人发放养老金，解决非农业人口无生活保障的问题。办理居民医保3498人，为辖区居民发放的医保卡新户436人。为多名企业退休职工办理医保卡，为困难人员33人办理失业证，为24人办理就业证，为“40、50”人员办理“三返二”养老金20人，为辖区企业职工办理退休认证206人。全年新增城镇就业人员940人、下岗失业再就业610人、其中40、

文明志愿者启动仪式　　鹤山区　供稿

50 再就业 180 人，创业培训人员 406 人。民政工作方面，采取“看、查、访、议”的办法，通过有关部门对低保家庭的实际状况进行综合核定，保障弱势群体的基本生活。年底有低保户 355 户，785 人，月保障金 167790 元，共发放低保金及生活补贴 2125887.6 元。12 月，排查出困难群众 70 户，区民政局和办事处共同筹备资金走访慰问，共发放面粉 30 袋、大米 10 袋、油 30 桶，现金 10800 元。筛查出 5 名困肢体残疾儿童，全部登记造册并上报市残联，等待康复救助安排。为 11 户低保户大病救助办理二次报销有关手续，共救助 26920 元。

·姬家山乡·

姬家山乡位于鹤山区西北部，西邻林州市东姚镇，北接安阳县马家乡，属山区乡，面积 53 平方公里。2012 年人口 1.38 万。辖姬家山、娄家沟、张陆沟、崔村沟、沙锅窑、西顶、石门、东齐、蒋家顶、张家沟、狐尾沟、黄庙沟、施家沟、土门、高洞沟等 15 个行政村（含 28 个自然村）。乡党委书记秦文军，乡长冯保华。

全乡非公有制经济增加值完成 4.4 亿元，同比增长 18.9%；限额以上工业增加值完成 3.6 亿元，同比增长 71%；限额以上工业企业实现利润 3265 万元，同比增长 71%；全社会固定资产投资完成 6.2 亿元，同比增长 28%；社会消费品零售额达到 1223 万元，同比增长 16%；完成贷款 0.8 亿元，资本市场融资 0.6 亿元。财政收入完成 350 万元，同比增长 17%；新增区级税收 197 万元，同比增长 64%，总量在全区排名第一。完成招商引资到位资金 1.5 亿元，占任务的 100%。2013 年引进 5000 万元以上项目 6 个，总投资 6.1 亿元：河南千鹤鞋业公司投资 2 亿元的橡胶制品项目、河南常青藤农业开发公司投资 1 亿元的清水池缇香谷有机生态风情园项目、河南军安建设集团投资 1 亿元的康富源生态养殖项目、河南田生农业科技有限公司投资 1 亿元的东顶皂角种植及加工项目、鹤壁市鑫昊生态农业发展有限公司投资 5000 万元的鑫昊生态园项目、鹤壁市金源建材石材有限公司投资 6000 万元年产 50 万吨的石材及水洗砂项目。中联煤化物流公司已完成土地平整，省商务厅下达同意加油站规划的批文，一期加油站正在建设；瑞昌化工公司厂区基本建成，设备已安装完毕，具备生产条件；金源建材石材及水洗砂项目完成工商注册登记，正在办理安全生产许可证。成立招商引资暨大项目建设推进组，姬家山产业园区建设推进组，统筹城乡发展暨新型农村建设推进组，生态建设推进组，文化旅游产业推进组等 5 个重点工作推进组，开展项目征地、拆迁、基础设施建设服务、招商引资项目的落地和开工服务、工农关系协调等工作。

农业发展。一是推进粮食生产。姬家山乡耕地面积 733.3 公顷，其中小麦种植面积 600 公顷，全部属旱作农田，推广旱作技耕 400 公顷，配方施肥 333.3 公顷，良种覆盖率达到 95% 以上。退耕还林 391 公顷，共涉及全乡 15 个村 2381 户，发放退耕还林补贴 507707.1 元。对种粮农民直接补贴 646524.6 元，良种补贴 197873.75 元。二是推进生态环境建设，聘请省社科院制作全乡生态规划，以产业带生态建设。开展植树造林，春季造林 553.3 公顷，其中五岩山红叶景观林 75 3 公顷、石门核桃 134 公顷、东齐香椿 267 公顷、张家沟柏树 80 公顷；冬季植树 78 公顷。建成香椿、小杂果、黄栌、核桃 4 大高效园区。三是发展绿色、生态、休闲农业。引进新天成、常青藤、鑫昊生态园等生态企业，新天成高效农业生态园项目种植区已达 87 公顷，成为鹤山区重点生态休闲基地；清水池生态园项目完成土地流转，修建道路 5 公里，铺设管道 4 公里，正在种植苹果、樱桃、油杏等特色果树；鑫昊园生态项目已流转土地 13.3 公顷，建成农家乐餐厅 1 家，成立农业合作社 2 个；康富源生态养殖项目一期建设标准化羊场 4 个，办公室等设施已建好；河南田生皂角嫁接项目正在整体规划。东齐、黄庙沟、施家沟、狐尾沟等山后 10 村香椿种植业持续发展，成为当地农民增收主要途径之一，产品主要销往鹤壁、安阳、林州、郑州等地。各类民间艺术表演团队 7 个，省、市级文物保护单位 1 处。

·九矿广场街道办事处·

九矿广场街道办事处位于鹤山区北部，东邻安阳市龙泉镇，北、西邻安阳县善应镇，南接鹤壁集镇。辖区总人口 11153 人，总面积 8.38 平方公里。下辖 2 个社区（广场、新村），人口 2131 人，550 户。辖区驻大型国有煤矿 1 家（鹤煤九矿），限上工业企业 8 家（其中，关闭 1 家：鹤壁市鑫源炉料有限公司；停产 1 家：金龙铸造；半停产 3 家：九隆洗煤机械公司、鹤壁市鹤通新型建材厂、鹤壁市鹤山区利民新型建材有限公司；另三家为：鹤壁市九龙机械加工厂、鹤壁市鹤山区志富建材有限公司、窦马庄矸石烧结砖厂），限上商业1家（鑫泉山庄）。党工委书记范国军，主任牛用平。

2013年，辖区规模以上企业工业增加值完成16585万元，同比增长22.5%；工业利润总额完成3001万元，同比增长20%；固定资产投资完成3682万元，同比增长31%；限额以上消费品实现零售额完成1821万元，同比增长25%；全年到位资金1.2亿元。坚持把招商引资和项目建设摆在突出位置，集中力量抓招商。一是明确招商方向。积极围绕“4+1”主导产业开展学习、宣传、引导工作。利用每周一例会等时机，组织机关全体干部职工及各村支书、村主任了解、学习掌握全区煤碳物流、精密铸造、化工等产业发展情况及相关行业基础知识；借助九矿籍在外知名人士力量，捕捉信息，以商招商；依托辖区资源优势，突出推介小城镇开发、新型农村社区建设、蜀村花卉营销、阿斗寨景区开发等。二是构建招商平台。利用人脉关系，积极与市招商办、市工商联、各地商会等建立招商联会，互通信息。三是改进服务措施。实施跟踪服务，体贴服务，综合服务，承诺服务，为新开工项目和续建项目搞好土地协调和手续办理等一站式全程服务。实行“二分之一”工作法，书记、主任上阵，合理搭配时间抓招商。四是建立招商奖惩机制。年底拿出1万元实施奖惩，对做出突出贡献人员予以通报表彰，对工作不积极不主动的个人提出批评。2013年，招商落地企业6家。其中，生态园林项目5个，餐饮项目1个。发展特色生态农业。重点扶持王马庄村以富民公司为龙头，通过土地流转等方式，走“公司+基地+农户”的模式，引导农民参与推广林药果畜牧一体化生态种植模式，实现特色农业产业化，产业发展生态化。一期万头生猪养殖场的分娩室、保育室、育成室及饲料机、拌料机等饲养设备已建成，4月从山东、洛阳、开封等地引进种猪200头，年底分娩幼崽300头。三期生态观光采摘园正在规划。做大做强花卉产业。依托阿斗寨景区，以龙宫、前蜀、后蜀村为中心，发挥传统养花优势，大力发展花卉产业。积极引进龙头企业，通过市场运作等方式，发展集花卉种养、苗木交易、观光旅游、生态休闲于一体高效生态农业。积极推进蜀龙万亩花卉基地建设。3个村（龙宫、前蜀、后蜀）春季共流转土地333.3公顷，完成花种植卉147公顷。

·新华街街道办事处·

新华街街道办事处位于鹤山区中部，面积为1.5平方公里，辖区总人口8923人，设4个居民委员会，有24家企事业单位。新华街道办事处机关内设党政办、经济办、综治办、人口和计划生育办、劳动保障事务所。党工委书记张颖，主任王文群。

非公有制经济占地区生产总值的比例达到63%，规模以上工业企业增加值为23916万元，同比增长18.1%，规模以上工业企业实现利润975万元，同比增长20%。完成新增区级税收36.5万元。城镇以上固定资产投资完成35280万元，同比增长28.5%．完成社会消费品零售总额11989万元，同比增长16.3%。新落地亿元项目1个、5000万元项目1个。对外贸易出口总额完成65万美元。利用外商直接投资710万美元。完成新增各项贷款1亿元。招商引资和项目建设。办事处多次召开班子会研究重点项目服务、招商引资和财税征收工作，进行周碰头、周汇报，建台帐，抓节点，大力推进三项重点工作。一是突出项目策划，先后对辖区可利用的闲置商业用房等招商资源进行了摸底调查，分类归档，重点策划包装项目4个。二是突出外出招商，先后到安阳、新乡等地拜访客商20多位，洽谈悦洋工贸、正泰龙钢结构、禾田化工等项目10多个。三是对每个落地项目，按照社区和分包领导的工作职责进行分包，建立台帐，落实责任，及时碰头，及时协调解决招商引资和项目建设中的问题和困难，保证区重点项目的进地建设。新落地项目2个，其中亿元项目1个、5000万元2个。九项工作。1. 低保工作应保尽保。严格执行“三榜公布、三级审批、四级入户”的管理制度，确保低保工作真正实现“阳光操作”。全年共有低保户946人，全年共发放低保资金235万元，为辖区29名困难群众解决居民城镇医疗保险二次救助，发放救助金125610元。2. 再就业服务稳中有升。完成城镇新增就业人员660人，下岗失业人员再就业360人，其中“4050”人员再就业181人，再就业培训304人。3. 城镇居民养老保险工作全覆盖。参加城镇居民医疗保险1886人。完成112名16－60周岁人员参保缴费工作；完成22名60岁以上老人参保发放手续；完成185名60岁以上老人养老保险金发放工作；完成184人的居民养老保险认证工作；4. 全力做好富士康招工工作。为富士康输送技术骨干7人。

·中北办事处·

中北办事处位于鹤山区南部，东临大白线，北与鹤壁集乡南街隔路相望，南与中山相连，西与鹤壁集乡杨庄村接壤，辖区面积0.52平方公里，人口1.1万人。辖4个社区居委会。辖区有机关、企事业单位13家。内设党政办公室、社会经济办公室、计划生育办公室3个职能科室。党工委书记袁志勇，主任李晓莉。

2013年，非公有制经济增加值增长15.5%；规模以上工业企业增加值增长18%，利润增长20%；净增规模以上工业企业4家，商贸企业1家；新增区级税收100多万元，街道经济运行健康。

先后出台一系列关于招商引资的政策和措施，实行首问、首谈负责制，个人在获得招商信息后，在第一时间上报办事处一把手或分管副职，协助专职人员与项目负责人商谈。建立全过程、全方位服务机制。对项目采取连续跟踪服务、“亲情化服务”和“保姆式服务”。共引进鹤壁市赛科化工有限公司投资3亿元的2－甲基吡啶乙腈项目、鹤壁市元昊化工有限公司投资3亿元的年产5万吨橡胶助剂项目和河南省健康伟业生物医药研究股份有限公司投资1.5亿元建设的原料药及医药中间体项目等7个项目，其中落地开工亿元以上项目4个，落地开工项目总投资额达到10.5亿元，到位资金1亿元。

·中山办事处·

中山路街道办事处位于鹤山区最南端，是鹤山区的“南大门”，也是鹤壁市建市初期的市委、市政府办公所在地。办事处设党政办公室、民政办公室、经济办公室、信访办公室、计划生育办公室、劳动保障所6个职能科室。辖区面积4.6平方公里，人口2.5万，下辖5个社区，驻有鹤煤公司三矿、富昌公司等国有大中型企业14家，洁联新能源、祥发房地产等大型民营企业4家，鹤山区检察院、卫生局、文教体局、财政局等行政事业单位28家。党工委书记王斌。

2013年，非公有制经济增加值区下目标增长15.5%，非公有制经济占地区生产总值的比例达到60%，规模以上工业企业增加值增长18%，完成新增区级税收60万元，全社会固定资产投资增长28%，社会消费品零售总额增长16%，对外贸易出口总额完成72万美元，利用外商直接投资815万美元，新增各项贷款1.4亿元，资本市场融资1.3亿元。强力推进招商引资工作，办事处全员上阵，合力招商，一把手亲自抓，分管领导靠前抓，班子成员共同抓。全年省外招商引资到位资金区下目标1.2亿元，实际完成1.3亿元，完成比例居全区第一。新落地亿元项目1个，为投资2.4亿元的鹤壁盾安热力有限公司老城区供暖项目；5000万元项目2个，分别为投资6000万元馨苑社区综合服务中心项目和投资5000万元的鹤壁市昌圣保温材料有限公司年产50000立方米EPS保温板项目。环境治理。一是以创建省级卫生文明城市为契机，开展环境卫生集中整治活动，按照《河南省卫生城市标准》，对辖区“一街、两区、三边”进行集中整治，与沿街门店签订门前三包责任书，建立长效机制；对辖区主次干道、街道路面、下水道、街道两侧、车辆停放、照明设施、街道保洁、生活垃圾处理、各类市场管理、建筑工地管理、城市绿地等进行整改，开展辖区背街小巷垃圾清运工作，改善居民的生活环境。二是开展中山沿路美化、亮化工作，对沿街老建筑进行粉刷，沿路进行绿化、硬化，公厕进行改建，同时对沿街政府机关、职能部门及厂矿企业统一实施亮化工程，打造中山景观路。

云梦雾景

政策法规选编

鹤壁市人民政府

关于深入推进创建幸福家庭活动的指导意见

鹤政〔2013〕32号

各县区人民政府，市人民政府各部门：

为深入推进创建幸福家庭活动，提高家庭发展能力和幸福指数，促进人口与经济、社会协调发展，现提出如下指导意见，请认真贯彻落实。

一、指导思想和总体目标

（一）指导思想。以科学发展观为统领，以人的全面发展为主线，以解决计生家庭生产、生活、养老等方面的实际困难为重点，充分发挥政府部门、群众团体和社会组织的资源优势，统筹解决人口问题，提升家庭发展能力，提高家庭生活质量，进一步增强广大群众的幸福感。

（二）总体目标。以创建幸福家庭、促进社会和谐为主题，推进男女平等、计划生育、优生优育，提高出生人口素质，推动出生人口性别比趋于正常；完善有利于家庭发展的经济社会政策，计生困难家庭及时得到有效救助，计生家庭优先分享改革发展成果，家庭生活质量和幸福指数显著提升，到2015年底，全市计生家庭的人均收入超过本地人均收入水平；免费孕前优生健康检查目标人群全覆盖，免费生殖健康检查率达到90%以上；75%以上计生家庭实现“文明、健康、优生、致富、奉献”创建目标。

二、基本原则

（一）坚持统筹协调。积极构建“党委领导、政府负责、部门协作、社会参与、家庭联动”的工作格局。

（二）坚持政策保障。以家庭健康、发展和保障为中心，建立健全政策体系，规范制度措施，最大限度地满足计生家庭的服务需求，提升家庭发展能力和幸福指数。

（三）坚持分类指导。根据不同家庭的需求，分类实施，开展针对性帮扶活动。

（四）坚持求实创新。转变工作方式方法，在计生中体现民生，在服务中实施管理，在创新中提升水平。

三、主要内容

（一）深入开展宣传倡导活动。在充分发挥传统媒体作用的同时，利用网络等新媒体，提高宣传的覆盖面和时效性。围绕创建主题，采取群众喜闻乐见的形式，倡导文明进步的生育观、家庭观、幸福观，提高宣传活动群众参与度，促进群众婚育文明。注重通过主题活动、舆论引导、宣传阵地建设，实现常态化宣传，形成宣传合力，营造良好舆论氛围。

（二）深入开展健康促进活动。丰富服务内涵，拓展服务内容，主要由为育龄妇女服务向为家庭全员服务，由提供孕检节育服务向提供综合服务拓展。深入开展“生殖健康进家庭”优质服务活动，规范健康检查服务内容，提高服务标准，提升群众生殖健康水平。全面开展免费孕前优生健康检查，普及出生缺陷科普知识，加强孕前优生咨询指导，实现优生促进工程全覆盖，降低人口出生缺陷率。深入开展健康教育活动，各级卫生、人口计生部门要积极开展婴幼儿早期教育、孕产期、更年期、老年期健康教育和咨询服务。各级教育部门要制定具体措施和方案，推进青春健康教育进学校。建立服务对象评价机制和服务效能考评机制，规范服务程序，强化服务效果。

（三）深入开展帮扶救助活动。认真落实国家、省、市出台的各项奖励扶助政策，建立健全城乡统筹的政策协调机制和公共财政投入机制，积极探索建立城市独生子女家庭奖励扶助制度。市人口计生领导小组成员单位要制定出台相应的优先优惠政策，加大对计生家庭的扶持力度。各县区政府要出台相应政策，建立健全利益导向政策体系，从资金、技术、项目、培训、信贷等方面帮扶计生家庭，认真落实独生子女家庭在农村按人均分配集体经济收入、集体福利和征地补偿时，多分一人份等方面的待遇。各级各相关部门要根据计生家庭不同的情况开展有针对性的帮扶活动，财政、人力资源和社会保障、民政、住房和城乡建设、教育、农业、林业、金融等部门和共青团、妇联、工会、残联等群团组织要出台计生困难家庭救助保障制度，加大对计生病残家庭、独生子女家庭、失独家庭、女孩家庭、留守儿童家庭、空巢老人家庭等特殊家庭帮扶救助力度，完善帮扶措施，充分利用享受国家优惠政策发展壮大的企业帮扶计生户发展，开展帮带计生困难家庭活动，使计生困难家庭人均收入都能达到或超过当地人均收入水平。

（四）深入开展文明诚信活动。扎实开展“婚育文明家家行”活动，倡导科学、文明、进步的婚育观念，进一步提高广大群众婚育文明程度。积极发挥计划生育协会作用，通过群众自治发挥计生家庭示范带动作用。建立计生诚信制度，把政府服务承诺与群众诚信相结合，提升政府公信力和群众诚信度。

四、工作要求

（一）加强组织领导。成立鹤壁市创建幸福家庭活动领导小组，负责活动的总体组织协调。各县区要把创建幸福家庭活动纳入经济社会发展规划，把提高家庭发展能力纳入民生工程，成立相应机构，明确工作职责，确保责任到位、措施到位、投入到位、落实到位。

（二）凝聚统筹合力。创建幸福家庭活动领导小组坚持例会制度，定期研究解决问题。各县区、各成员单位要切实强化责任意识，制定出台具体政策措施，明确工作任务，加强协调配合，形成工作合力。各级人口计生部门要加强分类指导，推进创建活动稳步有序开展。

（三）落实人力财力保障。各县区要加强人口计生队伍建设，提升村（居）计生队伍职业化水平，落实好村（居）计生管理员待遇，到2015年底全市村级计生管理员中专以上学历达到80%。要将创建幸福家庭活动所需经费纳入预算，确保工作经费足额到位。

（四）实施项目运作。各县区、市政府有关部门要坚持项目化运作，把创建活动分解量化成项目，建立项目文本，制定实施方案，做到规范运作。落实项目责任制，强化督导和效果评估，注重示范项目培养，充分发挥典型示范带动作用。

（五）严格考核评估。各县区要将创建幸福家庭活动纳入年度人口计生目标考核，作为人口计生整体工作评先评优的重要条件。

鹤壁市人民政府

关于印发智慧鹤壁建设2013年实施方案的通知

鹤政〔2013〕21号

各县区人民政府、市人民政府有关部门：

现将《智慧鹤壁建设2013年实施方案》印发给你们，请认真组织实施。

2013年6月17日

智慧鹤壁建设2013年实施方案

2013年1月29日，鹤壁市被住房和城乡建设部确定为全国首批90个智慧城市试点之一。为全面落实国家智慧城市试点各项目标任务，结合我市实际，特制定2013年实施方案。

一、建设目标

（一）智慧基础设施完善。光纤入户覆盖主要城区。无线网络覆盖车站、学校、酒店、商贸中心等重要公共场所。基本建成覆盖全市的全光纤传输网。建设完善基础数据库，建立完善信息资源共享机制。

（二）智慧应用水平提升。智慧城管、数字地理信息系统等专项应用系统基本建成投用，其他专项应用系统加快推进。智慧鹤壁指挥中心建成投用，年内至少10个专项应用系统接入并运行。

（三）智慧型经济效能彰显。加快实施一批信息化和新型工业化、农业现代化融合项目，使信息化成为产业发展的重要支撑。引进培育一批新的智慧产业项目，自主创新能力进一步提高。

（四）智慧鹤壁建设环境优化。组织领导、资金引入、市场推进、人才培训引进等机制基本形成，为智慧城市建设提供有力保证。建立较为完善的信息安全保障体系，信息安全保障水平进一步提高。

二、建设原则

（一）以人为本，深化应用。把服务群众生产生活作为智慧城市建设的基点，把群众用得起、用得好作为深化信息技术应用的基本要求，不断提高服务水平。

（二）统一规划，统一建设。编制完善全市智慧城市规划，在规划指导下选择社会公众急需、受益面广、信息密集的重点项目优先实施，先易后难、先急后缓，重点突破、分步实施。

（三）统一标准，保障安全。按照统一标准，规划、建设和管理全市智慧城市建设的公共设施、基础网络和支撑平台，规避各自为政、分散建设管理带来的巨大浪费和潜在风险。严格执行相关标准规范，遵守有关信息系统安全建设和管理的规定，建立规范统一的智慧鹤壁网络与信息安全管理保障体系。

（四）整合资源，协作共享。依托数字鹤壁信息中心，整合现有资源，建设集中统一、部门共享的信息化基础设施，扩大跨部门业务信息系统互联、信息资源共享服务的覆盖面，走集约、高效的信息化发展道路。

（五）政府主导，市场运作。发挥政府在规划引领、统筹协调、优化环境、应用示范等方面主导作用，发挥市场机制在资源配置中的基础性与导向性作用，用市场的力量解决资金不足等问题，鼓励社会各方参与智慧城市投资建设。

三、主要任务和重点工程

（一）城市公共信息平台建设（责任单位：市住房和城乡建设局、市政府电子政务办、数字鹤壁信息中心、市工业和信息化局、市行政服务中心等）

依托市智慧鹤壁指挥中心及各有关单位的服务器资源、数据资源、软件资源、网络资源和人才资源等，推进资源整合共享，加快建设统一的政务网络平台、统一的市级政务机房和数据共享交换中心、统一的信息发布平台、统一的多功能指挥控制中心、统一的空间地理信息共享平台，构建全市“云计算服务平台”。开展智慧城市建设现状普查，完成智慧城市规划编制，启动城市公共信息平台建设。

（二）智慧政务（责任单位：市政府电子政务办、数字鹤壁信息中心、市行政服务中心等）

统筹规划和建设全市电子政务的外网服务平台、内网办公平台，逐步实现电子政务统一规划、统一建设、统一应用、统一管理。一是建成鹤壁市政府网站群和电子政务外网安全管理平台。加强政府网站建设，对外打造统一信息服务与沟通平台，对内实现政府网站集约化管理，提升运营效率。在电子政务外网部署安全监测管理系统，初步搭建电子政务外网安全管理平台框架。二是构建网络化服务体系。着力实现政府政务内网平台、行政服务中心办公平台及部门专网的互联互通，实现实体行政服务中心与网上政务服务的有效衔接，实现网上咨询、网上审批、网上评议的服务功能，构建为企业和群众提供“一站式”办公的网络化政务服务体系。三是完善电子监察系统。对有关单位和市行政服务中心窗口人员行政服务过程实现全程实时监督，促进行政服务效能的提升。四是建成智慧鹤壁数据中心机房。组成统一的智慧鹤壁机房平台，将智慧鹤壁新建系统的软硬件设备全部放入智慧鹤壁机房平台，已建成的系统逐步整合迁入智慧鹤壁机房平台。

（三）“光网城市”、“无线城市”工程（责任单位：移动鹤壁分公司、联通鹤壁分公司、电信鹤壁分公司）

加快实施光纤到户，建设高速、融合、安全的宽带接入网络，为智慧城市建设提供网络基础设施保障。发挥移动、联通、电信三大通信运营商作用，加大第三代移动通讯无线信号覆盖范围和无线高速上网热点覆盖密度。推动重点公共场所市民免费上网工程建设。重点建设并推广新版无线城市统一门户及客户端，逐步下线旧版门户，同时在现有基础上进行优化、包装，挖掘特色精品应用，更好地服务市民。

（四）人口基础信息系统工程（责任单位：市公安局）

以现有人口基础数据库为基础，加快推进人口和计划生育、统计、人力资源和社会保障、民政、卫生、教育等相关部门的人口信息整合及应用，推进全市人口数据共建共享和依法、安全、规范、有序的应用。

（五）法人基础信息系统工程（责任单位：市工商局、市质监局）

启动法人基础信息数据库建设工程，以组织机构代码为统一标识，以质监、工商、编制、税务、财政、政法、社保、卫生等部门业务管理系统中的法人单位数据为基础，整合不同部门的法人单位基础信息，逐步构建全市逻辑统一、物理分布的可共享的法人基础信息数据库，实现法人单位信息资源共享和动态更新。

（六）智慧社会管理（责任单位：市公安局、淇滨区政府）

依托公安视频监控资源，建设城市视频监控统一管理系统，由全市公安、交通运输、消防、环保、应急等各个部门在所管辖范围内对视频监控资源进行有效的整合和管理。建设警务综合管理系统，整合已建的“平安城市”、“治安卡口管理”等系统，保证相关被授权工作人员能够在城市的任何地方、依法随时访问警务系统，形成全面覆盖、动态跟踪、联通共享、功能齐全的社会管理综合信息系统。

（七）智慧城管（责任单位：市住房和城乡建设局、淇滨区政府）

完成市级智慧城管系统建设，充分运用地理信息系统、卫星定位系统等现代信息技术，完善数字化、信息化城市管理运行体系，提升城市智能化、精细化管理水平。

（八）智慧水利（责任单位：市水利局）

加大信息化建设投入，推进基础设施和防汛减灾、水资源调度、水利工程、农业灌溉等领域的智能化系统建设和应用。建设自动化视频监控系统，实时监控工农渠管理处各管理站、渠道、渡槽安全运行，保证调度中心正常调水。

（九）智慧环保（责任单位：市环保局）

围绕国家和省环境保护总体战略规划，加快建设一个中心（环境监控信息中心）、两个平台（环境信息资源平台、综合业务办公自动化平台）、四大体系（环保监控体系、环保监管体系、环保应急体系、环保政务体系）。深入推进环保主要业务的信息化，扩展污染源自动监控范围，逐步实现对全市的空气、水、辐射、重点污染源等重要环保信息的24小时自动监测。

（十）智慧交通物流（责任单位：市交通运输局）

加快建设以公交智能调度管理为核心的公交智能化管理综合平台，实现公交企业经营信息数字化、信息传输网络化、营运调度可视化、线路排班自动化。优化交通诱导信息应用，对交通资源调配、运输或出行安排做出更合理地规划。搭建物流网络核心平台，实现各物流园区之间的合作互补。加强出租车信息化监管，通过全球定位系统数据的传输和采集，为出租车市场管理和车辆人员安全提供保障，年内我市出租车全球定位系统的安装率达到90%。

（十一）智慧教育（责任单位：市教育局）

加快市直学校教育信息化升级改造，做好农村义务教育薄弱学校改造工程、多媒体远程教育设备建设工程。全年完成农村中小学500个班级的班班通建设任务，实现全市中小学班班通完成率达到60%以上的目标。加快鹤壁市数字教育资源中心及共享服务平台建设，构建教育自动化办公和服务管理平台，实现教师基础教育优质资源共建共享。构建和完善鹤壁教育网络管理中心，形成内联全市各教育行政管理部门和各学校，外联互联网的鹤壁教育网络。开展示范创建活动，用三年时间创建100所数字校园应用示范学校。

（十二）智慧房管（责任单位：市房产管理中心）

强化保障性住房建设信息公开，确保住房分配过程阳光透明。在房管中心网站及各县区政府网站公开年度建设计划任务量和具体建设项目信息。加强房地产开发管理，建立统一的数据平台。完善房地产开发资质申报、审批，对房地产开发、投资等实现网上数据报送。力争五年内实现房产开发投资等数据资源与国土资源、规划、建设、统计、税收、金融等行业部门信息资源的共享和交换，实现与全省、全国内的房地产统计数据的共享。完善物业服务企业综合管理平台，建立物业服务企业、物业服务项目、主要管理和执业资格人员、企业信用档案信息数据库等。建立住宅专项维修资金信息管理系统。

（十三）智慧国土（责任单位：市国土资源局）

完成智慧鹤壁地理信息系统项目验收。构筑智慧鹤壁基础地理空间框架，加快基础地理信息数据、地理信息公共平台、应用示范、支撑环境等建设，建立能够保障项目实施及建设成果长期应用的支撑环境，建立健全地理空间框架的共享与更新长效机制，实现对数据库的管理、更新和日常维护工作，支撑数字鹤壁地理空间框架的建设、运行与应用。

（十四）智慧社保（责任单位：市人力资源和社会保障局）

完善劳动就业信息化建设项目，做好劳动就业信息系统升级，优化就业业务互动模式，实现人力资源市场信息“一点登陆，全市查询”。加快实施社会保险信息化建设项目，全面启动社会保障一卡通系统建设，确保年内发卡数量达到50万张，为城乡居民提供方便快捷的服务。完善12333电话咨询服务系统，积极筹备自助服务，早日开通人工座席服务。

（十五）智慧健康保障（责任单位：市卫生局）

开展为全市城乡居民发放居民健康卡活动，努力实现居民就诊一卡通。完善基于健康档案的区域卫生信息大平台，建设覆盖城乡各类卫生医疗机构的信息化网络体系，重点建设医疗急救系统、网上预约挂号系统、电子收费系统、电子健康档案等智慧医疗系统，逐步实现卫生政务电子化、医院服务网络化、公共卫生管理数字化、卫生医疗信息服务一体化。加快对现有的卫生专用网进行升级改造，推进数字化医院建设。推进数字化社区卫生服务中心和区域信息化建设，实现全市规范化的电子健康档案建档率90%以上，其中60岁以上老人建档率80%以上目标。

（十六）智慧食品药品监管（责任单位：市食品药品监管局）

推进智慧食品药品监管工程建设，基本建成覆盖全市所有药品生产、经营和使用单位的药品远程电子化监管系统，为药品质量全程监控、药害械害事件的应急处置、问题药品和医疗器械的及时召回、假劣药品追溯等提供技术支撑。

（十七）智慧安全监管（责任单位：市安监局）

加快建设统一指挥、科学调度、反应迅速、上下贯通的安全生产监管与应急指挥信息管理系统，加强对重点行业、重点企业、重点设备、重点环节的安全监管，提高对安全生产突发事故的预警、监测和应急处置能力。鼓励企业建设智能安全监测系统，利用射频识别、传感技术等对特种设备、易燃易爆和危险化学品等实施监测管理，实时监测采集危险物品的生产、运输、销售等环节的安全信息，实时预警，加强监管。

（十八）智慧文化服务（责任单位：市文化广电新闻出版局）

加快推进数字图书建设工程，完成市级数字图书馆设备招标及数字化硬件平台搭建工作。加强广播电视传输系统和安全播出保障能力建设，提高广播电视安全播出及保障水平。完成全市有线电视数字化整体转换等工作。

（十九）智慧社区（责任单位：市民政局）

完善社区信息化基础设施，逐步构建统一的社区信息平台。选择2—5个新建小区，探索智能家居系统、智慧楼宇建设，提供各类便民信息服务，逐步完善并整合社区内社会保障、计划生育、民政福利、社区管理等应用系统，为市民提供便利放心的一站式信息服务。

（二十）智慧人口和计生管理（责任单位：市人口和计划生育委员会）

完善和利用MIS数据库（人口和计划生育管理信息系统）、PADIS数据库（人口宏观管理与决策信息系统）、流动人口数据库（流动人口计划生育管理信息系统），加强对全市育龄群众及流动人口的服务与管理。推广应用计生综合管理与服务信息系统，以人的需求为核心，以人的地域属性和居住性质为服务要素，以居民小区、驻区单位、道路街巷为点，以属地管理为面，以职能部门为线，形成网格化的立体服务管理体系，实现基础资源共享和信息交流，构建数字化服务、数字化管理、数字化政务的三位一体人口计生工作新框架。

（二十一）智慧农业（责任单位：市农业局、市气象局）

建立完善农业综合门户网站，采用先进的门户网站技术和架构模式，立足于服务“三农”、发展新型现代农业，打造国内具有较高知名度和较大影响力的“三农”综合信息服务门户。开发建设设施农业智能物联系统，实现大棚内农业参数的自动采集，大棚环境的智能控制。建设48个温室大棚智能感知与自动控制系统，建成设施农业智能物联系统。开发建设农业专家远程诊断系统，实现无地域、全天候、面对面的技术诊断咨询。研发专家远程诊断系统软件，建立农业技术、农业专家数据库，形成一批实现信息化、数字化、标准化、网络化、智能化、可视化的试验示范基地。围绕创建全省现代农业气象示范市，加快星陆双基遥感农田信息协同繁衍技术在农业生产中的推广应用，提升现代农业气象服务信息化水平。

（二十二）智慧畜牧业（责任单位：市畜牧局）

围绕畜牧业生产、管理和政府服务与监管等中心任务，用3年左右的时间，建成功能完善、可靠实用、技术先进、安全便捷的畜牧业信息化应用平台，实现“网上牧业、智能牧业”的目标。年内基本建成比较完善的畜牧业信息化应用平台、畜牧业资源基础信息统计查询系统、重大动物疫情应急指挥系统、重点畜牧企业视频监控系统和动物疫苗储存环境监控系统；初步建成机关自动化办公、移动自动化办公系统和畜牧业投入品综合管理服务系统。

（二十三）智慧电网（责任单位：鹤壁供电公司）

一是实现配电自动化。建成涵盖市、县区一体的配电自动化系统，实现对两县三区所有配电网的实时监控，建设区域内10千伏线路转供率比例达到84.38%，供电可靠率达到99.99%，电压合格率达到99.92%。二是开展物联网应用。利用物联网技术优势，为配网设备状态检修、配电自动化、配网在线监测、配网设备全寿命周期管理等提供强大的技术支撑，搭建面向智能电网的物联网技术应用系统。年内选取淇河路南线、淇河路北线，开展物联网应用。三是建设智能变电站。年内新建110千伏思德变电站，改造110千伏大吕寨变电站。四是建设配电网故障抢修生产指挥平台，实现与配电自动化平台、调度自动化、电网空间信息平台、营销管理、用电采集、95598平台整合，实现配电网故障抢修指挥全过程监视和管理。五是安装输变电设备状态监测系统。在110千伏及以上电压等级输电线路安装在线监测装置4套。

（二十四）智慧产业培育及智慧工业（责任单位：市发改委、市工业和信息化局）

加快推进智慧产业基地培育工程，通过政策扶持、智慧应用项目带动、大项目引进、公共服务平台建设等途径，发展智慧工业产品，加快培育智慧产业项目，培育新的经济增长点。开展我市信息化和新型工业化融合水平评估工作，筛选信息化应用程度较高的企业申请国家级信息化和新型工业化融合示范企业，组织县区或产业集聚区继续申报省级信息化和新型工业化融合试验区，分行业筛选重点企业作为第二批市级信息化和新型工业化融合示范企业。组织信息化应用程度较好的企业开展企业信息化水平评测工作，对符合条件的项目积极申请专项资金。积极推进具备条件的企业开展电子商务工作。

四、保障措施

（一）加强组织领导。成立智慧鹤壁建设领导小组，负责指导、协调、推进智慧鹤壁建设。各县区和市有关单位也要成立相应机构，明确工作机构和人员，建立智慧鹤壁建设工作组织领导网络。

（二）制订完善相应规划和方案。组织力量全面开展智慧城市现状普查，分行业、分部门对我市智慧城市及信息化建设的现状进行深入的调查分析，掌握详实资料。在普查基础上，选择高水平合作单位，完善智慧鹤壁规划，依据规划编制年度实施方案，确定分步实施计划，加快各类专项子系统的建设和应用。市直有关部门、各县区和重点企业，要明确分工，出台相关扶持政策，抓紧制订具有较强针对性和操作性的实施方案。

（三）加大财政投入和融资力度。完善多元投资与运营模式，在加大财政资金投入的同时，通过多种融资合作形式，吸引集聚民资、外资等社会资本参与智慧城市建设。积极谋划、包装和推介项目，争取国家、省有关部门资金、项目支持，重点争取国家开发银行等金融机构贷款。

（四）建立目标管理和咨询机制。加大工作考核力度，将智慧鹤壁建设纳入市政府对有关县区、部门年度信息化责任目标考核，加强对工作落实情况的督导。邀请专家成立市智慧鹤壁专家咨询委员会，负责智慧鹤壁建设的技术咨询指导工作。

（五）抓好智慧鹤壁宣传普及工作。采取多种形式，广泛开展智慧城市相关知识的普及推广和舆论宣传引导，增强全社会对于智慧城市建设的认知度和参与度，引导市民群众熟知并应用智慧鹤壁各项系统，营造智慧鹤壁建设的良好氛围。

附　　录

2013年中共鹤壁市委文件目录

序号	文　号	题　名	日期	备注
1	鹤发〔2013〕1号	中共鹤壁市委鹤壁市人民政府关于印发《贯彻落实改进工作作风密切联系群众有关规定的实施细则》的通知	1.10	
2	鹤发〔2013〕2号	中共鹤壁市委关于印发《中共鹤壁市委常委会2013年工作要点》的通知	2.5	
3	鹤发〔2013〕3号	中共鹤壁市委关于加强机关党建工作的实施意见	2.23	
4	鹤发〔2013〕4号	中共鹤壁市委关于转发《鹤壁市党风廉政建设责任制领导小组2013年度全市党风廉政建设责任目标》的通知	3.13	
5	鹤发〔2013〕5号	中共鹤壁市委鹤壁市人民政府关于加快发展现代农业进一步增强农村发展活力的实施意见	3.22	
6	鹤发〔2013〕6号	中共鹤壁市委鹤壁市人民政府关于印发《2013年鹤壁市人口和计划生育工作要点》的通知	3.28	
7	鹤发〔2013〕7号	中共鹤壁市委鹤壁市人民政府关于印发《鹤壁市科技创新计划（2013—2015年）》的通知	6.6	
8	鹤发〔2013〕8号	中共鹤壁市委鹤壁市人民政府关于进一步促进农业转移人口市民化的意见	7.5	
9	鹤发〔2013〕9号	中共鹤壁市委关于深化和完善党员干部直接联系服务群众工作机制的意见	9.2	
10	鹤发〔2013〕10号	中共鹤壁市委鹤壁市人民政府关于印发《鹤壁市文化旅游产业发展提升三年行动方案（2013—2015年）》的通知	9.26	
11	鹤发〔2013〕11号	中共鹤壁市委关于深入学习贯彻习近平总书记系列重要讲话精神的通知	9.29	
12	鹤发〔2013〕12号	中共鹤壁市委关于认真学习宣传贯彻党的十八届三中全会精神的通知	11.21	

（市委办公室公文科）

2013年鹤壁市人民政府文件目录

序号	文　号	题　名	日期	备注
1	鹤政〔2013〕1号	鹤壁市人民政府关于加快服务业发展的实施意见	1.7	
2	鹤政〔2013〕2号	鹤壁市人民政府关于公布鹤壁市第三批市级非物质文化遗产名录的通知	1.14	
3	鹤政〔2013〕3号	鹤壁市人民政府关于进一步规范养殖企业生产经营行为提升全市畜牧业发展水平的实施意见	1.21	

续表

序号	文　号	题　名	日期	备注
4	鹤政〔2013〕4号	鹤壁市人民政府关于规范外地旧机动车转入工作的通知	1.31	
5	鹤政〔2013〕5号	鹤壁市人民政府关于表彰2011年度农田水利基本建设红旗渠精神杯竞赛活动先进单位的决定	2.27	
6	鹤政〔2013〕6号	鹤壁市人民政府关于评选表彰全市劳动模范和先进工作者的通知	3.20	
7	鹤政〔2013〕7号	鹤壁市人民政府关于表彰2012年度完成责任目标先进单位和完成责任目标单位的决定	3.20	
8	鹤政〔2013〕8号	鹤壁市人民政府关于表彰奖励市农信社的决定	3.20	
9	鹤政〔2013〕9号	鹤壁市人民政府关于表彰奖励金融工作先进单位的决定	3.20	
10	鹤政〔2013〕10号	鹤壁市人民政府关于贯彻落实豫政〔2013〕5号文件精神加强和改进消防工作的实施意见	3.21	
11	鹤政〔2013〕11号	鹤壁市人民政府关于印发鹤壁市创建国家循环经济示范市总体规划和2013年度工作任务的通知	3.25	
12	鹤政〔2013〕12号	鹤壁市人民政府关于表彰淇滨区政府等4家安全生产先进单位的通报	3.28	
13	鹤政〔2013〕13号	鹤壁市人民政府关于确认市本级行政强制主体的通知	4.8	
14	鹤政〔2013〕14号	鹤壁市人民政府关于印发2013年度责任目标的通知	3.29	
15	鹤政〔2013〕15号	鹤壁市人民政府关于开展第一次可移动文物普查的通知	4.11	
16	鹤政〔2013〕16号	鹤壁市人民政府关于印发鹤壁市以智能手机为重点的电子信息产业集群发展2013年实施方案的通知	4.24	
17	鹤政〔2013〕17号	鹤壁市人民政府关于表彰鹤壁市劳动模范和先进工作者的决定	4.24	
18	鹤政〔2013〕18号	鹤壁市人民政府关于批转2013年鹤壁市环境综合整治实施方案的通知	5.3	
19	鹤政〔2013〕19号	鹤壁市人民政府关于贯彻执行河南省征地区片综合地价的通知	5.22	
20	鹤政〔2013〕20号	鹤壁市人民政府关于2012年度鹤壁市科学技术奖励的决定	6.6	
21	鹤政〔2013〕21号	鹤壁市人民政府关于印发智慧鹤壁建设2013年实施方案的通知	6.17	
22	鹤政〔2013〕22号	鹤壁市人民政府关于加快推进社会保障一卡通工作的通知	6.18	
23	鹤政〔2013〕23号	鹤壁市人民政府关于加强环境保护打造美丽鹤壁的实施意见	6.24	
24	鹤政〔2013〕24号	鹤壁市人民政府关于印发支持老城区统筹发展若干意见的通知	6.25	
25	鹤政〔2013〕25号	鹤壁市人民政府关于表彰全市民政工作先进集体和先进工作者的决定	7.10	
26	鹤政〔2013〕26号	鹤壁市人民政府关于进一步加强新时期民政工作的意见	7.11	
27	鹤政〔2013〕27号	鹤壁市人民政府关于印发鹤壁市安全生产责任制目标管理考核办法的通知	7.11	
28	鹤政〔2013〕28号	鹤壁市人民政府关于印发鹤壁市市长质量奖管理办法的通知	7.22	
29	鹤政〔2013〕29号	鹤壁市人民政府关于贯彻豫政〔2012〕103号文件精神建设质量强市的实施意见	8.6	
30	鹤政〔2013〕30号	鹤壁市人民政府关于认真做好第三次全国经济普查工作的通知	8.7	
31	鹤政〔2013〕31号	鹤壁市人民政府关于印发鹤壁市安全生产约谈制度的通知	8.9	
32	鹤政〔2013〕32号	鹤壁市人民政府关于深入推进创建幸福家庭活动的指导意见	8.15	

续表

序号	文　号	题　名	日期	备注
33	鹤政〔2013〕33号	鹤壁市人民政府关于印发《鹤壁市国家可持续发展实验区建设规划(2012—2016年)》的通知	8.26	
34	鹤政〔2013〕34号	鹤壁市人民政府关于对河南能源化工集团精细化工有限公司进行表彰的决定	9.28	
35	鹤政〔2013〕35号	鹤壁市人民政府关于加强乡镇敬老院建设管理和服务工作的实施意见	10.15	
36	鹤政〔2013〕36号	鹤壁市人民政府关于印发淇滨区城市管理行政执法工作相关制度的通知	10.28	
37	鹤政〔2013〕37号	鹤壁市人民政府关于印发《鹤壁市服务业发展规划（2013—2020年)》的通知	11.5	
39	鹤政〔2013〕39号	鹤壁市人民政府关于印发鹤壁市林业生态建设提升工程规划（2013—2017年）的通知	11.16	
40	鹤政〔2013〕40号	鹤壁市人民政府关于印发鹤壁市创建国家森林城市今冬明春造林绿化和宣传工作要点的通知	11.16	
41	鹤政〔2013〕41号	鹤壁市人民政府关于开展人地挂钩试点工作的实施意见	12.4	
42	鹤政〔2013〕42号	鹤壁市人民政府关于深化行政审批制度改革加快转变政府职能的决定	12.11	
43	鹤政〔2013〕43号	鹤壁市人民政府关于实施商标战略的意见	12.16	
44	鹤政〔2013〕44号	鹤壁市人民政府关于表彰2013年度鹤壁市市长质量奖获奖单位的通报	12.18	
45	鹤政〔2013〕45号	鹤壁市人民政府关于加快推进气象现代化的实施意见	12.25	
46	鹤政〔2013〕46号	鹤壁市人民政府关于公布第二批行政审批项目清理结果的决定	12.31	
47	鹤政〔2013〕47号	鹤壁市人民政府关于表彰2011—2012年度社会科学优秀成果的决定	12.31	

（市政府办公室文电科）

2013年鹤壁火车站列车时刻表

车次	运行区段	到站时间	开车时间
K180	郑州～北京西	00：15	00：18
K1276/K1277	南昌～包头	00：30	00：35
K471	北京西～昆明	02：33	02：43
K472	昆明～北京西	02：52	02：56
K1625/K1624	银川～郑州	02：53	03：22
K268	怀化～北京	04：09	04：12
K179	北京西～郑州	04：58	05：04
L101	北京西～重庆	05：35	05：39
K1102/K1103	上海～安阳	06：14	06：23
L165	北京西～信阳	07：19	07：24
K508	贵阳～北京西	07：45	07：47

车次	运行区段	到站时间	开车时间
L155	北京西～安康	07：52	07：55
L102	重庆～北京西	08：02	08：05
K7964	新乡～安阳	09：31	09：39
L601	北京西～汉口	09：35	09：54
K262	汉中～北京西	09：58	10：01
L18	成都～北京西	10：23	10：32
K7961	安阳～郑州	11：05	11：07
K388/K385	沈阳北～成都	11：17	11：21
L397	北京西～洛阳	11：53	11：58
L91	北京西～重庆	13：00	13：05
L399	北京～襄阳	13：29	13：32

车次	运行区段	到站时间	开车时间
K1163/K1166	北京西～长治北	13：45	13：47
L278	成都～北京	13：54	13：58
K2079	北京西～郑州	14：18	14：30
L7975	安阳～郑州	14：39	14：41
K629	北京西～兰州	15：14	15：29
K967/K966	北京～张家界	15：38	15：40
K819	北京西～重庆北	15：48	15：50
K1626/K1623	郑州～银川	15：51	15：54
K22	桂林～北京西	16：00	16：02
K21	北京西～桂林	16：03	16：05

车次	运行区段	到站时间	开车时间
K370/K367	汉口～大连	16：49	16：52
K1101/K1104	安阳～上海	16：53	16：56
L10	利川～北京西	17：27	17：33
K258	成都～天津	17：48	17：59
L2226	贵阳～北京	18：56	19：01
L398	洛阳东～北京西	19：10	19：14
K183	北京西～南阳	19：32	19：54
T87	北京西～贵阳	20：37	20：39
L188	宜昌东～北京	21：24	21：28
K270	洛阳～北京西	23：45	23：47

2013 年鹤壁高铁列车时刻表

车次	运行区段	到开时刻	停时
G560	郑州东～北京西	09：13～09：15	2 分钟
G507	北京西～武汉	09：38～09：40	2 分钟
G501	北京西～长沙南	10：00～10：02	2 分钟
G508	武汉～北京西	10：03～10：05	2 分钟
G71	北京西～深圳北	10：30～10：32	2 分钟
G652	西安北～北京西	10：45～10：47	2 分钟
G653	北京西～西安北	10：50～10：52	2 分钟
G512	汉口～北京西	12：05～12：07	2 分钟
G672	宝鸡南～北京西	12：18～12：20	2 分钟
G559	北京西～郑州东	12：22～12：24	2 分钟
G513	北京西～武汉	12：29～12：31	2 分钟
G655	北京西～西安北	12：42～12：44	2 分钟
G656	西安北～北京西	13：01～13：03	2 分钟
G514	武汉～北京西	13：26～13：28	2 分钟
G564	郑州～北京西	13：38～13：40	2 分钟
G624/G621	太原～广州南	13：46～13：48	2 分钟
G626/G627	郑州东～太原	14：12～14：28	16 分钟
G662	西安北～北京西	14：38～14：40	2 分钟
G659	北京西～西安北	14：42～14：44	2 分钟
G622/G623	广州南～太原	14：45～14：47	2 分钟
G569	北京西～新乡东	14：46～14：48	2 分钟
G556	宜昌东～北京西	14：58～15：00	2 分钟

车次	运行区段	到开时刻	停时
G72	深圳北～北京西	15：32～15：34	2 分钟
G69	北京西～广州南	15：43～15：45	2 分钟
G570	新乡东～北京西	15：42～15：59	17 分钟
G574	信阳东～北京西	16：31～16：33	2 分钟
G566	郑州东～北京西	16：51～16：53	2 分钟
G673	北京西～宝鸡南	17：27～17：29	2 分钟
G524	武汉～北京西	18：05～18：08	3 分钟
G568	郑州～北京西	18：17～18：19	2 分钟
G505	北京西～长沙南	18：18～18：20	2 分钟
G68	广州南～北京西	18：24～18：26	2 分钟
G663	北京西～西安北	18：25～18：28	3 分钟
G525	北京～西汉口	19：51～19：53	2 分钟
G561	北京～西郑州	20：04～20：06	2 分钟
G530	桂林～北京西	20：08～20：10	2 分钟
G527	北京～西武汉	20：35～20：37	2 分钟
G528	武汉～北京西	20：40～20：42	2 分钟
G628/G625	太原～郑州东	20：44～20：46	2 分钟
G565	北京西～郑州东	21：55～21：57	2 分钟

鹤壁市长风路汽车站发车时刻表

线路	发车时间		线路	发车时间
鹤壁山城区～济南	06：20		鹤壁山城区～辉县	08：30
鹤壁山城区～青岛	06：40		鹤壁山城区～新乡	07：20
鹤壁山城区～天津	08：00　16：00		鹤壁山城区～平顶山	07：50
鹤壁山城区～菏泽	07：20		鹤壁山城区～沙店	08：25
鹤壁山城区～太原	09：30		鹤壁山城区～道口	08：30
鹤壁山城区～郑州	04：40－14：50		鹤壁山城区～临淇	09：00　14：10
鹤壁山城区～郑州	05：30－18：30		鹤壁山城区～东姚	10：30　15：10
鹤壁山城区～洛阳	07：20　08：20　09：20		鹤壁山城区～水冶	09：40　16：40
鹤壁山城区～焦作	07：00　07：50　13：30　14：00		鹤壁山城区～洪河	11：30　15：30
鹤壁山城区～开封	06：30　06：50　07：20　08：00　09：00		鹤壁山城区～范县	12：20
鹤壁山城区～濮阳	05：50　06：30　06：50　07：20　08：50　09：40　13：30		鹤壁山城区～长垣	13：00
鹤壁山城区～安阳	07：00　08：00　09：00　10：00　13：00　14：30　15：30　16：40　17：30		鹤壁山城区～南高固	14：10
鹤壁山城区～林州（南路）	07：00　08：00　10：00　13：00　14：20　16：30		鹤壁山城区～许昌	14：30
鹤壁山城区～林州（北路）	07：30　09：00　10：30　11：20　13：30　15：20　16：00　17：00		鹤壁山城区～善堂	09：30　16：00
鹤壁山城区～平舆	05：10		鹤壁山城区～南乐	07：40　13：00
鹤壁山城区～新蔡	05：40		鹤壁山城区～淇县	10：00　16：00
鹤壁山城区～鹿邑	05：30		鹤壁山城区～南阳	07：10
鹤壁山城区～项城	06：00		鹤壁山城区～白龙庙	07：30　09：30　14：00　17：00
鹤壁山城区～济源	06：00		鹤壁山城区～鹿厂	08：00　11：00　15：00　17：00
鹤壁山城区～永城	05：30		鹤壁山城区～白塔	08：00　10：30　15：00　17：00
鹤壁山城区～商丘	05：40　06：00		鹤壁山城区～内黄	13：40
鹤壁山城区～卫辉	06：300　06：50　13：10　13：50		鹤壁山城区～王庄	14：20
			鹤壁山城区～汤阴	06：30－19：30
			鹤壁山城区～赖家河	07：30－18：30
			鹤壁山城区～张公堰	08：00　10：00　11：00　14：00　15：30　16：30　17：30
			鹤壁山城区～韩林涧	07：00－17：10
			鹤壁山城区～寺望台	07：30－18：30

鹤壁市淇滨汽车站发车时刻表

线路	发车时间
线路	发车时间
鹤壁淇滨区～北京	18：00
鹤壁淇滨区～上海	15：00
鹤壁淇滨区～深圳	11：00
鹤壁淇滨区～天津	08：30　16：30
鹤壁淇滨区～青岛	07：10
鹤壁淇滨区～邯郸	09：30
鹤壁淇滨区～济南	07：50
鹤壁淇滨区～菏泽	08：00
鹤壁淇滨区～枣庄	10：20
鹤壁淇滨区～郑州	06：00～18：30
鹤壁淇滨区～南阳	07：30
鹤壁淇滨区～漯河	08：40
鹤壁淇滨区～驻马店	07：30
鹤壁淇滨区～平顶山	08：20
鹤壁淇滨区～信阳	11：00
鹤壁淇滨区～焦作	07：20　08：20　08：40　09：30　10：30　14：10　14：40
鹤壁淇滨区～许昌	10：00　15：00
鹤壁淇滨区～南乐	08：30　12：20
鹤壁淇滨区～长垣	11：20　13：40
鹤壁淇滨区～洛阳	08：00　09：00　10：00　10：30　13：00　14：20　15：00　16：10　17：00
鹤壁淇滨区～汤阴	06：30—18：56

线路	发车时间
鹤壁淇滨区～新乡	06：00～19：00
鹤壁淇滨区～安阳	06：00～19：00
鹤壁淇滨区～沙店	09：00
鹤壁淇滨区～王庄	15：00
鹤壁淇滨区～南高固	15：00
鹤壁淇滨区～濮阳	07：00～18：00
鹤壁淇滨区～济源	06：40
鹤壁淇滨区～开封	06：30　07：30　09：30　12：40　14：30
鹤壁淇滨区～林州	07：00　08：10　10：30　13：00　13：30　14：20　16：30
鹤壁淇滨区～临淇	08：00　13：00
鹤壁淇滨区～新镇	09：30　10：30　14：30　16：30
鹤壁淇滨区～卫贤	07：00～18：00
鹤壁淇滨区～浚县	05：50～18：40
鹤壁淇滨区～淇县	07：00～18：30
鹤壁淇滨区～屯子	07：30～17：30
鹤壁淇滨区～岳庄	11：00　17：00
鹤壁淇滨区～柳林	09：30　15：30
鹤壁淇滨区～范县	13：10
鹤壁淇滨区～项城	07：00
鹤壁淇滨区～威海	14：00
鹤壁淇滨区～道口	07：30～17：00
鹤壁淇滨区～善堂	07：30　11：00　13：30　17：00

鹤壁市公共交通发车时间及线路表

线路名称	发车时间	途经站点
1路	早:05:50～晚:20:00	公交停车场－公交公司－鹤壁宾馆－豫鹤商场－汤河桥－棉麻公司－五矿－鹤山区公安分局－三矿－起重厂－煤气三站－二矿救护队－鹤山区政府－鹤壁集南站－鹤壁集北站－一矿工人村
2路	早:06:30～晚:20:30	公交停车场－公交公司－职工医院－奔流街路口－按摩医院－九大－山城区中医院－矿山厂－三厂－棉纺厂－杨邑－中山通达广场－中山－二矿－二矿救护队

续表一

线路名称	发车时间	途经站点
小3路	早:06:00～晚:5:30	鹤壁集北站－四矿－李家荒－大吕寨－窦马庄－九矿
4路	早:06:30～晚:19:00	万和发电厂－桐家庄－鹿楼乡政府－鹿楼－八矿路口－车管所－长途客运站－公交公司－职工医院－奔流街路口－按摩医院－九大－鹤壁天元－山城区骨科医院－山城中路－八完小－枫岭公园－鹤壁一中－高中家属院－师范附小－张庄路口－八矿西井－水泥厂路口－万和发电厂
6路	早:06:45～晚:18:00	公交停车场－公交公司－职工医院－奔流街路口－按摩医院－九大－山城区中医院－矿山厂－三厂－潘荒－郊区水泥厂－大河涧
7路(东)	早:06:30～晚:18:00(夏)17:30(冬)	公交停车场－公交公司－山城区人民医院－主席像－职工医院－七完小－铁西路口－建材市场－肉联厂－传染病医院－污水处理厂－耿寺－柏乐－沈柏
7路(北)	早:06:30～晚:18:00(夏)17:30(冬)	公交停车场－公交公司－山城区人民医院－主席像－职工医院－七完小－铁西路口－建材市场－肉联厂－传染病医院－污水处理厂－耿寺－苗庄－店庄
8路	早:06:30～晚:18:30	公交停车场－公交公司－职工医院－奔流街路口－按摩医院－九大－山城区中医院－矿山厂－三厂－棉纺厂－杨邑－东头村－玉皇庙－崔村沟－姬家山村－姬家山乡政府
9路	早:07:00～晚:19:00	职工二院－张六沟新村－石碑头－黎林头－小李庄－王马庄工人村
10路	早:06:00～晚:19:00	公交停车场－公交公司－七完小－铁西路口－肉联厂－李古道－温家沟－石林－南唐宋－北唐宋－时丰－黑塔－东寺望台－西寺望台－柳江村－赖家河
12路	早:06:30～晚:19:00	公交停车场－市高中－鹤壁一中－枫岭公园－八完小－山城中路－山城区骨科医院－九大－汤河桥－豫鹤商场－鹤壁宾馆－七完小－铁西路口－建材市场－肉联厂－化工厂－后营－故县
15路	早:06:30～晚:19:00(夏)18:30(冬)	公交停车场－长途客运站－职业技术学院(附属中专)－高中家属院－四中－山城区实验小学－山城区人民医院－山城区检察院－批发市场－七完小－职工医院－东方红广场－七九四厂－看守所－鹤煤中专
21路	早:07:00～晚:18:30	火车站－贸易区－半坡店－人民医院北园区－打柴口市场－长途车站西门－长途汽车站－九州路派出所－人民医院－九州农贸市场－鹤翔小学－淇滨工商分局－职业技术学院－淇水春天－中级法院－迎宾馆－福田二区－福田三区－人民医院南园区－福田六区
22路	早:07:00～晚:19:00	火车站－贸易区－黎阳路办事处－淇滨法院－建设花园－鹿鸣小区－市委三号院－淇滨妇产医院－无线电四厂－军民花园－京立医院－市委五号院－政府一号院－市政府－淇河宾馆－市公安局－中医院－华夏小区－兰苑中学－福田一区－福田小学－郭小屯－市文化中心－鹤壁东站
23路	早:07:00～晚:18:30	火车站－贸易区－打柴口市场－实验学校－桃源小学－市委四号院－嵩山小学－淇滨大道与嵩山路口－君悦国际－黄河路与嵩山路口－兰苑中学－福田一区－福田二区－迎宾馆－中级法院－妇幼保健院－淇水春天南门－九江帝景西门－橡树玫瑰城－景祥苑－职业技术学院－淇水大道与闽江路口－会展中心
27路	早:07:00～晚:19:00	火车站－贸易区－半坡店－淇滨法院－建设花园－城北工业区－大来店镇政府－天泰建材市场－东杨工业区－杨庄

续表二

线路名称	发车时间	途经站点
28 路	早:07:00～晚:18:30	火车站－贸易区－长途车站西门－长途汽车站－建设局－工行－淇河宾馆－市公安局－新闻出版局－鹤煤大道路口－湘江路口－市环境保护局－柳江路口－体育馆－市体校－华府天下－高铁立交桥－南高速路口－职教园区南路口－职教园区
101 路	早:06:00～晚:19:30(冬)20:00(夏)	大赉店新村－鹤翔西区西门－职业技术学院－淇水春天－中级法院－迎宾馆－福田二区－福田三区－人民医院南院区－福田六区－清华园东门－美景绿城－西臣投－市委五号院－检察院－市政府－财政局－人民医院－交通局－公交总公司－同力水泥－水泥厂路口－八矿西井－师范附小－高中家属院－鹤壁一中－枫岭公园－八完小－东方红广场－山城区政府－七完小－批发市场－十一小学－公交停车场
102 路	早:06:00～晚:20:00(夏)19:30(冬)	鹤壁东站－牛庄－体育馆－朝歌路与黄山路口－新职业技术学院－湘江社区－科达学校－湘江中学－妇幼保健院－游泳馆－黄山路与淮河路口－淇滨中学－中医院－华夏小区－市高中东校区－美景绿城－鹤鸣花园－东方世纪城－京立医院－移动公司－交警支队－市政府北门－行政服务中心－建设局－长途汽车站－107 转盘－贸易区路口－桐家庄－万和发电厂－水泥厂路口－八矿西井－师范附小－高中家属院－矿务局俱乐部－主席像－山城区政府－公交公司－公交停车场
103 路	早:06:00～晚:19:50	鹤壁火车站－龙跃超市－建设花园－消防支队－鹿鸣小区－市委三号院－无线电四厂－外国语中学－大赉店镇政府－军民花园－合友花园－市委四号院－佳和花园－桃源小学－实验小学－打柴口－客运总站－107 转盘－天滨家具城－刘庄－超限站－工业区南路口－辛村－庞村－培训中心－淇林小镇－杨小屯－后小屯－金山寺－蔡庄－东岭驾校－谷多－中药厂－冷泉－冷泉学校－十矿路口－柴厂－柴厂煤矿－扒厂－环城路口－同发煤矿－桐家庄－宝马集团－山城实验学校－八矿路口－山城车管所－长风路汽车站－公交公司－人民医院－银河艺校－东方红商场－奔流街路口－奔流街汽车站
105 路	早:06:40～晚:19:50	福源小区－锦绣江南－消防支队－联通公司－市总工会－黎阳明珠－军民花园－天海－交警支队－市政府北门－行政服务中心－建设局－长途汽车站－107 转盘－天滨家具城－刘庄－淇滨高中－格兰美－橡胶厂－铁运处－淇林小镇－杨小屯－后小屯－金山寺－蔡庄－东岭驾校－谷多－中药厂－冷泉－冷泉学校－十矿路口－柴厂－扒厂－环城路口－同发煤矿－桐家庄－宝马集团－山城实验学校－八矿路口－山城车管所－长风路汽车站－公交公司－人民医院东门－地王广场－豫鹤宾馆－汤河桥－七中－九大－天元－范式骨科－奔流街汽车站
106 路城际公交	早:06:45～晚:19:30	福源小区－淇滨法院－第二人民医院－桂鹤小区－第一人民医院－鹤翔西区－技术学院北门－淇滨中学－游泳馆－妇幼保健院－湘江中学－天润嘉城－新技术学院－体育馆－高铁东站－桃园社区－华府天下－中医院新址－唐庄－古城－华晨汽车－王屯－新纯制衣－布丽斯－天天创业－发淇油脂－万家欢乐－吴寨－阳光社区－广厦国际－淇县新县委－太行路口－云梦大道－天天花园－红旗路口－淇县中医院－畜牧局－东关桥头－防疫站－淇水家园

（交通局运管处）

鹤壁市司法鉴定机构

机构名称	法定代表人	业务范围	地址	电话
河南众益司法鉴定中心	郑国林	法医临床鉴定 司法会计鉴定 司法会计鉴定(税务) 资产评估司法鉴定 建筑工程造价司法鉴定建筑工程质量司法鉴定	鹤壁市淇滨区淇滨大道163号附1号	0392－3322874
鹤壁天义会计师事务所有限公司	秦曙强	司法会计鉴定	鹤壁市淇滨区淇滨大道融金综合楼3楼	0392－2173880
鹤壁市豫北旧机动车鉴定评估有限公司	贾运成	在用机动车价值评估司法鉴定	鹤壁市淇滨区太行路279号	0392－3259699
河南中信达会计师事务所有限公司	李建生	司法会计鉴定	鹤壁市红旗街118号	0392－3325088
河南建业工程造价咨询有限公司	李建生	建筑工程造价司法鉴定	鹤壁市淇滨区九州路198号	0392－3322161
鹤壁中信达资产评估事务所	翟继红	资产评估司法鉴定	鹤壁市淇滨区九州路198号	0392－3322118
鹤壁永祥建筑工程质量司法鉴定所	蔡丙利	建筑工程质量司法鉴定	鹤壁市职业技术学院家属楼东附19号门面房	0392－3378396
鹤壁天鹤法医临床司法鉴定所	李惟国	法医临床鉴定	鹤壁市朝霞街中段	0392－3261266
鹤壁正祥房地产评估有限公司	户春烨	资产评估司法鉴定(房地产) 建筑工程质量司法鉴定(房屋安全)	鹤壁市淇滨区九州路西段路北佳花巷路西文物门面房	0392－3337313
鹤壁杏苑法医临床司法鉴定所	吴宏光	法医临床鉴定	鹤壁市浚县城关镇黄河路南段	0392－5595366
河南汇源会计师事务所有限公司	范纯录	司法会计鉴定	鹤壁市浚县黄河路70号	0392－5531747
鹤壁海纳资产评估司法鉴定所	韩振华	资产评估司法鉴定	鹤壁市淇滨区世纪广场西区A42号	0392－3616888
鹤壁朝歌法医临床司法鉴定所	吴利军	法医临床鉴定	鹤壁市淇县朝歌镇上街东路49号	0392－7256007

鹤壁市律师事务所

机构名称	负责人	主管单位	地 址	电 话
河南明星律师事务所	郭德民	鹤壁市司法局	淇滨区淇滨大道中段	0392－2171919
河南大正永衡律师事务所	张修来	鹤壁市司法局	淇滨区兴鹤大街118号	0392－3376611
河南世纪唐人律师事务所	闫 炜	鹤壁市司法局	淇滨区兴鹤大街中段	0392－2188838
河南黎光律师事务所	李振民	鹤壁市浚县司法局	浚县城关镇黄河路	0392－5521248
河南达剑律师事务所	刘永波	鹤壁市浚县司法局	浚县城关镇黄河路	0392－5528680
河南豫声律师事务所	苏广君	鹤壁市淇县司法局	淇县上街路西段	0392－7222995
河南王洪玉律师事务所	王洪玉	鹤壁市淇县司法局	淇县上街路与朝歌路交叉口	0392—2115191
河南道平律师事务所	晁道平	鹤壁市淇滨区司法局	淇滨区嵩山路与卫河路交叉口	0392－3281165
河南谦荣律师事务所	马 磊	鹤壁市淇滨区司法局	淇滨区华山路与九州路交叉口	15639201333
河南鹤淇律师事务所	直艳军	鹤壁市淇滨区司法局	淇滨区贸易区一区21栋	0392—2183189
河南文硕律师事务所	张 勇	鹤壁市山城区司法局	山城区奔流街	1304232618
河南鹤山律师事务所	李红军	鹤壁市鹤山区司法局	鹤山区中山路	0392－2139906

鹤壁市公证机构

机构名称	负责人	地 址	电 话
鹤壁市鹤城公证处	王玉璟	鹤壁市淇滨区淇滨大道东段	0392－3378128
鹤壁市山城公证处	杨东兴	鹤壁市山城区红旗街区政府院内	0392－2667122
鹤壁市浚县公证处	张晓庆	鹤壁市浚县城关镇北大街	0392－6970222
鹤壁市淇县公证处	冯建华	鹤壁市淇县城关镇中山街101号	15003920701

鹤壁旅行社一览表

名称	经 理	地 址	电话	类别
三兴旅行社	王志华	淇滨区新世纪广场西区	3335170	国内
微笑假期旅行社	李丽仙	淇滨区东方国际大厦	3307000	国内
大伾山旅行社	楚 杰	浚县黄河路中段	5525371	国内
淇县康辉旅行社	石学会	淇县红旗路23号	7232468	国内
云梦旅行社	宋海新	淇县旅游局	7229839	国内
大地旅行社	袁希良	淇滨区九州路	2178178	国内
大自然旅行社	王玉兰	新区山城区长风路汽车站	3355975	国内
龙游天下旅行社	陈 彬	淇滨区九州路西段瑞奇大厦405号	3285111	国内
鹤翔旅行社	刘新文	山城区红旗街中段鹤煤宾馆	2911353	国内
假日旅行社	曹忠于	山城区长风中路87号	2686540	国内
淇河旅行社	金 涛	淇滨区兴鹤大街中段淇河宾馆	3369099	国内

续表

名称	经　理	地　址	电话	类别
金龙旅行社	高兰顺	浚县图书馆2楼	5520988	国内
九州旅行社	王纪根	浚县图书馆内	5521988	国内
神舟旅行社	吴晓丽	浚县伾浮路	2158555	国内
体育旅行社	李福彬	淇滨区新世纪广场西区	3326683	国内
现代旅行社	郭海涛	淇滨区兴鹤大街北段	3358789	国内
新环球旅行社	邢　军	淇滨区华夏南路鹤壁日报社楼下	3375558	国内
信裕旅行社	高送军	山城区春雷路中段	2668898	国内
恒辉旅行社	关　勇	淇县人民路	6930888	国内
康辉国际旅行分社	李彦军	淇滨区瑞奇大厦四楼	3388616	国内
凯盛旅行社	孙　微	淇滨区新世纪广场东区	2188800	国内
吉祥旅行社	贾　鹏	山城区东方红商场三楼308室	2107022	国内

星级宾馆一览表

名　称	地　址	经　理	电　话	星　级
鹤壁迎宾馆	淇滨区鹤煤大道中段	宫建军	3371888	★★★★★
淇河宾馆	淇滨区兴鹤大街中段	李　宏	3313800	★★★
东方国际大酒店	淇滨区淇滨大道中段	钱　磊	3312999	★★★
鹤源饭店	淇滨区淇滨大道中段	张志坚	3398888	★★★
三兴宾馆	淇滨区金山办事处三兴康乐村	李彦军	3361511	★★★
鹤壁宾馆	鹤壁市山城区长风路	于希有	2626755	★★★
淇园宾馆	淇滨区107国道东侧	冉光荣	3313766	★★
弘阳宾馆	淇滨区淇滨大道中段	毛国强	3316222	★★

（市旅游局）

市内常用电话及政府职能部门热线电话

部　门	电　话	部　门	电　话
市长热线	12345	市行政服务中心国土资源局窗口电话	3337350
电话查询	114	市行政服务中心食品药品监督管理局窗口	3322983
火警	119	市行政服务中心邮政局窗口电话	11185
应急指挥中心	110	市行政服务中心民政局窗口电话	3337637
急救中心	120	市行政服务中心商务局窗口电话	3337607
天气预报(自动)	12121	市行政服务中心旅游局窗口电话	3317969
气象咨询电话	3320658	市行政服务中心教育局窗口电话	3337635
道路交通事故报警电话	122	市国税服务热线	12366

续表

部　　门	电　话	部　　门	电　话
东方国际航空公司鹤壁售票处	3376333	市地税服务热线	3313789
报时台	12117	建行客户服务热线	95533
铁路问询处	6995114	工行客户服务热线	95588
市长途客运站(老区) (新区)	2622885 3311079	中行客户服务热线 农行客户服务热线	95566 95599
市内公交服务电话	2626116	人寿保险客户服务热线	95519
市人民医院急救电话(老区) (新区)	2620000 3317120	中国联合通信客户服务热线 中国联合通信话费查询热线	10060 10010
鹤煤(集团)总医院急救电话	2920000	中国移动业务咨询热线	10086
市中医院急救电话	3353120	中国移动话费查询热线	1861
市纪委监察举报中心	3316590	中国铁通客户服务热线	10050
市检察院举报中心	3312000	中国电信客户服务热线	10000
行政服务中心	3337779	市工商投诉热线	12315
市行政服务中心发展和改革委员会窗口电话	3337601	市供电调度热线 市供电故障维修服务热线	3398260 95598
市行政服务中心财政局窗口电话	3337998	天然气供应	3365751
市行政服务中心房管局窗口电话	3318122	新区供暖	6995999
市行政服务中心卫生局窗口电话	3337622	市质量监督局投诉电话	12365
市行政服务中心水务公司窗口电话	3311012	市消费者协会	2180315
市行政服务中心环保局窗口电话	3337613	供水维修电话(老区) (新区)	2622731 3368855
市行政服务中心劳动和社会保障局窗口电话	3337610	社会医疗保险	3365359
市行政服务中心质量技术监督局窗口电话	3337627	鹤壁日报热线	3313873
市行政服务中心文化局窗口电话	3339500	淇滨晚报热线	3313880
市行政服务中心城建局窗口电话	3337603		

（发改委信息中心）

索　　引

说　明

一、本索引采用主题分析法，按主题词首汉语拼音音序（同音字按声调）顺序排列。

二、特载、大事记、政策法规选编、附录的具体内容未作索引，仅以其类目名称标引。

三、类目、分目、条目及相关内容用宋体字标引。索引款目后的阿拉伯数字表示内容的页码，数字后的拉丁字母（a、b、c）分别表示从左到右的第一、二、三栏。

E

F

G

H

J

K

T

W

X

Y

Z

图书在版编目（CIP）数据

鹤壁年鉴. 2014／鹤壁市人民政府主办. --郑州：中州古籍出版社，2014.12

ISBN 978-7-5348-5114-8

Ⅰ. ①鹤… Ⅱ. ①鹤…②鹤… Ⅲ. ①鹤壁市-2014-年鉴 Ⅳ. ①Z526.13

中国版本图书馆 CIP 数据核字（2014）第 291897 号

责任编辑：米　敏

责任校对：马庆海

出 版 社：中州古籍出版社

（地址：郑州市经五路 66 号　邮政编码：450002）

发行单位：新华书店

承印单位：郑州创维彩印制作有限公司　0371-87091606

开　　本：210mm×285mm　1/16　　**印　　张**：22

字　　数：1100 千字　　**印　　数**：1200 册

版　　次：2014 年 12 月第 1 版　　**印　　次**：2014 年 12 月第 1 次印刷

定价：380.00 元

中国人民武装警察部队鹤壁市支队

2013年10月4日，总队政委徐元鸿（前右一）检查支队战备制度落实情况

2013年7月24日，总队政委詹海观（右二）莅临支队检查基础性工作

中国人民武装警察部队鹤壁市支队（简称鹤壁支队），1983年1月组建。支队机关原驻鹤壁市山城区山城路南段，1998年9月，支队机关迁址淇滨区淇滨大道中段195号。2005年12月，支队在原有编制基础上增加了教导队和警通勤务汽车中队，并由七类支队变更为五类支队。

近年来，在总队党委的正确领导下，支队注重打基础，反复抓落实，创新谋发展，支队连续25年实现“三无”，连年被总部表彰为“安全预防工作先进单位”，2009年被武警部队表彰为“管理教育工作先进单位”；2010年，支队党委被武警党委表彰为“先进党委”；2006年~2011年，连续6年被总队表彰为“基层建设先进支队”，并涌现出第九届“中国武警十大忠诚卫士”李飞等重大先进典型，部队向上向好发展势头良好。淇滨区中队指导员被总部表彰为“武警部队十佳‘四会’优秀政治教员”。淇滨区中队党支部被总队党委表彰为“先进基层党组织”，中队连续18年被总队评为“基层建设标兵中队”。

2013年11月8日，总队参谋长文志雄（中）参加支队紧急拉动

2013年2月5日，总队政治部主任于福长在支队调研

2013年12月13日，毛体书法研究院院长党荣华到支队送墨宝

2013年6月14日，市委书记魏小东（左一）到支队视察工作

2013年9月27日，市长范修芳（前右一）到支队检查调研工作

经济社会快速

省委常委、常务副省长李克（前右三）、副省长张广智（前右四）在淇县调研

副省长张维宁（中）在淇县调研

市委书记魏小东（右一）在淇县调研党建工作

2013年，淇县围绕“六个突破”工作部署，统筹施策，持续求进，经济社会继续保持良好发展势头。地区生产总值增长14.7%，全社会固定资产投资增长25.3%，规模以上工业增加值增长18%，公共财政预算收入增长27.9%，城镇居民人均可支配收入增长11.4%，农民人均纯收入增长12.7%。阳光、朝阳两个社区成为全市新型社区建设的样板。灵山小镇、卧羊湾村，被确定为国家级美丽乡村建设试点。投资1.5亿美元的淇河生态保护项目，成功列入亚行贷款备选项目，争取金额全国同类项目第一位。投资27亿元的中原地区最大改装车生产基地宇风汽车，即将试生

县委书记王永青（前右三）到项目建设工地调研

县长王海涛（左二）调研新型社区建设

发展的淇县

朝歌纺织有限公司气流纱生产车间

新纯服装智能生产线

明亮洁净的永达食品加工车间

阳光社区群众活动

产。投资12亿元的店连店电子商务科技园的落户，实现淇县电子商务发展零的突破。投资28亿元的大用50万吨中式营养快餐项目，在全国首创中式菜肴生产模式的工业流水化作业。永达食品成为中国航天员专用食品，继26种食品随“神九”进入“天宫”后，14种佳肴乘“神十”再度飞天。鹤淇一体化建设成效明显。县城规划向北扩大至思德河。集聚区形成“九纵十六横”的路网格局，基本实现“七通一平”。招商引资和项目建设成绩斐然。签约亿元以上项目60个。40个市重点项目完成投资62亿元。经济社会各条战线捷报频传，多项工作走在省市前列，先后获得全国科技进步先进县、全国义务教育均衡发展先进县、河南省双拥模范县等国家和省级荣誉10余项。

雾中云梦

果业合作社的果农喜获丰收

持续创优势、提升

县委书记郑辉（中）深入浚县30万亩高产创建示范区调研

县委副书记、县长王军（中）深入浚县反腐倡廉教育基地调研

世界教科文组织委派姜东晨(前排中）莅临卫河(永济渠）浚县段、黎阳仓遗址考察评估

河南省富达食品有限公司开业盛典

2013年，浚县县委、县政府团结带领全县人民，按照“持续创优势、提升促发展”的总体要求，在拼搏中前行，在实干中奋进，全力以赴抓项目、创优势、惠民生，各项工作成效显著，经济社会发展继续保持好趋势、好态势、好气势，全年生产总值完成136.3亿元，同比增长14%；全社会固定资产投资完成97.1亿元，增长25%，增速位居全省第13位；社会消费品零售总额完成35.4亿元，增长13.8%；全县公共财政预算收入完成4.3亿元，增长31.7%，增速位居全省第19位；城镇居民人均可支配收入16851元、农民人均纯收入10507元，分别增长10.5%、11.2%；全县金融机构存款余额85.4亿元，增长19%；各项贷款余额79.9亿元，增长26.7%。在全市年度综合目标考评中，浚县排名第一。

全年到位省外资金36亿元，外贸进出口完成3019万美元，增长292%，位居全市第一，被评为全省对外开放先进县。国梦食品、利华厨乐等一批项目落户浚县。争取上级项目239个，资金8.6亿元。新开工项目72个，总投资142亿元。在建项目113个，完成投资103亿元。项目数量和投资规模均创历年之最，在全市重点项目观摩活动中，浚县再次位居第一，实现“四连冠”。总投资13亿元的捷恩家食品项目，将成为全国规模最大的烘焙食品生产企业。总投资22亿元的聆海整体家居项目，将成为全省最大、全国知名家居用品生产企业。同时，鹤浚快速通道、中鹤铁路专用线等一批打基础、利长远的大项目进展顺利，古城保护开发、至真食

促发展——浚县

品工业园等战略支撑项目快速推进，谷夫食品、贝迪塑业等一批重点项目竣工投产，为经济社会发展注入新的活力。

现代农业巩固提升，粮食生产再获丰收，总产达103万吨，被评为全国产粮大县。高产创建扩面提标，高标准粮田建成面积34.3万亩，12万亩示范区小麦、玉米平均亩产分别达到633.7公斤、768公斤，整建制粮食高产创建已成为闻名全国的“靓丽名片”，被确定为全省6个高标准粮田建设提升县之一。国家农业综合开发现代农业园区、国家农业科技园区落户浚县。全国“防病虫、促春管、保丰收”现场会、全国粮食高产攻关技术模式现场会在浚县召开。水利建设实现“红旗渠精神杯”十九连冠。畜牧业健康发展，再次被评为全国生猪调出大县。林业生态建设扎实推进，继续保持省林业生态县荣誉。

古城保护建设快速推进，《浚县古城保护与旅游发展总体规划》得到省旅游局批复，将浚县纳入全省旅游发展规划。大运河（永济渠）浚县段、黎阳仓遗址两处世界文化遗产点申遗成功。总投资50亿元的古城保护开发项目全面启动，古城墙、西城门、角楼、县衙、古运河橡胶坝等重点工程已经竣工，东大街、浮丘山广场、城隍庙广场、怀禹路改造等工程建成使用，山、水、城交相辉映的古城形象逐步展现。商贸物流业稳步发展，《浚县特色商业区发展规划》获得省发改委批复，宏基商贸城、浙江商贸城建成投用，商贸物流、餐饮住宿等服务业快速发展，城市活力明显提升。旅游综合收入7804万元，增长18.3%。三产增加值29.9亿元，增长9.5%。

持续办好民生实事，全年民生支出16亿元，占公共财政预算支出80%。新增城镇就业11357人，实现再就业2721人，城镇登记失业率控制在3.7%以内。覆盖城乡的社会保障和救助体系进一步完善，居民健康档案、新农合等工作走在全省、全国前列，城乡居民社会养老保险金、失业救济金、城乡低保金和农村“五保”金按时足额发放。总投资8亿元的15个保障性住房项目进展顺利，竣工保障房3060套。8个乡镇敬老院全部进行升级改造。投资1560万元，解决2.8万人的农村饮水安全问题。

雄狮跃涧

独具魅力的浚县背阁

淇滨区——生态之城、

第五届中国镁博会在淇滨区举行

区委书记李民生在区委三届五次全会上讲话

市商务中心区项目集中签约

街心花园

2013年，淇滨区以提升发展为主线，以三大集中活动为抓手，稳中求进，克难攻坚，全区经济社会发展保持良好态势。全区地区生产总值达到114亿元，公共财政预算收入达到7.4亿元。

大招商大建设活动成绩显著。总投资241亿元的34个重点项目顺利签约；全年新开工项目65个，36个市重点项目完成投资55亿元；100多家企业总部入驻商务中心区。

城市功能日益完善。建成城市道路15.9公里，铺设人行道11.5公里；建成城市公厕36座、垃圾中转站7座、农贸市场3处、公交停车港湾40个；完成LED节能路灯改造6条段，安装路灯12条段。

城镇化步伐不断加快。完成桃园、姜庄整体搬迁，大赉店社区、刘庄中心社区、钜新社区、南海社区建设顺利推进；2170套保障性住房正在装饰装修。

现代农业稳步发展。全区粮食总产量实现“十一连增”，钜桥万亩核心示范片再创全国单

活力之城、幸福之城

区长李杰（中）到企业调研

淇滨智慧城管中心

产新纪录；市级以上农业产业化龙头企业达到30家，现代农业园区面积达到533公顷。

生态建设持续推进。淇河湿地公园列入国家级湿地公园建设试点；全年完成造林绿化14万亩；投资3450万元，新增和改造绿地66万平方米，实施4条主干道绿化改造提升工程。

人民生活不断改善。民生支出达到7.97亿元，占财政支出的79.5%；城镇新增就业5000余人，农村转移就业1.5万人；明达小学顺利建成并实现秋季招生，南海小学建设有序推进；扎实开展医疗卫生服务进社区、进农村活动，免费发放11.2万元的常用药品。

淇滨区先后获得全国平安建设先进县区、国家和省义务教育发展基本均衡县区、全国群众体育先进单位、省绿化达标公园、省级卫生城市等省级以上荣誉87项。

华夏南路——樱花大道

大赉店镇焦庄高效农业园

淇河湿地公园列入国家级湿地公园建设试点

生态宜居、活

2013年，山城区规模以上工业增加值、社会消费品零售总额位居全市第一位。坚持投资拉动，81个重点项目完成投资82.6亿元，38个计划开工项目已全部开工，20个项目竣工，全市两次项目观摩均位居前三位。坚持开放带动，全年落地项目28个，到位资金29.7亿元，占全年目标的105%，特别是引进一批投资超30亿元的战略支撑项目。坚持产业集聚发展，石林工业集聚区入驻企业达31家，中小企业创业园签约落地项目10个、总投资25亿元。完成枫岭嘉城南、博大厂区等9个地块、80多万平方米的征收拆迁任务。张庄、大峪分别用3天、2天时间搬迁完毕，创造村庄搬迁的“山城速度”。投资1.2亿元新建、改造红旗街东延、朝阳街东延、铁东路、牟山大道、小庄桥、垃圾压缩站等道路桥涵和环卫设施。投资1500余万元实施了山城路、中原路、红旗街东延等廊道绿化工程，新建4处街心游园，新增绿地面积2.4万平方米。开展多轮市容环境卫生集中整治活动，顺利通过省级卫生城市复查验收。引进中信、浦发等域外银行为企业融资，全年新增贷款11.5亿元。助保金业务覆盖范围不断扩大，累计为18家企业融资1.98亿元。土地要素制约在挖潜中得到缓解，被省国土资源

副省长赵建才（前右二）到晋豫鲁铁路通道鹤壁段时丰站考察

区委书记徐伟（前右三)陪同市委书记魏小东（前左二）到晋豫鲁铁路通道鹤壁段调研

区委书记徐伟（前左四）陪同市长范修芳（前左五）调研保障房建设工作

区长白树民（左一）陪同市长范修芳（前左二）到石林工业集聚区调研经济运行工作

力幸福新山城

鹤壁市政府、北京三聚环保公司建设新型煤化工产业座谈会举行

山城春韵

山城区中小企业创业园一期鸟瞰

石林工业集聚区远眺

厅授予“节约集约模范区”称号。山城区被国务院列入全国老工业基地调整改造规划。规模以上工业企业实现主营业务收169亿元，增长11.8%，实现利润2.4亿元，增长20.8%。煤化工、新型建材、装备制造三大主导产业占工业增加值的比重达到76%，其中煤化工、新型建材行业均保持26%以上的增速，主导作用日益突出。市级以上工程技术研究中心达到17家，高技术产业增加值增长15%。科普工作受到全国科协和财政部的表彰。积极推进生态城市和林业生态体系建设，完成造林绿化3867公顷，被评为全省绿化工作先进单位。全面完成区十项重点民生工程，民生支出占财政支出的73%。城镇居民人均可支配收入和农民人均纯收入均增长10%以上。实施“5+1”工作法和红黄黑旗奖惩机制，着力解决群众信访问题，被评为全省信访工作责任制考核先进县区。不断完善治安防控体系，全面推行网格化管理，社会治安形势基本平稳，社会稳定风险评估工作受到中央政法委调研组好评。深入开展法制宣传教育，建成枫岭法治文化主题公园和地王广场法制宣传街，广大人民群众的法制观念不断增强。持续加强精神文明建设，公共道德水平和城乡文明程度进一步提升。

山城新貌

先行先试奋起拼搏的

2013年，鹤山区紧紧围绕“持续创新、提升发展”主基调，团结带领全区人民，务实重干，创新运作，克难攻坚，全区经济社会发展保持了良好态势。全区生产总值增长13%，规模以上工业增加值增长18.9%，规模以上工业利润增长17.1%，固定资产投资增长26%，社会消费品零售总额增长13.1%，城镇居民人均可支配收入增长10.1%，农民人均纯收入增长12%，公共财政预算收入增长17.5%。

招商引资成绩喜人。全年共签约项目35个，总投资120亿元，全年新开工项目46个，完成投资75.3亿元；竣工项目22个，完成投资12.9亿元。精细化工产业异军突起，目前精细化工园区入驻企业15家，项目建设如火如荼。机械铸造产业发展较好，现有企业23家，市场形势良好，订单比较充足，全年实现销售收入60.6亿元，利税0.9亿元。城乡建设稳步推进。和谐实施拆迁改造，坚持依法、协议拆迁，重点实施矿业路北段、鹤山街东段等区域拆迁，累计完成拆迁20余万平方米。安居工程强力推进，累计建成保障性住房7048套。生态环境持续改善，累计完成绿化造林2400公顷，森林覆盖率、林木覆盖率分别达到48.1%和51.7%。社会事业全面发展。完成就业培训3500余人，新增就业1.9万余人；共发放城乡低保、医疗救助等各类资金6500余万元；顺利通过国家教育部“全国义务教育发展基本均衡县区”评估认定，被评为国家级群众体育先进单位，省级义务教育均衡发展先进县区、中小学教育技术装备工作先进集体，市学前教育三年行动计划推进先进县区、职业教育先进县区；人口出生率为9.5‰，持续保持低生育水平；法制环境建设公众满意度全省城区排名连续三年第一。

区委书记李海章（左二）到姬家山产业园调研

区人大主任孙素霞（右三）视察区经济运行和项目建设情况

区长王强（中）在鹤山工业中专调研

区政协主席孟建军（左一）视察蜀龙花卉园区

鹤山综合改革实验区

鹤壁现代煤炭物流储配基地

鹤山新貌

鹤山东区

始建于明代的全国第二批传统古村落-王家辿

姬家山产业园项目建设一隅

鹤壁国家经济

鹤壁（深圳）电子工业园

2014年，开发区坚持“跨越发展，全面提升”的工作总基调，以产业升级、经济发展为目标，突出经济建设一个中心，抓住招商引资、项目建设两个重点，做好企业服务、产业升级、基础设施建设三项工作，搞好班子建设、干部队伍建设、制度建设、作风建设四个保障，努力实现一年初见成效、两年大见成效、三年形成规模，建成全省全国先进国家级经济技术开发区。

围绕电子信息、金属镁精深加工两大主导产业和长三角、珠三角、闽东南、京津冀四大重点招商区域，大力开展专题招商、坐地招商，努力形成“招一个、引一串、带一片”的效应，实现“大项目—产业链—产业集群—产业基地”的发展格局。建立招商引资专职队伍。通过公开选拔，从全区抽调20名精兵强将，组成招商引资专职队伍，并将人员分到四个重点招商区域，做到专职队伍做专职工作。突出招大引强。瞄准国际国内500强和行业龙头企业，投资50亿元的辽宁华塑高分子新材料产业园、投资30亿元的广东侨兴电子科技产业园、投资11.5亿元的英国英资高端智能电子印务、投资11亿元的广东快意电梯中原基地、投资1.1亿美元的英国英资蓝牙传感器等项目成功签约。抓好总投资284亿元的41个重点项目的建设，全面提升项目质量和建设成效。抓好道路等基础设施建设。开工建设10多条道路，拉大框架3平方公里，为工业用地腾出发展空间。抓好电子新城核心区、总部经济大厦和高层次人才公寓、高科技企业孵化器的建设，为二产健康发展提供配套服务，确保经济社会实现快速健康发展，为全市打造新型产业基础升级版作出应有的贡献。

技术开发区

鹤壁国家经济技术开发区

省级科技企业孵化器——开发区科技创业服务中心

天海集团生产车间

鹤壁航盛汽车电子科技有限公司生产车间

河南创世电机有限公司生产车间

河南华中星科技电子有限公司生产车间

河南美丽鸟车业有限公司生产的镁合金自行车

鹤壁职业

鹤壁职业技术学院是经省人民政府批准，教育部备案，由鹤壁教育学院、鹤壁中等专业学校、鹤壁广播电视大学、鹤壁师范学校四校合并组建成立的一所公办高职院校。学院成立于2001年4月23日，2003年，鹤壁机电中等专业学校、鹤壁市成人培训学校并入学院。2010年，学院获批建设河南省示范性软件职业技术学院。2011年，鹤壁市体育运动学校移交学院管理。学院建有集教学、科研、培训、考证等功能于一体的校内实验实训中心（基地）29个，校外实习实训基地199个。现有固定资产总值5.34亿元，教学科研仪器设备总值7969.96万元，馆藏图书90.28万余册，电子图书1330G，各类期刊1196种。设有医学院、护理学院、机电工程学院、人文教育学院、电子信息工程学院、经济管理学院、建筑设计与工程学院、交通与材料工程学院、食品工程学院、继续教育学院（鹤壁广播电视大学）、中专部、思想政治教育研究部、公共体育教研部、公共基础教研部。涵盖医卫、电信、制造、材料、土建、生化、食品、财经、旅游、文教等多个学科，开设专业46个，全日制在校生人数1.3万余人，各类社会技能培训年均1万余人次。学院是"河南省骨干高职院校"、"河南省职业教育品牌示范院校"、"河南省高技能人才培养示范基地"。先后荣获"河南省职业教育先进单位"、"河南省职业教育教学研究工作先进单位"、"河南省就业服务先进单位"、"河南省思想政治工作先进单位"、"河南省文明学校"等荣誉称号。

民盟中央副主席龙庄伟（右二）一行莅临学院调研

技术学院

市委书记魏小东（前左一）看望慰问学院教师

市长范修芳（右二）到学院进行教师节慰问调研

学院成功签约上海中锐教育集团“MIDP移动互联网学院”项目

学院新校区二期工程开工建设

新校区

鹤壁市

中央维稳办主任、公安部常务副部长杨焕宁（前右一）莅鹤调研公安工作

省长助理、省公安厅厅长王小洪（右二）莅鹤调研

2013年，全市公安机关在市委、市政府和省公安厅的正确领导下，公安工作和队伍建设取得长足进步，社会大局持续平稳。完成“双节”、“两会”、民俗文化节、“五一”、中博会、十八届三中全会等重大安保任务，“6.4”、“7.5”等重大政治敏感期平稳度过。重大警卫任务做到万无一失。全市公众安全感达92.18%，公安执法满意率达88.67%，双双位居全省第二。通过抓情报信息研判，及早化解规模性赴省进京集访活动22次；共走访群众4万余人，化解矛盾纠纷3396起；现行命案发9起破9起，连续10年保持全破，是全省保持现行命案发一破一时间最长的省辖市公安局。开展打防多发性侵财犯罪“猎鹰”专项行动，刑拘478人，打掉团伙88个，破案1136起。执法质量连续8年保持全省先进，没有行政败诉、国家赔偿等案件发生。设置城乡社区警务室105个，配备社区民警202名，社区警务发展态势良好。推出机关服务基层30条措施，进一步转变机关作风，减轻基层负担，充分调动基层和机关的积极性；狠抓规范管理，研发推行全员网上绩效考核系统，科学设置考核指标，队伍正规化水平进一步提升。

公安局

市委书记魏小东（左一）会见英模代表

市长范修芳（右四）调研公安工作

督察警务车辆使用情况

特殊警务支队和武警支队联合举行围捕演练

做好民俗文化节安保工作

鹤壁市工商

副省长王艳玲（右一）在市工商局调研

2013年，鹤壁市工商局坚持“服务、监管、建设”六字方针，全面落实市委“1123”的总体部署，扎实推进法治工商、服务工商、责任工商、现代工商、和谐工商“五个工商”建设，开展“规范管理提升年”活动，服务发展、监管执法、消费维权和队伍建设取得新成效，为鹤壁加快打造两个构建升级版、建设生态之城活力之城幸福之城作出贡献。市长范修芳、省工商局副局长雷生云等领导先后12次批示肯定鹤壁市工商工作；市工商局先后在全省工商系统广告工作会议、法治鹤壁建设座谈会等会议上作典型发言；荣获“全国消协组织消费教育引导先进集体”、“河南省促进全民创业先进单位”、“河南省廉政文化‘六进’活动优秀示范点”、“2013年度完成责任目标先进单位”、“2012~2013年度全市政风行风建设先进单位”等26项市级以上荣誉。

市工商局局长李景让（左二）检查食品安全监管工作

行政管理局

市委书记魏小东（中）检查春节市场

工商人员为企业提供预约上门集中年检服务

市工商局开展12315消费维权知识竞赛活动

鹤壁市国土资源局

全市国土资源工作会议

2013年，市国土资源局在市委市政府的正确指导下，坚持全市耕地面积稳定在10.52万公顷以上，基本农田面积稳定在9万公顷以上。严格落实先补后占制度，连续16年实现耕地占补平衡有余。抢抓机遇，协调争取使用“三项整治”指标政策支持，通过增减挂钩备案建设用地指标1203公顷。围绕农业增收和农业生产条件改善，推进农村土地综合整治和土地整理，整治农田2.23万公顷。出让国有建设用地使用权144宗，出让面积659公顷；划拨保障性住房及公益性设施用地20宗，面积67公顷。综合供地率达到86%。清查闲置土地24宗、面积91公顷。被省政府评为专项治理工作先进单位。

市长范修芳（前中）调研国土资源管理工作

政协主席张俊成（右三），市委常委、常务副市长史全新（右一）调研国土资源工作

鹤壁银监分局

召开鹤壁银行业2014年监管工作会议

2013年，鹤壁银监分局坚持“一个主题、两条主线、三个重点、四个着力”的要求，强力推进“紧紧围绕三统筹，牢牢把握四坚持，科学谋划十重点”整体工作思路，切实守好风险底线，服务好实体经济，深化金融改革，保护消费者合法权益，进一步提升金融对经济发展的渗透力、支持力和推动力，各项监管工作成效明显，确保全市银行业稳健运行。银行业机构各项存款余额480.18亿元，比年初增加54.18亿元，增幅12.72%，增幅全省排名第6位；各项贷款余额414.19亿元，比年初增加24.62亿元，增幅6.32%；实现税后利润4.01亿元，发展质量进一步提升，有效推进全市经济转型升级；小微企业贷款余额143亿元，比年初增加13.09亿元，增幅10.11%，高出贷款平均增幅3.79个百分点;涉农贷款余额209亿元，比年初增加13.16亿元，增幅6.65%，高出贷款平均增幅0.33个百分点；督导鹤壁银行做好改革重组工作。7月24日，银监会批准组建鹤壁农商银行。荣获河南银监局宣传服务月活动先进单位、信息宣传先进单位等。

参观市党的群众路线教育展览

组织党员干部职工到焦裕禄纪念馆参观学习

鹤壁市南水北调办公室

召开南水北调工作会议

省南水北调办主任王小平（右二）在鹤壁市南水北调配套工程实地调研

2013年，鹤壁市南水北调办公室围绕提供一流服务、创造一流环境、建设一流工程的工作目标，科学筹划、精心组织、通力合作、强力推进，中线工程鹤壁段主体工程提前一个月完工；配套工程鹤壁段输水管线总长60公里，创新实行“合理低价、先行评优、随机摇号”的评标办法，28个标段的招投标工作于1月底全部完成，征迁工作于5月底全面完成任务,截止12月底，完成管道铺设59.721公里，占总长的99.5%，累计完成单元评定2006个，合格率100%，优良率87.89%，工程质量和安全总体受控，工程建设总体进展位于全省配套工程建设市第一名,配套工程建设快速推进。鹤壁市南水北调办公室（鹤壁市南水北调工程建管局）被市委、市政府表彰为2013年度重点项目建设先进单位，2013年度信访工作先进单位；被省南水北调办公室表彰为河南省南水北调配套工程2013年度工作先进单位；被省总工会、省发改委表彰为2013年河南省重点工程建设竞赛先进单位。

市南水北调办公室主任王金朝（右一）在配套工程施工现场指导工作

南水北调配套工程3标穿越淇河渠施工现场

南水北调配套工程安装成形的省内最大内径3米的PCCP管道

南水北调配套工程7标正在预制箱涵

鹤壁市水利局

市委书记魏小东（右二）到浚县调研指导抗旱工作

市长范修芳（右三）检查抗旱防汛工作

2013年，全市水利系统以科学发展观为指导，深入贯彻落实党的十八大和十八届三中全会精神，围绕打造“两个构建”升级版，谋划水利改革发展，克难攻坚，务实重干，开拓创新，水利事业呈现出好的趋势、好的态势、好的气势，超额完成市政府下达的各项目标任务。全年争取上级资金1.08亿元，占目标1800万元的600%；解决13.26万农村居民和农村在校师生的饮水不安全问题，占目标5万农村居民的265%；新增节水灌溉面积6.13万亩，占目标2667公顷的153%；治理水土流失面积36平方公里，占目标26平方公里的138%；征收水资源费300万元，占目标290万元的103.4%；招商引资到位资金4600万元，占目标4600万元的100%。省水利厅确定鹤壁市为4个省级水生态文明建设试点之一。市水利局被市委、市政府评为2013年度综合考评优秀奖、重点项目建设先进单位；被市委、市政府评为平安建设工作先进单位；被市委组织部、市委宣传部、市人社局颁发为“人民满意公务员示范单位”。

开展防洪抢险演练

淇河水土保持治理区

浚内河河道治理工程

淇河新区段河道治理工程高村橡胶坝

鹤壁市国税局

2013年，全市国税系统坚持“聚财为国、执法为民”的税收工作宗旨，把“收好税、带好队、优服务、严执法”作为税收工作的出发点和落脚点，提升站位，履职尽责，服务发展，有力推动各项工作的开展。全年累计组织各项税收收入20.36亿元，同比增长7.51%，增收1.42亿元。其中，地方级收入完成5.08亿元，同比增长8.89%，增收4148万元；市本级收入完成3.2亿元，同比增长14.05%，增收3947万元。市国税局先后被评为全省税收目标管理先进单位、全市完成责任目标先进单位、全市政风行风评议第一名、全市党风廉政建设优秀单位、全市优质服务先进单位等多项荣誉称号，全系统有12个基层税务分局和办税服务厅荣获省级群众满意的基层站所，全市6个县区局办税服务厅均荣获“河南省优质服务窗口”荣誉称号。

全市国税工作会议

省国税局领导来鹤调研

市委书记魏小东（右二）在国税局调研

市长范修芳（左三）在国税局调研

召开税收宣传月会议

税法宣传

鹤壁市教育局

2013年，全市共有各级各类学校(机构)824所，其中：幼儿园352所，小学365所，初中71所，普通高中13所，中等职业教育9所，高等教育2所，特殊教育1所，职业技术培训机构11所。另有小学教学点192个。教育人口37.6万人，其中在校生35.4万人，教职工2.2万人，教育人口占总人口的23.3%。小学净入学率100%，普通初中净入学率99.97%。鹤山区、淇滨区、淇县通过国家义务教育发展基本均衡县区验收，全市义务教育均衡发展水平在全省居领先地位。进一步规范办学体制机制。普通高考取得历史性突破，全市报考10577人，其中一本上线人数为1590人，比上年增加710人，增幅80.7%，高于全省10个百分点；二本及其以上上线人数比上年增幅13%。17名考生被清华大学、北京大学录取，在全省产生较大影响。鹤壁能源化工职业学院通过省政府高校设置委员会专业评估验收。鹤壁工业中专评为省职业教育品牌示范校，鹤煤高级技工学校、鹤壁职业技术学院评为省职业教育特色院校，鹤壁职业技术学院获全省职业教育品牌示范校立项，浚县职业中等专业学校、鹤壁高级技工学校、鹤壁汽车工程职业学院获全省职业教育特色学校立项。获得国家、省、市级表彰50多项。连续13年被市委市政府评为年度综合考评优胜单位。

市长范修芳（右四）到桃源小学慰问

副市长张然（右三）到市实验学校调研

市政府与黄河科技学院签订合作协议

市教育局与华中师范大学签订合作协议

国宏汇金投资

国宏汇金投资（北京）有限公司于1999年成立，是中国投资协会和汇金投资公司的战略联盟企业，是一家专业性的金融服务公司，累计管理资产逾100亿人民币。公司凭借旗下基金从事于企业私募股权、投资银行、证券、房地产、投资管理等业务。由国宏汇金投资（北京）有限公司投资的汇金广场商业街位于鹤壁市淇滨区朝歌路南侧，项目总占地4.5公顷，建筑面积约80000平方米。是一个集时尚、购物、旅游、餐饮、娱乐、小商品、休闲及文化为一体的首选场所。包括儿童智力开发体验馆、民俗特色精品店、小商品一条街、市民休闲文化广场、绿色原生态餐饮街区、电影院、数码体验店、休闲茶馆等。汇金广场商业街改变了全市现有的商业模式，是一个多功能，全业态，复合式，体验式的一站式消费场所。在这里消费者可以体验到和国内一线城市同步同质的消费文化。将会成为一个留住鹤壁本地消费、吸引游客消费、引领精英消费的新一代城市文化商业中心。成为一个推动鹤壁商业发展，带动经济繁荣，提升城市品位的标杆商业项目。

国宏汇金总经理　赵成峰

汇金广场鸟瞰图

（北京）有限公司

中央支路沿街透视图

天山路沿街透视图

内街广场透视

朝歌路与天山路透视图

规划路立面图

鹤壁银行

市长范修芳（前右二）在鹤壁银行调研

董事长于建国（右三）在企业调研

鹤壁银行前身是鹤壁市城市信用社，鹤壁市城市信用社是于2001年9月3日经中国人民银行济南分行批准，在原鹤壁市5家城市信用合作社自愿合并重组的基础上成立，由地方财政、企业法人和自然人投资参股组建，具有独立法人资格的地方性股份制金融机构。2006年9月，经河南银监局批准，鹤壁市城市信用社更名为“鹤壁市城市信用社股份有限公司”。2007年12月3日，中国银监会正式批复同意筹建鹤壁市商业银行。2008年6月5日，河南银监局批复同意鹤壁市商业银行开业。2010年12月23日，经中国银监会批复更名为鹤壁银行，10年间实现了从“城信社——商业银行——鹤壁银行”体制改革“三级跳”，并在豫北地区分别率先设立2家辖内村镇银行和跨区域村镇银行，建立集团化管理模式。2013年，鹤壁银行不断深化“立足地方经济、服务中小企业、服务市民百姓”的市场定位，不断健全管理体制和经营机制，完善组织架构和业务流程，增强业务创新和竞争发展能力，提升运行效率和发展质量，至年末，鹤壁银行合并报表后资产总额96.60亿元，各项存款68.41亿元，各项贷款47.94亿元，实现净利润2.08亿元，主要指标达到监管要求，进入监管评级三类行。

浚县伾浮路支行开业

召开转变思想动员大会

召开股东大会

鹤壁银行大厦

河南能源鹤壁煤业

鹤煤公司办公大楼

河南能源化工集团鹤煤公司的前身——原鹤壁矿务局成立于1957年6月3日。1999年5月12日，经河南省人民政府批准，改制为鹤壁煤业（集团）有限责任公司。2008年12月5日，永煤集团、焦煤集团、鹤煤集团、中原大化和省煤气化联合组建了河南煤业化工集团有限责任公司，2011年以来曾连续三年入围世界500强榜单，分别排名第397位、446位和404位。2013年9月12日，又正式融入由河南煤化集团与义煤集团战略重组的“河南能源化工集团有限公司”，并位列2014年世界500强第328位。鹤煤公司在册员工49516人。其中管理及专业技术人员5490人，技师及高级技师872人；拥有河南鹤壁、安阳、荥巩、济源，以及内蒙古鄂尔多斯、陕西富县6个矿区共28对矿井，煤炭地质储量80亿吨。其中：生产矿井13对、年核定生产能力1046万吨，基建矿井3对、年设计生产能力360万吨，兼并重组

国务院发展研究中心副主任张军扩（前中）在鹤煤中泰矿业公司调研

省委书记郭庚茂（左一）慰问鹤煤集团员工

（集团）有限责任公司

机械化采掘工作面

“安全生产月”文艺巡回演出

企业文化知识竞赛

职工文化艺术节

矿井12对、年设计生产能力237万吨，另有洗选厂8座、年入洗能力750万吨左右；拥有化工、电力、建材、物流贸易、装备制造和餐饮服务等非煤产业的参控股子公司30家、分公司23家，形成了以煤为基、相关多元的发展格局；年产低灰、特低硫、高发热量优质环保动力煤和冶炼精煤1000多万吨，主要煤种有冶炼精煤、高炉喷吹煤、筛混末煤等，“鹤翔”牌筛混煤和瘦精煤分别被评为“全国用户满意产品”、“河南省名牌产品”。公司多次荣获中国优秀企业、中国煤炭工业优秀企业、煤炭质量信得过企业、重合同守信用企业、安全质量标准化集团公司、中国能源绿色企业50佳、河南省“五一”劳动奖状等荣誉称号。

河南圣

董事长 孙中伏

河南圣源集团成立于2007年，前身是鹤壁市合友房地产开发有限公司。现有员工600余人，专业技术人员130余人，大专以上文化程度160余人、硕士研究生3人。拥有房屋建筑工程和市政公用工程施工总承包等一级资质。集团先后被评为中原地产风云榜20强、鹤壁市金牌房地产企业、鹤壁市重点保护企业、鹤壁市免检企业、先进民营企业、纳税先进单位、希望工程圆梦爱心单位、对外开放工作先进企业。集团承接大量“高、大、精、特”工程。1984年以来累计完成40多个项目，建筑面积1000万平方米。施工领域涵盖大型公共场馆和设施、机关办公大楼、精品住宅、高端商务办公楼、市政道路等工程。施工足迹遍布河南、河北、陕西、江苏、北京、天津等省市。

集团承建的鹤壁市人民会堂、鹤壁市迎宾馆、鹤壁市淇河宾馆等被评为鹤壁市优良工程。鹤壁市公安局办公楼等荣获“河南省优质工程”，并获得淇滨区“区长质量奖”。承建的鹤壁市综合功能服务区十大工程之莲鹤大厦、冬凌草大厦、会展中心，已成为鹤壁市地标性建筑。

源集团

市政协副主席、市工商联主席张洪波在表彰大会上讲话

总经理芦晓建荣获“鹤壁市第三届杰出青年企业家”荣誉称号

河南圣源集团召开总结表彰大会

召开安全专题讲座

表彰先进个人

为贫困学生发放助学金

河南天海电

省长谢伏瞻（中）在公司董事长张景堂（右二）陪同下调研

天海集团始建于1969年，2007年在新加坡上市，是全国最大的连接器科研生产基地和新兴的汽车电子产品生产基地。系中国汽车零部件（连接器）龙头企业、国家高新技术企业、全国企事业知识产权示范单位，“THB”商标被认定为中国驰名商标。在国内外设有18家分子公司和16个销售办事处。公司主要生产经营汽车用连接器、中央配电装置、汽车电子产品、电线束、线束专用设备等5大类 20000 多个品种。公司是行业标准的制定者，先后主持或参与起草了10个国家或汽车行业标准，拥有国家级企业技术中心、国家CNAS的认可实验室。公司连续4年被评为美国通用“全球优秀供应商”，克莱斯勒“优秀供应商”、贝洱亚太地区“最佳供应商”、一汽“成本控制奖”等荣誉称号。公司产品不仅为一汽、东风、上汽、长安、上汽通用、宇通、北汽福田、徐工集团等国内厂家服务配套，并且产品出口美国通用、克莱斯勒，菲亚特，韩国现代等世界跨国企业，在德国、印度、美国等国家都设有分支机构。公司先后从美国、德国、日本、瑞士等国家进口的全自动数控注塑成型机床、全自动插件机、慢走丝切割机床、数控精密电火花机床、数控冲压加工中心等先进工艺设备及三坐标测量仪、3D打印系统（RP）、车载瞬态干扰系统等精密实验设施，为保证产品质量提供了坚实的基础。

器有限公司

市委书记魏小东（右二）在天海公司调研

市长范修芳（前右一）在天海公司调研

天海公司荣获美国通用汽车公司优秀供应商

鹤壁高中
HEBI SENIOR SCHOOL

校长 冯喜亮

鹤壁高中始建于1958年，1980年被命名为河南省24所“重点中学”之一；2005年以排名第13位跻身河南省首批57所“省级示范性高中”行列；2009年、2011年、2013年连续三届被评为“中国百强中学”；2010年被评为“河南人民最满意的十佳中学”，受到鹤壁市人民政府的通报表彰；2012年获得向清华大学推荐新百年“领军计划”和“拔尖计划”候选人资格；获得北京大学2014年度“中学校长实名推荐制”推荐资质；是“十一五”期间河南发展速度最快的中学之一，实现“豫北名校——中原名校——国家名校”的跨越式发展。学校有教职工400余人，108个教学班，在校生7000余人。建校以来，鹤壁高中为祖国培养了30000余名优秀毕业生，考入国家“211”工程名校的学生6000余名，成为清华大学、北京大学等一批著名高校的优秀生源基地，校友中有400余人取得博士学位，在祖国和世界各地不同领域为人类进步事业做出了卓越贡献，被父老乡亲誉为“大学生的摇篮”。每年高招录取率稳居全市第一，各项指标名列全省前列，重点大学上线率达38%以上，本科上线率达95%。2010年以来，有50名同学被清华大学和北京大学录取，25名同学被美国、法国、加拿大、俄罗斯等国家名校录取。2014年高考再谱华章，再创新高，有质有量，彰显卓越：重点大学上线872人，较上年净增190人，取得重大突破；二本上线1828人，本科上线2441人，再创历史新高。

为2014届考取清华、北大的学子颁奖

2014年校园之星颁奖盛典

党总支书记徐咏雪（左一）为学生颁发毕业证

高三年级远足拉练

2014届毕业典礼现场

召开学校运动会

学校合唱团获鹤壁市合唱特等奖

河南合基电讯

河南合基电讯技术有限公司是一家中外合资高新技术企业，专业从事无线通信产品的生产、销售、研发和应用服务。拥有无线射频、自动测试和移动通信网规网优等核心技术，掌握2G、3G及4G多种技术制式，为中国联通、中国移动、中国电信和中国广电以及系统设备供应商等客户提供无线网络优化、传输与接入的各类无线覆盖优化整体解决方案。设有部件、模块、整机、天线、微波等30多条专业生产线，产品涵盖滤波器、合路器、耦合器、功分器、双工器等数字无线通信系统基站射频器件。产品的功能主要是：对无线通讯信号的接收、过滤、分路和合成，以及对网络信号覆盖起到延伸和增强的作用。河南合基工业园项目，建设用地20公顷，注册资金2.5亿元人民币，项目建设有亚洲最大的通讯天线生产车间、国家级通讯天线实验室和博士后流动站。合基电讯工业园拥有自主知识产权和成熟的批量生产经验，配备1200多台（套）生产检测设备和高端技术人才，建设年产能100万套高端精密无线射频网络优化设备，项目总投资将达到7.4亿元人民币，建成通讯设备和通讯器件等各类生产车间、产品仓库和生活设施共28万平方米的园区规模。合基工业园面向国内外市场，立足于行业和产品领先优势，成为鹤壁市电讯行业高科技园区产业化基地，跻身全国一流的高科技通信设备企业。为区域经济发展做出应有的贡献。

合基公司鸟瞰图

技术有限公司

省发改委巡视组在合基电讯施工现场调研

市委常委、常务副市长史全新（前排中）在合基电讯施工现场进行调研

县委书记王永青（左三）、县长王海涛（左一）在合基电讯有限公司工地现场办公

全市企业观摩团在公司项目施工现场进行考察

鹤壁无线电管理局

鹤壁无线电管理局隶属河南省工业和信息化厅，主要负责辖区内无线电频率指配和台站审批，开展无线电监测工作，查处无线电干扰和非法设台，维护空中电波秩序，保障无线通信畅通。近年来，鹤壁无线电管理局按照“三管、三服务、一重点”（即：管资源、管台站、管秩序，服务经济社会发展、服务国防建设、服务党政机关，重点做好无线电安全保障工作。）工作要求，不断规范辖区内无线电发射设备的管理，加大对乱占频率、私设台站、设置“伪基站”、擅自加大发射功率等违法违规行为的查处力度，提高为设台单位服务水平，着力为鹤壁市无线电通信事业的健康发展保驾护航，为推动经济发展、促进社会和谐、服务国防建设作出了应有的贡献。

局领导检查机器设备

宣传无线电知识

监测无线电讯号

拓展训练

淇滨区金山办事处

党工委书记　李春林

主任　郭琪

金山办事处位于淇滨区中部，面积29平方公里，辖11个行政村，总人口2.4万人；紧邻新区，区位优势明显，紧靠京广铁路，大白公路、快速通道贯穿全境，交通便利，相依淇河，背靠金山，拥有嘉佑金山禅寺、寒坡洞等古迹和淇河国家湿地公园、许沟温泉等风景点，自然风光独特，历史文化深厚。近年来，办事处党工委以建设“生态金山，魅力新城”为目标，立足区位特点、产业定位，大力发展生态经济，规划了南部现代观光农业园区、中部立体农业示范园区、北部农业规模化经营种植园区，建成了万亩精品生态经济林，引进建设了大易、卫淇、果一方、四季长青等生态观光项目，逐步形成集生态旅游、休闲娱乐、观光采摘为一体的淇河生态带和新老区景观带。规划了刘庄、庞村两大万人中心社区，刘庄中心社区潘荒、水泉小区已基本建成；庞村中心社区下庞社区即将启动建设。办事处荣获省级文明单位、省级国土绿化模范乡镇、生态乡镇等荣誉，连续5年被评为全市信访工作先进单位，蔡庄村先后荣获全国文明村镇、全国生态文化村、全国绿色小康村荣誉称号。一个生态美丽、富裕文明、和谐平安、科学发展的新金山，越来越迸发生机和活力！

2014年8月25日，市委副书记费银普（前左二）到办事处蔡庄调研

团结奋进的领导班子

2014年9月10日，市委常委、组织部长张然（右二）到金山办事处调研

鹤 壁 集 镇

镇党委书记 李树文

镇长 王远征

鹤壁集镇历史悠久，文化灿烂，被誉为千年古镇。全镇境域南北长17公里，东西宽4.5公里，总面积73.43平方公里，其中耕地面积3.99万亩，辖32个行政村，12个社区，总人口5.3万人。2011年，办事处带村后，现辖24个行政村，8个社区，总人口4万人，总面积44.72平方公里。近年来，该镇按照“彰显特色、集聚集约、注重生态”原则，积极实施“工业强镇、商贸兴镇、生态立镇”三大战略，现已建成“工业经济区、中心商贸区、生态旅游区、生活居住区”四大功能区。工业经济区以韩林涧产业集聚区为依托，实施东向发展战略，已打造豫北地区最大的煤炭物流产业园区，产业集

治安巡逻

人口和计划生育集中活动表彰大会

整体搬迁后的王荒社区

南山森林公园

鹤壁集镇政府大院

元宵节群众文化活动

聚效应逐步显现。中心商贸区以镇政府所在片区为城区主中心，杨邑片区为城区副中心，规划有商贸街、服装城、农贸市场等，街区面貌焕然一新，临街商店鳞次栉比。生态旅游区以南山鹤之源文化为依托，与生态特色农业相结合，打造了南山生态极核，建成了集生态、观光、休闲、娱乐于一体的城区绿地公园。生活居住区以两个中心商贸区和南山旅游区为框架，沿途沿途建成了惠民小区、美河人家、竹林花园、曹南花园、南洋花园等多个住宅小区，城镇综合承载能力显著提升。

美河人家社区

美河公园

鹤壁集镇兴鹤大街

东头药材种植基地

鹤壁集镇城区新貌

淇滨区长江路办事处

2014年，长江路办事处全社会固定资产投资完成10.8亿元，占全年任务（20亿元）的54%。新签约铂金翰宫、橄榄·嘉园南区、漓江公馆二区、南海国际、假日半岛等5个项目；完成对河南捷高市政园林工程有限公司、河南铭宇市政园林工程有限公司两家总部经济企业的注册认定。招商引资到位资金2.39亿元，占全年目标3.8亿元的62.9%；引进利用境外资金650万美元，占全年目标1250万美元的52%；进出口贸易完成78万美元，占全年目标120万美元的65%。新开工项目9个，其中10亿元以上项目1个：假日半岛项目总投资13亿元；5亿元至10亿元项目4个：桃花源城市综合体项目总投资8亿元，华韵·帝景湾项目项目总投资5.8亿元、华韵·金澜国际项目总投资5.2亿元、华韵·时代广场项目总投资5亿元；1–5亿元项目4个：龙门万和商住楼项目总投资3.8亿元、龙门·印象城项目总投资2.5亿元、神农花园C区项目总投资2.5亿元、清水湾项目总投资1.5亿元。续建项目14个：分别是大辛庄社区、牛庄社区、鹤壁公路运输客运枢纽站、橄榄·熙园、谦诚·水岸枫情、御景城邦、龙门大厦、渤海商品交易所华中总部大厦、颐和泊邸五星级酒店、珠江小区、石武高铁鹤壁站前广场、珠江花园、天鹏御景、双水湾小区。

党工委书记黄舒军（中）主持开展社区志愿者活动

党工委书记黄舒军（中）到工地慰问农民工

在工地宣传法律知识

荣获“鹤壁市第三届志愿者服务先进集体”称号

淇县高村镇

高村镇古称淇水关，北与中国优秀旅游城市鹤壁市新区隔河相望，南与殷商古都朝歌淇县县城依依相连，素有“东临淇水观鱼跃，西依太行听鹿鸣”之美誉，先后被国家六部委命名为国家级重点镇、河南省117个小城镇建设重点镇之一、河南省“六好”乡镇党委、鹤壁市信访评估先进单位。基础设施完善，城镇化率已达65%。是河南省畜牧产业先进乡镇。全国、全省畜牧龙头企业——大用公司、永昌集团、易普森鸽业有限公司就坐落在镇区。全镇现有各类企业148家，已形成畜牧、机械、纺织、汽车、物流、食品加工等6大支柱产业。鹤淇产业集聚区三分之二面积在高村镇境内。招商引资16.37亿元，落地鹤淇产业集聚区项目5000万元以上项目42个。先后引进瑞丰物流、汽车配件园、新纯服装、布利斯服装、宇风汽车、富士康项目等大型企业入驻，过境工程主要有鹤辉高速、南水北调、鹤淇热电厂、淇河生态绿化等项目。

淇园社区

南水北调工程

鹤辉高速

鹤淇快速通道

恒云食品公司

宇风汽车公司

鹤山区中山路街道办事处

中山路街道办事处位于鹤山区最南部，被誉为鹤山区的南大门，也是鹤壁市初期的市委、市政府办公所在地，面积1.4平方公里,辖6个社区居委会，36家企事业单位,总人口2.5万,是鹤山区5个街道最大的办事处。成立于1957年，驻有鹤煤公司三矿、富昌公司等国有大中型企业14家，洁联新能源、祥发房地产等大型民营企业4家，鹤山区检察院、卫生局、教育局、财政局等行政事业单位28家，是鹤山新城规划中的一个重要组成单元。辖区人口密集，交通便利，商贸发达，环境宜居。全社会固定资产投资完成0.7亿元，社会消费品零售总额完成0.2亿元，城镇居民人均可支配收入10000元，区本级税收完成10.3万元，招商引资到位资金1.75亿元。

党工委书记　王斌

中山路街道办事处党员干部与辖区学校困难学生举行结对仪式，并给学生们赠送学习用品

淇滨区九州路办事处

淇滨区九州路办事处位于鹤壁新区腹地，成立于1999年7月，辖区面积16平方公里，是鹤壁市行政、文化中心区域。下辖湘江社区、兰苑社区、福祥苑社区、淇园社区、丰源社区、金山社区6个村改居社区，设桂鹤社区、九州社区、鹤翔社区、鹤源社区、金鹤社区、福田社区、学院社区、广场社区、清华园社区、迎宾社区、牟山社区、未来凤凰城社区等12个城市社区，总人口12万人。辖区有市委市政府、市检察院、人行鹤壁分行、市供电公司、裕隆超市等300余家党政企事业单位。近年来，办事处紧紧围绕区委、区政府工作目标，解放思想，求真务实，开拓创新，有力促进了辖区经济社会的全面发展，先后被授予国家级经济普查先进单位、省级文明单位、省社会治安综合治理先进街道办事处、全省社区建设示范街道，全省社区党建工作示范点、鹤壁市平安建设工作、计划生育工作先进街道办事处等荣誉称号。

省委常委、省委政法委书记刘满仓（右三）到办事处视察

市长范修芳（中）到大赉店社区视察

全市安全生产现场会在九州路办事处召开

市长范修芳（中）到九州路办事处湘江社区视察

副市长朱言志（左二）到九州路办事处安全消防体验室视察

国家级美丽乡村建设试点——淇县灵山小镇

领导班子现场谋划建设思路

市委书记魏小东（左二）在灵山街道办事处调研

淇县灵山小镇美丽乡村项目为国家级美丽乡村建设试点，位于淇县西部太行贫困山区，总面积约80公顷，规划安置人口6000余人。灵山街道办事处先后聘请上海同济规划院、上海工程咨询公司、中国现代城市研究中心的有关专家，高标准编制“大灵山旅游综合体规划”等文化旅游产业规划；同时特聘中国建筑规划设计院、北京天道蓝图规划设计院，参照云南丽江的大妍古镇等先进设计理念和成功经验，进行整体规划设计。最终形成灵山小镇整体“163”规划，即围绕“殷商文化、朝歌风情”一个主题；建设家庭客栈区、商住街区、文化展示区、演艺广场区、旅游景区、生态农业区六大项目。2013年该项目被省政府批准为省重点大项目。灵山小镇家庭客栈区（社区）一期工程共31栋楼160户，已全部修建完成。架设强电、弱电线路2600米，铺设给排水管线3700米，天然气管道1700米。建成日供水500吨供水站1座，日处理500吨污水场1座，修建青石板道路1000余米，种植各类绿化树木1500余棵。

小镇文化广场效果图

住宅区

淇滨区钜桥镇

区委书记李民生（右一）在钜桥镇调研

区长李杰（中）在钜桥镇调研

淇滨区钜桥镇东依浚县白寺镇，南接浚县的卫贤镇，西临107国道，北靠淇滨区大赉店镇，京珠高速公路、石武高铁穿境而过，三横四纵7条主干道，形成便利的交通网格，清澈见底的淇河水环绕而过，地下水质优量丰。全镇辖35个行政村、2个城市社区、5万人、13467公顷耕地、70平方公里。钜桥镇历史悠久，风景秀丽，人杰地灵，物华天宝，史称“古钜桥”，是商朝粮仓，境内有商代鹿台遗址、新石器时代文化遗址、女娲宫等。2008年9月1日，整建制由浚县划归淇滨区。区位优势明显，被淇滨区委、区政府确定为“一核两翼”东翼发展重点，已经成为鹤壁市南部片区和淇滨区项目建设的主战场，以及新的城市综合体和淇滨区新的经济增长极。

为2014高考优秀生颁发奖金

镇政府大门

山城区鹿楼乡

2014年上半年，山城区鹿楼乡认真落实“服务大局、提升发展、维护稳定”三项任务，集中精力打好搬迁改造、项目建设、维护稳定三大战役，克难攻坚、实干苦干，全乡经济和社会事业实现持续、健康、较快发展。完成地区生产总值19亿元，同比增长13%；规模以上工业企业增加值1.6亿元，同比增长19%；固定资产投资5.8亿元，同比增长26%；财政税收入364万元。征地47公顷，拆迁40余户，拆迁面积约8000多平方米。随着桐家庄村33户村民搬迁工作的完成和西鹿楼征地工作稳步推进，市、区重点项目—宝马集团华石煤焦油项目得以顺利开展；对群众反映强烈的葛嘴线排水问题进行整治，整修排水边沟1400多米；集中力量对影响殡仪馆扩建项目的问题进行逐个解决，确保项目正常进地施工，殡仪馆道路征地工作土地分户丈量工作基本结束。污水处理厂征地工作正常推进。完成招商引资到位资金3.5亿元。

群众路线动员会

中小企业创业园施工现场

重温入党誓词

全市重点项目——殡仪馆扩建项目施工现场

村级干部季度述职总结大会

村办集团企业

山城区石林镇

镇党委书记　苗矿军

镇长　康春迎

山城区石林镇位于鹤壁市北部浅山丘陵区，总面积96平方公里，辖39个行政村。2007年2月被评为“河南省历史文化名镇”；2009年3月被命名为“第一批河南省民间文化艺术之乡”。2013年，石林镇坚持强化项目拉动、城镇带动、政策驱动、招商推动四项举措，围绕强镇、富民两项重点，负重奋进，迎难而上，全镇经济得到迅猛发展。全年社会生产总值完成63.25亿元，同比增长22%；限上工业企业增加值完成3.43亿元，同比增长19%；全社会固定资产投资完成8.89亿元，同比增长25%；税收完成438万元，同比增长21%；争取上级资金585万元，完成全年目标的105%；农民人均可支配收入达5988.3元，同比增长 11 %。坚持工业强镇，走新型工业化道路。不断巩固和壮大陶瓷产业集聚区发展规模；充分发挥矿用绞车、铸造、新型建材等产业优势，从规范行业行为，强化企业内部管理入手，巩固和提高优势产业发展规模、质量和效益。新发展的陶瓷产业，已成为鹤壁市两大新型产业之一。集聚区累计入驻规模以上工业企业17家，已签约入驻企业31家，签约陶瓷生产线80条，已达产生产线23条，签约总额在100亿元以上，直接安排就业7000余人，带动就业达2.5万人。形成豫北最大的矿用绞车生产基地，被命名为河南省矿山机械制造产业集群和河南省中小企业创业培训基地。

区委书记徐伟（中）在豫兴煤机调研

区领导在北唐宋村召开群众座谈会

区领导在石林中南部铁路沿线调研

召开服务企业座谈会

浚县卫溪街道办事处

省委常委、政法委书记刘满仓（中）到卫溪街道宏基社区调研

副省长王铁（中）到卫溪万亩示范方调研

卫溪街道办事处成立于2012年3月，地处浚县县城及县城西扩的核心区域，辖区总面积46平方公里，辖14个村、13个社区，总人口8.24万，有农村“两委”干部156名，52个基层党组织、1607名党员。围绕“一老一新两园区”开展工作，“一老”即浚县古城建设，“一新”即卫溪新区开发，“两园区”即特色商业园区和现代农业园区。努力把卫溪街道建设成为“古城建设更美、新区发展更快、商贸物流更强、农业品牌更亮”的现代化优美宜居城镇。截止2014年9月底，共完成税收6290万元，公共财政一般预算收入3100万元。先后荣获省级文明单位，市级信访稳定工作先进乡镇、全省先进基层党校、全省思想政治教育工作先进单位、市级先进基层党组织、市级人口和计划生育工作先进单位、县综合目标考核特殊贡献奖等荣誉称号。

省群众路线活动督导组组长高利行（左一）到卫溪检查指导工作

召开党的群众路线教育实践活动动员会

组织村、社区干部到廉政教育基地参观学习

淇滨区兰苑社区

党支部书记　董克海

主任　石明忠

兰苑社区的前身是王升屯村，总人口2869人，户数592户，党员87。现有企业两个：兰苑科技发展公司和升华物业公司。2004年，王升屯新村改造工程破土动工，异地建设10万平方米的住宅楼。2005年，村民全部搬进新房，实现从农村到城市，从农民到市民的根本性转变。2007年在东杨工业园区内购买53亩企业用地，办起鹤壁市兰苑科技发展有限公司，生产光揽护套、装修材料、建筑材料，年集体收入130万元。2008年10月与“东方世纪城”和“阳光甲天下”联合开发，集体将受益70000平方米商业用房，用于安置村民。自2004年展开“城中村”改造以来，集体固定资产达到6亿元，人均收入达到18000元。王升屯村先后被授予区、市级文明单位，省委、省政府授予“文明村镇”先进集体、省计生委授予“计生工作先进单位”、省文化厅授予“省级文化大院”示范单位，被省建设厅授予“中州新村”、“康居示范村”，省纪检委、人事厅授予“廉政建设先进单位”，以及省级“五好”党支部、全国计划生育协会先进单位、全国生态文明村等多项荣誉。

兰苑社区盘鼓队

兰苑社区新貌

淇滨区湘江社区

党支部书记　梁希朝

湘江社区位于鹤壁市新区华山路南段，现有居民480户，1919人，党员67名。是由原来的崔庄、堡上两个自然村、6个村民小组整合而成。2009年8月，为支援新区南部片区建设，在党支部书记梁希朝的带领下，仅仅用了一个月的时间，就完成两个自然村整体搬迁。党支部采取人均40平方米置换的方式，解决了村民的住房问题。2010年底全体村民顺利入住绿化、亮化、美化的新型社区，群众的居住环境不但大为改善，还为城市建设节约300余亩土地，成为新区南部片区第一个成功改造的新型社区。新建社区占地110亩。建有功能齐全的居民服务中心，村民办事的大礼堂，全小区安装76个监控探头。现在村民户口是城镇户口，不但享受城镇居民医保，还享受城镇居民低保政策。学生就近在市立湘江小学上学。社区的老人到60岁后，还享受每月50元的生活补贴。

服务中心

健身广场

社区一隅

康检室

监控室

图书室

中国农业银行鹤壁分行

2013年，中国农业银行股份有限公司鹤壁分行坚持发展与管理并重，不断强化重点业务发展，加强基础管理和内控管理，狠抓队伍建设，各项业务实现稳健发展，经营风险得到有效控制，经营效益实现稳步提高，全年实现安全经营无事故。全行各项存款余额43.77亿元，其中对公存款余额16.49亿元，个人存款余额27.28亿元；各项贷款余额44.9亿元，较年初净增7.2亿元；实现中间业务收入4131万元；实现拨备后利润1.39亿元，人均实现拨备后利润48.13万元，同比增加17.12万元。在农行河南省分行“五大板块”业务考核中，鹤壁分行荣获“中间业务收入先进二级分行”和“对公中间业务收入市场份额先进单位”；所辖淇滨支行荣获城市业务“城区多点支行先进单位”和“人均中间业务收入先进城区支行”；浚县支行、淇县支行分别荣获“人均中间业务收入先进县域支行”。同年，被评为“鹤壁市金融先进单位”。

办公楼全景

农行鹤壁分行副行长（主持工作）王云峰（右三）到永达集团调研

温馨的营业大厅

开展金融知识进万家宣传活动

开展惠农入村金融服务月活动现场

中国银行鹤壁分行

开展金融知识宣传活动

2013年，中行鹤壁分行围绕市政府下达的全年目标任务，以支持地方经济发展为己任，以贷款业务为抓手，全力支持企业发展和民生消费，贷款余额始终走在全市四大国有商业银行前列。截至12月底，各项贷款余额为51.49亿元，市场份额29.76%，居四大行第一位。累计投放贷款19.16亿元，支持中小企业23户，公司贷款余额37.38亿元，居四大行第一位，消费贷款新增2.79亿元。人民币存款51.56亿元，较年初新增6.09亿元，四大行市场份额28%。不良贷款率0.62%，完成市政府下达不良贷款率控制在3%以内的目标。

开展感恩演讲

为《淇河晨报》小记者解答如何理财

中国建设银行鹤壁分行

建行河南省分行行长石亭峰（右四）到建行鹤壁分行进行调研

建行鹤壁分行与中国联通鹤壁市分公司签订全面战略合作协议

2013年，建行鹤壁分行积极把科学发展观的要求贯穿于改革发展、经营管理的全过程，认真开展党的群众教育实践活动，牢牢把握“加快发展”和“风险防范”两个主题，坚持以市场为导向，以客户为中心的经营理念，在经营能力、客户服务等方面取得了长足进步，关键业绩指标、资产质量、存贷款新增等主要经营指标位居同业或系统内先进位次。截至2013年12月底，各类贷款余额44.53亿元，较年初新增7.43亿元。其中：公司类贷款余额31.11亿元，较年初新增3.89亿元；个人类贷款余额13.42亿元，较年初新增3.54亿元。贷款新增市场占比40%，居同业第二位，完成市政府下达新增计划8亿元目标的92.88%。一般性存款余额57.62亿元，较年初新增8.72亿元，市场占比40%，余额和新增均居同业第一位。其中：对公存款余额24.69亿元，较年初新增4.66亿元，市场占比44%，居同业第一位；个人存款余额32.92亿元，较年初新增4.56亿元，市场占比36%，居同业第一位。中间业务收入完成5782万元，市场占比39%，位居同业第一位。

建行鹤壁分行与鹤壁新区管理委员会签订合作框架协议

建行鹤壁分行召开党的群众路线教育实践活动动员大会

鹤壁集镇卫生院

党支部书记、院长　刘晓东

鹤山区鹤壁集镇卫生院位于镇政府所在地东北1.3公里处，承担着鹤山区鹤壁集镇、韩林涧工业园区、姬家山乡40个行政村63个自然村和新华街、九矿广场、鹤山街街道办事处等3个办事处，12个居委会，所辖农村居民15638户，49696人，城镇居民9800户，32200人的基本医疗、新农合及城镇居民医保补助经办与管理，公共卫生服务和免疫规划目标人群、适龄儿童的预防保健服务。全院有在职职工58人，其中，副主任医师3人、主治医师11人、医师（士）23人、护士（师）18人；其它勤务人员3人。卫生院以提升医疗服务为目的，加强硬件建设，与豫北最大的省级医院新乡医学院第一附属医院协作办院，有效缓解人民群众看病难、看病贵问题，更好地为当地居民提供方便、快捷的医疗预防保健服务，满足辖区人民群众日益增长的医疗需求。2014年4月11日，鹤壁集镇卫生院（鹤山区人民医院）与新乡医学院第一附属医院协作办院授牌仪式在鹤壁集镇卫生院举行。

新乡医学院第一附属医院副院长韩培立（右一）向鹤壁集镇卫生院（鹤山区人民医院）授牌

鹤壁集镇卫生院（鹤山区人民医院）与新乡医学院第一附属医院协作办院授牌仪式现场

副区长杨凤枝在授牌仪式上致词

新乡医学院第一附属医院专家为鹤山区群众开展义诊

开展预防犯罪进社区卫生所教育活动

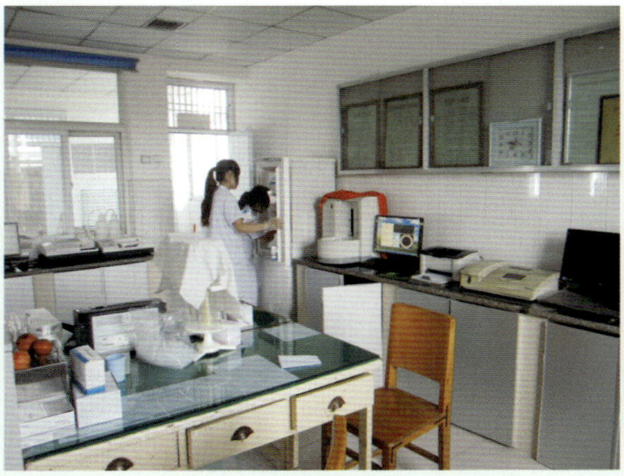

检验室一角

妈妈课堂

鹤壁市人民医院

鹤壁市人民医院是2012年5月14日，由市第一、第二人民医院(肿瘤医院)整合组建而成，是全市唯一一所集医疗、教学、预防、科研为一体的综合性公立三级医院，医院下设总院区、山城院区、南院区、北院区四个院区。是河南省博士后研发基地，河南省全科医师培训基地，郑州大学第一附属医院临床教学协作医院，郑州大学第一附属医院网络会诊分中心，河南省肿瘤医院协作医院，鹤壁职业技术学院附属医院，鹤壁市卫计委临床检验中心；是新乡医学院、郑州澍青医专、漯河医专、商丘医专、鹤壁职业技术学院的临床教学医院。医院编制床位820张（实际开放床位1200张）。医院技术力量较强，心血管内科、妇产科为河南省医学临床特色专科，消化内科、神经外科、骨科、儿科、放疗科、显微外科为鹤壁市重点专科。医院现有在职职工1799人，专业技术人员1559人，副高以上人员148人，其中市级专业技术拔尖人才6人、“111”人才工程市级学术技术带头人13人、市科学技术人才3人，市青年科学技术专家4人。

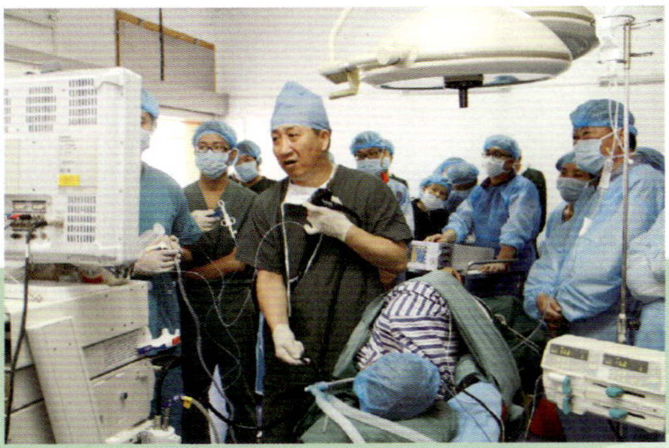

专家进行手术

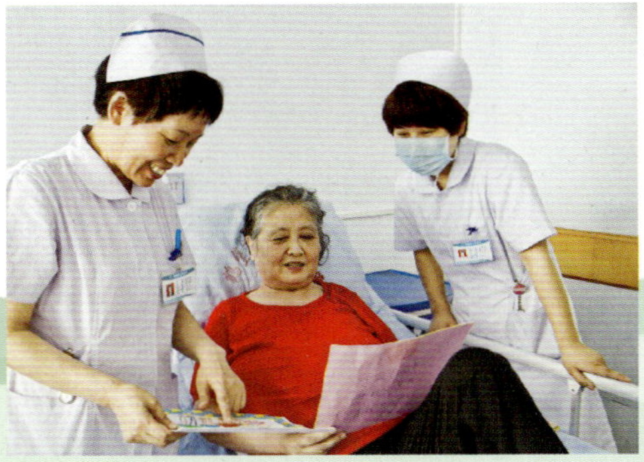

健康宣传到床头

为子弟兵义诊

欢送援外人员

整洁明亮的体检中心

鹤壁市妇幼保健院

院长　秦法军

鹤壁市妇幼保健院始建于1958年2月，现址位于新区黄山路与九江路交叉口湘江社区中心，占地23000平方米，业务用房面积近10000平方米,是全市唯一以妇女儿童为主要服务对象，集医疗、保健、科研、教学为一体的市级妇幼保健机构。承担着三大任务：全市妇幼保健工作指导和督导任务；保健与临床业务；领办九州社区医疗服务中心。保健院先后被授予和确定为“爱婴医院”、“市医保定点医院”，“市新农合定点医院”、“鹤壁市妇女儿童医院”、“市儿童脑瘫康复治疗中心”、“鹤壁职业技术学院附属医院”、“河南省新生儿重症救护网络中心鹤壁分中心”、“鹤壁市孕产妇急救中心”。医院现有床位100张，病房37间，现有职工232人。卫生专业技术人员144人，其中正高2人，副高12人。设有孕产妇女保健部、儿童保健部、手术室、药械科、检验科、放射科、B超室、供应室、正骨科、口腔科、乳腺科、皮肤科12个业务科室。

环境优美的儿童保健中心

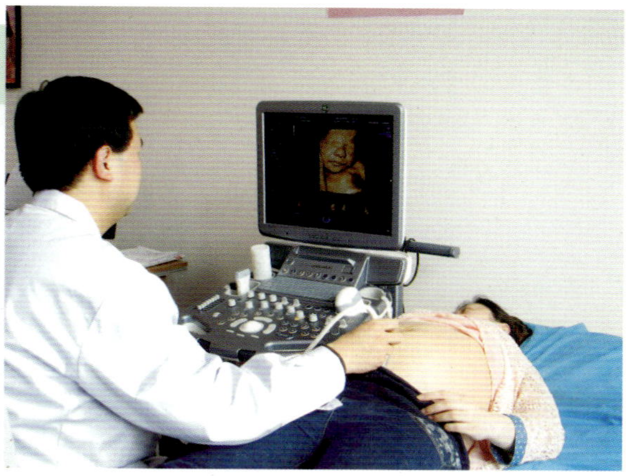
先进的医疗设备——四维彩超

门诊楼外景

温馨的妇产科病房

淇县朝阳医院

王举文院长（右）与北京宣武医院副院长吉训明合影

淇县朝阳心脑血管病医院（淇县朝阳医院）是全县唯一治疗心脑血管病及疑难病的专科医院，开设床位300余张，内设心血管科、脑血管科、失眠抑郁症科、小儿脑瘫科、疑难病科、中医科、针灸理疗科、颈肩腰腿痛科及康复中心等十余个临床科室。医院拥有国际先进的PHILIPS全身螺旋CT、彩超、全自动生化分析仪、全自动血球分析仪、血流变、美国进口24小时动态心电图、24小时动态血压分析仪及现代化康复器械等先进诊疗设备，并有一批经验丰富、技术精湛的专家坐诊为患者诊疗。形成了各具专业特长、优势互补、结构合理、锐意进取的医疗专家团队。

团结奋进的班子

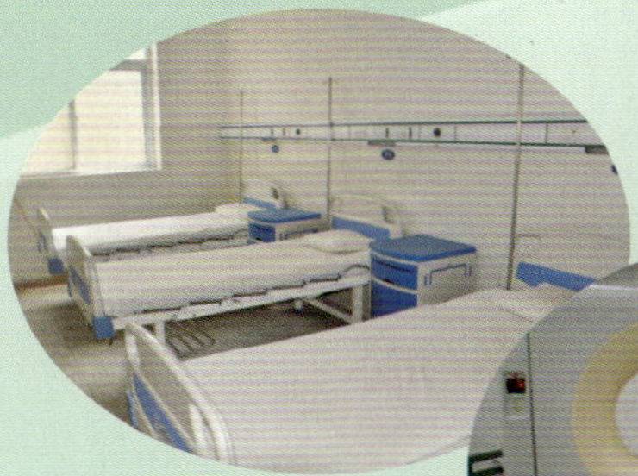

干净整洁的病房

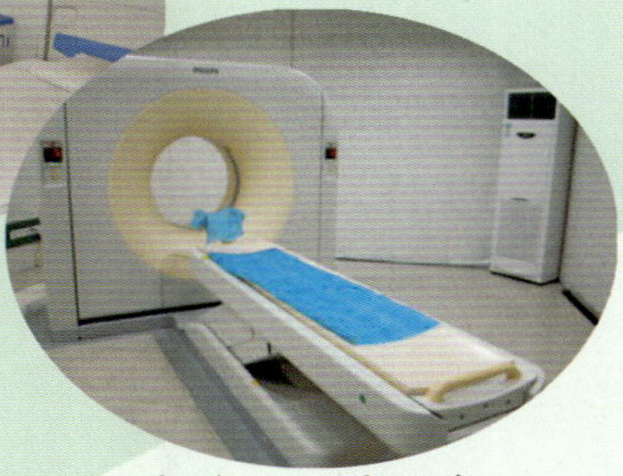

先进的医疗设备

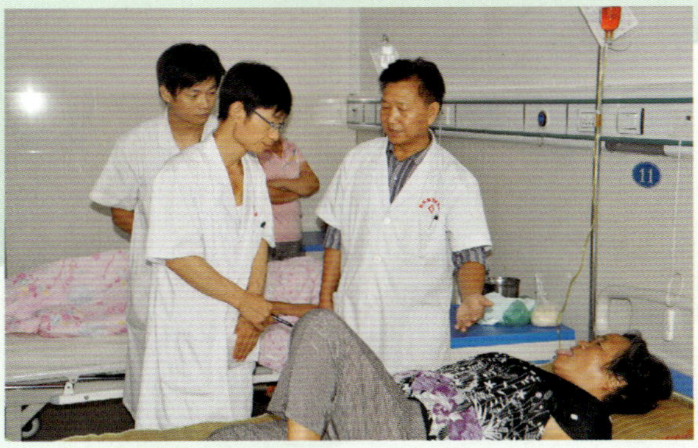

专家在为患者诊治

患者赠送的锦旗

朝阳医院院景

鹤壁市按摩医院

鹤壁市按摩医院成立于1977年，位于山城区春雷路，2013年3月搬迁至淇滨区衡山路南段、是鹤壁市唯一的社会福利医疗卫生事业单位、建院三十多年来，医院职工尤其是残疾职工，克服由于自身不便而带来的诸多困难，在党和政府亲切关怀和帮助下，弘扬身残志坚，拼搏进取精神，以优质的服务赢得广大患者赞誉，得到社会广泛认可。2000年医院被医保处确定为鹤壁市首批“河南省城镇职工基本医疗保险定点医院”；2010年成为鹤壁市“新型农村合作医疗定点医院”。按摩正骨科：有一支由副主任按摩医师到按摩医师组成的手法娴熟、技术精湛、诊治专业的按摩队伍，治疗范围涉及到骨伤科、内科、妇儿科、五官科等六十余种病症的诊治及按摩保健。针灸理疗科：引进先进设备，采用针灸、热敷、熏蒸等方法，对颈椎病、椎间盘突出症、中风后遗症等疗效显著。肛肠科：是医院品牌科室，科室带头人马佩凯，出身于中医世家，在继承肛肠病治疗技术基础上结合现代医学，引进先进设备，在肛肠疾病的防治方面，造诣颇深，享有盛誉。内科：为医院传统科室，适用于内科常见病，多发病的防治。

团结务实的团队

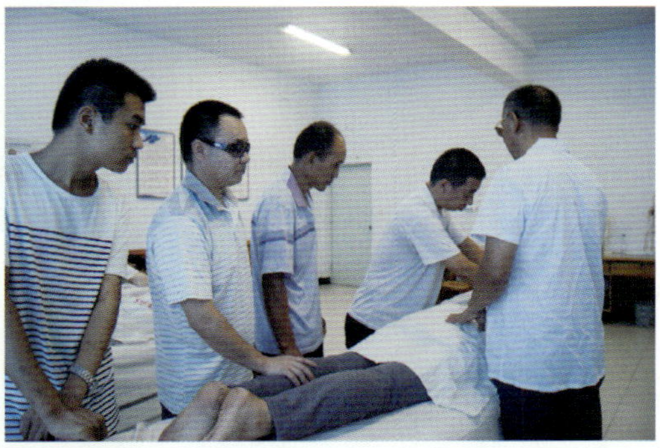

按摩医院门诊主任副主任医师魏保山（右二）手把手指导学员实操

市按摩医院即将竣工的门诊大楼

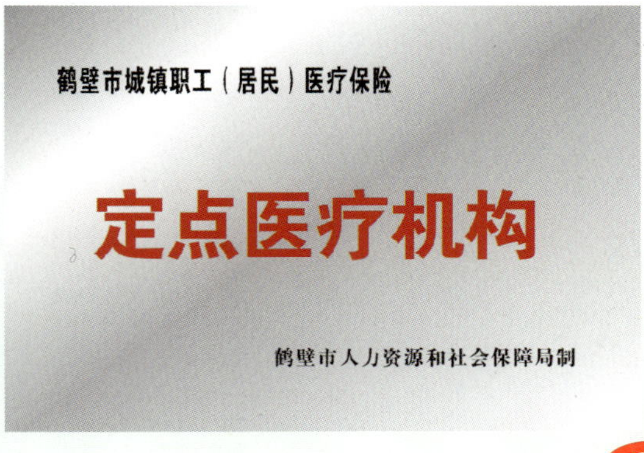

鹤壁仁德中西医结合妇科医院

鹤壁仁德中西医结合妇科医院位于淇滨区衡山路9 5号，集科研、治疗、康复、预防于一体，设病床80余张，内设门诊部、住院部、体检中心、VIP高级温馨病房、鹤壁市少女意外妊娠救助中心、健康俱乐部、洁净手术室等等20多个诊疗部门，并配置了高端设施，采用充满时尚特色的装饰元素，为广大女性朋友营造一个“温馨、舒适、便捷、私密”的现代化医疗环境。

医院全心致力于妇科、外科、内、中医治未病的研究和临床治疗，巨资引进日本东芝全身螺旋CT、数字化X光机(DR)、四维彩超、乳腺钼靶DR机、全自动生化分析仪、全自动血细胞分析仪、全自动血流变分析仪、血凝仪、全高清宫腹腔镜、超声聚焦海扶刀、LEEP刀等高精尖医疗设备。首家将妇科疾病、生殖健康细分为不孕不育、宫颈疾病、妇科肿瘤、生殖整形、腔镜微创、计生人流、更年期门诊、妇科炎症、老公门诊、乳腺疾病等十大特色诊疗。

医院秉承“创建鹤壁妇科的品牌医院、塑造鹤壁专科医院的示范医院、打造新型医疗服务的样板医院”的办院宗旨，全体医护人员致力于全心全意为鹤城女性健康保驾护航，力求把医院建设成为一家高服务水平的“政府放心，百姓满意”的现代化专科医院。

医院全景

浚县人民医院

浚县人民医院始建于1949年10月。1997年被命名为国家级“二级甲等”医院，2009年被省委、省政府命名为省级文明单位。现有职工900多人，编制床位1000张，实际开放床位1200张，有高中级专业技术人员200多人，有超导1.5T磁共振、16排螺旋CT、大型C臂、数字胃肠X光机、直线加速器、钼靶机、彩超、大型手术吊塔、呼吸机、麻醉机、血液透析机等各种先进设备1000多台件，是一所集医疗、康复、保健、科研、教学为一体的县级综合医院。医院于2012年10月17日搬迁新院。新院占地200多亩，一期工程总建筑面积7万多平方米，分门诊、医技、病房和后勤保障4个区。医院设计突出了人性化、科学化、规范化。布局合理，分区明显，功能齐全，就诊流程实行一站式服务。

团结务实的领导班子

医院大楼

石林镇卫生院

院长　郭来金

石林镇卫生院位于汤鹤路中段，石林镇政府东500米，占地面积3600平方米，建筑面积1700平方米，辖区共有73名乡村医生，38所集体村卫生室。本院是一所全民所有制综合性医院，承担全镇39个行政村4.4万余人的基本医疗和公共卫生服务工作。是全镇唯一的一所非营利性医院，是石林镇唯一一所新型农村合作医疗定点医院，现有职工20人，开放性床位30张，医院设有内科、防保科、妇幼保健等科室。近年来，按照内强素质、外树形象的基本思路，树立“六种”意识，扎实开展创建全省示范乡镇卫生院和医院管理年活动，狠抓医院管理和基层医疗卫生服务体系建设，突出公共卫生服务，医院的服务质量不断提高，服务功能日益完善。建立规范的公共卫生科，配备12名公共卫生人员，健全镇村两级基层预防保健网络，充分发挥乡村医生的作用，切实加强传染病管理、孕产妇管理、加强预防接种和新型农村合作医疗工作等，调整优化乡村医生队伍，严厉打击农村非法行医行为，促进全镇卫生事业的发展。

敬业爱岗的卫生院领导成员

卫生院门诊楼

鹤壁市农业科学院

鹤壁市农业科学院成立于2009年5月。现有干部职工95人，其中专业技术人员64人，高级职称15人，中级职称34人，硕士生18人，博士生2人。拥有科学试验用地20公顷、南繁育种基地12公顷，国家玉米改良中心郑州分中心分子育种基地、河南省玉米遗传改良院士工作站、博士后研发基地、河南省玉米良种培育工程技术中心、河南省粮食科技特派员工作站相继在我院落户，构建了较为完善的科研设施条件。被农业部列为国家农作物品种区域试验展示中心、国家玉米区域技术创新中心浚县示范基地、国家现代产业技术体系浚县玉米综合试验站；被科技部列为国家星火科技培训学校，被河南农业大学列为教学实习基地。先后承担完成国家“863”计划项目、国家农业科技成果转化资金项目、河南省重大科技专项、河南省科技攻关项目、国家粮食丰产科技工程河南课题研究和河南省万亩粮食高产创建工作。选育出浚单5号、国审豫玉11号、国审浚单18、20、29等12个国家和省级审定品种。豫玉11号被列为国家九五重点示范推广项目，浚单18、浚单20被农业部列为国家重点示范推广玉米新品种和全国玉米优势产区主推品种，浚单18、20、26、29分别被科技部列为国家农业科技成果转化资金项目。荣获科技成果奖49项，其中国家省部级10项。国审浚单18荣获2005年河南省科技进步一等奖，国审浚单20荣获2011年国家科技进步一等奖。

全国人大常委会委员、全国人大农业与农村委员会副主任、民盟中央副主席龙庄伟（右三）到市农科院调研

国家标准委副主任于欣丽（女）到市农科院调研

农业部种子管理局局长张延秋（右二）到鹤壁市农科院调研

副省长徐济超（右五）与科技人员合影

市长范修芳（中）到市农科院调研

全体领导班子在试验地查看玉米生长情况

与时俱进的鹤壁市保安服务公司

总经理王春华（右二）在全市3·15诚信企业表彰会上领奖

鹤壁市保安服务公司荣获河南省第一届优秀保安公司

鹤壁市保安服务公司是全市组建最早的唯一一家经省公安厅批准成立并获得国家《保安服务许可证》、《河南省公共安全技术防范服务许可证》的国有法人企业，中国保安协会会员单位，河南省保安协会常务理事单位。该公司共有人防、社区巡防、武装押运和具有公共安全技术防范系统安装、运营资格的110联网报警技防服务业务等八个大队，从业人员千余人，业务遍及我市两县三区，服务网点近2000个。公司树立大局意识，积极服务全市平安建设和文明建设，年开展义务治安防控巡逻5000多人次，预防或制止打架斗殴、寻衅滋事、盗窃等治安案事件数十起，抓获各类违法犯罪嫌疑人40余名；开展困难帮扶、植树造林、环境保护、重大节日和大型演出活动安全保卫等活动30多次。先后获得“河南省优秀保安公司”，“全省平安建设先进基层所队”、“全省共青团系统创先争优活动青年文明号先进集体”、“鹤壁市3.15诚信企业”、“鹤壁市第三届志愿者服务先进单位”、“全市金融安保先进单位”等多项荣誉。

在淇河岸巡逻

保安员苦练擒敌拳

保安志愿者植树活动

群众赠旗感谢保安人员见义勇为

鹤壁市第一中学

学校领导班子

鹤壁市第一中学是一所市教育局直属的全日制重点高中，是河南省文明单位、河南省文明学校、河南省卫生先进单位、河南省中学管理先进学校、河南省电化教育一类学校、河南省现代教育技术实验学校、河南省新课程改革样板校、河南省青少年科技教育示范学校、鹤壁市首批示范性高中。学校是国家985工程、211工程重点大学---中国矿业大学生源基地。现有151名教职工，40个教学班，近3000名在校生。其中全国优秀教师2人、特级教师2人，河南省学科带头人13人，国家、省、市级骨干教师35人，高级教师76人，省、市级优质课教师90余人。重视对学生创新精神和实践能力的培养，重视对学生现代前沿技术和综合素质的培养，学生在省、市举办的各种科技创新大赛中取得优异成绩；重视学生关注社会、面对现实、分析和解决实际问题的能力，通过开展丰富多彩的社会实践活动，提高学生的社会素养，学生在各类活动中表现突出，受到社会的一致好评。

学校大门

缅怀先烈

女子国旗班

十八岁成人仪式

普法教育

鹤壁市第二中学

校长　张全利

鹤壁市第二中学于1958年建校。位于山城区奔流街西段，校区建筑面积134706平方米。学校拥有先进的理化生实验室、微机室、多媒体教室、心理咨询室和藏书4万余册的图书馆。目前有32个教学班，全部安装冷暖空调和多媒体电子白板，在校生共计1933人，教职工人数128人，其中，高级教师35人，一级教师57人，研究生学历教师13人，省、市级骨干教师和学科带头人17人。建校以来，学校不断发展壮大，形成“严谨求实，育人创新”的校风、“德高业精，敬业爱生”的教风、及“勤奋踏实，灵活坚韧”的学风。2014年我校有58名教师参加赛课获市一、二等奖，68篇（件）论文及课件获全国、省、市一、二等奖；106名学生在市级、省级、国家级学科竞赛中获奖。学校先后被评为全国艺术教育先进单位、省级文明单位、省级安全文明学校、省德育先进单位、省教育系统先进家长学校，鹤壁市十佳学校、市教学教研先进单位、市基础教育课程改革实验先进单位、市平安建设及信访稳定工作先进单位、先进党支部等荣誉称号。

市教育局领导在学校调研

学校大楼

信息技术融入学科教学

远足励志拉练活动

参加市教育系统教职工广播体操比赛

新生军训汇报表演

举办歌唱祖国歌咏比赛

开展保护母亲河志愿者活动

鹤壁市淇滨区六中

鹤壁市淇滨区第六中学是一所全日制公立农村学校，学校西依太行、临淇水，东傍新区、接京广线，大白线贯穿整个区域。学校现有12个教学班，在校生562人，其中寄宿生305人。占地34682平方米，建有教学用房、办公用房、教学辅助用房，建筑面积10024平方米。理化生实验室、仪器室、图书室均已达到国家“二级标准”，学校九室齐全，男女学生宿舍有专职生活老师负责管理，食堂已通过省一级标准验收。学校已经实现12个班级“班班通”教学。校园绿化、硬化合理，环境优美。学校现有专任教师56人，教师本科学历48人，其中省级骨干教师5人、市级骨干教师5人，区级中青年骨干教师10人，省级优质课教师8人，市级优质课教师30人次，市级优秀班主任8人。学校一贯坚持“自主学习、自主探索”体现学生自主成长为核心的教学模式，“三主五环节”成果在“河南省教育教学成果交流会”会上交流。

学校连年中考升学率居市、区前列，是区“教育教学优秀单位”、“教科研先进单位”、市级“心理健康教育”先进单位、“优秀教育集体”、“师德师风建设先进单位”、“学雷锋先进单位” 省级“依法治校先进单位”、“五五普法先进单位”、“家长学校示范单位”。

市区领导来校检查工作

举行宣誓仪式

到敬老院慰问孤寡老人

多媒体教学

开展团队活动

消防演练

拔河比赛

清明节到烈士陵园扫墓

举办文艺汇演

鹤壁市机电信息工程学校

校长 裴中喜

党支部书记 张吉生

鹤壁市机电信息工程学校始建于1959年，是拥有悠久的办学历史和先进的办学经验，经过五十多年的发展，已经成为全市规模最大、最具发展活力的中职学校。学校属财政全额供给副县级单位，并于2011年11月入驻职教园区。学校规划占地面积29公顷，规划建筑面积18万平方米。现有教职工330人，其中教授级高级讲师2人，高级讲师、高级工程师86人，讲师150人；数控技术、电子技术等2个教研室是鹤壁市双师团队。在校学生5000余人。学校是首批“国家中等职业教育改革发展示范学校”、“国家级重点学校”、“河南省雨露计划培训基地”、“河南省农村劳动力转移培训基地”、“国家三级安全生产培训基地”、“中央财政支持的专业性实训基地”、“是河南省高级能人才培训基地”、“鹤壁市公共实训基地”。学校先后获得“河南省文明单位”、“河南省职业教育先进集体”、“河南省卫生先进单位”、“河南省‘五好’基层党组织”、“市五一劳动奖状”、“市下岗再就业培训先进单位”、“市职业指导就业服务先进单位”等荣誉称号。

团结奋进的学校领导班子

学校概貌

浚县第二实验中学

学校大门

综合办公楼

浚县第二实验中学位于浚州大道东段，占地约100亩，建筑面积38000平方米（包括2栋教学楼，1栋教学辅助楼、实验楼、综合办公楼、宿舍楼、餐厅、风雨操场等设施）。共设21个教学班，目前在校生约1350人，教职工97人。学校招收的学生均为农村小学毕业生，留守儿童数量多。学校有针对性的做好学生品德建设，促进学生良好习惯的养成。加强教师队伍的管理，加大教科研力度、努力提高教师的自身素质，促进教育教学工作整体提高。

语音教室

音乐教室

实验室

餐厅

体育操场

浚县屯子二中

浚县屯子二中历年考取浚县一中的人数位居全县各乡镇之首。2012年在全国数学竞赛中，赵锦程获全国三等奖，李凯宇、蒋志伟分获省一、二等奖。九三班被屯子镇政府授于“特殊贡献奖”。在全县课堂教学改革的大潮中，潜心钻研“生命课堂—四字六步教学法”的内涵，结合多年来教学实践经验，率先实行以“分组教学—打造高效课堂”为特色的新型教学模式，充分调动了每个学生的学习激情，并迅速在全校范围内推广，教学效果倍增，教学成绩成效显著。

校长 蒋希亮

学校领导及部分骨干教师

2012届优秀毕业生进入县一中博奥班

学校概貌

鹤壁市第十八中学

鹤壁市第十八中学是市教育局直属初中，位于山城区红旗街繁华地段，交通十分便利，吸收周围近900名学子就读学习。现有教职工69人，其中高级教师21人，省市级优秀教师35人，省市级学科带头人11人。教室装有电子白板。每个教室都配有两台冷暖柜式空调。有标准化的理化生实验室、网络教室、电子阅览室、图书馆，新建学生公寓楼、学生餐厅等。校园环境舒适幽雅，文化氛围浓厚。

学校多次被评为综合评估优胜单位、教学特色学校、教研先进单位、艺术特色学校、教研基地、体育传统学校。大批体育特长生被市高中免费录取，学生升入重点高中的比例在全市名列前茅。

开拓进取的领导班子

教师节期间，校领导向教师献花

大课间活动

教学楼

浚县卫溪中学

校长　田志文

浚县卫溪中学是一所全封闭寄宿制公立学校，于2012年4月开始动工建设，2013年8月底建成，现已投入使用。学校现有35个教学班，共计1900多名学生。学校占地面积101公顷，总建筑面积约40159.04平方米。教学楼约13000平方米，可容纳约3000名学生，每个教室都配备电子白板和远程教育系统。4栋学生宿舍楼共约15000平方米，共有276间寝室。学校餐厅约4200平方米，分上下两层。学校综合楼约6400平方米，具备一流的理化生实验室、音美教室、微机室、图书室、阅览室、多功能教室、心理辅导室等教学辅助设施。学校有400米环形塑胶跑道的标准化体育场、篮球场，布局合理，功能齐全，设施一流。学校先后获得市“课程改革实验先进单位”、市“平安校园”、县先进学校、县“文明学校”、县“示范性初中”等荣誉称号。

电子白板

学生宿舍楼

学生餐厅

体育场

浚县新镇一中

校长　王安华

新镇一中，原名新镇联中，始建于1988年。1995年中学统一编序后，更名为新镇镇第一初级中学。学校现分为东西两个校区，共有25个教学班，在校学生1700余人，教职工90余人。学校教师学历合格率为100%，学校现有中学高级教师 28 人，中学一级教师52 人。省级名师1人，市县级骨干教师共26 人。学校先后被命名为“全国中小学心理健康教育实验学校”、“河南省区域性素质教育实验学校”、“河南省优秀家长学校”、“鹤壁市文明单位”、和“鹤壁市生命课堂实验基地”。先后承担省、市级重点科研课题，其研究成果分别获省市优秀科研成果二等奖、一等奖；2000年～2013年，连续四年中招成绩名列全县同类学校前列。

县教体局局长陈宗全到学校调研

学生到敬老院慰问演出

标准化实验室

兴趣小组在举办活动

山城区第八小学

校长、党支部书记　牛小方

鹤壁市山城区第八小学始建于1965年，是一所历史悠久，文化底蕴丰厚的特色学校。学校现有24个教学班，3个幼儿班，在校师生人数1700余人。学校先后被评为“河南省先进基层党组织”、“河南省教育系统先进集体”、“河南省师德师风建设先进集体”、“省卫生先进单位”、“河南省廉政文化进校园示范点”、“省示范性家长学校”、“省传统体育项目学校”、“鹤壁市未成年人思想道德建设工作先进集体”、鹤壁市校园文化建设特色校”、“鹤壁市心理健康教育示范校”、“中央电教馆教师论文大赛优秀组织奖”“市生命课堂创建示范校、教学改革先进单位”等。学校确立“文化育人，特色兴校”办学思路，提升文化氛围，创建一方名校。校报《春晖》的诞生，成为展示八小文化风采的舞台，宣传八小精神的窗口。学校“八音盒”艺术团的成立、一年一届的亲子运动会、古诗文诵读比赛、合唱比赛等活动，为学生的全面发展提供了广阔的成长平台。2013年10月，学校被河南省竹笛葫芦丝协会指定为“竹笛教育基地”，2014年6月，学校加入中国竹笛特色教育联盟，竹笛特色教学已经成为学校的一大亮点。

六一汇演节目笛子演奏

“八音盒”艺术团成立

“红领巾心向党”合唱比赛

获得区中小学运动会冠军

开展“手拉手、共成长、铸师魂”活动

学校被授予河南省竹笛、葫芦丝协会指定教育基地

浚县职业中等专业学校

浚县职业中专创建于1986年，地处鹤壁市国家4A级风景旅游胜地——浚县，是一所“国家级重点职业中专”。学校现任校长赵黎明，河南省职教专家，中学高级教师，拥有丰富的教学和管理经验，曾多次被评为省、市级优秀教师、省职业教育先进个人。

党支部书记、校长　赵黎明

学校一校两址，建筑面积5万平方米，实行全封闭公寓化管理，拥有现代化的教学设施。学校环境优美，教学设备完备，师资力量雄厚。学校在校生：中专部110人，普高部1700人；教职工185人。中学特级教师一人，中学高级教师58人，中学一级教师90人。学校始终坚持“以人为本，以德立校，依法治校，特色办校，科研兴校”的办学宗旨，突出培养“宽基础，强技能，善创新，高素质，一专多能”的复合型人才，全面推进素质教育，办学水平稳居市、县前列。普高高考成绩连年攀升，成绩稳居全市第四名，中专部为社会培养了数以万计的实用型技术人才，现已真正成为新的大学生摇篮和人才培训就业基地。

学校采用现代多媒体教学

市级品牌专业——计算机专业

美术专业课

合唱比赛

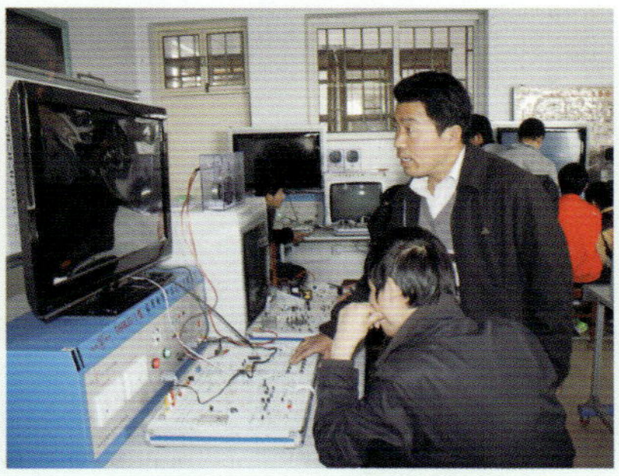

农电专业技能课

农经技能竞赛

鹤壁市师范附小

鹤壁市师范附小始建于1989年，是市教育局直属学校，位于山城区春雷路南段，学校设计规模24个教学班，1600余名在校生。学校拥有一流的教师队伍，现有教师70余名，其中省学术带头人、市级名师、市骨干教师、市优秀教师、优秀班主任、优秀辅导员24人，青年教师占近百分之九十。学校树立用教师的智慧和学校文化的力量，最大程度地促进学生的发展，关爱每一位学生，不放弃一个孩子，为全体师生的成长和发展创造和谐环境的核心价值理念；坚持以制度管人、以德治校、依法治校、科研兴校的办学理念，逐步形成了“团结进取、有教无类”的校风，“专业求精、言传身教”的教风，“立志勤学、合作创造”的学风，并且结合自身实际建立科学的评估体系，使得教师劳有所获，学生学有所得。

学校大门

教学大楼

小班教室

学校操场

福田小学

党支部书记、校长　秦平安

福田小学以全面实施素质教育为目标，以教育科研为先导，以培养优秀教师团队为重点，以课堂教学改革为中心，以提高教学质量为目的，把教学管理、教学研究和育人质量做为学校工作的重中之重，使学校的教育教学质量不断提升。一批青年教师在各级比赛中崭露头角，屡获殊荣，成为我校教师团队的中坚力量。近年来，学校承担了国家级、市级立项的课题12个。优质课及观摩课获省级奖励的有52人次，市级奖励的有88人次，教师论文获省级以上奖励的有21篇，市级以上有156篇，另外有多名教师在省市名级评比中获得表彰和奖励。

团结奋进的领导班子

少先队活动

丰富的课外活动

校园全景

山城区实验小学

校长　许爱灵

山城区实验小学创建于1964年，位于朝霞朝霞街中段，占地 10321平方米，拥有25个教学班，学生1600多名，另设幼儿园一所。学校专任教师学历达标率100%，其中国家级骨干教师2人，省级名师2人，省级骨干教师4人，市级骨干教师12人，区级骨干教师20人。学校认真开展“生命课堂”教育活动，谋求学校稳步发展，坚持把学生的发展作为主题，以全面提高教学质量作为主线，以教育教学改革作为动力，全方位地打造育人平台，努力构建和谐校园。先后荣获“全国‘十一五’教科研先进集体”、“全国‘读书育人’特色学校”、“省教科研先导型学校”、“省小学德育实验学校”、“省教育先进集体”、“省现代教育技术实验学校”、“省电化教育工作先进单位”、“省语言文字规范化学校”、“省规范字书写特色校”、“省依法治校先进单位”、“市级文明单位”等荣誉称号。

团结奋进的领导班子

丰富多彩的课外活动

全体教师合影

开学典礼

召开教学研讨会

绿色环保课堂

淇滨小学

2013年，淇滨小学在“一切面向学生未来”办学理念的指引下，以把学校办成学生幸福成长，全面发展的精神乐园为目标，全面实施素质教育，积极构建“生命课堂”，深入开展“三勤四环节教学法”研究，并将之与数字化环境相融合，利用国家数字教育资源公共服务平台、交互式电子白板和学校资源网等，开展推送资源式备课、区域网络协作教研和探究性教学等，打造高效的“生命课堂”教学模式，构建了学生幸福成长全面发展的教育体系，学校被中共河南省委、河南省人民政府命名为省级文明单位。

田根宝校长(左)在全国优秀校长校长领导力与学校卓越发展论坛上做典型发言

学校承办鹤壁市教育局“红领巾相约中国梦”主题队日活动

学校教师参加全市“生命课堂”展示活动

举行“道德讲堂”活动

学校被命名为省级文明单位

山城区第五小学

鹤壁市山城区第五小学坚持“以人为本，促进师生共同发展”的办学理念；坚持“建一流环境，强一流管理，培一流师资，创一流质量”的办学目标，深化教育教学改革,全方位打造育人平台,秉承“以人为本，促进发展”的办学理念，让教师专业发展超越自我，让学生享受生命润泽快乐成长。学校先后被评为“河南省体育传统项目学校”、“河南省示范家长学校”、“河南省未成年人思想道德建设先进单位”、“河南省义务教育课程改革先进单位”、“河南省安全管理先进学校”、“鹤壁市学雷锋先进单位”、“鹤壁市优秀少先大队”等多项荣誉。2014年，第五小学鼓号队代表山城区参加全市首届鼓号队展演荣获特等奖；获得山城区第十六届中小学田径运动会总分第一名，舞蹈队表演的《追梦宝贝》在全市首届舞蹈节中获创编特等奖和综合一等奖。

省电教馆馆长李普涛来校指导工作

召开德育经验交流会

鼓号队表演

法制讲座

开展现代教育技术赛课活动

荣获全市首届鼓号队展演特等奖

淇滨区明达小学

市长范修芳（前左二）来学校视察

明达小学坐落在美丽的淇水之畔，是淇滨区政府投资2800余万元兴建的一所高标准的现代化小学。学校占地面积48.7亩，建筑面积14484平米。设计规模36个教学班。硬件设施一应俱全。学校目前有教师37人，在校学生500余人。明达实施“双第一育人”。校长眼里老师第一，成立了教师发展中心，老师眼里学生第一，成立了学生成长中心，落脚点一定在学生身上。教师发展中心秉承“生命因爱而美好，生活因创造而精彩”的教育理念，对教师，开展周周四提高活动：即周二教研日，周三培训日，周四活动日，周五反思日。对学生，开展周周擂台赛活动。实施“科科有特色，班班有亮点”，设置“三十分钟小课时”，深入实施素质教育。明达用爱，用创新收获满满，被评为河南省校园文化先进单位、鹤壁市平安校园、鹤壁市教育教学先进单位。

开学典礼仪式

南开大学朱桢教授（中）为学校题字

参加淇滨区元旦汇演《一个仙鹤居住的地方》并获一等奖

淇河赛诗会

赏樱花沐春色远足春游活动

表演节目《淇河儿女的中国梦》获市一等奖

鹤壁市实验幼儿园

团结奋进的的领导班子

鹤壁市实验幼儿园始建于1958年，原址位于山城区红旗街五巷，2004年在淇滨区嵩山路原王升屯小学的基础上改建新园，是全市首家省级示范性幼儿园，隶属于市教育局，2011年8月搬迁至淇滨区衡山路新园址。现拥有衡山路总园、福六分园、九江帝景分园、山城区分园共四所高标准、现代化的新园，占地总面积达3万平方米，总建筑面积近2万平方米，在园幼儿人数一千二百余人，教职员工160余人，其中省级名师2人，市级名师6人，省级骨干教师11人，省学术技术带头人2人。园内现代化设施齐全，每个班均配备教学一体机、钢琴、空调、监控视频等，管理规范、科学。幼儿园先后被评为“河南省示范幼儿园”、“河南省幼教先进单位”、“河南省家长学校先进单位”、“河南省艺术教育先进单位等。

实验幼儿园大门口

市领导六一与孩子们在一起

集体学习

教师运动会

信息化培训

中国梦朗诵

淇滨区嵩山小学

嵩山小学成立于 2011 年9月，位于淇河路以南，嵩山路东侧。是一所高标准，高起点的现代化区直小学。学校现有 25个教学班，共 1032 名学生。现有专任教师47名，大专及以上学历的教师 47名，高学历教师达到100 %，学校中级职称及以上教师 11 名，结构基本合理。学校占地面积 26666平方米，生均25.8平方米；建筑面积 11700 平方米，生均11.3平方米；普通教室 56平方米，生均 1.4 平方米；教辅用房:音、体、美、科学、多功能、图书室齐全。现藏图书15938册，生均15.4册；小学数学、科学仪器达到《河南省中小学教育技术装备标准（试行）》第二种配备方案；音美器材达到国家二类以上；体育器材达到《国家学校体育卫生条件试行基本标准》，运动场地符合要求；“班班通”覆盖率100 %。

少儿诵读大赛

学校运动会开幕式

图书室

艺术体操课

淇滨区文教体局

党委书记、局长　徐延平

淇滨区文教体局作为淇滨区政府组成部门，担负着全区文化、教育、体育、新闻出版和文物保护等方面的社会事业管理工作。近年来，该局先后荣获全省推进义务教育均衡发展成效显著单位、全省家教工作示范区、全省基础教研工作先进单位、全省民办教育管理先进单位等省级以上荣誉20余项。全区教育系统以标准化学校建设、教师队伍成长、教育教学质量提升三项工作为突破口，不断加大教育投入，努力改善办学条件，使城乡之间、校际之间在硬件设施配备上实现基本均衡，于2013年11月迎接国家教育部督导团义务教育发展基本均衡县区评估验收，成为全省18个首批通过验收的县区之一。通过名学校拓展、名校长塑造、名教师培养“三名”工程的稳步实施，带动区域内教育教学质量的飞速发展，在2013年中招考试中，全区共有136名考生被鹤壁高中（新校区）录取为统招生。

构建高效课堂

国家教育部督导团对淇滨区义务教育发展基本均衡评估验收

充满活力的体育场地

举办“迎国庆·放飞梦想”中小学生合唱比赛

淇滨区园林局

局志愿者在鹤壁东站合影

淇滨区园林局是隶属于鹤壁市淇滨区政府的正科级事业单位，局下属鹤淇园林绿化有限责任公司，局机关下设8个职能科室，以及13个管理处、管理队。淇滨区园林局作为新区园林绿化主管部门，其主要职责是负责城市道路、街头游园、新世纪广场、会展广场、石武高铁站前广场的绿化建设与管理；审定庭院绿化方案，指导、督促、验收庭院绿化达标工作；负责淇水诗苑、淇水乐园、淇河湿地公园、淇河森林公园、生态园的建设和管理工作。淇滨新区自1992年创建以来，经过二十年的建设与发展，城区规划面积达到65平方公里，其中建成区面积32平方公里，城市绿地面积累计达到1369.5公顷，绿化覆盖面积1412.9公顷；其中公园绿地294.05公顷；道路绿地228.3公顷；单位附属绿地558.75公顷；防护绿地288.4公顷。全区已建成绿化达标单位238个，市级花园式单位69个，省级园林单位（小区）11家。城市绿地率达到40.02%，绿化覆盖率达到42.6%，人均公园绿地面积达到14平方米，道路绿化普及率达98%。先后完成海棠园、拓园、梅园、之江游园、芝麻官文化公园等32处游园绿地建设；完成淇滨大道、兴鹤大街、华夏路、嵩山路、鹤煤大道、南海路等52（条）段的道路绿化建设。其中淇滨大道、九州路、兴鹤大街、黄河路、黎阳路5条道路和新世纪广场先后被命名为省级绿化达标道路和省级绿化达标广场。淇滨城区基本形成了点成景、线成荫、面成林的绿化景观和带、片、网相结合的绿化格局。

组织单位职工进行业务技能实际操作考核

实施南海路绿化工程

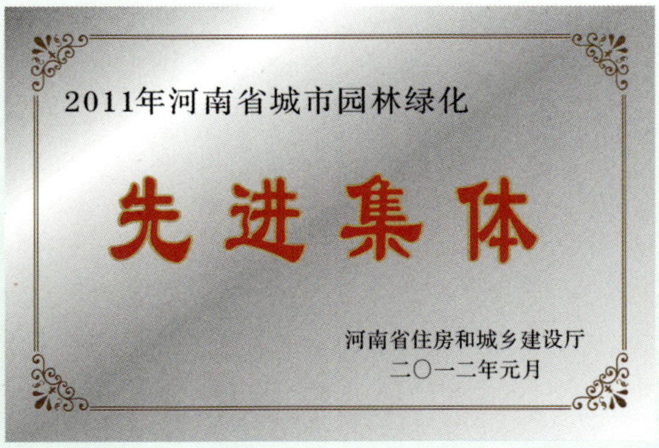

被河南省住房和城乡建设厅评为『全省城市园林绿化工作先进集体』

被省委授予『全省先进基层党组织』荣誉称号

鹤壁市质量技术监督局山城区分局

2013年山城区质量技术监督局在全市率先实施首席质量官制度试点推行工作，河南省同力水泥有限公司、鹤壁飞鹤股份有限公司、河南瑞兴堡建材有限公司、鹤壁市天汽模汽车模具有限公司等4家企业为首批试点企业；鹤壁市天汽模汽车模具有限公司、鹤壁飞鹤股份有限公司获得“2013年度区长质量奖”称号；同力水泥、飞鹤股份荣获2013年河南省名牌产品，全区已有省名牌产品8种。动员鹤壁市博龙种禽有限公司参与国家级农业标准化示范区项目申报，在建省级农业标准化示范园区项目2个。特种设备安全检查：不断完善特种设备档案，更新特种设备信息76条；年度监督检查、专项检查检查和部门联合检查相结合，共检查使用单位190余家次，下发《特种设备安全监察指令书》30份，整改隐患52条。食品安全监管：以白酒、方便食品、豆制品等为重点开展了7项专项检查，对12个批次的产品进行了全面检查。开展了定量包装商品净含量和集贸市场计量器具监督检查、加油（气）站、医疗卫单位等重点领域安全用计量器具专项监督检查，共检查加油机63台、5台加气站、计量器具290台。制定了“质监服务在您身边”联系牌和服务企业手册，建立领导联系企业制度、企业信息员制度，启用“一厂一牌一册”帮扶模式，班子带队深入30家重点企业进行交流座谈，共为43家企业提供帮扶60余项。

区委书记徐伟（右一）检查食品安全工作

副区长张建宇（左一）检查游乐设施

区长质量奖表彰大会

安全进校园活动

开展计量月宣传活动

河南中鹤现代农业开发集团有限公司

河南中鹤现代农业开发集团有限公司注册资金10.41亿元，资产33亿元，拥有员工3500人，以信息化为平台，以新型工业化为龙头、新型农业现代化为基础、新型城镇化为提升的“三化”协调、“四化”同步发展的集团公司。2013年，以中鹤集团为龙头带动建设的浚县国家农业综合开发现代农业园区试点项目和河南省鹤壁市国家农业科技园区项目落地王庄镇。中鹤集团本着“企业向园区集中，土地向合作社集中，人口向新城集中”的原则对王庄镇进行整体规划。规划后除去工业园区、社区以及沟塘道路占地，耕地面积比规划前净增2000公顷。建设占地5.8平方公里的产业园区，形成以100万吨仓储和铁路专用线承托起的全国性的粮食仓储物流港和180万吨年加工转化能力的全国性的粮食精深加工基地。打造8000公顷的良种繁育基地和规模化种养示范基地，以此辐射周边13万公顷的清洁粮源种植。已流转土地2000公顷，存栏湖羊2.5万余只。建设占地11平方公里、可容纳8万人居住的中鹤新城社区。一期工程占地250公顷，已集聚农户1500户7000人。

中鹤粉业车间外貌

中鹤集团各类产品

中鹤集团产品展厅

中鹤集团鹤飞农机合作社

中鹤蔬菜大棚内景

中鹤新城

中鹤品鲜车间外貌

中鹤羊场内景

萃工厂和田玉连锁专营店

总经理 张燕芳

国内知名品牌萃工厂作为豫北首家和田玉连锁专营店于2013年11月入住鹤壁市银兴国际广场，总经理张燕芳是一名中级国际职业珠宝鉴定师，开业以来备受顾客青睐。萃工厂时刻从消费者心理需求出发，开发出浪漫和田玉、幸福和田玉、通灵和田玉、传承和田玉等多种系列产品。元实珠宝学院授权为教学实习实训基地，2014年5月被鹤壁日报鹤壁网授予鹤壁诚心卖场称号。

客户购买产品

萃工厂门面房

玉链

元实珠宝学院
兹授权 萃工廠银兴国际广场店
为教学实习实训基地
郑州元实企业管理咨询有限公司
2013年11月

玉石

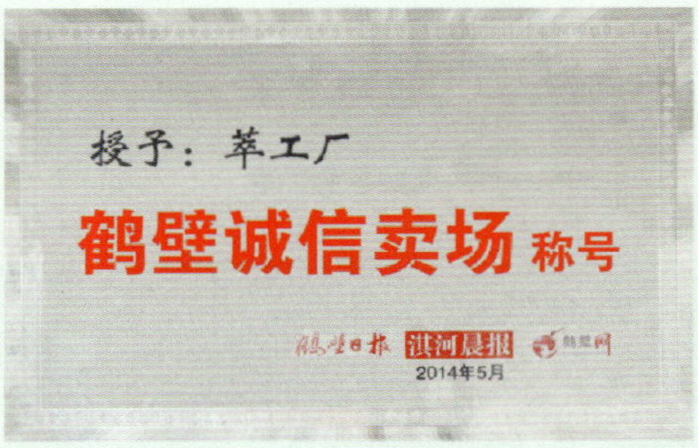
授予：萃工厂
鹤壁诚信卖场称号
鹤壁日报 淇河晨报 鹤壁网
2014年5月

玉坠

河南新星钢结构有限公司

公司大楼

河南新星钢结构有限公司于2002年在107国道淇河大桥南段建厂，成为鹤壁第一家钢结构加工厂。主营业务：型材生产加工、钢结构工程设计与施工、钢材建材销售。期间与鹤壁大用公司、永达公司等公司合作，承建厂房50000余平方。在淇滨区金山工业园区黄海路中段路南购得63亩土地，并与2011年6月7日在工商局注册河南新星钢结构有限公司，申请成功钢结构工程专业承包叁级资质，至此自建1号厂房11000余平方米，三层钢结构框架办公楼2400余平方。与四季青集团合作，承建农贸市场所有钢结构工程，厂房于2012年5月正式交工。2013年，先后完成柳江集团6000平方钢结构工程，金山镁业集团15000平方钢结构工程，承揽中鹤集团羊场建设2000万钢结构工程，年底完成钢结构加工6000吨。2014年与中鹤集团进一步合作初步签订6000万钢结构工程，新进大型纵剪设备500万元，并着手拟建公司2号车间9000余平方。公司先后荣获“中国钢结构行业最具竞争力品牌”、“2013年中原经济区建设先进单位”、“3·15消费者信得过单位”、“全国质量过硬、信誉保证企业”、“项目建设先进企业”等多项荣誉。

工人正在加工设备

钢圈

焊接

现代化的生产车间

生产线

产品

钢构产品

检测仪器

压榨机

河南至真集团有限公司

厂区大门

河南至真集团有限公司组建于2008年，位于河南省浚县产业集聚区，注册资本2.7亿元，总资产12亿元。公司总占地213公顷，员工3300人，其中高级技术人员180人。集团先后荣获“2014年中国农产品加工业投资贸易洽谈会”金奖、“中国最受消费者喜爱的五大鸭肉品牌”“中国最受尊敬的五大鸭肉企业”“全国供销合作总社重点龙头企业”、“河南省农业产业化省重点龙头企业”、“河南省清真食品知名企业”、“河南省清真食品知名品牌”、“河南之星最佳企业”、“河南省创品牌、重质量、守诚信单位”。并通过河南省无公害农产品产地和产品认证、ISO9000国际质量管理体系认证，ISO14001环境管理体系认证，是鹤壁市循环经济发展中心试点单位，并被中国绿色食品发展中心授予绿色食品证书。

集团产业链条

总部外貌

淇县亿源牧业开发有限公司

董事长　贾振江

淇县亿源牧业开发有限公司位于县城北3公里，桥盟乡七里堡村西，占地200余亩，注册资金1400万元，年产值8476万元，利税1283万元；现有职工113人，专业技术人员20人，管理人员15人；年销售收入8476万元，固定资产总额7585万元；公司地理位置优越，毗邻京广铁路、107国道、京珠高速公路，交通便利，是豫北一家现代化畜牧养殖企业。被淇县畜牧局定为重点扶持企业；2006年被鹤壁市政府命名为“农业产业化重点龙头企业”；2007年被中国养猪经济专业委员会评为“中国养猪行业百强企业”；2008年被商务部、财政部认定为“中央储备肉活畜储备基地”；2008年被省畜牧局认定为“无公害畜产品产地”；2009年被河南省政府命名为“河南省省级农业产业化重点龙头企业”等荣誉。公司成立于2005年初，拥有现代化猪舍39栋（全封闭自动化供暖通风，自动化喂料，保持舍内温度恒定，空气新鲜），存栏能繁母猪1800余头，年出栏商品猪3万余头。并拥有饲料储存仓6座，自动供料系统3套，年加工饲料3.8万吨。消毒室、化验室等基础设施齐全，布局合理，地下水资源丰富，水质优良。新建3000m3沼气发电项目，年可发电50万千瓦时。主要原材料供应充足，整体运转情况良好，实现环保养猪、生态养猪的新模式。

市县领导指导亿源发展规划

市县领导到亿源指导工作

鹤壁市申氏铸业有限公司

总经理　李付爱

鹤壁市申氏铸业有限公司成立于1982年，是一家专业从事现代炊具产品研发、生产制造、产品营销及品牌运营为一体的民营股份制实体企业，致力于推动人类“爱健康、爱厨房”的消费理念、致力于推动高效快捷的服务理念、致力于打造THREE SUCCESS的多赢理念，高起点、高标准、高成效生产经营多款原生态铸铁产品、高科技不锈铸铁产品、铸铁珐琅产品、精铁真不锈产品、精铁珐琅产品等。公司设有总经理办公室、综合办公室、营销部、财务部、采购部、生产部、研发部、品检部等部门，职工队伍300余人，其中技术型人才20人，产品研发型人才5人。先进节能中频炉4套，大型变压器4台，压铸机35台，先进抛光机110台，重型设备航吊4台，500吨磨砂压力机1台，数控车床6台，先进化验设备一套，深加工自动流水线2条。打孔机12台，冲床4台，模具200套，热处理生产流水线2条。公司产品覆盖全国，先后进驻家乐福、北京华联、永辉超市、大润发、丹尼斯等国内外零售终端，同时，公司已经开通运营京东商城、善融商务等电子商务平台为广大消费者提供快捷周到的产品服务。

低碳炖锅、炒锅系列

不锈钢炒锅

搪瓷系列锅

各类优质炒锅

鹤壁市秀田农牧有限公司

公司大门

鹤壁市秀田农牧有限公司始建于2007年，位于河南省浚县新镇镇庄头村，总注册资金14500万元人民币，主要从事粮食购销、储存，饲料加工生产，生猪的饲养与销售、养猪技术咨询与服务，沼气发电、有机肥加工与销售，蔬菜及其他农作物种植、初加工。实现“原粮—饲料—生猪—粪水（沼气处理）—有机肥—种植（无公害蔬菜、粮食作物）”的现代生态农业循环经济发展的新模式。总公司下设有鹤壁市秀田牧业有限公司、鹤壁市百源养殖有限公司、河南千千农业开发有限公司、河南恒久饲料科技有限公司、河南丰甸粮油贸易有限公司、鹤壁坤源肥业有限公司。公司总占地267公顷，现有员工900多人，其中：专业技术人员67人，管理人员36人。公司先后获得“河南省农业产业化重点龙头企业”、“河南省无公害畜产品产地”等荣誉称号。公司是河南省养猪协会理事会员、河南省扶贫开发协会常务理事单位。

鹤壁市秀田牧业有限公司

鹤壁市百源养殖有限公司

河南千千农业开发有限公司生产大棚

河南恒久饲料科技有限公司厂区

河南省谊发牧业有限责任公司

河南省谊发牧业有限责任公司是于2004年7月由国有企业改制而成，是国家级生猪核心育种场、省级农业产业化龙头企业。公司始终秉承“不怕困难，迎接挑战，永远争做第一”的企业精神，先后成为全国种猪联合育种成员单位，全国养猪行业百强优秀企业，全国信得过种猪单位，农业部现代农业（种猪）示范区，农业部无公害农产品生产示范基地，农业部标准化示范场，农业产业化省重点龙头企业，河南省畜牧标准化协会会员单位，河南省养猪协会副会长单位，河南省养猪学会副会长单位，鹤壁养猪协会会长单位，浚县养猪协会会长单位等荣誉称号，并通过“标准化良好行为企业AAAA认证”及“HACCP认证体系”，2013年11月被授予“国家生猪核心育种场”。

办公楼

原种场大门

生产场区

养殖车间

原种场生产场区

河南兴鹤集团

公司董事长　秦秀宾

河南兴鹤集团位于浚县产业集聚区，系河南省重点企业，下属河南兴鹤电子有限公司，河南兴鹤饲料有限公司，河南澄泥工艺品有限公司，河南鲲翔电子有限公司，大唐科技公司，鹤壁市品端贸易公司，鹤壁都市信息公司，五洲鹤贸易有限公司等九大子公司。另在广东东莞，北京，上海等地设有办事处。现有员工2000余人。其中兴鹤电子公司主要产品为微型电子变压器、滤波器等电子产品，年产1.5亿件，产值3亿多元。产品80%出口到香港，台湾，韩国，俄罗斯等国家和地区，国内销售占20%。河南兴鹤饲料公司系市农业产业化龙头企业，年产饲料20万吨。河南澄泥工艺品公司产品除供应国内市场外，还远销欧美，俄罗斯等国家。河南鲲翔电子有限公司系2012年新成立的电子分公司的管理性公司，现有分公司6个。

流水线生产车间

制作车间

产品生产

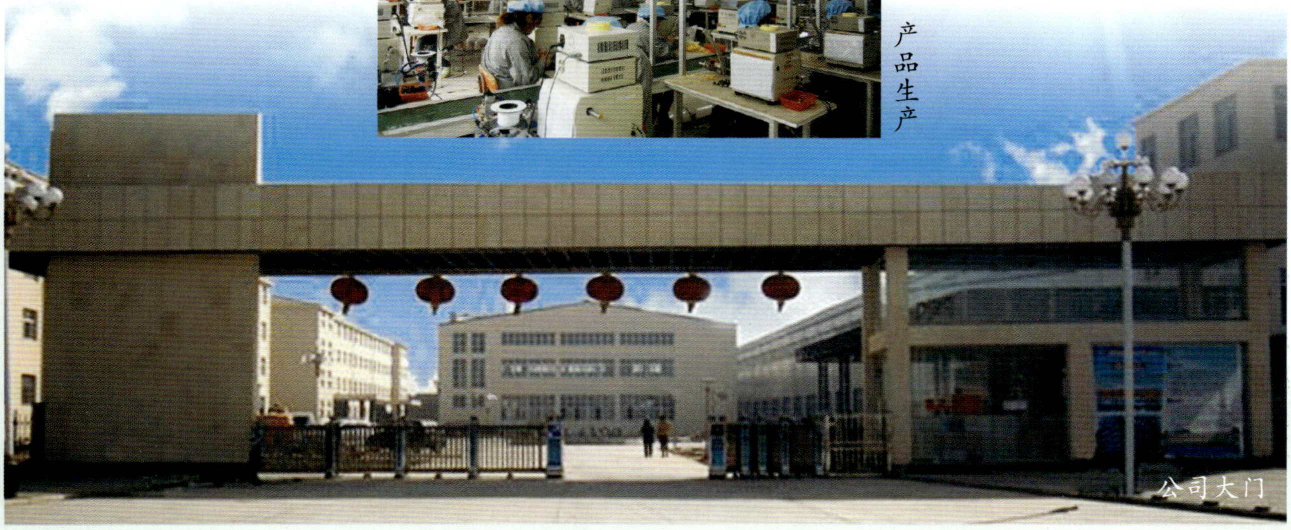

公司大门

小洞天茗茶——上甘茶、青钱柳、虫屎茶

“千年瑰宝”上甘茶　“天然胰岛素 天然羊胎素”

上甘茶渊源

宋绍兴三年(公元1133年)，永州发生大瘟疫，死人无数却无药可治，事后官府统计，大部分地方十剩一二，唯独新田福音山脚下村落几乎无损，究其原因，无他，只因此地百姓常年饮一奇茶，该茶色亮味甘、半月不馊、祛邪御毒、扶正消痞。此疫后，该茶更被当地百姓奉为至宝，誉名曰“上甘茶”。

此后，福音山麓，百姓有幸饮之者，诸病全消;常饮者百岁寿者众，遂成长寿之乡。传至后世，俞竞珍稀。

上甘茶介绍

上甘茶，全球独产于福音山国家森林公园，国家级珍稀茶种，蔷薇科悬钩子植物，茶株带刺，有宿根。茶的制作过程中不加任何添加剂，完全保持植物的原味天香。

上甘茶富含茶多糖、茶多酚，谷氨酸、丝氨酸、甘氨酸、赖氨酸等15种氨基酸，钙、锌、铁、硒等矿物质以及VA、VB1、VB2、VB6、VD、VE等多种维生素。具有降血压、降血脂、降血糖的神奇功效，被誉为“天然胰岛素”。

硒是人体内抗氧化酶和硒-P蛋白的重要组成部分，起着平衡氧化还原氛围的作用。VE能捕捉自由基，保护细胞膜的结构及功能不受过氧化物的干扰及损伤，起到修复受损细胞的作用。上甘茶的硒含量超过一般含硒茶的50倍。茶多酚、VE、硒三者黄金搭档，平衡氧化还原氛围、捕捉自由基、保护细胞膜、修复损伤细胞，具有非常显著的养颜美容抗衰老功效，被誉为“天然羊胎素”，为广大年轻女性、办公室白领及其他爱美人士所热烈追捧!

除此以外，上甘茶具有降血脂、抗血栓、促进单核巨噬细胞功能、增强免疫力、抗肿瘤等更多功效。

上甘茶为茶中极品，茶色清亮，清香淡雅，口感清爽甘洌，沁人心脾。“色、香、味”三绝

“降糖神茶”青钱柳　“人类的第三棵树”

青钱柳，因结的果实像古代的铜钱，固又名摇钱树。

青钱柳是一种高大落叶乔木，树高一般在10-30米，花期4-5月，叶革质，单数羽状复叶。果序轴长25-30厘米，果实有革质水平圆盘状翅。生长在海拔500米~2500米的阔叶林中，是冰川世纪幸存下来的珍稀树种，仅存于中国。

医学界的第一棵树——柳树，产生阿司匹林，镇痛解热、抗炎、抗血栓，防治心脑血管病，是医药史上三大经典药物之一。

医学界的第二棵树——红豆杉，产生紫杉醇，防治癌症，被医学界视为20世纪最伟大的医学发现。

继心脑血管、肿瘤之后，糖尿病现已成为人类健康的第二大杀手，这时人们发现了青钱柳，将其牙

叶炮制成青钱柳茶，茶汤金黄透亮，口感甘甜醇厚。

青钱柳茶具有调节血糖，激活胰岛器官功能，促进血糖代谢，是糖尿病治疗史上划时代的重大发现!被誉为植物界的大熊猫，医学界的第三棵树!

青钱柳的五大特点：

1、有效降低高血糖，饮用青钱柳后，空腹血糖、餐后2小时血糖和24小时尿糖测定量均明显下降，症状改善。

2、保护修复胰岛细胞，并对受损害的胰岛细胞有修复作用。

3、增强机体对葡萄糖的接受和利用能力，并能抑制餐后血糖的上升。

4、对正常机体的血糖无影响，不会引起低血糖反应。

5、同时能降低血清胆固醇、甘油三脂，其疗效与降血脂药多烯康等同。

虫屎茶传说

相传，清朝乾隆年间，城步苗民起义，朝廷出兵镇压，苗民被赶进深山老林，以野莱、茶叶充饥。殊不知，屋漏偏逢连夜雨，茶叶遭虫害，被吃光，只剩下漫山遍野的虫屎渣滓。然虫屎落入水中，现出缕缕血丝般茶色，试著一喝，味道香郁奇美。后来人们索性以化香树叶诱蛾产卵，专取幼虫粪便熬茶，即为现在饮用的虫屎茶。

长安营总府欲献媚于皇上，责令当地百姓大量制做虫屎茶，用树皮制成精致包装，外裱红纸，半斤一盒，作为珍品每年向朝庭进贡，从此虫屎茶又被称为“贡茶”。

虫屎茶介绍

把特定的野藤、茶叶和换香树等枝叶堆放在一起，滋生出的小黑虫吃了枝叶后，拉下的虫屎呈黑褐色，比芝麻粒还小，泡水可当茶喝，这就是虫屎茶。这种茶仅产于中国极少几个地方，产量非常有限。

虫屎茶茶汤呈淡古铜色，甘醇爽口，香气清郁宜人。

从清代乾隆年间起，虫屎茶就被视为珍品，每年定期向朝廷进贡。

现代医学研究发现：虫屎茶的营养价值远高于普通茶叶，含有19种氨基酸，一定量的粗蛋白、粗脂肪、糖类、单宁、维生素等营养成分和人体所需的微量元素。经常饮用虫茶，能止渴提神、促消化、利尿、顺气化痰、解毒消肿，对鼻出血、牙龈出血、痔出血、腹泻等均有很好的疗效，可以入药。尤其改善肠胃，缓解便秘，效果更为神奇，被奉为“肠胃圣品”。

虫屎茶存放时间越长，其色相、口味和功效则越好。陈年虫茶，价格贵逾黄金，因此虫屎茶具有很高的收藏价值。

电话：0392-3206111　18603925872　地址：淇滨区黄山路南段华府天下西门

鹤壁市峰安达公

鹤壁经济开发区科技创业服务中心效果图

先进的机器设备

鹤壁市峰安达公路工程有限公司位于鹤壁新区兴鹤大街北段科技创业服务中心，公司成立于2008年4月，注册资本为2000万元。公司先后承接各类市政工程项目建设，现有工程技术人员、经营管理人员26人，具有高、中级职称的8人，各类工程车辆计70余辆。

建设重点项目为：鹤壁市宝山循环经济产业集聚区基础设施。2011年7月，公司全资投建鹤壁产业集聚区基础设施，该项目是通过市人大会议表决纳入市财政预算的项目。投资包括道路建设和场地平整等，其中：道路建设项目路段24条总长为37424米，投资5.1240亿元；中石化180万吨/年MTO场地平整项目平整面积为135公顷，投资7亿元，该项目是公司2011年～2016年五年发展计划中的龙头项目。公司决策管理层具有高度的事业心和责任感，对现代化的企业管理与企业发展有深刻的认识，有强烈的开拓进取精神，具有较高的组织能力和决策水平。

路工程有限公司

鹤壁电厂三期运煤专线建设工程

黄河路东段建设工程

承建的科技创业服务中心工程

107国道至淇河二桥工程

鹤壁市鹤城物

董事长　陈建华

鹤壁市鹤城物流有限公司成立于2009年。位于鹤壁市石林陶瓷产业集聚区，法人代表陈建华，注册资金1000万元人民币，主要经营范围包括仓储、运输、包装加工、装卸分拣等业务。建成卸货平台和物流装配套设备新建3000平方米钢架结构立体仓库12座，购置货车200台,铁路专有线两条；建设一座集流通加工、保险结算等信息服务为一体的综合服务楼。园区集信息交易、仓储配送、流通加工、保险结算、规划培训等各项物流服务功能为一体，真正实现一站式的物流服务平台，为石林陶瓷产业集聚区各工商企业、物流企业发展提供专业高效的物流服务和支持。

鹤城物流综合办公楼

流有限公司

鹤壁市鹤城物流鸟瞰图

物流公司运输车队

煤炭仓库图

河南永达物流配送有限公司

董事长　郭保全

河南永达物流配送有限公司隶属于河南永达食业集团有限公司，是一家经工商和交通部门批准的从事冷冻仓储、长途汽车运输、铁路运输、陆海联合运输、物流配送于一体，跨区域、网络化、信息化、智能化、具有供应链管理能力的综合性物流公司。公司占地80亩，现有员工105人，其中高级物流专业管理人员15人，专业技术人员30人。自备有大型保温、冷藏运输车辆200辆，挂靠运输车辆2000辆，同时拥有10000平方米的大型智能化标准冷库两座，拥有覆盖全国强大的物流信息服务网络。在郑州、武汉、上海、西安、北京、天津、青岛、广州、成都等全国各大中城市设有分公司或办事处。

仓储新鲜蔬果

仓储新鲜蔬果

仓储新鲜蔬果

新鲜蔬果

河南省永固钢结构工程有限公司

总经理　王少华

河南省永固钢结构工程有限公司创建于2008年，现已发展成为一家集设计、制造、安装施工为一体的民营企业，专注于重型钢结构、多高层型钢混凝土结构、轻型钢结构、网架结构、多层钢结构、钢结构住宅工程公司；拥有专业化的生产加工车间、完备科学的质量检测手段和设备，及经验丰富、技术领先的设计、安装施工队伍；河南省钢结构工程专业承包二级企业、钢结构工程设计乙级企业、河南省守合同重信用企业。此外，河南省永固钢结构工程有限公司旗下有河南晶鑫金属管业有限公司。公司专业设计、制作、安装钢结构、网架、简易大棚，对外加工钢构件、抛丸、除锈，供应H型、C型钢、方管、彩瓦、夹芯板、高强螺栓等钢结构配件。

淇县富士康科技园餐厅钢结构

方管生产车间

公司大门

鹤壁市跃民牧业有限公司

董事长　张跃民

鹤壁市跃民牧业有限公司位于浚县小河镇张刘庄村，成立于2007年，注册资本金4315万元，总投资1.2亿。注册“豫鹤”、“跃民”两个产品商标。是一家集种猪改良与繁育、生猪养殖销售、农副产品购销，花卉、苗木、蔬菜、水果种植、销售为一体的新型现代化股份制民营企业。公司养殖区占地17公顷，员工186名，其中大专以上学历、各类专业技术人才50人，从事一线生产专业工人达到优等专业技术水平的员工占60%。猪舍采用小单元全进全出模式及小环境自动控制系统、先进的母猪饲养管理系统、种猪生长性能自动测定系统、污水处理及资源综合利用沼气发电系统，形成无污染适宜当地可持续发展的种养一体化产业，实现“猪–沼–菜–水果”的循环经济发展。公司是全国生猪标准化示范场、河南省无公害生猪产地、农业产业化省重点龙头企业、河南省食品安全放心工程示范单位、河南省一级种猪场、河南省养猪行业协会第四届常务理事单位、鹤壁市养猪行业协会第一届理事会副会长单位、鹤壁市畜牧业发展先进企业，并通过国家农业部无公害农产品认定。

董事长张跃民与法国大欧育种专家合影

国家畜牧局领导到公司指导工作

技术观摩会

公司大门

生产区

无公害蔬菜基地

河南环洲置业有限公司

河南环洲置业有限公司成立于2002年，为鹤壁市房地产开发资深企业，公司注册资金5000万元，拥有房地开发二级资质，公司法人潘昌东为鹤壁市第九届人民代表大会代表、河南省工商业联合会副会长、河南省浙江商会副会长、鹤壁市温州商会常务副会长，公司董事长潘昌斌为鹤壁市第九届政协委员会委员。公司自成立以来，已经历十载成长和跨越，在十余年的发展历程中，环洲置业用专业、专注的精神，致力为鹤壁人创造卓越的品质生活，先后获得了市政府、以及各主管部门颁发的“十佳房地产开发企业”、“十一五金牌房地产企业”、“优秀企业”、“优秀开发企业”；所建楼盘先后获得了“最高端楼盘”、“最高性价比楼盘”、“最值得期待楼盘”等奖项；公司总经理潘昌东多次获得市委颁发的“优秀企业家”、“优秀房地产开发个人”荣誉称号。

承建巴黎华庭中心广场

河南环洲置业有限公司承建工程——巴黎华庭小区

承建的小区楼房效果图

承建的巴黎华庭鸟瞰图

河南林银置业有限公司

河南林银置业有限公司成立于2009年8月，注册资金5000万元。在公司董事会的领导下，全体员工积极向上、奋发努力，聘用省内房地产业内资深人士，在公司工作和担任顾问，收集全国各地房地产信息。为了使自己的产品具有现代化的设计风格和更合理的居住功能，先后组织技术、科技攻关人士数十次到全国大中城市参观学习，使公司开发的产品，很受鹤壁市民的亲睐，也给公司带来收益。近年来，公司建设了华夏社区新农村建设小区，在建的鹤壁市橄榄熙园小区已进入尾声，橄榄嘉园小区已开工建设。小区建成后将为鹤壁市城市建设展示新的一页。

橄榄·嘉园鸟瞰图

橄榄熙园鸟瞰图

淇县名典房地产开发有限公司

淇县名典房地产开发有限公司成立于2014年2月26日，注册资金800万元，主要从事于房地产开发。公司致力于成为一个有责任的房地产开发企业、一个以产品研发为核心竞争力的企业，一个朝着专业化精细化标准迅速迈进的企业，公司实行项目开发管理模式。公司开发建设的《淇水佳园》商住小区位于鹤壁市大新区鹤淇大道以西，淇河公园以南。该项目占地5.7公顷，建筑面积约138000平方米，其中：住宅面积102000平方米，，商业面积16000平方米，总户数1300余套，容积率2.6%，绿地率35.5%。小区西邻公办中、小学，北邻淇河生态园，东邻待建中的大型购物中心，交通便利，位置非常优越，是一个以绿色、健康、舒适、高品质养老的理想家园，享受生活，升值无限。

内庭院效果图

南大门沿街透视效果图

沿街透视图

淇水佳园效果图

淇县众意房地产开发有限公司

总经理　周保华

淇县众意房地产开发有限公司成立于2011年3月，位于鹤壁市鹤淇大道中段，注册资金5000万元，是河南永昌集团和鹤壁天馨集团共同成立的主营房地产项目的有限责任公司，是鹤壁市最具综合实力的房地产开发有限公司之一。公司职能部门设置齐全，人力资源优厚，现有任职员工50余人，中级以上职称12人，大专以上专业人才30余人。秉承“创意精致生活，引领都市时尚”的建筑理念，以独具前瞻性的目光开发38万平方米地中海纯生活湾居典范的奢华小区——鹤壁星河湾。该项目耗资6亿，毗邻淇水河畔，与淇河对岸的中央商务区相接应，经三路、淇园路、滨河西路、纬十二路四条大路环绕，是得天独厚的黄金地段。工程包括舒适住宅小区、豪华商业街、实力餐饮旗舰、奢尚金融品牌馆、休闲娱乐会所、地下阳光车库以及精英双语教育机构。小区超大楼宇间距，超高绿化率的建筑规划赢得了广大客户和社会各界的赞誉。

小区会所

小区鸟瞰图